심리학의 원리 1

대우고전총서
Daewoo Classical Library
013

심리학의 원리 1

The Principles of Psychology

윌리엄 제임스 / 정양은 옮김

아카넷

이 책에서 제시하는 논문들은 주로 대학 심리학 강의를 위하여 꾸며진 것들이다. 따라서 어떤 장에는 '형이상학'적 경향이 강하고, 또 어떤 장에는 구체적 세부 사항에 관한 설명이 많은데 심리학을 처음 접하는 사람들이 쉽게 이해하지 못하는 부분도 많을 것이다. 물론 이 책이 쾌와 고통의 느낌, 도덕적 감정과 도덕적 판단, 그리고 미감(美感)적 감정과 미감적 판단 같은 주요 주제를 다루지는 않는다. 그럼에도 불구하고 이 책이 이처럼 길어진 것에 대하여 저자로서 미안한 생각이 든다. 또한 그에 대한 모든 책임은 전적으로 저자에게 있음을 밝히는 바다. 복잡한 현대 사회에서 2,500쪽에 달하는 방대한 내용을 많은 사람이 읽어주기를 바란다면 지나친 욕심일 것이다. 하지만 '많은 것을 가져오는 사람이 많은 사람에게 무엇인가를 가져다 줄 것이다(*wer Vieles bringt wird*

Manchem etwas bringen).' 관심을 달리하는 여러 종류의 독자와 심리학을 처음 공부하기 시작하는 학생들도 책의 내용 가운데 특별히 관심을 두고 있는 부분을 선별해 신중하게 읽다 보면 이 책의 유용함을 느낄 수 있을 것이다. 심리학을 처음 공부하는 초심자들에게는 아무래도 지침(指針)이 필요할 것이다. 그런 사람에게는 책의 6, 7, 8, 10, 12, 13, 15, 17, 20, 21, 28장은 읽지 않을 것을 권한다. 대신 흥미를 불러일으킬 수 있는 순서를 소개하겠다. 우선 4장을 읽고 난 뒤에 23, 24, 25, 26장으로 넘어간 다음, 다시 책의 처음으로 되돌아오는 것이 바람직하다. 공간 지각에 관한 **제20장**은 아주 까다로워 상세하고 구체적으로 기술하지 않는 한 적절하게 다루어질 수 없다. '**공간 질**(The Spatial Quality)'이란 제목으로 「Journal of Speculative Philosophy」 8권 64쪽에 보고된 요약 논문이 이 책의 제20장 전부를 대신할 수 있는 유용한 논문임을 알 수 있을 것이다.

나는 이 책을 통하여 자연과학적 관점을 견지하고자 한다. 어떤 자연과학이든 자연과학엔 비판하지 않고 무조건 수용해야 하는 소여(所與, datum)가 있게 마련이다. 또 자연계에 있는 사물들 사이의 법칙인 자연 '법칙'의 기초가 되는 요소들, 그리고 연역적 추리의 출발점을 이루는 요소들을 자연과학은 있는 그대로 받아들인다. 즉 부정하거나 부인하려는 도전을 하지 않는다. 한정된 개인 정신을 연구하는 학문인 심리학은 ① 사고(思考)와 감정(感

情), ② 시간과 공간 속에서 이들 사고와 감정과 더불어 공존하는 물질세계 자체와 ③ 사고와 감정이 아는 물질세계를 원 소여로 취한다. 물론 이런 소여 자체도 논쟁거리가 되지만 그 소여 자체에 (다른 요소처럼) 관하여 논의하는 것은 형이상학이라 불리며 이 책의 영역 밖에 속한다. 나는 이 책을 통하여 사고와 감정이 존재하고, 이를 인간이 의식을 통해 아는 것들을 운반하는 실체로 간주하며, 다양한 사고와 감정들이 각기 특정 뇌 상태들과의 사이에 있는 상관관계를 경험적으로 확인하면 심리학은 그 이상 더 나갈 수 없다고—즉 자연과학인 심리학은 그 이상 더 나갈 수 없다고—주장한다. 만약 심리학이 그 이상 더 나간다면 심리학은 자연과학이 아니라 형이상학적 학문이 된다. 우리에게 현상으로 주어지는 사고를 좀더 심층에 있는 어떤 실체가 [이런 실체들을 영혼(Soul) 선험적 자아(先驗的 自我, Transcendental Ego), 관념(Idea), 또는 의식 원소(意識 元素, Elementary Units of Consciousness) 등 어떤 명칭으로 부르든] 만들어낸 산물(産物)이라고 설명하는 것은 모두 형이상학적 설명이다. 따라서 이 책은 연합주의(聯合主義, associationist) 이론도, 유심론의(唯心論, spiritualist) 이론도 모두 배격하고, 엄격한 실증적 관점을 취하는 것이 유일한 특징이며, 이 점에 관해서 나는 스스로의 독창성을 주장하고 싶다. 물론 이와 같은 실증주의적 관점은 결코 궁극적인 것은 아니다. 우리는 계속 사색해야 하며 심리학이 취하는 소여도 물리학이나 기타 자연과학이 취하는 소여와 마찬가지로 때로는 총체적 재검증을 받아야 한다. 자료들을 분명하고 철저하게 재정비하려는 노력이 곧 형이상학이지만, 형이상학은 작업 범위가 엄청나게 광범하다는 것을 분명하게 의식할 때에야 비로소 재정비하려는 '이' 작업을 훌륭하게 수행할 수 있다. 단편적이고 무책임하고 흐리멍덩하고 자신이 형이상학이란 것을 의식하지 못하는 형이상학이 자연과학에 침투해 들어온다면 형이상학도 자연 과학도 모두 각자가 누릴 수 있으리라 여기는 장점들을 망쳐버릴 것이다. 작금의 심리학 교과서에서 볼 수 있는 것과 같은 정신적 작용원(作用源, spiritual agent)에 관한 이론도, '관념'이 연합한다는 이론도, 나에게는 모두 잘못된 형이상학처럼 보인다. 설령 그런 이론들이 진리적인 결론을 초래한다 하여도 그 이론이 현재처럼 형이상학적으로 제시된다면, 마치 물리학에서 관념적 근거에서만 얻어지는 결론을 제거하는 것과 마찬가지로 심리학에서도 형이상학적인 결론은 제거하는 것이 좋다.

따라서 나는 현행 사고(現行思考, passing thought) 자체를 하나의 완전체(完全體, integers)로 취급하고, 그 사고가 뇌−상태와 공존하는 법칙만을 심리학의 궁극적 법칙으로 간주한다. 독자들이 이 책에서 완결된 폐쇄 체계(閉鎖 體系)를 이룬 학문을 찾고자 한다면 헛수고일 것이다. 이 책에서는 주로 보고된 세부 사실들을 모은 다음, 자신이 하는 일의 중요성을 알고 있는 형이상학이라야

성공적으로 그 사실들을 다룰 것이라 기대될 수 있을 때에만 형이
상학의 문제로 넘어가기로 한다. 이런 일은 수세기 전부터 줄곧
있어 왔던 일이다. 또한 그 동안 과학이 건재하다는 사실을 보여
줄 수 있었던 가장 뚜렷한 표지는 결코 완성되지 않는, 이처럼 천
착(穿鑿)해야 할 학문적 전선(戰線)이 있었다는 점이다.

이 책을 완성하기까지 많은 시간이 걸렸기 때문에 몇몇 장은
『Mind, the Journal of Speculative Philosophy』, 『The Popular
Science Monthly』, 및 『Scribner's Magazine』 등에 계속 게재되
었다. 이런 사실은 해당된 장소에서 표기해두었다. 유감스럽게도
참고문헌이 아주 체계적으로 정리되지 못한 점을 시인할 수밖에
없다. 개별 실험에서 얻은 사실에 관해서는 언제나 그래왔듯이 내
가 이해한 대로 제시했으며, 그 이상은 현재 미국 대학생들이 부
독본으로 실제로 읽고 있는 책들을 인용하였다. 폴크만(W. Volk-
mann von Volkmar)의 심리학 교과서(Lehrbuch der Psychologie,
1875)에 있는 참고문헌 목록이 아주 완벽하기 때문에 현재로서는
이것보다 못한 목록을 반복하여 게재할 필요가 없다. 그리고 최근
의 참고문헌으로 설리(Sully)의 『심리학 개설』, 듀이(Dewey)의 『심
리학』 그리고 볼드윈(Baldwin)의 『Handbook of Psychology』 등을
참고한다면 많은 도움이 될 것이다.

끝으로 이 책을 집필하는 동안 많은 사람의 은혜를 입었다. 따
라서 특정한 사람을 골라 감사를 표한다는 것이 꽤 어렵고 쑥스러

운 일이다. 하지만 내 생애 최초의 학문적 모험이 끝남에 즈음하여 밀(J. S. Mill), 로체(Lotze), 르누비에(Renouvier), 호지슨(Hodgson), 및 분트(Wundt)의 저술에서 많은 도움을 얻었고, 또 예전 사람 중에는 라이트(Chauncey Wright), 퍼스(Charles Peirce), 최근 사람으로는 홀(Stanley Hall), 퍼트넘(James Putnam), 및 로이스(Josiah Royce)(5명만 열거한다) 등과의 지적 교류에서 얻은 감화에 대한 사의를 기록하고 싶은 심정을 억누를 수 없다.

1890년 8월
하버드 대학에서

제1장
심리학의 범위
(THE SCOPE OF PSYCHOLOGY)

   심리학은 **정신 생활**을 다루는 **과학**(Science of Mental Life)이며, 정신 생활에 나타나는 현상과 조건들을 연구하는 학문이다. 이들 현상은 감정(feelings), 욕구(desires), 인지(cognitions), 추리(reasoning), 결심(decisions) 등으로 불리는데, 겉으로 보기에는 혼돈한 인상만 남기는, 다양하고 복잡한 것들이다. 정신 생활에 나타나는 현상들에 관한 자료들을 통합하는 가장 자연적이고, 따라서 가장 일찍부터 존재해 왔던 방법은, 첫째 자료들을 가급적 잘 분류하고, 둘째 얻어진 정신의 다양한 존재 양식들을 단일한 본체인 개인 **영혼**에 원인을 돌려, 현상의 수효만큼 그 단일 영혼이 지니는 능력이 다양하게 표출된 결과라고 간주하는 방법이다. 예를 들면, 개인의 **영혼**은 때로 **기억** 능력을, 때로 **추리** 능력을, 때로 **의지** 능력을 표출한다. 또 **상상**이나 **기호**(嗜好)도 표출한다는 것이다. 이런 견해가 학교 교육의 이론이었으며, 상식에 입각한 전통적 '유심론(唯心論, spiritualistic)' 이론이다. 이보다는 덜 분명하지만 혼돈한 것처럼 보이는 정신 상태를 통합하는 또 다른 방법은, 개인 정신 속에 있는 사실들 배후에서 그 사실들에 공통된다고 가정되는 어떤 작용원을 찾는 것이 아니라, 잡다한 정신적 사실들 자체 속에서 공통 요소를 찾아내어, 마치 돌과 벽돌로 집이 건설된다고 설명하듯이, 정신적인 여러 사실들도 이러한 요소들이 여러 가지로 배열되는 형식에 따라 구성된다고 설명하는 방법이다. 독일의 헤르바르트(Herbart), 영국의 흄(Hume)과 밀(Mill) 부자(父子), 그리고 베인(Bain) 등이 주장하는 '연합주의(聯合主義, associationist)' 학파는 이 방법을 채용하여, 희미하든 생생하든 서로 분리된 '관념'들의 존재를 인정하여, 이들 관념이 응집하고 반발하고 연속하는 형식을 찾아내어, 추억 · 지각 · 정서 · 의지 · 정열 · 이론 등과 기타 개인의 정신 속에 장치되는 모든 것들이 마련되는 양상을 밝혀 내려 함으로써, 이른바 **영혼 없는 심리학** (psychology without a soul)을 형성하였다. 그리하여 개인의 자기(Self)나 **자아**(ego)는 이젠 현상으로 주어지는 표상이 형성되기에 앞서 존재하는 원천 존재로 취급되지 않고, 오히려 현상이 표상(表象)되어 생기는 가장 복잡한 최종 결과물로 간주되기에 이르렀다.

이제 위의 두 방법 중 어느 하나에 의해 정신 현상을 엄격하게 단순화하려고 노력한다면, 우리는 곧 그 방법이 적절하지 못하다는 사실을 깨닫게 될 것이다. 예를 들면, 영혼의 존재를 주장하는 이론에서는 개별 인지나 개별 회상은 모두 **인지**하는 정신 능력 또는 **기억**하는 정신 능력과 관계시켜 설명된다. 이 이론은 이들 능력을 영혼의 절대적 속성으로 간주하게 된다. 즉 기억의 경우를 예로 들면, '우리가 왜 어떤 우연한 사실을 기억하는가?'라는 질문에 대하여, 사실을 그렇게 기억하는 것은 곧 영혼의 본질인 **회상 능력**(recollective power) 때문이라는 것 외에는 어떤 이유도 제시하지 못한다. 우리는 기억하지 못하거나 잘못 기억하는 것을 유심론자들처럼 기억 능력의 본질로 설명하지 않고, 습득된 2차(二次) 원인 때문이라 설명할 수도 있을 것이다. 그러나 우리가 성공적으로 기억하는 경우, 한쪽엔 기억되어야 할 객관적 사물이 있고, 다른 쪽엔 우리 기억 능력이 있다는 것 외에는 어떤 다른 요인도 끌어들일 수 없다. 예를 들어, 졸업식 날을 상기(想起, recall)하고, 까맣게 사라진 망각 속에서 졸업식에 있었던 일들과 그때 느꼈던 정서를 되짚어 불러온다면, 어떤 기계적 원인으로도 이 과정을 설명할 수 없으며, 또 아무리 분석해도 이 과정을 보다 하위 용어로 환원할 수 없고, 그 신비로움을 부인하든 부인하지 않든 심리학적으로 설명한다면, 단지 상기 과정에 있는 그런 성질을 당연한 것으로 받아들여야 하는 궁극적 소여(datum)로 취급하지 않을 수 없다. 연합주의자들이 현존하는 관념들 자체를 서로를 묶고 배열하는 성질을 가진 것들이라고 아무리 묘사하여도, 그들도 결국에는 '뇌' 든, '관념' 이든, 또 '연합' 이든 과거의 시간을 과거로 알고, 그 과거 시간을 이러저러한 사건으로 채우게 하는 어떤 것이 있다는 사실을 인정하지 않을 수 없을 것이라고 유심론자들은 주장한다. 또한 유심론자들이 기억을 '더 이상 환원할 수 없는 능력(irreducible faculty)' 이라 말할 때, 그것은 연합주의자들도 당연한 것으로 이미 인정한 것을 말로 표현한 것에 불과하다.

그러나 더 이상 환언할 수 없는 능력을 인정하는 것만으로는 아직 전혀 구체적 사실을 충분하게 단순화하지는 못한다. 왜냐하면, 다음과 같은 질문이 남아 있기 때문이다. 신이 부여한 기억이라는 이 절대 능력이 왜 작년에 있었던 일들보다 어제 있었던 일을 더 잘 파지(把持)하며, 또 무엇보다 한 시간 전에 있었던 사건을 가장 잘 파지하는가? 또 왜 나이가 들어도 어린 시절에 얻은 일들이 뚜렷하게 보이는가? 병이 들거나 피로하면, 기억이 왜 희미해지는가? 반복하여 경험하면, 왜 기억이 더 잘 되는가? 약을 먹거나, 열이 있거나, 질식하거나, 흥분하는 것이 왜 오랫동안 망각했던 일들을 소생시켜 주는가? 만약 기억 능력의 성질이 바로 이런 기묘한 일들을 보이게끔 본래 특별하게 만들어졌다는 것을 확인하는 것만으로 만족한다면, 그런 기억 능력을 인정하여 끌어들인다 해도 별로 도움이 될 것이 없을 듯하다. 왜냐하면, 이때 우리가 하게 될 설명은 우리가 다루기 시작했던 사실들에 대한 원래 설명과 똑같이 복잡한 설명이 될 것이기 때문이다. 그뿐만 아니라, 영혼 속에 그와 같이 교묘하고 복잡한 기본 능력이 박혀 있다는 가정에는 받아들일 수 없고, 합리적이지 못한 어떤 것이 있다. 우리 기억이 왜 오래 된 것보다 최근 것에 더 쉽게 **달라붙어야** 하는가? 추상명사의 파지보다 고유명사의 파지가 왜 더 빨리 사라지는가? 이와 같은 기억 특성은 아주 기이하게 보이며, 우리가 **연역적으로** 알 수 있는 것들은 이런 기억 특성의 실상과는 정반대되는 것들이다. 따라서 **정신 능력이란 절대적인 존재가 아니라, 조건에 따라 다르게 작용하며, 심리학자는 이런 조건을 탐구하는** 데 가장 관심을 가지는 것이 분명하다.

영혼과 영혼이 가지는 기억 능력을 인정하는 입장을 아무리 견고하게 고수해도, 유심론자들도 어떤 단서 없이는 영혼이 기억 능력을 발휘할 수 없고, 또 항상 무엇이든 선행하여 회상할 것을 생각나게 해주어야 한다는 점을 인정해야 한다. 연합주의자들은 그와 같이 선행하는 구실을 하는 것이 바로 "관념이다! 기억될 사물과 연합된 관념이다! 반복해서 만나는 사물들이 더 쉽게 회상되는 이유를 관념들이 설명해 준다. 왜냐하면, 반복해서 어떤 사물과 연합된 연합물들은 다양한 기회에 그 사물을 상기할 아주 많은 개별 통로를 마련하기 때문이다"라고 말한다. 그러나 이 말은 피로나 최면이나 연로(年老)함 등이 기억 과정에 미치는 영향을 설명해 주지는 못한다. 그리고 일반적으로 정신 생활에 관한 진솔한 연합주의자들의 설명은 진솔한 유심론자들의 설명만큼이나 우리를 마찬가지로 당혹하게 만든다. 절대 존재이면서도 서로 달라붙어, 마치 끊임없이 변하는 도미노나 만화경 속 유리 조각과 같이, 자신들의 융단을 끝없이 짜고 있는 다양한 관념들——그런 관념들은 어디서 그 환상적인 달라붙는 법을 얻었으며, 또 왜 실제 그 모양으로 달라붙게 되는가?

이것을 설명하기 위하여, 연합주의자들은 외부 세계를 경험하는 경험 차원(order of experience)이란 개념을 도입해야 했다. 관념이 이와 같이 서로 달라붙고, 변하여, 춤추는 것도 약간은 소멸되고 변질되기도 하지만, 대부분 외부 현상의 차원을 그대로 복사한 것일 뿐이란 것이다. 그러나 약간 깊게 생각해 보기만 해도, 현상들은 우선 감각과 뇌에 작용이 미칠 때까지는 인간이 갖는 관념에 영향을 주는 힘을 전혀 갖고 있지 않다는 사실을 알게 될 것이다. 단지 과거에 어떤 사실이 있었다는 것만으로는 그 사실을 기억할 이유가 되지 못한다. 우리가 사실을 몸소 보거나 체험하지 않는다면, 그 사실이 있었다는 것조차 결코 알지 못할 것이다. 따라서 몸소 경험하는 것이 기억 능력을 있게 하는 조건 중 하나이다. 그리고 사실을 아주 약간만 깊게 생각해 보아도, 신체의 일부인 뇌가 겪는 경험이 기억과 가장 직접적인 관련이 있다는 것을 알게 될 것이다. 뇌 이외의 다른 신체 부분으로부터 뇌로 가는 신경 교신이 단절되면, 잘려나간 신체 부분이 겪는 경험은 정신 속에 존재하지 않게 된다. 눈은 멀고, 귀는 들리지 않으며, 손은 감각이 없어지고 움직이지 않는다. 반대로 뇌가 손상되면, 모든 신체 기관이 정상적인 역할을 수행할 준비가 되어 있더라도 의식이 소멸되거나 변질된다. 머리에 타격을 주거나, 머리의 혈액량이 급격히 감소하거나, 중풍으로 생긴 출혈이 뇌를 압박하면 신경 연결이 절단된 위의 첫 번째 경우와 같은 결과를 초래하며, 이와 반대로 몇 온스의 알코올이나 몇 알의 아편과 마약 또는 클로로포름이나 질산가스를 흡입하면, 뇌 손상이 된 두 번째 언급된 경우와 같은 결과를 초래할 것이 확실하다. 자기(Self)가 변질되어 생기는 광기(狂氣)나 고열일 때 나타나는 정신착란 등은 모두 뇌 속을 순환하는 이물질(異物質) 때문이며, 뇌란 기관에 있는 물질이 병리적 변화를 일으켰기 때문이다. 뇌가 정신 작용에 직접 대응하는 신체적 조건이라는 사실은 오늘날 보편적으로 인정되고 있으므로, 여기서 시간을 낭비하면서 설명할 필요는 없다. 이런 사실은 다만 자명한 것으로 가정하고 넘어간다. 이 책의 나머지 전부가 다소간 이 기본 가정이 합당하다는 사실을 증명할 것이다.

따라서 신체적 경험, 더 상세하게는 뇌-경험이, 심리학이 설명해야 할 정신 생활의 조건들 중에 한 자리를 차지해야 한다. **유심론자도 연합주의자도**, 그들이 즐겨 내 세우는 원리가 작용하여 생기는 정신적 특징들은 어떤 것이나 모두 그 특징들의 결과를 결정하는 요인이 뇌라는 사실에 의해서만 설명될 수 있다는 것을 인정하는 한, 적어도 그 정도로는 그들도 모두 **'대뇌주의자(cerebralists)'**가 되어야 한다.

따라서 우리의 최초 결론은 뇌생리학이 어느 정도 심리학의 전제조건이 되며, 심리학에 포함되어야 한다는 것이다.[1]

다른 측면에서도 심리학자는 약간은 신경생리학자가 되지 않을 수 없다. 정신 현상은 그에 **앞서는**(a parte ante) 신체 과정에 의하여 좌우될 뿐만 아니라, 정신 현상이 있는 **다음에도**(a parte post) 신체 과정이 따라오게 마련이다. 정신 현상이 신체 활동을 뒤따르게 만든다는 것은 물론 가장 잘 알려진 진실이지만, 이때의 신체 활동이란 수의적이고 정신적 사고에 따라 나타나는 근육 작용만을 의미하는 것은 아니다. 정신 상태는 혈관 직경을 변경시키고, 심장 고동을 변화시키고, 분비선과 내장 활동을 더욱 미묘하게 만드는 것과 같은 불수의(不隨意)적 작용의 원인이 되기도 한다. 이와 같은 작용을 고려에 넣고, **멀리 떨어진 과거 시기**에 있었던 어떤 정신 상태에 뒤따랐던 신체 작용마저도 고려에 넣는다면, **정신에 어떤 변화가 일어나면, 반드시 신체 변화를 동반하거나 수반하게 된**다는 일반 법칙으로 정립해도 무방할 것이다. 예를 들면, 이 책의 인쇄된 글자가 독자들의 정신 속에 일으킨 관념과 감성은 눈 운동과 이어서 발음 운동을 자극할 뿐만 아니라, 과거에 그런 글자를 본 일이 없었을 경우와는 전혀 다르게 발언하고, 토론에 참가하고, 의견을 개진하고, 또는 읽어야 할 문헌을 선정하게 할 것이다.

따라서 우리 심리학은 정신 상태의 선행 조건들을 고려해야 할 뿐만 아니라, 정신 상태의 결과에도 같은 배려를 해야 한다.

그러나 원래는 의식된 지성이 촉진한 신체 활동도 습관이 되면 자동적인 활동이 되어, 외견상 의식이 없이 수행되는 것처럼 보일 수도 있다. 두 발로 서는 것, 걷는 것, 단추 채우는 것, 단추 푸는 것, 피아노 치는 것, 말하는 것, 심지어 기도문을 외우는 것마저도 정신을 다른 일에 쏟으면서도 해낼 수 있다. 동물의 **본능적** 행동의 절반은 자동적인 것 같고, 개체보존(個體保存)을 위한 **반사 활동**도 확실히 그 절반은 자동적이다. 그러나 때에 따라서는 의식적인 사고에 의해 목표로 삼은 것과 동일한 결과를 초래하는 경우, 동물의 본능적 행동 또한 의식적인 지적 활동과 비슷하게 되기도 한다. 이와 같은 기계적이지만 목표 지향적인 행동에 관한 연구도 심리학에 포함되어야 할 것인가?

'어디까지가 정신 생활의 한계인가?' 하는 것은 모호한 것이 확실하다. 너무 꼬치꼬치 캐지 않고, 대상이 모호하면 모호한 대로 그냥 두고, 그 모호한 현상들을 포함시키는 것이 우리가 현재 하고 있는 주된 일에 조금이라도 도움을 줄 수 있다면, 모호한 현상도 심리학에 포함하는 것이 좋다. 그런 모호한 현상도 심리학에 포함될 수 있고, 또 우리의 주제인 심리학을 좁게 개념화하는 것보다 넓게 개념화함으로써 얻는 바가 많다는 사실도 곧 알게 될 것으로 나는 믿는다. 모든 학문은, 발달하고 있는 어떤 단계에서는 모호성과 생산성이 어느 정도 양립한다. 대체로 최근 발전된 공식 중 정신 생활의 본질과 신체 생활의 본질이 하나라는 공식, 즉 '내부 세계에 있는 여러 관계를 외부 세계에 있는 여러 관계에 맞게 조정한다'는 스펜서(Spencer)의 공식만큼, 조잡하지만 사실 많은 공헌을 한 공식은 심리학에 없다. 이 공식은 모호성의 화신 이지만, 정신에 작용하고, 이어서 정신이 되돌려 반응하는 환경 속에 정신이 자리잡고 있다는 사실을 고려했기 때문에, 요컨대 정 신을 모든 구체적 관계의 중심에 두었기 때문에, 영혼을 자족적 (自足的)으로 독립된 존재자로 취급하여 영혼의 성질이나 속성만 을 고찰하려 한 옛날의 '합리주의 심리학'보다 훨씬 더 생산적이 었다. 그러므로 나는 우리가 목적한 바에 가르침을 줄 수 있으리 라고 간주되면, 거리낌 없이 동물학이나 순수 신경생리학도 받아 들이려고 할 것이나, 그렇지 못하다고 생각되면, 그런 학문은 생 리학자들의 손에 남겨둘 것이다.

외부로부터 신체에 주어지는 인상과 외부 세계에 되돌려 미치 는 신체 반응 사이에 정신 생활이 끼어 있다는 것을 좀더 분명하게 서술할 수 있겠는가? 이에 관한 약간의 사실을 살펴보기로 하자.

줄질하여 생긴 쇳가루를 책상 위에 뿌리고 자석을 근처에 가까 이 대면, 쇳가루는 일정 거리만큼 공중을 날아 자석 표면에 달라 붙는다. 이런 현상을 지켜본 야만인들은 자석과 쇳가루 사이에 친화력(attraction) 또는 사랑(love)이 있는 결과라고 설명한다. 그러나 자석 양극을 종이로 감싸면, 쇳가루가 이 종이를 피해 옆으로 돌아, 사랑의 대상과 직접 접촉하는 일은 결코 일어나지 않고, 종이 표면에 영원히 달라붙을 것이다. 관을 통해 물통 밑바닥에 공기를 불어넣어 물방울을 만들면, 물방울은 물 표면으로 떠올라 공기와 합칠 것이다. 이 물방울의 행동 또한 시적(詩的)으로 해석하여, 물방울이 물 표면 위에 있는 물방울 모체인 대기와 재결합하려는 바람을 갖고 있기 때문이라 할 것이다. 그러나 이때 만약 물통 속에 물이 가득 찬 주전자를 거꾸로 엎어놓으면, 처음 떠오른 방향을 약간만 비끼거나, 위로 올라가는 길이 막혔다는 것을 알고 주전자 가장자리를 따라 도로 내려가기만 하면, 물방울은 쉽게 빠져나갈 것이지만, 위로 올라가 주전자 밑바닥에 달라붙어 외부 공기와는 차단되고 말 것이다.

이와 같은 물방울의 행동으로부터 생물체의 행동으로 넘어가면, 우리는 놀랄 만한 차이가 있는 것을 깨닫게 된다. 로미오는 마치 쇳가루가 자석을 원하듯이 줄리엣을 원할 것이며, 만약 그들 사이에 장애물이 끼어 있지 않다면, 쇳가루가 자석에 가는 것과 마찬가지로 곧바로 직선으로 줄리엣 쪽으로 움직여 갈 것이다. 그러나 그들 사이에 벽이 있으면, 로미오와 줄리엣은 중간에 종이가 있는 자석과 쇳가루와 같이, 바보처럼 벽 양쪽에 얼굴을 맞대고 있지만은 않을 것이다. 로미오는 곧 벽을 타고 오르던가, 또는 그 밖의 방법으로 줄리엣의 입술에 직접 닿는 우회로(迂廻路)를 찾을 것이다. 쇳가루가 가는 길은 고정되어 있고, 목표한 대상인 자석에 닿는 것은 우연일 뿐이다. 연인들의 경우에는 목표하는 대상은 고정되어 있지만, 거기에 이르는 길은 무한히 변할 수 있다.

앞서 물방울을 만들어 넣었던 장소, 즉 물통 밑바닥에 살아 있는 개구리를 두었다고 가정하자. 호흡하기 위해 곧 모체(母體)인 대기와 재회하기를 원하게 되어, 개구리는 곧바로 헤엄쳐 위로 떠올라, 그의 목표에 이르는 가장 짧은 길을 취할 것이다. 그러나 만일 이때 물이 가득 찬 주전자를 개구리 위에 거꾸로 씌우면, 개구리는 물방울처럼 뚫리지 않는 주전자 밑바닥 천장에 코를 처박고 있지 않고, 끊임없이 근처를 탐색하여, 마침내는 주전자 속을 도로 내려가, 주전자 주둥이 언저리를 돌아, 그가 원하는 목표에 이르는 길을 찾을 것이다. 이 경우 또한 목표는 고정되어 있지만, 수단은 무한히 달라진다.

생명체가 하는 일과 무(無)생명체가 하는 일 사이에는 이와 같이 대조되는 차이가 있어, 마침내 우리는 물리 세계에 궁극적인 목표가 있다는 것을 전적으로 부인하기에 이른다. 오늘날에는 쇳가루 분자나 공기 분자가 사랑이나 욕구 등을 갖고 있다고 생각하지 않는다. 누구도 이런 물질들의 분자가 보여주는 활동에 목표가 있어, 그 목표가 처음부터 그들의 행동을 지배하는 일종의 **앞에서 작용하는 힘**이 되어, 그들을 행동하도록 사주하고 유도하는 이념적 목표라고 생각하는 사람은 없다. 이와 반대로, 분자들이 도달하는 목표는 뒤에서 밀어서 도달되는 것이어서, 말하자면 자기 자신이 만들어낸 결과에 대해서 어떤 발언권도 갖고 있지 않은 물질 분자들의 단순한 수동적 결과라고 생각되고 있다. 선행하는 조건을 바꾸면, 무기물은 그때마다 다른 결과를 나타낸다. 그러나 지능을 갖고 있는 작용원의 경우에는, 조건을 바꾸면 나타나는 행동도 달라지기는 하지만, 도달되는 목표는 변하지 않는다. 왜냐하면, 이 경우 아직 실현되지 않은 목표에 대한 관념과 환경 조건들이 협동하여 어떤 행동을 할 것인가를 결정하기 때문이다.

따라서 어떤 현상에서 미래 **목표를** 추구하고, 목표에 도달하는 수단을 선택하는 것이 정신이 있다는 표지이고 준거이다. 우리는 이들 준거를 검증 근거로 삼아 지적 소행(所行)과 기계적 작동을 구별한다. 우리는 막대기와 돌멩이에 정신이 있다고 하지 않는다. 왜냐하면, 이것들은 **어떤 목적으로** 움직이는 일은 결코 없으며, 항상 밀면 밀리는 대로 아무렇게나 움직여, 스스로 선택한다는 어떤 표지도 찾아볼 수 없기 때문이다. 따라서 우리는 주저하지 않고, 이런 것들에는 감각이 없다고 말한다.

"이 우주가 그 내부에 있는 합리적 지성이란 천성이 표현되어 생긴 것인가, 그렇지 않으면 순수하고 단순하고 비합리적인 외부 사실들의 표현일 따름인가?"라는 모든 철학적 문제 중에서 가장 심오한 문제에 대해서도, 우리는 바로 이 준거에 따라 결정을 내린다. 이 우주를 사색하여, 우주가 궁극적인 목표를 갖고 있는 세계이고, 또 우주가 어떤 목표를 위하여 존재한다는 인상을 떨쳐버릴 수 없다면, 우리는 우주의 중심에 지성이 있다고 생각하여, 종교를 갖게 된다. 이와는 반대로, 돌이킬 수 없는 우주의 흐름을 탐색하여, 현재를 다만 기계적으로 과거로부터 싹이 터 나온 것에 지나지 않고, 미래와는 어떤 관계도 없이 나타난다고 생각할 수 있다면, 우리는 무신론자이며 유물론자이다.

'하등동물이 보여주는 지성의 양이나 파충류의 신경 중추 기능 속에 있는 의식의 양이 얼마나 되는가?' 하는 문제에 관한 심리학자들의 지루한 논쟁에서도 항상 위의 검증 준거가 사용되었다. 즉 "이들 하등동물의 행동 특성이 행동 결과를 **목적으로 삼아** 수행된 것으로 믿지 않을 수 없는 행동 특성인가?"라는 것이다. 여기서 문제되고 있는 행동 결과는 대체로 그 행동을 하는 자에게 유용한 것들——그런 결과를 초래할 만한 상황이 되면, 동물은 대체로 보다 안전하게 된다——이라는 것을 다음에 충분히 알게 될 것이다. 동물 행동은 유용한 행동이 되는 정도만큼 목표 지향적 특성을 갖고 있기는 하지만, 그와 같은 단순한 외부 목표 지향은 아직 **뒤에서 작용하는 힘**에 따르는 맹목적 결과일 따름이다. 식물들의 성장과 운동, 그리고 동물들의 발달 · 소화 · 분비 등의 과정은 개체에는 유용하지만, 그럼에도 불구하고 우리 대부분이 자동적인 기계적 작동이거나 또는 기계적 작동에 의해 이루어진다고 가정하는 수많은 행동 실례(實例)들을 제공한다. 생리학자가 일정한 자극 상태에서 어떤 신경 기제가 야기하는 유용한 결과를 **다른 신경 기제도 초래한다**는 것을 입증할 때까지는, 개구리 척수에 의식하는 지성이 있다고 자신 있게 단언하지 못한다. 진부한 보기를 든다면, 머리 잘린 개구리의 오른쪽 무릎을 산성 약품으로 자극하면, 오른발로 그 약품을 씻어버릴 것이다. 그러나 이 오른쪽 다리마저 잘라내면, 개구리는 흔히 약이 묻은 곳까지 **왼쪽** 다리를 올려 해로운 물질을 씻어버릴 것이다.

플뤼거(Pflüger)와 루이스(Lewes)는 이 사실에서 다음과 같은 추리를 하였다. "만약 처음 반응이 단순한 기계 작동의 결과였다면, 즉 마치 방아쇠가 총의 포신(砲身)으로부터 총탄을 발사하듯이 자극된 피부 부위가 오른쪽 다리의 움직임을 야기했다면, 오른쪽 다리를 절단하면 진정 그 다리로 해독물을 씻어내는 일은 좌절되지만, **왼쪽** 다리를 움직이게 하지는 못할 것이다." 이 경우 다만 잘려나가지 않고 몸에 붙어 있는 오른쪽 다리 부분이 허공에서 움직이는 결과만 초래할 것이다(사실 이런 현상이 때로 관찰된다). 오른쪽 방아쇠는 오른쪽 총신이 장전되지 않았다고 해서 왼쪽 총신을 발사시키도록 노력하지 않으며, 또 어떤 전기 재봉기도 방전만 하고 재봉기답게 베갯잇을 감치지 못한다고 불안하게 되는 일은 결코 없는 것이다.

이와는 반대로, 오른쪽 다리가 원래 산성 약품을 씻어내려는 목적에서 움직였다면, 이 목적을 달성하는 데 효과적인 가장 손쉬운 방법이 실효가 없게 되었을 때, 다른 수단을 시도하는 것만큼 자연적인 것은 없을 것이다. 실패할 때마다 동물은 실망 상태에 놓이고, 이 실망 상태는 모든 새로운 시도와 새로운 고안을 찾게 할 것이고, 그런 시도의 하나가 다행하게도 맞아떨어져 바라던 목표를 달성할 때까지는 가만히 있지 않을 것이다.

마찬가지로 골츠(Goltz)는 개구리 시엽(視葉, optic lobe)과 소뇌(小腦, cerebellum)에도 지능이 있다고 했다. 앞서 물 속에 갇힌 건강한 개구리가 대기로 통하는 출구를 찾아내는 방법을 언급했다. 골츠는 대뇌반구(大腦半球, cerebral hemispheres)를 제거한 개구리도 흔히 이와 같은 재주를 보여주는 것을 발견했다. 이런 대뇌 없는 개구리도 물통 바닥에서 위로 올라, 거꾸로 씌워진 유리 그릇에 막혀 더 이상 위로 갈 수 없으면, 질식되어 죽을 때까지 장애물인 유리 그릇 바닥에 코를 처박고 있지 않고, 마치 위로 올라가려는 기계적 추진력이 아니라, 어떻게든 공기가 있는 곳으로 가려는 의식된 욕구가 개구리 행동의 주된 추진력인 것처럼, 개구리는 도로 내려와, 유리 그릇 주둥이 가장자리 밑에서 빠져 나온다. 골츠는 이로부터 뇌가 개구리의 지적 능력이 있는 자리라고 결론지었다. 그는 또한 뇌반구 없는 개구리 다리 하나를 실로 몸통에 꿰매면, 정상 상태에서 몸통을 뒤집는 것과 전혀 다른 운동이 요구되지만, 등을 땅에 댄 자세로부터 배를 아래로 하는 자세로 뒤집는 것을 관찰하고, 역시 개구리의 대뇌가 아닌 뇌에도 지적 능력이 있다고 추정하였다. 따라서 개구리의 이런 운동은 선행 조건인 자극물에 의해서만 결정되는 것이 아니라, 궁극적 목적에 의해——물론 자극물이 달성하기를 원하는 목적을 만들어내기는 하지만——결정되는 것 같기도 하다.

또 다른 명석한 독일 저술가인 리프만(Liebmann)[2]은 이와 아주 유사한 고찰을 하여, 뇌의 기계적 기능에 의해 정신 작용을 설명하는 것에 반론을 제기했다. 기계 자체는 정비만 잘 되어 있으면 올바른 결과를 초래할 것이고, 수리를 잘 하지 않으면 잘못된 결과를 가져올 것이라고 그는 말한다. 그러나 이 두 결과는 모두 조건에 따라 달라지는, 똑같이 숙명적 필연으로부터 생긴다. 우리는 숙명적으로 어떤 특정 속도로 가게끔 정해진 시계 장치의 속도가 너무 느리거나 너무 빠른 것을 알아차리면, 그것을 교정하려는 노력이 헛수고라고 생각할 수는 없다. 만약 시계 장치에 의식이 있다면, 그런 의식은 가장 좋은 계시기(計時器)가 가지는 훌륭한 의식일 것이다. 왜냐하면, 시계의 의식과 계시기의 의식은 똑같이 단일한 영원 불변의 기계적 법칙——즉 뒤에서 미는 작용에 따른다는 법칙——에 의해 지배되고 있기 때문이다. 그러나 뇌가 고장난 사람이 '2 × 4 = 8' 대신 '2 × 4 = 2'라고 하거나, '나는 석탄 사러 선창에 가야 한다'라는 말 대신 '나는 선창을 사러 석탄에 가야 한다'

라고 한다면, 우리에게는 잘못되었다는 의식이 즉각 나타난다. 올바른 행동을 지배하는 기계 법칙과 똑같은 기계 법칙에 따라 행동했음에도 불구하고, 잘못된 행동은 비난받게 된다. 즉 의식의 내부 법칙——실제로 따르든 따르지 않든 상관없이, 자연적으로 뇌 활동이 지향해야 하는 목표와 관념이 앞에서 행동을 인도한다는 법칙——과 모순된다는 비난을 받기에 이른다.

이들 저술가가 결론을 도출할 때 다룬 사례 속에 포함된 모든 조건이 정당하게 다루어졌느냐의 여부는 여기서 논할 필요가 없다. 우리는 다만 **목적을 지향하여 수단을 선택한 것으로 보이는 행동을 제외하고는, 어떤 행동도 틀림없는 정신의 표출이라 말할 수 있는 행동이 없다는** 원리에 그들이 얼마나 근거하고 있는가에 대해 보여주고자 그들의 논조를 인용했을 뿐이다.

따라서 나는 행동을 개입시키는 한, 의식의 내부 법칙에 관한 원리를 찾는 것을 이 교과서에서 다루어야 할 주제의 한계를 설정하는 준거로 삼을 것이다. 그러므로 신경이 하는 많은 일은 순수하게 생리적인 것이어서, 이 책에서는 언급되지 않을 것이다. 그리고 신경계통과 감각기관의 해부도 새삼 기술하지 않는다. 독자들은 마틴(H. N. Martin)의 『인체(*Human Body*)』와 래드(G. T. Ladd)의 『생리심리학(*Physiological Psychology*)』과 그 밖의 모든 표준 해부학과 생리학 책에서 기초적이고, 또 이 교과서에서는 당연한 것으로 간주되는 많은 양의 지식을 얻을 수 있을 것이다.[3] 그러나

대뇌반구는 의식에 직접 공헌하므로, 그 기능에 관해서는 다소나
마 설명하는 것이 좋겠다.

.

1) Geo. T. Ladd: *Elements of Physiological Psychology*, (1889). pt., III, chap. III, 9, 12.
2) Zur Analysis der Wirklichkeit. p.489.
3) 포유동물의 뇌를 공부하는 것이 가장 손쉽다. 양의 머리를 얻어 작은 톱, 끌, 수술 칼 그리고 핀(이 네 가지는 수술 도구상에서 얻을 수 있다)을 가지고 홀든(Holden)의 *Manual of Anatomy*와 같은 인체 해부 책의 도움을 받거나 포스터(Foster)·랭글리(Langley)의 *Practical Physiology*나 모렐(Morrell)의 *Comparative Anatomy and Dissection of Mammalia* (Longmans) 같은 책에 있는 개별적인 세부 지침에 따라 양의 머리 부분을 해체하라.

제2장
뇌(腦)의 기능
(THE FUNCTIONS OF THE BRAIN)

　나무 밑동을 자르기 시작하더라도 나뭇가지는 움직이지 않으며, 잎새는 평소와 다름없이 바람에 살랑거린다. 이와 대조적으로 다른 사람의 발에 타격을 가하면, 즉시 그의 신체 전부가 경계하는 움직임이나 방어하는 동작을 취해 공격에 대응하는 반응을 보인다. 이런 차이가 생기는 이유는 인간에게는 신경계통이 있지만, 나무는 신경계통을 갖고 있지 않기 때문이다. 신경계통은 신체 각 부분이 서로 조화로운 협동을 하게 하는 기능을 한다. 나무를 찍는 도끼처럼 거친 물건이든 광선 파장처럼 섬세한 물건이든, 어떤 물리적 자극에 의해 흥분되면, 구심성(求心性) 신경이 신경 흥분을 신경 중추에 전달한다. 신경 중추에 전달된 흥분은 거기에 그냥 머무르는 것이 아니라, 충분히 강하면, 원심성(遠心性) 신경을 통해 근육과 선(腺)에 이르러, 사지와 내장 운동이나 내분비 활동

35

을 일으킨다. 물론 이런 활동은 동물에 따라 다르다. 이와 같은 반응 활동은 일반적으로 생명체에게 유용하다는 공통된 성질을 갖고 있다. 이런 신경 활동은 해로운 자극은 제거하고, 유익한 자극은 고취시킨다. 다른 한편, 자극 자체는 해롭지도 유익하지도 않지만, 실제 있을 수 있는 멀리 떨어진 중요한 상황을 미리 알리는 신호자극이 되어, 그 동물이 원격(遠隔) 상황에 지향된 행동을 취하여, 경우에 따라서는 파멸을 피하고 또 이득을 얻을 수도 있게된다. 흔한 예로, 내가 정거장에 들어왔을 때 차장이 외치는 '승차'라는 말을 들으면, 처음에는 내 심장이 멎었다가 다시 뛰기 시작하고, 내 다리는 고막을 두드리는 차장의 외치는 소리가 일으킨 공기 진동에 반응하여 빠르게 움직이게 된다. 뛰어가다 무엇에 걸리면, 넘어지려고 한다는 감각이 넘어지는 방향으로 손을 내미는 팔 운동을 일으켜, 그 결과 신체를 급격한 충격으로부터 보호하게된다. 눈에 잿가루가 들어가면, 눈꺼풀이 꼭 닫히고, 하염없이 눈물이 흘러 잿가루를 씻어낸다.

그러나 감각 자극에 대한 이 세 가지 반응은 여러 점에서 다르다. 눈이 감기고 눈물이 흐르는 것은 아주 불수의적이다. 심장이 혼란하게 되는 것도 똑같이 불수의적이다. 이와 같은 불수의적 반응을 우리는 '반사(反射, reflex)'라 한다. 넘어지려는 충격을 막는 팔 운동도 반사라 부를 수 있다. 왜냐하면, 이 운동은 아주 빨리 나타나서, 지성(知性)에 따른 의도된 운동이라고 할 수 없기 때문이다. 이 운동이 본능적인가 또는 어린 시기의 보행 훈련(步行 訓練) 결과로 생긴 것인가의 여부는 분명하지 않다. 어쨌든 이 운동은 앞의 두 행동보다는 덜 자동적이다. 왜냐하면, 의식적으로 노력하면 그 운동을 좀더 숙련되게 하는 것을 배울 수 있고, 또 팔을 움직이는 행동을 전혀 하지 않도록 학습될 수도 있기 때문이다. 본능과 의지가 대등하게 참여하는 이런 종류의 활동을 '반절반사(半折反射, semi-reflex)'라고 부른다. 그러나 기차를 향해 뛰는 행동은 본능이란 요소를 갖고 있지 않다. 그 행동은 순전히 교육의 결과이며, 도달해야 할 목표에 대한 의식과 분명한 의지 명령이 행동에 앞서 선행한다. 이와 같은 행동이 '수의(隨意) 행동'이다. 동물의 반사와 수의 행동은 이처럼 조금씩 농도를 달리하면서 서로 상대 쪽으로 변해 들어가, 자동적으로 이루어지는 활동에 의해 연결되는 일이 많지만, 의식적 지성에 따라 달라지는 경우도 많다.

타인 행동에 수반되는 의식을 직접 지각할 수 없는 외부 관찰자는 자동 행동과 의지에 따른 행동을 전혀 구별하지 못한다. 그러나 가정된 목표에 도달할 타당한 수단 방법을 선택하는 행동이 정신의 존재를 증명하는 준거라면, 자동 행동이나 의지에 따른 행동이나, 모두 지성에 의해 야기된 것으로 볼 수도 있다. 왜냐하면, 이들 행동 모두를 특징짓는 것은 똑같이 그 행동들이 **적절한 목표**에 도달하는 행동이라는 사실이기 때문이다. 이제 이와 같은 사실은 의식과 신경 기능의 관계에 관해 정반대의 두 이론을 성립시키게 한다. 어떤 저술가는 감성이 앞에서 인도해야 고도의 수의적 행동이 가능하다는 사실을 알게 되어, 의식되지는 못해도 감성이 가장 저급한 반사도 관장한다고 결론지었다. 다른 필자들은 반사 활동과 반절 자동 행동은 적절한 행동이기는 하지만 외견상 완전히 무의식적으로 나타나는 것을 발견하고, 앞의 저술가와는 정반대의 극단으로 비약하여, 적절한 행동이 수의적 행동인 경우마저도 거기에서는 의식으로부터 어떤 도움도 얻지 못한다고 주장한다. 이런 필자에 따르면, 수의적 행동도 순수하고 단순한 생리적 기제의 산물이 된다. 뒷장에서 이 논쟁에 다시 돌아갈 것이다. 여기에서는 뇌를 더 자세히 살피고, 뇌의 상태가 정신 상태를 좌우한다고 생각되는 양상들을 좀더 자세하게 살펴보기로 한다.

개구리의 신경 중추
(THE FROG'S NERVE-CENTERS)

뇌조직 해부와 세부 생리는 현 세대의 업적 또는 그보다도 과거 20년 동안의 마이네르트(Meynert)로부터 시작하는 업적이라 말할 수 있다. 많은 점이 아직도 모호하고 논쟁 대상으로 남아 있으나, 뇌라는 기관을 개념화하는 일반적 방법은 모든 사람에게 널리 알려지고 있다. 뇌의 주요 특징에서 볼 때 이러한 방법은 일리가 있는 것으로 보이며, 대뇌 작용과 정신 작용이 병행하는 양상에 관한 가장 그럴 듯한 도식을 제공한다.

　이 주제에 들어가는 가장 좋은 방법은 개구리와 같은 하등동물을 생체 해부하는 방법에 따라 여러 신경 중추의 기능을 해부하는 것이다. 개구리의 신경 중추는 그림 1에서 보는 바와 같고, 더 설명할 필요가 없다. 우선 여러 마리의 개구리 개체에서 흔히 학생들이 하는 방법에 따라, 즉 수술의 정밀도에는 그다지 엄격한 주의를 기울이지 않고 뇌의 앞부분을 각기 다른 분량만큼 제거했을 때, 어떤 일이 일어나는지에 대해 차례차례 관찰해 보기로 하자. 이와 같이 하면, 우리는 대뇌반구와 하위 뇌가 가장 강력하게 반대로 기능한다는 사실을 포함해 여러 중추의 기능에 관한 아주 간단한 개념을 얻을 수 있을 것이다. 이렇게 얻은 단정적인 개념은 교육적인 장점이 있다. 왜냐하면, 지나치리만큼 간단한 공식에서부터 시작하여, 그 공식을 다음에 시정하는 것이 도움이 되는 경우가 많기 때문이다. 차차 알게 되겠지만, 개구리와 조류(鳥類)를 사용한 좀더 신중한 실험 결과와 개와 원숭이와 사람을 사용한 가장 최근에 관찰된 결과를 보면, 그런 단정적인 엄격한 개념은 어느 정도 시정되지 않을 수 없다. 하지만 그와 같은 단정적인 개념으로 된 공식은 애초에 그런 공식이 없었더라면 얻을 수 없었으리라고 생각되는 어떤 기본 개념을 얻게 하고, 또 그런 기본 개념을 분명하게 변별해 내도록 할 것이며, 뒤에 가서 좀더 복잡한 견해를 얻는다 해도 그 기본 개념과 그 기본 개념을 변별해 내게 된 사

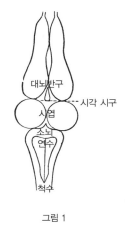

대뇌반구

시각 시구

시엽

소뇌

연수

척수

그림 1

실을 뒤엎지는 못할 것이다.

두개골 기저부(基底部) 뒤쪽 척수(脊髓)와 연수(延髓) 사이를 절단하여, 다른 부분과 뇌와의 모든 연결을 분리시킴으로써 개구리의 신경계통을 척수만 남도록 줄이면, 개구리는 계속 살아 있기는 하지만 아주 특이하고 변형된 행동을 한다. 이런 개구리는 숨을 쉬거나 먹이를 삼키지 못하고, 배를 땅에 대고 납작하게 눕혀도 정상 개구리처럼 앞발을 뻗고 앉지 못한다. 그러나 윗다리는 정상적으로 접어서 몸통에 붙이며, 뒷다리를 잡아 폈다 놓으면 즉시 다시 접은 상태로 되돌아간다. 몸을 뒤집어놓으면 그대로 꼼짝 않고 드러눕고, 정상 개구리처럼 몸을 돌려 배를 밑으로 하고 앉지 못한다. 보행과 발성은 완전히 소멸된 것처럼 보인다. 코를 꿰어 매달고, 피부의 여러 부분을 산성 약품으로 자극하면, 척수만 있는 개구리는 자극 약품을 씻어 내기 위한 일련의 계산된 놀라운 '방어(防禦)' 동작을 취한다. 앞가슴에 약품이 묻으면, 두 앞다리가 활발하게 가슴을 문지른다. 만약 약품 액체가 팔꿈치 바깥 부분에 닿으면, 같은 쪽의 뒷발이 곧바로 그 장소로 올라가 약품을 씻어낸다. 무릎을 약품으로 공격하면 발등으로 무릎을 문지르고, 만약 이때 발이 절단되면 다리 동체가 헛된 움직임을 한다. 그 다음에는 마치 생각을 하고 있는 것처럼 한동안 움직임을 멈추었다가, 곧이어 절단되지 않은 반대쪽 발을 산성 약품이 묻어 있는 장소로 가져가는 개구리도 많다.

이와 같은 모든 동작들의 가장 뚜렷한 특징은 합목적적이고 적절한, 아주 정확한 동작이라는 것이다. 감각이 남아 있는 개구리에게 적당한 양의 산성 약품 자극을 주면, 이런 동작이 거의 변함없이 나타나는데, 마치 줄을 잡아당길 때마다 다리를 실룩거리도록 되어 있는 인형의 기계적 동작과 흡사하다. 개구리의 척수는 이와 같이 피부 자극을 방어 동작으로 전환하게 하는 데 적합한 신경세포와 신경섬유 장치를 가지고 있다. 따라서 우리는 척수를 **방어 동작 중추**라 부른다. 좀더 세분해 나갈 수도 있다. 척수를 여러 부위에서 절단하여, 머리와 팔과 다리 운동을 하게 하는 각각 독립된 기제를 각기 분리된 척수 부분들이 관장하고 있다는 것을 알 수도 있다. 숫개구리 팔을 지배하는 척수 부분은 번식 계절에 더욱 활동적이다. 두 팔이 붙은 가슴과 등만 남고, 나머지 신체 부분이 모두 절단되어도, 숫개구리는 두 팔 사이에 가져간 사람 손가락을 꽉 잡고 상당 시간 매달려 있을 수 있다.

다른 동물의 척수도 유사한 능력을 갖고 있다. 사람에게서도 척수가 방어 동작을 취하게 한다. 반신불수 환자도 간질이면, 다리를 들어올린다. 로빈(Robin)은 사형수 목을 친 다음, 한 시간 후에 가슴을 간질이면, 그 장소로 팔과 손이 움직여 가는 것을 보았다. 골츠와 다른 사람들이 실시한 포유동물의 척수에 있는 저급한 기능에 관한 훌륭한 연구들은 여기서 언급할 필요도 없다.

두 번째 개구리 표본에서는 시엽(視葉) 바로 뒤쪽을 절단하여 소뇌와 연수가 척수에 붙어 있게 하면, 삼키고, 숨 쉬고, 기고, 또 약간 약해지기는 하지만 뛰고, 헤엄치는 동작이 앞서 척수만 남은 개구리에서 관찰된 동작에 첨가된다.[1] 그 밖에 다른 반사도 있다. 등을 땅에 대고 눕히면, 개구리는 곧 뒤집어 배를 밑으로 하여 앉는다. 물을 담고 회전하는 얕은 그릇 속에 개구리를 넣으면, 개구리는 떠서 처음에는 그릇이 도는 방향과 반대 방향으로 머리를 움직이고, 다음에는 전신을 움직여 그릇 회전에 반응한다. 그릇이 한쪽으로 기울어 머리가 아래로 내려가면, 머리를 위쪽으로 향하게 한다. 또 머리가 위쪽으로 향하면 아래쪽으로 내려가게 하고, 머리가 왼쪽으로 기울면 오른쪽으로 향하게 하는 등의 반응을 한다. 그러나 개구리의 반응은 이와 같은 머리 운동 이상으로는 넘어가지 못한다. 이 두 번째 표본의 개구리도, 시구(視丘)가 있는 개구리처럼 앉아 있는 널판자를 기울이면, 널판자를 기어올라가지 못하고 미끄러져 땅에 떨어진다.

만약 시구와 시엽 사이를 절단하면, 개구리는 땅 위나 물 위에서의 이동 운동이 아주 정상적이며, 좀더 하위 중추들이 보여준 반사에 첨가하여, 앞발 밑을 꼬집을 때마다 규칙적으로 개골개골

하고 운다. 이런 개구리는 머리를 움직여 수중 회전을 보상하고, 몸통을 뒤집으면 제자리 자세로 도로 뒤집는다. 그러나 앉아 있는 널판자가 기울면, 아직도 미끄러져 떨어진다. 이 수술에는 흔히 시신경이 파괴되기 때문에, 전진하려는 길목에 장애가 있을 때 개구리가 그 장애물을 피해 갈 수 있는가의 여부는 확실하게 말할 수 없다.

끝으로 시구를 그냥 두고, 대뇌피질(大腦皮質)과 시구 사이를 절단하여 대뇌피질만을 떼어내면, 경험이 없는 관찰자는 처음에는 어떤 이상이 있는지를 쉽게 알아 챌 수 없다. 적절하게 자극하면 이미 기술한 모든 동작을 할 수 있을 뿐만 아니라 시각의 도움을 받기도 하는데, 따라서 개구리와 광선 사이에 장애물을 설치하고 앞으로 전진하도록 강요하면, 장애물을 뛰어넘거나 한쪽으로 비껴간다. 대뇌피질만 떼어낸 개구리도 적절한 번식 계절이 되면 성적 열정을 보이지만, 두 팔 사이에 놓여진 물건은 어떤 것이든 움켜잡는 뇌 없는 개구리와는 달리, 암개구리를 만날 때까지 움켜잡는 반사가 일어나지 않는다. 그리하여 앞서 말한 바와 같이, 잘 모르는 사람들은 이런 개구리를 대뇌피질이 절제된 개구리라고 의심하지 않는다. 그러나 이런 사람들도 곧 이 개구리가 자발적인 동작을 거의 하지 않는다는 사실을 알게 될 것이다. 즉 눈앞에 현전(現前)하는 감각 자극에만 반응할 뿐, 감각 자극이 없을 때는 전혀 운동을 하지 않는다. 물 속에 넣으면 계속 헤엄치는 동작을 하지만, 그 헤엄은 물과 피부와의 접촉에서 생긴 필연적 결과인 것처럼 보인다. 그리고 예를 들어 막대기를 개구리 머리에 대면, 헤엄치는 동작을 멈춘다. 막대기는 반사 활동을 일으켜, 자동적으로 다리를 끌어당겨 그 위에 앉아 있도록 하는 감각 자극이다. 배고픔을 보이지 않고, 파리가 코 위를 날아 성가시게 굴어도 잡아채지 않는다. 또한 대뇌피질이 없는 개구리에서는 공포가 떠나버린 것 같다. 한 마디로 이런 개구리는 고도로 복잡한 기계이며, 어떤 자발적 행동을 한다면, 그 행동은 자기 보존을 지향하는 행동일 뿐이다. 즉 대뇌피질 없는 개구리는, 설명할 수 없는 어떤 요소를 갖고 있는 것으로 보이지 않는다는 의미에서, 어디까지나 기계이다. 마치 풍금 치는 사람이 어떤 구멍 마개를 빼면, 특정한 소리를 반드시 듣는 것과 마찬가지로, 올바른 자극을 주면, 거의 일정한 고정된 반응을 얻는 것이 확실하다.

그러나 하위 신경 중추에 대뇌반구를 첨가하면, 즉 수술하지 않은 개구리를 관찰 대상으로 삼으면, 모든 사정은 달라진다. 앞에서 언급한 눈앞의 감각 자극에 대한 반응에 더하여, 말짱한 개구리는 **자발적**으로 장기간 복잡한 이동(移動) 행동을 하며, 마치 관념에 의해 이동 행동을 하는 것처럼 보인다. 외부의 자극에 대한 반응 형식도 달라진다. 머리 없는 개구리처럼 건드리면 뒷발로 간단한 방어 동작만을 취하거나, 대뇌피질이 없는 개구리처럼 한두 번 뛰다가 제자리에 주저앉는 것이 아니라, 말짱한 개구리는 단지 생리학자의 손이 닿은 다음에야 방어 동작을 취하지는 않는다. 즉 무엇인가가 접촉할 것이라고 암시하는 위험에 대한 관념이 동작의 촉진제가 되는 것처럼 계속적으로 여러 가지 도피 노력을 한다. 배고픔을 느끼면 곤충이나 물고기나 작은 개구리를 먹이로 찾으며, 먹이를 다루는 절차도 먹이의 종류에 따라 달라진다. 생리학자는 말짱한 개구리를 개골개골 소리내게 하거나, 널판자 위를 기어오르게 하거나, 수영하게 하거나, 수영을 멈추는 동작들을 마음대로 조종할 수 없다. 말짱한 개구리의 행동은 헤아릴 수 없이 다양하다. 우리는 이제 그의 행동을 정확하게 예측할 수 없다. 도망치려는 노력이 가장 우세한 반응이다. 그러나 그 밖의 반응도 할 수 있다. 우리 손 위에서 몸을 부풀리거나, 완전히 수동적인 모습을 취할 수도 있다.

개구리의 이와 같은 행동들은 흔히 관찰되는 현상이며, 또 우리가 자연적으로 받아들이는 인상들이다. 어떤 일반화된 결론을 여기에서 알 수 있다. 무엇보다도 다음과 같은 결론을 얻을 수 있다. "신경 중추가 작용하는 경로가 여러 통로에 걸쳐 있지만, 끝에 가서는 모두 같은 근육을 사용한다"는 결론이다. 머리 없는 개구리가 뒷다리로 산성 약품을 씻을 때 사용하는 모든 다리 근육들을, 연수와 소뇌를 갖고 있는 개구리는 몸이 뒤집어졌을 때 배를 밑으로 하여 제대로 앉는 데 사용한다. 그러나 이 두 경우 다리 근육이 서로 다르게 **결합하여** 수축하기 때문에 결과가 달라진다. 이런 결과에서 우리는 척수에는 피부에 묻은 것을 씻어내고, 연수에는 몸을 뒤집는 특수 신경세포와 신경섬유 장치가 있다고 결론지어야 한다. 마찬가지로 시구에는 눈으로 보고, 장애물을 뛰어넘고, 움직이고 있는 신체의 균형을 잡는 특수 장치가 있다는 결론을 얻게 된다. 그러나 뇌반구가 있다는 것은 새로운 **신체 운동형식을 초래**하는 **새로운 요소를 만들어내는** 것은 아니며, 다만 어떤 신체 운동이 나타날 경우를 **구별하여 결정함**으로써 덜 숙명적이고 덜 기계적으로 자극이 작용하도록 할 뿐이며, 우리는 뇌반구에 근육 수축을 직접 조정하는 장치가 있다고 가정할 필요는 없다. 오히려 피부를 씻어내는 동작을 일으키라는 명령이 뇌반구에서 출발하면, 그 명령을 전달하는 신경 흥분이 척수에 있는 피부를 씻어내게 하는 신경 장치로 곧바로 전도되어, 이들 장치 전체를 흥분시킨다고 가정할 수 있을 것이다. 마찬가지로 수술받지 않은 말짱한 개구리가 눈으로 본 돌멩이를 뛰어넘으려면, 개구리가 할 일은 다만 뇌반구에서 신경 흥분을 보내어 신경 중추를 흥분시킴으로써 시구나 다른 어디든 뛰어넘는 운동을 하는 것이다. 그러면 이 하위 신경 중추가 뛰어넘는 운동을 실행하는 세부적인 일들을 마련할 것이다. 마치 장군은 대령에게 어떤 작전을 하도록 **명령하지만**, 작전을 어떻게 수행하라는 것을 일러주지 않는 것과 같다.[2)]

따라서 동일한 근육이 반복하여 여러 상위(上位) 수준의 명령을 표현하며, 각 수준에서 근육들은 다른 근육들과 각각 다르게 결합함으로써 특정 형식의 협동 동작을 취한다. 그리하여 각 수준에 따라 특정 감각 자극에 의한 특정 신체 운동이 발생한다. 그리고 척수에서는 피부 자극만이 신체 운동을 일으킨다. 시엽 상부에서는 눈의 작용이 첨가되어 신체 운동을 일으킨다. 시구에서는 삼반 고리 기관(三半 規管)이 여기에 참여하는 것 같다. 다른 한편, 뇌반구를 흥분시키는 자극은 요소 감각이 아니고, 오히려 일정한 대상 또는 일정한 사물을 형성하는 집단적인 감각이 자극이 된다. 대뇌 반구가 없는 개구리는 먹이를 쫓거나 적을 피하지 못한다. 환경에 대응하는 이런 복잡한 반응은 반사라고 하기보다는 본능이라 부르며, 개구리에서도 벌써 뇌의 가장 높은 부분인 뇌엽(腦葉)들에 생존이 의존되며, 동물 진화 척도에서 더 고등한 동물들에서는 고급한 뇌엽들에 점점 더 많이 의존하여 생존이 유지된다.

실험실 실습에서 흔히 있는 것처럼 개구리 대신 비둘기 뇌반구를 절단해도 같은 결과를 얻는다. 뚜렷하게 흥분시키면, 뇌 없는 비둘기도 비둘기가 할 수 있는 신체 운동 중에서 할 수 없는 것은 없으며, 다만 내부로부터의 촉진 작용이 없어, 혼자 내버려두면 자고 있는 것처럼 머리를 어깨 밑으로 처박고, 대부분의 시간을 바닥에 쭈그리고 앉아 지낸다.

뇌반구에 관한 일반 개념
(GENERAL NOTION OF HEMISPHERES)

위에서 언급한 모든 사실을 고찰해 보면, 다음과 같은 설명 개념에 이르게 된다. 즉 하위 신경 중추는 현전하는 자극에 대해서만 작용한다. 뇌반구는 지각과 고려(考慮, consideration)에 따라 작용하고, 뇌반구가 받아들이는 감각은 다만 지각을 얻고 고려할 것을 암시하는 역할만 할 뿐이다. 그러나 지각이란 감각이 한데 뭉친 것이 아니고 무엇인가? 그리고 고려라는 것도 공상 속에서 행동이 이러저러한 경로를 취하는 데에 따라 이렇게도 저렇게도 느껴지는 감각을 기대하는 것이 아니고 무엇인가? 방울뱀을 보고 그 동물이 아주 위험하다는 것을 고려하여 옆으로 피한다면, 그와 같은 나의 신중한 반성을 불러일으키는 정신 소재는, 생생한 정도에는 다소 차이가 있지만, 정신 속에 생겨난 심상(心像)들이다. 그런 심상들은 뱀 머리가 움직이는 심상, 갑자기 다리에서 느끼는 아픔의 심상, 또 무섭다는 정신 상태와 다리가 부어오르고, 오한이 나고, 헛소리하고, 의식을 잃게 되는 것과 같은 심상들, 그리고 나의 희망이 무너지고 있다는 심상들일 것이다. 그러나 이와 같은 모든 심상은 나의 과거 경험으로부터 꾸며진 것들이다. 그런 심상들은 내가 체험했거나 목격한 것이 재생된 것들이다. 요컨대 이들 심상은 오래전에 있었던 감각이다. 뇌반구 없는 동물과 말짱한 동물의 차이는 말짱한 동물은 현전하지 않는 대상에도 반응하지만, 뇌반구 없는 동물은 현전하고 있는 대상에 대해서만 반응하는 데 있다고 말함으로써 간명하게 표현될 수 있다.

대뇌반구는 기억하는 장소로 간주될 수 있는 것 같다. 과거 경험의 흔적이 대뇌반구에 저장되어 있다가 현전한 자극에 의하여 일깨워지면, 처음에는 오랜 옛날에 있었던 좋은 표상과 궂은 표상으로 정신 속에 나타나고, 다음에는 그 흔적이 궂은 표상은 떨쳐버리고, 이득을 확보하기 위하여 좋은 표상만 배출되어, 적절한 운동신경 통로 속으로 들어간다. 신경 흥분의 흐름을 전류와 같은 것으로 간주한다면, 대뇌반구의 하위에 있는 신경계통인 C는 그림 2의 S....C....M 선을 따라 감각기관으로부터 근육에 이르는 직접 회로(回路)와 같은 것으로 비유할 수 있다. 대뇌반구 H는, 어떤 이유에서든 직접 도선(導線)이 사용되지 못하게 되었을 때에, 전류가 통과하게 되는 긴 회로 또는 환상 도선(環狀 導線)을 이루게 된다.

더운 날씨에 지친 도보 여행자는 단풍나무 밑 축축한 땅 위에 몸을 던진다. 직접 도선을 통해 쏟아져 들어오는 달콤한 휴식과 서늘한 감각이 자연적으로 방출되어, 모든 신체 근육으로 확산될 것이다. 그리하여 그는 이 위험한 휴식에 잠겨버릴 것이다. 그러나 그의 환상 도선은 열려 있어, 일부 신경 흥분의 흐름이 이 환상 회로를 따라 흘러들어가, 류머티스나 복통을 일으켰던 기억을 불

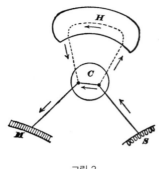

그림 2

러일으키고, 이 기억이 휴식의 달콤한 감각 흥분보다 우세하면, 그 사람을 일어나게 하여, 더 안전하게 휴식을 즐길 수 있는 방법을 찾도록 할 것이다. 우선 대뇌반구라는 환상 도선이 이와 같은 기억 저장 장소 역할을 하는 것으로 가정될 수 있는 까닭에 대해 검토해야 할 것이다. 그 동안 뇌반구가 기억의 저장 장소이기 때문에 생기는 약간의 부대 원리들을 독자들은 유의하기 바란다.

첫째 대뇌반구가 없으면, 어떤 동물도 사고를 하거나, 수행하던 행동을 중지시키거나, 지연시키거나, 연기시키거나, 여러 동기들을 저울질하여 비교하거나 할 수 없다. 한 마디로, 대뇌반구가 없는 동물에게는 신중(愼重)이란 불가능한 덕목이다. 따라서 자연은 신중이란 덕목에 따라 수행되는 기능들을 하위 중추로부터 떼어낸 후 대뇌에 넘겨주었다는 것을 알 수 있다. 복잡한 특성들이 있는 환경을 다루어야 하는 곳에서는 언제나 생명체에게 있어 신중한 것이 덕(德)이 된다. 고등동물은 신중하게 행동하게 된다. 그리고 복잡한 특성을 지닌 환경을 동물이 잘 다루면 다룰수록 그런 동물을 더 고등한 동물이라 한다. 따라서 고등동물에서는 대뇌반구의 도움없이 할 수 있는 행동은 점점 더 적어진다. 개구리는 많은 행동을 전적으로 하위 중추에 맡기며, 조류는 약간의 행동을, 설치류(齧齒類)는 아직도 어느 정도의 행동을, 그리고 개는 아주 약간의 행동만 하위 중추에 맡기는 반면, 원숭이와 인간은 하위 중추에 자신의 행동을 전혀 맡기지 않는다.

이렇게 되어 얻어지는 이득은 분명하다. 먹이를 잡는 것을 보기로 들어, 그 행동이 하위 중추의 반사 동작에 속하는 것이라고 생각해 보자. 그렇게 되면, 사정이 어떠하든 먹이가 나타나기만 하면, 언제나 그때마다 숙명적이고 필연적으로 그 먹이를 잡아채도록 운명지워졌을 것이다. 물그릇 밑에 불을 피우면 물이 끓지 않을 수 없는 것과 마찬가지로, 동물은 먹이를 잡아채려는 충격을 거역할 수 없을 뿐이다. 그의 삶은 과식(過食)에 따라오는 죄과를 반복해서 치러야 할 것이다. 보복당하기 쉽게 적에게 노출되고, 덫에 노출되고, 독극물에 노출되고, 포식으로부터 생기는 위험에 노출되는 것이 그의 일상적인 삶의 일부가 되지 않을 수 없을 것이다. 먹이가 유혹하는 힘과 거기에 있는 위험을 저울질하는 사고 작용과 배고픔을 좀더 오래 참으려는 의지가 전혀 없다는 것이 정신 진화가 하등에 속한다는 직접적인 척도가 된다. 양놀래기나 득충개와 같이 낚시에서 떼어 물 속으로 도로 던져넣자마자 자동적으로 또다시 낚시를 잡아채는 물고기는 바로 멸종으로 그들의 지능 퇴화를 보상해야 하며, 그들의 지나친 다산(多産)으로도 신중하지 못함을 상쇄하지는 못할 것이다. 따라서 고등 척추동물에서는 식욕과 식욕이 야기하는 행동을 대뇌 기능이 관장한다. 이런 고등동물에서는 생리학자의 수술 칼이 하위 중추만 남겨두면, 식욕과 관계되는 모든 행동은 사라진다. 뇌 없는 비둘기는 곡식 더미 속에 놓아두어도 굶어 죽는다.

또 성(性) 기능을 살펴보자. 조류에서는 성 기능이 오로지 뇌반구에 위탁되어 있다. 대뇌반구가 제거된 비둘기는 이성 비둘기가 부리를 비비거나 꾸르륵 소리를 내어 사랑을 표현해도 관심을 보이지 않는다. 골츠는 발정(發情)한 암캐가 대뇌 조직에 큰 손상을 입은 수캐에게 성적 정서를 일으키게 하지 못하는 것을 관찰했다. 다윈(Charles Darwin)의 『인간의 혈통(*Descent of Man*)』이란 책을 읽은 사람은 이 저자가 조류에서 혈통 개량을 위한 단순한 성적 선택에 얼마나 많은 중요성을 두었는가 하는 것을 알고 있을 것이다. 성행위가 있으려면, 모든 환경 조건과 감정이 충족되어야 한다. 즉 시간과 장소, 그리고 상대가 모두 적절해야 성행위는 실천에 옮겨진다. 그러나 개구리와 두꺼비에서는 성적 열정이 하위 중추에 맡겨지고 있다. 따라서 이들은 감각 흥분만 있으면 기계처럼 순종하며, 선택 능력이 거의 전적으로 배제된다. 교미는 **숙명적이든 아니든** 되는 대로 나타나서, 때로는 수컷끼리, 때로는 죽은 암컷과도 교미하며, 대로변에 노출된 물구덩이에서도 교미하며, 수놈의 몸통을 두 동강이 나게 잘라도 껴안는 동작이 사라지지 않기도 한다. 해마다 봄이 되면, 이런 원인 하나만으로도 수많은 이들 양서류의 생명은 희생되어 간다.

모든 인간 사회에서 문화 향상이 얼마나 성적 순결의 보급에 달려 있는가 하는 것은 말할 필요도 없다. 문명과 야만을 구별하는 어떤 요인도 성적 순결 이상 더 좋은 척도가 될 수 있는 요인은 없다. 생리학적으로 해석한다면, 성적 순결이란 뇌에 야기된 미감(美感)적 적절성이나 도덕적 적절성에 대한 정보가 목전의 감각 충격을 압도하는 환경 조건이 조성되었다는 사실을 의미하고, 또 성행위가 오로지 대뇌의 금지 영향 또는 허용 영향에 직접 의존하고 있다는 사실 외에는 어떤 것도 의미하지 않는다.

대뇌 자체에 기인된 정신 생활이라도, 직접적인 정신 생활에 대한 고려와 원격한 정신 생활에 대한 고려 사이에는 성행위에서와 마찬가지로 일반화될 수 있는 구별이 있다. 어떤 시대에나 가장 원격한 목표에 따라 결심을 하는 사람은 좀더 고급한 지성을 가진 사람으로 간주된다. 그때그때의 한때를 위해 사는 뜨내기, 하루하루의 일거리에 매달리는 보헤미안, 자기 혼자만의 삶을 위해 생계를 꾸미는 독신자, 다음 세대를 위하여 일하는 아버지, 지역 사회 전체와 많은 세대를 생각하는 애국자, 끝으로 인류 전체와 영원을 위하여 걱정하는 철학자나 성직자, 이들은 모두 단절 없는 연속적 위계로 배열되며, 이어지는 그 위계에서 각 상위 단계는 대뇌 중추를 하위 중추와 구별하게 하는 특정 행동 형식을 점점 더 많이 표출하여 나타나게 하고 있다.

오래된 것을 기억하고 관념을 보존한다고 생각되는 환상 도선에서도, 그 도선 활동이 물리적 과정인 한에서는, 하위 중추 활동을 해석하는 형식에 따라 해석해야 한다. 하위 중추에서 반사 과정으로 간주되는 것은 환상 도선에서도 마찬가지로 반사 과정으로 취급되어야 한다. 환상 도선에서나 하위 중추에서나, 우선 구심적으로 신경 흐름이 흘러들어 온 다음에만 신경 흐름이 원심적(遠心的)으로 흘러나가게 된다. 그러나 신경 흐름이 흘러나가는 통로가 하위 중추에만 국한되는 곳에서는, 반성이 고정되거나 거의 없이 신경세포 장치 사이에서 신경 흐름이 결정되며, 이에 반하여 대뇌반구에서는 반성이 다양하고 고정되어 있지 않다. 그러나 이는 정도 차이일 뿐 종류가 다른 것은 아니며, 신경 흐름의 통로를 결정하는 것이 반사 유형인 것은 변함이 없다. 모든 행동이 반사 유형에 따른다는 개념은 현대 신경생리학의 기본 개념이다. 이만하면 신경 중추에 관한 예비 개념으로는 충분할 것이 아닌가! 생리학의 관찰에 의해 이 기본 개념을 세부적으로 확정하기에 앞서, 좀더 분명하게 이 관념을 규정해 보기로 하자.

대뇌반구에 대한 교육
(THE EDUCATION OF THE HEMISPHERES)

신경 흐름이 감각기관을 통하여 흘러들어오면, 하위 중추에서 반사 작용을 유발하는 것과 동시에 뇌반구에서는 관념을 일으킨다. 관념은 문제되고 있는 반사를 계속하게 할 수도 있고, 중지시킬 수도 있으며, 또한 다른 반사로 대치시킬 수도 있다. 모든 관념은 결국 기억되는 것이기 때문에, 해답을 얻어야 할 질문은 "정신 속에 있는 기억에 상응하는 대뇌반구 과정이 어떻게 조직될 수 있는가?"[3]라는 물음이다.

만약 다음 4개 가정이 허용된다면, 기억에 대응하는 대뇌반구 조직이 만들어질 수 있는 방법에 관한 개념을 쉽게 얻어낼 수 있을 것이다. 이들 가정은 (어차피 이들 가정 모두 불가피하게 성립되어야 하지만) 다음과 같다.

1) 감각기관이 외부로부터 자극될 경우 대상에 대한 지각을 얻는 바로 그 대뇌 과정은 대뇌의 다른 과정에 의해 내부로부터 자극받을 경우에도, 외부로부터 자극되는 것과 같은 대상에 대한 관념을 만들어낼 것이다.

2) 만약 1, 2, 3, 4라는 과정이 동시에 또는 곧바로 연속해 나타난 일이 예전에 있었다면, 다음에 이들 중 어느 한 과정이 나타나도 (외부 자극으로든 내부 자극으로든) 모든 다른 과정들은 원 순서대

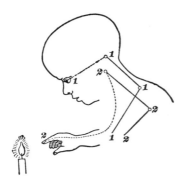

그림 3

로 나타날 것이다(이것이 이른바 '연합 법칙'이다).

3) 하위 중추에 전달되는 모든 감각 흥분은 상향 방향으로 확산하여 관념을 만들어내는 경향이 있다.

4) 모든 관념은 궁극적으로는 신체 운동을 산출하던가, 이미 산출된 신체 운동을 제지한다.

이제 (이들 가설이 용납되어) 우리 앞에 촛불을 처음 보는 아이가, 그 연령의 아이들에게 흔히 있는 반사 성향에 따라 손을 내밀어 촛불을 잡아서, 손가락에 화상을 입었다고 생각해 보자. 여기까지는 두 가지 반사 흥분이 작용했다. 첫째는 눈으로부터 그림 3에 있는 1-1-1-1의 선을 따라 손을 펴 내미는 운동에 이르는 반사이고, 둘째는 손가락으로부터 2-2-2-2 선을 따라 손을 뒤로 움츠리는 운동 반사이다. 이 두 반사를 일으키는 것이 아이에게 있는 신경 계통의 전부이고, 또 반사가 전적으로 기계적이면, 아무리 여러 번 이런 경험이 되풀이되더라도 그의 운동에는 변화가 없을 것이다. 망막의 촛불상은 항상 팔을 앞으로 내밀게 만들고, 손가락이 뜨거우면 언제나 팔을 뒤로 움츠릴 것이다. 그러나 '손에 화상을 입은 아이는 불을 무서워한다'는 것을 우리는 알고 있기에, 보통은 단 한 번의 경험으로도 충분히 손가락을 영원히 보호할 수 있다. 요점은 대뇌반구가 어떻게 이 결과를 생기게 하는지를 아는 것이다.

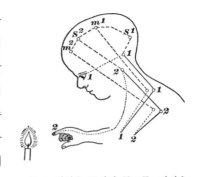

그림 4. 점선은 구심성 통로를, 절선은 신경 중추들 간의 통로를, 실선은 원심성 통로를 지칭한다.

우리는 그림을 좀더 복잡하게 만들어야 한다(그림 4 참조). 눈으로부터 오는 1-1 통로 신경 흥분이 하위 시각 중추에 도달하면, 상하로 전달되어 뇌반구에 s^1이라는 지각을 일으키고, 또 팔을 뻗는 느낌이 신경 흥분을 위로 보내 m^1이라는 흔적을 남기고, 다음으로 화상을 입은 손가락이 유사한 흔적 s^2를 남기고, 팔을 움츠린 운동이 m^2를 남긴다. 이들 네 과정은 앞서 세운 가정 2에 따라 $s^1-m^1-s^2-m^2$라는 통로로 연합되어, 첫 번째 과정에서부터 마지막 과정까지 통로가 열려 있어, 무엇이든 s^1을 건드리면, 팔을 뻗으려는 관념과 손가락에 화상을 입었다는 관념과 팔을 뒤로 움츠린다는 관념 등이 연속적으로 빠르게 머릿속을 스쳐 지나갈 것이다. 따라서 다음에 아이에게 촛불이 주어질 때, 그 아이의 동작에 미칠 영향은 쉽게 상상될 수 있다. 불빛을 보면, 물론 그것을 잡으려는 반사를 일으킨다. 그러나 동시에 그 반사에 대한 관념과 다음에 당할 아픔에 대한 관념, 그리고 팔을 뒤로 움츠린다는 관념 등을 더불어 일어나게 한다. 만약 이와 같은 대뇌 과정이 하위 중추의 직접 감각보다 강도가 우세하면, 이 끝의 관념이 운동을 방출하는 최종 단서가 될 것이다. 그리하여 촛불을 잡는 동작은 중도에서 제지되고, 손을 뒤로 움츠리게 되어, 어린아이의 손가락은 무사할 것이다.

이 모든 것에서 우리는 대뇌반구가 **생래적으로** 어떤 특정 감각 인상과 어떤 특정 운동 방출을 짝짓고 있는 것은 아니라고 가정할 수 있다. 대뇌반구는 다만 하위 반사 중추에서 이미 조직된 연결을 기록해 두고, 그 연결에 대한 흔적을 보존하고 있을 따름이다. 그러나 이것은 다음과 같은 사실을 불가피하게 야기한다. 즉 어떤 연쇄적 경험들이 이미 대뇌반구 속에 기록되어 있고, 그 경험 연쇄의 첫 고리가 외부로부터 자극받으면, 그 경험 연쇄의 최종 고리는 실제 **사실**로 존재하기 훨씬 앞서 **관념** 속에 나타나 있을 것이라는 것이다. 이 경험 연쇄의 최종 고리가 이전 신체 운동과 연결된 것이라면, 이제는 그 최종 고리에 대한 인상이 실제로 나타날 것을 기다리지 않고, 단지 그 관념에 대한 암시만으로도 해당 신체 운동을 나타나게 할 것이다. 그리하여 대뇌반구를 갖고 있는 동물은 미래에 대한 **예기**에 따라 행동하게 된다. 앞에 제시한 공식을 사용하면, 대뇌반구를 가진 동물은 원격한 좋은 일이나 궂은 일을 고려한 다음 행동한다고 하겠다. 반사적으로 연결된 특정 인상과 특정 운동을 짝이라고 하면, 뇌반구 기능은 그런 **짝들을 서로 교환**하는 것이라고 할 수 있다. 태어날 때 감각 s^n의 짝이었던 운동 m^n은 뇌반구를 통하면, s^1과 s^2 및 s^3의 짝이 되기도 한다. 이렇게 짝을 교환하는 대뇌는 마치 중앙 전화국의 거대한 전화 교환기와도 같다. 뇌반구에는 새로운 어떤 과정들이 있는 것이 아니며, 대뇌반구에만 있는 어떤 특유한 감각 인상이나 운동 기능은 없고, 하위 중추의 기계적 구조만으로는 불가능한 무수한 감각과 운동의 결합과 그 결합의 결과로 생긴 생명체의 행동 가능성을 무한하게 증가시키는 기능만 있을 뿐이다.

이 모든 것은 도식으로[4] 볼 때에는 아주 분명하고, 또 대체적 외양에서 사실과 일치하므로 거의 믿지 않을 수 없다. 그러나 세부에 들어가면, 이 견해도 그렇게 분명한 것은 아니다. 최근 대뇌 생리학은 대뇌반구에서 또는 하위 중추에서 감각과 운동의 연결이 이처럼 일어나는 경로를 찾아내려고 크게 노력하였다.

따라서 우리는 이들 연구 방향에서 발견된 사실들에 비추어 이도식을 다시 검증해야 할 것이다. 이러한 연구 결과들을 감안해 보면, 우리가 갖고 있는 위의 도식은 하위 중추를 지나치게 기계처럼 취급하고, 뇌반구를 너무나 기계가 아닌 것처럼 다루고 있으며, 그런 경직성에는 어느 정도 융통성 있는 결론을 내려야 한다고 나는 생각한다. 논의의 서두는 이것으로 마친다. 우리를 기다리고 있는 세부 사항에 들어가기에 앞서, 현대 뇌반구에 관한 관점과 바로 그에 앞서 나타난 **골상학(骨相學)**이 주장하는 개념을 대조해 보면, 우리의 생각은 조금 더 분명해질 것이다.

골상학의 대뇌반구에 관한 개념
(THE PHRENOLOGICAL CONCEPTION)

어떤 의미에서는 대뇌가 우리의 정신 작용에 어떻게 공헌하는지에 대해 자세히 설명하려 한 최초의 사람은 갈(Gall)이다. 그가 취한 방법은 그저 간단할 따름이다. 그는 능력심리학을 정신 측면의 최종 원리로 삼았고, 더 이상 심리학적으로 분석하지 않았다. 그는 아주 뚜렷한 성품 특질을 가진 사람을 만나면, 그의 머리를 조사했다. 그리하여 그 사람 머리의 어떤 부분이 두드러지면, 서슴지 않고 머리의 그 두드러진 장소가 문제되는 성품 특질이나 능력을 다루는 '기관'이라고 말하였다. 그가 분류한 개인 성품의 특질은 아주 다양한 구성을 하고 있다. 어떤 특질은 '무게'나 '색'과 같은 단순 감각이고, 어떤 특질은 '영양 섭취'나 '호색(好色)'과 같은 본능적 경향이며, 또 다른 특질은 '양심'이나 '개성'과 같은 복합적인 결과물이기도 했다. 골상학은 학문하는 사람들 사이에서 곧 인기가 떨어졌다. 왜냐하면, 관찰 결과 어떤 능력이 많다는 것과 어떤 머리 부분이 '돌출'되었다는 것이 공존하지 않는 것 같기 때문이고, 또 갈의 도식이 너무 광범위하여 정확한 장소 결정을 하기 힘들었기 때문이다——누가 자신의 형이나 동생에 대해서라도 무게 지각이나 시간 지각이 잘 발달했다는 것을 말할 수 있겠는가?——또 갈과 슈푸르츠하임(Spurzheim)의 추종자들은 수긍이 갈 만하게 이런 오류를 수정하지 못했으며, 끝으로 심리학자들의 관점에서 보면, 능력 분석이란 모두 막연하고 잘못된 것으로 생각되었다는 등의 이유 때문이다. 그럼에도 불구하고 골상학의 지식을 갖는 인기 있는 교수들은 일반 청중의 존경을 계속 받았다. 골상학이 뇌의 여러 부분들의 기능에 관한 우리의 학문적 호기심을 충족시키지 못했음에도 불구하고, 재치 있는 골상학 시술자들에 의해서는 계속 인간 개인의 성품을 읽는 쓸모 있는 재주로 사용되고 있었다. 이들에 따르면, 매부리코와 건장한 턱은 실천적인 에너지가 있다는 징표이고, 부드럽고 섬세한 손은 세련된 감수성의 상징이 된다. 그리고 눈이 툭 튀어나온 것은 말재주가 있다는 표시이고, 굵은 목덜미는 관능적이라는 신호이다. 그러나 눈과 목 뒤에 있는 뇌가 골상학이 배정한 능력을 갖는 기관일 수 없고, 마찬가지로 턱이 의지의 기관일 수 없으며, 손이 세련됨의 기관이 될 수는 없는 것이다. 그러나 정신과 신체 사이에는 이와 같은 상관관계가 자주 눈에 띄기 때문에, 골상학을 전공하는 사람들이 제시한 인간 '성품'에 관한 해석은 그들이 박식하고 통찰력이 있다는 것을 보여주는 듯해 놀랄 만하다.

골상학은 질문을 제기하는 방법을 바꾼 것 이상을 벗어나지 못한다. '왜 내가 아이들을 좋아하는가?' 라는 질문에 대해 '당신이 가지고 있는 아이를 좋아하는 기관이 크기 때문' 이라고 대답하는 것은 단지 설명해야 할 현상을 바꾸어 말한 것에 지나지 않는다. 내가 가지고 있는 아이를 좋아하는 성품이란 무엇인가? 그 성품은 어떤 정신 요소로 구성되어 있는가? 어떻게 뇌의 한 부분이 그런 성품의 기관이 될 수 있는가? 정신에 관한 학문은 '아이를 좋아하는 성품' 과 같은 복합적인 표현을 좀더 단순한 **요소**들로 환원시켜야 한다. 뇌에 관한 학문은 뇌에 있는 요소들의 기능을 지적해야 한다. 정신과 뇌의 관계에 관한 학문은 정신의 기본 구성 요소가 뇌의 기본 기능과 대응한다는 것을 입증해야 한다. 그러나 골상학은 우연한 일치를 제외하고는, 그 요소들의 일치에 관한 설명을 전혀 하지 못한다. 골상학에서 말하는 '능력' 은 특정 정신 자세를 지닌 사람에게는 일반적으로 충분히 장치되어 있다. 일례로 말하는 '능력' 을 들어보자. 이 능력은 실제 여러 개별 능력들을 포함하고 있다. 첫째, 구체적 사물에 관한 심상과 사물에서 추상되는 성질이나 관계에 관한 관념을 우리는 가져야 하며, 다음으로 단어 기억을 가지고 있어, 각 관념과 심상을 특정 언어와 결합함으로써, 그 단어를 들었을 때 그에 해당되는 관념을 곧바로 나타낼 수 있는 능력을 갖고 있어야 한다. 거꾸로 관념이 우리 정신 속에 나타나면, 즉시 그 관념과 단어 심상을 결합시키고, 그 심상에 따라 발성 기구를 신경 지배하여, 물리적인 소리로 단어를 재생해야 한다. 언어를 읽거나 쓰기 위해서는 이 밖에도 다른 요인들이 도입되어야 한다. 그러나 회화(會話) 능력 하나만이라도 아주 복잡하여, 기억·상상·연합·판단·의지 등의 기본 정신 작용이 사용되는 것이 분명하다. 그와 같은 언어 능력이 있을 타당한 자리가 될 수 있는 뇌의 부분이란 축소된 뇌 전체여야 하며, 언어 능력 자체가 실제 인간 개인 전체인, 말하자면 일종의 축소 인간이 가지고 있는 능력을 표현한 것이 될 것이다.

그러나 골상학에서 다룬 기관은 대부분 이와 같은 축소 인간이다. 랑게(Lange)는 다음과 같이 말하고 있다.

"우리는 왜소 인간들이 한데 모인 의회를 갖고 있다. 우리에게 있는 이들 왜소 인간은, 실제로 의회에서 일어나는 것과 마찬가지로, 각기 한 가지 관념만 가지고 있어, 그것을 끊임없이 보급하려 노력한다"——즉 자비심·단호함·희망·휴식과 같은 관념을 보급하려 한다. "단일 정신이 아니라 골상학은 40개 정신을 제공하지만, 이 각각의 정신은 하나만으로도 40개 정신 전체를 종합한 정신 생활만큼이나 수수께끼에 차 있다. 골상학은 정신 생활을 유효한 요소로 분할하지 않고, 정신 생활을 특정 성품을 지닌 개인들로 구분한다…. 정신적 목자(牧者)인 X라는 목사가 자동차 기관 구조에 관한 설명을 몇 시간 한 다음, 그것을 듣고 있던 농민들이 '목사님 그 속에 말(馬)이 있는가 봅니다' 라고 외쳤다. '속에 말이 있다' 는 것으로 진정 모든 것이 분명해지고 있다. 그러나 아마 그 말은 괴상한 종류의 말일 것이다. 말 자신은 어떤 설명도 요구하지 않는다. 골상학은 영혼의 실체라는 괴물을 상정하는 관점을 뛰어넘고자 출발했지만, 같은 차원의 괴물로 두개골 전체를 꽉 채우는 결과를 초래하였다."[5]

현대과학은 이 주제를 전혀 다르게 생각하고 있다. 뇌와 정신은 똑같이 감각과 운동이라는 단순한 단일 요소로 되어 있다고 생각한다. 잭슨(Hughlings Jackson) 박사[6]는 "가장 하위 중추로부터 가장 상위 신경 중추(의식의 물질적 토대)에 이르기까지 모든 신경 중추는 오로지 감각 인상과 운동을 맡고 있는 신경 장치로 되어 있을 뿐이다… 나는 뇌를 구성하는 어떤 자료가 그 밖에 있을 수 있는가 하는 것을 알지 못한다"라고 말했다. 대뇌반구 피질을 신체의 모든 근육과 모든 감각의 투사 표면으로만 간주한다면, 마이네르트는 이 주제에 대하여 잭슨 박사와 같은 점을 표명하고 있는 셈이다. 근육 점과 감각 점들은 각각 대뇌피질상의 점들로 묘사되고, 뇌는 이런 모든 피질상의 점들을 합친 것에 지나지 않으며, 이 피질상의 점들에 대응하는 만큼의 관념이 정신 쪽에서 상응한다고 한다. 다른 한편, 연합주의 심리학자들은 정신을 형성하는 기본 요소가 감각 관념과 운동 관념이라고 주장한다. 그러므로 뇌와 정신을 분석하면, 그 사이에는 완전한 병행이 있어, 원과 삼각형으로 표시되는 작은 점들이 선으로 이어지는 동일 도표로 대뇌 과정과 정신 과정을 동일하게 상징으로 잘 표현하게 된다. 점은 세포와 관념을 대신하고, 선은 신경섬유와 관념 연합을 표시한다. 뒤에 가서 정신과 관계된 부분에서 이와 같은 분석은 비판되어야 할 것이다. 그러나 이와 같은 분석이 극히 자연스럽게 사실을 공식화하는 가장 편리하고, 가장 쓸모 있는 가정이란 것은 의심할 여지가 없다.

따라서 다양하게 연합되는 운동 관념과 감각 관념이 정신 재료(材料)인 것을 인정한다면, 정신과 뇌의 관계에 관한 완전한 도표를 만들기 위해 우리에게 필요한 것은 다만 어떤 감각 관념이 뇌의 어떤 감각 투사 표면과 상응하며, 어떤 운동 관념이 뇌의 어떤 근육 투사 표면과 상응하느냐의 여부를 확인하는 일일 것이다. 이때 연합은 서로 다른 뇌 표면들을 연결하는 신경섬유에 해당될 것이다. 많은 생리학자[예를 들어 뭉크(Munk)]들은 정신 요소인 여러 관념들이 이처럼 뚜렷한 **대뇌 국재**(大腦 局在)를 이룬다는 것을 '공준(公準, postulate)'으로 삼고 있다. 현 세대에 신경생리학이 보여준 가장 열렬한 논쟁거리는 **국재** 문제였다.

대뇌피질의 기능 국재(局在)

(THE LOCALIZATION OF FUNCTIONS IN THE HEMISPHERE)

예전 1870년까지 우세한 견해는 비둘기 뇌에 대한 플로렌스(Flourens)의 실험이 가장 그럴 듯하다는 것이었다. 즉 뇌반구 기능 차이는 각기 분리된 국재에 있는 것이 아니라, 뇌 전체의 도움으로 기능 차이가 생긴다는 것이다. 그러나 1870년 히치히(Hitzig)는 개의 뇌에서 일정한 피질 범위에 전기 자극을 줌으로써 운동을 야기할 수 있다는 사실을 증명하였다. 그리고 페리어(Ferrier)와 뭉크(Munk)는 그로부터 약 6년 후 뇌에 자극을 주거나, 뇌를 절제하거나, 또 이 두 가지를 겸하여 실시한 결과, 똑같이 시각·촉각·청각 및 후각과 각각 연결되는 피질의 일정한 영역이 있다는 것을 증명한 것 같이 보였다. 그러나 뭉크가 발견한 특정 감각의 국재가 페리어의 그것과 일치하지 않았으며, 골츠는 뇌 절제 실험에서 어떤 감각이든 엄격한 국재와는 반대된다는 결론에 도달했다. 이 논쟁은 아직도 끝나지 않았다. 역사적으로는 이 문제에 대해 더 이야기할 것이 없다. 다만 이 주제가 현재 어떤 상황에 있는가 하는 것만을 간단히 설명하기로 하겠다.

현재 유일하게 **완전히** 확정된 것은 다음과 같은 것이다. 피질의 롤랜도(Rolando) 뇌열(腦裂) 양쪽에 있는 "중앙" 회전("中央"回轉, central convolutions)과 (적어도 원숭이에서는) 뇌량(腦梁)-변연(邊緣)

회전(calloso-marginal convolutions, 뇌 양 반구가 서로 마주 보고 있는 중앙 표면의 중앙 회전과 이어지는 부분)이 대뇌피질을 출발하는 모든 운동 자극이 통과하는 영역이며, 운동 흥분은 여기를 지나 뇌교 (腦橋, pons), 연수(延髓, medulla), 척수(脊髓, spinal cord) 등에 있는 실행 중추에 전달되고, 결국에는 이 실행 중추로부터 근육 수축 흥분이 방출된다는 것이다. 이른바 '운동영역 (運動領域, motor zone)'이라 불리는 이 영역의 존재는 다음에 제공되는 바와 같은 일련의 증거에 의하여 확정되었다.

(1) 대뇌 흥분(cortical irritations). 개, 원숭이 또는 기타 동물의 앞에 언급한 대뇌피질 회전 표면에 아주 약한 강도의 전류를 흘려 자극하면, 자극된 피질 회전 표면의 장소에 따라 얼굴·팔·다리·꼬리·몸통 등에 아주 뚜렷한 운동이 일어난다. 이런 운동은 반드시 자극된 뇌의 반대 측에서 일어난다. 즉 왼쪽 뇌반구가 자극되면, 운동은 오른쪽 다리와 오른쪽 얼굴에서 나타난다. 처음에 이 실험에 대해 제기된 반론들은 모두 극복되었다. 이런 운동은 뇌의 기저부(基底部)가 자극되어 신경 흥분을 밑으로 확산시킨 결과 생긴 것이 아닌 것은 확실하다. 왜냐하면, 다음과 같은 사실 때문이다. a) 기계적 자극으로도 운동을 일으키지만, 전기 자극보다 쉽지 않다. b) 피질 표면 부위에서 전극을 조금만 옮겨도 운동이 달라지며, 전류의 물리적 전도에 있는 속성의 변화만으로는 설명할 수 없을 정도로 운동이 변한다. c) 만일 어떤 특정 운동을 일으

키는 피질 '중추'를 예리한 칼로 칼집만 내고 그 밖에는 모두 그대로 두어도, 이 수술로 물리적으로는 전기 전도에 달라진 것이 없지만, 생리적 전도는 소멸되고, 같은 강도의 전기 자극으로는 이전에 일으켰던 운동을 일으킬 수 없다. d) 뇌피질을 전기 자극한 순간과 운동이 일어나는 순간의 시간 간격은 물리적으로 신경 흐름을 전도하는 경우의 시간 간격이 아니라, 생리적으로 작용할 때 걸리는 시간 간격과 일치한다. 신경 흥분을 척수를 통과시킴으로써 근육을 흥분시키는 반사 운동의 경우, 운동신경에 직접 신경 흥분을 전달할 때보다 더 오랜 시간이 걸린다는 것은 잘 알려진 사실이다. 즉 척수의 신경세포에서 신경 흥분을 방출하는 데 시간이 걸리는 것이다. 마찬가지로 피질에 직접 자극을 가하면, 해당 피질 장소를 절제한 다음 전극을 피질 밑에 있는 백색(白色) 신경 섬유 속에 삽입하여 자극할 때보다 근육 수축이 1초의 100분의 2 또는는 3 정도 늦게 나타난다.[7]

(2) **피질 절제**(cortical ablations). 개의 앞다리 운동을 일으키는 피질 장소를 절제하면(그림 5의 점 5를 보라), 관련된 다리가 영향을 받는다. 처음에는 그 다리가 완전히 마비된 것처럼 보인다. 그러나 곧 다른 다리와 함께 사용되지만, 불편해한다. 그 다리로는 몸무게를 지탱하지 못하고, 다리 뒤쪽을 땅에 대고 있거나, 다른 다리와 꼬인 그대로 서 있고, 책상 위에 그 다리를 올려놓으면 떼어 내려놓지 못하고, 수술 전에는 앞발을 내밀어 잡도록 할 수 있었

지만 그렇게 할 수 없었으며, 그 발로 정상일 때처럼 먹이로 준 뼈다귀를 잡지 못하고, 평평한 지면을 달릴 때나 스스로 몸을 흔들 때 그 먹이 뼈다귀를 떨어뜨린다. 운동과 더불어 모든 감각도 없어진 것처럼 보였다. 그뿐만 아니라 수의적으로 똑바로 가지 못하고, 뇌 수술한 쪽으로 기울어지는 경향이 있었다. 모든 이와 같은 증상은 점차 줄어들어, 상당히 심하게 뇌 손상을 입어도, 8주 내지 10주 후면 건강한 개와 외관상 구별할 수 없게 된다. 그러나 이때에도 클로로포름으로 약간만 마취시켜도 장애가 아직 재생된다. 운동할 때 운동 협동 기능의 실조(失調, ataxic)가 나타난다——즉 왼쪽 다리를 평상시 보다 높게 올리고, 더 강하게 내려놓는다. 그러나 이 운동 실조는 정상 보행의 협동 동작의 상실을 초래하지는 않는다. 또 운동 마비도 일으키지 않는다. 어떤 운동을 하든 운동 강도는 그만큼 강하다——즉 운동 영역의 광범한 파괴가 있어도 개는 여전히 높이 뛸 수 있고, 뼈를 꽉 물 수도 있다. 그러나 뇌 수술 영향을 받은 다리로는 **쉽게 움직여 어떤 일이든 잘 하지는 못하는 것 같다.** 러브(Loeb) 박사는 누구보다도 개의 운동 장애를 철저하게 연구하였으며, 이와 같은 운동 장애를 뇌 손상을 입은 반대쪽 신체에 대한 신경지배 과정이 전체적으로 둔화된 결과라고 개념화하였다. 수술된 모든 동물은 어떤 운동을 하려면 평소보다 더 많은 노력을 해야 하고, 평소 정도의 노력을 해서는 그 효과가 훨씬 뒤졌다.[8]

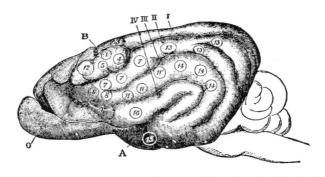

그림 5. 페리어에 따른 개의 왼쪽 반구. A는 실비우스(Sylvius) 뇌열, B는 십
자형 뇌구, O는 후구. I, II, III, IV는 각각 제1, 제2, 제3, 제4 외측 회
전을 표시한다. (1), (4)와 (5)는 S형 회전 위에 있다.

개의 운동 영역 전부를 제거하여도 어느 쪽이든 영구적인 운동
마비는 없으며, 다만 두 쪽을 비교하면, 수술 영향을 받은 쪽에 상
대적으로 이상한 무기력이 있을 따름이다. 그리고 수술 후 수 주
일이 지나면, 이 무기력도 거의 눈에 띄지 않게 된다. 골츠 교수는
왼쪽 반구 전체가 파괴되어도 다만 신체의 오른쪽 반신(半身)에만
약간의 무기력이 있었던 개에 관한 보고를 하고 있다. 특히 이 개
는 뼈다귀를 물어뜯으면서 꽉 붙잡고, 고기 조각을 끄집어당기는
데 오른쪽 발을 사용할 수 있었다. 수술 전 앞발 내미는 것을 가르
쳤더라면, 수술 후 앞발 내미는 능력이 회복되는가 하는 것을 알
려는 호기심을 자아냈을 것이지만, 그러지 못하였다. 오른쪽 촉각
이 영구히 저하되었다.[9] 원숭이에서는 운동 영역이 제거되면, 진

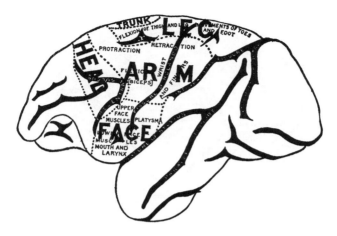

그림 6. 원숭이 뇌의 왼쪽 반구 표면

정한 운동 마비가 생긴다. 제거된 뇌 부분에 따라 마비되는 신체 부분도 달라진다. 원숭이에서는 수술된 뇌와 반대쪽 팔이나 다리가 축 늘어지고, 기껏해야 관련되는 운동에 그 팔과 다리가 약간 참가할 뿐이다. 전체 운동 영역이 제거되면, 영구적인 반신불수가 되고, 다리보다 팔이 더 많이 영향을 받는다. 그리고 수술 후 몇 개월 지나면, 사람에서 불치의 반신불수[10]가 있은 다음 나타나는 것과 같은 근육 축소가 따라 일어났다. 새퍼(Schaefer)와 호슬리(Horsley)에 의하면, 피질 **양쪽** 뇌량–변연 회전이 파괴되면, 원숭이 동체 근육에 마비가 온다고 한다(그림 7 참조). 개와 원숭이의 이와 같은 차이는 일반화될 수 있는 어떤 결론을 유도하는 것이

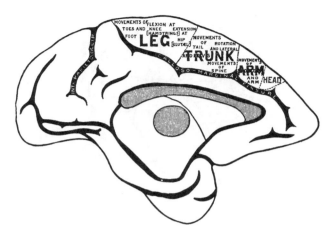

그림 7. 원숭이 뇌의 왼쪽 반구, 중앙 표면

위험하다는 사실을 입증해 준다. 호슬리가 제공한 원숭이 뇌 운동 영역 그림을 여기 첨부한다.[11]

사람에서는 사고(事故)나 병〔종양·출혈·뇌 연화(軟化) 등〕으로 피질을 절제한 **사후 관찰**(死後 觀察)을 하는 수밖에 없다. 피질 절제 상태로 살아 있는 동안 나타나는 결과는 국재된 신체 부위에 경련이 생기거나, 반대측의 일정 근육이 마비되는 것이다. 어김없이 이와 같은 결과를 야기하는 인간의 피질 영역은 개나 고양이나 원숭이와 같은 동물에서 연구된 영역과 일치한다. 그림 8과 그림 9는 엑스너(Exner)가 철저하게 연구한 169사례에서 얻은 결과이다. 사선 부분은 손상되어도 운동 장애가 생기지 않는 영역이다.

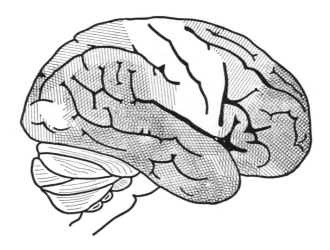

그림 8. 인간 뇌의 오른쪽 반구, 측면 표면

희게 남겨둔 부분은 이와 반대로 손상되면 반드시 어떤 종류든 운동 장애를 수반하는 대뇌피질 영역이다. 인간에게서는 피질 물질의 손상이 심하면 마비가 영구적이고, 원숭이의 경우와 똑같이 마비된 근육 부분에 근육 경직(硬直)이 따라 일어난다.

(3) **하행 퇴화**(下行 退化, descending degenerations). 하행 퇴화는 대뇌피질 롤랜도 영역과 척수의 운동신경 통로가 직접 연결되어 있다는 것을 증명해 준다. 사람이나 하등 동물에서나 롤랜도 영역이 파괴되면, 2차 경화(硬化, sclerosis)라 불리는 특이한 퇴화 변화가 생긴다. 이 2차 경화는 아주 일정하게 뇌의 백색(白色) 신경섬

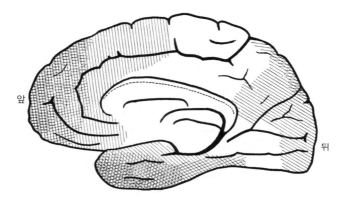

그림 9. 인간 뇌의 오른쪽 반구, 중앙 표면

유질을 통하여 아래쪽으로 뻗어내려가, 내측 피막(被膜, capsule)
과 궁형체 교각(弓形體 橋脚, crura)과 뇌교를 통하고, 연수의 전부
(前部) 삼각추(三角錐, anterior pyramids) 속으로 들어가, 거기서부
터 (절반은 교차하여 반대측으로) 밑으로 직접 척수의 전주(前柱)와
교차된 측주(側柱)에 이르는 특정한 신경 색도(索道, strand)를 침해
하는 것을 볼 수 있다.

(4) **해부학적 증명**(anatomical proof). 롤랜도 영역과 척수의 운동
신경주 (神經柱, motor column)가 연결되어 있다는 것은 이미 해부
학적으로 증명되었다. 플레히시히(Flechsig)의 '추상 신경 통로(錐
狀 神經 通路, pyramidenbahn)'는 연수의 삼각추로부터 상향으로
올라가, 내측 피막(內側 被膜, internal capsule)과 방선관(放線冠,

corona radiata)을 거쳐, 문제되고 있는 회전(그림 10)에 이르는 끊어짐이 없는 신경 색도(索道)를〔인간 태아에서는 신경섬유에 백색 '수초(髓梢, sheath)'가 씌워지기 전엔 직접 추적된다〕 형성한다. 하위 중추의 어떤 회색질(灰色質, gray matter)도 중요한 이 신경섬유 색도와는 관계하지 않는 것 같다. 이 추상 신경 통로는 직접 대뇌피질로부터 척수의 운동신경세포로 통하며, 운동신경에 대한 영양 공급에 척수 세포가 영향을 미치는 것과 꼭 마찬가지로, 퇴행 현상이란 사실이 보여주는 바와 같이 추상 신경 통로에 적절한 영양을 공급하는 일에 피질 세포가 영향을 미치고 있다. 이 운동신경 색도 통로의 어떤 부분이든 전기 자극을 가할 수만 있으면, 개에서는 피질 표면을 자극할 때 나타나는 것과 유사한 운동이 일어나는 것이 증명되었다.

신체 운동을 피질에 국재시키는 작업에 가장 도움이 되는 증거의 하나는 **운동성 실어증**(運動性 失語症, motor Aphasia)이라 불리는 언어 장애에서 볼 수 있다. 운동성 실어증은 음성 상실이 아니며, 또한 혀나 입술이 마비되는 것도 아니다. 이런 환자의 음성은 여전히 강하고, 설하신경(舌下神經, hypoglossal)과 안면신경(顔面神經, facial nerves)의 모든 신경 지배는 발성에 필요한 것을 제외하고는 모두 완전하게 작용한다. 이런 환자는 웃을 수 있고, 울 수도 있으며, 노래할 수도 있다. 그러나 말은 전혀 하지 못하든가, 되풀이되는 약간의 어휘가 그의 유일한 언어가 된다. 그렇지 않으

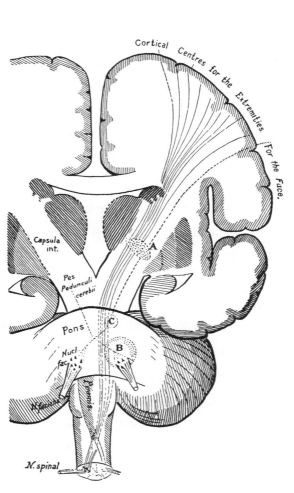

그림 10. 운동신경 색도를 보여주는 뇌의 도식 횡단면 – 에딩거(Edinger)에
따름

면, 그의 말은 앞뒤가 맞지 않고 혼란하며, 정도 차이는 있지만 발음이 틀리고, 단어 위치가 틀리거나, 단어를 빼먹기도 한다. 때로는 그의 이야기는 알아들을 수 없는 음절의 뒤죽박죽이 될 따름이다. 순수 운동성 실어증 사례에서는 자신이 저지른 잘못을 알아차리고, 격심한 고통을 받는 일도 있다. 이런 상태의 환자가 죽은 다음 뇌를 검색할 수 있을 때에는 언제나 전두회(前頭回, frontal gyrus)의 가장 밑쪽에(그림 11 참조) 상처가 있는 것이 발견된다. 브로카(Broca)가 1861년 처음 이 사실을 알았고, 그때부터 이 회(回, gyrus)를 브로카 회(Broca's Convolution)라고 한다. 오른손잡이 사람에서는 왼쪽 반구에서 손상이 발견되고, 왼손잡이 사람에서는 오른쪽 반구에서 손상이 발견된다. 대부분의 사람들은 왼쪽 뇌를 사용하므로 사실 모든 섬세하고 전문적인 운동은 왼쪽 대뇌에 책임이 있다. 일반적으로 오른손으로 섬세한 운동을 하는 것은 다만 왼쪽 뇌에 운동을 지배하는 책임이 있다는 사실에서 생긴 결과이며, 또 신경섬유가 거의 전부 교차하여 왼쪽 반구에서 오는 신경섬유 대부분이 신체의 오른쪽 반신(半身)으로 넘어감에 따라 생기는 결과가 외부로 나타난 것이다. 그러나 왼쪽 뇌가 우세하여도 결과가 외부로 드러나지 않을 수도 있다. 좌우 **양쪽** 기관이 모두 왼쪽 반구의 지배를 받는 경우에는 어떤 기관에서든 이런 일이 일어난다. 바로 이런 경우를 우리가 회화(會話, speech)라 부르는 고도로 섬세하고 특수한 운동을 하는 기관이 제공한다. 어느 쪽 반구도 몸통이나 사지나 복막 근육의 양쪽을 신경 지배하는 것처럼, 발성 기관의 양쪽도 신경 지배할 수 있다. 그러나 회화라는 특수 운동에서는 (실어증에서 볼 수 있는 사실에 의하면) 대부분의 사람에서 왼쪽 반구만이 습관적으로 전적인 책임을 지고 있는 것 같이 보인다. 왼쪽 뇌반구가 고장이 나면, 회화가 불가능하게 된다. 이 때 반대측인 오른쪽 반구는 음식 먹는 동작과 같이 덜 분화된 행동을 하게 할 수는 있지만, 말할 수 있게 하지는 못한다.

원숭이의 브로카 영역(Broca's region)을 전기 자극하면, 이 영역이 입술과 혀와 후두(喉頭)운동을 일으키는 것으로 확인되는 뇌 부분과 동질적인 영역이란 것이 눈에 띌 것이다(그림 6 참조). 따라서 이들 발성에 필요한 기관을 운동하게 하는 자극이 대뇌 하부 전두엽 부분에서 나간다는 증거는 아주 완전하다.

운동성 실어증에 걸린 사람은 일반적으로 다른 장애도 가지고 있다. 이 경우 우리에게 흥미로운 것은 **실서증**(失書症, agraphia)이라 불리는 증세이다. 이 증세에 걸린 희생자들은 **글을 쓰는** 능력을 상실한다. 그들은 씌어진 글은 읽고 이해한다. 그러나 필기도구를 사용할 수 없거나, 글을 쓰더라도 터무니없는 잘못을 저지른다. 이런 환자들에서는 뇌 상처 자리가 아직 그렇게 완전하게 결정되지 않았다. 왜냐하면, 결론을 내릴 만한 전형적 사례가 아직 충분하지 않기 때문이다.[12] 그러나 그들의 뇌 상처가 (오른손잡이 사람들에서) 왼쪽 뇌에 있다는 것은 의심할 여지가 없으며, 글을 쓰

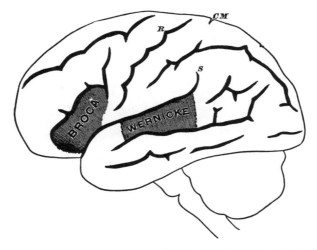

그림 11. 왼쪽 뇌반구를 도식적으로 그린 측면. 검게 된 부분이 파괴되면 운동성(Broca) 실어증과 2차(Wernicke) 실어증이 생긴다.

는 일을 담당하도록 특수화된 손과 팔에 해당하는 뇌 영역의 요소들로 되어 있는 것도 거의 의심이 되지 않는다. 손을 다른 용도로 쓰는 데는 장애가 거의 없거나 전혀 없어도 실서증 증세는 있을 수 있다. 만약 이 증세가 치유되지 않으면, 환자는 흔히 오른쪽 뇌반구를 교육시킨다. 즉 왼쪽 손으로 쓰는 것을 배운다. 후에 더 언급하게 될 또 다른 사례에서는 환자가 자발적으로나 다른 사람이 불러주면 글을 쓸 수는 있었지만, 자신이 쓴 글조차 읽을 수 없었다. 모든 이와 같은 현상들은 감성과 운동을 맡은 여러 뇌 중추들이 각기 분리되어 있다는 것과 그런 뇌 중추들을 서로 연합하는 신경 통로가 있다는 것으로 매우 분명하게 설명된다. 그러나 이에 관한 자세한 논의는 일반심리학보다 의학에 속하며, 여기서는 운동 국재의 원리를 예시하기 위해서만 이들 현상을 사용하였을 뿐이다.[13] 이 문제에 대해서는 시각과 청각의 주제에서 약간 더 언급해야 할 것이 있다.

내가 여기서 다룬 여러 갈래의 증거는 결정적으로 다음과 같은 명제를 확립하게 한다. 즉 건강한 동물에서는 **대뇌피질로부터 나오는 운동신경 흥분이 롤랜도 뇌열(腦裂, fissure) 근방의 회전으로부터 흘러나온다는 것이다.**

그러나 피질에서 나오는 운동신경 흥분에 포함된 것이 무엇인가 하는 것을 정확하게 규정하려고 하면, 모든 것이 모호해진다. 그 회전에서 독자적으로 신경 흥분이 시발하는가? 또는 신경 흥분이 어떤 다른 곳에서 시발하고, 이 회전은 다만 통과 통로에 지나지 않는가? 이 운동 피질에 있는 중추의 작용에 정신 작용의 어떤 특정 국면이 상응하는가? 이 점에 대해서는 권위 있는 다양한 견해로 나뉜다. 그러나 문제의 보다 깊은 측면에 들어가기에 앞서, 대뇌피질과 시각, 청각 및 후각과의 관계에 관하여 얻어진 사실들을 살펴보는 일이 좋을 것이다.

시각

(SIGHT)

페리어가 이 분야의 최초 연구자였다. 그는 원숭이의 **각형 회전**(角形 回轉, angular convolution)을 〔두정엽 내 뇌열(頭頂葉 內 腦裂, intra parietal fissure)과 시엽 외측 뇌열(視葉 外側 腦裂, external occipital fissure) 사이에 있고, 실비우스 뇌열의 위쪽을 둘러 구부러진 회전, 그림 6 참조〕자극하면, 시각을 얻을 경우와 같이 눈과 머리 운동이 나타나는 것을 보았으며, 또 이 회전이 절제되면, 반대측 눈에 완전한 영구적 맹증(盲症)처럼 보이는 현상이 나타난다는 사실을 알았다. 뭉크는 거의 같은 시기에 개와 원숭이의 **시엽**(視葉, occipital lobe)이 파괴되면, 완전하고 영구적인 맹증이 나타나지만, 각형 회전은 시각과 관계없는 안구 촉각에 대한 중추일 따름이라고 발표했다. 자신의 관찰에 절대적인 확신을 가지고 있었던 뭉크의 어조와 자기 이론을 강변하는 그의 오만은 그의 권위적 지위에 파멸을 초래했다. 그러나 그는 항구적인 가치를 지닌 두 가지 일을 해냈다. 즉 그는 생체 해부에 의하여 감각성 맹증과 **정신성 맹증**(psychic blindness)을 구별하고, 수술 후에 반드시 일어나는 초기 장애와 다음에 나타나는 기능 회복 현상을 최초로 기술한 사람이었다. 그리고 한쪽 뇌반구만 손상되었을 때 생기는 **반맹**(半盲, hemiopic)이란 시각 장애를 처음 주목한 사람이기도 하다. 감각성 맹증은 광선에 대한 완전한 불감증이다. 예를 들면, 정신성 맹증은 우리가 중국 한자로 쓴 글을 보아도 전혀 이해할 수 없는 것과 같이, 시각 인상이 주는 의미를 알아차리지 못하는 무능력 현상이다. 반맹이란 시각 장애는 어느 쪽 눈도 망막 전체가 장애를 입지는 않았지만, 예를 들어 각 망막의 왼쪽 부분만 맹증이 되어, 오른쪽 공간에 있는 사물을 볼 수 없는 장애이다. 그는 다음 관찰로 고등동물에서는 반맹 증세의 모든 시각 장애가 한쪽 뇌반구 손상에서 생긴다는 것을 확증하였다. 동물에게서 밖으로 드러난 맹증이 감각성인가 또는 정신성인가 하는 문제는 뭉크의 최초 발표가 있은 다음, 시각 기능과 관련된 모든 관찰에서 대답을 구해야 할 가장 중요한 문제였다.

골츠는 페리어나 뭉크와 거의 동시에 시각 기능이 어떤 국한된 뇌반구 부분에만 고정된다는 이론을 근본적으로 부정하는 실험을 보고하였다. 그후 곧 여러 상이한 결과들이 각처에서 쏟아져 나왔으므로, 이 주제에 대한 역사에는 더 이상 들어가지 않고, 주제의 현재 상황만을 다음에 보고한다.[14]

물고기와 개구리, 그리고 도마뱀에서는 대뇌 양 반구가 완전히 제거되어도 시각이 지속된다. 뭉크도 개구리와 물고기의 경우 이 사실을 인정했으나, 조류에서는 이를 부인했다.

뭉크가 실험에 사용한 모든 비둘기도 수술로 대뇌 양 반구를 제거하면, 완전한 맹증(감각성 맹증)이 되는 것 같이 보였다. 일반적으로 뇌반구를 절제한 비둘기가 촛불을 따라 머리를 움직이고, 심한 바람에 반응하여 눈을 깜박거리는 동작은 원시 시각이 하위 중추에 있다는 증명으로 간주되었지만, 뭉크는 그런 동작의 원인을 수술이 완전하지 못하여 남아 있는 대뇌피질 시각 영역의 잔여 부분 때문에 생긴 것이라고 생각했다. 뭉크 이후 슈라더(Schrader)가 완전하다는 것을 보장할 수 있을 만한 완벽한 조치를 취하여 수술하였다. 그의 실험 동물이었던 모든 비둘기들은 수술 후 2~3주 지나서 수술 상처로 생긴 제지 현상(制止 現象)이 사라진 다음에는 시각이 회복되었다. 수술받은 비둘기는 장애물이 있으면 반드시 피해 가고, 목표하는 나무를 향하여 아주 정상적으로 날아갔다. 실험 비둘기는 비교를 위해 함께 키운 단순히 **눈먼 비둘기와는 이 점에서 전적으로** 달랐다. 그러나 수술을 받은 비둘기는 땅에 뿌려놓은 먹이를 쪼아 올리지는 못했다. 슈라더는 뇌반구의 아주 작은 전두엽 영역 부분이라도 남아 있으면, 비둘기는 먹이를 쪼아 올릴 수 있다는 것을 알았다. 그리하여 대뇌의 시엽(視葉)이 제거되어 생기는 비둘기의 자체 급식 불능(自體 給食 不能)은 시각 결함이 아니고, 운동 결함, 즉 일종의 급식 불능(給食 不能, alimentary aphasia)으로 보게 되었다.[15)

뭉크와 그의 반대자 사이에서와 같은 불일치가 있는 곳에서는 뇌 수술 후 어떤 기능이 **상실**되는 것과 **보존**되는 것이 얼마나 많은 의미의 차이를 지니는가 하는 것을 잘 알아야 한다. 어떤 기능이 상실된다 하여도 절단된 뇌 부분이 그 기능을 담당하는 부분이라는 것을 반드시 증명하는 것은 아니다. 그러나 절단하여도 어떤 기능이 보존되면, 이는 그 기능이 그 절단된 부분에 있지 않다는 것을 결정적으로 증명하는 셈이 된다. 동일한 절제 수술을 하여, 100회 중 99회 기능 상실이 관찰되고, 기능 보존은 단 한 번일 뿐이라도 이 결론은 해당된다. 조류와 포유류에서 피질 절제로 맹증이 생길 가능성이 있다는 것은 의심할 여지가 없다. 단, 한 가지 문제는 반드시 그렇게 눈이 멀어야 하는가 하는 것이다. 이런 필연성이 있어야 어떤 특정 피질을 '시각의 자리'라고 확실하게 말할 수 있게 된다. 시엽으로부터 멀리 떨어진 대뇌 부분에 생긴 상처가 미친 원격 효과든, 시엽에 염증이 있어 생기는 확산된 제지 작용이든, 그 어느 하나로부터——한 마디로 간섭 효과——맹증이 기인될 가능성은 항상 있는 것이다. 이에 관한 브리운세카르(Brown-Séquard)와 골츠의 지적은 정당하고, 그 지적의 중요성은 날로 명백하게 되고 있다. 상처에서 생기는 이와 같은 원격 영향은 일시적인데 반하여, 절제로 뇌 영역이 실제 상실된 박탈 증상(剝奪 症狀, symptom of deprivation)은 〔골츠는 이를 탈락 현상(脫落 現象, Ausfallserscheinungen) 이라고 불렀다〕 성질상 영구적이어야 한다. 비둘기의 맹증이 일과적(一過的)이고 없어지는 일이 있는 한, 그 맹증에 대한 책임이 시각 자리가 상실된 것에 있다고 볼 수는 없다. 다만 시각 자리가 하는 작용을 일시적으로 억제하는 어떤 영향에 책임이 있다고 할 수 있을 뿐이다. 이와 같은 사실은 수술 결과가 다른 것처럼 보일지라도 모든 수술에 해당되며, 포유동물에 이르러서는 이 말의 중요성이 더 커진다는 것을 알 수 있을 것이다.

토끼에게서는 피질 전체를 상실해도 엉성한 행동을 하는 데는 충분하리만큼의 시각은 보존하는 것 같으며, 장애물을 피할 수 있다. 뭉크는 실험에 사용된 모든 토끼가 완전한 맹증이 되는 것을 관찰했지만, 크리스티아니(Christiani)[16]의 관찰과 논의는 토끼가 시각을 보존한다는 사실을 결정적으로 확정하였다.

뭉크는 개(犬)에게서도 시엽 절제 후 완전한 맹증이 되는 것을 관찰했다. 그는 더 나아가 피질의 일정 부위를 파괴하면, 동일측 또는 반대측 눈의 중앙·상단·하단 또는 오른편 또는 왼편에 맹증을 초래하는 두 망막의 일정 구획들과 상관 관계가 있는 뇌피질 부분을 결정하는 도표를 만들었다. 이와 같은 상관 관계가 있다는 것이 신기한 것은 의심할 여지가 없다. 그 밖에 골츠, 루치아니(Luciani), 러브, 엑스너 등과 같은 관찰자들은 한쪽 피질의 어떤 부위를 절제해도 보통 두 눈에 반맹 장애가 오는 것을 발견했고, 전두엽이 절제된 경우에는 장애가 비교적 가벼운 편이고 일과적(一過的)이지만, 시엽에 상처가 있는 경우에는 시각 장애가 심하고, 상처가 크면 클수록 그에 비례하여 장애가 장기간 지속되는 것을 발견했다. 러브에 의하면, 이 경우 생기는 결함은 시각이 희미해지는 '반 약시(半 弱視, hemiamblyopia)'이지만, 이때 (아무리 결함이 심하여도) 정상 개에서와 마찬가지로 망막의 중심은 여전히 가장 잘 보이는 부분이다. 망막 측면 부분은 오로지 같은 쪽의 피질과만 연결되어 있는 것 같다. 이와는 달리, 망막의 중앙과 코가 있는 쪽은 반대측 뇌반구 피질과 연결된 것 같다. 누구보다 폭넓은 견해를 가지고 있었던 러브는, 운동 장애를 개념화하는 경우와 마찬가지로, 반 약시를 전체 시각 기구 작용의 둔화가 증가된 표현이며, 그 결과 상처 입은 뇌반구와 반대쪽 눈앞 절반의 공간으로부터 오는 인상에 반응하려면 더 많은 노력을 하게 된다고 개념화하였다. 예컨대 오른쪽 눈이 반 약시된 개 앞에 고기 덩이 두 개를 매달면, 개는 반드시 처음에는 왼쪽에 달아맨 고기 쪽으로 향한다. 그러나 뇌 상처가 작은 경우엔 고기 덩이를 약간 오른쪽으로 **흔들어주어도** (이렇게 함으로써 자극 강도를 높인다) 흔든 고기 덩이를 곧바로 잡는다. 만약 고기 덩어리 한 개를 주면, 어느 쪽에 있든 잡는다.

양쪽 시엽이 모두 광범하게 파괴되면, 완전한 맹증이 생길 것이다. 뭉크는 그가 생각한 '시역(視域)'을 도표로 그렸으며, 그림 12와 그림 13에서 A로 표시한 사선 부분 전체가 손상되면, 맹증이 생긴다고 보았다. 다른 관찰자들이 이와 다른 보고를 하는 이유는 그들의 절제 수술이 불완전한 것에서 기인한다고 그는 설명하였다. 루치아니, 골츠, 란네그레이스(Lannegrace)는 뭉크의 시역 양측의 적출 수술을 한 번 이상 완전하게 하여도, 몇 주 지나면 사물을 식별할 수 있을 만한 조잡한 시각이 회복되는 것을 관찰했다고 주장했다.[17] 개가 눈이 멀었느냐, 아니냐 하는 문제는 처음 보기보다는 풀기 어렵다. 왜냐하면, 수술을 받지 않고 단순히 눈먼 개는 눈이 멀기 전에 익숙했던 장소에 놓여지면, 눈이 멀었다는 증거를 거의 보이지 않고 모든 장애물을 피하지만, 시엽이 제거된 개는 앞의 물건에 부딪히는 일이 많기는 하지만, 그럼에도 불구하고 보기 때문이다. 골츠는 시엽이 제거된 개가 볼 수 있다는 가장 좋은 증거를 실험을 통해 보여주었다. 시엽이 제거된 개는 앞에 있는 광선이나 바닥에 깔린 종이를 마치 딱딱한 장애물처럼 조심조심 피한다. 이런 일은 진짜 눈먼 개들은 할 수 없다. 루치아니는 그의 개가 배고플 때 (이런 조건은 개의 주의를 예리하게 한다) 개 앞에 고기 조각과 코르크 조각을 뿌려 검사하였다. 만일 개가 뿌려진 고기 조각들로 **곧바로** 달려가면, 개는 **보는** 것이다. 그리고 만약 고기 가루만 고르고 코르크는 그냥 둔다면, 개는 **변별하여 보는** 것이다. 논쟁은 아주 신랄하여, 뇌에 특정 기능을 국재시키는 과제는 실제로 실험에 몰두하는 사람들의 기분에 독특한 영향을 미치는 것 같다. 한편으로 골츠와 루치아니가 보고한 수술 후 보존되는 시각 양은 고려할 가치가 거의 없으며, 다른 한편으로는 뭉크가 그의 후기 논문에서 '시역(Sehsphäre)'을 적출하여 완전한 맹증을 초래하려고 한 85마리 개 수술에서 4번만 '성공'한 것을 인정하고 있다.[18] 우리가 내릴 수 있는 완전한 결론은 그림 14의 루

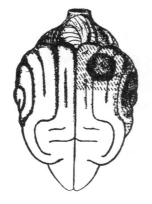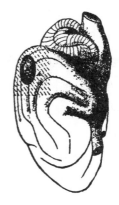

그림 12. 그림 13. 뭉크에 의한 개의 시각 중추. 사선을 친 A, A 전체 부분은
전부 시각의 자리, 검은 중앙의 원 A' 는 반대 쪽 눈 망막의 중심과
상관되고 있다.

치아니 도형이 진실에 가까운 것을 표현하고 있다는 것이다. 뇌피
질의 시엽이 다른 어떤 뇌 부분보다 시각에 훨씬 더 중요하며, 따
라서 시엽을 완전히 파괴하면, 동물은 거의 눈이 멀게 된다는 것
이다. 그러나 이 경우 남아 있을 수 있는 광선에 대한 조잡한 감각
에 관해서는 그 시각의 성질이나, 그 시각을 관장하는 장소나, 그
어느 것도 확실하게 알려지고 있지 못하다.

  원숭이에게서도 학자들의 의견은 일치하지 않는다. 그러나 원
숭이 **시엽**이 시각 기능과 가장 밀접하게 연관된 부분이라는 주장
은 진실인 것 같다. 시엽의 아주 작은 부분만 남아 있어도 시각 기
능은 지속되는 것 같다. 왜냐하면, 페리어는 원숭이 뇌의 양 반구

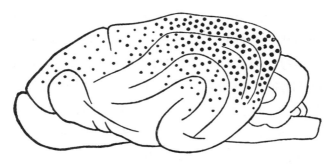

그림 14. 루치아니에 따른 대뇌피질 위 시각 기능의 분포

시엽을 거의 완전히 파괴한 다음에도 시각 기능에서 '뚜렷한 장애'를 관찰할 수 없었기 때문이다. 대뇌 양 반구의 시엽과 더불어 **각형회**(角形回)를 파괴하면, 완전한 영구적인 맹증이 뒤따르는 것을 발견했다. 브라운(Brown)과 섀퍼처럼 뭉크도 **각형회**만 파괴해서는 시각 장애를 발견하지 못했지만, 페리어는 그 경우 맹증이 뒤따르는 것을 보았다. 이 경우의 맹증은 아마 피질의 **먼 곳**에서 생긴 제지 작용에 기인하거나, 그렇지 않으면 각형회 밑을 지나 시엽으로 가는 시신경 백색 섬유가 도중에서 잘렸기 때문에 생겼을 것이다. 브라운과 섀퍼는 한 마리의 원숭이에게서 양측 시엽을 전부 파괴하여 완전하고도 영구적인 맹증을 얻었다. 루치아니와 제필리(Seppili)는 두 마리 원숭이에게 이런 수술을 실시하여, 오직 정신성 맹증은 되었으나 감각성 맹증이 되지는 않는 것을 발견했

다. 수술 후 몇 주일이 지나도 원숭이는 먹이를 보기는 하지만, 시각만 가지고는 무화과 열매와 코르크 조각을 구별하지 못했다. 그러나 루치아니와 제필리는 시엽 전체를 적출하지 못했던 것 같다. 한쪽 뇌반구 시엽만 파괴하면, 원숭이에서는 시각이 반맹으로 되는 결과가 초래된다는 점에는 모든 관찰자들의 의견이 일치하고 있다. 그러므로 전체적으로 시각을 시엽에 국재시킨 뭉크의 최초 견해가 그후 증거에 의하여 확인된 셈이다.[19]

사람에게서는 밖으로 드러난 행동을 보고 시각 작용을 해석하지 않아도 되기 때문에, 정확한 결과를 얻을 수 있다. 그러나 다른 한편 인간에게는 생체 해부를 할 수 없고, 대뇌에 병적인 손상이 생기는 것을 기다려야 하는 단점이 있다. 예전에는 병으로 생긴 손상을(문헌은 헤아릴 수 없을 정도로 많다) 논의한 병리학자들은 인간에게 시엽이 시각에 필수적이라는 결론을 내렸다. 또 반맹 장애는 시엽의 어느 한쪽이 손상되었을 때 생기고, 완전한 정신성이나 감각성 맹증은 두 쪽 시엽이 모두 파괴되었을 때 생긴다고 하였다.

반맹은 시엽 외의 다른 피질 부분이 손상되어도 생긴다. 특히 시엽에 가까운 각형회와 상위 변연회(邊緣回)가 파괴되었을 때에도 반맹이 생기고, 피질의 운동 영역에 광범한 손상이 있을 때에도 생긴다. 이런 경우, 피질의 먼 곳에 있는 상처에서 생긴 원격 영향에 의하여 반맹이 생기는 것 같기도 하며, 또 시엽으로부터 진행하는 신경섬유가 간섭을 받기 때문에 생기는 것 같기도 하다.

시엽이 손상되어도 시각에 결함이 없다는 약간의 기록된 사례도 있다. 페리어는 시각이 각형회에 국재한다는 그의 생각을 증명하기 위하여 가능한 한 많은 자료를 수집하였다.[20] 엄격하게 논리적 원리를 적용하면, 단 하나의 사례라 할지라도 반대되는 100가지 사례를 압도할 수 있다. 그러나 실험 관찰이란 게 얼마나 불완전하며, 개인에 따라 대뇌가 얼마나 다르게 보이는가 하는 것을 생각한다면, 시엽이 시각 기능을 하는 곳이라는 많은 양의 긍정적인 증거를 논리적 원리 때문에 파기하는 것은 성급한 것이 확실하다. 언제든 개인에 따라 나타날 수 있는 변이(變異)를 정상에서 이탈된 사례를 해석할 수 있는 **가능한** 변수로 끌어들일 수 있다. 해부학에서는 추상로 교차(錐狀路 交叉, decussation of the pyramids)가 있다는 것만큼 뚜렷한 사실은 없다. 그리고 왼쪽 반구의 운동 영역에 출혈이 있으면, 오른쪽 신체가 마비되는 것이 추상로 교차의 결과라는 것만큼 일반적으로 긍정된 병리적 사실도 없다. 그러나 추상로 교차에도 교차되는 신경섬유의 양이 사람에 따라 차이가 있으며, 교차가 전혀 없는 경우도 때로 있는 것 같다.[21] 추상로 신경 교차가 전혀 없는 사례에서는 왼쪽 뇌가 뇌일혈의 자리가 되면, 오른쪽 반신이 아니라 왼쪽 반신이 마비된다.

다음 페이지의 **모형**은 세권(Seguin) 박사의 것을 복사한 것이며, 전체적으로 시각 영역에 관한 타당한 진실을 표현하고 있는 것 같다. 시엽 전체가 아니라 이른바 쐐기형(楔形, cunei)이라 부르는 곳

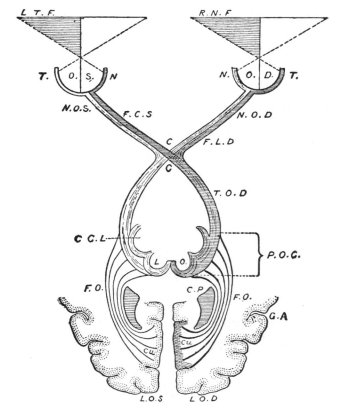

그림 15. 시각 기제의 도식—세권에 따름. 우측 시엽의 설상회(cuneus convo-
lution: Cu)가 손상을 입으면, 이와 연결되는 검은 빗금을 칠한 부분
들이 기능을 상실한다. F.O.는 뇌반구의 시각섬유; P.O.C.는 하위
시각 중추(슬상체와 사구체); T.O.D.는 우측 시삭; C는 교차; F.L.D
는 우측 망막의 측두 절반인 T로 가는 섬유; F.C.S.는 좌측 망막의
중앙 절반으로 가는 섬유; O.D.는 우측 안구; O.S.는 좌측 안구를
나타낸다. 각각의 우측 절반은 맹증이 되는데, 따라서 Cu에 손상을
입은 사람은 우측 중앙 시야(R.N.F.)와 좌측 측두 시야(L.T.F.)를 보
지 못하게 된다.

과 제1회전이 시각과 가장 긴밀한 관계가 있는 피질 부분이다. 시신경의 기본 통로를 이와 같이 제한한다는 점에서는 노트나겔(Nothnagel)이 세권과 의견을 같이하고 있다.[22]

피질 장애(皮質 障碍) 중에서 가장 흥미 있는 것은 정신성 맹증이다. **정신성 맹증**은 시각 인상에 대한 불감이기보다 시각 인상에 대한 **이해 불능**(理解 不能)이다. 심리학에서는 시각 감각과 시각 감각이 의미하는 것 사이에 **연합이 상실되었다**고 해석할 수 있어, 시각 중추와 기타 관념 중추 사이의 통로에 어떤 장애가 발생하여 정신성 맹증을 초래하게 되는 것으로 해석한다. 알파벳이나 단어 등 인쇄된 문자들은 어떤 소리와 어떤 발성 운동을 의미한다. 만약 발성 중추나 청각 중추를 한쪽으로 하고, 시각 중추를 다른 한쪽으로 하는 둘 사이의 연결이 끊어진다면, 우리는 단어를 보고도 그 단어에 해당되는 소리에 대한 관념이나 그 소리를 발음하는 운동을 일깨우지 못할 것이라고 **연역적으로** 예언하여야 한다. 요컨대, 이 경우 **독서 불능**(alexia) 즉 읽지 못하는 증세를 보이게 마련이며, 이것이 바로 전두-측두 영역 근방에 광범한 손상이 있는 많은 사례에서 **실어증의 합병증**으로 얻어지는 증세이다. 노트나겔은 **설상체**(楔狀體, cuneus)가 **시각**의 자리이고, 나머지 시엽 부분은 **시각 기억**과 **시각 관념**의 자리이며, 이 자리가 상실되면 정신성 맹증이 생긴다는 이론을 제안하였다. 사실 많은 의학 저술가들은 정신성 맹증을 시각 심상이 기억에서 상실된 결과인 것처럼 말한다.

그러나 나는 심리학적 견해에서 이것을 잘못된 해석으로 본다. 시각 심상을 갖는 능력이 쇠퇴된 사람도 (이런 증상을 가벼운 정도로 보이는 사례는 드물지 않다) 전혀 정신성 맹증이 나타나지 않는 일이 많다. 왜냐하면, 그는 그가 보는 모든 것을 완전하게 알아보기 때문이다. 다른 한편, 1887년 빌브란트(Wilbrand)가 보고한 재미있는 사례에서와 같이, 시각 심상을 잘 보존하고 있어도 정신성 맹증의 환자가 될 수 있다.[23] 리사우어(Lissauer)가 최근 발표한 더욱 흥미로운 정신성 맹증의 사례에서는[24] 예를 들면, 환자가 옷솔을 안경, 우산을 꽃이 달린 나무, 사과를 여자 그림이라 말하는 등 아주 바보 같은 잘못을 저지르지만, 보고자가 느끼기엔 환자가 심상을 잘 보존하고 있는 것처럼 보였다고 한다. 사실 우리에게 정신성 맹증을 초래하게 하는 것은 **시각 심상이 아닌 다른 심상**이 일시적으로 상실된 것이며, 이는 마치 **청각 심상이 아닌 다른 심상**이 일시 상실되면 정신성 농증(精神性 聾症, mentally deaf)을 초래하는 것과 같다. 벨 소리를 듣고도 벨이 어떻게 생긴 것으로 **보이는**가 하는 것을 회상해 낼 수 없으면 정신성 농증이고, 벨을 보고 벨 소리나 **벨이란 이름**을 회상할 수 없으면 정신성 맹증이다. 사실 모든 시각 심상이 상실되면, 정신성 맹증뿐만 아니라 완전 맹증이 되어야 한다. 왜냐하면 뇌의 왼쪽 시엽 영역이 손상되면 시야의 오른쪽 절반에 대하여 맹증이고, 오른쪽 시엽 영역이 손상되면 시야의 왼쪽 절반에 대하여 맹증으로 되지만, 이런 반맹은 시각 심상을 완전하게 제거하지는 못하며, 장애를 받지 않은 뇌반구가 항상 충분히 시각 심상을 만들어내는 것을 경험적으로 알 수 있는 것 같기 때문이다. 시각 심상을 완전히 소멸시키려면 양쪽 시엽 전부를 제거하여야 하고, 이렇게 되면 내부 시각 심상뿐만 아니라 전체 시각이 없어지게 될 것이다.[25] 병리학 연보에 최근 이와 같은 사례가 약간 보고되었다.[26] 그 동안 정신성 맹증의 여러 사례가 보고되었고, 특히 문자 언어에 대한 정신성 맹증 사례에서는 흔히 오른쪽 시야에 대한 반맹이 병발(倂發) 증세로 발생한다. 이들 정신성 맹증은 모두 시엽과 뇌의 다른 부분, 특히 왼쪽 뇌반구 전두엽과 측두엽에 있는 언어 중추 사이의 **연결 신경 통로**가 병으로 파손된 것이라 설명되었다. 이들 정신성 맹증의 사례는 **전도**(傳導) 장애나 **연합**(聯合) 장애로 분류되며, 정신성 맹증에는 반드시[27] 시각 심상이 상실되어야 한다거나, 시각 심상을 다루는 대뇌 중추가 눈으로부터 오는 감각을 직접 다루는 대뇌 중추와 다르다고[28] 믿지 않을 수 없게 하는 사실은 어디에서도 발견할 수 없다.

시각으로는 인지되지 못하는 사물도 손으로 만지자마자 알아차리고, 그 사물 이름을 말하게 되는 경우가 많다. 이런 사실은 뇌로부터 출발하여 언어 통로를 거쳐가는 연합 신경 통로가 얼마나 많은가 하는 것을 보여주는 흥미 있는 사례이다. 눈으로부터 오는 길은 막혔으나 손으로부터 오는 길은 열려 있는 것이다. 가장 완전한 정신성 맹증인 경우에는 시각으로도, 촉각으로도, 또 소리로도 환자를 움직이게 할 수 없고, 그는 **상징 불능**(象徵 不能, asymbolia) 또는 **행동 불능**(行動 不能, apraxia)이라 불리는 일종의 치매(癡呆)가 된다. 가장 흔히 보던 물건도 알아차리지 못하고, 바짓가랑이를 한쪽 어깨에 걸치고, 다른 쪽 어깨에는 모자를 씌우고, 비누를 씹거나, 구두를 식탁 위에 올려놓거나, 또는 손으로 발을 들었다 아래로 밀어내리면서도 왜 그런 일을 했는가 하는 것을 알지 못한다. 이와 같은 장애는 다만 광범한 뇌 손상에서만 나타난다.[29]

　　퇴화법(退化法)은 시각 신경 통로 국재를 결정하는 또 다른 증거를 뒷받침한다. 어린 동물의 안구를 파괴하면, 시엽의 2차 퇴화를 초래할 수 있다. 시엽 영역을 파괴하면, **역으로** 시신경 퇴화가 나타난다. 이때 슬상체(膝狀體, corpora geniculata)와 시구(視丘, thalamus)와 시엽(視葉, occipital lobe)을 연결하는 피질하(皮質下) 신경 섬유가 위축되는 것을 관찰할 수 있다. 이와 같은 퇴화 현상이 일률적으로 모든 경우에 있는 것은 아니지만, 그렇다고 그 존재를 부정할 수 없으며,[30] 따라서 모든 증거를 종합해 보면, 시각이 시엽과 특별히 연결되고 있다는 것이 완전하게 입증되었다. 인간의 고질병인 맹증 사례에서는 시엽이 흔히 오그라드는 것이 발견된다는 것을 첨가해야 할 것 같다.

청각
(HEARING)

청각 국재(局在)는 시각보다 더 분명하지 않다. 개의 뇌에서 손상되면 청각이 직접 또는 간접으로 가장 심하게 피해를 받는 영역을 루치아니의 도형이 보여주고 있다. 시각의 경우와 마찬가지로, 한쪽 뇌만 손상되어도 양쪽 청각에 장애 증세가 나타난다. 물론 국소 해부로는 정확한 것은 아니지만, 그림에서 흑색 점과 회색 점이 혼합한 곳이 '교차(交叉)' 신경 연결과 '비교차' 신경 연결이 혼합하고 있다는 것을 묘사한 것이다. 대뇌 영역 중 측두엽(側頭葉, temporal lobe)이 청각에 가장 중요한 부분이지만, 양측 측두엽을 완전하게 파괴해도 루치아니의 실험 대상인 개는 영구적인 완전 농증(聾症)으로는 되지 않았다.[31]

원숭이의 경우, 페리어와 요(Yeo)가 양측 뇌반구의 상부 측두 회전(그림 6에서 실비우스 뇌열의 바로 밑 회전)을 파괴하여 영구적인 농증이 생기는 것을 1회 관찰하였다. 이와 반대로, 브라운과 섀퍼는 여러 마리의 원숭이에 이와 같은 수술을 하였으나, 청각에 뚜렷한 영향이 없는 것을 관찰하였다. 그러나 두 쪽 측두엽 전부가 실제로 파괴된 원숭이는 한 마리뿐이었다. 이 한 마리 원숭이는 1~2주 동안 정신 기능이 저하되었다가 회복한 다음 가장 영리한 원숭이가 되어, 짝이 된 모든 암놈을 지배하였으며, 그 원숭이를

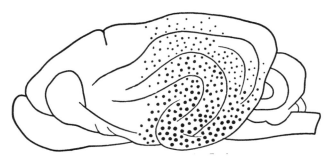

그림 16. 루치아니의 청각 영역

본 사람은 누구나 청각을 포함한 모든 감각이 '정상 능력'을 갖고 있다는 것을 인정하였다.[32] 흔히 있는 것처럼 연구가들 사이에서 신랄한 논쟁이 벌어져서, 페리어는 브라운과 섀퍼의 절제 수술이 완전하지 않았다고 주장했고,[33] 섀퍼는 페리어의 원숭이가 진짜 귀머거리가 아니었다고 반박한다.[34] 이 두 사례 중에서 브라운과 섀퍼의 관찰이 더 중요한 것은 의심할 여지가 없는 것 같지만, 이 주제는 만족스럽지 못한 상태로 남겨두지 않을 수 없다.

　사람의 경우에는 측두엽이 의심할 수 없는 청각 기능의 자리이며, 실비우스 뇌열에 근접한 상위 회전(上位 回轉)이 가장 중요한 부분이다. 이 사실을 실어증 현상이 입증한다. 앞에서 운동성 실어증을 공부했으므로, 이젠 **감각성 실어증**을 고찰할 차례이다. 감각성 실어증이라는 질환에 관한 우리 지식은 시대를 구분하여 3단계로 나누어, 브로카 시대와 베르니케(Wernicke) 시대, 그리고 샤르코(Charcot) 시대라 말할 수 있을 것이다. 브로카가 무엇을 발견하였는가 하는 것은 앞에서 살펴보았다. 환자가 **대화를 이해하지 못하는** 경우와 대화를 이해할 수 있지만 말을 하지 못하는 경우를 구별하고, 이 앞의 경우가 측두엽 손상에 기인된다고 말한 최초의 사람이 베르니케이다.[35] 여기서 문제되고 있는 환자 상태는 **어롱증**(語聾症, word-deafness)이며, 환자의 질환은 **청각 실어증**(auditory aphasia)이다. 어롱증에 관한 통계 조사를 스타(Allen Starr)[36] 박사가 최근 실시했다. 그가 수집한 글을 읽거나, 말을 하거나, 글을 쓸 수는 있지만, 들려준 말을 이해하지 못하는 7개 순수 어롱증 사례에서는 제1 및 제2 측두 회전 뒤쪽 3분의 2 부분에 뇌 손상이 국재되어 있었다. 이때 (오른 손잡이, 즉 왼쪽 뇌가 우세한 사람의) 뇌 손상은 운동성 실어증의 뇌 손상의 경우와 마찬가지로 항상 왼쪽 뇌에 있었다. 청각을 취급하는 왼쪽 중추가 완전하게 파괴되어도 조잡한 소리에 대한 청각은 없어지는 일이 없어보이며, 아직 남아 있는 오른쪽 중추가 이 조잡한 청각을 제공하는 것 같다. 그러나 말을 하기 위해 청각을 사용하는 것은, 다소를 막론하고, 오직 왼쪽 뇌 중추에 있는 통합 기능과 연관되는 것 같다. **대화를 하기 위해 청각을 사용하려면**, 한편으로 들은 단어와 그 단어가 지칭하는 사물이 연합해야 하고, 다른 한편으로 단어를 발음하는 데 필요한 운동과 그 단어가 연합해야 한다. 스타 박사가 수집한 50가지 사례 중 대다수가 사물 이름을 발음하는 능력이나 조리 있게 이야기하는 능력에 손상을 입었다. 이는 인간에게서 대부분의 경우 (베르니케가 말한 것처럼) 대화는 청각 단서에 의하여 진행되어야 한다는 것을 보여주는 것이다. 즉 관념이 발성하는 운동 중추를 직접 신경 지배하는 것이 아니라, 관념이 우선 단어의 소리를 정신적으로 일으킨 다음, 그 소리가 운동 중추를 신경 지배하도록 되어 있다는 것을 보여주는 것이다. 마음속에서 하는 단어 소리가 발성에 대한 직접 자극이며, 왼쪽 측두엽의 정상 통로가 파괴되어 마음속의 단어 소리가 발성을 자극할 수 없게 되면, 발성도 손상받지 않을 수 없게 된다. 발성 통로가 제거되어도 회화에 좋지 못한 영향을 보이지 않은 약간의 사례는 개인에 따른 특징 때문이라고 가정할 수밖에 없다. 이런 환자는 그의 발성 기관이 반대쪽 뇌반구의 상응하는 부분으로부터 신경 지배를 받던가, 그렇지 않으면 청각 영역에 의존하지 않고 관념을 다루는 중추, 즉 시각 중추나 촉각 중추로부터 직접 신경 지배를 받아야 한다. 개인 특징이란 주제를 분명하게 언급한 샤르코의 업적에서 볼 수 있는 개인차에 비추어 보면, 발성 기관이 어디에서 신경 지배되는가 하는 것을 분석하는 것은 사소한 사실에 지나지 않는다.

이름을 붙일 수 있는 모든 사물의 작용과 관계들은 수많은 속성, 성질 또는 측면들을 갖고 있다. 개별 사물의 이름과 더불어 그 사물의 속성들이 (속성의 관념이 아니라)[37] 우리 마음속에서 연합하여 하나의 집단을 이룬다. 대뇌의 각기 다른 부분들이 각기 다른 속성과 개별적으로 관계되고, 또 어떤 뇌 부분은 이름을 듣는 것과 관계되고, 다른 부분은 그 이름을 발성하는 것과 관계된다면, 뇌의 이들 부분의 어떤 것이라도 활동하면, 나머지 이들 모든 부분의 활동을 일깨우는 역동적 연결이 (다음에 연구될 연합의 법칙에 따라) 이들 대뇌 부분들 사이에서 일어나는 것은 필연적일 것이다. 우리가 사고하며 이야기하고 있을 때의 **최종** 과정은 발성 과정이다. 발성 과정을 관장하는 뇌 부분이 손상되면, 여타의 모든 뇌 부분들이 말짱하더라도 회화가 불가능하거나 두서 없는 말을 하게 되며, 이와 같은 일이 바로 77쪽에서 좌측 하위 전두 회전의 일부가 손상되었을 때 생기는 상태이다. 그러나 발성이라는 최종 과정의 배후에는 대화하고 있는 사람의 관념들의 연합에 여러 가지 연속 순서가 있을 수 있다. 보다 흔히 있는 연속 순서는 사고되는 사물의 촉각, 시각 또는 그 밖의 속성들로부터 사물의 이름을 부르는 소리로 가고, 그 다음 그 이름을 발성하는 것으로 가는 순서인 것 같다. 그러나 사람에 따라 사물을 **보거나** 사물의 인쇄된 이름을 **본다는** 생각이 선행하여 곧바로 발성으로 가는 습관이 있다면, **청각 중추**는 이 순서에서 빠지게 되고, 그런 습관이 많아질수록 **청각**은 그 사람의 회화에 영향을 미치지 않을 것이다. 따라서 그는 정신적으로 농증일 것이다. 즉 그의 회화를 이해하기는 어렵지만 실어증은 아닐 것이다. 스타 박사의 표에 그려진 순수 어롱증 7개 사례들은 이로써 모두 설명될 수 있다.

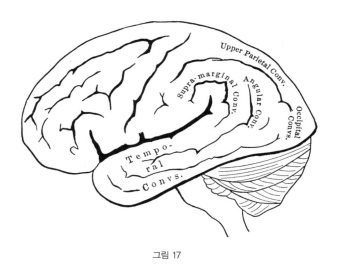

그림 17

만약 이와 같은 연합의 연속 순서가 체질화되고 습관화되면, 시각 중추 손상은 어맹(語盲)뿐 아니라 실어증도 함께 초래할 것이다. 시엽이 손상되면, 그의 회화는 혼란하게 될 것이다. 따라서 나우닌(Naunyn)은 그가 수집할 수 있었던 틀림없는 실어증으로 보고된 71가지 사례를 뇌반구 도표에 그려, 뇌 손상이 3개 장소, 즉 첫째는 브로카 중추, 둘째는 베르니케 중추, 세째는 시각 중추와 뇌의 다른 부분들을 연결하는 신경섬유가 그 밑을 통과하는 상위 변연 회전(上位邊緣 回轉)과 각형 회전(角形 回轉)에 집중되는 것을 발견하였다[38](그림 17 참조). 이 결과는 스타 박사의 순수 감각

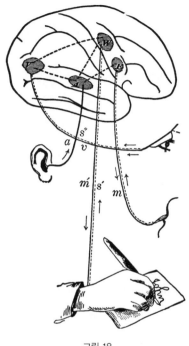

그림 18

성 실어증 사례의 분석과 일치한다.

　뒤에 오는 장들에서는 사람에 따라 감각 영역의 능력이 이와 같이 차이가 나는 사실로 되돌아가 재검토할 것이다. 예지와 인내심이 있는 연구가들이 단결만 하면, 가장 암흑에 싸였던 혼돈한 것들마저도 때가 되면 분석하여, 질서 있고 확실하게 제시할 수 있음을 실어증에 관한 지식을 얻은 역사를 통해 알 수 있다. 이는 명확하고 깨끗한 사례일 것이다.[39) 뇌에 '회화(會話) 중추'가 없는 것은 정신에 회화 능력이 없는 것과 마찬가지이다. 인간이 언어를 사용할 때에는 부분적으로나마 뇌 전체가 함께 작용한다. 로스(Ross)로부터 빌려 첨부된 그림 18은 언어와 가장 중요하게 관계되는 대뇌의 4개 부분을 보여주며, 본문에 비추어 보면 더 설명할 필요가 없다.

후각
(SMELL)

후각에 관한 모든 증거를 통해 보면, 측두엽 중앙 하행 부분이 후각 기관에 해당한다. 뭉크와 달리 페리어는 후각을 해마회(海馬回, hippocampal gyrus) 소엽(lobule) 또는 구상 돌기(鉤狀 突起, uncinate process)에 한정시키고, 나머지 해마회 부분은 촉각과 관계있는 것으로 돌렸다. 그러나 페리어와 뭉크는 모두 해마회가 후각과 관계된다는 것에는 의견을 같이했다. 해부학과 병리학 소견도 해마회를 후각 기관으로 지적하지만, 사실 후각은 시각이나 청각보다는 인간 심리를 탐구한다는 관점에서는 관심이 덜 가는 것이므로, 더 이상 언급하지 않고, 다만 루치아니와 제필리가 만든 개의 후각 중추에 관한 도표를 첨부한다.[40)

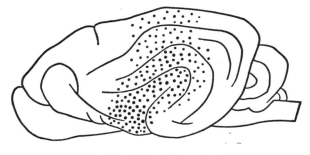

그림 19. 루치아니의 개 후각 영역

미각

(TASTE)

미각에 관해서는 우리가 결정적으로 알고 있는 것이 거의 없다. 우리가 갖고 있는 약간의 지식은 또다시 하위 측두 영역을 미각 영역이라고 지적하는 것이다. 페리어를 참조하라.

촉각

(TOUCH)

촉각과 근육 감각의 자리에 관해서는 흥미 있는 문제가 제기된다. 지금으로부터 15년 전 개의 뇌를 실험하여 우리가 논의하는 모든 주제를 개척한 히치히는 운동 영역이 손상된 다음 관찰되는 운동 장애는 그가 근육 의식(muscular consciousness)이란 이름을 붙인 의식이 대뇌피질이 손상된 동물은 자신의 사지(四肢)의 위치가 정상 상태에서 벗어나도 알지 못하며, 다리를 꼬아 교차시켜 서기도 하고, 수술로 영향을 받은 앞발 발등을 땅에 대고 앉는 일도 있으며, 또 그 앞발을 구부리거나 펴도 수술의 영향을 받지 않은 발이 저항하는 것과 같은 저항을 하지 못하였다. 골츠, 뭉크, 시프(Schiff), 헤르첸(Herzen) 등을 위시한 기타 학자들도 운동 영역 손상이 있으면, 통각(痛覺)·촉각·냉각 등 피부 감각에도 똑같은 결함이 생기는 것을 확인하였다. 발을 꼬집어도 움츠리지 않았으며, 또 찬 물 속에서도 가만히 서 있기만 하는 등의 반응이 그것이다. 그 동안 페리어는 운동 영역 손상으로 진성(眞性)의 감각 마취가 생긴다는 것을 부인하고, 그 영역의 손상으로 감각 마취가 있는 것처럼 보이는 것은 수술 영향을 받은 쪽의 운동 반응이 느려지게 된 결과라 설명하였다.[41] 이와 달리, 뭉크[42]와 시프[43]는 '운동 영역'을 본질적 감각 영역으로 개념화하고, 다른 사람들과 입장을 달리하여, 운동 장애를 수술시에 항상 생기는 감각 마취의 2차 결과라고 설명하였다. 뭉크는 운동 영역을 동물의 사지 등에 대한 감성 영역(Fühlsphäre)이라 부르고, 이 영역을 시각 영역(Sehsphäre), 청각 영역(Hörsphäre) 등과 대등하게 취급하였다. 또 그에 의하면 피질 전체가 감각 투사 표면에 지나지 않으며, 운동을 전담하는 영역 또는 본질적 운동 영역이란 없다고 한다. 만약 이 견해가 타당하다면, 의지 심리[44]에 미치는 영향이 크기 때문에 대단히 중요하다. 어떤 것이 진실인가? 운동 영역 절제로 피부 감각 마취가 생긴다는 사실에 관해서는 모든 다른 관찰자들이 페리어와 반대 의견이다. 따라서 그가 운동 영역 절제로 피부에 감각 마취가 생긴다는 사실을 부인한 일은 아마 잘못인 것 같다. 또 한편, 뭉크와 시프 등이 운동 기능의 장애 증세를 감각 마취에 기인한다고 여긴 것도 잘못이다. 왜냐하면, 약간의 드문 사례에서는 동물들이 운동 영역 수술로 감각이 없어지는 일이 없었을 뿐만 아니라, 수술을 받은 쪽이 실제로 감각이 과민한 상태가 된다는 것을 관찰하였기 때문이다.[45] 그러므로 운동 증상과 감각 증상은 서로 독립된 변수인 것 같다.

호슬리와 새퍼[46]는 최근에 원숭이에 관한 연구를 행하였는데, 이들의 연구 결과를 페리어가 받아들였다. 그들은 해마(海馬)회전을 적출(摘出)하면, 반대측 신체에 일시적인 감각 상실을 초래하고, 뇌량(腦梁, corpus callosum) 위로 연속된 부분인 소위 **궁상체**(弓狀體, gyrus fornicatus)를 (그림 7의 뇌량-변연 뇌열의 바로 밑부분) 파괴하면, 영구적으로 감각이 상실된다는 사실을 발견했다. 양쪽 반구에서 이 회전을 형성하고 있는 신경 통로를 모두 파괴하면, 감각 상실이 최고에 이르게 된다. 페리어는 원숭이의 감각이 운동 영역 절제로는 '전혀 영향을 받지 않는다'고 주장하였으며,[47] 호슬리와 새퍼는 원숭이의 감각이 반드시 소멸되는 것은 아니라고

생각하였다.[48] 루치아니는 세 마리 원숭이 실험에서 감각이 저하되는 것을 발견했다.[49]

인간에서는 반대측 대뇌의 운동 영역에 생긴 질병으로 한쪽 반신이 마비되는 경우, 마비된 쪽의 감각 마취가 수반될 수도 있고, 그렇지 않을 수도 있다는 사실을 우리는 알고 있다. 운동 영역이 감각 영역이기도 하다고 믿는 루치아니는 환자를 검사하는 방법이 불충분했다는 것을 지적함으로써, 감각 마취가 수반되지 않는다는 증거의 가치를 감소시키려 했다. 그 자신은 개의 촉각 영역이 촉각 자극에 의하여 직접 흥분되는 뇌 영역의 앞과 뒤쪽으로 연장되어 전두엽과 두정엽까지 뻗쳐 있다고 믿었다(그림 20). 노트나겔도 병리적 증거가 이와 동일한 방향을 보여준다고 생각했으며,[50] 밀스(Mills) 박사는 모든 증거를 면밀히 검토하여 인간에서 궁상회와 해마회전을 피부–근육 감각 영역에 첨가시켰다.[51] 루치아니가 제공한 도표들을 모두 비교하면(그림 14 · 16 · 19 · 20), 개의 뇌에서 두정 영역 전체가 시각과 청각과 후각, 그리고 근육 감각을 포함하는 촉각의 4개 감각에 공통되는 뇌엽(腦葉)이라는 사실을 알 것이다. 인간 뇌에서도 이에 상응하는 영역(상부 두정회와 상위 변연회, 그림 17 참조)이 유사한 4개 감각 흥분이 합류하는 장소인 것 같다. 시각적 실어증과 운동 및 촉각 장애 모두가 이 영역의 손상에서 생기며, 특히 왼쪽 뇌의 손상이 있을 경우 그 장애 결과가 나타난다.[52] 동물 진화 척도에서 밑으로 내려갈수록 뇌의 각

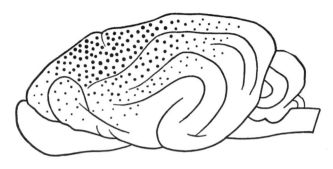

그림 20. 루치아니의 개 촉각 영역

부분들의 기능은 덜 분화되어 있는 것 같다.[53] 사람에게도 문제가 되는 두정 영역이 이와 같은 원시 상태와 비슷한 것을 묘사하고 있는데, 두정 영역의 주변에 있는 뇌 부분은 세분되고 한정된 기능을 하도록 점점 더 적응하게 되어, 두정 영역은 신경 흥분이 거쳐가고 교신하는 일종의 **교차로** 구실을 하는 것으로 남아 있게 된 것 같다. 그러나 이 교차로 영역이 근육–피부 감성과 연결되고 있다는 것이 운동 영역 자체가 감성과 연결되어서는 안 된다는 이유가 되지는 못한다. 그리고 운동 영역이 손상되면, 근육 마비는 일어나지만 감각 마취는 따르지 않는 사례는 운동 영역에 감각 기능이 있다는 것을 부정하지 않더라도 설명될 수 있을 것이다. 왜냐하면, 나의 동료인 퍼트넘(James Putnam) 박사가 나에게 알려준 바와 같이, 뇌 손상이 감각 신경 통로와 운동신경 통로 모두에 영향을 준다는 것을 확실하게 알고 있더라도, 항상 운동보다는 감각을 제거하는 것이 훨씬 어렵기 때문이다. 잠잘 때 팔 신경을 눌러 팔 근육이 마비되어 움직이는 것이 어려운 사람도 손가락으로는 아직도 더듬어 느낄 수 있고, 척수에 타박상을 입어 다리가 마비된 경우에도 다리 감각은 느낄 수 있는 것이다. 이와 마찬가지로, 운동 피질은 운동 능력을 갖는 동시에 감각 능력도 갖게 되지만, 감각 흥분이 이와 같이 예민하기 때문에 (또는 그 밖의 특성 때문에) 운동 능력을 파괴할 정도의 양의 상처로는 감각에는 장애를 입히지 않는다. 노트나겔은 **근육** 감각은 오로지 두정엽에만 관련되고, 운동 영역과는 관련이 없다고 가정할 근거가 있다고 생각했다. "두정엽 질환은 중추성(中樞性) 신경마비가 없는 순수한 보행 실조(失調)를 초래하고, 운동 영역 질환은 근육 감각 상실 없는 순수한 중추성 마비를 초래한다"[54]라고 말하고 있다. 하지만 그는 이 책을 쓰고 있는 저자보다 더 유능한 비평가를 납득시키지 못했으며,[55] 따라서 나는 이들 비평가와 더불어 아직은 근육 감성과 피부 감성을 별도로 국재시킬 결정적 근거가 없다고 결론내린다. 근육—피부 감각과 피질과의 관계에 대해서는 아직도 공부할 것이 많이 남아 있지만, 한 가지만은 확실하다. 즉 시엽도, 앞쪽 전두엽도, 측두엽도 사람에게서는 근육—피부 감각과는 어떤 본질적 관련도 갖고 있지 않다는 사실이다. 근육—운동 감각은 **운동 영역과 운동 영역의 뒤쪽과 중앙 쪽의 회전들**이 하는 일들과 짜맞추어지고 있다. 독자들은 이 결론을 **의지**에 관한 장에 이르러 다시 회상해야 한다.

실어증과 촉각과의 연결에 관하여 한 마디 첨부해야 하겠다. 이 책 78쪽에서 글을 쓸 수는 있지만 자신이 쓴 글을 읽을 수 없는 환자 사례를 언급하였다. 그 환자는 눈으로는 읽을 수 없지만, 허공에 대고 손가락으로 글자를 쓰면, 그의 손가락의 느낌으로 읽을 수는 있다. 그런 환자의 경우에는 보다 완전하게 글을 읽기 위해서는 연필을 손에 쥐고 허공에 글씨를 쓰면서 읽는 것이 편리하다.[56] 이런 사례에서는 시각 중추와 글을 쓰는 중추 사이는 열려 있지만, 시각 중추와 청각 중추와 발성 중추 사이의 통로는 폐쇄되었다고 우리는 생각해야 한다. 그렇게 생각해야만 어떻게 글씨를 보는 것이 환자의 마음에 그 글의 소리는 자아내게 하지 못하지만, 그 글을 모방하여 쓰는 적절한 운동을 하도록 하는가 라는 것을 이해할 수 있다. 물론 글을 모방하여 쓰는 운동은 차례로 느껴져야 하며, 또 그 운동의 느낌은 그 글을 듣고 발음하는 중추와 연합되고 있어야 한다. 다른 연결들은 정상이라도 어떤 특정 연결이 탈락된, 이와 같은 사례에 있는 뇌 손상은 항상 어떤 특정 연합신경 흥분의 통과에 대한 저항을 증가시키는 성질이 있다고 가정해야 한다. 어떤 정신 기능 요소든 정신 요소가 파괴되면 거기에서 생기는 무능력은 필연적으로 뇌 손상보다 훨씬 더 두려움을 자아내게 할 것이다. 손가락으로 읽고 또 쓸 수 있는 환자는 감각 조작과 운동 조작이 동시에 이루어지는 동일한 '글을 쓰는(graphic)'

중추를 사용하는 경우이기가 쉽다.

지금까지 나는 이 책 성질이 허용하는 한도 내에서 국재 문제에 관한 현황을 소개하였다. 아직 더 많은 것이 발견되어야 하지만, 국재 문제의 중요한 줄거리는 확정되었다. 예컨대 앞쪽 전두엽은 어떤 확정된 기능도 하지 않는 것으로 알려져 있다. 골츠는 양쪽 뇌의 이 영역이 없어진 개는 쉴새없이 움직이고, 아주 적은 자극으로도 흥분하는 것을 발견했다. 이런 개는 지나칠 정도로 화를 잘 내고, 호색이며, 끊임없이 반사적으로 자신의 옆구리를 긁어 털이 빠지게 되지만, 운동 능력에서나 감각 능력에서나 장애가 국재되는 곳을 전두엽 어디에서도 찾을 수 없다. 원숭이에서는 전전두엽(前前頭葉, prefrontal lobes)을 자극하거나 절제하여도 이와 같은 제지 능력 결핍이 보이지 않을뿐더러, 어떤 증세도 나타나지 않았다. 호슬리와 섀퍼의 원숭이는 이 영역을 수술한 후에도 수술 전과 마찬가지로 잘 길들여지고, 또 어떤 재주도 잘 해냈다.[57] 아마 우리는 하등동물을 생체 해부하여 뇌 기능에서 알 수 있는 한계에 도달한 것 같으며, 차후는 인간의 병리를 더 탐구해야 할 것 같다. 사람의 왼쪽 뇌반구에서는 언어 중추와 글을 쓰는 중추가 분리되어 있으며, 피질 손상에서 생기는 신경마비가 개보다 인간이나 원숭이에게서 더 완전하고 영속적이라는 사실과, 나아가 인간보다 하등한 동물에서는 피질 절제에 의하여 완전한 감각성 맹증을 얻는 것이 훨씬 어렵다는 사실 등은 진화가 높아짐에 따라 기능들이 점점 더 분화되어 국재한다는 것을 보여준다. 조류에서는 기능 국재가 거의 없는 것 같으며, 설치류(齧齒類)에서는 육식동물에서보다 이 같은 모습이 덜 뚜렷하다. 그러나 대뇌피질에서 완전한 단일 운동이나 단일 감각을 취급하는 영역을 구분하여 도표로 제시한 뭉크의 방법은 고도로 진화된 인간에게서도 확실히 잘못이다. 어떤 특정 대뇌 영역이 신체의 어떤 부분과 상응하고 있기는 하지만, 각 신체 부분 속에 있는 여러 **부분들**이 마치 후춧가루와 소금가루가 같은 통 속에서 뿌려진 것처럼 상응하는 뇌 영역 **전체**에 걸쳐 다루어지는 게 사실인 것 같다. 그렇다고 각 신체 '부분'이 뇌 영역 속의 한 점에 집중된 **초점**을 가지지 못하게 하는 것은 아니다. 여러 뇌 영역도 신체 부분과 같이 서로 융합하고, 서로 혼합한다. 호슬리가 말한 바와 같이, "경계선상의 중추들이 있어, 안면을 취급하는 영역이 팔을 취급하는 영역 속으로 녹아 들어간다. 이 경계선에 해당하는 중추의 한 점에 국부적 손상이 있으면, 안면과 팔이라는 두 부분에서 운동이 함께 시작되는 것을 볼 수 있을 것이다."[58] 여기 첨부된 그림 21은 파네트 (Paneth)로부터 얻은 것이며, 개의 경우 사정이 어떻다는 것을 보여주고 있다.[59]

나는 뇌를 덮고 있는 대뇌 표면에 따라 국재를 언급하였다. 대뇌피질 깊이에 따른 국재도 있을 것이라고 개념적으로는 생각할

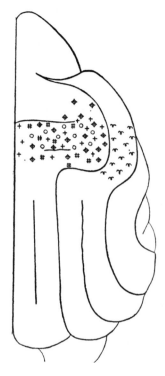

그림 21. 개의 운동 중추, 오른쪽 반구. 파네트에 따름. ─운동 영역의 점들은 다음과 같이 근육과 상관 관계에 있음: 관상선 표시는 눈까풀 원형근(圓形筋), +자 표시는 굴근(屈筋), 네모 속 +자 표시는 앞발의 손가락 신근(伸筋), 원 표시는 엄지손가락 외선근(外旋筋), 우물정자 표시는 뒷다리 신근

수 있다. 뇌 표면 세포일수록 더 작고, 세포들의 가장 깊은 층은 크며, 피질 표면에 있는 세포는 감각 세포이고, 깊은 층의 세포는 운동 세포로 되어 있거나,[60] 또는 운동 영역에 있는 표면 세포는 말단의 운동 기관(손가락 등)과 연관되고, 깊은 층의 세포는 신체의 보다 중심 부분(손목, 팔꿈치 등)과 관련이 있다는[61] 주장도 있다.

이와 같은 이론은 아직 추측에 지나지 않다는 것은 말할 나위도 없다.

따라서 64쪽에서 언급한 바와 같이, 우리의 출발점을 이룬 마이네르트와 잭슨 공리가 그 뒤의 객관적 연구에 의하여 대체로 만족스럽게 확인되었다는 사실을 알게 된다. 고등 중추들은 외부에서 오는 인상과 운동을 취급하는 신경 장치와 이들 신경 장치의 작용을 한데 묶는 신경 장치만 포함하고 있을 뿐인 것 같다.[62] 감각 기관에서 흘러들어오는 신경 흥분은 최초의 신경 장치를 흥분시키고, 이 신경 장치가 차례로 다음 신경 장치들을 흥분시켜, 마침내 끝에 가서 하행하는 운동 흥분 방출이 일어나게 되는 것이다. 이런 사실이 일단 분명하게 파악되면, 운동 영역이 운동성이냐 또는 감각성이냐 하는 해묵은 논쟁을 계속할 이유가 실제 거의 없어진다. 신경 흥분이 피질을 통하여 흐르기 때문에, 피질 전체가 운동성이기도 하고, 감각성이기도 하다. 모든 신경 흥분은 아마 그 흥분과 더불어 진행하는 여러 감성을 갖고 있으며, 조만간 운동을 일으키게 될 것이다. 따라서 모든 중추는 어떤 면에서는 구심성 (求心性) 이고, 다른 면에서는 원심성이다! 척수에 있는 운동 세포마저도 이 두 측면을 분간할 수 없이 함께 갖고 있다. 마리크(Marique)[63]와 엑스너, 파네트[64]는 '운동' 영역 둘레에 칼집을 넣어 신경섬유를 절단하여, 그 영역이 다른 피질 부분으로부터 오는 영향을 받지 못하도록 분리만 하더라도 그 운동 영역이 절단 제거되었을 때 나타나는 것과 같은 장애를 일으킨다. 따라서 운동 영역은 실제 다만, 말하자면 깔때기 주둥이 같은 것일 뿐이어서, 이 주둥이를 통하여 피질의 다른 곳에서 출발한 신경 지배 흐름들이 흘러가며,[65] 이때 의식이 그 신경 흥분 흐름에 수반하게 되어, 그 흐름이 시엽으로부터 가장 강하게 오면 주로 시각으로 얻는 사물들에 대한 의식이 되고, 측두엽에서 가장 강하게 오면 듣는 소리에 대한 의식이 되고, 신경 흐름이 '운동 영역'을 가장 강하게 점거하면 촉각으로 느낀 사물에 관한 의식이 된다는 것을 보여주었다. 이와 같이, 어느 정도 넓고 막연하게 공식화하는 것이 이 학문의 현 상태에서는 과히 틀리지 않게 감행할 수 있는 한계인 것 같으며, 다음 장에서 이와 같은 나의 견해를 확인하는 이유를 제공할 것이다.

인간 의식(意識)은 뇌반구에 한정된다
(MAN' S CONSCIOUSNESS LIMITED TO THE HEMISPHERES)

그러나 대뇌피질 작용에 수반되는 의식만이 인간이 갖는 유일한 의식인가? 그렇지 않으면, 하위 중추도 똑같이 의식을 갖고 있는가?

이 물음은 결정하기 어려운 문제이며, 최면에 잘 걸리는 피험자는 최면술사의 단순한 손짓만으로도 특정 대상에 대한 피질 의식 자체가 소멸된 것처럼 보이지만, 최면에 걸려 있는 동안에도 의식은 분리된 상태로 존재한다. 마치 우리 정신이 옆에 있는 방관자의 정신에 투영되는 것과 마찬가지로, 피험자의 분리되지 않는 나머지 부분의 정신에 아주 잘 '투영'[66]된다는 것이 간접 증거에 의하여 입증된다는 것을 발견했을 때, 이 물음이 얼마나 알기 어려운 물음인지를 깨닫게 된다.[67] 대뇌피질보다 하위 중추 자체도 언제나 분리된 상태의 자신의 의식을 갖고 있어 똑같이 피질 의식에 투영된다고 생각될 수 있지만, 하위 중추가 분리된 상태의 의식을 갖고 있다는 것은 단순한 내관 증거로는 결코 알 수 없다. 다른 한편, 인간에게서 시엽을 파괴하면 완전한 맹증을 초래하는 것 같다는 사실은 (시야의 한쪽 절반에 대한 밝은 감각도 어두운 감각도 남아 있지 않다), 사구체(四丘體, corpora quadrigemina)와 시구와 같은 우리의 하위 시각 중추가 만약 어떤 의식을 갖고 있다면, 그 의식은 진정 피질 활동에 따른 의식과 혼동되지 않고, 우리 개인의 자기(Self)와도 관계가 없는 의식이라고 가정하게 될 것이다. 하등동물에게는 이와 같은 일이 해당되지 않는 것 같다. 시엽이 완전하게 파괴된 개나 원숭이에서 발견되는 시각 흔적은 (앞의 87-88쪽) 아마 이런 동물들의 하위 중추에도 시각이 있고, 또 그 하위 중추가 본 것은 피질에 투영되는 것이 아니라, 곧바로 그 자체 대상이 되어, 피질이 지각하는 사물들이 만드는 것과 동일한 내부 세계를 형성하게 되는 사실에 원인이 있는 것 같다. 그러나 이런 현상은 이들 동물에서는 시각을 얻는 피질 '중추'가 시엽 밖에까지 연장되어, 시엽만 파괴해서는 인간에게서처럼 완전한 시각 중추 제거가 불가능하다는 사실에 기인될 수도 있다. 아는 바와 같이, 이 뒤의 가정은 실험하는 사람들의 의견이다. 그럼에도 불구하고 실용적 목적을 위하여, 그리고 의식이란 말의 의미를 개인의 자기에 한정시키기 위해서는, 이 단락의 서두에서 제기한 질문에 대하여, 상당히 확신을 가지고 인간에게는 대뇌피질이 유일한 의식의 기관[68]이라고 대답할 수 있다. 하위 중추에 속하는 의식이 있다면, 그 의식은 개인적 자기(individual Self)가 전혀 알지 못하는 의식일 것이다.

기능 회복
(THE RESTITUTION OF FUNCTION)

그다지 형이상학적이 아닌 다른 문제가 또 남아 있다. 피질 손상과 관련된 가장 일반적이고 가장 경이로운 사실은 기능 회복이란 것이다. 피질이 손상되면, 처음에는 기능이 상실되지만, 수 일 또는 수 주가 지나면 기능이 회복된다. 이와 같은 회복을 우리는 어떻게 이해해야 할 것인가?

이 분야에 두 가지 이론이 있다.

1) 기능 회복은 손상 전에는 수행하지 않았던 기능을 새로 획득하여, 손상 부분을 대신하는 동일 피질의 남은 부분이나 하위 중

추가 하는 대리 작용(vicarious act)에 기인된다.

2) 기능 회복은 수술한 다음에도 남아 있는 중추들(피질 중추든 하위 중추든)이 항상 갖고 있었지만, 수술 상처에 의하여 일시적으로 작용이 제지(inhibition)되었던 기능을 다시 회복하는 것에 기인된다. 이는 골츠와 브라운세카르가 가장 열렬히 옹호하는 견해이다.

제지(制止)는 의심할 여지없는 진정한 기능을 회복하게 하는 원인이다. 미주 신경(迷走 神經, pneumogastric nerve)은 심장 작용을 제지하고, 내장 신경(內臟 神經, splanchnic nerve)은 내장 운동을 제지하고, 상위 후두 신경 (上位 喉頭 神經, superior laryngeal nerve)은 호흡 운동을 제지한다. 동맥 수축을 제지할 수 있는 신경 자극은 셀 수 없이 많고, 반사 작용도 다른 감각 신경들이 동시에 흥분하면 억제되는 일이 흔히 있다. 모든 이와 같은 사실에 관해서는 생리학 논문을 참고해야 한다. 여기에서 우리가 관심을 가지는 것은 신경 중추의 여러 부분이 동시에 자극되었을 때, 멀리 떨어진 곳에 있는 신경 활동에 미치는 제지이다. 연수가 절제된 다음, 수술 '충격'으로 약 1분 정도 나타나는 개구리의 중추성 마비는 상처가 있었던 장소에서 일어난 제지 작용이고, 그 제지는 곧바로 사라진다.

인간 피험자에게서 '수술 충격〔의식 상실, 얼굴이 창백해지는 것, 내장 혈관 확장, 전신의 가사(假死) 상태, 허탈(虛脫) 등〕'으로 알려진 제지는 오랜 시간 지속된다. 골츠, 프로이스베르크(Freusberg) 및 그 밖의 사람들은 개의 척수를 절단하면, 상처로 말미암아 오랫동안 제지가 있지만, 수술된 동물이 살아 있기만 하면, 기능이 회복된다는 사실을 증명하였다. 그리하여 촉각으로 작용하도록 자극되며, 동시에 주어진 다른 자극에 의하여 쉽사리 다시 제지되는 각기 독립적인 혈관운동 중추, 성기발기 중추, 괄약근(括約筋) 통제 중추 등이 척수의 요추(腰椎)에 있다는 것이 발견되었다.[69] 그러므로 피질 절제 결과 처음에 소멸되었던 운동 능력이나 시감각 등이 신속하게 다시 나타나는 것은, 상처 표면이 자극되어 생긴 제지가 사라진 것에 기인한다는 가정은 일리가 있는 것이다. 단한 가지 문제는 **모든** 기능 회복이 이렇게 제지라는 한 가지만으로 간단하게 설명될 수 있는가, 그렇지 않고 기능 회복의 어떤 부분은 남아 있는 중추가 원래 갖고 있지 않은 책무를 수행하도록 '교육'되어, 전혀 새로운 통로가 이 남아 있는 중추들에 생겼기 때문이 아니겠는가라는 것이다. 제지 이론을 무한히 확장할 수 있도록 지지하는 사실로는 다음과 같은 것이 인용될 수 있을 것이다. 뇌 손상에 기인되는 장애가 없어진 개에서도 어떤 내부적·외부적 돌발 사고가 있은 결과로, 그 장애가 약 24시간은 처음과 똑같은 강도로 다시 나타난 다음, 또다시 사라진다는 것이다.[70] 수술로 반쯤 실명된 개를 암실 속에 가두어두기만 해도, 수술받고 매일 체계적으로 시각 훈련을 받은 개와 똑같이 빨리 시각이 회복되었다.[71] 수술 전 앞발을 들고 뒷발로 서는 동작을 학습한 개는 양쪽 운동 영역을 절제한 다음 1주일이 지나면, 아주 **자발적으로** 그 동작을 다시 반복하였다.[72] 때로는 비둘기에서는 (개에서도 그렇다고 한다) 수술 직후보다 30분 지난 다음 장애가 더 뚜렷하였다.[73] 정상적으로 어떤 일을 수행하는 기관이 제거된 것에만 장애가 기인된다면, 이런 일은 있을 수 없는 일이다. 그뿐만 아니라, 생리학과 병리학의 모든 최근 동향은 질서 있게 행동하기 위해서는 반드시 있어야 하고, 없어서는 안 되는 조건으로 제지가 으뜸이라는 방향이다. 제지가 얼마나 중요한가 하는 것은 **의지**에 관한 장에서 보게 될 것이다. 메르시에(Charles Mercier)는 근육 수축이 일단 시작되고 제지가 없다면, 근육 체계가 피로 때문에 쇠진하지 않는 한 그 수축은 끝나지 않을 것이라고 생각했으며,[74] 브라운세카르는 제지 영향이 얼마나 광범한지를 보여주는 사례를 다년간 수집했다.[75] 이런 상황에서 보면, 피질 손상에 따른 현상에 대한 설명으로 제지 범위를 지나치게 너무 축소시키는 것은, 제지를 광범하게 확장하는 것보다 오히려 더 많은 오류를 저지르게 되는 것 같다.[76]

다른 한편, 만약 중추들이 재교육된다는 것을 인정하지 않는다면, 선천적 가능성에 정면으로 반대될 뿐만 아니라, 얻어진 사실에 비추어 볼 때, **시구**보다 하위에 있는 중추들 또는 심지어 **사구체** 밑에 있는 중추들에도 거의 믿을 수 없을 만큼 많은 수의 기능들이 생래적으로 주어진다고 가정하지 않을 수 없다. 우선 내가 생각하는 사실들을 살펴본 다음, 이 가정에 대한 선천적 반론을 고찰할 것이다. 그 사실들은 기능 회복이 생길 만한 충분한 시간이 경과한 다음, 수술에 의하여 없어졌던 기능을 다시 수행할 수 있게 하는 뇌 부분이 어디인가?라는 것을 물음하는 순간 우리와 마주치게 된다.

초기 관찰자들은 기능을 회복하는 뇌 부분은 상처받은 부분과 상응하는 반대측 뇌반구 또는 수술받지 않은 뇌반구 부분일 것이라 생각했다. 그러나 오래전 1875년 카빌(Carville)과 뒤레(Duret)는 개의 한쪽 앞발을 지배하는 중추를 절제하고 기능 회복이 나타나는 것을 기다린 다음, 반대쪽 뇌반구의 상응하는 중추도 똑같이 제거하여 검증해 보았다. 골츠와 다른 사람들도 이와 똑같은 실험을 했다.[77] 만약 반대측 뇌가 실제로 기능을 회복하는 국소라면, 이때 원래 있었던 중추성(中樞性) 마비가 다시 나타나 그 마비가 영구적이어야 한다. 그러나 그와 같은 영구적 중추성 마비는 나타나지 않았고 다만 지금까지 마비되지 않았던 쪽에 중추성 마비가 생겼을 뿐이었다. 그 다음으로 생각할 수 있는 가정은 절제된 영역을 둘러싼 근처의 뇌 부분들이 절제된 피질이 하던 일을 수행하도록 대리 학습을 한다는 것이다. 그러나 이 경우도, 또 적어도 운동 영역에 관한 한, 실험 결과는 이 가설을 뒤집는 것 같다. 왜냐하면 수술의 영향을 받은 다리 운동이 회복되기를 기다려 상처 주위에 있는 피질을 자극하여도, 다리 운동을 하도록 흥분시키지 못했으며, 또 그 피질을 절제하여도 없어졌던 마비가 다시 나타나지 않았기 때문이다.[78] 따라서 대뇌의 피질하(皮質下) 중추들이 회복된 행동의 자리여야 하는 것 같다. 그러나 골츠는 왼쪽 뇌반구 전체와 같은 쪽의 선조체(線條體, corpus striatum)와 시구를 전부 파괴하여도, 놀랄 만하게 근소한 양의 운동 장애와 촉각 장애만을 남긴 개를 살릴 수 있었다.[79] 따라서 이 경우 이들 중추는 기능 회복을 설명해 줄 수 없게 된다. 그는 심지어 개의 양쪽 뇌반구를 절제하고도, 51일 동안 그 개를 살려, 걷고 설 수 있게 하였다.[80] 이 개에서는 실제 선조체와 시구도 제거되었다. 이런 실험 결과에 비추어, 프랑수아−프랭크(François−Frank)의 견해와 마찬가지로,[81] 우리도 탐색하고 있는 '대리' 기관으로 더 하위 신경절(神經節, ganglia)이나 또는 척수까지라도 후퇴하지 않을 수 없는 것 같다. 수술로부터 회복되기까지 사이의 기능 정지가 오직 제지에만 기인된다고 한다면, 우리는 하위 중추들을 극단적으로 자체 완결된 구실을 하는 기관이라고 가정해야 한다. 하위 중추들은 기능이 회복된 다음인 현재 발견될 수 있는 일을 언제나 하고 있었어야 하고, 뇌반구가 손상되지 않았을 때에도 그 일을 하고 있었어야 한다. 물론 개념적으로는 그렇다고 할 수 있지만, 실제 그럴 가능성은 있어 보이지 않는다. 그리고 내가 주장할 것이라고 조금 전에 말한 선천적 고려에 비추어도, 그럴 가능성은 없다.

왜냐하면, 첫째로 뇌는 원래 조직된 통로를 통해 신경 흥분이 흘러들어 오는 장소이기 때문이다. 뇌의 기능 상실이란 다만 이전에 조직되었던 통로를 통해 신경 흥분이 흘러들어 오지 못하거나, 또는 신경 흥분이 흘러들어 온다 하여도, 이제는 이전에 있었던 통로를 통해 흘러나갈 수 없거나 하는 두 경우 중 어느 한 경우를 의미할 뿐이다. 뇌의 국소 절제로 이 두 결함 중 어느 하나가 생길 수 있고, '기능 회복'은 일시적으로 중단되었지만 흘러들어 온 신경 흥분이 결국 예전의 신경 통로를 통해 다시 흘러나갈 수 있게 되었다는 것을 의미한다――즉 '앞발을 달라'라는 소리에, 수술 전 습관적으로 신경 흥분을 방출하여 흘러가게 했던 개의 근육 속으로, 수술 후 몇 주 지난 다음에는, 같은 소리에 신경 흥분이 같은 통로로 방출되어 흘러들어 가게 되었다는 것을 의미할 따름이다. 대뇌피질을 있게 한 목적의 하나는 새로운 신경 통로를[82] 실제 만들어내는 것이기 때문에, 대뇌피질 자체로 보면, 우리에게 주어지는 단 하나의 의문은 대뇌피질에 가소성(可塑性)이 있다 하여도, **이와 같은 '대리' 기능을 하는 신경 통로가 형성될 것을 기대하는 것은 너무 지나친 것이 아닌가?**라는 것이다. 시각 신경이 대뇌반구 속에 **도달하는 장소**가 파괴되어도, 대뇌반구는 시각 신경에서 오는 신경 흥분을 받아들이게 될 것이며, 또 삼각추 색도(索道)의 **출구**가 파괴되어도, 뇌반구는 삼각추 색도 신경섬유 속으로 신경 흥분을 방출하여 들어가게 될 것이라는 기대는 확실히 지나치다. 이와 같은 손상은 그 대뇌반구 속에서는 치유될 수 없는 것이 틀림없다. 그렇지만 이때에도 다른 쪽 대뇌반구나 **뇌량**이나 척수의 양측 연결 등을 통하여, 신경 통로가 차단되기 이전에 신경 지배했던 것과 동일한 구심성 신경 흥분으로 마침내는 옛 근육을 신경 지배하게 되는 어떤 통로가 형성된다고 상상할 수는 있다. '피질-구심성' 신경섬유가 도달하는 장소와 '피질-원심성' 신경섬유가 출발하는 출구를 제외한, 모든 사소한 신경 전도 장애의 경우에는, 장애를 받은 뇌반구 속을 통하는 어떤 종류의 우회적 전도 통로가 있는 것이 틀림없다. 왜냐하면, 적어도 대뇌반구의 모든 점은 멀리 돌아가는 경우가 있더라도, 모든 다른 점과 교통이 가능하기 때문이다. 통상으로 작용하는 통로는 다만 전도 저항이 가장 적은 통로일 뿐이다. 통상 통로가 차단되거나 절단된 조건에서는 앞서 저항이 컸던 통로가 가장 저항이 적은 통로가 될 수도 있다. 흘러들어 온 신경 흥분은 **어딘가**에 흘러나가야 한다는 것을 결코 잊어서는 안 되며, 또 신경 흥분이 단 한 번 우연하게라도 예전에 있었던 출구에 들어가는 데 성공하면, 남아 있는 대뇌 전체와 결부된 의식은 만족감을 얻게 되고, 그 만족감은 그 순간의 통로를 보강하고 고정시켜, 그 통로에 신경 흥분이 재차 진입하는 것을 쉽게 만들 것이다. 결과적으로 습관이 되었던 옛 작용이 마침내는 성공적으로 되돌아왔다는 느낌 자체가 존재하는 모든 신경 흐름을 고정시키는 새 자극이 된다. 어떤 과정으로 그런 감성에 도달했던, 성공적으로 성취했다는 느낌이 그 과정을 우리 기억 속에 고정시킨다는 것은 경험으로 알고 있는 일이다. 우리는 **의지**에 관한 장에 이를 때 이 주제에 관해 훨씬 더 많이 언급하도록 하겠다.

따라서 나의 결론은 기능 회복의 어떤 것은 (특히 피질 손상이 그렇게 크지 않을 때) 상처받지 않고 남아 있는 신경 중추 부분들이 수행하는 진짜 대리 기능에 기인되는 것 같고, 다른 한편 일부 기능 회복은 제지의 소멸에 기인되는 것 같다는 생각이다. 환언하면, 대리 이론과 제지 이론 둘 다 나름대로 타당성이 있어 보인다. 하지만 그 나름대로가 어떤 것인가 하는 것을 결정하거나, 어떤 중추가 대리하고, 대리 중추들이 장애받은 기능을 어느 정도 새로 능숙하게 학습할 수 있을 것인가에 대해 말하기란 현재로서는 불가능하다.

마이네르트 도식(圖式)의 최종 수정
(FINAL CORRECTION OF THE MEYNERT SCHEME)

이제 이와 같은 모든 사실들을 공부한 결과에 비추어 보아, 앞에서 제시한 어린아이와 촛불 사이에 생긴 일을 어떻게 생각해야 하며, 또 개구리 행동을 조사한 결과 잠정적으로 받아들여야 했던 도식을 어떻게 생각해야 하는가?(55~59쪽 참조). 거기에서는 하위 중추 전체를 오직 눈앞에 있는 감각 인상에 대해서만 반응하는 기계로 간주했다. 또 대뇌반구 역시 오직 내부 사고나 관념에서 유래하는 작용만 맡아 하는 기관으로 간주했으며, 마이네르트에 따라 대뇌반구를, 특정 행동을 결정하는 타고난 소질은 갖고 있지 않고 다만 하위 중추들이 수행하는 여러 반사들을 해체하여, 그 반사들의 운동 요소와 감각 요소를 새로 재결합시키는 역할만 하는, 보충적 기관에 지나지 않는 것으로 취급한 일이 상기될 것이다. 많은 사실들이 더 완전하게 연구되면, 하위 중추와 뇌반구를 이와 같이 지나치게 대립시켜 구별하는 것을 다소간 완화하지 않을 수 없을 것이라고 예언한 것 또한 기억할 것이다. 이와 같은 수정을 가할 시기가 바로 지금 도래한 것 같다.

더 광범하고 더 완전하게 관찰하면, 마이네르트 도식이 허용하는 것보다 하위 중추는 더 자발적이고, 뇌반구는 좀더 자동적이란 것을 알 수 있다. 골츠 연구실에서 뇌반구 없는 개구리[83]와 비둘기 관찰로부터[84] 얻은 슈라더의 관찰은 이들 동물에 관한 전통적으로 전해 오던 모습과는 전혀 다른 모습이란 관념을 제공하였다. 슈타이너(Steiner)의[85] 개구리에 관한 관찰도 이와 같은 방향으로 진행된다. 예컨대 보행 운동이 연수에서 잘 발달된 기능이라는 것을 보여주었다. 그러나 슈라더는 아주 조심스럽게 수술하여, 개구리를 오랫동안 살아남게 하여, 적어도 몇 마리의 개구리에서는 쿡쿡 찔러 쑤셔 일깨우면, 척수가 보행 운동을 일으켰으며, 연수보다 상위의 뇌 부분이 남아 있지 않아도, 때로는 헤엄치거나 울음

소리를 낼 수 있다는 것을 발견하였다.[86] 슈라더의 뇌반구 없는 개구리도 자발적으로 움직이고, 파리를 잡아먹고, 땅 속에 몸을 숨길 수 있으며, 요컨대 그의 관찰이 있기까지는, 뇌반구가 남아 있지 않으면 불가능하다고 생각했던 많은 일을 하였다. 슈타이너와 벌피앙(Vulpian)[87]은 뇌반구를 제거한 물고기가 좀더 활발하다고 보고하기도 했다. 벌피앙은 뇌 없는 잉어 중 한 마리가[88] 수술 후 3일이면 밧줄 끝에 매어놓은 먹이와 매듭에 돌진하여, 매듭을 턱 사이에 아주 꽉 깨물어 머리가 물 밖으로 끌려나왔다고 했다. "수술받은 잉어들은 계란 흰자위 조각이 그들 앞에서 물 속으로 가라앉는 순간 쫓아가, 때로는 계란 흰자위 조각이 땅 위에 떨어진 다음, 또 때로는 땅에 닿기 전에 잡았다. 먹이를 잡고 삼키는 일은 그 당시 같은 수족관에 있던 수술받지 않은 잉어가 하는 것과 같은 동작을 취하였다. 단 한 가지 차이는 수술받은 잉어는 거리가 더 가까이 있어야 먹이를 보았고, 또 수족관 밑바닥 어떤 점에서나 먹이를 찾는 것이 덜 맹렬하고 참을성이 덜했다. 하지만 때로 건강한 잉어와 먹이 조각을 붙잡는 (말하자면) 경쟁을 하기도 했다. 그들은 계란 흰자위 조각과 다른 흰 물건, 예를 들면 물밑에 있는 작은 돌을 혼동하지 않는 것이 확실했다. 수술 3일 후 밧줄 매듭을 잡았던 바로 그 잉어는 이제 매듭을 덥석 물지 않았으나, 매듭을 가까이 가져가면, 입에 닿기 전에 뒤로 헤엄쳐서 매듭을 피하였다."[89] 우리는 이미 29–31쪽에서 이와 같이 행동을 적응시키는 작용을 개구리 척수와 시구 부분에서 보기로 예시한 바 있다. 이런 사례는 한편으로 플뤼거와 루이스, 그리고 다른 한편 골츠로 하여금 뇌반구에 자리잡고 있는 지능과 유사한 기능을 척수와 시구도 수행하므로, 지능을 척수와 시구에도 국재시키도록 하였던 것이다.

대뇌반구를 제거한 조류에서도 약간의 행동이 의식적 목적에서 수행되는 것 같다는 것이 아주 설득력이 있다. 슈라더는 비둘기가 수술 후 단지 3~4일 동안만 계속 수면 상태에 있고, 그 다음에는 지치지 않고 방안을 하염없이 걷기 시작하는 것을 발견하였다. 그런 비둘기는 갇혀 있던 상자에서 밖으로 나와 장애물을 뛰어넘거나 날아오르기도 했으며, 시력은 완전하여, 걷거나 날 때 방에 있는 어떤 물건과도 부딪히는 일이 없었다. 비둘기들은 일정한 목표 또는 목적을 갖고 있어, 그들이 앉아 있는 횃대를 흔들어 불편하게 만들면, 더 편안하게 앉을 자리로 곧바로 날아가고, 앉을 수 있는 횃대가 여러 개 있으면, 항상 가장 편하게 앉을 자리를 선택하였다. "만약 날아가 앉을 수 있는 같은 거리에 수평 작대(수평 봉)와 책상을 놓으면, 비둘기는 항상 책상에 가는 것을 결정적으로 선호하였다. 사실 책상이 작대나 의자보다 몇 미터 더 멀리 있어도 책상을 택하였다." 비둘기를 의자 등받이에 놓으면 의자의 앉는 자리에 먼저 날아가고, 다음 바닥으로 날아가며, 일반적으로 "충분히 단단한 받침대가 되더라도 높은 곳은 내버려두고, 땅에 내리기 위해 주위 물건을 날아갈 중간 목표로 사용하고, 그것들이 놓여진 거리를 완전하게 정확히 판단하는 것처럼 보였다. 직접 땅으로 날아갈 수도 있었지만, 비둘기는 단계적으로 가는 것을 좋아했으며… 일단 땅에 내려앉게 되면, 자발적으로 공중에 날아오르는 일은 거의 없었다."[90]

대뇌반구 양쪽 모두를 상실한 어린 토끼도 서고, 뛰고, 소리나는 쪽으로 가고, 길에 있는 장애물을 피하고, 상처가 아프면 소리를 지르는 등의 반응을 한다. 쥐는 이와 같은 행동에 덧붙여 방어 자세도 취한다. 개는 대뇌반구를 둘 다 제거하는 수술을 받으면, 결코 살아남지 못한다. 그러나 123쪽에서 언급한 골츠의 가장 최근 실험한 개는 양쪽 뇌반구를 차례로 절제하고, 선조체와 시구가 약해진 다음에도 51일 동안 살아남아, 개 종속에서도 중뇌(中腦)의 신경 중추와 척수가 얼마나 많은 일을 할 수 있는지를 보여주었다. 이상을 종합하면, 이들 관찰에서 하위 중추에 있다고 보여지는 수많은 반응들을 하등동물에 적용시키면, 마이네르트 도식을 지지하는 아주 좋은 사례들을 만들 수 있을 것이다. 이 도식은 대뇌반구를 다만 보충적인 기관 또는 반복 기관이라고 주장하며, 관찰에 비추어 보아도, 뇌반구가 상당한 정도 그렇다는 것이 분명하다. 그러나 마이네르트 도식은, 하위 중추 반응은 모두 타고나야 하며 우리가 고찰한 반응 중 어떤 것도 상처를 입은 다음 습득된 것이 아니라고 절대적으로 확신할 수는 없다고 주장한다. 나아가 하위 중추의 어떤 표출은 저급한 지능에 인도된 것이 아닌가 하는 의심을 갖게 하지만, 이 도식은 하위 중추 반응은 전적으로 기계적이라야 한다고 주장한다.

따라서 하등동물에서도 마이네르트 도식이 주장하는 것과 같은 대뇌반구와 하위 중추들의 대립 관계는 완화되어야 할 이유가 있다. 사실 대뇌반구가 하위 중추들을 보충하는 기관이기는 하지만, 하위 중추도 성질상 뇌반구와 유사하며, 적어도 약간의 '자발성'과 선택성을 가지고 있는 것 같다.

그러나 원숭이나 인간에 이르면, 마이네르트 도식은 거의 전적으로 무효가 된다. 왜냐하면, 대뇌반구는 단순히 하위 중추가 기계적으로 수행하는 작용을 수의적으로 되풀이만 하는 게 아니기 때문이다. 하위 중추 단독으로는 전혀 수행할 수 없는 많은 기능도 있다. 사람이나 원숭이에서 대뇌 운동 피질이 손상되면 진성(眞性) 마비가 생기고 이런 마비는 인간에게서는 치료될 수 없다. 원숭이에서도 거의 또는 대부분 치료될 수 없다. 세귄 박사는 대뇌피질 손상으로 23년 동안 치유되지 않고 지속된 반맹이 된 사람을 알고 있었다. 이 맹증은 '외상에 의한 제지'로는 아마 설명될 수 없을 것이다. 이 맹증은 시각의 어떤 핵심 기관이 상실된 것에 기인된 '탈락 현상(Ausfallserscheinung)'인 것이 틀림없다. 따라서 이들 고등 생명체에서는 동물 진화 척도상 훨씬 낮은 생명체에서 좀더 하위 중추에 있는 능력이 아주 뒤떨어지게 마련이고, 운동과 인상의 어떤 기본적인 결합에도 처음부터 대뇌반구의 협조가 필요한 것 같다. 전두엽이 절제된 조류나 개의 경우에서도 **올바르게 먹는** 능력이 상실된다.[91]

　사람에게서나 짐승에게서나, 대뇌반구는 마이네르트 도식이 말하는 것과 같은 처녀 기관(virgin organs)이 아닌 것은 분명한 사실이다. 따라서 뇌반구는 출생 당시 조직이 전혀 없는 것이 아니라, 정해진 종류의 반응을 하는 타고난 성향을 갖고 있는 것이 틀림없다.[92] 이런 경향은 **정서** 및 **본능**이라고 알려진 성향이며, 이들에 관해서는 이 책의 나중에 더 자세히 고찰하도록 하겠다. 본능과 정서는 둘 다 특정 종류의 **지각** 대상에 대한 반응이며, 뇌반구에 의존하며, 무엇보다도 반사적인 반응이다. 즉 자극 대상과 만나면 처음부터 나타나서, 어떤 사전 사고나 사전 고려를 수반하지 않고 또 억제할 수도 없다. 그러나 본능과 정서는 경험에 의하여 어느 정도는 변할 수 있는데, 특히 본능의 경우 다음 그 자극 대상을 만날 때에는 처음 자극될 때와 같은 맹목적 충동이란 특징을 덜 갖게 된다. 이와 관련된 이야기는 **제24장**에서 좀더 자세히 설명할 것이다. 그러나 인간에게 있는 다양한 정서 반응과 본능 반응은, 인간의 폭넓은 연합 능력과 더불어, 원래 있었던 감각과 운동의 짝들을 해체하여 광범위하게 재결합한 반응이라고 말할 수 있다. 어떤 본능 반응에서 생긴 **결과**는 때로 반대되는 반응을 일으키는 자극물이 된다는 것을 알게 되면, 다음 기회에 원 대상에 의해 **암시**

되어도, (어린아이와 촛불의 경우와 마찬가지로) 바로 처음에 있었던 본능 반응을 완전하게 억제할 것이다. 이와 같은 교육을 하기 위해서는, 대뇌반구가 마이네르트 도식이 주장하는 바와 같이 시초에 백지여서는 안 되며, 따라서 뇌반구는 오로지 하위 중추에 의하여 교육되는 기관이 아닌 스스로를 교육하는 기관이기도 하다.[93]

우리는 이미 뇌 없는 개구리에게는 공포와 배고픔에서 생기는 반응이 없다는 사실에 주목한 바 있다. 슈라더는 보행과 소리내는 것은 활발하면서도 본능이 사라지고 뇌 없는 비둘기 상태에 관하여 인상적인 서술을 제공하였다. "뇌반구가 없는 동물은…모두 같은 가치를 가지는…물체들의 세계에서 행동하게 된다. 골츠의 재치 있는 표현을 사용하면, 뇌반구가 없는 동물은 비인격적(impersonal)이다… 모든 대상이 그에게는 다만 공간을 점령하고 있는 물건일 뿐이고, 다른 정상 비둘기를 비껴 가는 것이 돌멩이를 비껴 가는 것과 다를 바 없다. 그 비둘기는 돌멩이에도, 다른 비둘기에도 기어오르려 한다. 모든 저술가는 뇌반구가 없는 비둘기가 가는 길에 생명이 없는 물건이나 고양이나 개나 맹금류가 있어도, 그의 행동에 어떤 차이도 발견하지 못한다는 것에 의견을 같이한다. 이 생명체는 친구도 적도 모르며, 많은 친구들 사이에 있으면서도 은둔자처럼 산다. 수놈이 그리워하는 꾸르륵 하는 소리도, 콩이 튀는 소리도, 뇌 손상이 되기 전에 먹이 있는 곳으로 빨리 가도록 하려고 사용했던 호루라기 소리도 모두 어떤 감각적 인상도 일깨우지 못하였다. 초기 관찰자들과 마찬가지로, 나도 뇌 없는 암비둘기가 수비둘기의 구애에 응답하는 것을 거의 보지 못했다. 뇌반구 없는 수비둘기는 온 종일 꾸르륵 울어 성적 흥분을 했다는 신호를 뚜렷하게 보내지만, 그런 행동은 대상이 없이도 나타나며, 암비둘기가 있건 없건 전혀 상관없이 일어났다. 곁에 암비둘기를 놓아도 모른 척 내버려둔다…. 수비둘기가 암비둘기에 관심을 보이지 않는 것과 마찬가지로, 뇌반구 없는 암비둘기는 새끼에게도 관심이 없다. 새끼 비둘기들이 끊임없이 먹이를 찾아 울어대면서 어미 비둘기를 따르지만, 마치 돌덩이에서 먹이를 구하는 것과 같았다…. 뇌반구 없는 비둘기는 극도로 온순하여 고양이나 독수리를 무서워하지 않는 것처럼 사람도 무서워하지 않는다."[94]

우리가 다룬 모든 사실과 모든 사색을 종합하면, 우리는 이제 더 이상 마이네르트 도식을 엄격하게 견지할 수는 없는 것 같다. 만약 어디든 이 도식이 견지될 만한 곳이 있다면, 그곳은 하등동물일 것이지만, 하등동물에서도 하위 중추들이 어느 정도 자발성과 선택 능력을 갖고 있는 것 같다. 대체로 동물들에 관하여 우리가 알고 있는 동물학적 차이를 용납하고, 또 장차 아무리 많은 세부 발견을 하더라도, 그런 발견을 받아들일 만큼 포괄적이고 탄력성 있는 어떤 일반화된 개념으로 마이네르트 도식을 대치하지 않을 수 없다고 나는 생각한다.

결론

(CONCLUSION)

의식이 다른 어떤 곳보다 대뇌반구에서 많이 발달되어 있다는 것은 의심할 여지가 없다. 모든 동물의 모든 신경 중추는 어떤 면에서는 기계적이지만, 다른 면에서는 아마 의식의 기관이거나 또는 적어도 한때는 의식하는 기관이었을 것이다. 어디에서든 의식은 얻어진 감각 중에서 어떤 특정 감각을 다른 감각보다 훨씬 선호하고, 또 만약 선호하는 감각이 현전하지 않아도, 희미하게라도 기억할 수 있으면, 그 감각이 의식이 원하는 목표가 되어야 한다. 그뿐만 아니라, 의식은 목표에 이르게 할 만한 어떤 운동 흥분의 방출을 기억 속에서 찾아내고, 그 목표와 그 운동 흥분의 방출을 연합시킬 수 있다면, 그 다음에는 이 운동 흥분 방출 자체가 수단으로서 의식이 원하는 대상이 될 것이다. 이것이 의지의 발달이며, 의지가 발달은 물론 의식이 복잡하게 될 수 있는 정도에 비례하게 마련이다. 이런 의미에서 볼 때 척수도 약간의 의지 작용을 할 수 있는 능력과, 새로운 감각을 경험하면 보통과 다른 행동을 하려고 노력하는 능력을 갖고 있는 것 같다.[95]

따라서 모든 신경 중추는 우선 본질적 기능인 '지성'적인 활동이란 기능을 갖고 있다. 신경 중추는 느끼고, 어떤 것을 다른 것보다 선호하고, '목표'를 가진다. 그러나 모든 다른 기관들과 마찬가지로, 신경 중추도 조상으로부터 후손에게 **진화**하였으며, 그 진화는 두 방향을 취하여, 하위 중추는 아래쪽 방향으로 진화되어 좀더 민활한 자동 기구가 되고, 상위 중추는 위쪽 방향으로 진화하여 더 큰 지성을 갖게 되었다.[96] 그리하여 안전하게 일률적이고 숙명적으로 성장하는 기능에는 정신이 가장 덜 수반하여, 그런 기능을 하는 기관인 척수는 점점 더 정신이 없는 기계로 되어 가고, 반면에 환경의 섬세한 변화에 적응하여 동물에게 이득을 얻게 하는 기능은, 동물학적 진화가 진행되는 데 따라, 해부학적 구조와 그 구조에 동반하는 의식이 더욱더 정교하게 성장하는 뇌반구로 더 많이 넘겨지게 된다. 따라서 개에서보다 인간이나 원숭이에서, 토끼에서보다 개에서, 독수리에서보다 토끼에서,[97] 비둘기에서보다 독수리에서, 개구리에서보다 비둘기에서, 물고기에서보다 개구리에서, 기저 신경절(基底 神經節, basal ganglia)들이 단독으로 할 수 있는 일은 점점 더 줄어들고, 이와 대조적으로 대뇌반구는 더 많은 일을 하게 된다. 우연한 바람직한 돌연변이에 의해서든, 또는 사용 효과가 유전되는 데 의해서든, 자꾸만 커지는 뇌반구 쪽으로 기능이 이행하는 것도, 뇌반구 자체가 발달하는 것과 마찬가지로, 진화에 따른 변화의 하나라고 설명될 수 있을 것이다. 이런 관점에서 보면, 인간의 뇌반구를 훈련할 수 있는 기초적 근거가 되는 반사들도 기저 신경절에만 의존하는 것이 아닐 것이다. 이들 반사도 대뇌반구 속에 있는 성향으로서, 연수 · 뇌교 · 시엽 및 척수의 반사와는 달리 훈련에 의해 변할 수 있는 반사일 것이다. 이와 같은 대뇌 반사가 있다면, 그 반사는 마이네르트 도식이 제공한 것과 마찬가지로, 차후 정신 세계에 나타날 온갖 종류의 '짝 바꾸기'를 초래하는, 기억하고 연합하는 과정을 획득하는 훌륭한 근거를 형성하게 될 것이다. 만약 그렇게 해야 한다면, 어린아이와 촛불 그림은 대뇌피질에서 일어나는 처리 과정으로 완전하게 재편집될 수 있을 것이다. 촛불을 만지려는 원래의 타고난 성향은 대뇌피질에 있는 본능일 것이고, 화상을 입은 것이 그곳과 다른 피질 부분에 심상을 남기고, 연합에 의하여 이 심상이 상기되면, 다음번 촛불을 지각했을 때 촛불을 만지려는 성향을 제지하여, 손을 움츠리는 흥분을 방출하게 될 것이다——따라서 다음번에는 원래 화상을 입어 통증과 짝을 이루었던 팔을 움츠리는 운동이 촛불을 본 망막 상과 짝이 될 것이다. 따라서 마이네르트 도식에 어떤 심리학적 진리가 있다면, 확실하지도 않은 해부학과 생리학에 얽매이지 않고 그 진리를 받아들일 것이다.

신경 중추의 진화, 그리고 신경 중추와 의식과의 관계의 진화, 그리고 뇌반구와 다른 뇌엽들과의 관계의 진화 등에 관한 이와 같은 막연한 견해가 우리가 신봉해도 가장 안전하리라고 생각되는 견해인 것 같이 내게는 보인다. 다른 더 좋은 장점을 갖고 있지 않더라도, 어떤 한 가지 일반화된 공식으로 모든 사실을 망라하려는 순간, 결국 이 견해는 우리 지식에 얼마나 큰 공백이 있다는 사실을 깨닫게 해줄 것이다.

■ 주석

1) 이 부분을 절단하는 것은 일반적으로 치명적이라고 밝혀졌다. 여기 인용된 것은 절단 후 살아남은 소수의 사례이다.
2) 간단하기 때문에 개구리에 한정시켜 논술하였다. 고등동물, 특히 원숭이나 인간에서는 근육 결합이 뇌반구에 의해 결정될 뿐만 아니라, 한정된 근육 집단이나 심지어 단일 근육도 뇌반구로부터 신경 지배를 받을 수 있는 것 같다.
3) 내가 생리학적인 것과 정신적인 것을 섞어서, 마치 반사 작용과 뇌반구 기억이 하나의 인과 연쇄 속에 있는 동질적 성질이나 요인인 것처럼 잇달아 언급한데 대해 독자들은 화를 내지 않기를 바란다. 나는 깊은 생각에서 이렇게 하였다. 왜냐하면, 극단적으로 물리적 관점에서 신경세포나 신경섬유 속에서 일어나는 연쇄 사건들을 그 자체 완전한 것으로 개념화하는 것은 쉽다는 것을 인정하며, 그런 사건 연쇄를 그렇게 개념화하면 '관념'을 거론할 필요가 없다는 것도 인정하지만, 그러나 나는 이런 관점이 오히려 비현실적 추상일 것이라 생각하기 때문이다. 중추 속에서도 반사가 일어날 것이며, 그런 반사에 수반하는 감정이나 관념도 반사를 유도할 수 있을 것이라 생각한다. 이와 같은 상식적 입장을 포기하지 않는 이유를 다른 장에서 설명하려 하며, 그때까지는 우리 언어가 이와 같이 섞어서 기술하는 것을 더 쉽게 하므로, 나는 계속하여 상식적인 입장을 취할 것이다. 보다 철저하게 사색하는 독자들은 항상 '관념' 대신 '지성'으로 바꾸어 읽을 수 있다.
4) 차후 이 도식을 간단히 '마이네르트 도식(Meynert scheme)'이라 부를 것이다. 왜냐하면, 이미 대뇌반구는 생래적으로 하위 중추에서 연결되는 감각과 운동의 짝이 투사되고 여분의 정원 외의 뇌 표면이라는 일반화되는 개념과 촛불에 대한 아이의 예는 오스트리아 해부학자인 Meynert의 실례에서 따왔기 때문이다. 이 견해에 관한 적절한 설명은 그의 팸플릿 'Zur Mechanik des Gehirnbaues'(Vienna, 1874)를 보라. 그가 가장 최근에 발전시킨 개념은 그의 'Psychiatry'의 전뇌(前腦) 질환에 관한 임상 논문에 구체적으로 나

타나 있으며, Sachs가 번역(New York, 1885)하였다.

5) Geschichte des Materialismus 2d ed., II. p.345.

6) West Riding Asylum Reports, 1876, p.267.

7) 이에 대한 여러 반론들에 관한 철저한 논의는 Ferrier의 『Functions of the Brain』 2d ed., p.227-234 및 François-Franck의 'Leçons sur les Fonctions Motrices du cerveau)' (1887), Lecon 31을 참고하라. 피질 점들을 자극하는 정확한 세부 실험은 Paneth의 실험으로서 Pflüger's Archiv. vol. 37, p.528에 있다. 최근 두려움 없이 수술로 두개골을 열고 인간의 뇌를 실험하여 때로는 바람직한 결과를 얻었다. 이와 같은 실험 중 어떤 것에서는 운동을 일으키는 점을 정확하게 찾기 위하여 피질을 전기로 자극하여, 개와 원숭이에서 관찰된 운동이 인간에서도 나타나는 것을 볼 수 있었다.

8) J. Loeb: Beiträge zur Physiologie des Grosshirns,' Pflüger's Archiv, xxxix. 293. 내가 저자의 문장을 요약했다.

9) Goltz: Pflüger's Archiv, XIII. 419.

10) '반신불수(Hemiplegia)' 란 신체의 한쪽이 마비되는 것을 뜻한다.

11) Philosophical Transactions vol. 179, pp.6, 10(1888). 그후 논문에서(같은 책, p.205) Beevor와 Horsley는 국재 문제에 더 자세히 들어가, 단일 근육이나 단일 손가락을 움직이게 하는 뇌의 장소를 보여주었다.

12) Nothnagel und Naunyn: Die Localization in den Gehirnkrankheiten (Wiesbaden, 1887), p.34.

13) 운동성 실어증에 관하여 우리가 알고 있는 지식의 역사적 서술로 접근할 수 있는 것은 W. A. Hammond의 'Treatise on the Disease of the Nervous System,' chapter VII 속에 있다.

14) 1885년까지의 역사는 A. Christiani: Zur Physiologie des Gehirnes (Berlin, 1885)에서 찾을 수 있다.

15) Pflüger's Archiv, vol.44, p.176. Munk(Berlin Academy Sitzsungs-berichte 1889, XXXI)는 그가 받은 공격에 반발하여 Schrader의 적출(摘出) 수술이 완전하다는 것을 부인했다. 그는 "현미경으로만 보일 정도의 시각 영역(Sehsphäre) 부분이라도 남아 있는 것이 틀림없다"라고 말했다.

16) A. Christiani: Zur Physiol. d. Gehirnes(Berlin, 1885), chaps. II, III, IV. H. Munk: Berlin Akad. Stzgsb. 1884, XXIV.

17) Luciani und Seppili. Die Functions-Localization auf der

Grosshirnrinde(대뇌피질의 기능 국재) (Deutsch von Fraenkel), Leipzig, 1886, M, N과 S라는 개. Goltz, Pflüger's Archiv, vol. 34, pp.490–496: vol. 42, p.454. 또한 Munk: Berlin Akad. Stzgsb. 1886, VII, VIII, pp.113–121과 Loeb: Pflüger's Archiv, vol. 39, p.337.

18) Berlin Akad. Sitzungberichte, 1886, VII, VIII, p.124.

19) H. Munk: Function der Grosshirnrinde(Berlin, 1881), pp.36–40. Ferrier:Functions, etc., 2d ed., chap. IX, Pt. I. Brown & Schaefer: Philos. Transactions, vol. 179, p.321. Luciani u. Seppili, 전게서, pp.131–138. Lannegrace는 양측 시엽을 파괴해도 시각 흔적을 발견했다. 그리고 한 마리 원숭이에서는 각형회와 시엽이 완전히 파괴되어도 시각 흔적이 있었다. 그의 논문은 Archives de Médecine Expérimentale 1월호 와 3월호에 있다. 나는 그의 논문을 Neurologisches Centralblatt, 1889, pp.108–420에 있는 요약에서 알았을 뿐이다. 이 요약의 보고자는 수술받 은 원숭이의 시각 증거를 의심했다. 왜냐하면, 시각 증거가 장애물을 피하 는 것과 사람이 있으면 정서적 혼란을 일으키는 것이었기 때문이다.

20) Localization of Cerebral Disease(1878), pp.117–118.

21) 이런 사례는 Flechsig: Die Leitungsbahnen in Gehirn u. Rückenmark (Leipzig, 1876), pp.112–272; Exner's Untersuchungen etc., (연구 등), p.83; Ferrier의 Localization etc.,(국재 등) p.11; François–Franck의 Cerveau Moteur(운동 뇌), p.63을 보라.

22) E. C. Seguin: Hemianopsia of Cerebral Origin (뇌성 반맹증), in Journal of Nervous and Mental Disease, vol. XIII. p.30. Nothnagel und Naunyn : Ueber die Localization der Gehirnkrankheiten(뇌질환 국재에 관하여) (Wiesbaden, 1887), p.10.

23) Die Seelenblindheit, etc. (정신성 맹증 등), p.51 ff. 이 여자 사례에서는 정신성 맹증이 중간 정도였다.

24) Archiv f. Psychiatrie, vol. 21, p.222.

25) Nothnagel(상기 인용문, p.22)은 "이것은 들어맞지 않는다"라고 말했다. 그러나 그는 양쪽 피질 손상은 완전한 맹증을 초래하지만, 시각 심상을 파 괴하지 않는다는 주장을 뒷받침하는 사례를 제공하지 못했다. 따라서 그 의 주장이 사실을 관찰한 결과인가 또는 연역적 가정일 따름인가 하는 것 이 분명하지 않다.

26) C. S. Freund: Archiv f. Psychiatrie, vol. xx가 발표한 사례에서는 뇌반구 양쪽 시엽 모두가 상처를 입었지만, 피질은 파괴되지 않았다. 이 사례에서 는 아직도 시각이 남아 있었다. pp. 291-295 참조.

27) '반드시'라는 표현을 사용한 것은 이 두 증세의 공존 가능성을 부인하지 않기 때문이다. 뇌 손상이 시각의 연합 작용을 차단하는 일이 많고, 동시 에 시각을 완전히 상실하지 않고도 시각 심상을 손상시킨다. 이와 같은 사 례는 Charcot가 제공한 것이 가장 확실하며, 이에 관해서는 심상 과정에 관한 장에서 더 철저히 언급할 것이다.

28) Freund와 (위에 인용된 Ueber Optische Aphasie und Seelenblindheit라 는 논문에서) Bruns('Ein Fall von Alexie etc.,' Neurologisches Centralblatt, 1888, pp. 581, 509)는 자신들의 사례를 전도로(傳導路)가 파 괴된 것으로 설명하였다. 조금 전에 인용한 정신성 맹증에 관한 고심한 논 문에서 Wilbrand는 사례를 제공하지는 못하고, 단지 시각의 '기억 영역' 이 위치상 '시각 감각 영역'과 구별되어야 한다는 그의 신념에 대한 **선험 적 이유**를 제공했을 뿐이다(pp. 84-93 참조). **선험적** 이유로는 문제가 달 라진다. Mauthner('Gehirn u. Auge(1881), p. 487 ff.)는 시엽 적출 후 생 긴 Munk의 개와 원숭이의 '정신성 맹증'은 정신성이 아니라 실제 시각이 희미해진 것이란 것을 증명하려 했다. 지금까지 보고된 중에서 가장 확실 한 정신성 맹증은 다음과 같은 Lissauer의 사례이다. 독자들은 Bernard: De l'Aphasie (1885) chap. V; Ballet: Le Langage Intérieur(1886), chap. VIII 및 Jas. Ross의 Aphasia에 관한 작은 책(1887, p. 74)을 읽는 것이 좋을 것이다.

29) 이런 사례는 Wernicke의 'Lehrb. d. Gehirnkrankheiten' vol. II p. 554 (1881)에서 보라.

30) 이런 퇴화에 관한 최근 기록은 Monakow의 'Archiv. für Psychiatrie', vol. xx. p. 714에 있는 Über die Optischen Centren u. Bahnen이라는 논 문이다.

31) Die Functions-Localization, etc., Dog X; 또한 p. 161을 보라.

32) Philos. Trans., vol. 179, p. 312.

33) Brain, vol. xi. p. 10.

34) 전게서, p. 147.

35) Der aphasische Symptomencomplex (1874). 그림 11에서 Wernicke라고

표시된 회전을 보라.

36) The Pathology of Sensory Aphasia, 'Brain,' July, 1889.

37) (역자주) 영국의 연합주의자들은 관념들이 정신 속에서 연합한다고 주장한다. 즉 빨간색이란 관념, 파란색이란 관념, 둥글다는 관념 등등이 연합하여 사과라는 사물을 지각하게 된다고 주장한다. James는 이와 반대로, 연합은 물리세계에서 이루어지며, 정신세계에서 이루어지는 것이 아니라고 생각했다. 영국의 연합주의자들은 관념 연합을 주장함으로써 유심론에 빠지게 되었다는 것이다. 여기에서도 속성이란 물리적 존재들이 물리적으로 연합함으로써 우리가 사물을 지각하게 되는 것이며, 그들 속성에 대한 관념들이 정신 속에서 연합하여 사물을 지각하는 것이 아니라, 속성들이 물리적으로 연합하여 사물을 형성한다는 것이다.

38) Nothnagel und Naunyn: 전게서, 도표.

39) Ballet와 Bernard의 95쪽의 주 28에 인용된 저술이 Charcot 학파에 대한 가장 접근할 수 있는 문헌이다. Bernard의 Brain as an Organ of Mind란 책(끝의 3개 장)도 또한 유용하다.

40) 자세한 것은 Ferrier의 'Function,' chap. IX. pt. III와 Chas. K. Mills: Transactions of Congress of American Physicians and Surgeons, 1888, vol. I. p.278을 보라.

41) Functions of the Brain, chap. X. 14.

42 Ueber die Functionen d. Grosshirnrinde(1881), p.50.

43) Lezioni di Fisiologia spermentale sul sistema nervoso encefalico(1873),. p.527 ff. 또한 'Brain,' vol. IX. p.298.

44) (역자주) James는 의지를 신체 운동의 원동력으로 간주한다. 따라서 대뇌 피질에 운동을 전담하는 영역이 없다면, 의지란 있을 수 없게 된다.

45) Bechterew(Pflüger' s Archiv., vol. 35, p.137)는 S형 회전을 절제하여 운동장애 증세를 가지고 있는 고양이가 감각 마취되지 **않는** 것을 관찰했다. Luciani는 피질에 운동 영역 결손이 있는 개 척수를 동시에 절반 절단하여 감각이 과민하게 되게 하였다(Luciani u. Seppili, **전게서**, p.234). Goltz는 양쪽 전두엽을 절제한 다음 운동 장애가 오고 전신의 감각이 과민하게 되는 것을 가끔 관찰했다. 그리고 한 사례에서는 운동 영역을 절제한 후 감각 과민을 보았다(Pflüger' s Archiv, vol. 34. P.471).

46) Philos. Transactions, vol. 179, p.20 ff.

47) Functions, p.375.

48) 전게서, pp.15-17.

49) Luciani u. Seppili, 전게서, pp.275-288.

50) 전게서, p.18.

51) Trans. of Congress, etc., p.272.

52) Exner의 Unters. üb. Localization, 도표 xxv를 보라.

53) Ferrier의 Functions, etc., chap. iv 및 chap. x, 6장에서 9장까지 참조.

54) 전게서, p.17.

55) 예로 Starr, 상기 인용문 중 p.272; Leyden, Beiträge zur Lehre v. d. Localization im Gehirn(1888), p.72.

56) Bernard, 전게서, p.84.

57) Philos, Trans. vol. 179, p.3.

58) Trans. of Congress of Am. Phys. and surg. 1888, vol. I. p.343. Beevor 와 Horsley의 원숭이 뇌에 대한 전기 자극에 관한 논문은 정확성에 있어 지금까지의 어떤 연구보다 가장 잘 된 연구이다. Phil. Trans., vol. 179, p.205. 특히 도표를 보라.

59) Pflüger' s Archiv, vol. 37, p.523(1885).

60) 대체로 상식과는 어긋난 그의 책 'The Brain' 에서 Luys가 이런 시사를 했으며, 또 Horsley도 그와 같은 시사를 했다.

61) C. Mercier: The Nervous System and the Mind, p.124.

62) 전두엽은 아직도 수수께끼로 남아 있다. Wundt는 전두엽을 '통각(統覺)' 기관이라 설명하려 했다[Grundzüge d. Physiologischen Psychologie, (생리심리학 원론), 3d ed., vol. I. P.233ff]. 그러나 나는 통각이란 말이 여기 들어오는 한 Wundt 철학을 분명하게 이해할 수 없다는 것을 자인하며, 따라서 다만 인용하는 것으로 만족해야 한다——최근까지 다른 중추 집단과 구별하기 위하여 전두엽에 '지성 중추' 란 말이 흔히 사용되었다. 다행히 이런 관습은 이미 사라졌다.

63) Rech. Exp. sur le Fonctionnement des Centres Psycho-moteurs (Brussels, 1855).

64) Pflüger' s Archiv, vol. 44, p.544.

65) 그러나 François-Franck(Fonctions Motrices, p.370)는 두 마리 개와 한 마리 고양이에서 이런 종류의 절단으로 이와는 다른 결과를 얻었다는 것을

첨언하지 않을 수 없다.

66) 이 말은 T. K. Clifford의 Lectures and Essays(1879), vol. II. p.72를 보라.

67) 아래 chap.VIII을 보라.

68) Ferrier의 Functions, pp.120, 147, 414를 참조하라. 또한 Vulpian: Leçon sur la Physiol. du Syst. Nerveux, p.548; Lucioni u. Seppili, 전게서, pp.404-5; H. Maudsley: Physiology of Mind(1876), pp.138 ff, 197 ff. 및 241 ff. 참조. G.H. Lewes의 Psyical basis of Mind, Problem IV, 'The Reflex Theory'에 이 문제에 관한 아주 완전한 역사가 제공되고 있다.

69) Goltz: Pflüger's Archiv, vol. 8, p.460; Freusberg: 전게서, vol. 10, p.174.

70) Goltz: Verrichtungen des Grosshirns, p.73.

71) Loeb: Pflüger's Archiv, vol. 39, p.276.

72) 전게서, p.289.

73) Schrader: 전게서, Vol. 44, p.218.

74) The Nervous System and Mind(1888), chaps. III, VI. 또 Brain, vol. XI. p.361.

75) Brown-Séquard는 'Archives de Physiologie,' 1889년 10월호 5권, vol, p.751에 그의 견해를 요약하여 발표했다.

76) Goltz가 그의 Verrichtungen des Grosshirn, p.39 ff.에서 뇌의 제지 이론을 처음 사용했다. 제지 작용에 관한 일반적 철학에 관해서는 독자들이 Brunton의 Pharmakology and Therapeutics, p.154 ff.와 'Nature,' vol. 27, p.419 ff.를 참조하라.

77) 예를 들면 Herzen, Herman u. Schwalbe의 Jahres-bericht(1886), Phsysiol. Abth. p.38.

78) François-franck : 전게서 p.382. 결과는 어느 정도 상호 모순적이다.

79) Pflüger's Archiv, vol. 42, p.419.

80) Neurologisches Centralblatt, 1889, p.372.

81) 전게서, p.387. 문제 전체의 논의에 관해서는 pp.378-388을 보라. 또한 Wundt의 Physiol. Psych. 3d ed., p.225 ff.과 Luciani 및 Seppili, pp.243, 293을 비교하라.

82) **습관, 연상, 기억, 지각** 등에 관한 장에 이르면 여기에서 예비적으로 새로운 신경 통로를 만들어내는 것이 대뇌피질의 기본적 소임이라고 추측한

것이 확고한 신념으로 바뀔 것이다.

83) Plüger' s Archiv, vol. 41, p.75(1887).

84) 전게서, vol. 44, p.175(1889).

85) Untersuchungen über die Physiologie des Rorschhirns, 1885.

86) 상기 인용문, pp.80, 82-3. Schrader는 또 소뇌 바로 뒤쪽을 거쳐 연수를 잘랐을 경우 **물어뜯는 반사**가 발달되는 것을 보았다.

87) Berlin Akad. Sitzungsberichte for 1886.

88) Comptes Rendus, vol. 102, p.90.

89) Comptes Rendus de l' Acad. d. Sciences, vol. 102, p.1530.

90) 전게서 인용문, p.216.

91) Goltz: Pflüger' s Archiv, vol. 42, p.447; Schrader: 전게서, vol. 44, p.219 ff. 그러나 이 증세는 외상에 의한 제지의 결과일 가능성이 있다.

92) 몇 년 전에는 뇌반구가 단순히 정원 외로 존재한다는 이론을 지지하는 가장 강력한 논증의 하나로 흔히 인용된 것이 Soltmann의 관찰이었다. 이 관찰에서는 새로 태어난 강아지 대뇌피질의 운동 영역을 전기 자극해도 흥분을 일으킬 수 없었으며, 다만 24시간이 지나야 흥분을 일으켰다. 아마 하위 중추가 운동 기능을 할 수 있도록 운동 영역을 훈련시킨 다음이라야 뇌피질 운동 영역이 흥분하는 것 같다. 그러나 Paneth의 그후 관찰은 Soltmann의 결과가 실험 동물을 지나치게 마취하여 잘못을 저지른 결과라는 것을 보인 것 같다(Pflüger' s Archiv, vol. 37, p.202). 그러나 Neurologisches Centralblatt, 1889, p.513에서 Bechterew는 Paneth의 업적을 알지 못하고, Soltmann쪽으로 편들었다.

93) Münsterberg(Die Willenshandlung, 1888, p.134)는 Meynert 도식에 **전적으로** 도전했다. 즉 우리 자신의 경험에서 보면, 처음에는 수의적이었던 많은 것이 2차적으로 자동적이고 반사적으로 되는 행동의 예가 많지만, 원래는 반사 작용이지만 수의적으로 되어가는 단 하나의 반사도 의식에 기록되는 일이 없다고 말했다──Meynert 도식이 완전히 타당하더라도, 그런 반사가 의식에 기록되는 것은 있을 수 없다. 왜냐하면 이 도식이 상정하는 뇌반구 교육이 앞서고, 회상이 그에 뒤따르는 것이 이치에 합당하기 때문이다. 나의 생각으로는 Münsterberg가 Meynert 도식을 거부한 것이 하위 중추에서 생기는 반사만을 고려하면, 타당할 수 있을 것 같다. 정신의 기원에 관해서는 어디서나 우리가 얼마나 아는 것이 없는가 하는 것을

통감하게 된다.

94) Pflüger's Archiv, vol. 44, p.231-1.

95) Schiff가 오래전 지적한 바와 같은(Lehrb. d. Muskel-u. Nerven-physioldgie, 1859, p.293ff.) '척수 정신(Ruckenmarksseele)'이 만약 지금 있다고 하여도 그 정신은 고등한 감각 의식을 가질 수 없는 것은 당연하다. 왜냐하면 척수 정신에 있는 감각 신경 흥분은 다만 피부에서 올 뿐이기 때문이다. 그러나 척수 정신도 희미하게나마 느끼고 선호하고 원할 수 있을 것이다. 이 책 본문의 견해에 동조하는 견해는 G.H. Lewes: The Physiology of Common Life(1860), chap. IX을 보라. Goltz는 (Nervencentren des Frosches, 1869, pp.102-130) 개구리 척수에는 적응 능력이 없다고 생각했다. 이것은 그가 실시한 실험의 경우 그렇게 되지 않을 수 없었다. 왜냐하면 머리가 잘린 개구리의 살아 있는 기간이 너무 짧아 요구되는 재주를 학습할 시간적 여유가 없었기 때문이다. 그러나 Rosenthal(Biologisches Centrolblatt, vol. iv, p.247)과 Mendelssohn (Berlin Akad. Sitzungsberichte, 1885, p.107)의 개구리 척수의 단순 반사 연구에서 사용된 통로가 절단되어 단절되면 새로운 통로를 취하였으므로 새로운 조건에 대한 약간의 적응력이 척수에 있다는 것을 증명했다. Rosenthal에 의하면 이와 같은 통로는 통과된 회수에 비례하여 더 통과하기 쉬워졌다고 한다(즉 더 적은 자극을 필요로 했다).

96) 진화가 획득된 습관이 유전되어 생기는가 또는 바람직한 돌연변이가 유전되어 이루어지는가 하는 것에 관해서는 여기서 논의할 필요가 없다. 지금의 우리 목적에는 진화가 일어난다는 것만 인정하면 진화되는 양식에는 상관하지 않는다.

97) Schrader의 Observations을 보라. 상기 인용문.

제3장

뇌 활동의 일반 조건

(ON SOME GENERAL CONDITIONS
OF BRAIN ACTIVITY)

　뇌 기능의 근거가 되는 신경 조직의 기본 속성을 만족할 정도로
이해하려면 아직 멀었다. 신경 조직 짜임새의 구도에 관해 우선
머리에 떠오르는 것은 너무 간단하여 틀린 것이 확실하지만, 나는
세포 하나 하나로 관념 하나 또는 관념의 한 부분을 나타내고 신
경섬유는 관념들을 연합하거나 '다발로 묶는〔로크(Locke의 말을 사
용하면)〕' 것이라고 생각한다. 관념들 사이의 연합 법칙을 상징으
로 흑판에 그리면 동그라미나 어떤 폐쇄된 도형을 그리고, 그것들
을 선으로 연결하지 않을 수 없다. 신경 중추가 신경섬유를 내보
내는 신경세포들로 되어 있다는 말을 들으면 우리는 자연스럽게
우리가 그린 그림이 진실한 것이고 사고의 물리적 근거가 밝혀졌
다고 할 것이다. 어쨌든 우리가 그린 그림과 같은 일이 뇌 속에서
이루어져야 하지만 결코 우리가 처음 생각한 것처럼 그 일이 눈으

로 볼 수 있고 손으로 만질 수 있는 것은 결코 아니라는 것도 확실히 진실이다.[1] 뇌반구 속에는 신경섬유가 없는 많은 세포들도 있다. 신경섬유가 나오는 곳에서 곧바로 신경섬유들은 추적할 수 없을 만큼 많은 수의 분지(分枝)로 갈라지고, 흑판 위에 그린 선과 같이 두 세포 사이를 단순하고 소박하게 연결하는 것은 신경 해부의 어디에서도 찾아 볼 수 없다. 해부학이 너무 많은 것을 발견하여 해부학자들마저도 이론이 지향하는 목적에 맞게 그들이 발견한 것을 정리할 수 없을 정도이며, 신경세포와 신경섬유에 관한 통속적인 과학 개념들은 거의 대부분 진실과는 동떨어지고 있다. 따라서 다음에 언급할 몇 가지만 제외하고 뇌의 **심오한** 작동에 관해서는 미래의 생리학에 넘겨주기로 하자.

자극 합산(刺戟 合算)
(THE SUMMATION OF STIMULI)

첫째로 언급할 것은 같은 신경통로(神經通路)에서 자극들이 합산되는 과정이다. 자극 합산은 신경 생활의 많은 현상들을 이해하고 따라서 정신 생활의 많은 현상들을 이해하는 데 매우 중요한 속성이므로, 앞으로 더 나아가기에 앞서 자극 합산이 의미하는 것을 분명한 개념으로 알고 있을 필요가 있다.

자극 합산의 법칙은 **자체만으로는 중추를** 자극하여 효과적인 신경 흥분을 일으킬 만큼 충분히 강하지 못한 자극도 하나 또는 몇 개의 다른 자극(똑같이 단독으로는 신경 흥분을 일으킬 수 없는)과 함께 작용하면 신경 흥분을 방출할 수 있게 된다는 법칙이다. 자극 합산을 신경 긴장이 합산되어 마침내 저항을 극복하는 것이라고 생각하는 것이 자연스럽다. 처음에 있은 긴장은 '잠복 흥분(latent excitement)' 또는 '흥분성 증가(heightened irritability)'를 만들어 내고… 실제 결과가 있기만 하면 이 두 용어 중 어떤 말을 붙이든 중요하지 않다… 최후 긴장은 낙타의 등을 뚫고 들어가는 빨대와도 같다. 의식이 동반되는 신경 과정에서는 최후에 폭발하는 신경 흥분에 본질적으로 다소 생생한 감성 상태가 있게 마련인 것 같다. 그러나 긴장이 아직 극치하(極値下, submaximal)에 있거나 또는 밖으로 효과가 나타나지 않는 동안에도 그 긴장이 개인의 의식 전체를 결정하는 데 한몫 하지 않을 것이라고 가정할 근거는 없는 것이다. 뒷장에서 우리는 이와 같이 밖으로 효과를 나타내지 않는 긴장도 의식을 결정하는 몫을 가지고 있으며, 그와 같은 긴장이 공헌하지 않는다면 매 순간 정신이 상대하는 대상이 지니고 있는 긴요한 성분의 하나인 관계 주변(關係 周邊, fringe of relations)이 의식될 수 없을 것이라고 가정할 만한 이유를 풍부하게 찾게 될 것이다.

자극 합산이란 주제는 생리학에 너무 많이 속하는 것이므로 그 증거를 여기에서 자세히 언급할 수는 없다. 이 주제를 더 공부할 관심이 있는 독자를 위하여 약간의 참고문헌을 각주 속에 적었으며[2] 다만 대뇌 중추를 직접 전기 자극하면 자극 합산이 충분하게 증명된다는 것만 말해 둘 것이다. 왜냐하면 어떤 신체 운동을 한 개 감응 전기 충격(induction shock)을 사용하여 일으키려면 아주 강한 전류가 있어야 하지만, 전류가 비교적 약해도 감응 전기 충격을 아주 빠르게 연속하여 주면(faradization) 신체 운동을 일으키게 된다는 것을 가장 초기의 실험가들도 피질 중추를 자극하여 이미 발견했기 때문이다. 아주 탁월한 연구를 인용하면 더 여러 측면에서 자극 합산 법칙을 볼 수 있을 것이다.

"극히 미약한 근육 수축을〔개의 발가락 신근(伸筋)에서〕일으킬 만한 강도의 전류로 시간 간격을 짧게 하여 계속 대뇌피질을 자극하면 근육 수축 양이 점점 증가하고 마침내는 극한 상태에 도달한다. 따라서 앞선 각 자극들이 영향을 남기고 그 영향이 다음에 따라오는 자극의 효과를 증가시킨다. 이와 같은 자극 합산에서는… 다음과 같은 점이 주목된다 : 1) 단독일 때에는 효과가 전혀 없던 단일 자극도 충분히 빨리 반복되면 효과가 있게 된다. 사용된 전류가 최초 수축을 시발시킬 만한 전류보다 훨씬 약할 때 신체 운동을 일으키려면 아주 많은 수의 전기 충격 자극을 주어야 하며, 20회, 50회, 한 번은 106회 충격이 필요했다. 2) 자극 합산은 자극들 사이의 시간 간격이 짧을수록 비례하여 쉽게 나타난다. 전기 충격을 3초 간격으로 주었을 때에는 너무 약해 효과 있는 합산을 할 수 없었던 전류도 1초 간격으로 단축하면 효과 있는 자극 합산을 할 수 있었다. 3) 다음 자극 효과를 증가시키는 신경 변용을 남기는 것은 전기 자극만이 아니며 근육 수축을 일으킬 수 있는 어떤 종류의 자극도 신경 변용을 남긴다. 만약 어떤 방법으로든 실험하고 있는 근육을 반사적으로 수축시키거나 동물이 자발적으로 수축할 때〔깊이 숨을 들이마시고 있는 동안 '교감에 의하여(by sympathy)' 이런 근육 수축이 흔히 생긴다〕, 그때까지는 작용하지 못했던 전기 자극을 즉시 주면 그 자극이 힘 있게 작용한다."[3]

또한:

"모르핀 마취의 어떤 단계에서는 운동 중추에 전기 충격을 주기에 앞서 신체의 어떤 부분의 피부에 부드러운 촉각 자극을 주면 효력이 없던 약한 전기 충격도 강력한 효과를 나타내게 될 것이다… 전류가 역치하(閾値下, subliminal)의 강도라는 것을 확인하고 또 자극 전류도 효과가 없다는 것을 자신이 되풀이 확인해도 개의 앞발을 지배하는 뇌 중추를 자극하면서 손으로 개의 발 피부를 한번 가볍게 만지기만 해도 그 약한 전기 충격이 곧 강한 효과를 나타내는 것을 볼 수 있다. 이와 같은 흥분성 증가는 수 초 동안 지속된 다음 사라진다. 때로는 앞발을 한번 가볍게 두드리는 것만으로도 전에는 효과 없던 전류가 아주 약한 근육 수축을 일으키는 데 충분한 효과가 있다. 따라서 촉각 자극을 반복하면 대체로 근육 수축 범위가 증가할 것이다."[4]

우리는 힘을 실제로 증가시키기 위해서는 항상 자극 합산을 사용한다. 만약 마차를 끄는 말이 가지 않고 멈추고 있으면 말을 출발하게 만드는 흔히 있는 최후 수단은, 말이 가도록 부추기는 여러 가지 자극을 동시에 주는 것이다. 마차꾼은 고삐를 잡고 소리치며 옆사람들은 말머리를 끌어당기고, 다른 사람은 채찍질하고, 차장은 종을 울리고, 손님들은 마차에서 내려 마차를 미는 등 이런 모든 일들을 한꺼번에 하면 완강한 말의 고집도 대체로 꺾이고 즐겁게 길을 가게 된다. 우리가 망각한 이름이나 사실을 생각해내려고 하면 가급적 많은 '단서'들을 생각하여 그 단서들이 협동작용을 일으키면 어느 한 단서만으로는 도저히 상기해 낼 수 없는 것도 상기해 내게 될 것이다. 먹이가 되는 죽은 시체를 보여주는 것만으로는 짐승들이 그것을 추적하도록 자극하지 못하지만, 그것이 움직이는 모양을 보여주면 짐승들은 그것을 추적하게 된다. "브뤽(Brucke)은 뇌 없는 암탉이 눈 밑에 있는 곡식을 쪼려 하지 않았지만 곡식알을 땅 위에 힘껏 뿌려 후루룩 하는 소리가 나게 하면 쪼아 먹기 시작했다고 적고 있다."[5] "앨런 톰슨(Allen Thomson) 박사는 몇 마리 병아리를 거실 카펫 위에서 부화시키고 며칠 동안 거기에 두었다. 병아리들은 바닥을 긁는 성향을 보이지 않았지만… 톰슨 박사가 카펫 위에 자갈을 조금 뿌려주었을 때… 병아리들은 곧 땅을 긁는 운동을 시작했다.[6] 낯선 사람과 어두움은(이런 일은 인간에게서도 마찬가지이지만) 모두 개에게 공포와 불신을 일으키는 자극이다. 이 두 가지 중 어느 하나만으로는 개가 밖으로 공포의 표현을 일으키게 하지 못하지만 둘이 합쳐지면, 즉 어두운 곳에서 낯선 사람을 만나면 개는 흥분하여 강렬하게 달려든다.[7] 노점 상인들은 자극 합산의 효과를 잘 알고 있다. 왜냐하면 그들은 길가에 한 줄로 줄지어 노점을 차려놓으면 지나가는 사람들이 노점 행렬 첫째 집에서 사지 않았던 물건도 반복적으로 유혹된 결과 끝 집에서 사게 되는 일이 많기 때문이다. 실어증도 자극 합산의 많은 보기를 보여준다. 대상을 보여주기만 해서는 이름을 말할 수 없던 환자도, 보여주고, 동시에 만지게 하면 그 대상의 이름을 말한다.

자극 합산의 예는 무한히 많을 것이지만 뒷장에 가서 말해야 할 것을 여기에서 미리 말할 필요는 없다. 본능, 사고 흐름, 주의, 변별, 연합, 기억, 미각적 감각, 의지 등을 다룰 장 속에는 순수심리학의 자극 합산 원리가 영향을 미치는 범위를 말해 주는 수많은 사례가 포함되어 있다

반응 시간
(REACTION TIME)

최근 몇 년 동안 가장 열심히 수행된 실험 연구 방향의 하나는 신경에서 일어나는 일들에 걸리는 시간을 확정하는 연구이다. 헬름홀츠(Helmholtz)가 개구리의 좌골 운동신경에서 신경 흥분의 전도 속도를 발견하여 처음으로 이런 연구를 시작하게 되었다. 그러나 그가 사용한 방법은 곧 운동신경뿐만 아니라 감각 신경과 중추 신경에도 사용되었으며, 그 결과 '사고 속도' 측정이라 기술되어 인기 있는 학문으로 존경받게 되었다. '생각처럼 빠르다' 라는 표현은 오랜 옛날부터 속도가 아주 빨라 놀랄 만하고 얼마나 빠른지 정할 수 없는 모든 것을 의미하였고, 그처럼 신비로운 빠른 사고 속도에 과학이 운명적 손을 뻗치게 된 것은 사람들에게 프랭클린(Franklin)이 처음 **공중의 벼락을 잽싸게 붙잡아** 보다 새롭고, 보다 냉혹한 신들의 경쟁 시대를 예고했던 그 당시를 생각나게 하였다. 신경전도 속도를 측정하는 여러 조작들은 각각 해당된 장에서 취급될 것이다. 그러나 지금은, '사고 속도' 라는 말은 오해를 일으키게 될 것이다. 왜냐하면 어떤 경우에도 측정된 시간이 지나는 동안 어떤 특기할 만한 사고가 일어나는가 하는 것은 확실하게는 결코 알 수 없기 때문이다. '신경 작용의 속도' 라는 말도 같은 비판을 받을 여지가 있다. 왜냐하면 대부분의 경우 우리는 어떤 특기할 만한 신경 과정이 그 동안 일어나는가 하는 것을 알지 못하기 때문이다. 실제 문제되고 있는 시간이 묘사하는 것은 어떤 자극과 그에 대하여 반응하는 전체 기간이다. 어떤 반응 조건에서는 반응이 미리 준비될 수도 있으며, 그런 반응 상태는 기대 상태라 불리는 운동 긴장과 감각 긴장 상태이다. 반응하는 데 걸리는 실제 시간 동안 꼭 어떤 일이 일어나는가(말을 바꾸면 기존 긴장에 실제 무엇이 첨가되어 신경 흥분 방출을 일으키는가?) 하는 문제는 신경의 관점이든, 정신의 관점이든 현재로는 해결되지 않고 있다.

모든 이들의 연구에서 사용한 측정 방법은 본질적으로 동일하다. 어떤 종류의 신호가 피험자에게 교신되면 동시에 시간기록기에 신호가 주어진 시간이 기록된다. 피험자는 이때 어떤 근육 운동을 하게 된다. 이 운동이 '반응'이고 그 운동이 시작되는 시간이 자동적으로 기록기에 기록된다. 이 두 가지 기록 사이에서 얻는 시간이 신경전도 속도 측정의 전체 시간이다. 시간기록 기구에는 여러 가지 유형이 있다. 그 중 어떤 유형의 기록 기구는 연기를 씌운 종이를 표면에 붙인 회전 원통(圓筒)이 있는 유형으로서, 종이 위를 철필 하나가 그 원통 위에 선을 긋고 가다가 자극 신호가 주어지면 그 선을 중단하게 되고, '반응'하면 그 선을 다시 이어가도록 한다. 동시에 다른 또 하나의 전기 철필(미리 정한 속도로 진동하는 진자나 철심과 연결된)이 앞의 선과 나란히 '시간 선'을 긋게 되어 있으며, 이 시간 선의 각 기복 또는 주기가 1초의 몇 분의 1

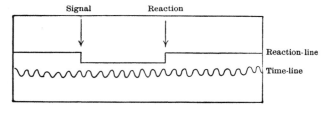

Signal   Reaction

Reaction-line
Time-line

그림 22

을 나타내고 있어 이 시간 선에 따라 위의 반응 선에서 중단된 기간이 측정될 수 있다. 첫 번째 화살표가 있는 곳에서 반응 선이 신호에 따라 중단되었고 두 번째 화살표가 있는 곳에서 반응에 따라 다시 반응 선이 이어진 그림 22를 비교해 보라. 루트비히(Ludwig)의 Kymograph와 마레(Marey)의 Chronograph는 이런 유형의 기구의 좋은 표본이 된다.

또 다른 유형의 반응시간 측정 기구로는 스톱워치(stop-watch)가 대표적이며, 그런 것들 중 가장 완전한 형식은 힙스(Hipps)의 Chronoscope이다. 문자판 위의 지침이 1초의 1/1000이란 짧은 시간을 측정하도록 되어 있다. 신호가 (적절한 전기 연결에 의한) 지침을 출발시키면 반응은 그 지침을 정지시킨다. 그리하여 지침의 처음 위치와 끝 위치 사이의 눈금을 읽음으로써 별다른 수고를 끼치지 않고도 즉각 우리가 찾고 있는 시간을 얻는다. 이보다 더 간편한 기구는 작동이 그다지 만족스럽지는 않지만 엑스너와 오버슈타이너(Obersteiner)의 'psychodometer'이며 나의 동료 보디치

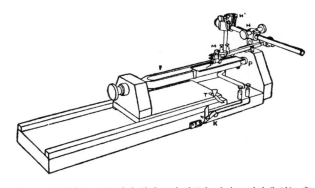

그림 23. F는 음차(音叉)로 전기 철필 M이 자국을 남기고 밑판에 있는 홈 속으로 감겨 들어가는 종이를 지탱하는 작은 판이 달려 있다. P는 앞쪽 끝까지 밀면 음차의 두 날개가 벌어지고 뒤로 빼면 그에 알맞게 음차의 날개가 풀리게 되는 마개이다. 따라서 음차가 진동하면서 계속 움직여 뒤쪽으로 물러나면 기복이 있는 선을 연기를 씌운 종이 위에 그 전기 철필이 그리게 된다. 음차를 일정하게 움직이게 하는 밑받침의 T점에는 고정된 혀가 있고 그 밑받침의 K점에는 전기 철필과 연결된 전기 열쇠가 있다. 열쇠가 열리는 순간 전기 펜이 위치를 바꾸게 되어 종이 위에 기복이 있는 선을 앞과 다른 수준에서 그리게 된다. 열쇠를 여는 것은 여러 가지로 반응 자에 신호로 사용될 수 있고 그가 반응하면 또다시 전기 철필을 닫게 되고 이때 그 전기 철필이 그리는 선이 처음에 있었던 수준으로 되돌아간다. 반응 시간 = 두 번째 수준에서 그려진 선의 기복의 수.

(H. P. Bowditch) 교수가 고안한 아주 작동이 훌륭하게 변형된 psychodometer를 그림으로 제시한다.

신호와 반응이 계시기(計時器)에 연결되는 방식은 실험 종류에 따라 수없이 변할 수 있다. 새로운 문제가 제기될 때마다 계시기

에 어느 정도 새로운 전기 장치 또는 기계 장치가 필요하게 된다.[8]

가장 덜 복잡한 시간 측정은 **단순 반응 시간**(單純 反應 時間, simple reaction time)이라고 알려지고 있는 반응 시간이며, 이때 단지 한 개 신호와 한 개 반응만이 가능하며 신호와 반응 모두를 사전에 반응자가 알고 있다. 반응 운동은 일반적으로 손으로 키를 눌러 전기회로를 차단하는 것이다. 손뿐 아니라 발, 턱, 입술 또는 눈꺼풀까지도 반응하는 기관이 되고, 그런 반응기관에 따라 장치가 달라진다.[9] 자극과 반응 사이에 경과되는 시간은 보통 1초의 10분의 1 내지 10분의 3이며, 이제 곧 언급할 여러 조건에 따라 그 시간은 달라진다.

반응이 짧고 규칙적일 때에는 언제나 피험자는 극도의 긴장 상태에 놓이게 되며 신호가 왔을 때 반응을 출발시키는 것이 마치 숙명적인 것 같이 느껴지고 지각이나 의지와 같은 정신 과정이 개입할 기회가 없는 것처럼 느끼게 된다. 모든 진행이 아주 빨라 자극에 대한 지각은 반응이 있는 다음 회상으로 얻어지며 이때 반응하는 일들이 일어나는 시간 순서는 그 일들이 있은 순간 즉각 알게 되는 것이 아니라, 기억 속에서 그 일들을 읽게 되는 것 같이 보인다. 이것은 적어도 내 자신 직접 경험한 사실이며 다른 사람의 경험도 이와 일치한다는 것을 나는 알게 되었다. 문제는 뇌에서나 정신에서 이때 어떤 일이 일어나고 있느냐이며, 이 물음에 대답하기 위해서는 우리가 반응에 어떤 과정이 있는가 하는 것을 분석해야 한다. 다음 각 단계에서 약간씩 시간이 소비되는 것이 틀림없다.

1. 신경 흥분이 감각 신경을 통해 들어가도록 자극이 말초 감각 기관을 적절하게 흥분시키는 단계.
2. 신경 흥분이 감각 신경을 통과하는 단계.
3. 감각 신경 흥분을 중추에서 운동신경 흥분으로 전환하는 (또는 투영하는) 단계.
4. 척수와 운동신경을 신경 흥분이 통과하는 단계.
5. 운동신경 흥분이 근육을 흥분시켜 수축하게 하는 단계.

물론 근육 외에도 관절이나 피부 등에서도 시간이 소비되고 신체 기관의 각 부분들 사이에서도 시간이 걸리고 신호로 사용된 자극이 동체나 사지 피부에 주어졌을 때에는 척수를 통과하는 감각 전도에도 시간이 소비된다.

여기에서 우리 관심을 끄는 것은 제3단계뿐이다. 그 밖의 단계들은 순수한 생리 과정에 해당되지만 제3단계는 정신–물리 과정, 즉 고등 중추 과정이며 아마 모종의 의식이 거기 수반할 것이다. 그것이 어떤 종류의 의식이겠는가?

분트(Wundt)는 이 의식을 고도로 다듬어진 의식이라 정의를 내리는 데 어떤 어려움도 없었다. 그는 인상을 받아들여 의식하는 단계를 둘로 구별한 후 그 하나를 **지각**(知覺)이라 했고, 다른 하나를 **통각**(統覺)이라 불렀으며, 지각은 다만 대상이 시야 주변에 들어가는 것이고 통각은 대상이 시각의 초점 또는 응시 점을 점거하는 것과 같다고 했다. 분트의 말을 사용하면 **주의하지 않고 대상을 아는 것**과 대상에 주의하여 아는 것이 각각 지각과 통각에 해당되는 것처럼 나에게는 생각된다. 인상을 알게 되는 이 두 형식에 더하여 분트는 의식적으로 반응하려는 의지를 첨가해 이들 셋을 '정신-물리' 과정이라 불렀으며 정신-물리 과정은 그 이름이 붙은 순서대로 즉 지각, 통각, 의지의 순서로 연속하여 뒤따라 일어나는 과정이라고 가정하였다.[10] 나는 분트를 이 정도로 이해한다. 위 제3의 정신-물리 단계에 걸리는 시간을 결정하는 가장 간단한 방법은 순수 생리 과정들인 1 · 2 · 4 · 5 등의 몇 개 단계에 걸리는 기간을 따로 측정하여 이 시간을 전체 반응 시간에서 **빼는 것**이다. 이런 시도가 있었다.[11] 그러나 계산할 자료가 너무 부정확하여 사용할 수 없으며 분트 자신도 인정한 바와 같이 제3단계의 정확한 기간은 현재로서는 다른 과정들에 걸리는 기간 속에 파묻힌 대로 전체 반응 시간 속에 남겨두어야 한다고 했다.[12]

분트가 기술한 것과 같은 반응 시간에서 일어나는 연속되는 감성들이 의식되는 일은 제3단계 동안에는 일어나지 않는다는 것이 나의 믿음이다. 제3단계는 신경 중추가 흥분하고 흥분 방출을 하는 과정이며 모종의 감성이 함께 있으리라는 것은 의심할 여지가 없지만 그것이 **어떤** 감성인가 하는 것을 정확히 말할 수는 없다.

왜냐하면 그 감성은 아주 변하기 쉽고 또 들어올 때의 인상을 실체로 만들고 지속하도록 하는 기억과 실행한 반응 운동에 대한 기억에 의해 즉각 왜곡되기 때문이다. 인상에 대한 감성, 인상에 대한 주의, 반응에 대한 사고, 그리고 반응하려는 의지, 이런 것 모두는 의심할 바 없이 **조건이 달라져도** 남게 되는 제3과정에 있는 연결 고리들일 **것이며**[13]··· 무한히 오랜 반응 시간이 있은 후에도··· 그것들이 동일한 반응을 하게 할 것이 의심되지 않는다. 그러나 이 달라진 조건들이 어떤 것인가 하는 것은 단순 반응 시간에서는 논의 대상이 될 수 있는 실험 조건이 못 되며, 두 정신 과정이 동일한 결과에 이르면 그 두 정신 과정 내부의 주관 구조가 동일해야 한다는 결론을 내리는 것은 신비주의 심리학이다(이런 심리학의 예는 후에 많이 알게 될 것이다). 제3단계에 있는 감성은 분명하게 지각되지 않는 것이 확실하다. 그 감성은 다만 반사적 흥분 방출이란 감성일 따름일 수밖에 없다. 요컨대 단순 **반응 시간을 측정할** 때의 반응은 순수하고 단순한 반사 작용이며 **정신 작용**은 아니다. 이 반사 작용에 어떤 정신 상태가 선행하는 것이 필수 조건인 것은 사실이다. 주의하려는 준비와 의지, 그리고 신호에 대한 기대와 신호가 주어진 순간 손을 움직이려는 용의, 또 피험자가 신호를 기다리는 동안의 신경 긴장 등 이런 것들 모두가 그때 반사 신경 흥분 방출을 위한 새 통로 또는 반사호(反射弧)를 형성하도록 하는 조건들이다. 자극을 받아들이는 감각 기관에서부터 반응을 방출하는 운동 중추까지 이어가는 신경 통로는 사전 예비적 신경 지배에 의하여 이미 흥분되어 있어 자극을 예측하는 주의에 의해 흥분성이 고도로 높아져서 신호가 나타나자마자 즉각 신경 흥분이 충분히 넘쳐흐르도록 방출한다.[14] 그 순간 신경 계통의 다른 어떤 신경 통로도 이와 같이 즉각 반응 방출을 할 상태에 있지 않다. 그 결과 때로는 **잘못된** 신호에 반응하는 경우도 있고 특히 신호가 기대된 신호와 동일 **종류**의 인상이면 더욱 잘못 반응하기 쉽다.[15] 그러나 우연히 피로해 있거나 신호가 예상과 달리 아주 미약하거나 또는 신호에 즉각 반응하지 않고 신호가 왔다는 분명한 지각과 분명한 의지가 있은 이후에만 반응하게 한다면, 반응 시간은 어울리지 않게 길어지고(엑스너에 의하면 1초 이상[16]) 우리는 그런 반응 과정의 성질이 단순 반응과는 전혀 다르다고 느끼게 된다.

사실 반응 시간 실험은 바로 앞에서 자극 합산에 관하여 공부한 것에 곧바로 적용될 수 있는 사례이다. '예기적 주의(豫期的 注意)'라는 말은 객관적으로는 신호를 받는 '중추'로부터 운동 방출을 하는 중추에 이르는 어떤 신경 통로를 일부 자극했다는 것을 지칭하는 주관적 명칭에 지나지 않는다. **제11장**에서 어떤 주의이든, 주의될 대상을 느끼게 될 신경 통로의 내부에서 일으킨 자극이 미리 주어지는 것을 우리는 알 수 있을 것이다. 이때 대상을 느끼게 될 신경 통로는 신경 흥분이 통과할 자극——운동의 호(弧)를 형성한다. 이때 신호는 다만 이미 마련된 도화선에 점화하는 외부에서 주어지는 불꽃에 지나지 않는다. 이와 같은 상태에서는 반응 수행이 반사 작용과 정확하게 유사하다. 단 한 가지 진짜 반사와 다른 것은, 보통의 이른바 반사 작용에서는 반사호가 유기체가 성장하여 나타난 결과여서 영속하지만 예기적 주의의 경우에는 반사호가 반응이 있기 전 대뇌 상태에 생긴 일시적 결과라는 것이다.[17]

내가 앞의 단락을 (그 단락에 첨부된 객주와 함께) 기술한 다음 분트 자신이 내가 옹호하는 견해로 그의 의견을 바꾸었다는 사실을 말하게 되어 대단히 기쁘다. 지금은 그도 가장 짧은 반응에는 "통각도 의지도 없고, 단지 **연습에 의한 뇌 반사**만 있을 뿐이란 것"을 인정한다.[18] 그의 의견을 이처럼 바꾸게 한 연유는 그의 연구실에서 실험조건으로 신호에 대한 정신적 반응 자세를 둘로 구별하여 각 실험 조건에 따라 아주 다른 반응 시간을 얻게 된다는 결과를 발견한 랑게(L. Lange)의 실험 때문이다.[19] 랑게가 '극한 감각형(extreme sensorial)'이란 이름을 붙인 실험 조건에서 반응하는 경우에는 기대되는 신호에 가급적 강하게 정신을 집중하고 수행할 반응 운동에 대한 생각은 '고의적으로 회피하는 것이며'[20] '극한 근육형(extreme muscular)'이란 이름을 붙인 실험 조건에서는 신호는 '전혀 생각하지 않고'[21] 가급적 빨리 반응 운동을 하려는 준비만을 갖추게 하였다. 근육형 반응이 감각형 반응보다 훨씬 반응 시간이 짧아 평균 차이는 1초의 1/10 정도이다. 분트는 따라서 근육형 반응을 '단축 반응(短縮 反應, shortened reaction)'이라 불렀으며 랑게와 더불어 이 반응은 단지 반사일 뿐이라는 것을 인정했다. 다른 한편 감각형 반응을 '완전(完全, complete)' 반응이라 부르고 이 반응에 한해서만 그의 원래 개념을 적용할 것을 주장했다. 그러나 나에게는 얻어진 사실들이 분트가 주장한 원래 입장에 대한 이 정도의 충실성마저도 보장하지 못하는 것 같이 보인다. '극한 감각형'인 실험 조건에선 최초 실험에서는 반응에 시간이 너무 오래 걸려 자료 처리에서 반응이 전형에 맞지 않는 것으로 간주되어 배제하지 않을 수 없었다고 랑게는 말하였다. "반응자가 성실하게 반복 연습하여 그의 수의적 의지충격과 감각 인상을 아주 정확하게 협동시킨 연후에만 전형적인 감각형 반응 시간으로 간주될 수 있는 반응 시간을 얻었다."[22] 그러나 나는 지나치게 길고 '비전형적'이라 간주된 이 최초 반응 시간이 아마 실제로 '완전한 반응 시간'일 것이고 지각 과정과 의지 과정이 각각 구별되어 나타나는 유일한 실제 반응 시간으로 본다(160~162쪽 참조). 연습하여 얻어지는 전형적인 감각형 반응 시간은 반응 운동 쪽으로 주의를 긴장시킨 준비 자세에서 생기는 반사보다 아마도 덜 완전하고 또 그런 반사와는 종류가 다른 반사일 것이다.[23] 근육형 반응 실험 조건보다 감각형 실험 조건에서 반응 시간의 변화가 더 크다. 여러 근육을 사용하여 실험한 근육형 반응들 사이에는 반응 시간에 거의 차이가 나타나지 않았다. 근육형 반응에서는 다만 잘못된 신호에 반응하거나 신호가 오기 전에 반응하는 현상이 나타난다. 이 두 유형의 중간에 해당되는 반응 시간은 극한 감각형과 극한 근육형이라는 두 양단의 실험 조건 어느 것에도 완전히 주의를 기울이지 못하였기 때문에 나타난 것이다. 랑게가 반응 유형을 둘로 구별한 것은 중요하며 또 '극한 근육형'인 실험 조건이 가장 짧고 가장 일정한 반응시간을 제공하여 모든 비교 연구에 대한 기준으로 삼아야 하는 것은 분명하다. 랑게 자신이 실험한 결과에서, 근육형 반응 시간은 평균 0.123초였으며 감각형 반응 시간은 0.230초였다.

따라서 이들 반응 시간 실험은 결코 **사고**의 신속도를 측정하는 것이 아니다. 이들 실험을 복잡하게 꾸밀 때에만 지적 조작과 같은 고급 정신 작용이 나타날 기회가 주어진다. 이와 같은 실험은 여러 가지로 복잡하게 꾸며질 수 있다. 신호가 뚜렷한 관념을 (분트의 변별시간, 연합 시간)의식 속에 일깨워줄 때까지 반응을 보류하게 할 수 있다. 또한 가능한 여러 신호를 마련하고 각 신호에 따라 다르게 반응하도록 지정하고 반응하는 사람은 어떤 신호를 받게 될지 모르게 할 수도 있다. 따라서 이런 경우 반응에 앞서 자극을 확인하고 선택하지 않고서는 반응이 나타나지 않을 것이다. 그러나 이와 같은 반응에 포함되는 변별과 선택은 일상생활에서 지적 조작이라고 알고 있는 변별과 선택이란 이름으로 불리는 것들과는 판이하다는 것을 장차 해당되는 각 장에서 알게 될 것이다. 그 동안 단순 반응 시간은 계속 이와 같은 모든 복잡성이 첨가된 반응 시간의 기초 출발점이 되어왔다. 이 단순 반응 시간은 모든 시간 측정에 있는 생리적 기본 상수이다. 생리적 상수로서의 단순 반응 시간 자체의 변이도 관심 대상이 되며 간략하게 고찰되어야 한다.[24]

반응 시간은 개인에 따라, 또 연령에 따라 다르다. 같은 사람이라도 감각 신호의 종류에 따라 아주 긴 반응 시간을 보이기도 한다(Buccola, 147쪽). 나이 먹고 교육을 덜 받은 사람들은 반응 시간이 길어진다[약 1초의 반응 시간을 엑스너(Exner Pflüger's Archiv, vii. 612–4쪽)가 늙은 걸인에서 관찰했다]. 어린아이에서도 단순 반응 시간이 길어진다(0.5초, Buccola. 152쪽에 인용된 Herzen의 연구).

연습하면 더 이상 줄일 수 없는 최소치까지 각 개인의 반응 시간을 단축할 수도 있다. 앞서 언급한 걸인의 반응 시간은 여러 번 연습하여 0.1866 초까지 단축되었다(상기 인용서 626쪽).

피로는 반응 시간을 길게 만든다.

주의 집중하면 반응 시간이 줄어든다. 자세한 것은 '주의'라는 장에서 설명할 것이다.

신호의 성질에 따라서도 반응 시간이 달라진다.[25] 분트는 다음과 같이 기술했다:

"전기 자극을 피부에 주어 얻는 인상에 대한 반응 시간은 실제 촉각 감각에 대한 반응 시간보다 짧다는 것을 발견하였으며 다음과 같은 평균치를 얻었다:

	평 균	평균 변산
음향	0.167초	0.0221초
광선	0.222초	0.0219초
전기적 피부감각	0.201초	0.0115초
촉각	0.213초	0.0134초

"나는 여기에 다른 관찰자가 얻은 평균치를 함께 첨가한다."

	Hirsch	Hankel	Exner
음향	0.149	0.1505	0.1360
광선	0.200	0.	0.1506
피부감각	0.182	0.1546	0.1337[26]

온도에 대한 반응을 최근 골트샤이더(A. Goldscheider)와 빈슈가우(Vintschgau)(1887)가 측정하여 온도에 대한 반응이 촉각 자극에 대한 반응보다 느리다는 것을 발견했다. 특히 열에 대한 반응이 아주 느려 냉 자극에 대한 반응보다도 훨씬 느렸고 그 차이는 피부 신경 말단에 따라 달랐다(골트샤이더에 의함).

미각에 대한 반응도 빈슈가우가 측정하였다. 사용된 물질에 따라 반응 시간이 달랐으며 미각 내용을 확인한 다음 반응해야 할 때에는 최고 0.5초까지 걸렸다. 혀에 어떤 물질이 닿았다는 지각만으로는 반응시간이 0.159초부터 0.219초 사이에서 변동하였다 (Pflüger's Archiv, xiv, 529쪽).

후각에 대한 반응 시간을 빈슈가우, 뷰콜라(Buccola), 그리고 보니(Beaunis) 등이 연구하였다. 반응 시간은 느리고 평균 0.5초였다 〔보니(Recherches exp. sur l'Activite Cerebrale(대뇌피질 활동에 관한 실험적 연구), 1884, 49쪽〕.

소리가 시각이나 촉각보다 더 즉각 반응하게 한다는 것이 관찰될 것이다. 미각과 후각은 시각이나 촉각 어느 것보다도 느리다. 혀끝에 주어지는 촉각에 0.125초로 반응한 어떤 사람은 같은 장소에 주어진 키니네에 대한 미각 반응에는 0.993초 걸렸다. 또 다른 피험자에서는 혀밑 촉각에 대한 반응 시간이 0.141초였고 설탕에 대한 미각 반응 시간은 0.552초였다(빈슈가우, 뷰콜라, 103쪽 인용). 뷰콜라는 후각에 대한 반응은 사용된 향료에 따라, 그리고 사람에 따라 0.334초~0.681초 사이에서 변하는 것을 발견하였다.

신호 강도가 반응 시간에 차이를 초래하는 것을 볼 수 있다. 강도가 강할수록 반응 시간이 짧아진다. 헤르첸(Herzen)은 〔Grundlinien einer allgem Psychophysiologie(심리생리학의 근본 노선), 101쪽〕 동일 피험자의 발가락 티눈을 자극한 반응 시간과 손

피부를 자극한 반응 시간을 비교하였다. 이 두 장소를 동시에 자극하고 피험자는 손과 발로 동시에 반응하도록 하였던 바, 발이 항상 손보다 빨리 반응하였다. 티눈 대신 발의 건강한 피부에 촉각 자극을 가하면 항상 손이 먼저 반응하였다. 분트는 신호가 겨우 지각될 수 있을 정도 만큼 약할 때에는 모든 감각에 대한 반응 시간이 동일하여 약 0.332초 정도 된다는 것을 입증하려고 하였다(Physiol. psych., 2d ed., ii. 224).

촉각이 신호인 경우에는 주어지는 장소에 따라 나타난 반응 시간이 달라진다. 홀(G. S. Hall)과 크리스(V. Kries)(Archiv f. Anat. u. Physiol., 1879)는 촉각 신호가 손가락 끝에 주어질 때 팔 위쪽 중간에 신호가 주어질 때보다 신경 흥분이 통과해야 할 신경 전도로의 길이는 훨씬 길어지는데도 불구하고 반응 시간은 더 단축된다는 사실을 발견하였다. 이 발견은 인간의 신경에서는 신경 흥분의 전도 속도 측정이 타당하지 않다는 것을 보여준다. 왜냐하면 인간에서 얻는 모든 신경 흥분 전도 속도의 측정이 사지가 몸통에서 나가는 장소를 자극하고 사지 말단을 자극하여 그 두 자극에 대한 반응 시간을 비교한 후 그 차이에 근거해 계산하는 방법에 의존하기 때문이다. 이들 두 관찰자는 동일한 신호를 망막 주변으로 보는 것이 직시하는 것보다 더 긴 반응 시간이 걸리는 것을 발견하였다.

계절에 따라 반응 시간이 달라지기도 하며 추운 겨울날에는 반응시간이 1초의 100분의 1 정도 짧아진다(Vintschgau 와 Exner, Hermann's Hdbh., 270쪽).

취하게 하는 약재(intoxicants)들도 반응 시간을 변용시킨다. **커피 와 홍차**는 반응 시간을 단축시키는 것 같다. 약간의 **포도주와 알코 올**은 처음에는 반응 시간을 단축시키고 다음에는 길어지게 하지 만 다량을 일시에 마시면 반응 시간의 단축 단계가 없어지는 경향 이 있다. 적어도 두 명의 독일 관찰자가 이와 같은 사실을 보고했 다. 이전 어떤 관찰보다 더 철저한 관찰을 실시한 워런(J. W. Warren) 박사는 일상 음주량으로는 반응 시간에 어떤 결정적 영향 이 있다는 결과를 찾을 수 없었다(「Journal of Physiology」, VIII. 311 쪽). **모르핀**은 반응 시간을 연장시킨다. 아밀아질산염(Amylnitrite) 은 반응 시간을 길어지게 하지만 흡입 직후에는 반응 시간이 정상 보다 줄어들었다. 에테르와 클로로포름은 반응 시간을 길어지게 한다(권위적인 것으로는 Buccola, 189쪽 참조).

어떤 **질병 상태**는 자연 반응 시간을 길어지게 한다.

최면 몽환(夢幻)은 일정한 결과를 보여주고 있지 않고 때로는 반 응 시간을 단축시키고, 때로는 길어지게 한다(Hall: Mind, VIII. 170; James: Proc. Am. Soc. for Psych. Research, 246).

어떤 운동을 **제지**하는 데 걸리는 시간은(예: 턱 근육 수축을 중지 하는 것) 그 운동을 일으키는 데 걸리는 시간과 거의 같은 것 같다 [Gad, Archiv f.(Anat.u.) Physiol., 1887, 468; Orchansky, 동서, 1889,

1885].

반응 시간에 관해서는 어마어마한 양의 연구가 수행되었으며 내가 인용한 것들은 그 중 적은 부분에 지나지 않는다. 이 연구는 특히 인내심이 많고 정확한 정신에 호소하는 작업 종류이다. 따라서 그런 정신을 가진 사람이 연구할 기회를 얻으면 반드시 소득을 얻게 된다.

대뇌 혈액 공급
(CEREBRAL BLOOD SUPPLY)

다음으로 우리 주의를 끄는 것은 대뇌 활동에 수반되는 순환 계통의 변화이다. 대뇌피질을 전기 자극하면 모든 부분에서 호흡과 순환에 변화를 야기하게 할 수 있다. 대체로 운동 영역이 혈압을 높이는 데 가장 예민하지만 대뇌피질 어디를 자극하든 신체 전체의 혈압이 높아진다. 운동 영역 이외의 대뇌피질을 자극하여 전간(癲癎) 발작을 일으키려면 전류가 강해야 한다.[27] 피질을 자극하면 심장 고동이 느려졌다 빨라지는 것도 관찰되지만 혈관 수축 현상과는 관계가 없다. 모소(Mosso)는 자신이 창의적으로 만든 '혈액 용량 측정기(血液容量 測定器)'를 사용하여 얻은 측정을 지표로 삼아 지적 활동을 하는 동안 팔로 가는 혈액 공급이 줄어드는 것을 발견했고(맥박측정기가 보여주는 바와 같이) 같은 팔에서 동맥 긴장이 증가되는 것도 발견했다(그림 24 참조). 루트비히 교수가 연구실에 들어올 때 일으키는 아주 미약한 정서에도 즉각 팔의 위축이 일어났다.[28] 뇌 자체가 혈관이 극히 많은 기관이고 사실 혈액으로 꽉 찬 해면과도 같으며 모소는 팔에 혈액이 덜 가면 머리에 피가 더 많이 간다는 것도 발견하였다. 침상 무게가 한쪽으로 증가하면 머리 쪽이든 발 쪽이든, 어느 한쪽이 즉시 아래로 수그러지는 아주 민감하게 균형이 잡힌 침상 위에 관찰 대상인 피험자를 눕혀놓았다. 피험자가 정서 작용이나 지적 활동을 시작하는 순간 침상의 균형은 머리 쪽이 아래로 쳐져 내려갔으며, 이것은 피험자의 순환 계통에서 혈액 분포가 달라진 결과이다. 그러나 정신 활동 중에는 뇌에 혈액이 즉각 유입한다는 가장 좋은 증거가 두개골 손상으로 뇌가 노출된 세 사람에 대한 모소의 관찰에서 얻어졌다. 그의 책에 기술된 장치를 사용하여 이 생리학자는 뇌에서 맥박 자체를 직접 추적하여 기록할 수 있었다.[29] 피험자에게 말을 걸던지 피험자가 계산 문제를 암산으로 푸는 것과 같은 적극적 사고를 시작하면 언제든지 즉각 두개골 속의 혈압이 상승하였다. 모소는 지적 원인이든 정서적 원인이든 그 어떤 원인에 의해서든 정신 활동이 촉진되면 언제나 즉각 혈액 공급에 변화가 나타나는 것을 보여주는 많은 연구 기록을 그의 책 속에 전재하여 제시하고 있다. 그는 어느 날 연구 도중 어떤 뚜렷한 외부 또는 내부 원인도 없었으나 맥박이 갑자기 올라간 어떤 여성 피험자에 관하여 기술하였다.

174

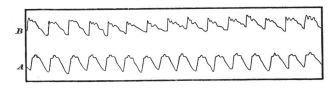

그림 24. 맥박 추적. A는 지적 휴식 중, B는 지적 활동 중(Mosso).

그러나 그 여자는 후에 그 순간 방 가구 위에 놓여 있는 사람의 두 개골 뼈를 우연히 보았고 그것이 그 여자에게 약간의 정서를 일으 켰다는 사실을 고백하였다.

뇌에 가는 혈액 공급이 변동하는 것과 호흡 변화와는 무관하였 고[30] 정신 활동이 빨라지면 거의 즉각 뇌 혈액 공급이 뒤따랐다. 대뇌 활동에 요구되는 수요에 따라 혈액 순환을 하는 아주 섬세한 적응 과정이 있다고 가정해야 할 것이다. 가장 활동적인 피질 부 분에 혈액이 쏟아져 들어갈 것이지만 이에 관해 우리는 아는 바 없다. 정신 활동을 위한 신경 활동이 1차 현상이고 뇌에 혈액이 유입하는 것은 2차 결과라는 것은 말할 나위도 없다. 그러나 많은 통속적인 저술가들은 마치 이와 반대로 정신 활동이 혈액 유입에 의존하는 것처럼 말한다. 그러나 마틴(H. N. Martin) 교수가 후련 하게 갈파한 것처럼 "그런 믿음에는 어떤 생리적 근거도 없으며 그 믿음은 신경세포 생활에 관하여 우리가 알고 있는 모든 것에 정반대이기도 하다."[31] 병적인 만성 충혈이 2차 충혈을 초래하는 것이 사실이지만 근육이나 분비선의 세포 활동에 맞추어 혈액을 공급하는 기제와 같은 적응에 따른 혈관의 섬세한 반사 운동 기제에 의하여 우리가 고찰하고 있는 1차 충혈이 뇌 세포 활동에 뒤따라 일어나는 것도 의심할 바 없는 사실이다.

수면 중 대뇌 혈액 순환에 일어나는 변화에 관해서는 수면이란 주제를 취급하는 장에서 언급할 것이다.

대뇌 검온(大腦 檢溫)
(CEREBRAL THERMOMETRY)

뇌 활동은 부분 국소(局所)에 발열(發熱)을 동반하는 것 같다. 이 방면의 가장 신중한 최초 연구는 1867년 롬바드(J. S. Lombard) 박사가 수행한 연구이다. 롬바드 박사의 최근 결과에는 6만 사례 이상의 관찰 기록이 포함되어 있다.[32] 그는 인간 두개골에 장치한 예민한 전극과 온도계에 일어나는 변화를 기록하는 방법으로 암산을 하거나 작곡을 하거나 조용히 또는 소리 내어 시를 암송하는 등과 같은 모든 지적 노력과 특히 공포 발작과 같은 정서 흥분을 일으키면 일반적으로 뇌 온도가 상승하지만 섭씨 1도 이상 올라가는 일은 드물다는 사실을 발견하였다. 뇌 온도 상승은 대부분의 경우 다른 곳보다 머리 중심부에서 더 뚜렷하였다. 이상하게도 시를 소리 내어 암송할 때보다 조용히 암송할 때 뇌 온도가 더 상승했다. 롬바드 박사는 "소리 내어 암송할 때에는 여분의 에너지가 신경 에너지와 근육 에너지로 전환되지만 속으로 암송하는 경우 그 에너지가 열로 나타나기 때문"이라고 설명하였다.[33] 만약 이 현상에 대한 어떤 이론적 설명이 필요하다면 이런 설명보다는 속으로 암송할 때 열이 높은 것은 소리 내어 암송할 때 없었던 제지 과정이 생긴 것에 기인된다는 설명을 나는 제안하고 싶다. **의지**의 장에서 가장 **단순한** 중추 과정은 **회화할 때의** 사고 과정이고 조용히 사고하려면 말하는 것을 억제하는 제지가 거기 첨가되는 것을 알게 될 것이다. 지칠 줄 모르는 시프(Schiff)는 1870년 이 주제를 택하여 살아 있는 개와 닭을 실험하여 두개골 위에 온도계를 장치한 경우 피부 혈관 변화에서 생길 수도 있는 기록의 오류를 제거하기 위해 뇌 물질 속에 직접 전극을 삽입하였다. 동물이 삽입 전극에 적응하여 익숙해진 다음 그는 촉각·시각·후각 및 청각 등 여러 감각 자극을 사용하여 동물을 검사했다. 내부의 뇌 온도가 급격하게 변한 것을 표시하는 전류측정계의 지침이 아주 규칙적으로 즉각 기울어지는 것을 발견하였다. 예를 들어 움직이지 않고 가만히 누워 있는 개의 코에 빈 종이 뭉치를 가져다 대면 지침 동요가 작지만 고기 조각을 싼 종이 말이를 가져다 대면 지침 동요가 훨씬 컸다. 시프는 이 실험과 또 다른 실험을 종합하여 감각 활동이 뇌 조직을 따뜻하게 한다는 결론을 내렸지만 그는 어떤 감각이 주어지든 두 뇌반구에서 모두 온도가 올라가는 것을 발견했을 뿐 그 이상 온도 상승을 뇌의 특정 장소에 국재시키려 하지 않았다.[34] 애미던(R. W. Amidon) 박사는 1880년 수의적으로 근육 수축을 할 때 생기는 온도를 뇌에 국재시켜 한 단계 연구를 전진시켰다. 정교한 표면 온도계 여러 개를 두개골 여러 곳에 동시에 설치하여 신체의 여러 곳에 있는 근육들을 10분 이상 강력하게 수축하게 하면 서로 다른 여러 두개골 영역에서 온도가 높아졌고 온도가 높아지는 영역이 잘 국재되었으며, 또 온도 상승이 때로는 화씨 1도를 훨씬 넘어 올라가는 것을 발견하였다. 그는 연구 결과를 도표로 그리고 숫자를 붙여 연구된 개별적인 여러 근육 운동에 대해 가장 온도 상승이 높아지는 중추를 묘사하였다. 이들 대뇌 영역은 대부분 다른 근거에서 페리어(Ferrier)와 기타 사람들이 해당 운동에 대한 중추라고 지적한 영역과 상응하며 다만 좀더 넓은 두개골을 차지하고 있을 뿐이었다.[35]

인(燐)과 사고(思考)
(PHOSPHORUS AND THOUGHT)

화학 작용이 뇌 활동에 수반하는 것은 물론이다. 그러나 그 화학 작용의 정확한 성질에 관하여 단정적으로 아는 것은 거의 없다. 콜레스테롤과 크레아틴은 둘 다 배설물이며 또 둘 다 뇌에서 발견된다. 이 주제는 심리학보다 생화학에 속하며 다만 뇌 작용과 인

(燐)과의 관계에 관하여 널리 퍼진 잘못된 점에 대해 한 마디 언급하기 위하여 이 주제를 다룰 따름이다. '인(燐) 없이는 사고가 없다'라는 말은 1860년대 독일 사회를 떠들썩하게 만들었던 시기의 '유물론자'들이 외친 잘 알려진 선전 구호였다. 다른 신체 기관과 마찬가지로 뇌에도 인이 있으며 그 밖에 20여 가지의 다른 생화학 물질도 있다. 왜 인이 본질적 뇌 요소로 선택되었는가 하는 것은 누구도 알지 못한다. 이 구호는 '물 없으면 사고가 없다'든지 '소금 없으면 사고가 없다'라고 말하는 것과 마찬가지로 진실일 것이다. 왜냐하면 물이 없어 뇌가 말라버리든지 NaCl을 상실하면 마치 인이 상실된 것과 마찬가지로 곧장 사고가 중단될 것이기 때문이다. 미국에서는 이 인에 관한 망상이 아가시(L. Agassiz) 교수로부터 (옳든 그르든) 따온 말과 엉켜 그 결과 어부는 인이 풍부한 물고기를 많이 먹기 때문에 농부보다 머리가 좋다는 말이 유행하였다. 모든 이런 사실은 의심쩍은 것들이다.

사고에 인이 중요하다는 것을 직선적으로 확인하는 단 하나의 증명 방법은 휴식 때보다 정신 활동을 하는 동안 뇌에서 인이 더 많이 배출되는 것을 발견하는 것일 것이다. 불행하게도 이것을 직접 발견할 수는 없지만 다만 뇌뿐만 아니라 다른 기관에서 배출되는 것들도 포함하고 있는 오줌 속의 PO_5의 함량을 계측할 수 있을 뿐이다. 이 절차는 에데스(Edes) 박사가 말한 바와 같이 미네소타주(Minnesota)에 호우가 내렸는가 하는 것을 알기 위하여 미시시피(Mississippi) 강 하구의 수량 상승을 측정하는 거나 마찬가지이다.[36] 그러나 이 절차를 여러 관찰자들이 사용하여 어떤 사람은 지적 작업을 하면 오줌 속에 인이 줄어드는 것을 보았고 다른 사람들은 인이 증가하는 것을 발견하였다. 전체적으로 지적 작업과 인이 어떤 일정한 관계가 있다고 추정할 수 없다. 감정이 높아지는 조증(躁症) 흥분 상태에서는 평소 상태보다 인이 덜 배출되는 것 같다. 수면을 취할 때 인이 더 많이 배설되기도 한다. 알칼리성의 인 화합물과 토질성의 인 화합물은 다르지만, 나는 이런 화학적 사물에는 들어가지 않을 것이다. 왜냐하면 나의 단 하나의 목적은 사고와 인과의 관계에 관한 현재 유행하고 있는 견해가 확실한 근거를 갖고 있지 않다는 것을 보여주는 것일 뿐이기 때문이다.[37] 인을 성분으로 한 조제 약품이 신경을 소모할 때 효과가 있다는 사실이 정신 활동에 인이 어떤 역할을 한다는 증명은 되지 못한다. 철, 비소 또는 기타 치료제와 마찬가지로 인도 자극제이거나 강장제이며 인이 신경 계통에 미치는 심오한 작용은 전혀 알고 있지 못하며, 또 극히 소수의 사례에서만 인이 처방되어 효용이 있을 뿐이었다.

인과 사고가 관계 있다고 주장하는 철학자들은 사고를 분비에 비유한다. "신장이 오줌을 분비하고 간이 담즙을 분비하는 것처럼 뇌가 사고를 분비한다"라는 표현이 가끔 들린다. 이것이 잘못된 유추라는 것은 지적할 나위도 없다. 뇌가 혈액 속으로 쏟아넣는 물질은 (콜레스테린, 클레아딘, 크산틴, 그 외 무엇이든) 오줌이나 담즙과 유사한 물질이며 사실 실제 물질 분비이다. 이런 물질에서 보면 뇌는 무관 분비선이다. 그러나 우리는 간장 작용이나 신장 작용과 같은 어떤 것으로서 뇌의 물질 분비를 초래하는 사고 흐름과 조금이라도 견줄 수 있을 만한 것은 어떤 것도 알고 있지 못한다.

뇌의 일반 생리의 또 다른 특징이 남아 있으며, 이 특징은 심리학의 목적에서는 사실 무엇보다도 가장 중요한 특징이다. 즉 습관을 획득하는 뇌의 소질이다. 그러나 나는 이 특징을 독립된 장에서 별도로 다룰 것이다.

1) 나 자신도 차후 이런 도식을 만드는 일에 많이 몰두할 것이다. 독자는 이런 도식은 상징적인 것이며 도식을 사용하는 것이 반드시 정확한 묘사가 아니더라도 **어떤** 종류의 기계 과정과 어떤 정신 과정 사이에 얼마만큼의 깊은 일치성이 있는가 하는 것을 보여주는 것일 뿐이라는 것을 단적으로 이해할 것이다.

2) Valentin: Archiv f. d. gesammt. Physiol., 1873, p.458. Stirling: Leipzig Acad. Berichte, 1875, p.372(Journal of Physiol., 1875). J. Ward: Archiv f. (Anat. u) Physiol., 1880, p.72. H. Sewall: Johns Hopkins Studies, 1880, p.30. Kronecker u. Nicolaides: Archiv f. (Anat.u.) Physiol., 1880, p.437. Exner: Archiv f. die ges. Physiol., Bd. 28, p.487(1882). Eckhard: in Hermann's Hdbch. d. Physiol., Bd. I. Thl. II. p.31. François-Franck: Leçons sur les Functions motrices du Cerveau. (뇌의 운동기능에 관한 고찰) p.51 ff., 339.——신경과 근육에서의 가합 과정에 관해서는 Hermann: 전게서, Thl. I, p.109와 vol. I, p.40을 참조하라. 또 Wundt: Physiol. Psych., I. 243 ff. Richet: Travaux du Labortoire de Marey, 1887, p.97. (Marey 연구실 업적); L' Homme et l' Intelligence (인간과 지성), pp.24 ff., 468; Revue Philosophique, t. XXI. p.564를 보라. Kronecker u. Hall: Archiv f. (Anat. u.) Physiol., 1879; Schönlein: 전게서, 1882, p.357. Sertoli: (Hofmann and Schwalbe's Jahres-bericht, 1882, p.25. De Watteville: Neurologisches Centralbaltt, 1883, No.7. Grunhagen: Archiv f. d. ges. Physiol., Bd. 34, p.301(1884).

3) Bubnoff und Heidenhain: Ueber Erregungs- und Hemmungsvorgänge innerhalb der motorischen Hirncentren(운동 피질 중추 내의 흥분 과정과 제지 과정에 관하여). Archiv f. d. ges. Physiol., Bd. 26, p.156(1881).

4) Archiv f. d. ges. Physiol., Bd. 26. p.176(1881). Exner는(전게서 Bd. 28, p.497 (1882)) 자극 합산이 이때 척수에서 이루어진다고 생각했다. 자극 합

산에 관한 일반 철학이 타당하다면 어떤 합산이 어디서 일어나는가 하는 것
은 문제가 되지 않는다.

5) G. H. Lewis: Physical Basis of Mind, p.479에 이와 유사한 예가 많이 제시
되고 있다, 487–9.

6) Romanes : Mental Evolution in Animals (동물의 정신 진화), p.163.

7) 유사한 경우는 Mach: Beträge zur Analyse der Empfindung(감각 분석 소
고), p.36에서 볼 수 있다. 이때 사용된 동물은 제비였다. 우리 아이들도 불
을 끄고 침상에 누워 있을 때 그들의 애완(愛玩) 동물인 발바리 개가 방에
들어오면 무서워한다. 다음 이야기를 비교하라: "농사꾼에게 던진 첫 번째
질문은 그의 느린 귀를 조절하도록 하는 역할밖에 못한다. 스코틀랜드 사람
들은 무엇이든 첫 질문에 응답하여 '무엇을 원하느냐' 라 말하고, 영국 사람
은 빤히 쳐다만 본다. 두 번 또는 세 번 질문해야 대답을 얻을 수 있다." [R.
Fowler: Some observations on the Mental State of the Blind, and Deaf,
and Dumb (눈먼 사람, 귀머거리, 벙어리 정신 상태에 관한 관찰)
(Salisbury, 1843), p.14.]

8) 독자들은 계시기에 관한 여러 가지 지식을 J. Marey: La Méthode
Graphique(제도 법), pt. II Chap. II에서 찾을 수 있을 것이다. 각 반응을 다
음 반응의 신호로 사용함으로써 연속하여 다수의 반응을 하도록 하여 반응
수로 전체 시간을 나누는 방법을 사용하면 다른 계기를 사용하지 않고 보통
있는 시계로도 상당히 정확하게 측정할 수 있다. O. W. Holmes 박사가 처
음 이 방법을 추천하였고 Jastrow 교수가 재치 있게 다듬어 사용하였다.
Science, 1986년 10월 10일호를 보라.

9) 약간의 계기 조정은 Cattell, Mind, XI. 220 ff.

10) Physiol. Psych., II. 221–2. 또 초판 728–9를 보라. '통각' 에 관한 Wundt
의 모든 언급은 종잡을 수 없고 막연한 것을 인정하지 않을 수 없다. 통각
이란 말을 심리학에서 그가 사용한 것과 같이 사용할 필요는 없는 것 같
다. 주의, 지각, 개념, 의지 등이 충분히 통각에 해당하는 내용이 될 수 있
다. 왜 이런 모든 것을 포괄하여 지칭하는 단일 용어가 필요한가 하는 것
을 Wundt는 확실히 설명하지 않았다. 그러나 Wundt의 연구지(硏究誌)인
'Psychologische Studien,' 1. 149에 있는 그의 제자 Staude의 'Ueber
den Begriff der Apperception(통각 개념에 관하여)' 이란 논문을 보라. 아
마 이 논문이 통각 개념에 관한 공식 표명인 것 같다. Wundt의 '통각' 에

관한 약간의 비판은 Marty: Vierteljahrschrift f. Wiss. Philos., x. 346에서 보라.

11) 예를 들면 Exner의 Pflüger's Archiv, VII. 628 ff.

12) P. 222. 또한 Richet. Rev. Philos., vol. I, 395-6.

13) 예를 들어 전날에 어떤 신호가 오면 그에 반응하려고 결심한 일이 있으면 지금은 다른 일을 하고 있는 동안 그 신호가 올 때 내가 전날에 한 결심을 생각나게 하는 경우이다.

14) 실험에 성공하려면 주의 집중이 고도로 높아야 한다는 것은 말할 나위도 없다. 주의하지 않으면 실험 결과는 아주 들쭉날쭉한 수치를 초래한다… 이런 주의 집중은 아주 지치게 한다. 가급적 일정한 측정 결과를 얻으려고 무던히 노력한 실험을 치르고 나면 실험하는 동안 계속 의자에 조용히 앉아 있었지만 나는 땀에 뒤범벅이 되고 극도로 피곤해졌다(Exner, 상기 인용문, VII. 618).

15) Wundt, Physiol. Psych., ID. 226.

16) Pflüger's Archiv, VII. 616.

17) 요컨대 Delboeuf가 '*organe adventice*(2차 기관)'이라 부른 것이다. 또한 이때 반응 시간이 반응 자체가 반사 차원으로 이루어진다는 것에 전적으로 부합된다. 어떤 반사(예를 들면 재채기)는 아주 느리다. 내가 알고 있는 인간 피험자로부터 얻은 반사 호에 관한 유일한 시간 측정은 Exner의 눈 깜박 반사 측정이다(Pflüger's Archiv f.d. gesammt. Physiol., Bd. VIII. p.526, 1874). 섬광(閃光)이 자극일 때 눈 깜박이가 생기려면 0.2168초 걸리는 것을 그는 측정했다. 눈의 각막에 강한 전기 충격을 주어 반응 시간을 0.0578초까지 단축시켰다. 통상의 반응 시간은 이 두 측정치의 중간 정도이다. Exner는 신경 흥분이 전도되는 생리 과정을 제거하여 그의 측정치를 줄였다. 그의 '줄어든 눈 깜박 시간'은 최소 0.471초였으며(전게서, 531), 그가 줄인 단순 반응 시간은 0.0828초이다(전게서, VII. 637). Exner의 생각에 따르면(VII. 531) 이들 수치는 눈 깜박 반응 시간과 눈 깜박 반사 시간 측정은 근본적으로 동일 차원의 과정을 측정하고 있다는 것 이상의 학문적 가치를 갖고 있지 않는 것이 된다. 또한 이 과정에 관한 그의 기술은 반사 작용에 관한 훌륭한 기록이기도 하다. 그는 '반응 시간 측정 실험을 처음 하는 사람은 누구나 최고 속도로 반응하는 것이 중요한 반응 과제일 경우에는 자신의 운동을 자신이 얼마나 통제할 수 없는가 하는 것을 곧

알게 되어 놀랄 것이다. 반응에 필요한 에너지는 말하자면 선택권을 행사할 영역 외에 있을 뿐만 아니라 반응 운동이 일어나는 시간마저 그 일부만 우리 자신이 좌우할 수 있을 뿐이다. 우리는 바라는 순간 팔을 정확하게 들어올릴 능력은 없지만, 팔을 들어올리고 난 다음에는 그 팔을 다른 때보다 빨리 또는 늦게 들어올렸다는 것을 정확하게 판별할 수 있다"라고 말했다…Wundt 자신도 우리가 심한 긴장 상태에서 강한 신호를 기다리고 있을 때에는 '통각'과 운동 반응이란 두 가지 의식이 있는 것이 아니라 이 두 가지가 연속된다는 것을 인정했다(Physiol. Psych., Ⅱ. 226…). Cattell의 견해가 내가 지지하는 견해와 일치한다. 그는 "반응 시간을 측정할 때 지각 과정과 의지 과정이 있다고 한다면 그 과정들은 아주 초보적인 과정들이라고 나는 생각한다…피험자가 (신호가 주어지기 전) 수의적 노력을 하면 자극을 받아들이는 중추와 운동을 조절하는 중추 사이의 교신 연결선을…안정되지 않는 균형 상태에 있게 한다. 따라서 신경 흥분이 자극을 받아들이는 중추에 도달하면 두 방향으로 뇌 변용을 일으켜 한 방향의 신경 흥분은 대뇌피질로 전달되어 자극에 해당되는 지각을 일으키고 동시에 다른 신경 흥분은 저항이 적은 전도 선을 따라 운동 조절 중추로 가게 되어 이미 그 신호에 준비하고 기다리고 있던 적절한 신경 흥분을 운동 조절 중추로부터 손 근육으로 보낸다. 반응을 여러 번 하게 되면 대뇌 과정 전체가 자동화되고 신경 흥분 자체는 통과하기 쉬운 전도 통로를 통하여 운동 중추로 가서 운동신경 흥분을 출발시킨다"라고 말했다(Mind, Ⅺ. 232-3.). 끝으로 Lipps 교수는[Grundtatsachen('근본적 사실'), 179-188], 위 제3 단계에 지각이나 의지에 관한 의식이 있다는 견해를 재치 있게 반박하였다.

18) Physiol. Psych. (3d ed) (1887), vol. Ⅱ. p. 266.

19) Philosophische Studien vol. Ⅳ. p. 479(1888).

20) 상기 인용문, p. 488.

21) 상기 인용문, p. 487.

22) 상기 인용문, p. 489.

23) Lange는 반응 운동에 주의 집중한 반사와 관련된 뇌 과정에 관한 흥미 있는 가정을 세웠다. 이에 관해서는 다만 그의 논문을 인용할 수 있을 뿐이다.

24) 이 주제에 관하여 더 알고 싶은 독자는 많은 원재료와 더불어 지금까지 연

구된 모든 것을 충실하게 편집한 것을 G. Buccola의 'Legge del Tempo' 등에서 찾을 수 있다. 또한 Wundt의 Physiol. Psychology(생리심리학) XVI장; Exner: Hermann's Hdbch., Bd. 2, Thl. II. pp.252–280; Ribot의 Contemp. Germ. Psych., (현대 독일 심리학) chap. VIII를 보라.

25) 반응 운동의 성질에 따라서도 반응시간이 달라지는 것 같다. B. I. Gilman 과 나는 같은 신호에 손을 들기만 하는 반응과 손을 등 뒤로 가져가는 반 응을 하게 했다. 기록된 시간은 항상 손을 움직이기 시작하여 전기 접촉이 끊어지는 순간이다. 그러나 더 큰 동작을 해야 할 때에는 100분의 1내지 100분의 2초 더 늦게 그 순간이 시작되었다. 다른 한편 Orchansky는 저작 근(詛嚼筋) 수축을 실험하여 〔Archiv f. (Anat.u.) Physiol., 1889, p.187〕 의도된 수축 폭이 크면 클수록 반응시간이 더 짧아지는 것을 보았다. 그는 보다 충분한 수축을 하려면 더 많이 주의에 호소하게 되어 반응 시간을 짧 게 한다는 사실을 들어 이 현상을 설명하였다.

26) Physiol.Psych., II. 223.

27) François-Franck, Fonctions Motrices(운동 기능), XXII.

28) La Paura(1884), p.117.

29) Ueber den Kreislauf des Blutes im menschlichen Gehirn (인간 뇌의 혈 액 순환에 관하여) (1881), chap. II. 서문에서 이 주제에 관하여 우리가 갖 고 있는 기존 지식의 역사를 소개하고 있다.

30) 이 결론에서 Gley(Archives de Physiologie, 1881, p.742)는 Mosso 교수 와 의견을 같이한다. Gley는 어려운 정신 작업을 하는 동안 그의 맥박이 1~3회 올라가고 경동맥(頸動脈)이 확장되고 요골동맥(撓骨動脈, radial artery)이 수축하는 것을 발견하였다.

31) Maryland 의학 및 과학 학회 연설(1879).

32) 그의 책 *Experimental Researches on the Regional Temperature of the Head*(머리의 국소 영역 온도에 관한 실험적 연구), London, 1879를 보라.

33) 상기 인용문, p.195.

34) 가장 알기 쉽게 Schiff의 실험을 설명한 것은 Herzen 교수의 Revue Philosophique, vol. III. p.36이다.

35) *A New Study of Cerebral Cortical Localization* (N.Y., Putnam, 1880), pp.48–53.

36) Archives of Medicine, vol. X, No.1(1883).

37) 참고문헌을 증가시키지 않고 다만 Mendel(Archiv f. Psychiatrie, vol. III, 1871), Mairet(Archives de Neurologie, vol. IX, 1885) 및 Beaunis[Rech. Expérimentales sur l' Activité Cérébrale(대뇌 활동에 관한 실험연구), 1887]를 인용한다. Richet는 Revue Scientifique, vol. 38, p.788(1886)에 일부 문헌 목록을 제공하고 있다.

습관(習慣)[2]

(HABIT)

겉으로 볼 때 가장 먼저 뚜렷하게 느껴지는 것은 생명체가 습관 덩어리란 것이다. 야생 동물의 경우에는 일상 범위의 행동은 태어날 때 이미 필수적으로 장만되어 있는 것 같은데, 가축에서나 특히 인간에서는 그런 일상 범위의 행동마저도 대부분 교육된 결과로 생기는 것처럼 보인다. 습관 중에서, 생래적 소질로 되는 습관은 본능이라 부르고, 교육의 결과로 얻어진 습관을 이성 행동이라 부르는 사람들이 많다. 따라서 습관은 생활의 가장 큰 부분을 차지하며, 정신을 표시하는 객관적 표지를 찾으려고 연구하는 사람들은 그들의 연구를 시작하는 바로 시발점에서 습관의 한계가 무엇인가 하는 것을 명확하게 규정해야 한다.

습관을 정의하려고 하는 순간 우리는 물질의 기본 속성에 관한 문제에 이르게 된다. **자연**에 관한 법칙이란 여러 종류의 물질 요소들이 서로 작용과 반작용을 할 때 따르게 되는 불변하는 습관에 지나지 않는다. 그러나 유기체의 세계에서는 습관이 더 많이 변할 수 있다. 같은 종류의 본능도 개체에 따라 다르고, 뒤에 가서 알게 될 것이지만 동일 개체에서도 긴급 사태에 놓이면 사태에 적응하도록 본능이 변형된다. 물질을 구성하고 있는 요소 분자들의 자체는 변하지 않으므로 물질 분자의 습관은 변할 수 없지만 (원자론적 철학의 원리에 따라) 여러 물질 분자들이 합친 복합체로 된 물체의 습관은 변할 수 있다. 왜냐하면 복합체 습관은 궁극적으로 복합체 구조에 의존하고, 외부 힘이나 내부 긴장이 시시각각 복합체 구조를 현재와 다른 구조로 바꾸게 할 수 있기 때문이다. 즉 만약 복합체가 통합을 유지할 만큼은 탄력이 충분하고 휘어지기는 하여도 완전하게 붕괴되지 않을 만하면 물체는 구조를 바꿀 수 있기 때문이다. 여기서 말하는 구조 변화는 반드시 외모의 변화가 있어야 하는 것은 아니며, 마치 어떤 외부 원인 작용으로 쇠막대가 자석이나 결정체가 되고, 인디안 고무가 가루 '덩어리' 또는 반죽 '덩어리'가 될 때와 같이, 밖에서는 볼 수 없는 분자 수준에서 구조 변화가 일어날 수도 있다. 모든 이와 같은 구조 변화는 아주 서서히 일어난다. 변하게 하는 원인에, 해당되는 물체가 어느 정도는 저항하며 그 원인을 극복하려면 시간이 걸리지만, 때로 변하게 하는 원인에 순응하여 서서히 휘어져서 완전하게 와해되는 것을 모면할 수도 있다. 구조가 휘어질 때에는 휘어지게 한 바로 그 타성이 물체를 새로운 형태로 비교적 영속하게 하는 조건이 되고 또 물체가 보여주는 새로운 습관을 형성하게 하는 조건이 되기도 한다. 따라서 **탄력이란** 넓은 의미에서는 영향을 미치는 어떤 힘에 의하여 휘어들 만큼은 약하지만 어떤 힘에 의해서도 단번에 휘어들지 않을 만큼의 강한 구조를 가졌다는 것을 의미한다. 이와 같은 구조에서 상대적으로 안정된 균형이 잡힌 각 국면에는 새로운 습관 체계를 표시하는 표지가 붙게 마련이다. 유기 물체 중에서는 신경 조직이 특히 이와 같은 탄력성을 예외적으로 아주 특출하게 부여받은 것처럼 보여 우리는 다음과 같은 첫째 명제를 주저없이 설정할 수 있을 것이다. 즉 **생명체의 습관 현상은 그 신체를 구성하는 유기 물질의 탄력**[3]**에 의존한다.**

습관에 관한 철학은 우선 생리학이나 심리학보다 물리학 책의 한 독립된 장을 차지하는 것이 마땅하다. 근본적으로 습관이 물리적 원리라는 것은 습관을 주제로 하는 모든 훌륭한 최근 저술가들이 인정하는 바이다. 그들은 생명이 없는 물체들도 획득된 습관 비슷한 것을 보여준다는 것에 주의를 환기시킨다. 그리하여 뒤몽 (Léon Dumont)의 논문은 아마도 지금까지 발표된 것들 중 가장 훌륭한 습관에 관한 철학적 설명인 듯한데, 그는 다음과 같이 적고 있다.

"한 동안 입고 나면 옷이 처음 입었을 때보다 몸매 모양에 잘 달라붙게 되고 직물 조직에 변화가 생겨 직물의 새로운 응집 습관이 향상된다는 것은 누구나 알고 있다. 또 어느 정도 사용한 자물쇠는 잘 작동되지만 처음엔 자물쇠의 기계 작용에 거친 면이 있어 그것을 극복하려면 힘을 더 많이 써야 했다. 자물쇠 장치의 이와 같은 저항을 극복하는 것이 습관이 형성되는 현상이다. 한번 접었던 종이는 다시 접을 때 힘이 덜 든다. 동일한 결과를 재차 얻기 위해서는 더 적은 양의 외부 원인을 요구하게 되는 습관의 본성 때문에 이처럼 수고를 덜하게 되는 것이다. 바이올린은 훌륭한 예술가의 손에서 연주됨으로써 소리가 더 좋아진다. 왜냐하면 화음을 내는 조화 관계와 일치하는 진동 습관이 마침내 바이올린의 목재 섬유에 젖어들게 되기 때문이다. 이것이 바로 위대한 연주가가 가지고 있던 악기가 어마어마하게 값이 비싼 이유이다. 흐르는 물줄기는 혼자 힘으로 통로를 파고들어 그 통로를 점점 더 넓고 깊게 만들어 물줄기의 흐름을 멈춘 다음에 다시 물을 흐르게 하면, 물은 혼자 통로를 따라간다. 이와 마찬가지로 외부 대상에서 얻는 인상은 혼자 힘으로 신경 계통에 점점 더 적절한 통로를 다듬어 한 동안 중단되어도 외부로부터 유사한 자극을 받으면 적절한 통로로 흐른다는 중요한 현상이 일어나게 된다."[4]

신경 계통뿐만이 아니다. 어디에서든 흉터는 **저항이 적은 장소**로 되며 옆에 있는 다른 부분들보다 더 많이 껍질이 벗겨지고 더 많이 염증이 생기고 통증과 동상(凍傷)에 걸려 고통을 더 많이 받기 쉽다. 한번 삔 발목과 빠진 일이 있는 팔은 다시 삐거나 빠질 위험이 있으며 류머티즘이나 통풍(痛風 gout)에 한번 걸린 일이 있는 관절이나 카타르에 걸렸던 점막은 병이 재발할 때마다 다시 악화되기 쉬워 마침내는 건강한 상태는 없어지고 만성적인 병적 상태로 대치되는 일도 드물지 않다. 또한 신경 계통으로 올라가면 우연히 한번 병에 걸린 일이 있다는 이유만으로도 이른바 기능적(機能的, functional) 질환이란 질환이 장기간 계속되는 일이 얼마나 많으며, 반대로 강제로 약을 사용하여 단 몇 번 발작을 차단하기만 하여도 원래의 생리적 힘을 또다시 우세하게 만들어 신체 기관의 건강한 기능을 충분하게 회복하는 일이 많다는 것을 알 수 있다. 전간과 신경통과 여러 종류의 경련성 발작, 그리고 불면증과 같은 것은 모두 이에 대한 적절한 사례를 제공한다. 또 이것보다 더 분명히 습관으로 간주되는 예를 든다면, 불건전하게 애정에 탐닉(耽溺)하거나, 쓸데없는 불평이나 화를 잘 내는 성향에 빠진 사람들에게 어린아이의 젖떼기와 같은 '이유(離乳)' 요법을 사용하면 치유에 성공하는 일이 많은 것은, 병적 증상 자체가 잘못된 경로를 한번 밟아서 신경에 생긴 단순한 관성(慣性)에 얼마나 많이 기인되는가 하는 것을 보여주는 것이다.

이와 같이 습관이 새로운 길을 만들어낼 때 신체 기관 속에서 일어나는 물리적 변화에 관해 어떤 개념을 우리는 형성할 수 있겠는가? 말을 바꾸어 '습관에 따른 변화'란 표현을 신경 계통에 적용하는 경우, 그 표현이 어떤 물리적 사실들을 포섭한다고 말할 수 있는가? 우리가 이 물음에 대해 약간이라도 결정적으로 말할 수 있는 것은 어떤 것도 없다는 것은 분명하다. 그러나 통상 그렇게 하는 바와 같이, 눈에 안 보이는 분자 수준의 사건들을 눈에 보이는 큰 사건들로부터 유추하여 해석하려는 학문적 관습에 따라, 여기에서도 문제되고 있는 물리적 변화와 **유사하다**고 생각되는 과정을 추상적이고 일반화된 구도로 쉽게 그려낼 수 있을 것이다. 또한 최근 분위기로 보아 현대 **물리적 학문**은 일단 가능성만 있으면 **어떤** 종류의 기계적 해석도 물리적 학문에 속하는 것이라고 낙인을 찍는 데 주저하지 않으며, 다만 정확한 물리적 해석을 찾는 것은 시간만이 문제일 따름이라고 확신하고 있는 것 같다.

만약 습관이 외부 작용원에 대응하는 내부 물질의 탄력에 기인되고, 그런 외부 작용원의 영향이 있다면 뇌 물질이 어떤 외부 영향에 대하여 탄력성을 가지고 있는가 하는 것을 즉각 우리는 알 수 있을 것이다. 뇌 물질의 탄력은 기계적 압력에 대응하는 탄력이 아니고, 온도 변화에 대응하는 탄력도 아니며, 다른 모든 신체 기관들이 받게 마련인 어떤 힘에 대한 탄력도 아니다. 왜냐하면 자연은 우리 뇌와 척수를 뼈로 된 상자 속에 용의주도하게 가두어 이런 외부 영향이 직접 미칠 수 없게 만들고 있기 때문이다. 자연은 아주 강한 충격이라야만 진탕(震蕩)을 일으킬 수 있도록 뇌와 척수를 액체 속에 떠 있게 하여 유례를 전혀 찾아볼 수 없을 만큼 뇌와 척수를 덮고 감싸고 있다. 따라서 뇌와 척수에 미칠 수 있는 유일한 인상은 한편으로는 혈액을 통하여, 다른 한편으로는 감각 신경 통로를 통하여 들어오게 되어 있으며, 대뇌반구 피질은 신경 통로를 통하여 쏟아져 들어오는 한없이 미약한 신경 흥분에 아주 뛰어난 감수성을 보인다. 한번 흘러들어 온 신경 흥분은 나가는 길을 찾아야 한다. 신경 흥분은 흘러갈 때 통과한 통로에 자신의 흔적을 남긴다. 요컨대 신경 흥분이 할 수 있는 단 한 가지 일은 이미 있는 통로를 더 깊게 파든가 또는 새로운 통로를 만드는 것이며, 우리가 뇌를 감각 기관으로부터 흘러들어 온 신경 흥분이 좀처럼 사라지지 않는 통로를 아주 쉽게 만들어내는 기관이라고 말할 때, 뇌의 탄력은 통로를 깊게 파든가 새로운 통로를 만든다는 앞에서 말한 두 마디 말로 통틀어 요약된다. 왜냐하면 신경에서 일어나는 모든 다른 일들과 마찬가지로 단순 습관도——예를 들면 코를 훌쩍이거나 호주머니에 손을 넣거나 손톱을 씹는 습관——기계적 반사 방출에 지나지 않은 것은 물론이며 습관의 해부학적 토대가 신경 계통 속에 있는 통로여야 하기 때문이다. 이제 곧 더 충분히 알게 될 것이지만, 똑같은 관점에서 가장 복잡한 습관도 서로를 연속적으로 불러일으키도록 조직된——앞선 근육 수축에서 생긴 인상이 다음 근육 수축을 일으키는 자극 구실을 하여 마침내 최종 인상이 근육 수축을 끝마치는 근육 수축의 연쇄 과정을 마무리 짓게 되는——반사 통로 체계가 신경 중추 속에 있어 생기는 **연쇄적**(concatenated)인 신경 흥분 방출에 지나지 않는 것이다. 이와 같은 기계적인 설명이 지니는 단 한 가지 어려운 문제는 이미 존재한 신경 계통 속에 어떻게 단순 반사나 신경 통로가 **새로** 만들어지는가 하는 것을 설명하는 문제이다. 많은 다른 경우와 마찬가지로 이 경우에도 그 새로운 통로는 **내디딜 첫 발**일 뿐이다. 전체 신경 계통은 신경이 **시발하는 말단**(末端)과 근육이나 선이나 그 밖의 신경 흥분이 **끝마치는 말단**과의 사이의 통로 체계에 지나지 않다. 우리가 알고 있는 대부분의 통로를 지배하는 법칙에 따라 신경 흥분이 한번 통과한 통로는 더 깊게 파져서 이전보다 투과성(透過性)이 더 높아질 것이라고 기대되며,[5] 이런 일은 신경 흥분이 새로 통과될 때마다 반복되게 마련이다. 따라서 처음에는 통로가 되는 것을 방해하였던 어떤 장애도 조금씩 점점 더 많이 씻겨나가 마침내 자연적 배수로 구실을 하는 통로가 생기게 될 것이다. 이와 같이 배수로 통로를 형성하는 것은 고체든 액체든, 기타 어떤 물체이든 사물이 통과할 때에는 언제나 일어나게 마련이고, 통과하는 사물 자체가 위치 이동을 하지 않고도 물체 속에서 다만 화학적 변화를 하든가 또는 제자리에서 회전하든가 또는 도선을 통하여 진동하든가 하는 단순하게 물질이 재배치되는 경우에도 통로 형성이 일어나지 말라는 이유는 없는 것 같다. 가장 잘 납득될 만한 신경 흥분에 관한 견해는 물질이 재배치되는 어떤 파동이 통과하는 것이 신경 흥분이라고 이해하는 것이다. 만약 통로에 있는 어떤 부분의 물질만 '재배치' 되고 그에 이웃하는 부분들은 타성에 따라 여전한 대로 남아 있다면, 더 많은 재배치 파동이 있어야 파괴되고 극복되는 마찰과 그 이웃하는 물질의 타성이 어떻게 대립하고 있는가 하는 것은 쉽게 알 수 있을 것이다. 통로 자체를 '기관' 이라 하고 물질 재배치 파동을 '기능' 이라고 하면, 이는 '기능이 기관을 만든다(La fonction fait l'organe)' 란 유명한 프랑스 사람들의 공식을 되풀이하는 사례인 것이 분명하다.

그러므로 신경 흥분이 한번 통로를 지나가면 두 번째에는 그 통로를 어떻게 더 쉽게 통과하게 되는가 하는 것을 상상하는 것은 아주 쉬운 일이다. 그러나 처음에 신경 흥분을 해당되는 통로로 바로 통과하게 하는 것이 무엇인가?[6] 이 질문에 대답하려면, 우리는 다만 끊임없이 여러 가지로 변하는 긴장 상태에 있는 부분들이 끊임없이 서로 균형 상태로 되돌아가려는 경향을 지니고 있는 물질 덩어리가 신경 계통이라는 일반 개념으로 되돌아가게 될 따름이다. 신경 계통의 모든 두 점은 그 사이의 어떤 통로이든 가장 잘 통과할 수 있는 통로를 통하여 균형이 잡히게 마련이다. 그러나 신경 계통의 모든 점은 실제로나 가능성에서나 많은 통로에 속해 있을 것이고, 신경 계통의 영양 상태는 우연한 변화에 의하여 좌우되기 때문에 때로 통로가 차단되는 일도 있어 평소에 통하지 않았던 전도 통로를 통하여 신경 흥분이 솟아나오기도 할 것이다.

바로 이 평소에 없었던 전도 통로가 새로 만들어지는 통로일 것이고, 반복하여 신경 흥분이 그 통로를 통과하면 이 전도 통로가 새 반사호의 시발점이 될 것이다. 이와 같은 생각은 모두 극히 막연하여 신경 물질에 나타나기 쉬운 어떤 알 수 없는 **우연**에 의해 새로운 통로가 형성된다고 말하는 것에 지나지 않는다. 그러나 막연할지 모르지만 이 말이 앞의 질문에 대해 우리의 예지가 마지막으로 남길 수 있는 진정한 결론이다.[7]

생명이 없는 물질보다 생명이 있는 물질에서 구조의 변형이 빠르게 이루어진다는 것을 우리는 주목해야 한다. 왜냐하면 생명이 있는 물질에서 일어나는 끊임없는 새 영양 공급은 전에 인상을 받은 일이 있는 신경 조직의 원래 구조를 재생시켜, 그 변용에 저항하기보다는 인상을 받아 변용된 것을 확인하고 고정시키는 경향이 많기 때문이다. 따라서 근육이나 뇌를 새롭게 훈련시키면, 훈련 당시보다 하루나 이틀 휴식을 취한 다음 새로 훈련하면 재주가 늘어 새삼 놀라는 일이 많다는 것을 우리는 알고 있다. 나는 노래를 배울 때 가끔 이런 경우에 주목하게 되었으며 어떤 독일 저자가 겨울에 수영을 배우고 여름에 스케이트를 배운다고 말한 까닭도 여기에 있다.

카펜터(Carpenter) 박사는 다음과 같이 적고 있다.[8]

"어떤 종류의 특수 적성을 훈련하는 경우, 성인이 되어 배우게 하는 것보다 **성장 도중에 있는** 유기체에게 배우는 노력을 하도록 하는 것이 훨씬 효과 있고 또 더 오래 인상이 남아 지속되는 일은 흔히 경험되는 사실이다. 이와 같은 훈련으로부터 생기는 효과는 연습하여 습관이 되는 모양에 알맞도록 신체 기관이 '성장하는' 경향이 있는 것에서도 볼 수 있고, 또 나이 어릴 때 체육 훈련을 하면 일련의 특정 근육의 크기와 힘이 증가하고 뛰어나게 관절이 유연하게 되는 것에서도 분명하게 볼 수 있다… 인체에서는 일생을 통하여 뇌신경을 형성하는 물질만큼 **재구성 활동**을 왕성하게 하는 부분은 없다. 뇌신경을 형성하는 물질이 많은 양의 혈액 공급을 받는다는 것이 이를 증명해 준다… 그뿐만 아니라 신경 물질이 지닌 **회복** 능력이 특별히 뛰어나다는 것은 아주 중요한 의미가 있다. 왜냐하면 특수한 구조와 특수한 소질이 두드러진 다른 조직(근육 조직과 같은)에서는 손상되면 그 조직보다 덜 **특수화**된 유형의 조직 형질에 의해 보수되기도 하지만, 신경 물질이 손상된 것은 정상 신경 조직이 완전하게 재생되어야만 회복되기 때문이며, 이것은 절개된 상처를 덮는 새로 형성되는 피부에서 감각이 회복되는 경우나 신경 연결이 완전히 절단되어 감각이 일시 상실된 다음 '이식된' 피부 부분에서 감각이 회복하는 경우에 볼 수 있는 바와 같다. 그러나 피부 감각이 회복되는 가장 뚜렷한 예는 척수가 완전하게 절단된 다음에도 척수의 기능 활동이 서서히 회복되는 것을 실험한 브라운세카르(Brown-Séquard)[9]의 관찰 결과가 제공하고 있으며, 이와 같은 기능 회복은 분단된 척수 표면이 단순히 **재결합**하여 이루어지는 것이 아니라 척수 전체 또는 척수 하부와 거기에서 나온 신경 돌기들이 재생되었다는 것을 보여주는 것이었다. 이와 같은 신경 재생은 신경 계통에서 **항상** 일어나고 있는 재구성의 특수한 표시일 따름이며, 신경이 재생한다는 사실은 병이나 상처에 의해 상실된 물질을 공급한다는 의미에서 보아 명백하며, 그에 못지않게 신경 계통의 기능적인 작용으로 생긴 '노폐물'이 된 조직을 새로운 조직을 생산하여 끊임없이 보충하여야 한다는 관점에서 보아도 분명한 일이다. 이제 신경 계통이 끊임없이 이런 능동적 재구성을 한다는 것에서, 우리는 유기체 전체의 영양 섭취에서 표시되는 일반적 청사진에 그 재구성이 가장 뚜렷하게 일치한다는 것을 확인하게 된다. 왜냐하면, 첫째로 어떤 **일정 유형**의 구조를 만들어내는 경향이 있는 것이 분명하고, 그런 구조의 유형은 단지 해당 유기체가 속하는 종족에 공통된 구조 유형일 뿐만 아니라 양친의 어느 한쪽 또는 양쪽의 특징을 이어받는 개별 변종인 구조 유형이기도 하기 때문이다. 그러나 이 구조 유형은 일생의 초기에 변용되기 쉽고, 이 시기에는 신경 계통(그리고 특히 뇌) 기능이 유별나게 왕성하고 재구성 과정도 그에 비례하여 활발하다. 그리고 이와 같은 변용 가능성은, 인간이 이 시기에 대부분의 인간 이하 하등동물들이 **생래적**으로 갖고 태어나는 운동들을 대신하는 **2차 자동운동**(自動運動, secondarily automatic)들을 확립하고, 또 인간 이외에선 분명

본능에 속하는 것이 틀림없는 감각-지각을 **습득**하는 기제가 형성되는 것에서 엿볼 수 있다. 왜냐하면 운동이나 감각을 하등동물에서는 모두 양친으로부터 유전으로 물려받은 신경 기제에 따라 얻게 되지만, 인간에게서는 운동이나 감각을 얻는 해당되는 신경 기제가 스스로 교육을 진행시켜 **발달된다**는 것에 의문을 던질 만한 납득할 수 있는 이유가 없기 때문이다. 따라서 대체로 통합된 유기체를 유지하는 데 필수적이고 유기체 신경 부분이 하는 특수한 작용을 진행하게 하는 **재구성** 과정의 **청사진**은 끊임없이 변용되며, 그렇게 하여 인간이 동물 세계 전반과 공유하는 감각과 운동이란 **외부** 생활을 관장하는 유기체의 모든 신경 부분은 개인의 성장과 발달을 하는 시기에 습득한 습관이 성인이 되어 표현되게 된다. 이런 습관 중에서 어떤 것은 그 개인이 속하는 종족 일반에 공통된 것이고 어떤 습관들은 그 개인에게만 특유한 것이 된다. 종족 일반에 공통된 습관(두 발로 서서 걷는 것과 같은) 은신체적 불구 때문에 장애가 되지 않는 한 대체로 습득되며, 개인에게 특유한 습관을 얻기 위해서는 특수 훈련이 필요하며, 이런 훈련은 대체로 일찍 시작할수록 효과가 더 많다——지각 능력과 운동 능력을 함께 훈련해야 하는 손놀림 재주 같은 경우 뚜렷하게 볼 수 있듯이 일찍 훈련하는 것이 효과가 훨씬 크다. 따라서 성인이 되었을 때 자신의 구성 성분의 일부가 될 정도로 개인의 성장 시기 동안 발달되면, 획득된 습관 기제는 그후 오랫동안 사용하지 않은 다음에도 불러내면 언제나 쉽사리 사용될 수 있게 일상 영양 섭취로도 유지된다. 동물의 신경 장치에 아주 명백하게 해당되는 것은 정신의 자동 활동을 관장하는 신경 장치에도 해당되지 않을 수 없을 것이다. 왜냐하면 이미 본 바와 같이 심리학 연구는 신체 활동에 있는 일률성(一律性)과 아주 전적으로 일치하는 정신 활동의 일률성이 있어, '사고와 감성의 기제'와 밀접하게 관계되는 정신 활동도 감각과 운동을 일으키는 조건과 동일한 조건에서 작용한다는 것을 지적하는 것 이상의 어떤 확실한 결과도 발견하지 못했기 때문이다. 사실 **연합**이란 심리적 원리와 **영양**이라는 생리적 원리는——전자는 정신에 의하여 후자는 뇌에 의하여, 다만 자주 반복된 정신 활동의 결과는 어떤 결과이든 자체적으로 지속하려는 경향이 있어, 의식적으로 만들어진 어떤 정신 활동의 목표나 결과에 대한 기대 같은 것이 없어도 유사한 상황에 당면하면, 이전에 습관적으로 사고하고 느끼고 행동한 것을 자동적으로 **사고하고 느끼고 행동하도록** 촉진한다는 보편적으로 인정되는 사실을 표현한 것일 뿐이다. 왜냐하면 유기체 각 부분은 습관적으로 훈련된 모양에 맞게 **자신의 형태를 갖추는** 경향이 있다는 것과, 이 경향이 신경 장치의 기능적 작용을 가능하게 하는 조건인 **부단한 재생** 덕택으로 신경 장치에서 특별히 강하다는 일반화된 원리로부터 대뇌가 예외라 할 만한 하등의 이유가 없기 때문이다. 사실 **아주 강하거나 습관적으로 반복**되어 관념이 형성된 모든 의식 상태는 대뇌에 인상을 남기고, 그 인상 덕택으로 장차 어느 때라도 그 인상을 자극시키는 데 적합한 암시가 있으면 그 암시에 반응하여 앞서와 동일한 의식 상태가 재생되리란 것은 의심할 여지가 거의 없다… '어렸을 때 연합된 것이 강도가 높다'란 것은 보편적으로 인정된 사실이고, 그 표현은 격언이 되었으며, 이 격언은 성장과 발달이 진행하는 시기에는 뇌 형성 작용이 외부에서 지시되는 대로 가장 잘 따른다는 생리학의 원리와 정확하게 일치한다. 따라서 어릴 때에 '암기'한 것은 대뇌에 (말하자면) 낙인(烙印)되어 그 '흔적'이 의식에서는 완전히 사라지더라도 영원히 없어지는 일은 없게 된다. 왜냐하면 성장 도중에 있는 뇌에 신체 기관의 변용이 일단 고착되면 그 변용된 것이 정상적인 뇌 구조의 일부가 되고 영양을 섭취하는 신진대사에 의해서 규칙적으로 유지되어, 상처 자국처럼 일생 동안 끝까지 지속되기 때문이다."

우리 신경 계통은 훈련된 모양에 맞게 성장한다는 카펜터 박사의 말은 습관에 관한 철학을 한 마디로 표현하고 있다. 이제 이 원리를 인간 생활에 실제 적용한 사실들을 약간 더 살펴볼 것이다.

이 원리의 첫째 결과로는 습관은 일정한 결과를 성취하는 데 요구되는 신체 운동을 단순화하고 더 정확하게 만들며 피로를 줄인다는 것이다.

"피아노를 배우는 초심자들은 건반을 누르기 위해 손가락을 위

아래로 움직일 뿐만 아니라 손 전체와 팔, 그리고 전신까지도 움직이며 특히 가장 덜 고정된 부분인 머리를 마치 건반을 머리로 누르려는 것처럼 움직인다. 복부 근육 수축이 함께 일어나기도 한다. 그러나 원칙적으로 건반을 누르는 충격은 손과 손가락 운동에만 한정된다. 이것은 첫째로는 손가락 운동이 수행하려고 **사고된**(thought of) 운동이기 때문이고, 둘째로는 손가락 운동과 건반 운동의 결과가 귀에 닿는 것과 더불어 그 운동이 우리가 **지각**하려고 한 운동이기 때문이다. 피아노 치는 과정이 반복될수록 거기에 참여하는 신경의 투과성이 증가하여 손가락 운동이 점점 더 쉽게 이루어지게 된다. 그러나 운동이 쉽게 나타날수록 그 운동을 일으키는 데 필요한 자극은 점점 더 미약하여도 충분하게 되며 자극 결과는 점점 더 손가락에만 국한하게 된다. 따라서 원래는 전신으로 그 영향을 퍼지게 하거나 또는 적어도 움직일 수 있는 많은 신체 부분들로 퍼지게 한 충격도 점차로 단일하고 일정한 기관에 영향을 정착시키게 되고, 그 기관 속에서는 약간의 한정된 근육만으로도 수축을 초래한다. 이 변화에서 충격을 시발시켰던 사고와 지각은 특정 운동신경 집단과 점점 더 많이 밀접한 인과관계를 맺게 된다. 적어도 일부는 일리 있다고 생각되는 유추를 하기 위해, 전체 신경 계통이 일정한 특정 근육에 지향하고 있지만 얼마쯤 배수구가 막힌 배수로 체계로 묘사되도록 상상하라. 그러면 흐르는 물은 근육으로 가는 수로를 채워 배수구의 장애물을 쓸어버리기 쉽다. 그러나 물이 급하게 '쏟아'지는 경우에는 배수로 체계 전체가 물로 꽉 차고 배수되기에 앞서 물은 어디로든 범람할 것이다. 그러나 적당한 양의 물이 배수로 체계에 들어오면 올바른 배수구를 통하여 흐를 것이다. 피아노 치는 사람도 마찬가지이다. 점진적으로 단일 근육에 운동이 한정되도록 학습된 충격도 극단적으로 커지면 즉각 더 큰 근육 영역으로 범람해 들어간다. 평상시에는 손가락으로 피아노를 치고 몸체는 움직이지 않게 되지만 흥분하게 되자마자 전신이 '활기를' 얻어 특히 머리와 몸통을 마치 건반을 두들기는 기관으로 사용하려는 듯이 움직인다."[10]

인간은 신경 중추 속에 생전에 미리 마련되어 이미 있는 신경 장치가 하는 것보다 더 많은 일을 할 소질을 가지고 출생한다. 다른 동물들이 하는 일은 대부분 자동적이다. 그러나 인간이 하는 일의 수는 엄청나게 많으므로 대부분의 일들은 고심하여 공부한 결과일 수밖에 없다. 만약 훈련해도 완전하게 되지 않거나 습관이 형성되어 신경 에너지나 근육 에너지 소비를 절감하지 못하게 된다면 인간은 비참한 곤경에 빠질 것이다. 모즐리(Maudsley) 박사가 말한 바와 같이 될 것이다.[11]

"몇 번 되풀이해도 쉽게 되는 일이 없거나 매번 수행하려면 의식이 이끄는 주의 작용이 있어야 어떤 행동이든 할 수 있다면, 일생 동안 할 수 있는 행동의 전체 수는 한두 개에 국한될——발달에 어떤 진전도 없게 될——것이 분명하다. 옷을 입고 벗는 일에 하루 종일 걸릴 것이고 자신의 몸 갖춤을 하는 데 모든 주의력과 에너지를 뺏겨 어린아이가 처음 무엇이든 하려고 할 때와 마찬가지로 손을 씻거나 단추 채우는 일도 매번 어려울 것이고, 그 밖에 이런 노력을 하느라 완전히 녹초가 되어버릴 것이다. 두 발로 서는 것을 어린아이에게 배워줄 때 겪어야 하는 고통과 어린아이가 치러야 할 노력과, 마침내 노력하는 것을 전혀 의식하지 않고 설 수 있을 때의 편안함을 비교하여 생각해 보라. 왜냐하면 2차적으로 자동화된 행동은 비교적 지루하지 않게 수행되지만——이 점에서는 내장 기관의 운동 또는 원초적 반사 운동에 근사하게 된다——의지에 의하여 의식적으로 노력하는 것은 곧 극도의 피로를 자아내기 때문이다. 척수가 기억 능력을… 가지고 있지 않다면 그런 척수는 단지 바보 같은 척수일 뿐이다… 척수 기능이 병으로 손상되어야 비로소 사람들은 척수에 있는 자동적 작용원에 자신들이 얼마나 많이 의존하고 있는가 하는 것을 깨닫게 된다."

이 원리로부터 얻을 수 있는 결과는 **어떤 행동이든 수행할 때 치르게 되는 우리의 의식된 주의를 습관이 감소시킨다는 것이다.**

이 사실을 추상적으로 다음과 같이 말할 수 있을 것이다. 만약 어떤 행동을 수행하려 할 때 연속하는 A, B, C, D, E, F, G 등 연쇄적 신경 흥분이 있어야 한다면 처음 그 행동을 시작할 때 나타나기 쉬운 수많은 선택 가능한 잘못된 사건 중에서 필요한 한 개 사건만을 의지에 따라 의식적으로 선택해야 하지만, 습관이 형성되면 어떤 선택 가능한 잘못된 사건도 나타나지 않고 또 의식된 의지와는 관련 없이 각 신경 흥분은 다음에 생길 적절한 후속 흥분을 불러내게 되어, 마침내 A가 나타나자마자 마치 A와 연쇄된 다른 흥분들이 융합하여 계속된 흐름이 되는 것처럼 A, B, C, D, E, F, G라는 전체 연쇄는 줄줄이 따라나오게 될 것이다. 우리가 걷기, 말타기, 헤엄치기, 스케이트 타기, 펜싱 하기, 글쓰기, 악기 다루기, 노래 하기 등을 완전히 숙달되지 못하고 배우는 도중일 경우에는 모든 단계에서 불필요한 동작이나 잘못된 소리가 나오게 되어 그런 행동들이 중단되기 쉽다. 그러나 우리가 그런 행동들에 능숙하게 되면 필요한 최소의 근육으로 행동하여 성과를 얻을 뿐만 아니라 어떤 순간 '단서' 하나만 있기만 하여도 행동성과를 얻을 수 있다. 포수는 새를 만나면 자기도 모르는 사이에 벌써 조준하여 사격한다. 펜싱을 하는 사람은 상대방의 눈이 어렴풋하게 되거나 자기 칼이 순간적으로 압력을 받으면 즉각 자신이 잘 공격했고, 잘 응수했다는 것을 알게 된다. 악보를 한번 보면 피아니스트의 손가락은 물결치면서 음의 폭포를 이룬다. 이렇게 우리가 불수의적으로 하는 일들은 적절한 시간의 적절한 것일 수도 있지만 습관이 되면 오히려 잘못된 버릇이 될 수도 있다. 낮에 조끼를 벗을 때 시계 태엽을 감아 준 일이 한번도 없거나, 친구 집 앞에 당도하여 자기 집 대문 열쇠를 끄집어낸 경험이 없는 사람이 어디 있겠는가? 저녁 식탁으로 가기 위하여 옷을 갈아입으러 침실에 간 아주 넋빠진 사람이 단지 밤늦은 시간 옷을 벗은 다음에는 침상에 들어가는 것이 습관이 되었다는 이유만으로 옷을 하나씩 벗고는 침상에 누워 식탁에 가지 않았다고 한다. 필자는 10년 후 다시 파리를 방문하여, 예전에 한겨울 동안 학교에 다녔던 일이 있는 거리에서 멍하니 공상에 빠져, 여러 거리를 지나 멀리 떨어진 곳에 있는 아파트 계단 위에 자신이 서 있는 것을 알고서야 그 공상으로부터 깨어나게 되었던 것을 기억하고 있다. 그곳은 예전에 필자가 살았던 곳으로 학교로부터 습관적으로 발걸음이 향하였던 곳이였다. 우리 모두는 화장실 문이나 익숙한 찬장 문을 열고 닫는 것과 같은 일상적인 일을 수행하는 일정한 버릇이 된 방식을 갖고 있다. 이런 일을 수행하는 동작의 순서를 다르게 조작하게 바꾸면 우리의 하위 신경 중추들은 '흠칫' 놀라는 것으로 보아 그 중추들은 동작 순서를 알고 있다는 것을 알 수 있다. 그러나 우리의 고등 사고 중추들은 그런 일을 거의 알지 못한다. 양말이나 구두나 바짓가랑이를 어느 쪽부터 먼저 신고 입는가 하는 것을 즉석에서 대답할 수 있는 사람은 없다. 이에 대답을 하려면 우선 마음 속에서 그런 동작을 연습해 보아야 하며 때로는 그것으로도 불충분하다——실제로 그 동작을 수행해 보아야 한다. 나의 집 이중문의 어느 밸브가 먼저 열리는가? 우리 집 문짝이 어느 쪽으로 열리는가? 이와 같은 물음에 대해서도 마찬가지이다. 말로는 대답할 수 없지만 나의 손은 결코 잘못을 저지르지 않는다. 누구도 자기가 머리를 빗거나 칫솔질하는 순서를 기술할 수 있는 사람은 없지만 그 순서는 우리 모두에게 어지간히 고정되어 있기 쉽다.

이런 결과들은 다음과 같이 표현될 수 있다.

습관이 될 만큼 성장한 행동에서는, 지정된 순서에 따라 새로운 근육 수축이 일어나도록 조장하는 것은 사고나 지각이 아니라 **바로 앞서 막 끝마친 근육 수축에서 생긴 감각이다.** 수의적 행동이란 엄격한 의미에서는 그 전체 진행이 관념, 지각, 의지에 의해 인도되는 행동이다. 습관이 된 행동은 감각의 인도만으로도 충분하며 뇌의 상부 영역이나 상부 정신과는 상대적으로 관련이 거의 없다. 이것을 그림으로 표현하면 분명하게 될 것이다(그림 25 참조).

A, B, C, D, E, F, G는 습관이 형성된 연쇄적 근육 수축을 지칭하고 a, b, c, d, e, f는 근육이 연이어 수축될 때 그들 수축에 의하여 자극된 감각을 지칭한다고 하자. 그와 같은 감각들은 보통은 동작이 있었던 신체 부분의 근육, 피부 또는 관절에서 오는 감각이지만 그 동작의 결과가 눈이나 귀에 미친 영향에서 생긴 감각일 수도 있다. 이들 감각을 통하여, 그리고 오로지 그와 같은 감각들을 통해서만 우리는 근육 수축이 일어났다거나, 아니 일어났다는 것을 알게 된다. A, B, C, D, E, F, G라는 근육 수축 계열을 아직

그림 25

학습하고 있는 도중일 경우에는 각 대상 근육들에 따르는 감각은 정신과는 개별적으로 분리되어 지각된다. 이와 같이 별개로 분리된 지각에 따라 우리는 각 동작을 점검하여 다음 동작으로 넘어가기에 앞서 지금 막 끝낸 근육 동작이 적절한가 하는 것을 알게 된다. 이런 일이 지성에 의하여 이루어진다면 우리는 주저하고, 비교하고, 선택하고, 철회하고, 거부하는 등과 같은 일을 하게 되고, 다음 오는 근육 동작을 방출하는 순서는 지성에 의한 고려가 있는 다음 관념을 다루는 중추로부터 명시적으로 지시하는 순서에 따르게 될 것이다.

이와는 달리 학습이 완성되어 습관이 된 동작에서는 관념 중추나 지각 중추가 아래로 내려보내야 하는 유일한 신경 충격은 최초 충격, 즉 동작을 **출발**하라는 명령만일 따름이다. 이 명령 충격은 그림 25에서 V로 표시되었다. 그것은 최초 동작에 대한 사고일 수도 있고 그 동작의 최종 결과에 대한 사고일 수도 있으며, 또 예를 들어 손 가까운 곳에 피아노 건반이 있다는 것과 같은 습관이 된 연쇄 동작을 일으키게 하는 조건에 대한 단순한 지각일 수도 있을 것이다. 이와 같은 사례에서는 의식적 사고나 의식적 의지가 A라는 동작을 부추기자마자 A는 자신의 동작에서 생긴 감각 a를 통하여 반사적으로 B를 불러일으키고, 다음 B는 감각 b를 통하여 C를 불러일으키며, 이와 같이 하여 마침내 동작 연쇄가 종결되고 이때 일반적으로 지성은 최종 결과만을 인지하게 된다. 사실 이 과정은 내장의 '연동(蠕動, peristaltic)' 운동 파동이 아래쪽 내장으로 내려가 통과하는 것과 유사하다. 종착점에 이르러 얻는 지적 지각은 그림 25에서 단순 감각을 표시하는 선보다 위쪽 관념 중추 속에 최종 근육 수축인 G의 결과로 G'로 묘사되고 있다. 감각 인상인 a, b, c, d, e, f는 모두 관념을 나타내는 선보다 밑에 자리잡는 것으로 가정된다. 우리 관념 중추가 a, b, c, d, e, f란 감각을 수반하더라도, 그 감각들의 정도가 아주 미약한 것은 이들 감각 인상이 진행되는 도중에도 그 인상이 아닌 다른 곳에 주의가 완전하게 빼앗기는 일이 있다는 사실에서 알 수 있다. 우리는 아주 딴 것에 주의하면서도 기도문을 외우거나 알파벳을 복창할 수 있다.

대화를 활발하게 하면서도 또는 깊이 관심을 갖고 있는 어떤 일련의 사고에 계속 몰두하고 있으면서도 음악 연주가는 연습을 반복하여 익숙한 음악을 연주할 수 있으며, 이때 악보를 **보거나** 또는 일련의 **소리를** (악보 없이 기억으로 음악을 연주할 경우) 회상하면 익숙한 동작들이 계열을 이루어 즉시 촉발된다. 이 두 경우 어느 경우나 모두 근육 자체에서 발생된 감각으로부터 도움을 받고 있는 것이다. 그뿐만 아니라 '훈련'을 고도로 하면(이런 훈련으로 이득을 얻는 데 특별히 알맞은 사람에게 훈련을 실시하면) 숙달된 피아니스트는 어려운 곡도 악보만 보고도 연주할 수 있고 또 악보를 보자마자 손과 손가락 동작이 즉각 뒤따르기 때문에, 연주 동작을 일으키도록 교신하는 신경 통로가 가장 거리가 짧고 직통하는 통로라는 것을 믿지 않을 수 없게 되는 것 같다. 피아니스트의 동작과 동일한 종류이지만 다만 의지에 의하여 촉발된다는 점에서만 본능과 구별되는 **획득된 적성**에 관한 다음과 같은 기묘한 예를 우댕(Robert Houdin)이 제공했다.

"어떤 종류이든 모든 손재주에 성공하려면 필수적으로 습득해야하는 시각 지각속도와 촉각 지각속도, 그리고 반응 운동 정확성을 키우려고, 우댕은 한때 허공에 공을 올리는 재주를 연습하여 한 달간의 연습으로 한꺼번에 4개 공을 허공에 올려놓는 재주에 충분히 숙달하여 공을 허공에 올리면서 책을 앞에 펴놓고 주저없이 읽어내려가는 데 익숙하게 되었다. '독자들은 이것을 아주 놀랍게 여길것이지만 나 자신이 이런 신기한 실험을 반복하는 것을 즐겼다고 말하면 더욱 놀라게 될 것이다. 내가 이렇게 쓰고 있는 현재는 그당시부터 30년이 지났고 그 동안 한 번도 공을 만진 일이 없었지만아직도 공 3개를 공중에 띄우면서 쉽게 책을 읽을 수 있다' 라고 그

는 말했다." (자서전 26쪽)[12]

우리는 차례로 근육을 자극하는 전제 조건이 되는 a, b, c, d, e, f 등을 감각이라 명명하였다. 어떤 저자는 그것들이 감각이란 것마저 부인하는 것 같다. 그 조건들은 감각이 아니고 느낌을 일깨우기에는 불충분하지만 운동 반응을 일으키기에는 충분한 구심성 신경 흥분일 수도 있다.[13] 그것들이 분명 **의지**가 아닌 것이 뚜렷하다는 것은 곧 인정될 것이다. 만약 거기에 의지가 있다면, 그 의지는 전제 조건들이 동작 결과를 초래한다는 것을 확인하는 것에 국한되는 의지일 것이다. 카펜터 박사는 다음과 같이 적고 있다.

"뚜렷한 의도에서 생기는 의지에 의해 처음부터 촉발되고 아직도 그 의지의 통제 하에 있는 동작은 의지적 동작이 아닐 수 없으며, 또 그 동작이 일단 진행하기 시작하면 무한히 적은 양의 의지로도 그 동작을 지속시키는 데 충분하며 또는 그 의지는 다음 두 가지 활동——**사고** 대열을 유지하는 활동과 **운동** 대열을 유지하는 활동——사이에서 일종의 시계추와 같이 왔다 갔다하며 동요할 것이라 주장하는 형이상학자가 아직도 있을 것이다. 그러나 무한히 적은 양의 의지만으로도 동작이 지속된다면 그것은 동작이 의지 없이 스스로의 힘으로 진행된다고 말하는 것과 마찬가지가 아니겠는가? 그리고 습관이 된 동작을 수행하는 동안 **완전하게 계속되는** 사고 대열을 경험한다는 것은 의지가 시계추처럼 동요한다는 가설을 전적으로 부인하는 증거가 아닌가? 그뿐만 아니라 그와 같은 의지 동요가 있다고 해도 각 동작은 **자력으로** 진행되는 **기간**이 있게 마련이며, 따라서 동작이 본질적으로 자동적이란 특성을 가진다는 것을 실제 인정하는 것이 된다. 습관이 된 다른 동작과 마찬가지로 보행 동작이란 기제도 어릴 때 연습된 모양에 따라 **성장되고**, 그 다음에는 의지의 일반적 통제와 지시에 따라 자동적으로 보행이 진행된다는 생리학의 설명은, 인간의 구성 요소인 정신과 육체 어느 한쪽을 알지 못하기 때문에 알지 못하는 쪽을 설명하기 위해 불가피하게 어떤 가정을 만든다 하더라도 그런 가정으로는 파기될 수 없다."[14]

그러나 뚜렷한 의지 작용이 아닐지라도 연쇄를 이룬 각 동작의 직접적인 전제가 되는 조건에는 어차피 어떤 종류이든 의식이 따르게 마련이다. 이들 전제가 되는 조건들은 **평상시에는 주의를 받지 못하지만** 만약 동작이 **잘못되면** 곧 우리 주의를 불러내는 **감각**들이다. 이와 같은 감각에 관한 슈나이더(Schneider)의 설명은 인용할 만한 가치가 있다. 그는 다음과 같이 말했다.

"보행 운동을 하는 동안 전혀 보행에 주의하지 않더라도 우리는 어떤 종류의 근육 느낌을 계속 알고 있고 또 어떤 신경 충격에 대한 느낌도 갖고 있어 신체 균형을 유지하며 다리를 교대로 앞으로 내딛게 된다. 자신의 신체 자세에 대한 감각이 없다면 신체 균형을 유지할 수 있을지 의심이 되며, 또 다리를 움직일 때 운동 감각이 없거나 다리를 내릴 때 받는 충격에 대한 최소한의 감각도 없다면 과연 다리를 내밀 것인가 하는 것이 의심스럽다. 뜨개질을 하는 것이 완전하게 기계 같이 보여 뜨개질하는 사람은 책을 읽거나 활발하게 대화를 나누면서 뜨개질을 계속한다. 어떻게 이런 일이 가능한가 하는 것을 묻는다면 뜨개질이 제 나름으로 진행된다고 대답하지는 않을 것이다. 뜨개질하는 여자는 뜨개질에서 생기는 감각을 느끼면서 뜨개질하고 있으며, 어떻게 뜨개질을 해야 하는가 하는 것을 손으로 느끼고, 따라서 주의하지 않을 때에도 이런 느낌과 연합된 감각에 의하여 뜨개질하는 손동작이 이루어지고 또 통제된다고 말할 것이다. 오랫동안 익숙해져서 외견상 자동적인 것처럼 보이는 손재주 부리는 사람은 누구나 이와 같을 것이다. 무쇠 덩이를 때리면서 집게를 돌리는 대장장이나 재목 표면을 대패질하는 목수나 얼레를 다루는 레이스를 뜨는 사람이나 또 베틀에서 베를 짜는 사람이나 이들 모두는 위와 같은 질문에 대하여 그 기구들을 바르게 다루고 있다는 것을 손으로 느낀다고 대답할 것이다. 이 경우, 올바른 동작을 하게 하는 전제 조건인 느낌 자체는 아주 미미하다. 그럼에도 불구하고 그 느낌은 절대로 필수적이다. 만일 당신 손이 감각을 상실했다고 상상해 보라. 그러면 당신의 동작은 관념에서만 이루어질 뿐이고, 그때 당신의 관념을 딴 곳에 돌리면 동작은 정지되어야 하지만 감각을 상실하지 않으면 이렇게 동작이 정지되는 결과는 거의 일어나지 않을 것이다."[15)

또한,

"예를 들어 관념에 따라 당신의 왼손에 바이올린을 들어올릴 수는 있다. 그렇지만 바이올린을 계속 붙잡아 떨어지는 일이 없게 하기 위해서는 당신의 관념을 반드시 왼손과 왼손 손가락 근육 수축에 고정시켜야 하는 것은 아니다. 악기를 들고 있는 것 자체가 당신 손에 일깨운 감각이 악기를 잡는 운동에서 오는 충격과 연합함으로써 바이올린을 잡게 하는 충격을 일으키는 데 충분하게 된다. 악기를 들고 있다는 느낌 자체가 지속하는 한, 또 바이올린을 잡는 일과 대립된 어떤 동작을 하려는 관념에 의하여 제지되지 않는 한, 악기를 잡는 동작에서 생기는 충격은 오래도록 지속한다."

또한 오른손으로 바이올린 활을 잡는 자세에 대해서도 같은 말을 할 수 있을 것이다.

"바이올린 활을 잡는 것과 같은 여러 가지 동작을 동시에 결합하기 시작하는 경우에 다른 동작이나 다른 충격 쪽으로 의식이 쏠리면 흔히 앞서 있었던 동작이나 충격은 중지된다. 왜냐하면 여러 동작들을 결합하기 시작한 시초에는 그 동작들을 인도하는 감각을 **모두** 강하게 의식하여 **느껴야** 하기 때문이다. 따라서 의식이 다른 곳에 쏠리면 손가락 근육이 이완되어 바이올린 활은 손가락으로부터 미끄러져 떨어질 수도 있을 것이다. 그러나 그 미끄러져 떨어지는 것이 또한 손에 새로운 감각을 시발시키는 원인이 되어 잠시 후에는 활을 잡는 쪽으로 주의가 되돌아가게 된다. 다음 실험이 이런 사실을 잘 보여준다. 바이올린을 처음 배울 때에는 연주할 때 오른쪽 팔꿈치를 올리지 않게 하기 위하여 오른쪽 겨드랑이 밑에 책을 끼어넣어 떨어지지 않도록 위팔을 계속 몸에 딱 붙이라는 지시를 받는다. 위쪽 팔에서 오는 근육 감성과 책과 연결된 촉각 감성이 책을 꼭 누르게 하는 충격을 일으킨다. 그러나 초보자들은 바이올린 소리를 내는 데 주의를 집중시켜 책을 겨드랑이에서 떨어뜨리는 일이 종종 있다. 그러나 익숙하게 된 다음에는 이런 일은 결코 일어나지 않으며, 아주 약한 촉감으로도 충분히 책을 꼭 껴안게 하는 자극 충격을 일깨우게 되고 주의는 완전하게 악보와 악기를 켜는 왼쪽 손가락 동작으로 집중되게 될 것이다. 따라서 동시에 많은 운동을 쉽게 결합시킬 수 있는가 하는 것은, 무엇보다도 얼마나 용이하게 우리 속에서 지적 과정을 진행시키며 또 주의하지 않는 느낌을 진행시키는가 하는 데 따라 좌우된다."[16]

이런 일은 아주 자연스럽게 우리를 습관 법칙 속에 있는 윤리적 의미로 넘어가게 한다. 습관이 지닌 윤리적 의미는 무수히 많고 또 중요하다. 우리가 인용한 그의 『정신생리학(*Mental Physiology*)』

이라는 책에서 카펜터 박사는 우리의 신체 기관들이 훈련된 모양으로 성장하고 훈련된 결과에 따르게 된다는 원리를 아주 두드러지게 강조하였으므로, 그의 책은 이 점 하나만으로도 덕성을 수양하는 지침서라 불릴 만한 자격이 있다. 따라서 우리 자신이 이런 훈련 결과를 약간 추적해 보아도 무방할 것이다.

"습관은 제2의 천성이다! 습관은 천성의 10배나 된다"라고 웰링턴 공작이 갈파했다고 하며 이것이 어느 정도 사실인가 하는 것은 유능한 군인이었던 공작 자신보다 더 잘 헤아릴 수 있는 사람은 없을 것이다. 매일 조련하여 여러 해 동안 훈련하면 대부분의 가능한 행동에서 인간은 마침내 완전히 새롭게 변모된다.

"식사를 운반하는 제대 군인을 보고 별안간 '차려' 하고 구령을 하면, 그 군인은 곧 두 손을 아래로 내려 차려 자세를 취하여 그가 운반하고 있던 양고기나 감자를 시궁창에 빠뜨린다는 농담 잘 하는 사람의 이야기는 사실이 아닐지라도 충분히 믿을 수 있을 만한 것이다. 철저하게 조련된 효과가 그 사람의 신경 구조 속에 자리잡게 된 것이다."[17]

여러 전투에서 기사 없는 군마(軍馬)들이 나팔 소리에 한데 뭉쳐 평소에 하던 대로 기동 연습을 하는 것을 볼 수 있다. 개, 소, 역마차 말 또는 마차 말 등 대부분의 가축은 거의 순수하고 단순한 기계처럼 보이고, 어떤 의심도 없고 어떤 주저하는 일도 없이 가르친 대로 그들 의무를 그때그때 수행하며, 그들의 정신 속에 다른 방향으로 행동할 수도 있다는 가능성에 대한 생각이 조금이라도 미친다는 어떤 증거도 보이지 않는다. 감옥에서 늙은 사람은 출옥하여 자유롭게 되면 다시 감옥으로 보내달라고 한다. 미국에서 1884년 어느 날, 이동 동물원이 철도 사고를 당하여 상자가 깨져 호랑이가 상자 밖으로 나가게 되었다. 호랑이는 밖에 나와 무엇을 새로 해야 할지 몰라 어리둥절해진 것처럼 보였고 곧 자기 상자 속으로 다시 기어들어가 쉽게 가둘 수 있었다고 한다.

습관이란 이와 같이 사회에 대한 거대한 속도 조절 장치이며 사회를 유지하고 보존하게 하는 가장 소중한 작용원이다. 습관만이 우리 모두를 사회 규범의 구속 속에 있게 하고 다복한 사람들의 후손을 가난한 사람들의 시기심에 찬 폭동으로부터 구해 준다. 습관만이 가장 어렵고 역겨운 인생살이라도 그 속에서 지내도록 양육된 사람들을 떠나지 않도록 막아준다. 습관은 어부나 선원들을 겨울에도 바다에 나가게 하며, 광부들을 암흑 속에 있게 하고, 시골 사람들을 눈 덮인 겨울의 여러 달 동안 나무토막 집과 외딴 농장에 못박아 두며, 사막이나 얼어붙은 지방에 사는 원주민들의 침입으로부터 우리를 보호해 준다. 습관은 양육된 노선에 따라 또는 어릴 때 선택한 노선에 따라 우리가 생존 경쟁을 싸워 나가게 하여, 적절한 다른 직업도 없고 새로운 직업을 시작하기에는 너무 늦었기 때문에 마음에 들지 않는 직업이라도 최선을 다하도록 우리 모두의 운명을 정해 준다. 습관은 여러 사회 계층이 혼합하지 못하도록 한다. 인생이 25세가 되면 벌써 젊은 상업 여행자, 젊은 의사, 젊은 성직자, 젊은 법률가 등의 직업적 매너리즘에 빠지는 것을 볼 수 있다. 저고리 옷소매가 갑자기 새로운 주름이 잡혀지는 것을 모면하지 못하는 것과 마찬가지로, 당신의 성격 특성, 사고방식, 편견 등 한 마디로 '취사선택' 양식에 장차 피할 수 없는 벌어진 작은 틈새의 주름 선을 당신은 보게 될 것이다. 대체로 이런 벌어진 틈새의 선을 피하지 않는 것이 좋다. 우리 대부분은 30세에 이르러 성격 특성이 석고처럼 굳어져 다시는 녹는 일이 없게 되는 것이 세상 살기에는 좋은 것이다.

만약 20세부터 30세 사이가 지적 습관과 직업적 습관을 형성하는 결정적 시기라면, 20세 이전 시기는 발성과 발음, 자세, 몸가짐, 말투 등과 같은 **개인적인 습관**이라 불리는 습관을 고정시키는 중요한 시기이다. 나이 20세를 넘은 외국인이 배운 말에는 그의 모국어 억양이 없을 수 없으며, 기성 사회에 들어간 젊은이는 성장기에 사귀었던 사람들에 의해 길러진 코맹맹이 소리나 그 밖에 이와 비슷한 말투의 나쁜 버릇을 벗어버리기가 어렵다. 사실 천한 사람은 아무리 호주머니 속에 많은 돈을 갖고 있어도 출생이 신사인 사람처럼 옷차림 하는 것조차 배울 수 없다. 옷가게 점원이 가장 '멋쟁이'에게 대하는 것처럼 상품을 열심히 보여주지만 거기에서 알맞은 것을 골라 살 수 없다. 만유인력과 같은 보이지 않는 강한 법칙이 그를 궤도에 묶어두어 올해도 지난해와 마찬가지의 옷차림을 하게 되며, 좀더 좋은 환경에서 자란 친구가 입는 옷을 어떻게 고르는가 하는 것은 그에게는 죽을 때까지 수수께끼와 같을 것이다.

따라서 모든 교육에서 중요한 것은 신경 계통을 적대자로 돌리지 말고 동맹자로 만드는 것이다. 그것은 습득한 것을 기금으로 삼고 자본으로 삼아, 그 기금에서 얻는 이자로 편하게 사는 것이다. 이를 위해 우리는 할 수 있는 가능한 많은 유용한 행동들을 가능한 어릴 때 자동적이고 습관적으로 되게 만들어야 하고, 마치 역질(疫疾)을 예방하듯이 우리 자신에게 불리하게 되기 쉬운 길로 성장해 가지 않도록 예방해야 한다. 일상생활의 사소한 일들은 노력을 많이 할 필요가 없는 자동 활동이 되도록 넘길수록, 그만큼 고급한 정신 능력은 자유롭게 되며 그 고급 능력은 본연의 임무를 더욱 잘 할 수 있게 될 것이다. 어떤 습관도 형성되지 못하고 모든 것이 미결 상태에 있어 담배에 불을 붙이는 일, 물을 마시는 일, 침상에서 일어나고 취침하는 일, 매일 매일의 일과를 시작하는 일, 이런 모든 일상적인 일들이 그때마다 분명한 의지에 따르는 사고 대상이 되어야 하는 사람만큼 불쌍한 사람은 없을 것이다. 그런 사람은 완전히 몸에 배어 실제 의식 속에 전혀 없는 것 같이 되어야 하는 일을 의식적으로 사고하여 결정하고 그 결과를 후회하는 일에 인생의 거의 절반 시간을 소비하게 될 것이다. 만약 독자에게 이와 같이 아직 깊이 몸에 배지 못한 일상사들이 있다면 이 시각부터 시정하여 나가기 시작하라.

『도덕적 습관(The Moral Habits)』이라는 베인 교수 책 속 한 장에는 존경할 만한 실천 경구(警句)들이 담겨 있다. 위대한 경구 두 개가 그 저술에 나타나 있다. 첫째는 새로운 습관을 획득하거나 오랜 습관을 벗어버리려면 가급적 강하고 단호한 결단을 내려서 주도권을 장악하고 시작하도록 마음을 써야 한다는 것이다. 올바른 동기를 보강할 가능성이 있는 모든 상황을 수집하여 새로운 방법을 고취시키는 상황 속에 열심히 자신을 있게 하여 옛 습관과 상충되는 일에 몰두하고, 경우에 따라 공공연한 서약도 하는 등 요컨대 도움이 된다고 알고 있는 모든 것이 당신의 결심을 둘러싸도록 하라. 그렇게 하지 않았더라면 나타날 수도 있을 파계(破戒)하려는 유혹이 이렇게 함으로써 당신의 새 출발에서 나타나지 않게 하는 어떤 계기가 주어지고, 따라서 파계가 거듭 지연되어 마침내는 전혀 파계하려는 생각이 나타나지 않을 확률이 높아질 것이다.

둘째 경구는 다음과 같다

"새로운 습관이 확실하게 당신 생활에 뿌리박힐 때까지 예외가 나타나 피해를 보는 일이 없도록 하라. 실수할 때마다 공들여 감아올린 노끈 뭉치를 떨어뜨리는 것과 같으며 한번 미끄러져 떨어뜨리면 아주 여러 번 감은 것보다도 더 많은 노끈을 풀어버리게 된다. 훈련을 **계속**하는 것이 신경 계통을 어김없이 올바르게 작동하게 하는 가장 좋은 방법이다."

베인 교수는 다음과 같이 말했다.

"지식 습득과는 다르고 그것과 대립되는 도덕적 습관의 특징은, 두 적대하는 힘이 있어 그 중 하나가 다른 것보다 점차 우위를 점하게 되는 것이다. 이런 상황에서는 투쟁에서 결코 패배하지 않는 것이 무엇보다도 필수적이다. 좋지 못한 쪽이 승리할 때마다 올바른 쪽이 정복하여 얻을 수 있는 많은 성과를 무효로 만든다. 따라서 근본적 예방책은 두 적대하는 힘을 규제하여 한쪽 힘이 일련의 성공을 간단없이 거듭하여 마침내 그 반복된 성공으로 어떤 경우라도 상대와 겨룰 수 있을 정도로 강한 힘을 갖는 것이다. 이론으로는 이것이 정신 발전을 초래하는 가장 좋은 인생 행로이다."

처음에 성공을 거두는 것이 절대 필요하다. 처음에 실패하는 것은 장차 착수할 모든 시도에서 필요한 에너지를 제약하기 쉽고, 반대로 성공한 과거 경험은 장차 사용할 정력을 북돋아준다. 사업에 관한 상담을 청하였지만 자신의 능력을 믿지 못하는 사람에게 괴테(Goethe)는 다음과 같이 말했다. "아! 당신은 다만 손바닥에 입김을 불어넣기만 하면 된다." 그리고 이 한 마디는 괴테 자신이 성공한 습관을 경험한 그의 인생 행로가 그의 정신에 미친 결과를 설명해 주고 있다. 내가 이제 인용할 일화를[18] 제공한 바우만 (Baumann) 교수는, 유럽 사람들이 침략했을 때 야만국가가 붕괴된 것은, 좀더 큰 규모의 생활을 영위하는 일에서 그들이 침략자들만큼 성공할 수 없다는 절망감 때문이었다고 말하고 있다. 그런 야만국가들에서는, 옛 습관은 파괴되었고 새로운 생활 습관은 아직 형성되지 않았던 것이다.

음주, 아편, 마약 등의 중독과 같은 습관을 벗으려고 할 때 '서서히 줄이는' 것이 어떤가 하는 문제가 제기되면, 전문가들 사이에서도 어느 정도 의견이 갈라지고 또 개별 사례에서는 어떤 방법이 가장 좋은가 하는 데 관해서도 의견이 갈라지고 있다. 그러나 모든 전문가들 의견은 주로 **만약 실제 실행할 가능성만 있다면** 새로운 습관을 단호하게 습득하는 것이 가장 좋은 방법이라는 것에 일치하고 있다. 우리는 바로 첫 시작부터 실패할 것이 확실한 어려운 일을 억지로 해내도록 의지에 부담을 주지 않도록 조심해야 하지만, 견딜 수만 있다면 한 동안 혹심한 고통을 당한 다음 그 고통에서 벗어나는 것이 아편 중독과 같은 습관을 버리는 데 있어서나 또는 단순히 아침 기상 시간이나 작업 시간을 변경하는 경우에도 목표로 삼을 만한 가장 좋은 방법이다. **결코 충족될 수 없는 욕**

구란 얼마나 빨리 공허하게 사라지는가 하는 것을 알게 되면 놀랄
만하다.

"우선 동요되지 않고 좌우를 살피지 않고 똑바로 좁은 길을 견실
하게 걷는 것을 배워야만 비로소 사람은 '자신을 다시 새롭게 개조
할' 수 있다. 매일 매일 새로운 결심을 하는 사람은 건너가야 할 도
랑 끝에 이르러 언제나 정지하고 새로 뛰어넘기 위해 뒤로 물러서
는 사람과 같다. **중단 없는** 전진 없이는 윤리적 힘을 **축적**하는 것
이 불가능하며, 윤리적 힘의 축적을 가능하게 하고 그 힘으로 우리
를 다스리고 그 힘에 익숙해지는 것이 일상 **업무**에서 얻는 최고의
축복이다."[19]

앞에서 언급한 두 경구에 다음과 같은 제3의 경구가 첨가될 수
있을 것이다.

"당신이 결정한 모든 결심에 영향을 미치고 당신이 얻기를 희
망하는 습관과 일치하는 방향에서 당신이 경험할 모든 정서적 부
추김에 영향을 미칠 모든 가능한 최초 기회를 포착하라. 당신의
결심과 희망이 뇌에 새로운 '자세'를 일깨우는 것은, 결심과 희망
이 형성되는 순간이 아니라 그 결심과 희망에 따라 일어나는 운동
의 결과가 나타나는 순간인 것이다."

바로 앞에서 인용된 저자가 말한 바와 같이,

"실천할 기회가 있어야 도덕적 의지가 힘을 배가하고 자신을 최고 경지로 높이게 되는 지렛대를 놓을 수 있는 받침대가 제공된다. 의지를 강요할 만한 확고한 근거를 갖고 있지 않은 사람은 공허한 허세를 부리는 단계를 결코 넘지 못한다."

아무리 많은 경구를 가지고 아무리 훌륭한 마음가짐이 있어도 행동할 구체적 기회를 그때그때 이용하지 않으면 우리 성격 특성은 향상되는 일이 전혀 없을 것이다. 단지 의도만 좋아서는 속담처럼 지옥으로 가는 길만 뚫릴 뿐이다. 그리고 이것은 우리가 주장한 원리에서 보면 자명한 결과이다. 밀(J. S. Mill)이 말한 바와 같이 "성격 특성이란 완전하게 꾸며진 의지"이다. 그가 뜻한 의미에서의 의지는 인생의 모든 위급한 상황에 확고하고 즉각적이며 결정적으로 대처하는 총체적 성향이다. 어떤 행동을 하게 되는 성향은, 오직 그 행동이 실제 일어나는 경우와 그 행동에 유용하게 사용되도록 뇌가 '성장'하는 경우가 얼마나 중단되지 않고 자주 일어나는가 하는 것에 비례하여 그만큼 우리 몸에 효과 있게 배어 들어 간다. 결심한 것과 섬세한 감정의 불꽃이 매번 어떤 결과도 실제로 얻지 못하고 증발되면, 그것은 기회를 놓치는 것보다 더 나쁘고 장차 있을 수 있는 결심과 정서를 정상적인 발사 통로를 통하여 발산하지 못하도록 적극적으로 막는 작용을 하게 된다. 감정과 정서가 출렁거리는 바다에서 일생을 허송하고 장부다운 구체적 행동을 하지 못하는 무기력한 감상주의자나 몽상가의 성격 특성만큼 경멸할 만한 인간 특성은 없다. 달변으로 모든 프랑스 어머니를 자연에 따르고 자녀들을 스스로 자라게 하라고 선동했지만 자기 아이들은 기아 보호시설에 보낸 루소(Rousseau)가 바로 내가 말하고 있는 인간상의 고전적 표본이다. 그러나 오직 추상적으로 공식화된 선(善)만을 찾아 열을 올리고 '다른 개별적인' 지저분한 것들 속에 **선(善)**이 위장되어 숨어 있는 어떤 실제 사례를 진실로 무시할 때에는, 언제나 우리는 누구든 나름대로 바로 루소가 걸었던 길을 걷게 될 것이다. 세속적 세상에서는 모든 선이 천박한 것들을 동반하여 위장되게 마련이지만 순수하고 추상적인 형식으로 사고할 때에만 선을 알아차릴 수 있는 사람은 저주받을 지어다! 과도하게 소설을 읽거나 극장에 가는 습관은 이런 노선을 걷는 진짜 괴짜를 만들어낼 것이다. 자신의 마부가 집 밖 마차 속의 자기 자리에 앉아 추위에 얼고 있는 동안, 연극 속에 나오는 가공의 주인공 인물들의 비참함에 감동되어 흐느끼는 러시아 귀부인들의 울음과 같은 것은, 눈에 띄는 일이 드물지만 어디에서나 일어나고 있는 것이다. 음악가가 아니거나 음악을 오직 지적으로만 받아들일 정도로 음악적인 소질을 타고나지 못한 사람에게는, 지나치게 음악에 탐닉하는 습관이 그의 성격 특성을 해이하게 만드는 결과를 초래하는 일도 있을 것이다. 이렇게 되면 음악을 들어 정서가 가득 차 있어도 어떤 행동도 촉진시키지 못하고 지나치는 것이 습관으로 되어 활기 없는 감상 상태가 계속 유지될 것이다. 이에 대한 치료법은 음악 연주회에서 어떤 정서를 느꼈다면 어떤 방법으로든 차후에 적극적으로 그 정서를 표현하여 자신이 피해를 입지 않도록 하는 것이다.[20] 이런 정서 표현은 세상에서 가장 하찮은 것일 수도 있을 것이다. 어떤 장부다운 것을 보여줄 수 없으면 부인들에게 상냥하게 말을 건네든가 마차 속에서 자리라도 양보하는 따위, 그러나 그렇다고 그 정서 표현이 일어나지 않도록 하지는 말라.

이와 같은 정서 표현의 사례에서 우리는 습관에 의하여 뇌에 파진 홈은 단순히 신경 방출을 할 개별 노선에 대한 홈일 뿐만 아니라 신경 방출의 일반화된 형식이 되는 홈이기도 하다는 것을 알게 된다. 정서를 자주 증발하게 하면 증발하는 정서 노선으로 들어서게 되는 것과 마찬가지로, 노력하지 않고 꽁무니를 빼는 일이 자주 있으면 자신이 알지 못하는 사이에 노력하는 능력이 없어지고 주의 산만에 걸리게 되며 얼마 안 가서 항시 주의 산만하게 된다고 가정할 만한 이유가 있는 것이다. 후에 알게 되겠지만, 주의와 노력은 동일한 심리적 사실에 붙인 두 이름에 지나지 않는다. 주의와 노력에 대응하는 뇌 과정을 우리는 알지 못한다. 주의와 노력은 뇌 과정에 전적으로 의존하며 순수한 정신 작용이 아니라고 믿게 되는 가장 강력한 이유는, 주의와 노력이 물질의 법칙인 습관 법칙에 어느 정도 지배되고 있는 것 같다는 바로 그 사실에 있다. 따라서 의지에 따른 습관과 관계되는 진실한 최종 경구로 우리는 다음과 같은 것을 제시할 것이다.

"어떤 뚜렷한 이유가 없어도 매일 약간씩 연습하여 노력하는 능력이 당신에게 살아 있게 하라."

즉 필요 없는 경우라도 체계적으로 금욕(禁慾)하거나 용감하게 되라. 그리고 하고 싶지 않다는 것밖에 다른 이유가 없는 어떤 일을 매일 또는 매 격일마다 하라. 그리하여 절박한 필요가 생긴 시기가 도래했을 때 당신은 시련에 맞설 기백이 없는 사람이나 훈련이 되지 않은 사람이 되지는 말라. 이런 금욕은 우리 저택이나 재산 때문에 지불하는 보험금과 같다. 보험금을 납부할 때에는 어떤 혜택도 없고 아마 어떤 보상도 영영 가져다주지 않을 것이다. 그러나 정작 화재가 나게 되면 보험금을 지불한 것이 파멸을 모면하게 할 것이다. 매일 매일 주의 집중과 정력적인 의지와 필요 없는 일은 하지 않는 자기 극복의 습관에 익숙하게 된 사람은 보험에 가입한 사람과 같다. 그의 주위에 있는 모든 것들이 흔들리고 키질하는 바람에 날리는 왕겨처럼 연약한 동료들이 바람에 날려갈 때에도 그만은 탑처럼 우뚝 서 있게 될 것이다.

따라서 정신 상태에 관한 생리학 연구는 권장할 윤리학의 가장 강력한 동맹자이다. 신학에서 말하는 내세에 있는 지옥은 습관적으로 좋지 못한 성격 특성을 키워 우리 자신이 만든 이승의 지옥보다 더 나쁘지는 않을 것 같다. 자신이 오직 걸어가는 습관 덩어리에 지나지 않게 되는 것이 얼마나 빠른가 하는 것을 젊은 사람들이 알아차릴 수 있기만 한다면, 아직도 탄력이 남아 있는 동안 자기 행동에 더 많이 마음을 쓸 것이다. 우리는 좋건 나쁘건, 스스로의 운명을 엮어가며 거기서 벗어날 수는 없다. 아주 작은 미덕이나 악덕도 모두 결코 적지 않은 흔적을 남긴다. 제퍼슨(Jefferson)의 연극에서 주정꾼 윙클(Rip Van Winkle)은 새로운 직무 태만을 저질렀을 때마다 '이번 일은 없었던 것으로 하자'라고 말하여 변명한다. 그래! 그 태만을 없었던 것으로 하고 또 마음씨 좋은 하느님도 없었던 것으로 할 것이지만 그럼에도 불구하고 태만은 없었던 것으로 되지 않는다. 밑에 있는 그의 신경세포와 신경섬유 속에서 분자들이 그 태만을 없었던 것으로 하지 않고 다음번 태만하려는 유혹이 나타나면 그의 뜻과는 달리 다시 사용하도록 태만을 기록 · 저장하고 있다. 엄밀한 과학적 문자로 표현하면 우리가 한 번 저지른 일은 결코 씻어지는 일이 없다. 물론 이런 사실은 나쁜 면도 있지만 동시에 좋은 면도 있다. 여러 번 빈번하게 술을 마셔 영구적인 술꾼이 되는 것과 마찬가지로 많은 개별적인 착한 행위를 거듭하고 노동하는 시간을 늘리면 우리는 도덕적으로 성인

(聖人)이 되고 실천 분야와 학문 분야에서 권위자와 전문가가 된다. 어떤 노선의 교육이든 젊은이들이 교육 성과에 대해 의심을 가지는 일이 없게 하라. 근무할 때 매시간 충실하게 계속 바쁘게 일하면 젊은이는 끝에 가서 성과를 무난히 남길 것이다. 어떤 직무를 선택하더라도 어느 맑은 아침에 깨어나 자기 세대에서 유능한 사람들 중에 낀 한 사람이 되었다는 것을 알게 될 것이라는 것을 아주 확신 있게 기대할 수 있다. 종사하는 일의 모든 세부 사항에서 그 일에 해당되는 모든 종류의 **판단력은** 결코 소멸되지 않는 소유물로 그 사람 속에서 조용히 형성될 것이다. 젊은 사람들은 이 진리를 미리 알아야 한다. 험준한 인생행로를 출발하는 젊은이에게는 모든 다른 이유를 합친 것보다도 이와 같은 진리를 몰랐다는 이유 하나가 아마 더 많은 실망과 무기력을 가져다 줄 것이다.

■ 주석

1) (역자주) 이 장의 내용은 이미 Popular Science Monthly, 1887년 2월 1호에 발표되었다.

2) (역자주) James는 학습이란 용어를 사용하지 않고 있다. 그는 심리학은 정신생활을 연구하는 학문이라고 정의를 내리고 있다. 따라서 시카고 학파의 행동주의가 주장하는 학습은 습관 형성으로 대치될 수 있고 행동은 의식이 수반되는 한에서만 심리학의 연구 대상이 될 수 있다고 생각하였다. 그리고 행동을 변화시키는 습관 형성은 심리적인 현상이라기보다 물리적인 현상으로 간주하였다. 왜냐하면 습관은 의식의 변화이기보다는 행동이란 물리적인 현상의 변화이기 때문이다. 이 점에서 James는 실체로서의 의식을 부정하지만 의식 없는 심리학(psychology without soul)의 신봉자는 아니다.

3) 앞에서 설명한 의미에서, 이는 외부형태와 마찬가지로 내부구조에도 적용된다.

4) Revue Philosophique, I, 324.

5) 어떤 통로에는 지나친 압력이 있어 그 속을 통과하는 물질로 막혀 통하지 못하는 일도 있을 수 있다. 이와 같은 특수한 경우는 여기에서 고려하지 않는다.

6) 우리는 여기서 **의지**라는 말을 사용할 수 없다. 왜냐하면 많은 습관 또는 아마 인간에게 있는 대부분의 습관은 뒤에 오는 장에서 알게 될 바와 같이 한때는 수의적 행동일 것이므로 어떤 행동도 처음부터 습관적 행동일 수 없기 때문이다. 습관 행동은 한때 수의적이라 해도 수의적 행동은 이전에 적어도 한때는 충동적이거나 또는 반사적 행동이었어야 한다. 본문에서 문제 삼고 있는 것은 바로 이 가장 최초에 일어나는 일들이다.

7) 더 결정적인 공식을 원하는 사람들은 J. Fiske의 Cosmic Philosophy, vol. II. pp.142~146과 Spencer의 Principles of Biology section 302와 303, 그리고 그의 Principles of Psychology의 'Physical Synthesis'라는 제목이 붙은 부분을 보라. Spencer는 거기서 신경 계통에서 어떻게 새로운 작용이 나

타나 새로운 반사 통로를 형성하는가 뿐만 아니라 원래는 상관없던 형질을 통하여 새로운 등척전환(等尺轉換, isometric transformation) 파동이 통과함으로써 신경조직이 실제 어떻게 새로 탄생하는가를 증명하려 하였다. Spencer의 자료는 정확성을 과시한 나머지 애매한 것들과 진실이 아닌 것들, 그리고 심지어 자기 모순되는 것들마저도 은폐하고 있다고 생각하지 않을 수 없다.

8) Mental Physiology(1874), pp.339-345.

9) 〔뒤에 가서 Van Benedens와 Van Bambeke의 Archives de Biologie, vol. I. (Liege, 1880)에 있는 Masius를 보라〕

10) G.H. Schneider: Der menschliche Will(1882), pp.417-419(자의적으로 번역했음) 배수로 유추는 Spencer의 Psychology part V, chap. VIII을 보라.

11) Physiology of Mind, p.155.

12) Carpenter의 Mental Physiology(1874), pp.217, 218.

13) Von Hartmann은 그의 Philosophy of the Unconscious(영어 번역. vol. I. p.72)에서 한 장을 할애하여 이들이 **관념**이면서도 **무의식**이어야 한다는 것을 증명하고자 하였다.

14) Mental Physiology, p.20.

15) Der menschliche Wille, pp.447, 448.

16) Der menschliche Wille, p.439. 이 끝의 문장은 자의적 번역이지만 의미는 동일하다.

17) Huxley의 Elementary Lessons in Physiology, Lesson XII.

18) 그의 Handbuch der Moral(1878), pp.38-43에 있는 시초 성공에 관한 존경할 만한 서술을 보라.

19) J. Bahnsen: Beiträge zu Charakterologie(1867), vol. I. p.209.

20) 이 주제에 관한 언급은 V. Scudder의 Musical Devotees and Morals라는 Andover Review, 1887년 1월호에 있는 읽을 거리가 될 만한 논문을 보라.

제5장
자동장치 이론(自動裝置 理論)
(THE AUTOMATON-THEORY)

지금까지 뇌반구 기능을 기술할 때, 신체 생활과 정신 생활의 양쪽으로부터 도출되는 용어들을 서로 뒤섞어 혼용하여, 언제는 동물이 불확실하고 예측할 수 없는 반응을 한다고 말하였는가 하면, 곧이어 장차 좋은 일이 있거나 나쁜 일이 있을 것이라 생각하는 데에 따라 동물 반응이 좌우된다고도 말하였다. 또 정신을 의미하여 동물의 대뇌반구를 기억과 관념의 자리로 취급했는가 하면, 때로는 단지 반사 기제들이 첨가되어 복잡하게 된 것이라고 말하기도 하였다. 대뇌반구의 기능에 관한 관점이 이와 같이 왔다 갔다하여 여러 가지로 동요하는 것은, 이 문제에 관한 일상 대화에는 치명적이지만, 앞서 스치는 말로 한 마디 한(55쪽 주3) 그때부터 내가 취한 조처에 불만을 품었을지도 모를 독자들의 언짢은 생각을 이제 풀어주어야 하겠다.

우리의 관점을 한 개 지평에만 속하는 사실에 한정시킨다고 가정하고, 그런 지평이 신체라 하자. 그러면 이 지평의 관점에 입각하여, 외부로 나타나는 모든 지적 현상들을 남김없이 기술할 수는 아직 없는 것인가? 우리가 말하는 정신적 심상이나 '지적 사고'는 동시에 일어나는 신경 과정 없이는 있을 수 없는 것 같으며, 또 모든 지적 사고는 다른 신경 과정과는 동일하지 않은 독특한 신경 과정에 상응하는 것 같기도 하다. 환언하면, 관념 대열(train of ideas)의 수가 아무리 많고 섬세하게 세분되어도, 그 관념 대열과 병존하여 진행하는 뇌−사건 대열(train of brain-events)도 수와 세분이란 두 점에서 정확하게 관념 대열의 짝이 되어야 하고, 또 정신 역사에 있는 명암이 아무리 섬세하여도, 그 모든 명암에는 살아 있는 대응물을 제공하는 신경 기제가 있다고 우리는 가정해야 한다. 정신이 아무리 고도로 복잡하여도, 신경 기계의 복잡성도 그에 못지않게 극도에 이르러야 하며, 만약 그렇지 않다면, 우리는 상응하는 뇌 사건이 없는 정신적 사건의 존재를 인정해야 할 것이다. 그러나 이와 같이 뇌 사건이 없는 정신적 사건이 존재한다는 것을 생리학자들은 인정하고 싶어하지 않는다. 그것은 생리학자의 신념에 전적으로 위배되기 때문이다. '신경 증세 없는 정신 증세는 없다'는 것이 생리학자의 신념 속에 있는 계속성 원리가 취하는 한 가지 형식이다.

그러나 이 원리는 생리학자로 하여금 한 발자욱 더 앞으로 나가도록 강요한다. 만약 신경 작용이 정신만큼 복잡하고, 또 겉보기에 사실상 지적이라 할 수 있는 행위가 의식이 없다고 알고 있는 교감 신경 계통과 하위 척수에서 수행된다는 것을 안다면, 우리가 의식이 있다고 알고 있는 곳에서도, 의식과 뗄 수 없는 동반자라고 믿어진 더 복잡한 신경 작용도 단독으로, 그리고 자력으로 어떤 지적 행동이든 일으키는 실제 작용원이 된다고 가정하는 것을 무엇이 가로막을 것인가? "단순한 기계 장치만으로도 어느 정도 복잡한 행동을 일으킨다면, 왜 더 복잡한 행동도 좀더 세련된 기계 장치가 작동한 결과로 생길 수 없는가?" 반사 작용이라는 개념은 확실히 생리학 이론이 얻은 가장 훌륭한 전리품의 하나지만, 왜 이 개념을 철저하게 주장하지 못하는가? 척수가 적은 수의 반사를 가지고 있는 기계인 것처럼, 뇌반구는 다수의 반사를 가진 기계여서, 반사의 다과가 바로 이들 양자 간의 차이를 이루는 모든 것이라고 왜 말하지 않는가? 생리학의 계속성 원리는 이와 같은 견해를 받아들이도록 우리에게 강요할 것이다.

그러나 이 견해에 따르면, 의식 자체의 기능이 어떤 것일 수 있는가? 기계 기능에는 의식이 있을 수 없을 것이다. 감각 기관이 뇌 세포를 일깨우고, 뇌 세포들은 합리적이고 질서 있는 순서에 따라 뇌 세포 상호간에 서로 일깨워, 마침내는 행동이 일어나는 시기에 이르게 되면, 뇌의 최종 진동은 하행하는 운동신경 속으로 발사되어 들어갈 것이다. 그러나 이런 일은 아주 자동적인 연쇄적 사건

들이고, 이때 여기에 정신이 동반된다면, 그 정신은 '부수 현상',
또는 무력한 방관자, 또는 '일종의 포말(泡沫), 영기(靈氣) 또는 멜
로디'로 있을 뿐이고, 호지슨(Hodgson)이 말한 것처럼, 저항하지
도 촉진하지도 못하여, 사건 자체에는 어떤 영향도 미치지 못하는
무력한 존재일 것이다. 따라서 앞에서 이야기할 때와 같이, 우리
는 **생리학자로서는** '지적 사고'가 동물 행동을 인도하는 것처럼
말해선 안 되는 것이다. 우리는 다만 '앞선 신경 흐름이 뇌반구 피
질에 남긴 통로'에 관해서만 말하고, 더 이상은 말해서는 안 되는
것이다.

생리학의 관점을 일관되게 취함으로써 얻어지는 이와 같은 생
리학적 개념은 아주 간결하고 매력적이기 때문에, 이 개념이 철학
에서 그렇게 늦게 제기되었고, 또 아무리 설명해도 그 개념이 의
미하는 것을 쉽사리 완전하게 알아차리는 사람이 거의 없었다는
것을 알게 되는 것은 아주 놀라운 일이다. 생리학이 내세우는 이
와 같은 개념에 반대하는 논의를 발표한 논문들은 대부분 이 개념
을 자신의 사상 속에 아직 받아들이지 못한 사람들에 의하여 씌어
진 논문들이다. 이와 같은 실정이므로, 생리학적 개념을 우리 자
신이 비판하기에 앞서, 그 개념을 가능하게 만든 근거에 관하여
몇 마디 더 첨가하는 것이 보탬이 될 것 같다.

데카르트(Descartes)는 신경 기제를, 겉으로 보기에 아주 지성적
인 복잡한 행동을 수행할 수 있는, 전적으로 자족적(自足的)인 장

치라고 대담하게 개념화한 최초의 사람이라는 명예를 얻어 마땅하다. 그러나 데카르트는 제멋대로 기묘한 제한을 두어, 인간에게서는 신경 기제가 지적 행동을 관장한다는 생각을 갑자기 멈추고, 짐승에게는 신경 기제가 전부라 주장하면서도, 인간의 고등 행동은 인간만이 가지는 합리적 영혼이란 작용원이 작용한 결과라고 생각했다. 짐승이 의식을 전혀 갖고 있지 않다는 의견은 물론 너무나 역설적이어서, 호기심을 끄는 정도 이상의 문제로는 철학사(哲學史)에 오래 유지되지 못하였다. 짐승이 의식을 갖고 있다는 의견을 포기함과 더불어, 생명체에 관한 전체 이론에서 따로 뗄 수는 있지만 없어서는 안 되는 부분인 신경 계통 자체가 지적 작업을 한다는 개념마저도 빠져버렸으며, 금세기에 이르러 마침내 반사 작용에 관한 이론이 천착(穿鑿)됨으로써, 신경 계통이 지적 작업도 한다는 개념이 다시 대두되는 것을 가능하고도 당연한 것으로 만들었다. 그러나 호지슨이 감성은 아무리 강해도 어떤 인과적 결과도 얻을 수 없다고 말하고, 감성을 모자이크 표면에 칠한 물감에 견주고, 신경 계통 속의 사건들을 모자이크의 돌로 묘사하여, 결정적 발전을 하게 만든 1870년까지는 인간의 정신 생활에는 신경 계통이 끼어들지 않았다고 나는 믿는다. 모자이크 돌은 분명 서로 도와 그곳에 붙어 떠받치고 있는 것이며, 물감에 의해 붙어 있는 것은 아니다.

거의 같은 시기에 스팰딩(Spalding), 그리고 조금 후에는 헉슬리

(Huxley)와 클리퍼드(Clifford) 등은 세련되지 못한 형이상학적 사변에 근거하였지만, 이와 동일한 이론을 널리 주지시켰다.[1]

헉슬리 및 클리퍼드로부터 인용한 약간의 구절(句節)을 첨부하면, 이 논쟁을 완전하고 분명하게 이해하게 될 것이다. 헉슬리 교수는 다음과 같이 말했다.

"짐승들의 의식은 육체라는 기계 장치가 작동하여 생긴 부산물로서만 육체와 관련될 뿐이며, 마치 기관차 엔진이 작동하면, 거기에 수반하여 증기를 내뿜어 생기는 고동 소리가 엔진의 기계에는 영향을 미치지 못하는 것과 마찬가지로, 의식은 신체라는 기계 장치의 작동을 변용하게 하는 힘을 전혀 갖고 있지 않는 것처럼 보일 것이다. 동물에게 의지가 있다면, 그 의지는 신체가 변했다는 것을 나타내는 정서 표시이고, 신체 변화를 일으키는 원인은 아니다. ⋯⋯ 영혼과 신체와의 관계는 마치 시계 종소리와 시계 작동과의 관계와 같으며, 의식은 시계 종이 울렸을 때 시계 종에서 나는 소리에 해당된다⋯ 나는 동물에게 있는 자동 장치를 이와 같이 엄격하게 국한시킨다⋯ 가장 건전한 나의 판단에 비추어 보면, 짐승에게 해당되는 논의는 똑같이 인간에게도 훌륭히 해당되고, 따라서 우리 인간에게 있는 모든 의식 상태도 동물에서와 마찬가지로, 뇌 물질 분자의 변화가 직접 원인이 된다는 것은 전적으로 진실이다. 동물에서와 마찬가지로 인간에게서도 어떤 의식 상태가 유기체를 구성하는 물질 운동에 변화를 일으키게 하는 원인이 된다는 증거는 없는 것 같다. 만약 이와 같은 입장이 확고한 근거를 가진다면, 우리 정신 상태는 우리 육체에서 자동적으로 일어난 변화가 의식에 제공한 상징일 따름이며, 극단적인 예를 들면, 의지라 부르는 감성도 수의적 행동의 원인이 아니라, 수의적 행동의 직접 원인이 되는 뇌 상태를 지칭하는 상징이라는 결론이 나온다. 우리 인간은 의식하는 자동 장치이다."

클리퍼드 교수는 다음과 같이 적고 있다.

"물질 세계는 보편적 원리에 따라, 진실로 완전히 자력으로 진행하고 있다는 것을 우리가 갖는 모든 증거가 보여주고 있다… 우리 눈이나 또는 기타 어떤 감각 기관에 주어진 자극과 그 자극에 대한 반응 운동 사이에서 일어나는 물리적 사실들의 대열(train of physical facts)과, 자극도 반응도 없을 때라도 뇌 속에서 진행되고 있는 물리적 사실들의 대열들——이런 사실들의 대열은 전적으로 완전한 물리적 대열이며, 그 사실의 모든 단계는 물리적 조건으로 충분히 설명된다… 이 두 대열은 전혀 다른 지평에 놓여 있어, 물리적 사실은 그 나름으로 진행하고, 정신적 사실도 그 나름으로 진행 한다. 그들 사이에는 병행성은 있지만, 그 어느 한쪽도 다른 쪽을 간섭하지 못한다. 만약 의지가 물질에 영향을 미친다고 말한다면, 그 말은 틀린 것은 아닐지라도 무의미한 말이다. 그런 주장은 야만인이 갖는 조잡한 유물론에 속한다. 물질에 영향을 주는 유일한 것은 그 물질을 둘러싼 다른 물질들의 위치나 그런 물질의 운동일 뿐이다… 타인의 의지는 그의 의식 속에 있는 감성일 뿐으로, 내가 지각할 수 없는 것임에도 불구하고, 이 또한 내가 지각할 수 있는 물리적 사실들의 대열의 일부라고 주장하는 것은——이런 주장은 진실도 아니고, 또 진실이 아닌 것도 아니지만, 무의미하며——대응하는 관념이 전혀 병행하지 않는 언어상의 결합에 지나지 않는다… 물리 계열과 정신 계열은 때로는 한쪽 계열이 더 잘 알려지고, 때로는 다른 쪽 계열이 더 잘 알려지기도 하며, 따라서 사실을 기술하는 경우, 우리는 때로 정신적 사실을 말하고, 때로 물질적 사실을 말하게 된다. 춥다는 감성은 우리를 달리게 하지만, 엄격하게 물리적 사실로 말하면, 춥다는 감성과 병존하는 신경 흥분이 달리게 한다라고 하든가, 정신적 사실로 말하면, 춥다는 감성이 다리 운동과 공존하여 일어나는 잠재의식을 만든다고 말해야 할 것이다… 따라서 '추운 것을 느끼는 피부로부터 들어오는 교신과 다리를 움직이게 하는 나가는 교신 사이에 있는 물리적 연결 고리가 무엇인가?'라고 묻고, 그 대답이 '인간의 의지'라고 대답한다면, 우리는 친구에게 그림의 전경에 있는 대포를 어떤 색깔을 써서 그렸느냐고 물을 때, '단철(鍛鐵)을 썼다'는 대답을 얻는 것과 똑같은 웃음거리가 될 것이다. 이 이론이 요구하는 가장 좋은 정신 조작에 관한 실습은, 한 대의 기관차와 세 대의 객차 칸이 쇠고리로 연결되어 있는 앞부분과, 이 밖에 세 대의 객차 칸이 또한 쇠고리로 연결된 뒷부분으로 구성된 열차가 있을 때, 이 두 부분 사이를 연결하는 유대가 마치 기관차 화부(火夫)와 기차 제동수(制動手) 사이의 친화력으로 되어 있다고 상상하는 것과 같다는 사실을 알게 될 것이다."

확신을 갖고 선언한 이와 같은 이론상의 독단(獨斷)에서 생기는 결과를 완전하게 납득하기 위해서는, 그 독단을 주저하지 않고 가장 복잡한 예에 적용하는 것이다. 이런 독단에 따르면, 우리 혀의 움직임이나 펜촉의 움직임 또는 대담(對談)할 때 눈이 번득이는 것 등은 물질 차원의 사건인 것은 물론이고, 원인이 되는 전제 조건도 마찬가지로 오직 물질적인 것이어야 한다. 셰익스피어 (Shakespeare)의 신경 계통을 완전하게 알고, 그가 처했던 환경 조건들을 완전히 안다면, 우리는 그의 일생의 어떤 시기에, 왜 그의 손이 햄릿의 원고라고 간추려 부르는 꾸불꾸불한 작고 검은 기호들을 어떤 종이 위에 자국으로 남기게 되었는가 하는 것을 증명할 수 있을 것이다. 우리는 그 속에서 삭제되었거나 교정된 모든 구절에서 왜 그렇게 되어야 했는가 하는 이유를 알게 될 것이고, 또 셰익스피어의 정신 속에 사고가 있었다는 것을 전혀 인정하지 않더라도, 모든 이런 것들을 이해하게 될 것이다. 단어나 문장 자체를 넘어서는 배후에 있는 어떤 것을 대신하는 신호로 원고의 단어나 문장을 받아들이지 않고, 외부에 나타난 대로 순수하고 단순하게 사실로 받아들일 것이다. 감성이 있다는 말투를 한 마디도 풍기지 않고서도, 같은 방법으로 마틴 루터(Martin Luther)라 불리는 200파운드가량 되는 약간 온기 있는 단백질 덩어리에 관한 생활사를 우리는 빠짐없이 적어내려갈 수도 있을 것이다.

그러나 다른 한편, 루터나 셰익스피어의 정신적 역사에 관한 똑같이 완전한 설명, 즉 그들의 모든 사고와 모든 정서가 담겨 있는 설명을 제공하지 못하게 막을 수 있는 것은 모든 이런 생리적 설명 속에는 어떤 것도 없다. 개인의 정신적 역사는 그의 신체적 역사와 병행하며, 한쪽 역사 속에 있는 각 점들은 다른 쪽 역사 속에 있는 점들과 상응하지만, 서로 다른 쪽 점에는 반응하지 않을 것이다. 마찬가지로, 하프의 현에서 흘러나오는 멜로디는 현의 진동을 중지시키지도, 빠르게 하지도 못하며, 마찬가지로 그림자는 걸어가는 사람과 병행하지만, 그의 발걸음에 영향을 미치는 일은 결코 없다.

이보다 더 역설적으로 보이는 또 다른 추정이 만들어질 필요가 있으며, 내가 알기로는 호지슨 박사가 이런 추정을 드러나게 유도한 유일한 저술가이다. 그 추정은 신경 작용을 일으키는 원인이 되지 못하는 감성은 서로 다른 감성에 대한 원인도 될 수 없다는 것이다. 일상적인 상식에서는 아픈 것을 느낀 고통 자체가 밖으로 나타낸 눈물이나 울음의 원인이 될 뿐만 아니라, 슬픔, 양심의 가 책, 욕망 또는 창조적 사고와 같은 내부 사건들의 원인도 된다고 한다. 따라서 좋은 소식을 의식하는 것이 곧 기쁜 감성을 만들어 내는 원인이고, 전제를 아는 것이 곧 결론에 대한 믿음을 만들어 내는 원인이라는 것이다. 그러나 자동장치 이론에 의하면, 여기에서 언급된 감성들은 각각 모종의 신경 운동의 상관물일 따름이며, 그 신경 운동의 원인은 오로지 선행하는 신경 운동일 뿐이라 한다. 최초 신경 운동이 다음의 신경 운동을 불러내고, 두 번째 신경 운동에 부착되는 감성은 어떤 감성이든 첫 번째 신경 운동에 부착되는 감성에 뒤따르게 마련이라는 것이다. 예를 들어, 좋은 소식이 첫 번째 신경 운동과 상관된 의식이라면, 기쁨은 두 번째 신경 운동과 상관된 의식 속에 있는 상관물인 것이다. 그러나 이러는 동안 신경 계열의 항들만 인과적 연속이 있을 뿐이고, 의식의 계열을 이루는 항들은 아무리 합리적인 계열을 이룬다 해도 정신 내부에서 병행하는 항들일 뿐이다.

자동장치 이론을 찬성하는 이유
(REASONS FOR THE THEORY)

일반적으로 '의식적 자동장치 이론'이라 부르는 이 개념은 따라서 어떤 사실이 일어날 수 있는 것에 관한 근원적이고 가장 간결한 개념이다. 그러나 개념과 신념에는 증명이 있어야 한다. 그리고 우리가 '자동장치 이론에 있는 모든 개념이 가능성만을 넘어 그 이상이라는 것을 무엇이 증명하느냐?' 라고 물었을 때, 우리가 그에 대한 만족할 만한 대답을 얻는 것은 쉽지 않다. 만약 우리가 개구리 척수에서부터 시작하여 계속성 원리에 따라 추리하여, 개구리 척수는 **의식이 없지만** 지적 작용을 하며, 이와 마찬가지로 개구리의 고등 중추는 의식이 있지만, 그 중추들이 보여주는 지성은 기계 작용에 상당히 근거하고 있다고 말한다면, 우리는 곧 같은 계속성 원리에 따라 이와 정확히 반대되는 주장에 봉착하게 될 것이다. 이런 반대 주장을 실제 플뤼거와 루이스 같은 저술가들이 제기하였으며, 그들은 뇌반구 활동으로부터 출발하여, "뇌반구에 있다는 우리의 의식 덕택으로 뇌반구가 지성을 갖게 되는 것과 마찬가지로, 척수 작용에서 찾을 수 있는 지성도 실제 척수에 있는 보이지 않을만치 낮은 정도의 의식에 기인되어야 한다"라고 말한다. 계속성 원리에서 출발하는 모든 주장은 두 방향으로 진행되어, 우리는 그 주장의 장점에 따라 주장 수준을 높일 수도 낮출 수도 있으며, 이 상반된 주장은 영원히 서로 맞물리게 될 뿐인 것이 분명하다.

미감적(美感的) 욕구에서 길러진 대부분의 신조들과 동일한 일종의 철학적 신조들이 있다. 정신적 사건과 물질적 사건이 모든 존재 분야에서 강력하게 대립되고 있다는 것은 어디에서나 인정된다. 이 두 사건 사이를 갈라놓는 틈새는 우리가 알고 있는 어떤 틈새보다 우리 정신이 쉽게 그 위에 다리를 놓을 수 없는 틈새이다. 그렇다면, 왜 그 틈새를 절대적 틈새라 말하고, 그 틈새가 갈라놓은 두 세계는 서로 다를 뿐만 아니라 독립적이라고 말할 수 없는가? 만약 그 두 세계가 각기 독립적이라면, 우리는 단순하고 절대적인 공식에 안주하게 되어, 두 세계에서 생기는 연쇄적 사건들을 각기 그 자체의 세계에서는 동질적인 것이라고 간주하게 될 것이다. 신경 진전(震顫, tremor)과 신체 활동을 언급할 때, 그것들과는 관련이 없는 정신 세계가 끼어들지 않게 된다는 안정감을 느끼게 될 것이다. 다른 한편, 이와 똑같이 감성을 말할 때에도, 우리는 항상 일관성 있게 같은 종류에 속하는 용어들만 사용하고, 아리스토텔레스(Aristoteles)가 말한 '종류가 다른 것으로 미끄러져 들어가는' 논리적 모순을 우려하지 않아도 될 것이다. 실험실에서 교육받은 사람들은 물리적 추리를 할 때, 감성과 같은 비교 기준이 없는 이질적인 요인들을 혼동하여 끼어들지 않도록 하려는 아주 강한 욕구를 갖고 있는 것이 확실하다. 어떤 머리 좋은 생물학자가 다음과 같이 말하는 것을 들었다. "과학 연구에서 의식과 같은 것을 인정하는 것을 반대할 만큼, 과학을 공부하는 사람들이 성숙한 시기에 도달했다." 한 마디로 말하면, 감성은 존재의 '비과학적' 반쪽이어서, 오늘날 '과학자'로 자처하기를 즐기는 사람들은 누구나 너무 자만하여, 그들의 연구에서 사용되는 용어의 제한 없는 동질성을 얻기 위해서는, 정신에게 독립적 존재라는 위상을 허용하기는 하지만, 동시에 그의 연구 영역을 침범하거나 방해될 것을 걱정할 필요 없는 인과적 무능이란 망각 지대로 정신을 내던져 버려, 정신과 물질이란 이원론을 인정하는 약간의 대가마저도 치를 수 없는 것이다.

단순해야 한다는 위대한 공준(公準) 이상으로, 우리 감성에도 인과적 효능이 있다는 것을 부인하는 또 다른 고도로 추상적인 이유가 있다는 것을 인정해야 한다. 우리는 대뇌 분자들에 의지나 사고가 영향을 미치는 작용의 절차에 관해서는 어떤 실증적 심상도 만들어낼 수 없는 것이다.

"예를 들어 음식에 대한 관념이 음식을 입으로 가져가는 운동을 일으키게 한다고 상상해 보라… 그 관념이 작용하는 방법은 어떤 것인가? 관념이 신경의 회백질(灰白質) 분자의 분해를 돕는가? 또는 그 분해 과정을 지연시키는가? 또는 신경 충격을 분배하는 방향을 바꾸는가? 또다시, 신경 회백질(灰白質) 물질 분자들은 우연한 힘이 가해지면, 좀더 단순한 결합물로 변하게끔 결합되어 있다고 생각하라. 이제 이런 우연한 힘이 다른 신경 중추에서 오는 신경 충격이란 형태로 이들 분자와 충돌한다고 가정하라. 이렇게 가정하면, 그 힘이 회백질 분자를 분해시킬 것이고, 그 분자들은 더 단순한 결합물로 변할 것이다. 음식에 관한 관념이 어떻게 이런 분해를 막는가? 분자들을 한데 묶는 힘을 증가시켜야만 그 분해를 막을 수 있다는 것은 분명하다. 좋다! 비프스테이크라는 관념이 두 분자를 한데 묶는다고 상상하자. 그러나 그런 일은 불가능하다. 같은 비프스테이크라는 관념이 두 분자 사이에서 끌어당기는 힘을 느슨하게 만든다고 상상하는 것도 마찬가지로 불가능하다."[2]

아주 총명한 저술가로부터 따온 이 인용문은 내가 언급한 난점을 훌륭하게 표현하고 있다. 정신과 물질이란 두 세계 사이에 '틈새'가 있다는 강한 느낌과 반사 기제에 대한 강한 신념이 결합되면, 설명을 계속하는 동안 이 난점에 대한 의식은 없어도 되는 것으로 간주되어, 의식을 내쫓지 않을 수 없게 된다. 점잖게 경원하여, 의식을 '부수물(附隨物)'로 머물도록 허용하지만, 물질이 모든 힘을 가진다고 주장할 뿐이다.

"정신과 물질을 가르는 한없이 깊은 낭떠러지를 철저하게 인식하고, 그 낭떠러지라는 개념을 자기 천성 속에 아주 완전하게 혼합해 들어가게 함으로써, 그 개념을 절대로 잊어버리거나 모든 사색을 그 개념으로 충만시키지 못하는 일이 없도록 한다면, 심리학도는 다음으로 현상이 갖는 이 두 차원 사이의 연합 과정을 음미해야 한다 … 현상의 이 두 차원은 아주 심오하게 연합하고 있으므로, 어떤 위대한 사상가는 그들을 동일한 과정의 양쪽 반대 측면이라고 간주하였다 … 물질 분자들의 재배치가 뇌의 고등 영역에서 일어날 때에는, 의식 변화가 동시에 일어난다… 의식 변화가 일어나면 반드시 뇌 변화가 있고, 뇌에 변화가 있으면 반드시 의식 변화가 있다. 그러나 이 둘이 왜 함께 나타나며, 또 그들을 연결하는 고리가 무엇인가 하는 것을 우리는 알지 못하며, 대부분의 권위자들이 '우리는 그것을 알지 못할 것이며, 결코 알 수 없을 것'이라 믿고 있다. 정신과 물질이 절대적으로 분리된다는 개념과 정신 변화에 신체 변화가 어김없이 동반한다는 개념, 이 두 개념을 확고하고 집요하게 파악한다면, 학생들은 난점의 절반쯤은 극복하고, 심리학 연구에 들어갈 수 있을 것이다."[3]

난점의 절반쯤을 극복했다고 하기보다는 난점을 무시했다고 말하는 쪽이 나을 것 같다. 이와 같은 '절대적 분리' 속에서의 '동반'이라는 개념은 전혀 합리적인 것이 되지 못하기 때문이다. 의식이 그렇게 충실하게 참여하는 일에 의식이 상관해서는 안 된다는 개념을 나로서는 받아들일 수 없다. '의식이 무엇을 해야 하는가?'라는 물음은 심리학이 '뛰어넘어'도 상관없는 물음이 아니다. 왜냐하면, 의식이 해야 하는 것을 고찰하는 것이 곧 심리학의 의무이기 때문이다. 물질들 사이의 상호 작용이나 상호 영향에 관한 모든 문제는 형이상학적 문제이고, 철저하게 그 일을 파고들려고 하지 않는 사람은 전혀 논의할 수 없는 것이 사실이다. '비프스테이크'라는 관념이 두 분자를 한데 결합시킨다고 상상하기 어려운 것은 사실이지만, 흄(Hume) 시대 이래 물질 분자를 결합하는 어떤 것을 상상해 내는 것도 마찬가지로 어려운 일이었다. '결합' 이란 개념은 어떤 것이든 하나의 신비이고, 이 신비를 해결하는 첫 걸음은 스콜라 철학의 잔재를 말끔히 씻어 없애버리는 일이다. 상식적 과학은 '힘', '인력', 또는 '친화력' 등이 분자들을 결합시킨다고 말하지만, 분명한 과학도 이야기를 간단하게 하기 위하여 이런 용어를 사용하기는 하지만, 그런 개념을 사용하는 것을 기피하고, 간단한 '법칙'에 따라 단순히 분자들의 공간 관계를 분자들의 상호 함수와 시간 함수로 표현할 수 있으면, 그것으로 만족한다. 그러나 더 호기심이 많은 탐색 정신을 가진 사람에게는 이와 같이 단지 사실만을 단순하게 표현하는 것으로는 만족하지 않고, 사실들에 대한 '이유'가 있어야 하고, 법칙을 '결정'하는 어떤 것이 있어야 한다. 그리고 앉아서 사실에 대한 '이유'를 찾을 때 우리가 어떤 종류의 사물을 염두에 두고 있는가 하는 것을 진지하게 사색하면, 우리는 상식적 과학과 그런 과학에 대한 스콜라 철학으로부터 멀리 동떨어져 벗어나서, '비프스테이크라는 관념'이 만드는 우주 속에 있는 존재 또는 비존재와 같은 사실마저도 그 우주 속의 다른 사실과 완전히 무관하지는 않으며, 특히 그 우주 속에 있는 두 분자들이 떨어져 있는 거리를 결정하는 것들과 관계되는 어떤 것을 지닌다는 것을 알게 된다. 만약 그렇다면, 가엽게도 한정된 지식만을 갖고 있는 상식이 알 수 있는 범위가 그 우주 속에 있는 사물들의 인과관계와 연결 관계의 심오한 성질은 넘어서고 있지만, 감성과 관념이 인과의 원인이 된다는 것을 완강하게 고집한다면, 상식도 진리의 근간과 요체를 손에 쥐고 있는 것이 된다. 인과 효능에 관한 우리 관념이 아무리 적절하지 못하더라도, 관념과 감성이 인과 효능을 가진다고 말할 때, 우리는 자동장치 이론가들이 관념과 감성은 인과 효능을 갖고 있지 않다고 말할 때보다 정곡을 덜 벗어나고 있다. 밤에는 모든 고양이가 회색으로 보이는 것처럼, 형이상학적 비판이 초래하는 암흑 속에서는 모든 인과 효능이 모호하게 된다. 그러나 자동장치 이론가들이 하듯이, 주제의 반쪽을 이루고 있는 정신 측면에만 장막을 가리워 인과 효능을 덮어버리고, 마치 흄이나 칸트(Kant) 그리고 로체(Lotze) 같은 사람들이 태어난 일이 없는 것처럼, **물질적** 인과 효능만 독단적으로 주장하면서, **정신적** 인과 효능이란 납득할 수 없다고 말할 권리는 누구에게도 없는 것이다. 따라서 우리는 추켜올렸다, 깎아내렸다 할 수는 없다. 우리는 편파됨이 없이 **소박**하거나, 편파됨이 없이 비판적이어야 한다. 만약 편파됨이 없이 비판적이라면, 이론 재구성은 철저하고 '형이상학' 적이어야 하며, 어떤 번안된 형태로든 재구성된 이론은 관념에 작용력이 있다는 상식적 견해를 보존하고 있게 될 것이다. 그러나 심리학은 자연과학일 뿐이어서, 어떤 항목은 비판 없이 소여(所與)로 받아들이고, 형이상학적 재구성을 하지 않는다. 물리학과 마찬가지로 심리학도 소박해야 하며, 심리학의 특수 연구 분야에서 관념이 원인으로 작용한 것 같다는 것을 발견하면, 관념을 그런 것이라 계속 이야기하는 것이 좋다. 인과 효능이란 주제에서 심리학이 상식과 동떨어지는 것은 절대 어떤 이득도 얻을 수 없으며, 적어도 모든 대화에 있는 자연적인 것을 전부 상실하게 될 것이다. 만약 감성이 원인으로 작용한다면, 물론 결과는 대뇌의 내부 운동을 촉진시키거나 중지시키는 것이어야 하지만, 그런 일에 관하여 우리는 전혀 어떤 지식도 갖고 있지 못하다. 앞으로 여러 해 동안은 감성에 근거하거나 우리가 관찰하는 신체 운동에 근거해 뇌에서 어떤 일이 일어나는가 하는 것을 추정하여야 할 것이다. 뇌라는 기관은 우리에게는 감성과 운동이 한데 엉켜 뒤범벅이 되어, 통계적인 결과만 우리가 파악하게 되는 많은 일들이 일어나고 있는 그릇과 같은 기관이다. 이와 같은 상황이고 보면, 왜 어린 시절의 소박한 언어를 한사코 버리도록 우리에게 요구하였는가 하는 것을 나는 잘 알 수 없으며, 특히 그 소박한 언어가 생리적 언어와 완전히 일치할 때에는 더욱 그런 일을 알 수 없게 된다. 감성은 절대 새로운 어떤 것을 만들어낼 수는 없고, 다만 반사 활동의 흐름을 보강하거나 제지할 수 있을 따름이며, 반사 활동 흐름의 생리적 힘에 의하여 신경 통로에 만들어진 근원적인 조직이 항상 심리학 도식의 기본 토대가 되어야 한다.

현재와 같이 순전히 연역적이고 **사이비한** 형이상학에 근거한 자동장치 이론을 강요하는 것은 심리학의 현재 상태에서는 안전을 보장할 수 없는 부적절한 것이란 점이 나의 결론이다.

자동장치 이론을 반대하는 이유
(REASONS AGAINST THE THEORY)

그러나 우리가 심리학에서 의식이 인과적 효능을 갖고 있는 것으로 계속 주장해야 하는 좀더 적극적인 이유들이 있다. 우리가 알고 있는 의식에 분포되고 있는 특징들은 의식에 인과 효능이 있다는 것을 시사하고 있다. 약간의 이런 상황들을 찾아보기로 하자.

이유를 증명하기는 어렵지만, 동물 세계에서 높은 수준으로 올라갈수록 의식은 더 복잡하고 강도가 높아지는 방향으로 성장한다는 것이 일반적으로 인정되고 있다. 인간의 의식은 조개의 의식보다 우월해야 한다. 이런 관점에서 보면, 의식은 생존 경쟁 과정에서 동물을 지탱하는 여러 기관들에 첨가된 또 하나의 기관인 것 같으며, 이것은 물론 여타 기관들과 마찬가지로, 의식이란 기관도 생존을 위한 투쟁에서 어떻게든 동물을 돕는다는 것을 추측하게 한다. 그러나 의식이 동물 생존을 돕는다면, 어떻게든 인과적 효능이 있어야 하고, 신체 변화 과정에 영향을 미쳐야 한다. 만약 이제 의식이 어떻게 동물을 도울 수 있는가 하는 것을 보여줄 수 있고, 더 나아가 의식에 인과 효능이 있을 경우, 동물의 다른 기관(의식이 가장 많이 발달된 기관)에 생긴 결함이 의식이 그 기관에 줄 수 있는 종류의 도움을 필요로 한다면, 인과 효능이 있기 때문에 의식이 나타났다는 것이 그럴 듯한 추정일 것이다――환언하면, 의식에 인과 효능이 있다는 것이 귀납적으로 증명될 것이다.

이제 이 책 나머지 부분에서 다루는 의식 현상에 관한 연구는 언제나 의식이 기본적으로 **선택 기능을 하는 작용 원천**(selecting agent) 이라는 것을 보여줄 것이다.[4] 의식을 가장 낮은 차원에서 다루든, 또는 고도의 지성 차원에서 다루든, 눈앞에 있는 주목받고 있는 많은 자료 중에서 의식은 항상 하나만을 선택하여 그 자료를 강조하고 고양시키며, 모든 다른 것들은 가급적 억제하는 한 가지 일만 한다는 것을 우리는 발견할 것이다. 의식이 강조하는 항목은 항상 그 당시 의식이 가장 중요하다고 느끼는 **관심**과 밀접하게 연결된 것이다.

그러나 이제 의식이 가장 고도로 발달된 것으로 보이는 동물에서 신경 계통에 생기는 결함은 어떤 것인가? 이 경우, 신경 계통의 주된 결함은 **불안정**(instability)이어야 한다. 대뇌반구가 매우 '고급' 한 신경 중추이며, 대뇌반구가 하는 일은 기저 신경절(基底神經節)이나 척수가 하는 일보다 얼마나 일정하지 못하고 예측할 수 없는 것인가 하는 것을 우리는 잘 알고 있다. 그러나 이와 같이 하는 일이 일정하지 못하다는 바로 그것이 대뇌반구의 장점이기도 하다. 대뇌반구는 환경 속에서 일어나는 어떤 사소한 변화라도 멀리 떨어진 아주 강한 동기를 암시해 주는 신호가 된다면, 현전(現前)하는 감각 유혹보다 그 사소한 변화에 뇌반구 소유자의 행위를 적응시키게 된다. 이와 같은 상황으로부터 기계론적 결론도 약간 도출될 것 같다. 사소한 인상에도 동요되는 기관의 자연 상태는 불안정한 균형 상태라는 것이다. 대뇌 속에서 신경 흥분을 방출하는 신경 노선들의 투과성은 거의 비슷하다고 생각되며——마치 산등성이에 떨어진 빗방울이 동쪽 언덕으로 흘러내리느냐, 서쪽 언덕으로 흘러내리느냐 하는 것이 우연이라고 말하는 것과 같은 의미에서——주어진 사소한 인상이 어떤 신경 흥분을 발사하는가 하는 것은 **우연**이라 할 것이다. 또 남자아이가 태어나느냐, 여자아이가 태어나느냐 하는 것을 우연이라 하는 것도 이와 같은 의미이다. 난자(卵子)는 아주 불안정한 상태의 물체여서, 너무 작아 우리가 알 수 없는 어떤 원인들이 어느 순간 그 난자를 어느 한쪽으로 기울게 할 것이다. 이런 모양으로 불안정한 상태로 있는 기관을 지배하는 자연 법칙은 종잡을 수 없다는 법칙일 수밖에 없다. 좁은 영역에서 숙명적으로 정해진 소수의 하위 중추들의 소행이 만들어내는 것과 같은 어떤 유용한 반응 노선을, 그 종잡을 수 없는 법칙이 지배하는 기관에서 합리적으로 어떻게 기대할 수 있을 것인가 하는 것을 나는 알지 못한다. 신경 계통에 관한 딜레마는 요컨대 다음과 같은 것이다. 우리는 어김없이 확실하게 반응하지만, 다음에는 주위 환경의 아주 약간의 변화에만 반응할 수 있는 신경 계통을 가설적으로 구성할 수 있을 것이다──그런 신경 계통은 나머지 모든 다른 환경 변화에는 적응하지 못할 것이다. 다른 한편, 우리는 환경 속에 있는 무한히 종류가 많은 미세한 특징에 반응하도록 적응 가능한 신경 계통을 가설적으로 구성할 수도 있을 것이지만, 신경 계통은 정교한 만큼 반응하지 않는 일도 클 것이다. 우리는 적절한 쪽으로만 신경 계통의 균형이 뒤집어 질 것이라고 확신할 수는 결코 없다. 요컨대, 고등한 뇌는 많은 일을 할 것이며, 아주 적은 암시로도 그 일 모두를 할 수 있을 것이다. 그러나 이와 같이 민감하게 반응하도록 조직됨으로써, 뇌는 낙천적으로 제멋대로 일하게 된다. 언제든 정신이 말짱한 일을 할 수도 있고, 미친 일을 할 수도 있다. 하급 뇌가 하는 일은 소수이며, 이 소수의 일을 할 때에는 뇌의 모든 다른 용도는 완전하게 몰수된다. 고급 뇌가 하는 일은 영원히 책상 위에 주사위를 던지는 것과도 같다. 납을 박아 한쪽으로 기울어지게 하지 않을 경우, 가장 낮은 수가 나올 확률과 가장 높은 수가 나올 확률은 얼마인가?

모든 이와 같은 것들은 순수하고 단순한 물리적 기계로서의 뇌에 관해서도 마찬가지이다. 의식은 주사위에 납을 박듯이 뇌의 인과적 효능을 증가시킬 수 있는가? 그것이 문제이다.

의식이 주사위에 납을 박는다는 것은 뇌가 하는 일 중에서 뇌의 소유주가 갖고 있는 가장 오래 지속된 관심을 만족시키는 일을 수행하는 데 유리하게 다소 일정한 압력을 가한다는 것을 의미하며,

또 궤도로부터 벗어나 옆길로 들어가려는 경향을 항상 제지한다
는 것을 의미할 것이다.

의식은 언제나 바로 이와 같은 압력과 제지를 발휘하는 것처럼
보인다. 그리고 의식으로 하여금 압력과 제지를 발휘하도록 하는
관심은 곧 의식의 관심이며, 오직 의식이 만들어낸 의식만의 관심
이고, 또 의식 없이는 어떤 존재 영역에도 전혀 자리를 차지할 수
없는 관심이다. 사실 다윈의 진화론에 따를 경우, 우리는 마치 뇌
가 있는 육체만이 관심을 갖는 것처럼 말하게 되고, 육체의 여러
기관들의 용도에 관해서는 그들이 어떻게 육체의 생존을 돕거나
방해하는가 하는 것을 말하게 되며, 또 우리는 생존을, 마치 비판
을 하는 외부 지성의 압력과는 상관없이, 동물을 지배하고 동물
반응을 판단하는 물질세계에 존재하는 일종의 실질적 당위(當爲)
와 같은 절대적 목적처럼 취급하게 된다. 이 경우, 우리는 비판을
내리는 부가적인 어떤 지성(그 지성이 동물 자체에게 있는 지성이든,
우리들의 지성이든, 또는 다윈의 지성일 뿐이든)이 없다면, 어떤 반응
이 '유용하다'거나 '해롭다'는 것을 전혀 합당하게 언급할 수 없
다는 것을 망각하고 있는 것이다. 물리적으로만 본다면, 만약 어
떤 반응이 어떤 모양으로 일어남으로써 우리가 생존하게 된다면,
우리는 생존이 그 반응의 우연한 결과라는 것을 사실로 증명한 것
이라고 말할 수 있을 뿐이다. 그러나 이렇게 되면, 신체 기관 자체
는, 다른 모든 물질세계와 마찬가지로, 언제나 반응의 결과에는

전혀 관심을 갖고 있지 않고, 환경이 변하면 기분 좋게 그에 따라 동물이 파멸되는 쪽으로 방향을 잡을 수도 있을 것이다. 한 마디로 말하면, 생존이 순수한 생리학 논의에 들어갈 수 있는 것은 **미래를 관망하는 자들이 만들어낸 가설에서만** 가능하다는 것이다. 그러나 그 논의 속에 의식을 집어넣는 순간 생존은 단순한 가설일 수 없다. 이젠 생존이 가설만이 아니라, "**만약** 생존하려면, 뇌와 여타 신체 기관들은 이러저러하게 작동해야 한다." 이제는 생존이 필수적 천명(天命)이 되며, "생존**해야** 하고, 따라서 신체 기관들은 생존이 이루어지도록 작동해야 한다!" **진정한** 의미의 목표가 여기에서 처음으로 세계 무대 위로 등장한다. 많은 고대 학파들과 많은 현대 관념론 학파들이 가장 즐겨 취하는 견해와 같이, 의식을 존재에 대한 순수한 인지 형식이라고 그 개념을 규정하는 것은, 이 책 나머지에서 보여주는 바와 같이, 철저하게 심리학과 반대되는 것이다. 실제로 존재하는 모든 의식은 적어도 자신에게는 **목표를 얻고자 하는 투사(鬪士)**로 보이며, 그 목표들 중 대다수는 의식이 없다면 전혀 목표가 될 수 없는 것들이다. 의식에 있는 인지 능력은 주로 이들 목표에 봉사하여, 어떤 사실들이 그 목표에 도달하는 것을 조장하고, 어떤 사실들이 그렇지 못한가 하는 것을 구별한다.

이제 의식을 보는 대로의 의식이라고 하자. 그러면 의식은 불안정한 뇌를 적절한 목표로 향하도록 방향을 잡는 것을 도울 것이다. 뇌 운동 **자체는** 동물에게 적절하지 못하고, 때로는 전혀 상극되는 목표라 말할 수 있는, 수많은 목표에 도달하는 수단을 오직 기계적으로 산출할 뿐이다. 뇌는 가능성은 있지만 확실성이 없는 도구이다. 그러나 자신의 목표를 자신에게 제시하고, 어떤 가능성이 목표에 도달하게 하고, 어떤 가능성이 목표를 벗어나게 하는가 하는 것을 의식은 알고 있으며, 그런 의식은 만약 인과적 효능마저 주어진다면, 있을 수 있는 바람직한 일은 보강하고, 바람직하지 못하거나 무관한 일은 억압할 것이다. 이런 경우, 신경세포와 신경섬유를 통하여 흘러가는 신경 흐름은 어떤 의식이 일깨워 지면 강화되고, 다른 의식이 일깨워지면 제약된다고 가정되어야 한다. 의식이 어떻게 신경 흐름에 그와 같은 반응을 하는가 하는 것은 현재로서는 미해결로 남겨두어야 하며, 의식이 쓸모없이 있는 것은 아닐 것이며, 이 문제는 뇌의 자동장치 이론가들이 주장하는 것처럼 단순한 것이 아니라는 것을 보여주는 것만으로도 나의 목적으로는 충분하다.

의식에 관한 모든 박물학적 사실들도 이 견해를 그럴 듯하게 꾸며준다. 예를 들어, 의식은 신경 과정이 미결상태로 머뭇거릴 때에만 강하다. 빠르고 자동적인 습관 행동에서는 의식이 최소로 가라앉는다. 의식이 우리가 가정하는 것처럼 목적에 맞는 기능을 한다면, 이런 일보다 더 적절한 것은 있을 수 없으며, 그렇지 않고 목적에 맞는 기능을 하지 않는다면, 이것 이상 더 무의미한 것은 없을 것이다. 습관 행동은 확실하고, 목표를 벗어날 위험이 없어, 여분의 도움을 필요로 하지 않는다. 신경 과정을 머뭇거리게 하는 행동에는 최종적으로 신경 흥분을 방출할 많은 선택 가능한 통로가 열려 있는 것 같다. 선택 가능한 각 신경 경로들이 일깨우게 될 신경 흥분이 초래하는 감성이 매력적인 성질을 가지느냐 또는 역겨운 성질을 가지느냐 하는 데에 따라, 그 신경 흥분이 좌절될지 아니면 완성될지가 결정되는 것 같다. 위험한 도약대(跳躍臺) 앞에서와 같이 머뭇거리는 미결 상태가 커지면, 의식은 강하게 되어 괴로움을 주게 될 것이다. 이런 관점에서 보면, 감성이란 연쇄적으로 방출되는 신경 흥분의 단면과도 같은 것이어서, 이미 만들어진 연결 고리들을 확인하고, 신경 계통에 주어진 새로운 목표들 중에서 해당 사례에 가장 적절한 것으로 보이는 목표를 더듬어 찾게 한다.

제2장에서 공부한 '대리 기능(vicarious function)' 현상이 이 견해에 대한 또 다른 우회적 증거를 만들어주는 것 같다. 작업 중인 기계는 숙명적으로 한 방향으로만 작동한다. 우리 의식은 이것을 올바르다고 말한다. 밸브를 빼버리거나, 톱니바퀴를 톱니에서 벗어나게 하거나, 축을 구부리면 기계는 전혀 다른 기계가 되어, 우리가 잘못되었다고 말하는 앞서와 다른 방향으로 똑같이 숙명적으로 작동한다. 그러나 기계 자체는 잘못되었다거나 올바르다는

것을 알지 못하며, 더 탐구할 것을 물질은 갖고 있지 않다. 기관차는 어떤 행선지로든 마찬가지로 즐겁게 기차를 끌고, 떨어진 구름다리를 향해서도 질주할 것이다.

　한 부분을 파낸 뇌는 실제로 새로운 기계이며, 수술 첫 날에는 전혀 정상적으로 기능하지 못한다. 그러나 그 뇌가 하는 일이 날마다 정상으로 되돌아와서, 마침내 전문가 눈이라야 어떤 잘못된 점이 있지나 않을까 의심하게 되는 것이 사실이다. 이와 같은 기능 회복의 일부는 뇌 상처에서 생긴 '제지'가 소멸되는 데 기인된다는 사실에는 의심의 여지가 없다. 그러나 상처받지 않은 나머지 뇌 부분에서 진행되는 기능의 오류를 인지하기 위해서 뿐만 아니라, 만약 그 오류가 과실(過失)을 범한 죄과(sin of commission) 라면 그 과실을 막고, 또 만약 그 오류가 허약(虛弱)이나 태만의 죄과(sin of omission)라면 힘을 북돋는 효과적인 압력을 발휘하기 위하여, 의식이 거기 있다면——이와 같은 의식의 도움을 받는 남아 있는 뇌 부분들은 성장하여, 습관 원리의 도움을 받아, 처음에는 할 수 없었던 이전의 목적 지향적인 작동 양식으로 되돌아 갈 것이라는 것만큼 당연한 일은 없을 듯하다. 이와 반대로, 언뜻 보기에도 설득하거나 강요하는 어떤 힘도 작용되지 않고도 남아 있는 뇌 부분이, 상실된 뇌 부분의 임무를 대리적으로 떠맡는다고 생각하는 것만큼 부자연하게 보이는 것은 없다. 이 문제는 **제26장** 끝에 가서 다시 다룰 것이다.

의식이 인과적 효능을 갖고 있다는 가정에 따라 설명 가능한 것으로 보이는 또 다른 일련의 사실들이 있다. 쾌락(pleasure)은 일반적으로 유익한 경험과 연합하고, 고통은 해로운 경험과 연합한다는 것은 잘 알려진 사실이다. 모든 기본적 생활 과정은 이 법칙을 증명하고 있다. 기아, 질식, 음식과 마실 것과 수면의 박탈(剝奪), 극도의 피로 상태에서의 작업, 화상이나 외상이나 염증이나 독약 중독 등은 불쾌하고, 마찬가지로 굶주린 배를 채우고, 피로할 때 휴식과 수면을 즐기며, 휴식 후에 일하고, 피부가 건강하고, 뼈가 부러진 일이 없을 때에는 언제나 유쾌하다. 스펜서와 그 밖의 사람들은 불쾌와 유쾌의 이와 같은 상응 관계가 미리 예정되고 정해진 어떤 조화에 기인된다기보다, 기본적으로 해로운 경험을 즐겁다고 생각하는 생명체는 어떤 생명체나 결국 멸종될 것이 확실하다는 단순한 자연 선택 작용에 기인된다고 주장한다. 질식을 느끼는 데서 쾌감을 얻는 동물은, 쾌감이 그의 머리를 물속에 잠그도록 할 만큼 영향력이 있다면, 단지 4~5분의 수명만 즐길 수밖에 없을 것이다. 그러나 만약 쾌락이나 고통을 주는 어떤 영향도 없다면, (자동장치 이론을 주장하는 '과학의' 기수들이 배척하는 선험적인 합리적 조화가 없다면) 화상을 당하는 것과 같은 가장 해로운 작용도 왜 기쁨이란 흥분을 주지 못하고, 또 숨쉬는 것과 같은 가장 유용한 작용이 왜 괴로움의 원인이 되지 못하는가 하는 것을 이해할 수 없다. 이 법칙에는 예외가 많은 것이 사실이지만, 그 예외는 다만 치명적인 경험이나 흔하게는 없는 경험들과 관련된 것들이다. 예를 들어, 해롭지만 많은 사람들에게 기쁨을 주는 음주는 아주 예외적 경험이다. 그러나 저명한 생리학자인 피크(Fick)가 말한 것처럼, 만약 모든 강과 샘이 물 대신 술을 흘리고 있다면, 모든 사람이 술을 싫어하게끔 태어나던가, 어떤 해독도 받지 않고 술을 마시도록 우리 신경이 진화되었을 것이다. 사실 우리 감성 분포를 설명하려고 한, 단 하나의 중요한 시도는 시사하는 바 풍부한 그의 작은 책 『생리적 감성론(*Physiological Aesthetics*)』에 발표된, 앨런(Grant Allen)의 시도였으며, 그의 추리는 '심신 양면설(兩面說)'을 주장하는 사람들이 완강히 거부하는 쾌락과 고통에 있는 인과적 효능에 전적으로 근거하고 있다.

그러므로 이와 같은 모든 관점에서, 자동장치 이론에 반대되는 상황 증거들은 강력하다. 뇌 작용과 의식 작용을 **연역적으로** 분석하면, 만약 의식에 인과 효능이 있다면, 의식이 선택적으로 강조함으로써 뇌 작용의 미결정을 보완한다는 것을 우리에게 보여줄 것이지만, 다른 한편 의식 **분포**에 관한 **귀납적** 연구에서는 너무 복잡하여 스스로 통제할 수 없게 된 신경 계통을 조종하기 위하여 첨가된 기관으로부터 기대될 수 있는 그런 것을 가져다 주는 것이 의식임을 보여준다. 모든 이와 같은 사실에 따라 의식이 유용하다는 결론은 매우 정당하다고 할 수 있다. 그러나 의식이 유용하다면, 인과 효능을 통해 유용하여야 하며, 자동장치 이론은 상식적 이론에 굴복해야 한다. 나는 적어도 (아직 성공적으로 완성되지 못한 형이상학 이론을 재구성하는 일은 미루고) 이 책에서는 상식적 용어들을 사용하는 데 주저하지 않을 것이다.

■ **주석**

1) 필자는 1869년 아직 의과대학생이었을 때, 뇌 과정에 관하여 사색한 거의 모든 사람이 뇌 과정과는 전혀 이질적인 **감성**에서 도출되는 연결 고리들을 뇌 과정을 기술하는 데 삽입하는 잘못을 얼마나 많이 저질렀는지 증명하려는 논문을 쓰기 시작한 것을 기억한다. Spencer, Hodgson(그의 'Time and Space'에서), Maudsley, Lockhart, Clarke, Bain, Carpenter 박사 및 그 밖의 사람들에게 이 혼동을 일으킨 죄과가 있다고 언급하였다. 그러나 이 논문을 곧 중단하였다. 왜냐하면 이들 저자에 반대하여 필자가 지지하고 있었던 견해도 단순한 개념에 지나지 않았으며, 어떤 실체도 끌어낼 만한 증거가 없다는 것을 알았기 때문이다. 다음으로 이에 관한 어떤 증거가 있다고 하여도, 그 증거는 사실 이들의 견해에 찬성하는 것일 따름이라고 생각되었다.

2) Chas. Mercier: The Nervous System and the Mind(1888), p.9.

3) 전게서, p.11.

4) 특히 제9장의 말미를 보라.

제6장
정신 소자 이론(精神 素子 理論)
(THE MIND-STUFF THEORY)

  앞장에서 너무 많이 형이상학적으로 이야기하여 어리둥절하게
되었던 **그런** 독자들은 전적으로 형이상학적인 이 장에서는 더욱
즐겁지 못한 시간을 보내게 될 것이다. 형이상학이란 분명하게 생
각하려고 하는 유별나게 끈질긴 노력을 의미할 따름이다. 심리학
의 기본 개념들은 실제 우리에게 아주 분명하지만 이론으로 들어
가면 아주 혼란스러워서 도전을 받지 않으면 그 심리학 속에 어떤
난점이 있는가 하는 것을 알지 못하게 되어 가장 애매한 가정들을
많이 만들어내기 쉽다. 어떤 가정이든 일단 성립되면 (현상적 사실
을 기술하는 경우 그렇게 되기 쉬우며) 다음에 그 가정을 제거하거나
문제되고 있는 주제가 지니는 본질적 특성에 관한 가정이 아니란
것을 납득시키는 것은 거의 불가능하게 된다. 이러한 재앙을 막는
유일한 방법은 가정들을 미리 세심하게 검토하여 통용하기에 앞

서 분명하게 설명하는 것이다. 내가 말하는 이런 잘못된 가정 중 가장 애매한 가정의 하나는 우리 정신 상태가 복합체로 구성되어 있어 여러 작은 정신 상태들이 결합되어 합성된 것이라는 가설이다. 이 가설은 겉으로 보기에는 거의 어떤 저항 없이 지식인들을 수긍하게 하는 장점을 갖고 있지만 그 가설 속에는 아주 이해하기 어려운 것이 있다. 그러나 심리학에 관한 저술을 하는 사람들 절반은 그 가설에 있는 이해하기 어려운 점을 알지 못하는 것 같다. 우리 자신의 목적은 기술만 하는 것이 아니라 가능하면 이해하는 것이므로 사실을 기술하는 작업을 수행하기에 앞서 위에 제시된 가설 속에 있는 개념들을 골라내어 가능한 모든 분명한 처리를 하는 것에는 어떤 변명도 필요하지 않을 것이다. 가장 원천적 형식으로 표현된 '정신−소자' 이론은 정신 상태가 복합체라는 이론이다.

진화론적 심리학은 정신−입자(粒子)를 요구한다
(EVOLUTIONARY PSYCHOLOGY DEMANDS A MIND-DUST)

일반 진화론에서는 무기물이 우선 나타난 다음 하등동물과 식물이 나타나고, 그 다음 정신을 가진 생명체가 나타나고, 끝으로 우리 인간과 같이 고급한 정신을 소유한 생명체가 나타났다고 한다. 순전히 외부에 나타난 사실만 고찰한다면 가장 복잡한 생물학적 사실에 대해서도 진화론자로서의 우리가 할 일은 비교적 쉬운 일이다. 이 경우 우리는 항시 물질과 그 물질의 집적(集積)과 분산(分散)을 다루게 되며 때로 우리가 다루는 것이 부득이 하여 가설이라 할지라도 물질의 **계속성을 막지는** 못한다. 진화론자로서의 우리가 고수해야 하는 점은 외모로 나타나는 모든 새로운 존재 형식들도 원천적이고 불변하는 물질들이 재분배된 결과일 따름이라는 것이 진실이라는 것이다. 혼돈하게 분산되어 성운(星雲)을 만들고 한 곳에 뭉쳐 자체—동일한 원자들이 일시 특정 위치로 붙잡힌 것이 바로 뇌를 형성하며 뇌의 '진화'가 완전히 이해된다면 그것은 다만 원자들이 어떻게 그처럼 붙잡혀 뭉치게 되었느냐 하는 것을 설명한 것에 지나지 않을 것이다. 이 이야기 속에는 진화의 어느 단계에도 어떤 새로운 천성이나 처음에 없었던 어떤 요인도 끼어들지 못하게 된다.

그러나 의식의 출현이 동트기 시작하는 것과 더불어 혼돈 상태로 있었던 원천적 단순 물질 원자들에게는 없었던 능력을 가진 전혀 새로운 어떤 천성이 끼어드는 것 같다.

진화론을 반대하는 적수들 대부분은 이 세상 소여(所與)들 사이에 있는 부인할 수 없는 의식과 물질 사이의 단절을 재빠르게 물고 늘어져 진화론이 이런 단절을 설명하지 못하는 것을 들어 진화론 전체를 무력하다고 추정하였다. 의식되는 감성과 물질 운동은 그들 자체가 전혀 기준이 다르다는 것은 누구나 인정한다. '물질 운동이 감성으로 된다!' ——우리 입술이 만들어낼 수 있는 말귀

중에서 이 말처럼 알아들을 수 없는 의미를 가진 말귀는 없다. 따라서 진화론에 대한 열정으로 최고로 도취된 사람들마저도 물질에 관한 사실과 정신에 관한 사실을 면밀하게 비교할 때에는 내부세계와 외부 세계 사이에 있는 '틈새'를 누구 못지않게 강조하는데 앞장서게 된다.

"물질 분자의 동요가 신경 충격(그는 정신 충격을 의미했다)과 병행하여 표상되어 그것 둘이 하나라고 인정할 수 있는가?"라고 스펜서는 말한다. "아무리 노력해도 우리는 그 둘을 동화시킬수 없다. 한 단위 감성과 한 단위 물질 운동에 공통되는 것이 없는 것은 그둘을 나란히 놓으면 언제든지 더 분명하게 된다."[1]

그리고 또한:

"의식 충격과 신경 분자 운동이 동일 사물의 주관적 측면과 객관적 측면이라는 것이 아주 분명하게 되었다고 가정하자. 그래도 우리는 계속 그 둘이 서로 반대 측면을 이루고 있는 진실하게 어떤 단일한 것을 생각해 낼 수 있을 만큼 그것 둘이 동일하다고 할 수는 없다."[2]

말을 바꾸면 의식 충격과 신경 분자 운동에서는 어떤 공통된 특성도 지각될 수 없다는 것이다. 자주 인용되어 모든 사람이 외우고 사랑받는 문장 속에서 틴들(Tyndall)도 같은 견해를 표명하였다:

　"뇌의 물리 현상으로부터 그 현상에 상응하는 의식의 사실로 넘어가는 통로가 있다고 생각할 수 없다. 특정 사고와 뇌의 특정 신경 분자 운동이 동시에 일어났다는 것이 인정되더라도 아무리 추리해도 어느 한쪽에서 다른 쪽으로 넘어가게 하는 지성을 다루는 기관이나 또는 그런 기관이 있다는 어떤 조짐도 분명 우리는 갖고 있지 않다."[3]

또한 다른 글귀에서:

　"우리는 신경 계통의 발달을 추적하여 신경 계통과 병행하는 감성과 사고를 신경 계통과 상관시킬 수는 있다. 우리는 의심할 바 없이 확실하게 이들이 병행한다는 것을 알고 있다. 그러나 그들 사이의 연결을 이해하려고 하는 순간 우리는 진공 속으로 증발해 버린다. 종류가 다른 이 두 사실 사이에는 융합이란 있을 수 없고 ──인간의 지성 속에 있는 어떤 운동 에너지가 그 융합을 하게 한다면 반드시 한쪽에서 다른 쪽으로 갈 때 논리적 파탄을 초래하게 될 것이다."[4]

그러나 그럼에도 불구하고 진화론적 영감이 떠오르면 바로 그 저자들은 자신들이 솔선하여 악평한 정신과 물질이란 이 둘이 갈라진 것을 쉽게 뛰어넘어 마치 정신을 신체와 이어지는 계속된 것이며 신체로부터 자라서 나오는 것처럼 말한다. 정신의 진화에 관한 자신의 개관(槪觀)을 다시 훑어본 스펜서는 "정신 진화의 증가를 추적하여" 어떻게 "단절되지 않고 신체 생활에 관한 현상으로부터 정신 생활에 관한 현상으로 넘어가는가" 하는 것을 우리에게 말해 주었다.[5] 그리고 틴들은 바로 앞에서 인용된 그 벨파스트(Belfast) 강연에서 또 다른 유명한 말귀를 제공하였다:

"가식을 버리고 여러분께 내놓아야 한다고 느끼는 고백은 나는 실험 증거의 한계를 넘어 그 증거 배후로 시선을 연장시켜 우리가 알지 못하지만 그럼에도 불구하고 창조자를 존경한다고 공언하고 지금까지 욕설을 퍼부었던 것들 속에서 우리 삶의 모든 형식과 특성이 지니는 소망스러움과 가능성을 찾은 것이다."[6]

물론 정신생활도 여기에 포함된다.

계속성이란 그렇게 강력한 공준(公準)이다! 이제 이 책은 대체로 정신에 관한 공준들이 존중되어야 한다는 것을 보여줄 것이다. 필요 조건인 계속성이 진실한 예언 능력을 가진다는 것이 광범위한 학문 분야에 걸쳐 입증되었다. 따라서 계속성을 신봉하려면 우리는 의식을 출현하게 했다고 생각되는 모든 가능한 양식들을 개념화하여 진지하게 검토해 의식을 처음 출현시킨 것이 지금껏 존재하지 않았던 새로운 천성이 이 우주 속에 돌연하게 도입된 것처럼 보이지 **않게** 해야 한다.

단지 '탄생 중(誕生中 nascent)'의 의식만을 언급하는 것은 우리에게는 어떤 소용도 없을 것이다.[7] 탄생 중이라는 말은 아직 완전하게 출생하지 않았다는 것을 의미하며, 따라서 실재(實在)와 비실재(非實在) 사이의 일종의 가교를 형성하고 있다는 것을 지칭하는 것 같이 보이는 것이 사실이다. 그러나 이것은 말장난의 익살이다. 새로운 천성이 생긴다면 단절도 생기는 것이 사실이다. 새로운 천성의 양적 다과는 전혀 문제가 되지 않는다. 「바다의 사나이 이지(Midshipman Easy)」에 나오는 소녀가 '그 애는 아직 너무 작다'라 말했다고 그녀의 아이의 탄생이 법에 위반되었다는 것을 변명해 줄 수는 없다. 의식을 가정하지 않는 것으로부터 출발하여 모든 사실을 계속적 진화로 설명한다고 공언하는 철학에서는, 어떤 철학에서든 **의식**은 비합법적인 것으로 간주된다. 만약 진화가 아주 원활하게 이루어져야 한다면 어떤 형식으로든 사물의 바로 최초 기원부터 의식이 있었어야 한다. 따라서 좀더 명석하게 보는 눈을 가진 진화론적 철학자들은 처음부터 기원적인 사물 속에 의식이 있다고 생각했다는 것을 우리는 알 수 있다. 성운(星雲)을 형성하는 모든 원자는 그 원자와 연결된 토착적(土着的) 정신 원자도 갖고 있어야 하며 물질 원자들이 함께 뭉쳐 육체와 뇌를 형성하는 것과 마찬가지로 그 토착적 정신 원자도 물질 원자와 유사한 집합 과정을 통해 융합하여 우리 자신 속에서 알고 있으며 또 다른 사람들에게도 있다고 가정되는 좀더 큰 의식이 된다고 가정된다. 이와 같은 원자론적 물활론(原子論的 物活論, atomistic hylozoism)은 철저한 진화론적 철학에는 불가피한 부분이다. 이 이론에 의하면 원초의 정신 입자들이 복합적으로 되고 집합하는 정도에 따라 차이가 나는 무수히 많은 의식이 있어야 한다. 따라서 각기 정도가 다른 이런 의식이 따로 따로 존재한다는 것을 직관으로 직접 얻을 수는 없으므로 간접 증거로 증명하는 것이 심리학적 진화론이 해야 할 우선적인 임무이다.

정신 입자의 존재를 주장하게 된 약간의 증거
(SOME ALLEGED PROOFS THAT MIND-DUST EXISTS)

진화론에서는 정도가 다른 의식이 존재한다는 것을 간접 증거로 증명하려는 다소의 임무에 대해 전혀 관심이 없었지만, 그럼에도 불구하고 진화론과 관계없이 광대한 잠재의식적 정신생활이 있다는 것을 확신한 철학자들이 그것을 증명하려고 시도했음을 우리는 알 수 있다. 정도가 다른 의식들이 분리되어 존재한다는 상식적인 의견과 그 의견의 근거에 대한 비판은 잠시 뒤로 미루어야 할 것이다. 지금은 조각조각 분리된 정신 소자들이 합쳐 뚜렷하게 감지될 수 있는 감성이 된다는 것을 증명했다는 주장만을 다룰 것이다. 이 주장은 분명하며, 따라서 분명하게 대답할 수 있게 한다.

내가 알기로는 독일 생리학자 피크(A. Fick)가 1862년 이런 주장을 한 최초 학자이다. 그는 온각(溫覺)과 촉각으로 변별 실험을 하였으며 이 실험에서 카드에 구멍을 뚫고 그 구멍을 통하여 피부의 아주 작은 부분만 자극하고 주위의 나머지 부분들은 카드로 보호했다. 그는 이 실험 조건에서 환자들이 자주 잘못 판단하는 것을 발견하고[8] 자극된 신경 말단에서 들어온 감각 수가 너무 적어서 그것들이 합쳐도 뚜렷하게 문제된 감각의 어떤 성질도 만들어내지 못하였기 때문에 잘못 판단했다고 결론지었다. 그는 감각들이 합치는 양상이 달라지면 그에 따라 어떤 경우에는 온각을 일으키고 또 어떤 경우에는 촉각을 일으킨다는 것을 증명하려고 시도했다.

"온도 감성이 일어날 때는 감성 강도의 단위가 고르게 매겨지므로 두 요소 a와 b 사이의 공간에는 강도가 a와 b 사이에 있지 않은 다른 감성 단위는 삽입될 수 없다. 촉각 감성은 아마 이런 조건이 충족되지 않을 때 나타나는 것 같다. 그러나 이 두 종류의 감성은 동일 감각 단위로 되어 있다"라고 그는 말했다.

그러나 이와 같은 강도 등급은 정신적인 사실이기보다 뇌신경에서 생기는 사실이라고 해석되면 훨씬 더 분명해진다. 피크 교수가 시사한 대로 만약 뇌에서 신경 통로가 처음 어떤 양식으로 자극되고 다음 다른 양식으로 재차 자극된다면 이와 반대로 말할 수 있을지는 몰라도 자극된 신경에 수반되는 정신적 동반물은 그 어느 한 경우에는 온각이고 다른 경우에는 통각일 것이다. 그러나 통각과 온각은 여러 단위의 정신들에 의하여 구성된 것이 아니라 각기 하나의 전체 뇌 과정으로부터 직접 생긴 결과인 것이다. 만약 이 뒤와 같은 해석이 끼어들 여지가 있다면 피크가 정신의 합산을 증명했다고 할 수 없다.

그후 스펜서와 타인 두 사람은 각각 독자적으로 같은 사고 노선을 취하였다. 스펜서의 추리는 그 **전부를** 인용할 가치가 있다. 그는 다음과 같이 기술하였다:

"실제로든 관념에서든, 의식을 구성하는 개별 감각과 개별 정서는 단순하고 동질적이고 분석할 수 없으며 또 불가사의한 성질을 갖고 있는 것처럼 보이지만 실제는 그렇지는 않다. 일상에서 경험될 때에는 그것들이 요소처럼 보이지만 요소가 아니라고 논증(論證)할 수 있는 적어도 한 종류의 감성은 있다. 그리고 이 감성을 구성 성분으로 분해한 다음에는 바로 요소처럼 보이는 다른 감성들도 혼합된 것들이고 여기서 우리가 찾아낼 수 있었던 것과 유사한 구성 성분을 갖고 있지나 않을까 하는 것을 의심하지 않을 수 없게 된다."

"음악의 음에서 얻는 소리 감성의 명칭은 외견상 순수한 것으로 보이는 감성에 붙인 이름이지만 그 감성은 분명 더 순수한 감성으로 분해될 수 있다. 악기를 입으로 똑같이 초당 16회를 넘지 않는 비율로 불거나 손으로 동일한 비율로 악기를 치게 되면 한번 불거나 칠 때마다 그 결과는 분리된 소음으로 지각되지만 점차 입으로 부는 속도가 이 비율을 초과하여 빨라지면 소음들은 이제는 분리된 의식 상태로는 알아보게 되지 못하고 그 대신 음조(tone)라 불리는 계속적인 의식 상태가 생긴다는 것을 실험이 증명한다는 것은 잘 알려지고 있다. 입으로 부는 속도를 더욱 빠르게 하면 음조는 음도(音度)가 상승된 뚜렷하게 구별되는 성질상의 변화를 일으키며 부는 속도가 계속 상승하면 음도 상승에서 생기는 변화와는 다른 음조의 성질에 뚜렷한 변화가 있으며, 부는 속도를 계속 증가시키면 마침내는 더 이상 음조로 받아들일 수 없는 날카로운 소리에 이르게 된다. 따라서 동일 종류의 감성 단위라도 단위 시간에 통합되는 감성 단위들이 많은가 또는 적은가 하는 데에 따라 질적으로 서로 구별될 수 있는 수많은 감성들이 결과적으로 생기게 된다."

"이것이 전부가 아니다. 헬름홀츠 교수의 연구는 이와 같이 빠르게 반복되는 소음 계열과 함께 그다지 강하지 않지만 더 빠른 또 다른 소음 계열이 첨가되면 그 결과 소음의 성질이 달라지고 그 달라진 성질은 음색(音色, timbre)이라고 알려지고 있다. 여러 가지 악기들이 보여주는 바와 같이 음도나 강도가 똑같은 음이라도 거친 점 또는 달콤한 점에서 다르고 또 울림에서나 흐름에서 다른 이와 같은 특수한 개별 속성인 음색은 반복하는 주음(主音) 계열과 한 개, 두 개, 세 개 또는 그 이상의 반복되는 첨가된 음 계열들이 결합되어 생기게 된다는 것이 증명되었다. 그리하여 음의 음도 차이에서 생기는 것으로 알고 있는 감성 차이는 한 개의 동일 음이 서로 다르게 통합하여 반복하는 계열을 이루고 있는 것에 원인이 있으며 음색 차이라 알고 있는 감성 차이는 그 음과 그 음들이 통합된 계열과 통합 정도가 다른 또 다른 음 계열의 음들이 동시에 통합한 것에 그 원인이 있다. 따라서 단일한 종류로 간주되는 의식도 요소처럼 보이는 엄청나게 많은 질적으로 상반되는 의식 종류들이 다양하게 자체 결합하고 재결합하여 구성된다는 것이 증명된다."

"여기서 멈출 수 있는가? 만약 소리라고 알고 있는 여러 감각들이 동일한 공통된 단위로 형성되었다면 마찬가지로 미각이라고 알고 있는 여러 감각들도 동일한 공통된 단위로 형성되고 색채라고 알고 있는 여러 감각들도 공통된 단위로 형성된 것이라고 추정하는 것이 합리적이지 않겠는가? 아니 더 나아가 미각이나 색채 감각처럼 서로 대립이 강한 각기 다른 감각들에도 동일한 공통된 감각 단위가 있을 수 있다고 간주될 것이 아니겠는가? 만약 감각들이 같은 종류에 속하지만 서로 유사하지 않은 것은 그 감각들 모두에게 공통된 의식 단위가 있지만 그 단위들이 집합하는 양식이 유사하지 않기 때문이라면 각기 다른 종류에 속하는 감각들이 보여주는 이들보다 더 큰 차이 또한 공통된 의식 단위가 있지만 그들이 집합하는 양식이 유사하지 않기 때문이라 할 수 있을 것이다. 따라서 원초적으로 단위 의식 요소가 있으며 수많은 의식 종류가 있는 것은 이 원초적 단위 의식 요소가 자체들끼리 혼합한 것이 다른 혼합한 것들과 점점 더 정도가 높게 서로 재차 혼합함으로써 생성된 것이고, 그에 따라 의식은 점점 더 다양하고 종류가 많고 더 복잡하게 된다고 할 수 있을 것이다."

"이와 같은 원초적 의식 요소가 있다는 어떤 단서를 우리는 갖고 있는가? 갖고 있다고 나는 생각한다. 음악의 음에서 얻어지는 감각을 구성하는 단위로 판명된 단일 정신 인상은 음악의 음과 기원이 다른 어떤 다른 감각에서 얻는 단일 정신 인상과 같은 종류이다. 의식하여 알아차릴 만한 기간이 전혀 없이 물건이 순식간에 갈라져 생기는 소리나 소음에서 얻는 주관적 결과는 신경 충격을 넘어서는 그 이상의 것이 되지는 못한다. 우리는 이와 같은 자극에서 얻는 신경 충격을 소리에 속하는 것이라고 구별하여 말하지만 그런 신경 충격은 종류가 다른 자극에서 얻는 신경 충격과 다를 것이 없다. 신체를 통하여 흐르는 전기 충격은 갑작스러운 강한 폭파음 충격이 자아내는 감성과 같은 종류의 감성을 일으킨다. 마찬가지로 번갯불의 번쩍임에서 생기는 눈을 통하여 얻어진 강하고 예기하지 않았던 인상은 경악(驚愕)이나 충격을 일으키며 거기서 얻는 감성도 전기 충격과 마찬가지로 신체 전체를 자리로 하며, 따라서 그때 대상이 시야를 순간적으로 휙 지남으로써 생긴 정신적 변화를 회상하면 그 감성이 구심성과 관계 있기보다 원심성과 관계되는 것으로 보이며, 나는 원심성 흥분에 수반하는 감성은 그 자체 거의 동일한 형식으로 환원되어 지각된다고 생각한다. 사실 이렇게 하여 생기는 의식 상태의 성질은 한 대 얻어맞아 생긴 최초의 의식 상태(이 의식 상태는 그 순간이 지난 다음 시작되는 아픔이나 그 밖의 감성과는 다르다)의 성질과 비슷하고 그 한 대 얻어맞아 생긴 의식 상태는 전형적인 원초적 신경 충격 형식이라고 간주될 수 있을 것이다. 따라서 감성들이 구별될 수 있는 것은 자극이 있은 다음 상당한 기간이 지났다는 것을 의미하며 그런 기간이 아주 단축되면 어떤 정신 변화가 생겼다가 사라졌다는 것 외에는 어떤 것도 알지 못하게 된다는 것을 감안하면 각기 다른 신경 장치를 거쳐 각각 다른 자극에 의해 생겨난 갑작스러운 순간적 흥분의 성질은 거의 구별되지 않는 감성을 초래한다는 사실이 이상할 것 없다. 붉은 색채 감각을 얻는 것, 음이 날카롭거나 장중하다는 것을 아는 것, 맛이 달다고 의식하는 것, 이런 것들은 자극에서 얻은 의식 상태가 상당히 계속되었다는 것을 의미한다. 만약 그런 것들을 사색할 만큼 정신 상태가 충분하게 오래 지속되지 않았다면 그런 정신 상태는 어떤 특정 종류로 분류될 수 없고 어떤 원인에서 생긴 순간적 변용과 아주 비숫한 순간적 변용을 입을 뿐일 것이다."

"따라서 우리가 신경 충격(nervous shock)이라 부른 차원과 동일 차원에 속하는 어떤 것이 궁극적인 의식 단위이고 우리 감성들이 동일하지 않은 것은 모두 이 궁극적 의식 단위가 통합하는 양식이 동일하지 않은 것에서 유래된다고 할 수 있을 것이다――아니 그것이 사실일 수 있다고 말할 수 있지 않겠는가? 나는 동일 차원이라고 말했다. 왜냐하면 신경 충격들에는 원인이 다르면 구별될 수 있을 만한 차이가 있을 것이고 또 원초 신경 충격들은 아마 어떻게든 서로 다를 것이기 때문이다. 또한 같은 차원이라 말한 것은 신경 충격들의 성질에는 일반적으로 유사성이 있다고 하겠으나 충격 정도에는 커다란 차이가 있다고 가정해야 하는 이유가 달리 있기 때문이다. 따로 원초적인 것으로 인지되는 신경 충격은 강렬하다――강렬해야 비로소 활기찬 많은 다른 감성들이 성행하고 있는 와중에서 갑자기 그런 감성들을 제쳐놓고 그 충격이 지각될 수 있게 된다. 그러나 각기 다른 형식의 감성을 구성하는 신속하게 반복되는 신경 충격들은 비교적 덜 강하거나 아주 약한 강도의 충격이라 가정해야 한다. 이들 신속하게 반복되는 충격으로 구성되는 우리의 여러 감각과 정서가 만약 보통 우리가 충격이라고 부르는 것들에서 얻는 감각과 정서만큼 강하다면 우리는 그런 감각과 정서는 견뎌낼 수 없을 것이며 진정 우리 생명은 즉시 단절될 것이다. 우리는 이 신속하게 반복되는 충격을 연속적인 약한 주관적 변화 박동이라 생각해야 하고 또 그 약한 주관적 변화 박동 각각은 원초의 신경 충격으로 구분되는 강한 주관적 변화 박동과 성질이 동일하다고 생각해야 한다."[9]

정신 소자 증명에 대한 반박
(REFUTATION OF THESE PROOFS)

스펜서의 이 주장은 처음 읽을 때에는 아주 확신을 주지만 실제로는 약점이 많아 이상하다.[10] 음악의 음(note)과 그 음을 만들어 내는 외부 원인 사이의 연결을 연구하는 경우, 음악의 음을 일으키는 원인은 다양하고 단절된 것들이지만 음악의 음은 단일하고 계속적이란 것을 우리는 알게 되는 것이 사실이다. 따라서 어디에선가 이 둘 사이에 변형, 환원 또는 융합이 있어야 한다. 문제는 그런 것들이 이루어지는 곳이 **어딘가**──신경의 세계에서인가, 그렇지 않으면 정신의 세계에서인가 하는 것이다. 우리는 이것을 결정할 실험적 증거를 진정 갖고 있지 않으며 만약 이것을 결정해야 한다면 유추와 **연역적인** 개연성만이 우리를 인도할 수 있을 뿐이다. 스펜서는 이와 같은 융합은 정신 세계에서 일어나야 하고 물리 과정은 공기와 귀, 그리고 청각 신경과 연수, 그리고 하위 뇌와 대뇌반구를 거치고 그들 어느 것도 **빼먹지** 않는다고 가정하였다. 그림 26이 이 점을 분명하게 만들 것이다.

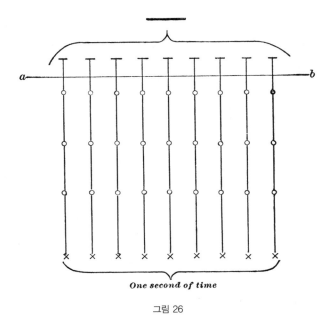

One second of time

그림 26

선 a-b가 의식의 식역(識閾, threshold)을 묘사하고 있다면 이 선 밑에 있는 모든 것은 물리 과정을 상징할 것이고 선 위에 있는 모든 것은 정신적 사실을 의미할 것이다. 가위표는 물리적 타격이란 자극을 표시하고 동그라미는 이어진 더 높은 차원의 신경세포에서 일어나는 사건들을 표시하며 수평 표지는 감성에 나타난 사실을 표시한다고 하자. 스펜서의 주장은 각 차원의 신경세포는 받아들인 만큼의 충격을 그 위 차원에 있는 신경세포에 전달하며, 따라서 물리적 타격이란 자극이 초당 2만 개 속도로 오면 피질 세포도 같은 속도로 신경 흥분을 발사하고 이 2만 개 신경 발사 각각에 한 단위씩 의식 감성이 대응한다는 것을 의미하는 것이다. 이때, 그리고 오직 이때에만 이 2만 단위의 감성들이 '자체들끼리 혼합하여' 그림 맨 위에 있는 굵은 실선(實線)으로 표시된 '연속적 의식 상태'가 되어 '통합'이 이루어지게 된다는 것이다.

이 해석은 논리적 해석에 못지않게 물리적 추리에도 정면으로 반대된다. 첫째로 물리적 추리를 살피기로 한다.

시계추는 한번 타격하면 기울어지고 다시 흔들려 되돌아올 것이다. 추는 타격을 많이 받으면 그만큼 더 많이 흔들렸다가 돌아올 것인가? 그렇지 않다; 왜냐하면 시계추에 타격이 너무 빠르게 쏟아지면 추는 전혀 흔들리지 않고 한쪽으로 기울어진 상태로 머물러 있게 되어 우리 감각에는 정지된 상태의 시계추로 보이게 되기 때문이다. 말을 바꾸면 원인의 수를 증가시킨다고 결과도 반드시 똑같이 수적으로 증가해야 하는 것은 아니다. 악기의 관을 입김으로 불어보라, 그러면 당신은 그 악기의 어떤 음을 얻을 것이고 불어넣는 입김을 증가시키면 어느 정도까지는 악기 음 크기가 증가할 것이다. 이런 일이 한정없이 일어날 것인가? 그렇지 않다; 왜냐하면 어느 정도의 힘에 도달하면 악기 음은 크기가 커지는 것이 아니라 갑자기 없어지고 한 옥타브 높은 음으로 대치되기 때문이다. 가스를 조금 열고 불을 붙이면 작은 불꽃을 얻는다. 가스를 더 세게 나오도록 틀면 불꽃 폭이 커진다. 이런 관계가 무제한 증가할 것인가? 또한 그렇지 않다; 왜냐하면 어느 순간까지 이르면 불꽃이 뻗쳐 고르지 못한 유광(流光)으로 변하고 소리를 내기 시작하기 때문이다. 개구리 이두근(二頭筋) 신경에 연속적인 전기 충격을 서서히 보내면 연속적 근육 연축(軟縮, twitches)을 얻는다. 전기 충격의 수를 증가시키면 연축하는 횟수가 증가하는 것이 아니라 반대로 연축은 중단되고 근육은 강축(强縮, tetanus)이라 부르는 외견상 정지된 수축 상태로 된다. 이 끝의 사실이 신경세포와 신경섬유 사이에서 일어나는 것이 틀림없는 일에 관한 진짜 유추를 하게 한다. 신경섬유보다 신경세포에는 타성이 더 많아 신경섬유에서 생긴 빠른 진동도 신경세포에서는 비교적 단순한 신경 과정 또는 신경 상태를 일으킬 수 있는 것이 확실하다. 고등한 세포는 하위 세포보다 더 느린 폭발률을 갖고 있는 것 같으며 따라서 초당 2만 회의 외부 공기가 불어왔다고 가정하더라도 대뇌피질에서는 '통합'되어 초당 이보다 훨씬 적은 수의 신경 흥분을 발사할 것이다. 다른 그림이 이 가정과 스펜서의 가정을 대비시키는 도움을 줄 것이다. 그림 27에서는 모든 '통합'이 의식적인 식역보다 아래에서 일어나는 것으로 묘사되었다. 감성이 가장 직접 달라붙는 세포에 가까운 세포일수록 그 속에서 일어나는 사건 빈도는 점점 더 감소되어 마침내 큰 타원으로 상징된 것과 같은 상태에 이르게 될 것이다. 이 상태는 대뇌피질 중추 속에서 일어나는 어느 정도 부피 있고 느린 긴장과 느린 신경 흥분 방출 과정을 표시하며 **전체로** 그림 꼭대기의 굵은 선으로 상징된 음악 음에 대한 감성이 단**일하게** 이 과정 전체에 상응한다. 이는 마치 사람들을 길게 종대(縱隊)로 편성하여 원거리 지점으로 가기 위해 한 사람씩 차례로 출발하는 것과 같다. 처음에는 길도 좋아 각자는 원래 있었던 상호간 간격을 유지한다. 얼마 안 가서 갈수록 점점 걷기 나쁜 소택지(沼澤地)로 가로막혀 처음 출발한 사람도 아주 늦어져 여행이 끝나기 전에는 뒤에 출발한 사람들이 그들을 따라잡아 모든 사람이 한꺼번에 목적지에 도달하는 것과 같다.[11]

이 가정에서는 완결된 의식에 선행하며 그 의식을 구성하지만 지각되지 않는 정신-소자라는 단위가 없다는 것이다. 완결된 의식은 그 자체가 정신적 사실이고, 그 정신적 사실과 무조건 동반하는 신경 상태와 직접 관계를 맺고 있다는 것이다. 신경 충격들이 각각 고유한 정신 충격을 일으킨 다음 그 정신 충격들이 결합한다면 중추 신경 계통의 한 부분과 다른 부분을 절단하여 갈라놓을 때 왜 의식 통합이 파괴되는가 하는 것을 이해할 수 없게 될 것이다. 전신-소자 가정에 따르면 이때 신경 중추들을 절단하여 갈라놓는 것이 정신 세계에는 어떤 영향도 주지 않아야 한다. 정신-소자란 원자들은 절단된 양쪽 신경 물질로부터 떨어져나와 떠다니고 절단이 없었을 때와 마찬가지로 절단 부위를 넘어 합치고 융합해야 할 것이다. 그러나 우리는 그렇지 않다는 것을 알고 있으

며 인간의 좌측 청각 중추나
시각 중추와 나머지 대뇌피
질과의 사이의 전도로(傳導
路)를 절단하면 듣거나 글로
쓴 것을 보는 세계와 나머지
관념들과의 사이의 모든 교
신이 끊어진다는 것을 알고
있다.

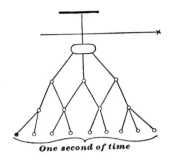

One second of time

그림 27

그뿐만 아니라 감성들이 혼합되어 **제3의 감성**이 될 수 있다면
왜 우리는 녹색 감성과 적색 감성을 동시가 아니라 각각 따로 취
해서는 황색 감성을 만들어낼 수 없는가? 왜 **광학(光學)**은 진리로
통하는 큰길을 마다하고 단 2분간의 내관이면 영원히 결말이 얻
어질 색 혼합 이론들을 토론하는 데 몇 세기를 허비했는가?[12] 우
리는 느끼는 **대상들을** 혼합하여 그 혼합물에서 새로운 감성을 얻
지만 감성들 자체는 혼합될 수 없다. 우리는 (후에 알게 되지만) 정
신 속에 한번에 두 감성을 가질 수조차 없다. 기껏해야 우리에게
뚜렷한 감성을 자아낸 **이전에 주어진 여러 대상들을** 함께 비교할
수는 있지만 비교한 결과 어떻게 결판이 나든 우리는 각 대상들의
본래의 개별 모습들을 각기 별도로 의식 속에 완강하게 유지하는
것을 발견할 수 있다.[13]

정신적 사실(事實)들의 자체(自體)
−혼합(混合)은 허용되지 않는다
(SELF-COMPOUNDING OF
MENTAL FACTS IS INADMISSIBLE)

그러나 정신 단위들이 '자체 혼합한다' 거나 '통합한다' 는 이론에는 더욱더 치명적인 반론이 있다. 정신 단위가 자체 통합한다는 이론은 논리적으로 이해될 수 없고 또 우리가 실제 알고 있는 모든 '결합' 에 있는 본질적 특징을 빠뜨리고 있다.

우리가 실제로 알고 있는 단위들의 모든 '결합' 은 '결합' 된다고 이야기되는 단위들이 자아낸 그 단위들 자체와는 다른 어떤 실체에 미친 결과이다. 그 단위 자체와는 다른 어떤 매개자 또는 운반자라는 특징을 갖고 있는 어떤 것이 없다면 결합이란 개념은 의미 없다.

"많은 근육 수축 단위들이 함께 작용하거나 또는 예를 들어 한 심줄(腱)에 모두 연결되어 다 같이 잡아당기는 일을 함으로써 개별적인 에너지가 결합된 결과에 틀림없는 역동적 효과를 초래할 것이다 … 대체로 심줄은 근육 섬유에서 오는 기계 에너지를 결합하여 받아들이는 수용기(受容器)이고, 뼈는 심줄에서 오는 물리 에너지를 결합하여 받아들이는 수용기이다. 에너지가 합산하려면 그것들을 합성하는 매개체가 불가결하다. 기계적 결과는 에너지를 결합하게 하는 기질(基質)에 전적으로 달렸다는 것을 실감하기 위해서는 부착 부분에서 떨어져 개별적으로 수축하는 모든 근육 요소들을 잠시 상상해 보는 것이다. 이들 부착 부분에서 떨어진 개별 근육 요소들은 이때에도 앞서와 같은 에너지로 수축할 수는 있을 것이지만 그것들이 협동한 결과는 이루어질 수 없을 것이다. 역동적으로 결합하게 하는 매개체가 없기 때문이다. 이때 이들 근육 요소에 공통되는 수용기가 없어 하나하나의 근육 요소들이 자아낸 다수의 에너지는 완전히 분리되고 연결되지 않은 노력에 사용되어 소멸될 것이다."[14]

말을 바꾸면 어떤 실체든(이런 실체를 힘, 물질 입자 또는 정신 요소 등 어떤 것으로든 마음대로 불러도 좋지만), 실체 **자체들**은 합쳐서 합산될 수 없다. 매개체에 의해 합쳐진 것 속에서도 각 실체는 항상 있었던 대로 남아 있고 실체들이 합친 것은 합쳐진 것만 파악하고 그 속에서 합쳐진 단위는 보지 못하는 **방관자에게만** 존재할 따름이거나 그렇지 않으면 합쳐진 것들과는 다른 실체에 미친 **결과**라는 형태로 존재하게 된다. H_2와 O는 결합하여 '물'이 되고 그에 따라 새로운 속성을 나타내게 되는 것을 부인할 수 없다. 그러나 그것들은 결합된 것이 아니다. '물'은 옛 원자들이 $H-O-H$란 새로운 위치에 있는 것일 뿐이며, 물이라는 '새로운 속성'은 그 원자들이 이런 위치로 결합됨으로써 인간의 감각 기관이나 여러 시약(반응 물질)과 같은 외부 매개체에 미쳐 그런 성질을 드러내어 우리에게 알려지게 하는 그들 원자들의 **결과**이다.

"집적(集積)체는 다른 사물이 존재하는 곳에서 집적체로 행동할 때에만 오로지 조직된 전체를 형성한다. 조각상은 대리석 입자의 집적체이지만 조각상 자체는 어떤 구성단위도 되지 못한다. 관찰하는 사람에게는 조각상이 하나의 단위로 보이지만 그 위를 기어오르는 개미의 의식에는 단순하게 집적체로 보이는 것처럼 조각상 자체는 대리석 입자의 집적체이다. 구성된 단위체가 단독으로 존재하는 것이 아니라 어떤 다른 주체에 의존하여 존재하는 일이 없다면 단절된 구성요소들이 덩어리가 된 단위체를 만들어낼 수 없다."[15]

이와 마찬가지로 평행 사각형으로 표현된 힘의 경우에도 '힘' 자체가 결합하여 대각선상의 합성된 힘을 만들어내는 것이 아니고 그 힘들이 합성된 결과를 나타내려면 힘들이 작용할 수 있는 어떤 **물체**가 있어야 한다. 마찬가지로 악기 소리들도 **그들끼리** 결합하여 화음이 되거나 화음이 되지 않거나 하는 것이 아니다. 화음이든 화음이 아니든, 협주 음은 음악 음들이 결합되어 **귀라는** 외부 매개체 위에 미친 결과에 붙인 이름이다.

감성을 단위 요소라고 가정해도 사정이 달라지는 것은 없다. 100개 감성을 서로 섞어 가급적 **빽빽하게** 한데 묶어보라(이렇게 묶는 것이 무엇을 뜻하든). 이렇게 묶어도 한개 한개의 감성은 항상 각각 있었던 그대로의 감성으로 여전히 남아 자신의 껍질 속에 가두어지고 창문이 없어 다른 감성들이 어떤 것이며 무엇을 의미하는가 하는 것을 전혀 알지 못할 것이다. 이와 같은 100개 감성의 집단이나 감성 계열이 형성되었을 때 그 감성들이 이룬 **집단 자체에 대한** 의식이 나타난다면 101개의 감성이 있게 된다. 그리고 이 101번째 감성은 전혀 새로운 감성일 것이고 원래의 100개 감성들은 한 곳에 모이면 기묘한 물리 법칙에 의하여 101번째 감성을 **창출**하는 신호가 될 것이지만 그 101번째 감성과는 본질적으로 동일하지 않을 것이고 또 101번째 감성도 이들 100개 감성과 동일하지 않아, 그 어느 쪽으로부터도 다른 쪽을 유도해 낼 수 없고 또 그 100개 감성이 101번째 감성을 만들었다고(알아들을 만한 어떤 의미로도) 말할 수도 없을 것이다.

열두 단어로 된 문장을 열두 사람에게 한 단어씩 읽어주었다고 하자. 그리고 그 사람들을 옆으로 한 줄로 서거나 한데 뭉쳐 서게 하고 각자가 자기에게 주어진 단어를 나름대로 열심히 생각하도록 하라. 그렇게 해도 전체 문장에 대한 의식은 어디에도 없을 것이다.[16] 우리는 '시대 정신' 또는 '국민 감정'이란 말을 하고 '대중 여론'이란 것이 실제 있는 것처럼 여러 가지로 꾸며댄다. 그러나 이 말들은 상징에 지나지 않다는 것을 우리는 알고 있으며 이 때 정신, 의견, 정조, 등이 '시대', '국민' 또는 '대중'이라는 말로 지칭되는 각 개인들의 다수 의식과는 다른 그들 개인 의식에 첨가되어 구성되는 또 다른 어떤 의식이라고는 우리가 꿈에도 생각하지 않는다. 사사로운 개인들의 정신이 뭉쳐서 고급한 복합적인 정신이 생기는 것은 아니다. 이것이 **심리학**에서 연합주의를 반대하는 유심론자들이 항상 양보할 수 없다고——**제10장**에서 자세하게 취급할——주장하는 요점이다. 연합주의자들은 다수의 독립적인 관념들이 **연합하여** 하나의 단위체가 되어 정신이 구성된다고 말한다. 관념 a가 있고 관념 b가 있다. **따라서 a + b 란** 관념 또는 a와 b가 합친 것에 대한 또 다른 관념이 의식 속에 있다고 그들은 말한다. 이것은 수학에서 a 자승과 b 자승을 합한 것이 (a+b)의 자승과 동일하다고 말하는 것과 같으며 사실이 아니란 것을 곧 알 수 있다. 관념 a와 관념 b를 합(+)한 것은 (a+b)의 관념과 동일하지 않다. 이 뒤의 (a+b)는 하나이고 앞의 a+b는 둘이다. 뒤의 (a+b)에서는 a를 아는 자가 b를 알지만 둘인 앞에 것에서는 a를 아는 자가 b를 알지 못하도록 자리잡고 있는 것이 분명하다 등등…. 요컨대 분리된 두 관념은 어떤 논리로도 '연합된' 대상에 대한 관념처럼 하나이고 동일한 것으로 모습이 결코 그려질 수는 없다.

이것은 유심론자들이 계속 주장하는 것이지만 우리가 '복합' 관념을 가지고 a와 b를 함께 알고 있는 것이 사실이기 때문에 유심론자들은 이 사실을 설명하기 위해 또 다른 가설을 채택하게 된다. 관념들이 각기 떨어져서 함께 존재하지만 그 관념들은 제3의 실체인 영혼에 영향을 미친다고 그들은 말한다. 만약 그렇게 말하기를 원한다면 그들이 말하는 **영혼이** '복합' 관념을 갖는 것이 되고 각기 별개로 분리된 관념들은 영혼에게 있는 복합 관념의 구성원이 되는 관계가 아니라 복합 관념을 산출하는 계기가 되는 관계들일 뿐이고, 이때 복합 관념은 완전히 새로운 정신적 사실이 되는 것이다.

유심론자들의 이런 반대 주장에 대하여 연합주의자는 한번도 응수한 일이 없었다. 유심론자의 주장은 감성들이 자기들끼리 자체-혼합한다는 주장은 어떤 것이나 반대하며 또 구성 요소들이 영향을 미치는 정원(定員) 외의 의식 원리가 없이도 요소들이 합성되어 생긴 결과들이 그들 구성 요소 자체에서 떨어져나와 돌아다닌다는 가정에 입각한 어떤 '혼합', '복합' 또는 '정신 화학'이나 '정신 합성'에도 반대한다. 요컨대 정신-소자 이론을 이해할 수 없다는 것이 유심론자들의 주장이다. 매개체가 없으면 물질 원자 자체로서는 물체란 사물을 만들 수 없는 것과 마찬가지로 감성 원자만으로는 고급 감성을 만들 수 없다는 것이다! 명석한 머리를 가진 원자론적 진화론자라면 '사물'이란 진실로 존재하는 것은 아니라고 말할 것이다. 다만 영원히 불멸하는 원자만 있을 따름이라 할 것이다. 원자들이 특정 양상으로 집단을 이루면 우리 인간이 그것을 이런 '사물' 또는 저런 '사물'이라 이름을 붙이게 되지만 우리가 이름 붙인 사물들은 우리 정신을 떠나서는 존재하지 않는다. 이런 일은 우리가 각기 다른 많은 사물들을 함께 알고 있기 때문에 그것들이 혼합된다고 가정하는 정신 상태가 있게 된다는 견해에도 해당된다. 그와 같이 혼합된다고 가정되는 정신 상태가 존재하는 것은 의심할 수 없으므로 그 정신 상태는 유심론자들이 말하는 바와 같이 **영혼**(이 점은 여기에서 미결로 남겨둔다)에 미친 결과로서 하나의 새로운 사실로 존재해야 한다. 그러나 이때에도 정신의 원자들은 적어도 독립적이고 완전체로 존재하며 복합되는 것은 아니다.[17)]

정신 상태에 무의식이 있을 수 있는가?
(CAN STATES OF MIND BE UNCONSCIOUS?)

어떤 사람들의 정신에서는 그들의 이론을 통합하고 원활하게 하려는 정열이 아직 포화 상태를 이루지 못하여 복합적 정신 상태는 정신 원자들의 합성으로 이루어지는 것이 아니라는 우리의 추리와 결론이 논리적으로 명백함에도 불구하고 우리의 추리 자체와 그 추리에서 도달된 결론에서 영향을 받을 수 없는 사람들도 많을 것이다. 그들은 어떤 사람들에게는 허용될 수 없는 일종의 뒤죽박죽된 사물을 만들어내고 있다. 그들은 물질로부터 정신으로, 또는 하급 정신으로부터 고급 정신으로 '단절 없이 넘어갈' 모든 기회를 쓸어버리고 의식의 다원(多元)주의로——개별 의식이 물질과 정신이라는 연결 없는 두 세계에서 계속성 없이 나타난다는 주의——우리를 후퇴시킨다. 이것은 개별적인 영혼들이 각기 별도로 창조된다는 옛 개념 보다 훨씬 더 나쁘다. 그러나 우리의 추리에 반대하는 불평분자들은 우리 추리를 정면으로 맞공격하여 반박하려 하지 않을 것이다. 그들은 우리 추리에는 완전히 등을 돌리고 어떤 종류이든 우리 추리에서 얻게 되는 모든 확정된 결론들이 머지않아 마침내 침전되어 사라져버릴 만한 논리의 해체가 일어날 습지가 올 때까지 우리의 추리 영역을 우회적으로 갉아먹고 허물어버리는 데 골몰할 가능성이 더 크다.

우리의 추리는 1,000개의 정신 단위가 '통합' 한다는 것은 동일한 정신 단위가 반복적으로 나타나서 단지 이름만 바꾼 것이거나 그렇지 않으면 실재하는 어떤 것이지만 그 1,000개 단위들과는 다르고, 그 1,000개 단위에 첨가되는 어떤 것이 되어야 한다고 가정했고 만약 어떤 사실이 1,000개 감성에 관한 사실로 존재한다면 그 사실은 동시에 어느 **한 개** 감성에 대한 사실일 수는 없다고 가정하였다. 왜냐하면 감성의 본질이 느껴지게 마련이고 정신적 존재자가 느끼는 바대로 존재해야 하기 때문이다. 만약 한 개 감성이 1,000개 감성 중 하나로 아니 느낀다면 1,000개 감성이 **있다는** 말이 무엇을 의미할 수 있는가? 이 가정은 일원론자(一元論者)라면 파괴하려고 할 만한 가정이다. 일원론자들 중 헤겔(Hegel)주의자는 즉각 유리한 위치를 점하여 정신생활의 영광과 아름다움은 그 정신생활 속에서 모든 모순된 것들의 타협점을 발견하는 데 있고 또 우리가 고찰하는 사실들은 동시에 하나이면서 다수인 자기에 관한 사실들이기 때문이라고 말한다. 나는 이와 같은 지성을 가진 기질과는 논쟁할 수 없다는 것을 자인한다. 마치 흐느적거리는 거미줄을 작대기로 갈기는 것처럼 무리하면 실패할 뿐이고 공격한 목표물은 어떤 상처도 받지 않게 되기가 쉽기 때문이다. 따라서 이 학파는 제멋대로 내버려두기로 한다.

다른 일원론자들은 이보다 덜 흐느적거리는 골격을 갖고 있어 모종의 **차별을 만들어냄으로써** 정신 상태들 사이의 차별을 해소하려고 한다. 이 말은 역설적으로 들리지만 유일한 좋은 착상이다. 이때 모종의 차별이란 정신 상태의 **무의식적 존재와 의식적 존재란 차별**이다. 이렇게 차별하는 것이 심리학에서 우리가 좋아하는 것을 믿고 과학이 될 만한 것들을 종잡을 수 없는 생각이 춤출 무대로 바꾸는 최상의 방법이다. 이런 일원론을 주장하는 수많은 기수들이 있으며 또 그들 나름대로 주장할 만한 다듬어진 이유도 있다. 따라서 우리는 이런 일원론에 응분의 배려를 해야 한다.

무의식의 정신 상태가 존재하는가?
(DO UNCONSCIOUS MENTAL STATES EXIST?)

이 문제를 논의하는 경우 이른바 무의식의 존재에 관한 증명이라고 내세운 것들의 목록을 가급적 간단히 제시하고 각 증명에 대한 반대 증명을 책에서와 같이 첨부하는 것이 가장 좋을 것 같다.[18]

제1증명. 최소 가시(最少 可視)적인 것이나 최소 가청(最少 可聽)적인 것도 그 속에 합성된 부분들을 갖고 있다. 이들 각 부분이 감각에 영향을 주지 않는다면 어떻게 전체가 감각에 영향을 미칠 수 있겠는가? 그러나 각각의 부분들은 단독으로는 감각을 일으키지 못해도 전체는 감각에 영향을 미친다. 라이프니츠(Leibnitz)는 이때 전체 의식을 '통각(統覺, aperception)'이라 불렀고 존재한다고 가정될 수는 있지만 감지되지는 않는 의식을 '소지각(小知覺, petites perception)'이란 이름으로 불렀다.

그는 다음과 같이 말했다.

"이 후자(소지각)가 존재한다고 판단하기 위하여 해변 가까운 곳에 갔을 때 우리에게 엄습하는 파도의 으르렁대는 소리를 자주 예로 들곤 했다. 들리는 바대로 파도 소리를 들으려면 우리는 부분인 한 개 파도만으로는 지각할 수 없지만 … 파도 소리를 구성하는 부분들 전부를, 즉 각 부분적 파도 소리를 전부 들어야 지각한다. 우리는 한 개 파도에서도 약간은 영향을 받아야 하고 아무리 작아도 각 개별 파도 음에 대한 약간의 지각을 가져야 한다. 만약 그렇지 않다면 1만 개의 파도 소리도 들을 수 없을 것이다, 왜냐하면 1만 개의 0으로부터는 어떤 수량도 만들지 못하기 때문이다."[19]

반증. 이것은 이른바 '분할의 모순(fallacy of division)' 또는 집단에게만 해당되는 사실을 집단의 각 성원에게 배분하여 해당시키는 모순의 좋은 보기이다. 만약 1,000개 물건이 합쳐져 감각을 일으킨다면 한 개 물건만으로도 감각을 일으켜야 한다고 하는 결론이 성립되지 않는 것은 마치 1파운드의 무게가 저울을 움직인다면 이보다 적은 정도이지만 1온스의 무게도 똑같이 저울을 움직여야 한다는 말이 성립되지 않는 것과 마찬가지다. 1온스의 무게로는 저울을 **전혀** 움직이지 못하고 저울 움직임은 1파운드부터 시작한다. 기껏해야 우리는 **어떻게든** 온스마다 저울에 영향을 주어 저울 움직임이 일어나는 것을 돕는다고 말할 수는 있을 것이다. 그리고 감각을 일으킬 수 없을 정도로 약한 신경 자극도 마찬가지로 의심할 바 없이 신경에 영향을 주어 다른 자극이 들어오면 감각이 생기는 것을 도울 것이다. 그러나 이 영향은 신경이 받는 영향일 따름이고 그런 영향을 알려지지 않는 '지각'이라 가정할 만한 어떤 근거도 없다. 정신 상태에 "어떤 결과를 만들어내려면 상응하는 상당한 **양**의 원인이 있어야 한다는 것은 필요조건이다."[20]

제2증명. 2차적 자동 수행(secondarily automatic performances)이라 불리는 모든 습득된 솜씨와 습관에서 우리가 수행하는 일들은 **원래는** 연쇄적으로 신중하게 의식된 지각과 의지를 필요로 했던 일들이다. 그러나 그런 일을 수행하는 데 아직도 지적 특성이 끼어들어야 할 때에는 지성이 그 수행을 주재해야 한다. 그러나 우리 의식이 어떤 일을 수행하는 동안에도 계속 다른 일에 정신이 팔리고 있는 것처럼 보이므로 그 지성은 무의식적인 지각과 추리와 의지로 되어 있어야 한다.

반증. 많은 양의 사실들이 이에 대한 여러 대안 설명을 뒷받침하고 있다. 그런 대안 설명의 하나는 습관이 된 행동으로부터도 지각과 의지가 의식되지만 단지 그 지각과 의지가 너무 **빠르고** 또 주의되지 않고 이루어져서 **기억**에 남아 있지 않다는 것이다. 또 다른 대안 설명은 습관 행동에 대한 의식은 있지만 뇌반구의 나머지 다른 의식으로부터 **떨어져** 분리되어 있다는 것이다. 우리는 **제10장**에서 의식이 부분으로 분리되는 실제 조건들에 관한 많은 증거를 발견할 것이다. 인간에게서 대뇌의 양 반구가 2차적 자동 행동에도 참여하는 것은 의심의 여지가 없으므로 그 행동이 의식 없이 일어난다든가 또는 습관 행동에 수반되는 의식이 우리가 알지 못하는 하위 중추의 의식이라고 말하는 것으로는 도움이 되지 못할 것이다. 그러나 기억되지 않는다거나 또는 떨어져 분리된 대뇌피

질 의식이 있다는 것으로 습관 행동의 모든 사실이 설명될 수 있는 것은 확실하다.[21]

제3증명. 우리는 알파벳에서 A를 생각하고 곧 C를 생각하는 경우가 있다. 이제 B가 A와 C를 이어주는 자연적인 논리적 연결 고리이지만 우리는 B에 대한 사고가 있다는 의식을 갖지 않는다. B에 대한 사고는 우리 정신 속에 '의식되지 **않는 대로**' 있어야 하며 의식되지 않는 상태에서 우리의 관념 계열에 영향을 주는 것이 되어야 한다.

반증. 여기에서도 우리는 그럴 듯한 여러 대안 설명들을 선택할 수 있다. B는 의식되었지만 다음 순간 망각되었거나 또는 B라는 관념이 의식으로든 무의식으로든, 전혀 나타나지 않고 **뇌–통로**에서 A와 C를 연결시키는 모든 일을 충분히 해낼 수 있다는 설명이다.

제4증명. 취침 전에 풀지 못했던 문제가 아침에 일어나 풀렸다. 몽유환자(夢遊患者)들도 이치에 맞는 일을 한다. 간밤에 미리 작정한 시각에 정확히 깨어난다 등등…. 무의식적 사고, 무의식적 의지, 무의식적 시간 기록 등이 이런 행동을 주재하는 것이 틀림없다.

반증. 최면 몽환 상태에서와 같이 의식이 망각되었을 뿐이다.

제5증명. 전간(癲癇)과 같은 형식의 무의식 발작을 하여도 어떤 환자는 식당에서 저녁 식사를 하고 그 대금을 지불하거나 또는 강력한 살인적인 공격을 하는 것과 같은 아주 복잡한 과정을 해내는 일이 가끔 있다. 인위적 몽환이든 병리적 몽환이든, 몽환 상태에서도 시간이 걸리는 복잡한 추리력을 사용해야 하는 일을 수행하지만 깨어난 다음에는 환자가 전혀 그런 일을 했다는 것을 알지 못한다.

반증. 신속하고 완전하게 망각될 수 있다는 것이 이런 일에 대한 설명이 된다는 것은 확실하다. 여기에서도 최면이 유추로 사용된다. 최면 몽환 상태에 있는 피험자에게 최면 중 있었던 모든 일을 기억하라고 말해 주라. 그러면 그 말을 일러주지 않았다면 어떤 기억도 남지 않았을 것이지만 그는 최면에서 깨어났을 때 모든 것을 완전히 기억한다. 자주 꾸는 흔한 **꿈**은 극히 빨리 망각된다는 것은 잘 알려진 사실이다.

제6증명. 화음은 비교적 단순한 비례 관계를 갖는 몇 개 음의 진동이다. 무의식으로 진동 빈도를 셈하여 음들의 비율이 단순한 것을 알고 정신이 기쁨을 얻게 되는 것이 틀림없다.

반증. 단순 비율의 진동을 일으키면 뇌 과정도 의식 과정이 진동 수를 비교하여 얻는 기쁨에 못지않게 직접 기쁨을 자아낼 것이다. 의식으로든 '무의식'으로든, 음들의 진동 수를 계산할 필요는 없다.

제7증명. 우리는 시간마다 이론적(theoretic) 판단과 정서 반응을 하며 거기에서 특정한 어떤 성향을 구체적으로 나타내지만 그에 대한 분명한 논리적 이유를 댈 수는 없어도 그 성향은 어떤 전제로부터 훌륭하게 추정해 낼 수 있다. 우리는 말로 표현할 수 있는 것보다 더 많은 것을 알고 있다. 원인 분석 능력에 앞서 우리는 결론을 내린다. 아이들은 어떤 한 개와 동일한 다른 두 개는 동일하다는 공리를 알지 못하지만 그럼에도 불구하고 이 공리를 구체적 판단에 오류 없이 사용한다. 추상 용어로는 이해할 수 없는 시골뜨기도 '전부라는 말은 없다는 것과 같다' 라는 원리를 실제 사용한다.

"우리는 우리 집이 어떻게 칠해졌으며 그 색조가 무엇이며 가구의 무늬가 어떤 것이며 또 문이 왼쪽으로 열리는가, 오른쪽으로 열리는가 또는 문이 밖으로 열리는가, 안으로 열리는가 하는 것을 의식하여 생각하는 일은 거의 없다. 그러나 이런 것들이 평상시와 달라지면 그 변화를 얼마나 빨리 알아차리는가! 당신이 가장 많이 사용하는 문을 생각하고 그 문이 오른쪽으로 열리는가, 왼쪽으로 열리는가 또는 밖으로 열리는가, 안으로 열리는가 말해 보라. 즉각 말하기는 어려울 것이다. 그러나 당신은 문을 열 때 결코 틀린 쪽에 손을 넣어 빗장을 찾지는 않을 것이며 또 잡아당겨 열리는 문을 밀어서 열려고도 하지 않을 것이다 … 당신의 친구가 오고 있을 때 친구의 발자국 소리란 것을 알아차리게 되지만 그 발자국 소리의 정확한 특징이 무엇인가? 당신은 '만약 딱딱한 물건에 부딪히게 되면 부상을 입거나 가던 길이 막힐 것이라고 의식적으로 생각해 본 일이 있는가? 그리고 그런 생각을 분명히 개념화했거나 의식하여 얻었거나 의식적으로 생각하여 물건에 부딪히는 일이 없도록 피하게 되는가?"[22]

우리가 갖고 있는 지식은 대부분 언제든 얻을 가능성이 있는 것들이다. 학습하여 얻은 취향에 따라 우리는 모든 행동을 하지만 행동 당시에는 의식에 떠오르는 내용이 거의 없다. 그러나 그 의식 내용의 많은 것을 마음만 먹으면 언제든 상기해 낼 수 있다. 실감하지 못하는 원리나 사실, 그리고 가능성으로만 머물고 있는 지식들도 우리의 현실적 사고와 협동한다는 사실은 **관념의 거대한 덩어리가 무의식 상태로** 영구하게 존재하여 그 전체 관념 덩어리가 의식적인 사고에 끊임없이 압력과 영향을 행사하고 또 많은 관념 덩어리들이 때로 의식적 사고와 연결되어 관념 덩어리 자체도 의식된다는 것을 가정하지 않고서는 도저히 설명될 수 없다.

반증. 그와 같은 관념 덩어리가 무의식에 있다는 것은 상상할 수도 없다. 그러나 뇌에는 여러 종류의 지름길이 있으며 신경 과정을 일으킬 전제 조건이 될 만한 어떤 뚜렷한 '관념'을 제공할 정도로 충분히 뇌 과정이 강하게 흥분되지 않음에도 불구하고 만약 그런 뚜렷하지 못한 관념이 있기만 한다면 그 관념이 전제조건이 **되어 얻어지는** 정신적 수반물을 갖게 되는 결과에 이르는 뇌 과정을 결정하는 것을 그 관념은 도울 수는 있을 것이다. 어떤 배음(倍音)은 내 친구 목소리의 특징일 수 있고 그의 목소리의 다른 음조와 서로 협력하여 나의 뇌 과정을 흥분시켜 그 친구 이름을 내 의식에 암시해 줄 것이다. 그러나 나는 그의 목소리에 있는 배음 **자체가** 어떤 것인가 하는 것은 알지 못하며, 그가 말할 때도 그 배음이 그의 목소리 속에 있는가 또는 없는가 하는 것을 말할 수 없을 것이다. 그 배음이 나를 그의 이름에 대한 관념으로 이끌어가지만 그 **배음에 대한 관념**에 상응할 만한 뇌 과정을 나에게 만들어내지 못한다. 그리고 우리의 공부도 이와 마찬가지이다. 우리가 공부하는 각 학과목은 뇌 변용을 뒤에 남겨 뇌를 이전처럼 사물에 반응하지 않게 한다. 이와 같은 차이가 생긴 결과는 공부하여 얻는 것을 관념으로는 갖고 있지 않지만 **만약** 의식적으로 그 학과목을 사고한다면 마땅히 반응해야 하는 그런 반응을 할 경향을 얻게 된다. 의지에 따라 그 학과목을 의식하게 되는 것도 마찬가지로 뇌 변용의 결과로 쉽게 설명된다. 분트가 표현한 것처럼 이런 경향은 원 학과목에 관한 의식된 관념을 일으키는 '소질'이며, 그 소질은 다른 자극이나 다른 뇌 과정에서도 실제 작용으로 전환하게 하는 그런 소질이다. 그러나 그와 같은 소질은 결코 '의식 없는 관념'이 아니며 뇌의 어떤 신경 통로에 있는 신경 분자들의 특정 배합일 따름인 것이다.

　제8증명. 적합한 수단으로 목적을 추구하는 것이 본능이며, 그런 본능은 지성의 표현이지만 목적을 미리 예견할 수 없는 경우에는 본능의 지성은 의식되지 못할 수밖에 없다.

반증. 제24장에서 모든 본능 현상이 감각에 주어진 자극에 의해 기계적으로 방출된 신경 계통의 작용이라 설명될 수 있다는 것을 보여줄 것이다.

제9증명. 감각적-지각에서는 우리가 오직 감각에 주어진 자료로부터 무의식적 추정 과정에 의해 유추된 결론이라고 설명될 수밖에 없는 수많은 결과를 얻는다. 우리 망막에 사람의 모습이 작게 비쳐도 그것을 왜소한 사람으로 간주하지 않고 먼 곳에 있는 정상 크기의 사람 모습으로 간주한다. 어떤 회색 물건 조각은 어두운 광선에서 보면 흰 물건이라고 추정한다. 때로는 그런 추정이 우리를 어리둥절하게 만든다. 예를 들면, 바랜 초록색을 배경으로 한 바랜 회색은 붉은색으로 보인다, 왜냐하면 잘못된 전제 조건을 취하기 때문이다. 초록 필름 색이 시야 속의 모든 사물 위에 퍼져 있다고 생각하고 그런 초록 필름 밑에서는 빨간 물건이 회색으로 보인다는 것을 알고 있어 회색이 보이는 곳에 빨간 물건이 있어야 한다고 우리가 잘못 추측한 것이다. 이 밖에도 **제18장**에 있는 공간 지각에 관한 우리 연구는 종전에 무의식적인 논리적 조작의 결과라 설명되었던 진짜 지각과 착각적인 지각에 관한 더 풍부한 보기들을 제공할 것이다.

반증. 그 장에 있는 많은 사례가 이 무의식적인 논리 조작이란 설명을 반박할 것이다. 색채 대비(色彩 對比)와 광선 대비(光線 對比)는 추정 과정이 관여하지 않는 순수하게 감각적인 사건인 것이 확실하다. 이것은 헤링(Hering)[23]이 만족할 만하게 충분히 증명했고 **제17장**에서 재차 다룰 것이다. 크기, 모양, 거리 등에 관한 우리의 신속한 판단은 단순하게 대뇌 연합 과정으로도 잘 설명된다. 어떤 감각 인상들은 정신적 상응물로 미리 마련된 의식된 지각을 수반하는 뇌 신경통로를 직접 자극한다. 감각 인상들은 생래적으로나 습관에 의해 얻어진 기제에 따라 이런 일을 한다. 초기 저술에서 무의식적 추정이 감각적-지각에 중요한 요인이라는 생각을 누구보다 더 많이 보급시킨 분트와 헬름홀츠는 그 후 저술에서는 견해를 수정하여 무의식적으로 추정하는 과정이 실제 일어나지 않고서도 추리 결과와 유사한 결과는 생길 수 있다는 것을 인정하는 것이 합당하다고 주장한 것은 주목할 만하다.[24] 아마 그들이 주장한 무의식적 추정 원리를 하르트만(Hartmann)이 너무 과도하게 그리고 떠들썩하게 사용한 것이 이들의 견해를 이처럼 바꾸도록 만든 것 같다. 옛이야기 속에 나오는 말을 타는 데 서툰 뱃사람이 안장 등자(鐙子)에 발을 올려놓고 그 말을 못마땅하게 느끼는 것과 같은 것을 그들이 하르트만에 대하여 느낀 것은 당연한 일이다. 즉 "네가 타려고 하면 나는 내려야지."

하르트만은 무의식적 사고라는 원리로 어지간히 세계를 휩쓸어 한바퀴 돌아 원점으로 되돌아갔다. 그에게는 이름 붙일 수 있는 사물로서 무의식적 사고라는 원리를 예증(例證)하지 않는 것이 없다. 그러나 그의 논리는 아주 느슨했고 또 가장 분명한 대안적인 설명도 전혀 고려하지 않았으므로 그의 주장을 자세히 검토하는 것은 대체로 시간낭비에 지나지 않는다. 신비주의가 최고 절정에 이른 쇼펜하우어(Schopenhauer)에게도 같은 것이 해당된다. 예를 들어 그에 의하면 공간 속에 있는 대상에 대한 모든 시각−지각은 지성이 무의식적으로 다음과 같은 조작을 수행해 얻어진 결과이다. 시각(視覺) 지각은 첫째, 거꾸로 된 망막 상을 받아들여 바로 잡는 1차 조작으로 **평면 공간**을 구성하고 둘째, 두 안구가 수렴하는 각도에 따라 두 망막 상이 오직 **단일 대상**에서 투사된 것으로 계산하고 셋째, 삼차원을 구성하여 대상이 **입체**인 것을 알고 넷째, **거리**를 정하고 다섯째, 이들 각각의 조작과 모든 조작에서 무의식적으로 느끼는 유일하게 가능한 **원인**을 무의식적으로 추정하여 '**구성**'한 것 속에 있는 객관적 특성을 시각−지각은 얻는다.[25] 이에 대한 논평은 필요 없는 것 같다. 내가 말한 바와 같이 이는 순전히 신비주의이다.

따라서 무의식 상태로 관념이 존재한다는 증거라고 그렇게 확신을 갖고 호소된 이와 같은 사실들 중에서 그런 관념이 있다는 증거가 되는 것은 어떤 것도 없다. 그런 사실들은 다만 의식된 관념이 존재했었으나 다음 순간 망각되었다는 것을 증명하거나 또는 관념이 따르지 않는 아주 신속한 뇌 과정에 의해서도 추리 결과와 유사한 어떤 결과들이 초래된다는 것을 증명한 것들이다. 그러나 지금까지 고찰된 모든 주장보다 부족한 점이 분명 덜한 또 다른 주장이 있다.

제10증명. 우리 정신생활에는 우리의 주관적 조건들이 우리가 실제 가정한 것과 다르다는 것을 발견했다고 기술될 수 있는 종류가 광대한 경험들이 있다. 아주 즐기고 있다고 생각하는 일에서 갑자기 권태를 느끼거나 우리가 단지 좋게만 지냈다고 생각했던 사람과 갑자기 사랑에 빠지기도 한다. 또 그 밖에 자신의 동기를 신중하게 분석하면 밑바닥에는 의심조차 하지 않았던 질투심이나 물질적인 욕심이 있다는 것을 발견한다. 타인들에 대한 우리 감성은 우리 행동을 일으키는 동기를 솟아나게 하는 완전한 원천이고 그 동기 자체는 의식되지 않지만 내관하면 분명하게 될 수도 있다. 또한 우리 감각도 마찬가지여서 온종일 습관적으로 받아들이는 감각 속에서도 마음만 먹으면 끊임없이 새로운 감각적 요소들을 발견하지만 그런 요소들도 처음부터 그 감각 속에 있었던 요소들이다. 왜냐하면 그 감각 속에 있지 않았다면 그런 요소들을 갖고 있는 감각과 거의 같은 종류이지만 그런 요소를 갖고 있지 않은 다른 감각을 구별하지 못할 것이기 때문이다. 우리는 감각들을 변별하기 위하여 그런 요소들을 사용하므로 그런 요소들이 존재하는 것은 틀림없고, 또 그런 요소들이 무의식 상태로 존재한다는 것도 틀림없다. 왜냐하면 우리가 그런 감각 요소들을 완전하게는 찾아낼 수 없기 때문이다.[26] 분석심리학의 서적에는 이런 종류의 예들이 풍부하다. 자신의 사고와 뒤섞여 있는 수없이 많은 연합물(聯合物)들 각각과 모두를 누가 전부 알고 있겠는가? 시시각각 내장 기관들과 근육들과 심장과 선과 폐 등으로부터 흘러들어 와 그것들 전체가 자신의 신체 생활에 대한 감각을 형성하는 이름 없는 모든 감성들을 누가 하나씩 갈라 분리할 수 있겠는가? 신경 지배에서 얻는 감성과 근육 작용에서 얻을 수 있는 암시들이 거리, 형태, 크기 등의 모든 판단에 미치는 역할의 부분을 누가 모두 알고 있겠는가? 또한 우리가 단순하게 얻게 되는 감각과 주의를 기울여 얻는 감각과의 차이를 생각해 보라. 주의는 새 것을 창출한 것처럼 보이는 결과를 제공하지만 주의가 밝혀낸 감성과 감성 요소들은 이미 거기에——무의식 상태로——있는 것이 틀림없다. 우리 모두는 이른바 유성(有聲) 자음과 이른바 무성(無聲) 자음 사이, 즉 D, B, Z, G, V와 T, P, S, K, F의 차이를 실제로는 알고 있다. 그러나 그 차이를 지각할 충분한 준비가 되어 있어도 그 차이에 주의를 기울이지 않으면 이론적으로 그 차이를 알아차리는 사람은 비교적 적다. 유성음은 무성 단위와 모두 똑같은 어떤 요소가 포개져서 합친 것에 지나지 않는다. 그 요소는 무성음과 함께 발음되는 후두음이며, 무성음은 그 후두음 요소와 같은 동반물을 갖고 있지 않다. 유성음의 문자가 발음되는 것을 들었을 때 유성음을 이루는 두 성분 요소가 모두 우리 정신에 실제 있는 것이 틀림없지만 그 요소들이 어떤 것인가 하는 것은 알지 못하며 노력하여 주의를 경주하여 그 유성음의 두 구성 요소를 알아차리지 않으면 유성음 문자를 단일한 성질의 소리로 잘못 이해하게 된다. 대부분의 사람들은 일생 동안 경험하지만 주의를 기울이지 않아 무의식으로만 갖고 있는 많은 감각들이 있다. 성문(聲門)을 열고 닫을 때의 감성이나 고막을 긴장시키는 감성이나 근시(近視)에 순응하는 감성이나 콧구멍에서 목구멍으로 통하는 통로를 막는 데서 생기는 감성 등이 내가 여기에서 의미하는 알지 못하고 넘어가는 감성들의 사례이다. 모든 사람은 한 시간에도 여러 차례 이런 감성을 갖게 되지만 아마 내가 방금 열거한 것들이 어떤 감각을 의미하는가 하는 것을 정확하게 알고 있는 독자는 거의 없을 것이다. 이와 같은 모든 사실과 그 밖의 엄청나게 많은 사실들은 관념이 정신 속에서 완전하게 의식되어 존재할 뿐만 아니라 무의식으로도 존재하며 의심할 바 없이 동일 관념이 이 두 가지 양식으로 존재하며, 따라서 우리 정신생활에서 존재는 감각이다라는 개념에 근거하여 정신-소자 이론을 반대하는 어떤 주장도, 그리고 관념은 있는 그대로 의식되어 느껴져야 한다는 주장은 실패로 돌아간다는 것을 결론적으로 증명하게 된다.

반론. 이런 추리는 혼란일 뿐이다. 이 설명은 동일한 외부 진실에 대해 두 정신 상태가 있다거나 또는 뒤의 정신 상태는 앞의 정신 상태와 같은 두 정신 상태라는, 말하자면 두 판으로 간행된 동일 정신 상태 또는 동일 '관념'이라고 기술하고 있으면, 두 번째 판에서는 발견되지만 첫 번째 판에서는 눈에 띄지 않고 빠져 있는 성질도 어떤 것이든 실제로는 이미 첫째 판에도 있었지만 다만 '무의식'으로 있었을 뿐이라고 설명한다. 심리학의 역사가 증거를 제시하지 않았다면 지성이 높은 사람들이 이와 같은 분명한 오류를 범할 수 있었으리라고는 믿기 어렵다. 인간 심리에 관한 어떤 저술가들이 취하는 상투 수단은 동일 사물에 과한 두 사고는 실제 동일한 사고이고, 이 동일 사고가 다음 반성에서 처음부터 계속 실제 있었던 것들을 점점 더 뚜렷하게 의식하게 만든다고 믿는 것이다. 그러나 단순히 대상이 현전한 순간 **어떤 관념을 가지는 것**과 다음 그 관념에 **관한** 모든 것을 아는 것과를 일단 구별하라. 또 더 나아가 주관적 사실로 취한 정신 상태 자체를 한편으로 하고 그 정신 상태가 알고 있는 객관적 사물을 다른 한편으로 구별하라. 그러면 오류를 범할 미궁에서 빠져나가는 데 그리 어려움이 없을 것이다.

이 두 번째 주관적인 정신적 사실과 객관적인 사물의 구별을 먼저 검토하자. 이 구별을 하면 감각에 근거하는 감각 속의 새로운 특징들과 주의에 의해 밝혀지는 감각 속의 새로운 특징들에 관한 모든 논쟁들은 허사가 된다. P음과 F음 각각과 그 두 음을 다른 것으로 만드는 후두(喉頭)음의 역할을 우리가 주의하여 분석하고 제거하였을 때 얻는 B음과 V음에 대한 감각은 단순하게 취한 B음과

V음에 대한 감각과는 다른 감각이 된다. 사실 후두음을 제거한 B 음과 V음, 그리고 단순하게 취한 B음과 V음이란 두 음들은 같은 문자로 표기되고, 따라서 같은 외부 진실을 뜻하지만 정신에 미치는 영향은 다르며 훨씬 많은 차이가 나는 대뇌 활동 과정에 의존하고 있는 것이 확실하다. 어떤 소리 전체를 다만 수동적으로 수용하는 것과 전체 소리를 수의적으로 주의하여 각각 다른 성분으로 분석하는 것은 아주 판이한 정신 상태이며, 이 두 정신 상태가 완전히 동일한 과정을 따라야 한다는 것은 믿을 수 없다. 또한 처음에 언급된 정신 상태는 두 번째 정신 상태와 동일하지만 다만 '무의식' 형식으로 존재한다는 점에서만 주관적 차이가 있는 것은 아니다. 그 차이는 정신의 절대적 차이이며 서로 다른 두 무성음이 일으키는 정신 상태 사이의 차이보다도 오히려 더 큰 차이이기도 하다. 다른 어떤 감각을 예로 선택하더라도 마찬가지이다. 성문이 닫히는 것이 어떻게 느껴지는가 하는 것을 처음 발견한 사람은 그 발견에서 일찍이 경험해 본 일이 없는 절대적으로 새로운 정신 변용을 경험한다. 그는 동일한 성문이 기질적 출발점이 되는 끊임없이 새로워지는 감성을 갖게 되며, 또 뒤의 감성이 '무의식' 상태로 있었던 이전 감성과는 다른 감성을 가지며, 성문이란 동일 신체 부위가 출발점이란 것을 인지하더라도 그 이전 감성은 전적으로 독특한 감성이다. 다음 우리는 수없이 많은 정신 상태가 동일한 진실을 인지할 수 있고 그들 정신 상태들은 완전하게 차이나지

만 그렇다고 문제되고 있는 진실과 관련을 단절하지는 않는다는 것을 알게 될 것이다. 그들 각 정신 상태는 의식되는 사실이고 진실이 현전하는 순간 느껴지는 존재 양식 외에는 어떤 존재 양식도 갖고 있지 않다. 이들 정신 상태들이 동일한 외부 진실을 대리하고 있기 때문에 한때는 의식 차원에 있고, 또 한때는 '무의식' 차원에 있는 동일 '관념'을 찍어낸 다수의 판들이어야 한다고 말하는 것은 단적으로 이해할 수 없는 일이고 또 터무니없는 일이다. 관념이 존재할 수 있는 '차원'은 단 하나일 뿐이고 이 차원은 완전하게 의식된 상태이다. 만약 관념이 이런 상태에 있지 않다면 관념은 전혀 존재하지 않는 것이 된다. 이런 경우에는 다른 어떤 것이 관념을 대신해 있게 된다. 그 다른 어떤 것이 단순한 생리적 뇌 과정일 수도 있고 또 의식되는 다른 관념일 수도 있다. 이 둘 중 어느 것이라도 최초 관념과 동일한 기능을 할 것이고 동일한 대상과 관계하고 또 우리 사고 결과와도 대략 동일한 관계에 있을 것이다. 그러나 이것이 심리학에서 논리적 동일성 원리를 포기해야 하고 외부 세계에서 어떤 일이 일어나든 사물은 자체대로 머물면서 온갖 종류의 다른 사물들이 될 수 있는 곳이 정신이라고 말해야 할 이유는 되지 못한다.

이제 정신 상태를 갖는 것과 그 정신 상태에 관한 모든 것을 아는 것 사이의 구별인 앞선 또 다른 첫째 구별의 사례를 다루어 보자. 여기에서는 진리가 더욱 간단하게 해명된다. 자신도 모르게 여러 주일 동안 사랑에 빠졌다는 결론을 얻었을 때 단순히 **이전에 이름을 붙이지 않았지만** 충분히 의식하고 있었던 상태에 이름을 붙인 것이어서 이전부터 있었던 정신 상태는 의식된 것 외의 어떤 다른 잔존 존재 양식도 갖고 있지 않으며, 또 현재 훨씬 더 화끈한 감성을 가지는 바로 그 동일한 사람에 대한 감정이고 또 계속 그 화끈한 감정에 빠져들어가게 되어 같은 이름으로 불릴 수 있을 만큼 충분히 유사하지만 결코 현재의 화끈한 감정과는 동일하지 않으며, 또 무엇보다도 현재의 화끈한 감정이 '무의식적'으로 존재하였던 정신 상태는 결코 아니었다. 또한 내장이나 그 밖의 희미하게 느껴지는 신체 기관에서 얻는 감성이나 신경 지배에서 얻는 감성(만약 그런 것이 있다면), 그리고 공간 판단을 할 때 무의식적으로 결정하여 지각한다고 가정되는 근육 노력에서 오는 감성 등도 바로 우리가 느끼는 그대로이고, 완전히 결정된 의식 상태이며 다른 의식 상태의 막연한 복사판은 아니다. 그런 감성들은 희미하고 미약할 수도 있고 또 의식 상태가 달라지면 정확하게 인지되고 이름을 붙일 수 있는 바로 그 진실을 아주 막연하게 인지할지도 모르며 또 의식 상태가 다른 경우에는 의식하는 진실 속의 많은 것을 의식하지 못할지도 모른다. 그러나 그렇다고 감성 **자체는** 조금도 희미하거나 막연하거나 무의식이 되지는 못한다. 그 감성들은 영원히 그들이 존재했을 때 느껴지는 **그대로**이며 실제로도, 또는 가능성으로도 그들 자신의 희미한 자기 외의 어떤 것과도 동일시

될 수 없다. 어떤 감성이 희미하면 그 희미한 감성은 전후에 일어난 감성들과의 관계에 따라 사고 흐름에서 회고되고 분류되고 이해될 것이다. 그러나 그 희미한 감성을 한편으로 하고 뒤에 오는 그 희미한 감성에 관한 모든 것을 알고 있는 정신 상태를 다른 한편으로 하여도 한 개의 동일한 정신적 사실이 하나는 의식되고 다른 하나는 '무의식'이 된 두 정신 상태는 아니다. 대체로 앞선 관념을 뒤의 관념이 대치하여 동일한 진실을 좀더 충분하게 설명하게 되는 것은 사고에게 정해진 운명이다. 그럼에도 불구하고 연속된 많은 정신 상태들이 분리되는 것과 마찬가지로 앞선 관념과 뒤의 관념은 각자 자신들의 본질적 자기-동일성(self same)을 보존하고 있다. 이와 반대된 것을 믿으면 어떤 심리학도 과학이라 정의되는 학문이 될 수 없을 것이다. 연속해서 나타나는 관념들 사이에서 찾을 수 있는 유일한 동일성은 같은 대상을 다룰 때 관념들의 인지 기능 또는 표상 기능이 유사하다는 것뿐이다. 동일한 존재란 없으며 나는 이 책의 나머지에서 독자들이 사실을 좀더 단순하게 공식화하는 방법에서 생기는 이득을 거두어 들일 것이라 믿는다.[27]

그리하여 우리는 한 개의 정신적 사실이 동시에 두 개일 수 있다거나 예를 들어 푸른색에 대한 감성이나 증오 감성처럼 한 개의 감성으로 보이는 것이 실제는 또 '무의식적'으로는 전혀 푸름이나 증오를 결코 닮지 않은 1만여 개의 요소 감성이 합쳐서 된 것이란 개념은 이해할 수 없다는 것을 확인했을 뿐만 아니라 우리는 모든 관찰된 사실들을 그와는 달리 표현할 수 있다는 것을 발견하였다. 그러나 정신-소자 이론은 상처는 입었지만 소멸되지 않은 것이 확실하다. 단세포의 극미(極微) 동물에도 의식이 있다고 한다면 단일 세포도 의식을 갖고 있을 수 있을 것이고, 이처럼 유추하여 하나씩 떨어진 뇌세포에도 각기 의식이 있다고 할 수 있다. 그리고 이와 같이 분리된 세포 의식을 분량이 다르게 혼합함으로써 사고를 마음대로 큰 양으로나 작은 양으로나 측정할 수 있고, 더하고 빼고 짐짝으로 꾸릴 수도 있는 일종의 소자 또는 자재로 취급할 수 있다면 심리학자에게 얼마나 편리한 일이 아니겠는가! 심리학자는 기술하는 연속적 정신 상태를 합성하여 **구성**할 수 있게 되기를 바라는 간절한 소망을 느낀다. 정신-소자 이론은 이런 구성을 쉽게 이루도록 하기 때문에 '어찌할 수 없는 인간 정신'은 앞으로도 많은 집념과 예지를 바쳐 이 정신-소자 이론을 번성하게 하고 일종의 가능한 실천 지침이 되게 할 것이 확실한 것 같다. 따라서 현재 상황에서는 이 이론을 둘러싸고 있는 나머지 난점들을 약간 고려함으로써 이 장을 마무리할 것이다.

정신과 뇌의 연결을 서술하는 데 따르는 난점
(DIFFICULTY OF STATING THE CONNECTION
BETWEEN MIND AND BRAIN)

　단위 음들이 연속하여 의식됨으로써 통합되어 음악 음도(音度) 감성을 이룬다는 이론에 대한 우리 비판에서, 그 경우 통합이 있다면 그 통합은 물질 변화가 점점 더 높은 신경 계통으로 전파되어 공기 박동이 점점 더 단순한 물리적 결과를 초래하는 통합이라고 우리가 결론내린 것을 기억할 것이다. 그 결과로 마침내 뇌반구 피질에 있는 청각 중추에 단순하고 부피 있는 어떤 과정이 생기고, 그 과정 전체에 음악의 음도 감성이 직접 상응한다고 우리는 말했다(54쪽). 뇌의 기능 국재에 관한 논의에서 이미 나는(288-290쪽) 의식이 뇌라는 기관을 통하는 신경 지배 흐름에 수반하고 그 신경 흐름의 특성에 따라 의식이 달라지고 이때 그 흐름에 시엽이 많이 개입되면 주로 눈으로 보는 사물이 되고 그 흐름의 활동이 측두옆에 집중되면 귀로 듣는 사물이 된다는 것 등을 말했으며 또 이와 같은 막연한 공식이 생리학의 현재 실정에 비추어 보면 안심하고 감행할 수 있는 결론이라고 첨언하였다. 정신성 통증이나 정신성 맹증에서 얻은 사실들과 청각 실어증과 시각 실어증 등에서 얻은 사실은 사고가 나타나려면 뇌 전체가 함께 작용해야 한다는 것을 보여준다. 의식은 부분으로 되어 있는 것이 아니고 자체 통합되어 그 순간의 어떤 뇌 활동이든 그 전체 뇌 활동에 '상응'한다. 이것이 정신과 뇌의 관계를 표현하는 유일한 방법이며 나는 이 책 나머지 부분에서도 이 표현에서 벗어나지 않을 것이다. 왜냐하면 그것이 어떤 가설을 세우지 않고도 있는 그대로의 현상적 사실을 표현하고 관념이 결합한다는 이론에 따라다니게 마련인 논리적 반박을 모면할 수 있기 때문이다.

그럼에도 불구하고 사고와 뇌의 공존 관계에 관한 단순한 경험적 법칙으로 막연하게든 실증적으로든 과학적으로든 받아들이면 전혀 반박될 수 없는 이 공식도 좀더 심오하고 궁극적인 어떤 것을 묘사하려 할 때에는 완전히 허물어진다. 사고와 뇌의 관계에 관한 연구에서 궁극적 문제 중에서도 궁극적인 것은 물론 도대체 그처럼 서로 다른 정신과 뇌라는 것이 왜, 그리고 어떻게 연결되는가 하는 것을 이해하는 것이다. 그러나 이 문제를 해결하기에 앞서 (이 문제가 언젠가 해결될 것이라면) 우선 결말을 지어야 할 덜 궁극적인 문제가 있다. 사고와 뇌의 연결을 설명할 수 있기에 앞서 그 연결이 적어도 요소 형식으로 기술되어야 하지만 그렇게 요소 형식으로 기술되기는 매우 어렵다. 사고와 뇌의 연결을 요소 형식으로 기술하기 위해서는 그 연결은 가장 저급한 용어로 환원되어야 하고, 어떤 정신적 사실과 어떤 대뇌 사실이 말하자면 직접 병존하는가 하는 것을 우리는 찾아야 한다. 우리는 뇌-사실에 직접 의존하는 최소의 정신적 사실을 찾아야 하고 마찬가지로 정신적 대응물을 동반하는 최소의 뇌 사건을 찾아야 한다. 이렇게 찾아진 정신적 최소자(最少者)와 물리적 최소자 사이에는 직접적인 관계가 있을 것이고, 이런 관계를 찾는다면 그 관계를 표현하는 것이 곧 요소적 정신–물리 법칙일 것이다.

우리 자신이 내세운 이 공식은 **전체적 사고를** (복합 대상에 관한 것일지라도) **정신 측면의 최소자로** 취함으로써 이해할 수 없는 정신 원자 가정으로부터 벗어나게 된다. 그러나 물질 측면에서 전체적 뇌 과정을 최소 사실로 취한다면 우리 공식은 또 다른 곤란에 봉착하여 거의 쓸모없게 된다.

첫째로 우리 공식은 어떤 비평가들이 고수하는 유사성, 즉 전체적 뇌 과정의 구성과 사고 대상의 구성 사이의 유사성을 부인한다. 뇌 과정 전체는 부분들인 보는 중추, 듣는 중추, 느끼는 중추, 그리고 그 밖의 중추에서 일어나는 동시적 과정들로 구성된다. 사고 대상들 또한 부분들로 구성되며 대상의 어떤 부분은 보이는 것이고, 어떤 부분은 들리는 것이고, 또 다른 부분은 촉각과 근육 조작에 따라 지각된 것들이다. 따라서 뇌 과정과 사고 과정의 유사성을 주장하는 비평가들은 '그렇다면 어째서 대상의 각 부분에 대한 정신적 대응물과 뇌 과정의 각 부분에 대한 정신적 대응물을 부분으로 사고가 구성된다고 말해서는 안 되는가?' 라고 말할 것이다. 이 비평가들이 뇌와 정신의 관계를 보는 것처럼 보는 것이 아주 자연스럽기 때문에 그 견해는 대체로 모든 심리학 체계 중에서 가장 번성한 체계——관념들이 연합된다는 로크 학파의 심리학 체계——탄생시켰으며 정신-소자 이론은 이 학파가 만들어낸 가장 궁극적이고 정교한 파생 이론일 따름이다.

두 번째 난점은 더욱 심오하다. '전체적 뇌 과정'이란 물리적 사실로는 있을 수 없다는 것이다. 전체적 뇌 과정은 곁에서 보고 있는 사람에게 보여지는 다양한 물리적 사실들인 것이다. '전체 뇌'는 특정 위치로 배열된 수많은 분자들이 우리 감각에 영향을 미치는 양식에 붙인 이름일 따름이다. 미립자 철학 또는 기계론적 철학의 원리에서는 유일하게 진실한 것은 서로 분리된 분자들이나 또는 기껏해야 세포들이다. 분자 또는 세포가 모여서 '뇌'가 된다는 것은 상식적인 대화에서 꾸며낸 허구인 것이다. 이와 같은 허구는 정신 상태에 대한 진실한 대응물의 역할을 객관적으로 할 수 없다. 진정한 물리적 사실만이 정신 상태의 대응물의 역할을 할 수 있다. 그러나 분자에서 일어나는 사실만이 오직 진정한 물리적 사실이다… 따라서 만약 우리가 요소적인 정신-물리 법칙을 가지려고 한다면 우리는 정신-소자 이론과 같은 어떤 것으로 곧바로 되돌아가게 되는 것 같다. 왜냐하면 '뇌'의 요소를 이루는 분자에서 일어나는 사실은 전체 사고에 대응하는 것이 아니라 사고의 요소들에 대응한다는 것이 자연스럽게 들릴 것이기 때문이다.

우리는 무엇을 할 것인가? 많은 사람들은 이 점에서 **불가지**(不可知)란 신화를 축복하고 우리의 당혹감에 대한 최종 책임을 그 불가지란 원리에 지음으로써 우리가 느끼는 '외경감(畏敬感)'을 축복하여 구원을 찾을 것이다. 또 다른 사람들은 우리가 출발점에서 취한 사물은 유한하고 각기 분리되었다는 견해가 마침내는 모순을 발전시켜 변증법에 따라 상향하여 부조화가 괴롭힘을 주지 않고 논리가 정지하는 어떤 '고차적 합성'으로 우리를 인도하게 되는 것을 기뻐할 것이다. 이것은 일종의 체질적 병폐이지만 나는 지적 패배라는 사치품을 만들어내는 그 같은 잔재주에서 위안을 얻을 수는 없다. 그런 잔재주는 정신적 마취제일 뿐이다. 오히려 백척간두(百尺竿頭)에 서는 것이 더 좋고 또 영원히 헛물을 켜는 것이 차라리 좋을 것이다!

물질-단자(物質-單子) 이론
(THE MATERIAL-MONAD THEORY)

우리가 해야 할 가장 합리적인 것은 아직 검토하지 않은 제3의 대안적 가정이 있을 가능성을 모색하는 일이다. 이제 한 가지 대안적 가정——그뿐만 아니라 철학사에서 자주 대두되었고 우리가 논의한 어떤 견해보다도 논리적 반박을 덜 받는 가정——이 있다. 그 가정은 다체설(多體說, polyzoism) 또는 다단자설(多單子說, multiple monadism)이라 불리며 다음과 같은 개념을 형성한다.

모든 뇌 세포는 다른 뇌 세포가 전혀 알지 못하는 각자에게 고

유한 개별 의식을 갖고 있으며 이 모든 개별 의식들은 상호 '배척'한다. 그러나 그들 세포 중에는 한 개의 중심 세포 또는 주재 세포가 있어 거기에 우리 의식이 부착한다. 그러나 모든 다른 세포들에게서 일어나는 사건들이 물리적으로 이 주재 세포에 영향을 미치고 그들 모든 세포의 협동된 결과가 이 주재 세포에서 산출됨으로써 이 세포들이 '결합'한다고 말할 수 있을 것이다. 사실 주재 세포란 '외부 매체'의 하나이며, 그런 매체 없이는 많은 사물들의 융합이나 통합이 일어날 수 없다는 것을 우리는 알고 있다. 따라서 주재 세포가 물리적으로 변용되어 일련의 결과를 형성하게 되고 그 결과를 생산하는 데 모든 다른 세포들이 각기 한 몫씩을 하고, 따라서 모든 다른 세포도 그 결과 속에 표상되었다고 말할 수 있다는 것이다. 그리고 이 주재 세포의 물리적 변용에 대응하는 의식적 상관물들도 마찬가지로 일련의 사고 또는 감성을 형성하고, 그 사고나 감성은 각기 본질적 존재란 점에서는 완전체(完全體)이고 혼합된 것이 아닌 정신적 사물이지만 각각의 사고와 감성은 (인지 기능을 행사하여) 중심 세포를 변용시키는 데 도움을 준 세포들의 수에 비례하여 다수의, 그리고 복합된 **사물들**을 **알아차릴** 것이다.

이런 종류의 개념에 의해 우리는 다른 두 이론을 둘러싸고 있다고 알고 있는 것과 같은 어떤 내부 모순을 받지 않게 된다. 한편으로는 이해할 수 없는 정신 단위들이 자체–결합한다는 것을 우리는 설명할 필요가 없게 되고 다른 한편으로는 진정한 물리적 사실로서는 존재하지 않는 '전체적 뇌 활동'을 관찰하고 있는 의식 흐름의 물리적 대응물로 다룰 필요가 없게 된다. 그러나 이 이론에는 이 같은 장점을 상쇄하는 생리학적 난점과 불성립(不成立)이 있다. 뇌에는 전체 신경 계통의 요석(要石) 또는 중력의 중심으로 보이는 해부학으로나 기능으로나 두드러진 단일 세포 또는 단일 세포군이란 없다. 그리고 그런 세포나 세포군이 있다손 치더라도 엄밀하게 사고하면 다단자(多單子)이론에서 말하는 중심 세포에 매달려 그 세포를 단위로 취급할 정당성을 갖고 있지 않다. 물질적으로 보면 전체적 뇌가 하나의 단위가 아닌 것과 마찬가지로 중심 세포도 한 개 단위가 아니다. 뇌가 신경세포와 신경섬유의 혼합체인 것과 꼭같이 중심 세포도 분자들의 혼합체이다. 그리고 널리 알려진 물리학 이론에 의하면 분자들도 또다시 원자들의 혼합체라 한다. 따라서 극단적으로 진행시키면 문제되고 있는 다단자 이론은 근본적이고 더 이상 축소할 수 없는 정신–물리의 대응 쌍으로 세포와 세포 의식을 짝지을 것이 아니라 원초적이며 불멸인 원자와 그 원자 의식을 짝지어야 한다. 그렇게 되면 우리는 라이프니츠의 단자설로 되돌아가서 생리학을 버리게 되고 경험할 수도 없고, 검증할 수도 없는 영역으로 잠겨버리게 되고 이런 이론은 자체 모순이 없을지는 모르지만 너무 동떨어지고 진실이 아니어서 자체 모순이 있는 것과 거의 마찬가지로 쓸모없게 된다. 사변만을 하는 정신만이 그런 이론에 관심을 가질 것이며, 그 이론에 관한 앞날의 책임은 심리학에 있는 것이 아니라 형이상학에 있을 것이다. 그러나 가능성으로는 그런 이론이 앞날에 성공할 수도 있을 것이란 것을 인정해야 한다——라이프니츠, 헤르바르트, 로체 등이 옹호한 이 이론에는 어떤 뜻이 있는 것이 틀림없다.

영혼설(靈魂說)
(THE SOUL THEORY)

그러나 이것으로 나의 이야기는 끝인가? 결코 그렇지 않다. 많은 독자들은 앞의 몇 페이지에 나온 것들을 보고 "도대체 왜 이 어리석은 사람이 **영혼**을 언급하고 그것으로 끝내지 않는가?"라고 혼잣말을 했을 것이 분명하다. 유심론을 반대하도록 훈련받은 선입견을 가지고 있는 진보적 사상가들이나 인기 있는 진화론자인 독자는 이 책에서 그렇게 많은 멸시를 당한 영혼이란 말이 생리학적인 사고를 진행시킨 사고 대열의 끝머리에 이제 불쑥 튀어나온 것을 보고 약간 놀랐을 것이다. 그러나 명백한 사실은 '주세포' 또는 '주재 단자'를 옹호하는 모든 주장은 언제나 항상 정신적 작용원이 별도로 존재한다는 생각을 옹호하는 스콜라 심리학과 상식이 믿는 널리 알려진 주장이라는 것이다. 그리고 우리가 당면하고 있는 난점에 대한 가능한 해답으로 영혼을 좀더 일찍 거론하지 않고 언저리만 건드린 단 한 가지 이유는 유물론적 사상가들로 하여금 유심론적 입장도 논리적으로 존중할 만하다는 것을 더 강력하게 느끼도록 강요하기 위해서다. 우리는 영혼이라는 위대한 전통적 신앙 대상의 어떤 것도 멸시할 자격이 없는 것이 사실이다. 우리가 영혼을 실감하든 실감하지 못하든, 적극적으로나 소극적으로나 항상 우리를 영혼이란 그 신앙 대상 쪽으로 끌어가는 경향을 지닌 위대한 이유들이 있다. 만약 우주에 **영혼들**과 같은 실체가 있다면 그것들은 필시 신경 중추에서 진행되는 다양한 사건들에 의해 영향을 받을 것이다. 주어진 순간의 전체 뇌 상태들에 대해 영혼들은 자신의 내부를 변화하여 반응할 것이다. 이와 같은 영혼의 내부 변화가 바로 적거나 많은 대상들, 그리고 단순하거나 복합적인 대상들을 인지하는 의식 박동인 것이다. 따라서 영혼은 (앞의 용어를 사용하면) 다수의 뇌 과정들이 초래하는 영향들을 결합하는 매개체일 것이다. 영혼을 어떤 주재−분자 또는 뇌−세포의 '내부 차원'이라고 간주할 필요는 없으므로 우리는 생리적 불성립을 피하고 영혼에 의한 의식 박동은 처음부터 단위적인 사건이고 완전체적 사건이기 때문에 우리는 감성이 분리되어 존재한 다음 그것들이 자체적으로 '함께 혼합'한다고 가정하는 모순을 모면하게 된다. 이 영혼 이론에서는 분리하는 것은 뇌의 세계에 있고 단위로 통일하는 것은 영혼 세계에 있는 것이 되지만 우리를 따라다니며 계속 괴롭히는 단 한 가지 남아 있는 두통거리는 뇌와 영혼 중 한쪽 세계, 그리고 그 세계 속에 존재하는 사물이 다른 쪽 세계, 또 그 다른 세계 속의 사물에 어떻게 작용하고 영향을 미칠 수 있는가 하는 것을 이해하려는 형이상학적 난점이다. 그러나 이 두통거리는 두 세계 모두의 내부에 있고 물리적 불성립도, 논리적 모순도 거기 포함되고 있지 않으므로 비교적 비중이 적다.

따라서 어떤 신비로운 방법에 따라 뇌 상태의 영향을 받고 그 자신의 의식 작용으로 뇌 상태에 역으로 반응하는 것이라고 영혼을 가정하는 것은 우리가 도달한 바로는 가장 논리적 저항이 적은 노선인 것 같이 나에게는 보인다는 것을 나는 자인한다.

엄격하게 말하면 영혼 이론이 어떤 것도 설명하지 못한다 하더라도 어떻든 정신-소자 이론이나 물질-단자 주장보다는 적극적인 반박을 덜 받을 만하다. 그러나 정신적 차원에서는 전체 뇌-과정과 동격인 직접 알려지는 사물 또는 단순한 **현상**은 의식 상태이고 영혼 자체는 아니다. 영혼을 가장 충실하게 믿는 많은 사람도 영혼의 여러 상태에서 겪은 경험으로부터 추정하여 영혼을 알게 될 뿐이라는 것을 인정한다. 따라서 **제10장**에서 우리는 영혼에 관한 고려에 다시 되돌아가야 하며 또 결국 의식 상태의 연속과 전체 뇌-과정의 연속이 항과 항끼리 어떤 매개도 두지 않는 공백에서 상응한다는 것을 확인하는 것이 가장 단순한 정신-물리의 공식이 아니며 또 검증할 수 있는 법칙에만 만족하고 다만 분명히 하려고만 하고 충분하지 않은 가설은 회피하려고 하는 심리학이 결코 최종 결론이 아니지 않는가 하는 것을 자문해야 한다. 심리학에서는 이와 같이 경험되는 의식 상태와 뇌 과정과의 병행 관계를 단순하게 인정하는 것이 가장 현명한 일인 것 같다. 이 병행 관계를 유지함으로써 우리 심리학은 실증적인 것이 되고 형이상학이 되지 않을 것이지만 이렇게 하는 것은 잠정적으로만 심리학이 머무를 장소이고, 언젠가는 모든 것이 더 철저하게 사색되어야 하겠지만 이 책에서는 이 잠정적으로만 머물 장소에 우리는 머물 것이고 정신- 소자를 배척한 것처럼 우리는 영혼에 대한 고려도 하지 않을 것이다. 유심론을 신봉하는 독자는 그럼에도 불구하고 원한다면 영혼을 믿을 것이고 다른 한편 실증주의 표현에 어떤 신비적 색채를 가미하기를 바라는 실증주의를 취하는 독자는 계속 측량할 수 없는 구상에 따라 자연이 진흙과 불꽃을, 그리고 뇌와 정신을 혼합하여 우리를 만들고 이 두 사물은 의심할 바 없이 함께 매달려 서로의 존재를 결정하지만 어떻게 또 왜 그렇게 되었는가 하는 것은 생명을 지니는 자 아무도 영원히 알 수 없을 것이라고 주장할 수 있다.

■ 주석

1) Psychol(심리학). 62.
2) 전게서, 272.
3) Fragments of Science(과학 단편) 5판, p.420.
4) Belfast 연설, 'Nature,' 1874년 8월 20일, p.318. 이 저자가 그렇게 강조한 신경 분자 운동과 감성 사이에 있는 괴리(乖離)가 처음 보기보다 약간 덜 절대적이라 말하지 않을 수 없다. 이 두 세계에 공통된 범주들이 있다. 시간 연속(Helmholtz가 인정한 바와 같이, Physiol. Optik, p.445)뿐만 아니라, 강도, 부피, 단순성과 복합성, 원활한 변화와 껄끄러운 변화, 평온과 흥분 등과 같은 속성은 물리적 사실로도 정신적 사실로도 진술되는 것이 관례이다. 이와 같은 유추를 얻을 수 있다면 그들 사이에 무언가 공통된 것이 있다고도 할 수 있다.
5) Psychology, 131.
6) Nature, 앞에와 같음, 317-8.
7) 'Nascent(탄생 중)' 란 말은 Spencer가 만든 중요한 개념이다. 어떤 시점에서 의식이 어떻게 진화 장면에 나타나야 했는가 하는 것을 보여주는 데 있어 막연하지만 필자는 의외로 어느 정도 잘 해냈다.

    "고등한 생명체에서는 아마 본능이 원초 의식을 동반하는 것 같다. 다수의 자극들이 협동하려면 반드시 그 자극들을 관계시키는 신경 절(神經 節)들이 있어야 한다. 자극들을 관계시키는 과정에서 여러 신경들은 서로 영향을 주고받아야 한다. 즉 많은 변화를 해야 한다. 그리고 신경 절에서 신속한 연쇄적 변화가 일어난다는 것은 언제나 차이와 유사를 지각하여 경험하게 한다는 것을 함축하며 의식의 **원재료**를 형성한다. 이 함축은 **본능**이 발달되자마자 곧바로 어떤 종류든 의식이 탄생 중이란 것을 의미하는 것이다." (Psychology, 195).

    '원재료' 란 말과 '함축' 이란, **진화**하고 있다는 뜻이다. 이 말들은 '합성 철학' 이 요구하는 엄격성을 갖추고 있다고 생각된다. '인상' 들이 공통의 '교신 중추'를 연속하여 (마치 사람들이 십자형 회전문을 통하여 극장에 들어가는 것과 같이) 통과함으로써 그때까지는 존재하지 않았던 의식이 결과적으로 나타난다고 가정된 것이다:

"분리된 개별적인 감각 인상은 여러 감각 기관들에서——신체의 서로 다른 부분——수용된다. 만약 감각 인상이 수용된 장소보다 더 앞으로 나가지 않는다면 그 인상들은 쓸모없다. 또한 만약 그 인상들 중 일부만 서로 관계를 맺는다면 이때도 인상은 역시 쓸모없다. 인상이 유효한 적응을 이루려면 모든 인상들이 서로서로 상호 관계를 맺어야 한다. 그러나 이것은 개별적으로 통과하는 모든 인상에 공통된 어떤 교신 중추가 있다는 것을 의미하며, 인상들은 동시에 그 교신 중추를 통과할 수 없을 때에는 연속하여 통과해야 한다. 그리하여 반응되는 외부 현상들의 수가 많아지고 종류도 복잡하게 될 때 이 공통 교신 중추가 받게 되는 변화도 종류가 다양하고 신속성이 증가하게 되어——이와 같은 중단 없는 변화 계열이 결과적으로 생겨나서—— **의식이 생기게 되는 것이 틀림없다.**

"따라서 유기체와 환경과의 사이의 상응 관계가 진행하면 필연적으로 연속적 감각 변화는 줄어들게 되고 그렇게 됨으로써 **뚜렷한 의식이**——연속적 감각 변화가 더 신속하고 상응 관계가 더 완전할수록 더 고급한 의식이—— **진화되게 된다.**"(전게서, 179.)

Fortnightly Review(vol. XIV. p.716)에 있는 이 글귀에서 의식의 기원에 관하여 무엇을 말하려 한 것은 아니라고 Spencer가 부인한 것은 사실이다. 그러나 이 글귀는 그의 심리학의 많은 부분들과 (예 43, 110, 244) 너무나 유사하여 의식이 어떻게 어떤 시점에서 '진화되어' 나타났느냐 하는 것을 설명하려는 진지한 시도로 간주하지 않을 수 없다. 어떤 비평가가 그의 말이 공허하다는 것을 지적했을 때 Spencer는 자신의 말이 어떤 특별한 것을 의미하지 않는다고 변명해야 한 것은 이런 종류의 '다색(多色) 철학'에 붙어 다니는 명예롭지 못한 모호성의 한 보기일 뿐이다.

8) 그 자신의 말은 다음과 같다. "피부에 실제 영향을 미친 것이 복사열이었을 때에도 피부에 무언가 닿는 것을 느낀다는 의미에서 잘못 판단한 것이다. 앞에서 언급한 나 자신이 실시한 실험에서는 손바닥 전체 또는 얼굴에 주어진 자극에는 잘못 판단하는 일이 없었다. 약간의 사례에서는 손등에 주어진 60회의 자극 계열에서 4회 잘못된 판단을 얻었고 다른 사례에서는 45회 자극에서 잘못된 판단을 두 번 얻었다. 위팔 신근(伸筋) 쪽에서는 48회 자극

에서 3회 속았다는 것을 알았고 또 다른 한 사람에서는 31회 자극에 한 번 속은 것을 알았다. 등심 쪽에서는 한 사례에서 등뼈 위에서 11번 연속 자극에서 3회 속는 것을 관찰했고 또 한 사람에서는 19회 자극에 4회 속는 것을 보았다. 요추(腰椎)에서는 29번 자극에 6회 속았고 또 7회 자극에서 4회 속았다. 아직 확률 계산을 할 수 있을 만한 충분한 자료가 확실하게 모이지 않았지만 등 뒤에서도 단지 작은 피부 부분만 자극하여도 온각(溫覺)과 광선 압각(壓覺)을 어느 정도 정확하게 변별하는 것을 누구나 의심 없이 쉽게 확신할 수 있다. 이와 상응하는 냉각에 관한 실험은 아직 할 수 없었다." (Lehrb. d. Anat. u. Physiol. d. Sinnesorgane(1882), p.29).

9) Principles of Psychology, 60.

10) 이상하게도 Spencer는 진화론적 철학에서 정신 소자라는 기본 단위에 관한 이론이 지니는 **일반적** 역할에 관해서는 전혀 알고 있지 못한 것 같다. 진화론 철학이 쓸모 있으려면 원초 물질(nebula) 속에도 의식이 있다고 가정하는 것이 불가피하다──물론 가장 간단한 방법은 모든 원자가 생명을 가지고 있다고 가정하는 것이다. 그러나 Spencer는[예: 'First Principle (제일 원리 71)'] 의식이란 다만 '같은 값어치'의 양만큼 '물리적 힘'이 '변형' 되어 우연하게 생긴 결과일 뿐이라고 주장하려 했다. 아마 뇌가 있어야 그와 같은 '변형'이 일어날 수 있을 것이며, 따라서 본문에 인용된 주장은 단지 국부적 세부 사항에 지나지 않고 일반적 의미는 없다.

11) 색 혼합도 같은 방법으로 다룰 수 있다. Helmholtz는 녹색과 적색이 동시에 망막에 떨어지면 우리는 황색을 본다는 것을 증명했다. 정신 소자 이론은 이 사례를 녹색 감성과 적색 감성이 결합하여 **제3의 감성**인 황색 감성이 된다고 해석할 것이다. 실제로 나타나는 것은 의심할 바 없이 결합된 광선이 망막에 부딪히면 제3의 종류의 신경 과정이 형성된다──단순히 적색 과정과 녹색 과정이 합치는 것이 아니라 이 양자와 전혀 다른 어떤 과정이 생긴다. 물론 이때 정신 속에는 적색이나 녹색 감성은 없으며 정신 속에 있는 황색 감성이 그 순간에 있었던 신경 흥분에 직접 응답한다. 이는 마치 녹색 신경 과정이나 적색 신경 과정이 나타나면 그들 신경 과정에 해당되는 녹색 감성이나 적색 감성이 응답하는 것과 같다.

12) Mill의 Logic(논리학), book IV, chap. IV. 3을 참조하라.

13) 나의 학생들에게는 감성들이 결합하는 것을 직접 지각할 수 있다고 생각하는 거의 고질적인 경향이 있는 것을 발견했다. "레모네이드의 맛은 레몬

의 맛 더하기 설탕의 맛이 아니고 무엇인가?"라고 학생들은 말한다. 이것
은 감성 결합 대신 대상 결합을 취하고 있는 것이다. 물리적으로는 레모네
이드가 레몬과 설탕을 포함한 것이지만 레모네이드의 맛은 레몬의 맛도
설탕의 맛도 포함하고 있지 않다. 왜냐하면 레모네이드 맛 속에 있지 않는
것이 확실한 두 가지는 한편으로 레몬의 떫은맛이고, 다른 한편으로 설탕
의 단맛이기 때문이다. 이 두 맛은 레모네이드 속에 전혀 없다. 레모네이
드의 전혀 새로운 맛이 이 두 맛과 유사한 것은 사실이지만 **제8장**에서 유
사성이 부분들의 본래 모습을 유지하게 한다고 주장할 수 있게 하지는 않
는다는 것을 우리는 알게 될 것이다.

14) E. Montgomery, in 'Mind,' V. 18–19. 또한 pp. 24–25를 보라.

15) J. Royce, 'Mind,' VI. p. 376. Lotze가 누구보다도 이 법칙이 지니는 진리
를 가장 분명하고 풍부하게 제시하였다. 불행하게도 그의 설명이 너무 길
어 인용할 수 없다. 그의 Microcosmus(소우주), bk. II. ch. I. 5.;
Metaphysik(형이상학) 242, 260; Outline of Metaphysik(형이상학 개설),
part ii. chap. I. 3, 4, 5를 보라. 또 Raid의 'Intellectual Powers' ('지성의
힘') essay V, chap. III ad fin.; Bowne의 'Metaphysik' (형이상학),
pp. 361–76; St. J. Mivart: 'Nature and Thought' (자연과 사상), pp. 98–
101; E. Gurney: 'Monism' ('일원론'), 'Mind,' VI. 153; 그리고 바로 인용
된 Royce 교수의 'Mind-Stuff and Reality' (정신 소자와 현실)이라는 논문
을 비교하라.

정신–소자 견해를 옹호하는 논문으로는 W. K. Clifford: 'Mind,' III. 57
(그의 Lectures and Essays(강의와 수필), II. 71에 재수록); G.T. Fechner:
Psychophysik(정신 물리학), Bd. II. cap. XLV; H. Taine: on Intelligence
(지성에 관하여), bk. III; E. Haeckel. 'Zellseelen u. Seelenzellen' ('세포
영혼과 영혼 세포')란 Gesammelte pop. Vorträge, Bd. I. p. 143에 있는
논문; W.S. Duncan: 'Conscious Matter' (의식적 사실) 도처; H. Zollner:
'Natur d. Cometen' (혜성의 성질), pp. 320 ff.; Alfred Barratt: 'Physical
Ethic' (물리적 윤리) 및 'Physical Metempiric' (물리적 선험 철학) 도처; J.
Soury: 'Kosmos' V. Jahrg., Heft x. p. 241 속에 있는 Hylozoismus(물활
론); A. Main: 'Mind,' I. 292, 431, 566; II. 129, 402; Id. Revue Philos.,
II. 86, 88, 419; III. 51, 502; IV. 402; F. W. Frankland: 'Mind,' VI. 116;
Whittaker: 'Mind,' VI. 498 (역사); Morton Prince: 'The Nature of Mind

and Human Automatism' (정신의 본성과 인간 자동성) (1885); A.Riehl: 'Der Philosophische Kriticismus' (철학적 비판), Bd. II. Theil 2. 2절 2장 (1887)을 보라. 이 견해를 옹호하는 가장 분명한 언명은 현재까지는 Prince 의 주장이다.

16) "눈먼 사람이나 귀가 먼 사람은 혼자서는 소리와 색을 비교할 수 없는 것이 사실이지만 한 사람은 듣고 한 사람은 보기 때문에 두 사람이 합치면 소리와 색을 비교할 수 있다고 말하는 사람이 있을지 모르겠다 … 그러나 그들이 떨어져 있거나 한 곳에 붙어 있거나 다를 바 없이 그들은 영구히 한 집에 살고 있을지라도, 아니 그들이 등이 붙은 쌍둥이거나 등이 붙은 쌍둥이보다도 더 떨어지는 일이 없는 경우라도 그 같은 가설을 가능한 것으로는 만들지 못할 것이다. 동일한 현실 속에 소리와 색이 표상(表象)될 때에만 그것 둘이 비교된다고 생각할 수 있다." [Brentano: 'Psychologie' (심리학), p.209.]

17) 우리는 대체로 정신-소자 이론이 내세우는 **논리에 따라** 추리하고 있으며 그 논리에 따라 고급 정신 상태를 저급 정신 상태들이 합산하여 합친 것과 동일하다고 간주함으로써 고급 정신 상태의 구성을 설명할 수 있는가 하는 것을 추리하고 있다는 것을 독자들은 알아야 한다. 우리는 이 두 종류의 사실이 동일하지 않고 고급 정신 상태는 다수의 저급 정신 상태가 합친 것이 아니라 자체로 존재한다고 말한다. 그러나 다수의 저급 정신 상태가 함께 나타날 때 또는 따로 분리되면 수많은 저급 정신 상태를 창출하게 될 어떤 뇌-조건들이 함께 나타날 때 고급 정신 상태가 나타나지 않는 것처럼 우리가 말한 일은 한 순간도 없었다. 사실 이와 같은 조건에서는 고급 정신 상태가 나타나며 제9장이 주로 이런 사실을 증명하기 위해 마련되었다. 그러나 이와 같은 고급 정신 상태의 출현은 새로운 정신적 실체의 출현이며 정신-소자 이론이 주장하는 것과 같은 저급 정신 상태가 '통합' 되어 생기는 것은 전혀 아니다.

사람들이 사실에 관한 이론을 비판하는 것을 그 사실 자체를 의심하는 것으로 오해했다고 생각되는 것은 이상한 일이다. 그러나 이와 같은 혼동은 높은 지식층에도 있어 충분히 이 말을 뒷받침한다. J. Ward는 Encyclopaedia Britannica에 있는 '심리학' 이란 제목의 논문에서 '감성 계열은 자신이 계열을 이루고 있다는 것을 알 수 있다' 는 가설에 관하여 언급하면서 "이 가설에 대해서는 역설이란 말은 너무나 약하고 모순이란 말도 충분하지 않다"라고 말하였다(p.39). 이에 대해 Bain 교수는 다음과 같이 그를 꾸짖었다: "정신 상태가 이루는 계열이 자신이 계열이란 것을 알고 있다는 사실에는 어떤 극복할 수 없는 어려움도 찾을 수 없다는 것을 나는 인정한다. 이 말은 사실일 수도 있고 사실이 아닐 수도 있으며 아주 어색한 표현이 될지 모르지만 그 말이 해당되는 곳에서는 그 말은 역설도 모순도 아니다. 계열이란 다만 개별과 모순될 뿐이며 계열은 공존하는 두 개 이상의 개별이지만 두 개 이상의 개별이 존재하는 것은 너무 일반적이어서 계열이 자신이 계열이란 것을 알고 있을 가능성을 배제할 수 없다. 계열이 자신에 대하여 알고 있다는 것을 전면에 내세우지 않는 것은 확실하지만, 그렇다고 그것이 계열이 자신에 대한 지식을 가진다는 것을 부인하는 것은 아니다. 대수 계열은 모순 없이 자신을 알고 있으며 그것을 반대할 단 한 가지 이유는 계열이 자신을 안다는 사실에 대한 증거가 없다는 것이다."('Mind,' XI. 459). 따라서 Bain 교수는 어떻게 감성 계열이 자신에 관한 지식을 얻어 계열을 이룬 감성들에 그 자신에 관한 지식을 **첨가할** 수 있는가 하는 것을 알기 어렵다는 것이 오직 성가신 일이라고 생각하였다! 마치 누군가 이런 성가신 일을 고민이나 한 일이 있는 것처럼 그렇게 말하였다. 성가신 일이지만 잘 알려진 바와 같이 그것은 사실이어서 우리 의식은 감성 계열이고 그 계열에 때때로 나타났다 사라지는 회고적 의식이 **첨가**된다. Ward와 내가 고민하는 것은 다만 정신- 소자론자들과 연합주의자들이 '정신 상태의 계열' 은 '아는 것 그 자체' 라고 말하고 만약 정신 상태들이 각각 떨어져 있다 하더라도 그들의 집단 의식은 **자체적으로** 주어져서 우리는 더 이상 설명이나 '사실적인 증거' 를 필요로 하지 않는다고 계속 외쳐대는 어리석음이다.

18) '무의식적 뇌 작용' 을 저술한 사람들은 때로는 뇌 작용을 의미하고 또 때로는 무의식적 사고를 의미하는 것 같다. 다음 논의들은 여러 부분에서 따온 것들이다. 독자들은 이런 논의를 E. von Hartman : Philosophy of The Unconscious(무의식의 철학), vol. I. 및 E. Colsenet: 'La vie Inconsciente de l'Esprit' (정신의 무의식적 생활) (1880)에서 가장 체계적으로 주장된 것을 볼 수 있다. 또한 T. Laycock: 'Mind and Brain' (정신과 뇌), vol. I. chap. V. (1860); W. B. Carpenter: 'Mental Physiology' (정신생리학), chap. XIII; F.P. Cobbe: 'Darwinism in Morals' (도덕에서의 다윈주의) 및 기타 수필, 수필 XI, 'Unconscious Cerebration' (무의식적 뇌 작용)

(1872); F. Bowen: 'Modern Philosophy' (현대 철학), pp. 428-480; R.H. Hutton: Contemporary Review, vol., XXIV. p. 201; J. S. Mill: Hamilton 검토, chap. XV; G.H. Lewes: 'Problems of Life and Mind' (생명과 정신의 문제), 3d series, Prob. II. chap. X. 및 IV. chap. II.; D. G. Thompson: A System of Psychology,(심리학 체계), chap. XXXIII; J. S. Baldwin, Handbook of Psychology,(심리학 편람), chap. IV을 참조하라.

19) Nouveaux Essais(신 논고), Avan-propos(서문).

20) J. S. Mill, Exam. of Hamilton, chap. AV.

21) Dugald Stewart, Elemdnts, chap. II을 참조하라.

22) J. E. Maude: 'The Unconscious in Education'(교육에서의 무의식), 'Education' vol. I. p. 401(1882).

23) Zur Lehre vom Lichtsinne(광감각 이론) (1878).

24) Wundt: Ueber den Einfluss der Philosophie(철학의 영향에 관하여), 취임 연설(1876) pp. 10-11: Helmholtz: Die Thatsachen in der Wahrnehmung(지각에서의 제 사실) (1879) p. 27을 참조하라.

25) Satz vom Grunde(기본 명제), pp. 59-65를 참조하라. 또한 F. Zöllner의 Natur der Kometen(혜성의 천성), pp. 342 ff.와 425를 비교하라.

26) 뒤의 **제18장**에 나오는 Helmholtz가 말한 것을 참조하라.

27) 이 본문은 Lipps 교수의 'Grundtatsachen des Seelenleben'(정신생활의 기본 사실) (1883)이 내 손에 들어오기 전에 씌어졌다. 그 책의 제 III장에서 무의식이라는 개념이 일찍이 받아본 일이 없는 가장 명료하고 가장 엄격한 비판을 받고 있다. 어떤 글귀는 내 자신이 쓴 것과 흡사하기 때문에 그 글귀를 이 객주에 인용해야 할 것 같다. 희미함과 명료함, 미완성과 완성 등은 정신 상태 **자체**에 속하는 것이 아니라…모든 정신 상태는 **정확하**게 있는 그대로이고 다른 딴 것이 아니어야 하므로… 다소간 희미하게 또는 다소간 명료하게 **표상되는** 대상들을 정신 상태가 대리하는 데 따를 뿐이라는 것을 증명한 다음 Lipps는 주의하면 보다 명료하게 된다고 이야기되는 감각 사례를 다루었다. 그는 말하기를 "나는 어떤 사물을 지금 밝은 대낮에 지각하고 또 밤에 다시 지각한다. 낮에 얻은 지각 내용을 a라 하고 밤에 얻은 지각 내용을 a¹이라 하자. 아마 a와 a¹ 사이에는 상당한 차이가 있을 것이다. a의 색채는 다채롭고 강할 것이며 서로 뚜렷하게 경계가 지어질 것이고 a¹의 색채는 덜 밝고 대조가 덜 강하고 중립적인 회색이거나

갈색에 가까울 것이고 더 많은 것이 혼합된 색채일 것이다. 그러나 두 지각 자체는 모두 완전히 정해진 것이고 모든 다른 것들과 구별된다. 내 눈에 a의 색상은 밝고 경계가 뚜렷한 것으로 보이는 것과 꼭 마찬가지로 a^1의 색상은 결정적으로 어둡고 흐릿하게 보이는 것 이상도 이하도 아니다. 그러나 이제 나는 하나이고 동일한 실제인 **대상** A가 a와 a^1에 상응한다는 것을 지금 알고 있거나 알고 있다고 믿는다. 뿐만 아니라 a가 a^1 보다 A를 더 잘 표상한다고도 확신한다. 그러나 나의 확신에 유일하게 올바른 이와 같은 표현을 제공하지 않고 나의 의식 내용과 실제 사물을, 그리고 표상과 그 표상이 의미하는 것을 서로 구별하지 않고 나는 의식 내용 대신 현실적인 대상을 대치시켜 마치 하나이고 동일한 대상으로 되어 있으나 (즉 진실한 대상을 은밀하게 도입하여) 한 번은 명료하고 뚜렷하게 또 한 번은 막연하고 희미하게 두 번 나의 의식 내용을 구성하는 것처럼 경험을 언급한다. 지금 나는 A에 관한 뚜렷하거나 덜 뚜렷한 **의식**을 말하고 있지만 a와 a^1란 두 의식은 그 **자체로는** 똑같이 뚜렷한 의식이지만 외부 사물로 가정된 A라는 대상이 이들 의식에 뚜렷한 정도에서 다르게 대응하고 있다고 해야만 나의 말이 정당한 것이 될 것이다."(p.38-9)

제7장
심리학의 연구 방법과 그 함정
(THE METHODS AND SNARES OF PSYCHOLOGY)

우리는 이제 우리 학문에 필요한 생리학의 예비지식을 끝마쳤으며 나머지 장들에서는 지금까지 고찰한 대뇌 상태와 그 동반물에 해당하는 정신 상태 자체를 연구해야 한다. 그러나 뇌를 넘어선 저쪽에는 뇌 상태 자체가 '대응'하는 외부 세계가 있다. 그리고 앞으로 더 나가기에 앞서 물리적 사실의 광범한 영역과 정신 사이의 관계를 한 마디 언급하는 것이 좋을 것 같다.

심리학은 자연과학이다
(PSYCHOLOGY IS A NATURAL SCIENCE)

심리학자들이 연구하는 정신은 실제 공간과 실제 시간의 일정 부분을 점유하는 개별적 개인 정신이다. 절대 **지성**이나 개별 개인 신체에 부착되지 않는 **정신**, 또는 시간 진행에 제약받지 않는 정신 등과 같은 것은 심리학자들이 상관하지 않는다. 심리학자들이 말하는 '**정신**'은 각 개인이 갖고 있는 여러 가지 정신들을 포괄하는 범주 명칭일 따름이다. 심리학자들이 수행한 좀더 제한된 연구들이 절대 **지성** 자체를 연구하는 데 몰두하는 철학자들이 사용할 수 있는 어떤 일반화된 결과를 초래한다면 다행한 일이다.

따라서 심리학자가 연구하는 정신들은 다른 과학의 연구 대상들과 같은, 세계 속에 있는 **대상들**이다. 자신의 정신을 내관하여 분석하고 거기에서 발견한 것들을 이야기할 때에도 심리학자는 발견한 것을 객관적으로 말해야 한다. 예를 들어 어떤 조건에서는 회색이 초록으로 보인다고 말하고 그렇게 보이는 것을 착각이라 한다. 이것은 그가 특정 조건에서 보이는 실제 색채와 그 색채를 표상한다고 믿는 심적 지각의 두 대상을 비교하여 그 둘 사이의 관계가 어떤 종류라는 것을 선언하는 것을 뜻한다. 이와 같은 비판적 판단을 하는 경우 심리학자는 그 색채와 떨어져 있는 만큼 그가 비판한 지각과도 거리를 둔다. 실제의 색채와 그 색채에 대한 지각이라는, 이 둘 모두가 심리학자의 대상이다. 그리고 자신의 의식 상태를 반성할 때 심리학자가 자신의 지각과 떨어지게 된다면 타인의 의식 상태를 다룰 때에는 얼마나 더 떨어지게 되겠는가! 칸트 이래 **독일** 철학에서는 지식을 얻는 능력에 관한 비판으로 **인식론**(認識論, Erkenntnisstheorie)이란 말이 아주 커다란 역할을 하였다. 이제 심리학자는 그 같은 **인식론자**(Erkenntnisstheoretiker)가 될 필요가 있다. 심리학자가 이론적으로 다루는 지식은 칸트가 비판한 단순한 지식의 기능은 아니다——심리학자는 지식 **일반**(überhaupt)의 성립이 가능한가 하는 것은 문제 삼지 않는다. 심리학자는 지식은 가능하다고 가정하며 그가 말하는 순간 자신에게 지식이 있다는 것을 의심하지 않는다. 심리학자가 비판하는 지식은, 개별 인간을 둘러싸고 있는 개별 사물들에 대한 그 개별 개인들이 갖고 있는 지식이다. 심리학자는 때로는 의심할 수 없는 **자신**의 지식에 비추어 보아 진(眞) 또는 위(僞)라 선언하며, 다음에 그것이 왜 진이나 위인가 하는 이유를 추궁할 것이다.

이와 같은 자연과학적 관점을 처음부터 이해하는 것이 매우 중요하다. 그렇지 않으면 심리학자가 수행할 것으로 기대되는 것보다 훨씬 많은 것을 그에게 요구하게 될 것이다.

아래 도표가 **심리학**이 취해야 할 바를 더욱 뚜렷하게 보여줄 것이다:

1	2	3	4
심리학자	연구되는 사고	사고 대상	심리학자의 진실

이들 네 개 사각형은 더 이상 줄일 수 없는 심리학의 소여를 담

고 있다. 제1의 사각형에 있는 심리학자는 함께 그의 대상 전체를 형성하고 있는 제2, 3, 4의 사각형을 모두 현실적인 것으로 믿으며, 그 현실적인 것들을 보고하는 것이 어떻게 가능한가 하는 풀기 어려운 문제에는 구애되지 않고, 가급적 그들 현실적인 것들과 그들의 상호 관계를 보고한다. 이 풀기 어려운 **근본** 문제에 관해서는 심리학자와 정확하게 동일한 가정에서 출발하는 기하학자, 화학자, 식물학자 등과 마찬가지로 심리학자도 대개는 걱정할 필요가 없다.[1]

심리학자가 그의 독특한 관점——객관적 사실을 보고하는 보고자일 뿐만 아니라 주관적 사실을 보고하는 보고자이기도 하다는 관점——때문에 범하게 되는 오류에 관해 여기에서 언급해야 한다. 그러나 문제되고 있는 사실들이 무엇이라는 것을 확인하기 위하여 심리학자가 사용하는 방법을 고려하지 않고서는 심리학자가 범하게 되는 오류를 언급할 수 없다.

연구 방법
(THE METHODS OF INVESTIGATION)

내관 관찰(內觀 觀察, *Introspective Observation*)은 우리가 맨먼저, 그리고 항상 의존해야 하는 방법이다. 내관이란 말은 정의를 내릴 필요가 거의 없다——그 말은 물론 우리 자신의 정신을 들여

다보고 거기서 발견한 것을 보고하는 것을 의미한다. 우리 정신 속에서 우리는 의식 상태를 발견한다는 것을 누구나 동의한다. 내가 알고 있는 한 다른 점에서는 아무리 회의적일지라도 우리에게 의식 상태가 존재한다는 것은 어떤 비평가도 의심하지 않았다. 대부분의 사실들이 철학적 회의의 입김에 걸려 휘청거리게 되는 세계에서도 우리가 어떤 종류이든 사고 능력(cogitations)을 갖고 있다는 것은 요지부동이다. 모든 사람들이 주저하지 않고 자신이 생각하고 있다는 것을 느끼고, 정신의 내부 활동 또는 내부 정열로 되어 있는 정신 상태 자체와 그 정신 상태가 인지하여 다루는 모든 대상들 간을 구별한다고 믿는다. 나는 이 믿음을 심리학의 공리 중에서 가장 기본적 공리로 간주하며, 어떤 호기심이 발동해 이 믿음의 확실성을 의심하여 묻는 것은 어떤 것이든, 이 책의 범위에서 보면 너무 형이상학적이어서 배제될 것이다.

명칭 문제. 우리는 의식 상태의 개별 성질이나 개별 인지 기능을 지칭하는 명칭과는 달리 모든 의식 상태들을 포괄하는 전체 의식 상태 자체를 단일하게 지칭하는 어떤 일반적 용어를 가져야 한다. 불행하게도 의식 상태 자체를 지칭하기 위하여 우리가 사용하고 있는 용어는 대부분 심각한 결함을 지니고 있다 '정신 상태', '의식 상태', '의식 변용' 등의 용어는 어색하고 같은 계통의 동사를 갖고 있지 않다. '주관 상태' 라는 말에도 같은 것이 해당된다. '감정(느낌)'이란 말은 '느낀다'라는 능동 또는 중성의 동사를 갖고 있으며 또 '감정적으로', '느껴진', '감촉' 등과 같은 파생어도 있어 아주 편리한 말이다 그러나 다른 한편 감정이란 말은 통칭적 의미와 특수한 의미를 갖고 있어 때로는 유쾌와 불쾌를 지칭하는 가 하면, 또 때로는 사고와 대립되는 '감각'과 동의어가 된다. 우리는 감각과 사고를 구별하지 않고 모두 포괄하는 단일 용어를 가지려고 한다. 더 나아가 '감정'이란 말은 플라톤(Platon)적 사고를 하는 사람의 마음에서는 일련의 욕지거리가 되는 의미를 지니고 있다. 철학에서 상호 이해를 막는 가장 큰 장애의 하나가 용어를 찬양조로 또는 비하하는 투로 사용하는 것이기 때문에 가급적 치우침이 없는 용어가 언제든 선호되어야 한다. **정신성**(psychosis)이란 말은 헉슬리가 제안하였다. 이 용어는 **신경성**(neurosis, 바로 이 저자가 정신성에 상응하는 신경 과정에 붙인 이름)과도 상관관계에 있다는 장점이 있고, 그 외에 전문 용어이고, 편파적 의미를 갖고 있지 않다. 그러나 정신성이란 말은 같은 종류의 동사나 기타 다른 문법적 품사들을 갖고 있지 않다. '영혼 감응' 또는 '자아 변용'이란 표현은 '의식 상태'라는 말처럼 어색하고 공개적으로 토론하여 인정받기 전에는 구체적으로 쉽게 적절한 언어 표현이 될 수 없는 이론을 암암리에 풍기고 있다. '관념'이란 말이 모호하며 중립적인 좋은 용어이고, 로크는 이 말을 가장 광범위한 통칭어로 사용했지만 그의 권위에도 불구하고 신체 감각을 포괄할 만큼 친근한 언어가 되지 못했을 뿐만 아니라 동사를 갖고 있지 않다. '사고'라는 말이 만약 감각을 포괄할 수 있다면 훨씬 더 쓰기 좋은 말일 것이다. 사고라는 말은 '감정'이란 말이 지니는 욕지거리와 같은 내포를 갖고 있지 않지만 정신생활의 본질이라고 우리가 곧 알게 될 어디에나 있는 인지 능력(또는 정신 상태 자체가 아닌 대상과 관련하는 능력)을 곧바로 암시한다. 그러나 '치통에 대한 사고'라는 표현이 독자에게 실제로 있는 아픔 자체를 암시해 줄 수 있는가? 그런 암시는 거의 불가능하며, 따라서 우리가 의식의 전체 영역을 포괄하기를 원한다면 흄의 '인상과 관념'이라든가 해밀턴(Sir William Hamilton)의 '현존과 표상'이라든가 또는 일상에서 사용하는 '감정과 사고'와 같은 쌍으로 된 용어로 되돌아가지 않을 수 없게 되는 것 같다.

이와 같은 어려움이 있으므로 어떤 결정적 선택을 할 수는 없어서 맥락상의 편의에 따라 지금까지 언급한 동의어들 중에서 때로는 이 말을 또 때로는 저 말을 사용해야 한다. 나 자신이 즐겨 쓰는 것은 **감정**(*feeling*) 또는 **사고**(*thought*)라는 용어 중 하나이다. 나는 아마도 이 두 용어를 일상 사용하는 것보다 더 넓은 의미에서 사용하여 보통 사용되는 것과는 다르게 들리기 때문에 두 종류의 독자들을 모두 번갈아 놀라게 할 것이지만, 이렇게 하는 것이 어떤 종류의 정신상태이든 상관없이 정신 상태 전체를 의미한다는 것을 분명하게 한다면 이 두 용어를 그렇게 사용하는 것도 무방할

것이고 어떤 장점마저도 갖고 있을 것이다.[2]

내관 관찰이 **부정확**하다는 것이 많은 논쟁의 주제가 되었다. 앞으로 더 나아가기에 앞서 이 점에 관한 어떤 확고한 관념을 얻어 두는 것이 중요하다.

가장 흔한 유심론의 견해는 **영혼** 또는 정신생활의 **주체**는 직접 알 수 없는 형이상학적 실체이고, 우리가 반성하여 알게 되는 여러 정신 상태들과 그런 정신 상태들의 조작들은 내부 감각의 대상이며, 외부 감각인 시각이나 청각이 물(物) 자체에 관한 지식을 직접 제공하지 못하는 것과 마찬가지로 이 내부 감각도 실제 작용원 자체는 붙잡지 못한다는 것이다. 이런 관점에서 보면 물론 내관은 **영혼**이 나타내는 **현상**을 넘어서는 어떤 것을 붙잡는 능력은 없다. 그러나 현상만을 붙잡는다 해도 내관으로 현상 자체를 얼마나 충분하게 알 수 있을까 하는 문제가 남는다.

어떤 필자들은 현상에 최고의 근거를 두어 현상을 일종의 절대적으로 확실한 것이라고 주장한다. 따라서 위버베크(Friedrich Ueberweg)는 다음과 같이 논하였다.

"심상만이 내가 파악할 대상이라면 나의 의식 속(내 속)에 있는 심상과 의식 밖(심상 자체 속)에 있는 심상을 구별하는 것은 의미가 없다: 왜냐하면 지각의 외부 대상이 심상 속에 있는 경우와 마찬가지로 어떤 심상이 대상으로 심상 자체 속에 있는 경우에도 파악되는 대상은 내 의식을 떠나서는 존재하지 않기 때문이다. 대상은 내 속에서만 존재한다."[3]

그리고 브렌타노(Brentano)는 다음과 같이 말했다:

"내부에서 파악되는 현상들은 그 자체로 진실하다. 그 현상들은 나타난 대로——현상들이 파악된다는 증거가 현상이 나타나는 것을 보증한다——현실로 존재한다. 따라서 이 점에서 심리학이 분명 물질에 관한 과학보다 훨씬 우월하다는 것이 판명되었다는 것을 누가 부인할 수 있는가?"

또 그는 다음과 같이 말한다.

"자신 속에서 파악된 정신 상태는 파악된 대로 있고, 또 파악된 대로 있다는 것을 누구도 의심할 수 없다. 이것을 의심하는 사람은 누구나 지식을 추구할 수 있게 하는 모든 확고한 근거점을 허물어 버리고 마침내 그 의심 자체도 허물게 되어 의심마저도 **끝나는 점**에 도달할 것이다."[4]

다른 필자들은 이와 정반대의 극단으로 치달아 우리는 자신의 정신을 내관으로는 전혀 인지할 수 없다고 주장한다. 이런 결과를 초래한 콩트(Auguste Comte)의 의견은 자주 인용되어 고전이 되다시피 했고, 따라서 그 의견을 여기 인용하는 것을 빼놓을 수 없을 것 같다.

콩트[5]는 말하기를 철학자들은,

"근자에 아주 교묘하게 외부 관찰과 내부 관찰이라는 중요성이 동등한 두 종류의 관찰을 구별할 수 있다고 상상하고, 내부 관찰이 오로지 지적 현상을 연구하도록 정해져 있다고 주장하곤 한다…. 나는 다만 정신 자체가 정신을 직접 관조(觀照)한다고 자부하는 것이 순전히 착각이라는 것을 분명하게 증명하는 중요한 고찰만을 지적할 것이다. 인간 정신은 절대적 필요에 의하여 자신의 상태를 제외하는 그 밖의 모든 현상들을 직접 관찰할 수 있다는 것은 명백한 사실이다. 왜냐하면 인간 정신 외에는 누가 이런 현상들을 관찰할 것인가? 활기에 넘치게 하는 자신의 **격정**에 관해서도 인간은 자신을 관찰할 것이라 개념화하여 생각할 수 있다, 왜냐하면 해부학적으로 격정과 관계되는 신체 기관이 관찰 기능을 하는 신체 기관과 별도이기 때문이다. 우리 모두는 우리 자신에 대해 그런 관찰을 하고 있지만 그 관찰은 과학적 가치를 그다지 지니고 있지 않고, 자신의 격정을 이해하는 가장 좋은 방법은 항상 격정을 외부에서 관찰하는 방법이다, 왜냐하면 모든 강한 격정 상태는 필연적으로 관찰하는 정신 상태와 양립되지 않기 때문이다. 그러나 실제 현존하는 **지적** 현상을 이와 같이 관찰하는 것은 명백히 불가능한 일이다. 사고하는 자가 둘로 나뉘어 하나가 추리하는 것을 관찰하는 동안 다른 하나는 추리한다는 것은 있을 수 없다. 이때 관찰되는 기관과 관찰하는 기관이 하나인데 어떻게 관찰이 이루어지겠는가? 심리학의 방법인 것처럼 주장되는 내관은, 따라서 근원적으로 무의미하며 공허한 것이다. 내관에서는 한편으로는 외부 감각, 특히 모든 지적 작업으로부터 가급적 당신 자신을 분리시키라고 충고하고——왜냐하면 아주 간단한 계산이라도 분주하게 하고 있으면 **내부** 관찰로 무엇이 이루어질 것인가?——다른 한편으로는 극도로 조심하여 지적 작용을 극도의 휴면 상태에 이르게 한 다음 정신 속에 어떤 것도 일어나지 않을 때 정신 속에서 진행되는 조작을 사색하기 시작해야 한다고 충고한다! 언젠가는 이와 같은 허구가 무대 위에 올려져서 조롱거리가 되는 것을 우리 후손들이 볼 것은 의심의 여지가 없다. 이처럼 기묘한 절차로부터 초래되는 결과는 그 절차 속에 있는 원리와 완전히 조화를 이룰 것이다. 형이상학자들은 심리학을 키워온 2000천년 동안 이해할 수 있고 확정된 단 하나의 명제에도 합의하지 못하였다. '**내부 관찰**'은 그 관찰을 실천한다고 생각하는 개인의 수효만큼이나 많은 서로 다른 결과를 제공한다.”

콩트는 영국 경험심리학에 관해 별로 알지 못했고 독일의 경험심리학은 전혀 알지 못한 것 같다. 그가 이 글을 쓸 때 마음속에 품었던 '결론'은 아마 내부 활동, 능력, 자아, **중립적 자유의지** 등의 원리와 같은 학교 교육에서 가르치는 결론들이었을 것 같다.

밀은 그에게[6] 다음과 같이 응답하였다.

"지각하는 바로 그 순간이 아니라 지각한 다음 순간에도 기억이
란 매개를 통해 사실이 연구될 수 있고, 이렇게 하는 것이 실제 일반
적으로 우리가 지적 활동에 관한 지식을 얻는 가장 좋은 방법이란
것이 콩트의 생각에 떠올랐어야 했다. 또한 지적 활동은 지났지만
바로 그 직후 인상이 아직 기억 속에 생생하게 남아 있을 때 우리는
지각 작용을 한 것을 반성한다. 이와 같이 직후 순간에 관찰하는 방
법과 기억이란 매개에 따르는 방법의 두 가지 중 어느 하나가 아니
면 우리 정신에서 일어난 부인할 수 없는 사건들에 관한 지식은 누
구도 얻을 수 없을 것이다. 콩트는 우리가 자신이 하는 지적 조작을
알지 못한다고 단언하지는 않았다. 우리는 바로 그 직후든 지나간
다음의 기억에 의해서든 우리가 관찰하고 있다는 것과 추론하고 있
다는 것을 알게 되며, 그 어느 경우든 우리는 직접 아는 것이며 (몽유
상태에서 우리가 한 일들처럼) 단순히 지각 결과만으로 알게 되는 것
은 아니다. 이 간단한 사실이 콩트의 주장 전체를 허물어버린다. 우
리가 직접 아는 것은 무엇이든 우리는 직접 관찰할 수 있다."

어디에 진리가 놓여 있는가? 밀로부터 인용한 내용이 대부분의
진리를 실제 표현하고 있는 것이 분명하다. 의식 상태를 내부에서
직접 파악한 것이 절대 진실이라고 주장하는 저술가마저도 그 직

접 파악한 절대 진실을 잠시 후에 있게 되는 **기억이나 관찰**에 있기 쉬운 왜곡과 대비시켜야 한다. 직접 느낀 감정과 사후 반성에 의해 얻은 감정에 대한 지각 사이의 차이를 브렌타노 자신보다 더 예리하게 강조한 사람은 없다. 그러나 감정에 대한 이 두 의식 중에서 어느 것이 심리학자가 의존해야 할 의식인가? 직접 감정이나 직접 사고만으로 충분하다면 요람 속에 있는 어린아이도 심리학자이고 또 그는 결코 잘못을 저지르지 않는 심리학자일 것이다. 그러나 심리학자는 절대 진실인 정신 상태를 얻어야 할 뿐만 아니라 그 진실한 정신 상태를 보고하고, 기술하고, 이름 붙이고, 분류하고, 비교하며 다른 사물과의 관계를 추구해야 한다. 정신 상태들은 살아 있는 동안에는 그들 자신의 소유물이며 **죽은 후에야** 비로소 심리학자의 먹이가 된다.[7] 그리고 사물 일반의 경우, 우리가 이름을 붙이고 분류하고 지식을 얻을 때 잘못을 저지르기 쉬운 것처럼 정신 상태의 경우에도 그런 잘못을 저지르지 않겠는가? 콩트가 이름을 붙이거나 판단하거나 지각되는 감정은 항상 이미 지나간 감정이어야 한다는 사실을 강조한 것은 아주 정당하다. 어떤 주관 상태도 현존하는 동안에는 주관 자체의 관찰 대상은 되지 못하며, 주관의 관찰 대상은 항상 주관과는 다른 어떤 것이다. 우리가 '피곤을 느낀다' 또는 '분노하고 있다' 등으로 말할 때에는 현존하는 감정에 이름을 붙이고 있는 것 같이 생각되어, 정신 내부에 있는 동일 사실을 한꺼번에 경험하고 관찰하는 것처럼 보이는 경우도 있는 것이 사실이다. 그러나 이것은 착각이고 조금만 주의를 기울이면 이 착각은 벗겨진다. '나는 피곤을 느낀다'라고 말할 때 현존하는 의식 상태는 직접 피곤한 상태가 아니며, '나는 분노를 느낀다'라고 말할 때의 정신 상태는 직접 분노한 상태가 아니다. 그 상태는 나는—피곤을—느낀다—라고 말하는 정신 상태이고, 또 나는—분노를—느낀다—라고 말하는 의식 상태이며, 직접 느끼는 의식 상태와는 전혀 다른 것이고, 이 둘은 아주 달라 그 말속에 분명하게 포함되는 피곤과 분노는 조금 전 직접 느꼈던 피곤과 분노가 변용된 것이다. 이렇게 이름 붙이는 일은 피곤이나 분노의 힘을 감소시킨다.[8]

내관에 의한 판단에 틀림없는 진실이 있다고 주장할 만한 단 한 가지 확실한 근거라도 있다면 그것은 경험적 근거일 뿐이다. 만약 내관에 의한 판단이 아직까지 우리를 속인 일이 결코 없었다고 생각할 이유가 있다면 우리는 계속 내관에 의한 판단을 믿을 것이다. 이것이 실제 모어(J. Mohr)가 주장한 근거이다.

"우리의 감각적 착각은 외부 세계의 진실에 대한 우리의 믿음을 무너뜨릴 수 있지만, 우리의 내적 관찰 영역에서는 우리의 확신이 손상되지 않고 그대로 남는다. 왜냐하면 우리는 사고 활동이나 감정 활동으로 얻는 진실에 대해서는 결코 잘못을 저지르는 일이 없기 때문이다. 우리는 실제 우리의 의식 상태가 의심하는 상태, 또는

분노하는 상태일 때 의심이나 분노를 하고 있지 **않다고** 생각하는
잘못을 결코 저지르는 일이 없다."[9]

그러나 전제가 옳다면 이러한 추리가 합당하겠지만 나는 전제
가 옳다고 할 수 없지 않을까 하는 우려를 한다. 의심이나 분노와
같은 강한 감정에는 이 추리가 합당하다고 하더라도 좀더 약한 감
정들에 관하여, 그리고 모든 감정들의 **상호 관계**에 관해서는 느낄
뿐만 아니라 이름을 붙이고 분류하라면 우리는 곧 계속 잘못을 저
지르고 불확실하게 되는 것을 알게 된다. 감정이 극도로 신속하게
스쳐 지나갈 때 누가 그 감정이 어떤 차원의 감정이라는 것을 정
확하게 확신할 수 있는가? 감각적으로 의자를 지각하는 경우 눈
으로 보는 데서 오는 것은 얼마이고, 정신 속에 있는 이전 지식으
로부터 공급되는 것이 얼마인가 하는 것을 누가 확실하게 알 수
있겠는가? 아주 비슷할지라도 종류가 다른 감정들의 **양**을 누가 정
확하게 비교할 수 있겠는가? 예를 들어 어떤 사물을 한번은 등에
대어 느끼고, 다음에는 턱에 대어 느낄 때 어느 쪽이 더 넓게 느껴
지는가? 주어진 두 느낌이 정확하게 동일하거나 동일하지 않다는
것을 누가 확신할 수 있겠는가? 두 감정이 다만 잠시 동안만 스쳤
을 때 어느 감정이 더 짧다거나 길다는 것을 누가 구별할 수 있겠
는가? 여러 가지 활동에서 어떤 동기로 그 활동이 이루어졌는가,
또는 도대체 어떤 동기가 거기 있었는가 하는 것을 누가 알겠는

가? **분노**와 같은 복합 감정 속에 있는 모든 개별 구성 성분을 열거할 수 있는 사람이 누구이며, 또 거리 지각이 복합된 심리 상태인가 또는 단일한 심리 상태인가 하는 것을 누가 즉석에서 말할 수 있는가? 만약 내관에서 우리에게 요소 감정으로 보이는 것이 실제로도 요소이고 복합체가 아니라는 것을 결정적으로 판정할 수 있다면 정신-소자 이론에 대한 모든 논쟁은 없어질 것이다.

설리(Sully)는 『착각(*Illusion*)』이란 그의 저서 속에서 우리가 이제 인용할 **내관**에서 일어나는 착각을 다루는 장을 마련하였다. 그러나 이 책의 나머지 부분은 직접 내관으로는 감정들과 그 감정들의 관계가 무엇인가 하는 것을 정확하게 찾아내기 어렵다는 것을 보여주는 예들을 수집한 것에 지나지 않으므로 우리는 장차 다룰 내관에 관한 세부적인 것을 미리 예상하지 않아도 좋지만, **내관이 어렵고 틀리기 쉬우며, 그 어려움은 어떤 종류의 관찰이든 모든 관찰에 따라다니는 어려움**이라는 우리의 일반적 결론을 말해 둘 필요는 있다. 무엇인가가 우리 앞에 있고, 우리는 그것이 무엇이라는 것을 분간해 내려고 최선을 다하지만, 호의를 가졌음에도 불구하고 우리는 길을 잃고 어떤 다른 종류의 사물에 더 적절했을 법한 기록을 제공하게도 될 것이다. 이렇게 되지 않게 하는 단 한 가지 안전장치는 문제되고 있는 사물에 관하여 뒤에 얻는 견해가 앞서 얻은 견해를 수정하여 마침내 조화로운 일관된 체계에 이르게 하는 더 많은 지식에서 얻는 최종 합의 속에 들어 있다. 점진적으로 만들어낸 이와 같은 견해의 체계가 심리학자가 보고하는 어떤 특정 심리학 관찰의 타당성에 대해 심리학자가 제공할 수 있는 최선의 보증이다. 그와 같은 체계를 얻기 위하여 우리 자신이 가능한 한 모든 노력을 해야 한다.

심리학에 관한 영국의 저자들과 독일의 헤르바르트(Herbart) 학파는 주로 한 개인이 직접 내관하여 제공한 결과로 만족하고, 그 결과로부터 어떤 학설에 관한 이론을 만들 수 있는가 하는 것을 보여주고 있다. 로크, 흄, 리드(Thomas Reid), 헤르바르트, 스튜어트(Stewart), 브라운, 밀 부자 등의 업적은 항상 이 노선에서는 고전이며, 베인(Alexander Bain) 교수의 「논문집(Treatises)」에서 우리는 주로 내관법만을 취했을 때 우리가 어떤 일을 할 수 있는가 하는 데 관한 최종 결론을——라부아지에(Antoine-Laurent Lavoisier) 화학이나 현미경이 사용되기 이전의 해부학과 마찬가지로 아직 전문적이 못 되고 일반적 이해에 호소하는 우리 학문의 젊음에 대한 최종 기념물이 될 결론을——얻을 것이다.

실험법(Experimental Method). 그러나 심리학은 현재 단순하지 않은 국면으로 접어들고 있다. 물론 매순간 내관 자료를 요구하기는 하지만 수 년 전부터 대규모 조작과 통계 방법을 취하여 내관 자료에 있는 불확실성을 제거하는 실험 방법을 사용하는 미시심리학(微視心理學, microscopic psychology)이라 불릴 수 있는 심리학이 독일에서 대두되었다. 이 방법은 극도의 인내심을 요구하며, 참을성이 부족하고 **싫증**을 잘 느끼는 사람들이 살고 있는 국가에서는 생겨날 수 없는 방법이다. 베버(Weber), 페히너(Fechner), 피어오르트(Vierordt), 및 분트와 같은 독일 사람은 쉽게 싫증을 느끼게 할 수 없는 사람들인 것이 분명하고, 이들이 성공을 거두는 데에 따라 정신생활의 **요소들을** 연구하고 그 요소들이 들어 있는 거시적 결과로부터 요소들을 떼어내어 가급적 양적 척도로 환원하는 일에 열중하는 일단의 젊은 실험심리학자들이 심리학이란 학문 분야에 동원되었다. 인내하게 하는 방법, 굶어 쓰러지게 하는 방법, 죽을 지경까지 괴롭히는 방법 등 가능한 모든 방법을 동원하는 간단하고 개방적인 탐구 방법이 시도되었고, 밤낮으로 규칙적인 포위공격 아래 놓이게 된 정신은 공격자의 작은 이점이 점점 커지면서 끝내 굴복하게 된다. 프리즘과 시계추와 시간 측정기를 사용하는 이 새로운 철학자들로부터는 어떤 위대한 학자풍이라고는 찾아볼 수 없었다. 그들은 직무를 수행하는 사람이며 기사도를 꿈꾸지는 않는다. 키케로(Cicero)가 인간에게 자연에 관한 가장 훌륭한 직관을 제공한다고 생각했던 고결한 점술로도, 도덕적 고매함으로도 이룩하지 못한 것을 이 실험가들이 지식을 탐사하고 저장하는 행동과 필사적인 끈덕짐과 거의 악마와 같은 교활함을 통하여 언젠가는 기필코 실현시키리라는 것은 의심되지 않는다.

실험심리학 방법에 관한 일반적 기술은 그 방법을 사용하는 사례에 익숙하지 않은 사람들에게는 도움이 되지 않을 것이며, 따라서 그 방법을 기술하는 데 우리 이야기를 허비하지 않을 것이다. 현재까지의 **주된 실험 분야**는 ① 전문적으로 '정신 물리학' 또는 감각과 그 감각을 일으키는 외부 자극 간의 상관관계에 관한 법칙이라고 알려진 것과 더불어 뇌생리학 전체와 최근 세밀하게 개발된 감각−기관의 생리를 포함하는 생리적 조건과 의식 상태의 연결 관계를 찾는 것, ② 공간 지각을 감각 요소로 분석하는 것, ③ 가장 단순한 정신 과정이 진행하는 **기간**을 측정하는 것; ④ 감각 경험의 기억과 공간 및 시간 간격 기억을 **재생하는 정확도**를 측정하는 것, ⑤ 단순 정신 상태들이 서로의 정신 상태를 일깨우거나 정신 상태의 재생을 제지하는 등 **상호 영향을 주고받는** 양상을 측정하는 것, ⑥ 동시에 의식이 분간할 수 있는 **사실들의 수효**를 측정하는 것, ⑦ 망각과 파지에 관한 기본 법칙을 측정하는 것 등이다. 이들 중 어떤 분야에서는 연구 결과가 공들여 소비한 큰 노력에 걸맞는 이론적 성과를 아직 얻지 못했다고 말해야 할 것이다. 그러나 사실은 사실이며, 만약 우리가 사실을 충분히 얻기만 한다면 그 사실들은 서로 결합될 것이 확실하다. 해마다 새로운 영역이 개척되고 이론적인 결과도 확대될 것이다. 과학이란 다만 수행된 실험 연구의 기록일 따름이라 한다면 그 동안 실험 방법이 과학의 면모를 상당히 변모시켰다.

　비교법(Comparative Method)이 최종적으로 내관법과 실험법을 보완한다. 비교법은 주된 특징들이 확립된 정상적인 내관심리학을 전제로 요구한다. 그러나 내관심리학의 주된 특징들의 기원이나 그 특징들의 상호 의존 관계가 문제되고 있는 곳에서는 고찰된 현상들을 모든 가능한 종류의 유형과 모든 가능한 종류의 결합 관계에 걸쳐 고찰하여 추구하는 것이 극히 중요하다. 따라서 동물들의 본능을 샅샅이 조사하여 우리 인간의 본능을 해명하고, 꿀벌과 개미의 추리 능력과 야만인, 아동, 미친 사람, 바보, 귀머거리와 장님, 범죄자, 괴짜들의 정신이 모두 우리 자신의 정신생활의 어떤 부분을 설명하는 이론을 지지하는 데 뒷받침이 된다. 지적 생산물의 유형들인 과학사, 도덕 및 정치적 제도, 그리고 언어 등도 똑같이 그런 뒷받침의 역할을 하지 않을 수 없다. 다윈과 골턴은 응답할 수 있을 것으로 생각되는 사람들에게 100여 개씩 되는 질문을 돌리는 선례를 확립하였다. 다음 세대에는 이런 선례가 관례가 되고, 확산되어 질문지를 돌리는 일이 일상생활에 흔히 있는 골칫거리에 한몫 끼지 않으면 우리에게는 다행한 일이 될 것이다. 그 동안 정보가 증가하게 되고 결과들이 나타날 것이다. 비교법에는 커다란 오류 원천이 있다. 동물과 야만인과 아동의 '정신'에 대한 해석은 필연적으로 자의적 작업일 수밖에 없으며, 거기에서는 연구자의 개인 방정식이 제멋대로 날뛰게 될 것이다. 만약 야만인의 행위가 관찰자에게 지나치게 충격을 주면 야만인은 도덕적 감정 또는 종교적 감정을 갖고 있지 않다고 보고될 수 있을 것이다. 어린아이들은 자신을 3인칭으로 말하기 때문에 자의식(自意識, self-consciousness)이 없다고 가정될 수도 있을 것이다 등등….
사전에 미리 정해질 수 있는 법칙이란 없다. 비교 관찰이 결정적인 것이 되려면 보통 이미 있는 어떤 가설을 검증하기 위해 실시되어야 하며, 이때 당신이 해야 할 단 한 가지 일은 가지고 있는 모든 예지를 사용하고, 또 가급적 솔직하게 되는 것이다.

심리학의 오류 원천
(THE SOURCES OF ERROR IN PSYCHOLOGY)

심리학에 있는 오류의 첫 번째 원천은 일상 **회화의 잘못된 영향**에서 생긴다. 일상에서 사용하는 언어는 원래 심리학자가 아닌 사람들이 만든 것이고, 오늘날 대부분의 사람들은 거의 전적으로 외부에 있는 사물들을 지칭하는 어휘만을 사용한다. 우리 생활에서 주된 감정이 되는 분노, 사랑, 공포, 증오, 희망, 가장 포괄적인 지적 활동의 영역인 기대하고, 사고하고, 지식을 얻고, 꿈꾸고 하는 것, 가장 광범위한 미적 감정들, 기쁨, 슬픔, 유쾌, 고통 등은 주관적 차원의 사실들이며, 이 주관적 차원을 개별 단어로 기록하도록 만들어진 것이 어휘이다. 빛의 광도, 소리의 크기, 붉다, 푸르다, 덥다, 차다 등과 같은 기본 감각 성질을 지칭하는 말들은 객관적 의미로도 주관적 의미로도 양쪽으로 사용될 수 있는 것이 사실이다.

이런 말들은 외부 사물의 성질을 지칭하기도 하고, 또 그런 성질을 일으킨 감정을 지칭하기도 한다. 그러나 외부 사물을 지칭하는 객관적 의미가 원래 의미이며, 오늘날에도 아직 우리는 많은 감각을, 그런 감각을 가장 흔히 제공하는 대상의 이름을 따서 기술해야 한다. 오렌지 색, 제비꽃 색, 치즈 맛, 천둥 같은 소리, 불 같은 아픔 등이 내가 말하려는 것을 생각나게 할 것이다. 아주 조잡한 사실 외에는 주관적 사실을 지칭하는 어휘가 별도로 마련되어 있지 않다는 것이 주관적 사실에 관한 연구를 가로막고 있다. 경험론에 입각한 저술가들은 언어가 정신에 심어놓은 일단의 커다란 망상을 즐겨 강조한다. 우리는 한 단어가 어떤 현상들의 집단을 지칭했을 때에는 언제나 그 현상들을 넘어 그 단어가 명칭이 되는 본질적 실체가 존재한다고 가정하기 쉽다. 그러나 현상들의 집단을 지칭할 단어가 **없으면** 이와 정반대되는 오류에 빠지게 되는 일도 아주 빈번하다. 이런 경우에는 우리 정신 속에 어떤 실체도 있을 수 없다고 가정하기 쉽고, 따라서 성장 시기에 일상 대화에서 친숙하게 인지되도록 들어왔더라면 우리 모두가 우리에게 있다는 것을 분명히 알았을 현상들도 간과해 버리기 쉽다.[10] 이름이 붙지 않는 것에는 주의 집중을 하기 어렵고, 따라서 대부분의 기술심리학의 여러 부분에 약간의 공백을 초래하게 마련이다.

그러나 심리학은 일상생활의 언어에 의존함으로써 이와 같은 공백보다 더 좋지 못한 결함을 초래하였다. 사고 대상의 이름을 그 대상에 대한 사고의 이름으로 사용하여, 우리 대부분은 대상이 존재하는 것과 동일하게 사고도 존재해야 한다고 가정한다. 각기 다른 사물에 대한 사고들은 오직 각기 다른 사고의 단편이나 각기 다른 '관념'으로 되어 있을 수 있을 따름이며, 추상적 대상이나 보편적 대상에 대한 사고는 오직 추상 관념, 또는 보편 관념일 수 있을 뿐이라고 생각한다. 대상은 나타나고 사라지며 망각되었다가 다시 사고된다. 마찬가지로 대상에 대한 사고도 대상들과 정확하게 유사한 독립성과 자기-일치성과 운동성을 갖고 있는 것으로 간주된다. 되풀이해 나타나는 대상은 동일하다는 생각이 그 대상에 대하여 되풀이해 나타나는 사고도 동일하다고 생각하게 하며, 대상으로부터 다양성, 공존성(共存性), 연속성 등을 지각하는 것은 지각 자체에 그와 같은 다양성, 공존성, 연속성이 있기 때문에 가능하다고 개념적으로 생각할 수 있다. 이렇게 되면 계속해서 흐르는 정신은 희생되어 없어지고, 그 대신 건축물을 구성하는 벽돌 조각과도 같은 원소론이 대신하게 된다. 그러나 내관은 그런 원소론이 주장하는 조각과 같은 존재를 입증할 수 있을 만한 어떤 근거도 제시할 수 없으며, 또 정신을 연구하는 사람들을 괴롭히는 유산인 모든 종류의 역설과 모순은 그런 원소론으로부터 쉽게 자라나게 된다.

'관념'을 나타나고 사라지는 분리된 주관적 실체로 취급하는 경우에는 내가 위에서 말한 것들이 로크와 흄에서 유래된 영국 심리학 전부와 헤르바르트에서 유래된 독일 심리학 전부에 이의(異議)를 제기하는 것을 뜻한다. 예를 들면, 이런 것은 즉시 더 분명하게 될 것이다. 그 동안 우리의 심리학적 직관은 또 다른 함정에 의하여 손상되었다.

 '**심리학자 오류**'. 심리학자가 빠지기 쉬운 커다란 함정은 **자신의 입장과 그가 보고하고 있는 정신적 사실의 관점을 혼동하는 것이다.** 이제부터 이 혼동을 나는 특히 '심리학자 오류'라 부를 것이다. 여기에서도 언어가 해독을 끼친다는 비난을 또다시 받게 된다. 앞에서 언급한 바와 같이(338쪽) 심리학자는 그가 언급하고 있는 정신 상태 밖에 위치해 있다. 자신의 정신 상태와 그런 정신 상태를 일으킨 대상은 둘 다 모두 심리학자의 대상이다. 이제 정신 상태가 인지하는 상태(지각, 사고, 개념 등)라면 심리학자는 보통 그 정신 상태를 **그 대상에 관한** 사고, 또는 **그 대상에 대한** 지각이라고 이름 붙일 수밖에 없다. 그 동안 심리학자 자신은 그 자기—동일 대상(self-same object)을 나름대로 알고 있으며, 그 대상에 관해 사고하는 정신 상태가 심리학자인 그가 아는 것과 꼭같게 그 대상을 알고 있다고 가정하기 쉽지만 그런 가정이 전혀 해당되지 않는 경우가 많은 것이다.[11] 이 가정에 의하여 가장 허구적인 난제가 심리학이란 우리 학문에 들어오게 된다. 대상을 사고하고 있는 사고에 대상이 자신의 모조품인 심상으로 현존하느냐, 그렇지 않으면 어떤 심상의 개입도 없이 그 사고에 직접 현존하느냐 하는 이른바 현존(現存, presentative) 지각과 표상(表象, representative) 지각의 문제, 그리고 어떤 사물의 형상이 있을 때 오직 사전에 그 사물의 일반적 개념이 있을 때에만 그 사물이 현존하는가에 관한 유명론(唯名論, nominalism)과 개념론(槪念論, conceptualism)의 문제 등은 사물을 다룰 때 일단 심리학자 오류만 배제한다면——곧 알게 될 바와 같이(제12장에서)——비교적 풀기 쉬운 문제들이다.

또 다른 종류의 심리학자 오류는 연구되는 정신 상태가 그 자신을 심리학자가 의식하는 것과 꼭같이 의식해야 한다는 가정이다. 그러나 정신 상태는 정신 내부에서만 자신의 정신 상태를 알고 우리가 정신 상태의 내용이라 말하는 것을 파악할 뿐이고 그 밖에 더는 파악하지 못한다. 이에 반하여 심리학자는 정신 상태를 외부에서 알고, 모든 다른 종류의 사물과 그 정신 상태의 관계도 안다. 사고가 아는 것은 그 사고 자체의 대상일 뿐이며, 심리학자가 아는 것은 아마 그 사고 자체의 대상, 더하기 사고 자체, 더하기 여타의 모든 세계일 것이다. 따라서 심리학자의 관점에서 정신 상태를 논할 경우, 오직 심리학자에게만 있는 것들을 정신 상태 자체의 시야 범위 속에 슬며시 집어넣지 않도록 조심해야 한다. 우리는 무엇에 관한 의식인 것을 우리가 의식이라고 알고 있는 것으로 대치하는 것을 피해야 하며, 또 우리가 대상들 사이에서 의식이 안다고 규정하는 그런 세계의 다른 사실들과 의식의 외부 관계, 즉 이른바 물리적 관계를 고려에 넣는 것을 피해야 한다. 추상적으로 말할 때에는 이와 같은 입장의 혼동은 어설픈 것으로 보이지만, 그럼에도 불구하고 이런 오류는 어떤 심리학자도 어느 시대에도 절대 빠져들지 않는다고 장담할 수 없는 함정이며, 또 어떤 심리학 학파에서는 그 함정이 전적으로 상투 수단으로 되어 있다. 우리를 교묘하게 타락하게 만드는 이 함정의 영향은 아무리 경계해도 지나치지 않다.

요약. 이 장을 요약하면, **심리학**은 사고들이 연속적으로 나타나며, 심리학자가 아는 이 세상의 대상들을 사고들도 안다고 가정한다. 이들 사고는 심리학자가 다루는 주관적 소여이며, 사고들과 사고 대상의 관계, 사고와 뇌의 관계 및 사고와 여타 세계의 관계가 심리학이란 학문의 주제가 된다. 심리학의 연구 방법에는 내관법과 실험법과 비교법이 있다. 그러나 내관법은 정신 상태에 관한 진리에 이르게 하는 확실한 안내자가 되지는 못하며, 특히 심리학에서 사용하는 어휘가 빈약하여 고려에서 탈락되는 정신상태들도 있고, 마치 심리학자가 알고 있는 것과 꼭같이 정신 상태도 자기 자신의 정신 상태와 그 정신 상태의 대상을 알고 있는 것처럼 취급하는 것은 심리학이란 학문에는 재앙이 되는 오류이다.

1) **심리학**과 **일반 철학**의 관계에 관해서는 G.C. Robertson의 'Mind,' vol. VIII, P.1; J. Ward, 전게서, p.153; J. Dewey, 전게서, vol. IX. p.1을 보라.
2) Mill의 Logic(논리학), bk.1. chap. III. 2, 3에서 언급한 것들과 비교해 보라.
3) Logic, 40.
4) Psychologie, bk. II. chap. III. 1, 2.
5) 'Cours de Philosophie Positive' (실증 철학 강의), I. 34-8.
6) Auguste Comte and Positivism' (Auguste Comte와 실증주의), 3판 (1882), p.64.
7) Wundt는 다음과 같이 말했다. "내부 관찰을 사용하기 위한 제1법칙은 가급적 우연하고 기대하지 않았고 의도적으로 꾸며내지 않은 경험을 취하는 것이다. **첫째로** 가급적 **기억**에 의존하고 직접적인 **파악**에 의존하지 않는 것이 좋다. ⋯**둘째로** 내부 관찰은 의식 상태, 특히 수의적 정신 작용을 명료하게 파악하는 데 더 적합하며, 막연하게 의식되거나 불수의적 의지와 같은 내부 과정은 거의 전혀 내부 관찰이 되지 않는다, 왜냐하면 관찰하려는 노력이 이런 내부 과정을 간섭하고, 또 그런 과정들은 기억에 남아 있는 일이 거의 없기 때문이다."(Logic, II. 432.)
8) 의식 상태가 이름 붙이는 것보다 더 오래 계속되어 이름 붙이기 이전에도 있었고, 또 그 이름을 붙이는 일이 끝난 다음에도 재생되는 이런 사례에서는 의식 상태가 자신의 의식 상태를 안다고 말해도 실제로 그다지 잘못을 저지를 위험에 빠지는 일은 없을 것이다. 감정 상태와 감정에 이름을 붙이는 상태가 계속되며 즉각적 내관 판단이 틀리지 않을 가능성이 클 것이다. 그러나 이 경우에도 심리학에서 **지각된 것과 존재하는 것이 동일하다는 선험적** 근거에 따라 우리 지식의 확실성이 주장되어서는 안 된다. 실제 두 가지 상태가 있어 이름 붙이는 상태와 이름이 붙여지는 상태는 떨어져 있고, **지각된 것이 존재하는 것이란** 원리는 적용될 수 없다.
9) J. Mohr: 'Grundlage der Empirischen Psychologie' (경험 심리학 기

초)(Leipzig, 1882), p. 47.
10) 영어에서는 사고된-사물과 그 사물을-사고하는-사고를 통용어에서 구별
조차 하지 않지만 독일어에서는 사고된 사물은 *Gedachtes*라는 단어로, 사
물을 사고하는 사고는 *Gedanke*라는 단어로 대립시켜 표현하고, 라틴어에
서는 *Cogitatum*과 *Cogitatio*의 대립으로 표현한다.
11) B.P. Bowne의 'Metaphysics' (형이상학)(1882), p. 408을 보라.

제8장
정신과 여타 사물의 관계
(THE RELATIONS OF MIND TO OTHER THINGS)

심리학에서는 정신도 여타 대상들이 있는 세계 속에 있는 하나의 대상이기 때문에 정신과 이들 여타 대상의 관계를 탐구해야 한다. 무엇보다 정신의 시간 관계를 탐구해야 한다.

시간 관계
(TIME RELATION)

아는 바와 같이 **정신**은 시간적 존재이다. 나의 정신이 나의 신체가 탄생하기 이전에도 존재했는가, 또는 신체가 사멸한 후에도 존재할 것인가 하는 문제는 '과학적 사실'에 관한 학문을 다루는 곳에서보다 일반 신학에 의해 결정될 문제이다——아직도 논쟁거리가 되고 있는 이른바 **강신술(降神術)** 등과 관계되는 사실들을 나는 논하지 않을 것이다. 자연과학으로서의 심리학은 현세의 생활에 한정되며, 현세 생활에서는 모든 정신들이 신체를 통하여 표출되고 신체에 구속된다. 따라서 현세에서는 정신들이 시간이란 공동의 그릇 속에서 진행하고 연속하고 공존하며, 그 시간이란 그릇에 대하여 정신들이 **집단적으로** 어떤 관계에 있는가 하는 것에 관해서는 더 이상 언급할 것이 없다. 그러나 시간 속에 있는 **개인** 의식의 삶은 중단이 있는 존재로 보이기 때문에 다음과 같은 질문이 논의되어야 한다.

우리는 완전하게 무의식일 수 있는가?
(Are we ever wholly unconscious?)

수면, 실신, 혼수, 간질 또는 그 밖의 '무의식' 상태 등은 한 개인의 정신생활의 역사를 이루고 있다고 간주되는 것 속에 돌연하게 끼어들기 쉽고, 의식되지는 않지만 그럼에도 불구하고 커다란 시간을 차지한다. 그리고 정신생활에 공백이 있는 이런 중단이 있다는 사실이 인정된다면 그런 중단이 우리가 짐작하지 못한 곳에도 있고, 또 끊임없고 정교한 형태로 우리의 정신생활에 끼어든다고 할 수도 있지 않겠는가?

이런 일은 실제로 있을 수 있을 것이다, 그러나 피험자 자신은 그의 정신생활에 중단이 있다는 것을 결코 느끼지 못한다. 우리는 에테르를 흡입하여 수술을 받을 때 우리의 의식이 중단된다는 사실을 모르는 일이 종종 있다. 양끝이 중단된 공백을 넘어 매끄럽게 서로 이어지기 때문에 상처를 보고서야 우리가 직접 경험하는 의식이 없었던 시간에도 살고 있는 것이 틀림없다는 것을 확신하게 된다. 수면시에도 이런 일이 때때로 일어난다. 우리는 낮잠을 자지 않았다고 생각하지만 시계가 그런 생각이 잘못이라는 것을 확인해 주곤 한다.[1] 따라서 우리는 실제 외부 시간을 통과하면서 살아갈 것이며, 그 시간은 우리를 연구하는 심리학자는 알고 있지만 우리는 그 시간을 느끼지 못하며, 내부에 있는 어떤 신호로부터 그 시간을 추정하지도 못한다. 문제는 정신생활이 중단되는 일이 얼마나 자주 일어나느냐 하는 것이다. 의식은 실제 연속된 것이 아니라 끊임없이 중단되고 다시 시작되는 것일까?(심리학자의 관점에서 볼 때) 그리고 의식이 계속하는 것처럼 보이는 것은 요지경에서 활동사진을 보는 착각과 유사한 착각일 뿐일까? 또는 대부분의 시간에 의식이 내부적으로 연속하는 것처럼 보이는 것과 마찬가지로 외부적으로도 연속하고 있는 것인가?

이 문제에 대해서는 엄격한 대답을 내릴 수 없다는 것을 인정해야 한다. 영혼의 본질이 사고하는 것이라고 주장하는 데카르트 학파는 물론 이 문제를 **연역적**으로 해결하여, 사고가 없는 것처럼 보이는 시간은 정상 기억이 쇠약하든가 또는 어떤 상기 (想起)할 만한 것도 뒤에 남기지 않는 최소 상태로 의식이 침전한 것이라고 설명할 수 있을 것이다. 그러나 영혼이나 영혼 본질에 관한 어떤 주의나 주장도 갖고 있지 않다면 우리는 자유롭게 사고가 없는 것처럼 보이는 것을 있는 그대로 취하여 정신도 신체와 마찬가지로 수면을 취한다는 것을 인정해도 무방할 것이다.

로크가 이 뒤의 견해를 가진 가장 저명한 최초의 기수였으며 그가 데카르트 학파의 믿음을 공격한 부분은 그의 『에세이(*Essay*)』란 책에서 어느 부분 못지않게 활기차 있다. "영혼은 항상 생각한다고 가르치는 그 (데카르트) 학파의 주장은 우리가 사고 없이 꾸뻑일 때마다 언제나 흔들리게 마련이다"라고 적고 있다. 그는 사람이 그렇게 쉽게 망각한다고 믿으려 하지 않았다. 주프루아(Jouffroy)와 해밀턴은 똑같이 경험적 방법으로 정신생활이 중단된다는 문제를 다루어 서로 반대되는 결론에 도달했다. 그들의 추리를 설명하면 다음과 같다.

자연적 몽유(夢遊) 상태이든 인위적으로 유발된 몽유 상태이든, 모든 몽유 상태에서도 지적 행동을 한다는 것을 훌륭하게 보여주며 그 몽유 상태가 지나면 모든 것을 완전히 망각해 버리는 일도 빈번하다.[2]

아무리 깊은 잠에서라도 갑자기 깨우면 우리는 항상 꿈꾸고 있는 도중에 깨어난다. 흔히 있는 꿈은 깨어난 다음 불과 몇 분 동안만 기억되고 다음에는 잊어버려 생각해 낼 수 없게 된다.

때로는 깨어나 멍하니 있을 때 어떤 생각이나 심상이 떠오르지만 다음 순간 잊어버려 상기(想起)할 수 없는 경우도 있다.

깨어 있어도 습관적으로 듣는 소음을 감각하지 않는 것은 우리가 주의하지 않지만 그럼에도 불구하고 느낄 수는 있다는 것을 증명한다. 마찬가지로 잠잘 때도 휴식을 완전하게 취하지 못하게 하는 소리나 추위 또는 촉감 같은 감각이 있더라도 우리는 점점 익숙해져서 잘 자게 된다. 우리는 깨어 있는 동안 이런 감각을 무시하는 것을 배우는 것과 마찬가지로 잠잘 때도 무시하는 것을 배운다. 단순 **감각** 인상은 잠이 깊을 때나 얕을 때나 마찬가지이지만 차이는 그 감각 인상이 주목할 만한 가치가 없다고 잠들고 있는 정신 쪽에서 내린 **판단**에 있는 것이 틀림없다.

상관없는 소리는 아무리 크게 나도 잠이 들지만 환자를 돌보는 간호원이나 아기의 어머니들이 환자나 아기가 아주 조금만 칭얼거려도 곧 깨어나는 경우에도 똑같은 변별을 볼 수 있다. 이와 같은 사실은 잠잘 때도 감각 기관이 소리에서 감각을 얻을 능력을 갖고 있다는 것을 보여주는 것이다.

대부분의 사람들은 잠자고 있을 때에도 시간 경과를 기록하는 놀랄 만한 능력을 갖고 있다. 그들은 습관적으로 매일 똑같은 시각에 깨어나고, 흔히 깨어나지 않는 시간이라도 간밤에 정해 놓으면 그 시간에 정확하게 깨어날 것이다. 잠자는 시간 동안 정신 활동이 완전하게 없어진다면 이와 같이 깨어날 시간을 아는 것이(때로는 깨어 있는 의식보다 더 정확하게) 어떻게 가능할 수 있는가?

이와 같은 것은 후에 사실을 부인해도 정신이 그때 활동하고 있었다는 것을 인정하게 하는 고전적 이유라고 우리는 말할 수 있을 것이다.[3] 최근 몇 년 또는 최근 몇 달이라 말하는 것이 더 좋겠지만, 히스테리 환자나 최면에 걸린 피험자로부터 얻은 많은 기묘한 관찰에 의해 지금까지는 전혀 짐작조차 하지 못했던 곳에도 고도로 발달된 의식이 있다는 것을 증명함으로써 이 고전적 이유는 더한층 보강되었다. 이런 관찰들은 인간 천성에 아주 새로운 조명을 던졌으므로 그에 관하여 여기에서 더 자세히 언급하겠다. 적어도 4명의 서로 다르고 어떤 의미에서는 적대하는 관찰자들이 똑같은 결론에 도달했다는 것은 그 결론이 타당하다고 받아들이는 것을 정당하게 만든다.

히스테리 환자의 '무의식'

('Unconsciousness' in Hysterics)

심한 히스테리 질환에 걸려 고생하는 사람들에게 가장 일관되게 나타나는 증세의 하나는 여러 신체 부분과 여러 기관들로부터 얻는 본래 감각이 변질한다는 것이다. 흔히 이와 같은 감각 변질은 감각 결손 또는 감각 마비가 되는 방향으로 나타난다. 한쪽이나 두 쪽 눈이 멀거나 색맹(色盲)이 되고, 그렇지 않으면 반맹증(半盲症, hemianopsia, 시야의 한쪽에 대해서만 눈이 머는 것)이 생기거나 시야가 수축되거나 한다. 청각, 미각, 후각도 마찬가지로 일부 또는 전부 사라질 수 있다. 더욱더 놀라운 것은 피부 감각 마비이다. 옛날 '악마의 인장(devil's seals)'을 찾는 마녀 발견자들은 마귀에 걸린 희생자들의 피부에 감각을 느끼지 못하는 부분이 있다는 것을 잘 알고 있었지만 근대 의학은 극히 최근에서야 정밀 신체검사를 통하여 이 사실에 주목하게 되었다. 그런 감각 상실 부분은 피부 어디에나 널리 있을 수 있지만 신체의 한쪽 측면에만 영향을 미치기 쉽다. 머리부터 발끝까지 신체의 한쪽 측면 전체가 무감각하게 되는 일도 드물지 않고, 따라서 예를 들어 왼쪽 측면에 감각이 없는 피부가 정상 감각이 있는 오른쪽 피부와 신체의 앞뒤를 중간에서 완전히 예리하게 갈라놓는 경계선에 따라 분리되는 것을 알 수도 있을 것이다. 때로는 무엇보다도 놀라운 것은 생명을 유지하는 데 필요한 다른 기능에는 중대한 장애를 일으키지 않으면서도 피부 전체, 손, 발, 얼굴의 모든 부분과, 검사할 수 있는 모든 점막, 근육, 관절 등이 **완전한** 감각 상실이 되기도 한다.

이들 히스테리성 감각 마비는 여러 가지 기묘한 과정을 거쳐 다소간 완전하게 없어질 수도 있다. 최근 자석이나 철판 조각, 또는 전지의 전극 등을 피부에 놓으면 이상한 치료 효과를 나타낸다는 것이 발견되었다. 그리고 신체의 한쪽이 이 방법으로 치료되면 감각 마비는 그때까지 건강했던 반대 측면으로 옮겨가는 것이 흔히 발견된다. 자석과 금속판이 지니는 이와 같은 이상한 효력이 그 물건이 직접 미치는 생리 작용에 기인되는가 또는 환자 정신에 미치는 사전 영향〔'기대 주의(期待 注意)' 또는 '암시'〕에 기인되는가 하는 것은 아직 미해결의 문제이다. 감각을 회복시키는 좀더 좋은 방법은 최면 몽환에 걸리게 하는 것이며, 환자들 대부분은 아주 쉽게 최면 몽환에 걸리게 할 수 있고, 몽환 상태에서는 상실되었던 감각이 완전하게 회복되는 일도 드물지 않다. 이와 같은 감각 회복을 감각이 상실될 때마다 뒤따르게 하면 감각 상실과 회복이 교대하여 일어나게 된다. 그러나 자네(Pierre Janet)[4]와 비네(Alfred Binet)[5]는 감각 마비된 기간에도 감각 마비가 있으면서도 **마비된 부분들의 감각**이 1차 의식 또는 정상 의식과는 완전히 단절되지만 **타진(打診)**에는 응하여 여러 가지 기묘한 방법으로 감각이 존재한다는 것을 증언하게 하는 **2차 의식 형태**로 존재한다는 것을 보여 주었다.

이런 방법 중에서 자네가 '주의 분산법(method of *distraction*)'이라 부른 방법이 으뜸이다. 히스테리 환자의 주의 범위는 아주 좁아 한 번에 한 가지 이상을 생각할 수 없는 경향이 있다. 어떤 사람과 이야기하고 있을 때에는 다른 일은 모두 잊어버린다. 자네는 다음과 같이 말한다. "어떤 사람과 이야기할 때에는 다른 사람이 말을 걸어도 루시(Lucie)는 그 다른 사람의 말을 들을 수 없게 된다. 당신이 등 뒤에서 그녀 이름을 부르고 귀에 욕을 퍼부어도 그녀를 돌아보게 하지 못하며, 또한 당신이 그녀 앞에서 그녀의 물건을 보여주고 그녀의 몸을 만져도 그녀의 주목을 받지 못한다. 마침내 그녀가 당신을 알아보게 되었을 때, 그녀는 당신이 막 방으로 들어온 것으로 생각하고 그에 합당하게 당신에게 인사한다. 이와 같은 기묘한 망각 때문에 듣는 사람이 적절한 상대가 아니라도 구애받지 않고 자신의 모든 비밀들을 큰 소리로 떠들기 쉽다."

이제 자네는 이와 유사한 몇몇 피험자들이 제3자와의 대화에 빠져 있는 동안 등 뒤로 돌아가 속삭이는 소리로 손을 들던가, 그 밖의 다른 간단한 일을 하도록 일러주면 대화하고 있는 피험자들의 지성은 전혀 그 명령을 받은 것을 의식하지 못하지만 주어진 명령에 순종하여 손을 드는 것을 발견하였다. 이런 일 저런 일을 하도록 유도하여 그는 속삭여준 질문에 피험자들이 신호를 사용하여 대답하도록 했으며 마침내는 연필을 손에 쥐어주면 필기를 하여 대답하도록 할 수도 있었다. 그 동안에는 1차 의식은 자신의 손이 하는 일을 전혀 알지 못하면서도 대화를 진행시키고 있었다. 손이 하는 일을 주재하는 의식도 상위 의식이 갖고 있는 관심사에 의하여 거의 장애를 받지 않는 것 같이 보였다. 이와 같은 '자동 서기(自動 書記, *automatic writing*)'에 의하여 얻어지는 2차 의식의 존재에 대한 증거는 가장 유력하고 놀라운 것이지만 여타의 많은 사실도 같은 2차 의식의 존재를 증명하였다. 이런 사실들을 대충 빠르게 훑어내려가도 독자들은 아마 확신을 갖게 될 것이다.

예로써 마비된 것처럼 보이는 피험자의 손은 그 손 위에 어떤 대상을 놓으면 그 대상에 변별하여 적응하는 일이 많을 것이다. 연필을 주면 손은 글 쓰는 운동을 하고, 가위를 주면 손가락을 가위 손잡이에 넣고 가위를 열었다 닫았다 하는 운동을 할 것이다. 그 동안 1차 의식이라 불리는 것은 손이 시야에서 감추어져 보이지 않으면 손에 어떤 것이 있는가 또는 어떤 것도 없는가 하는 것을 말할 수 없다. "내가 레오니(Léonie)의 감각 마비된 손에 안경을 놓으면 손이 안경다리를 펴서 코 위로 올라가서 중간을 넘어 레오니의 시야에 안경이 들어오면 그것을 보고 멍해져서 손을 멈추고 '왜 내 왼손에 안경이 있을까' 라고 그녀는 말한다." 비네는 살페트리에르(Salpètriére) 병원의 어떤 환자에서 감각 마비된 것처럼 보이는 피부와 정신 사이에 아주 기묘한 연결이 있다는 것을 발견하였다. 손에 놓여진 사물들을 손으로는 느끼지 못했지만 사고는(분명 시각에 의하여) 하였고, 피험자는 감각의 출발점인 손과 사물을 연관시키지 않았다. 열쇠나 칼을 손에 쥐어주면 열쇠와 칼이란 관념은 있지만 손은 어떤 것도 느끼지 않았다. 마찬가지로 피험자는 시술자가 손이나 손가락을 3번 또는 6번 구부리거나 두드리면 3 또는 6이라는 숫자를 생각했다.

어떤 사람에서는 이보다 더 기이한 현상이 발견되고, 그 현상은 '색청(色聽 또는 共感覺, colored hearing)' 이란 신기한 개인 특성을 생각나게 한다. 색청에 관한 몇몇 사례는 최근 외국 학자들에 의하여 아주 세밀하게 기술되었다. 즉 그런 현상을 보이는 피험자들은 손에 의해서 수용되는 인상을 보기는 하지만 그것을 느낄 수는 없었다. 보이는 것은 결코 손과 연합되지 않고 독립된 시각처럼 보여 환자의 관심을 끌고 놀라게 하는 일이 많았다. 여성 환자의 손을 스크린으로 가리고 다른 스크린을 쳐다보고 거기에 비추어지는 어떤 시각 상이 있으면 말하라는 지시를 주었다. 감각이 없는 손을 들어올리거나 접촉하면 그 횟수에 해당하는 숫자가 그녀가 보고 있는 스크린에 나타난다고 했다. 손바닥에 선이나 도형을 그리면 그에 유사한 색깔 있는 선 또는 도형이 나타나기도 하며, 손을 만지면 손 자체 또는 손가락이 스크린에 나타나기도 하고, 또 끝으로 손 위에 놓은 물건도 나타나지만 손 자체에서는 어떤 것도 느끼는 일이 없었다. 물론 여기에서 거짓을 꾸미는 일도 어렵지 않겠지만 비네는 문제되고 있는 사례에서[6] 거짓을 꾸몄다는 설명(흔히는 아주 천박한 설명이다)을 그럴 듯하다고 믿지 않았다.

촉각 예민성을 측정하는 방법은 흔히 컴퍼스 두 다리 끝점을 사용한다. 컴퍼스 다리의 두 점이 너무 가까워 변별할 수 없을 때에는 대개 한 점으로 느끼지만 같은 두 점 거리도 피부의 어떤 부분에서는 '너무 가깝다는' 거리로 느껴지고 다른 부분에서는 아주 떨어진 것처럼 느낄 것이다. 등 뒤 중앙이나 넓적다리에서는 두 점의 간격이 3인치 이하이면 너무 가깝고, 손가락 끝에서는 1인치의 10분의 1 거리도 훨씬 떨어져 있는 것처럼 느낀다. 이제 입으로 말하고 정신을 독점하는 것처럼 보이는 1차 의식에 호소하여 이런 측정을 할 때에는 어떤 사람의 피부는 완전히 감각 마비되어 컴퍼스의 끝점이 피부에 닿는 것도 전혀 느끼지 못하지만, 만약 자동 서기 형식으로 글을 쓰거나 손을 움직여서 자신을 표현하는 2차 의식 또는 잠재의식에 호소하여 실험을 하면 감각 마비된 피부가 완전히 정상 감각을 갖고 있다는 것이 증명될 것이다. 비네, 피에르 자네(Pierre Janet), 및 쥘 자네(Jules Janet) 등은 모두 이런 사실을 발견하였다. 피험자는 컴퍼스 다리 끝점으로 접촉할 때마다 마치 정상 사람처럼 정확하게 '한 점' 또는 '두 점'이라는 신호를 보내곤 했다. 그녀는 다만 손놀림으로 신호했으며 그녀의 1차 자기는 그 손놀림이 신호하는 내용뿐만 아니라 손놀림 자체도 의식하지 못하곤 하였다. 왜냐하면 잠재의식이 자동 서기 형식으로 손을 놀려 하는 일이 입을 사용하는 의식에게는 알려지게 되지 않기 때문이다.

베른하임(Hippolyte Bernheim)과 피트르(Jean Albert Pitres) 등도 너무 복잡하여 여기에서는 소개할 수 없는 관찰을 통해 히스테리성 맹증(盲症)이 실제는 전혀 맹증이 아니라는 것을 증명하였다. 보이는 한쪽 눈을 감으면 완전히 눈이 멀게 되는 히스테리 환자의 눈도 두 눈을 함께 뜨고 있을 때에는 제대로 시각 작용을 완전하게 수행했다. 그러나 히스테리 질환으로 두 눈이 반맹(半盲)이 되었다고 할지라도 자동 서기 방법을 사용하면 두 눈은 지각하지만 다만 상위 의식과의 교신이 단절되었을 뿐이라는 것을 증명하게 된다. 비네는 아무리 눈으로 '보려고' 해도, 즉 상위 의식에 가져가려고 노력해도 허탕이었던 단어도 환자의 손이 무의식적으로 써내려가는 것을 발견했다. 물론 환자의 잠재의식은 단어들을 보고 있었다, 그렇지 않다면 손이 그처럼 글씨를 쓸 수 없었을 것이다. 마찬가지로 히스테리 증세로 색맹이 되어 눈으로는 정상 의식으로 가져갈 수 없었던 색채도 잠재의식으로서의 자기는 그 색채를 지각한다. 감각 마비된 피부를 찌르거나 불로 데게 하거나 꼬집으면 상위 자기는 전혀 알지 못하지만 피험자를 최면 몽환 속으로 옮겨 하위 자기가 자신을 표현할 기회를 얻으면 곧 그가 당한 것을 회상하여 고통을 느끼고 불평을 한다.

따라서 적어도 사람에 따라 만약 그의 전체 의식이 존재할 수 있다면 그 전체 의식은 공존하지만 서로를 알지 못하는 부분들로 쪼개지고 대상에 대한 지식을 그 부분들이 나눠 가진다는 것을 인정해야 한다. 더 주목할 만한 것은 이 부분 의식들이 서로 보완적이라는 것이다. 대상을 어느 한 부분 의식에만 제시하라고 하면 그 사실에 의하여 그 대상은 다른 부분 의식 또는 여타의 모든 부분 의식들에서는 제거된다. 언어 구사와 같은 어떤 공용되는 정보 공급원이 막히면 상위 자기가 아는 것을 하위 자기는 알지 못하고, 또 그 반대의 경우도 해당된다. 자네는 피험자 루시에서 이와 같은 사실을 깨끗하게 증명하였다. 다음 실험은 모든 여타 실험에 대한 본보기의 전형으로 사용될 수 있을 것이다: 최면 몽환에서 각각 숫자가 적힌 카드를 그녀 무릎 위에 놓았다. 다음 최면에서 깨어 3의 배수가 되는 숫자가 적힌 카드는 모두 보지 못해야 한다고 그녀에게 일러주었다. 이것이 현재에는 잘 알려진, 흔히 말하는 이른바 '최면 후 암시(催眠 後 暗示, post-hypnotic suggestion)'이며 루시는 이 최면 후 암시에 잘 적응하는 피험자였다. 따라서 그녀가 최면에서 깨어난 다음 무릎 위에 있는 카드에 관해 물어보면 그녀는 세어보고 3의 배수가 아닌 숫자만을 보았다고 말했다. 그녀는 12, 18, 9 등의 숫자가 적힌 카드는 보지 못했다. 그러나 보통과 같이 상위 자기를 다른 대화에 몰두시키는 방법을 사용하여 잠재의식인 자기에게 심문하면 루시의 손은 무릎 위 카드는 다만 12, 18, 9의 숫자가 적힌 카드뿐이라고 적고, 거기에 있는 모든 카드를 들어올리라고 하면 3의 배수가 되는 숫자가 적힌 것들만 집어들고 나머지는 무릎 위에 그냥 놓아둔다. 마찬가지로 잠재의식 상태에서 루시에게 어떤 사물의 시각을 암시해 두면 정상 상태의 루시는 갑자기 그 사물에 대하여 부분 맹증, 또는 전체 맹증이 되어버린다. 자네가 잠재적 2차 인격에게 그녀의 눈을 사용하라고 속삭이면 대화 도중 그녀의 정상 인격은 "왠일이야, 볼 수 없어!"라고 갑자기 외쳤다. 감각 마비, 운동 마비, 근육 위축, 및 그 밖의 히스테리 환자들이 당하는 정상적이 아닌 일들은 따라서 1차 인격이 마땅히 지니고 있어야 할 기능을 2차 인격이 빼앗아 2차 인격이 스스로 비대해졌다는 사실에 기인하는 것 같다. 따라서 치료를 위한 지시는 자명하여, 최면을 거는 방법으로든 그 밖의 어떤 방법으로든, 이 2차 인격을 뚫고 들어가 눈, 피부, 팔 또는 증세를 보이는 어떤 신체 부분이든 2차 인격이 붙잡고 있지 않고 포기하도록 하는 것이다. 그렇게 하면 정상 상태의 자기가 본래의 기능을 회복하여 보고, 느끼고, 다시 움직일 수 있다. 이와 같이하여 쥘 자네는 잘 알려진 살페트리에르 병원의 환자인 위트(Wit)를 깊은 몽환에서 비밀을 찾아낼 때까지 좀처럼 수그러지지 않았던 모든 종류의 병적 증세로부터 쉽게 벗어나게 치료하였다. "그런 나쁜 장난을 그만두어라"라고 2차 자기에게 말했고, 그의 2차 자기는 이에 순종하였다. 한 개인의 여러 인격들이 어떻게 가능한 감각 근거를 서로 나누어 갖느냐 하는 것이 이 젊은 여인에게서 재미있게 예시되고 있다. 깨어 있을 때에는 평소 금팔찌를 끼고 있는 손목 둘레 부분을 제외하고는 그녀의 피부 어디에도 감각이 없었다. 이 팔지 낀 부분에는 감성이 있었다. 그러나 가장 깊은 몽환 상태에서는 나머지 신체의 모든 부분은 감각이 있고 팔찌 낀 부분이 오히려 철저히 감각 마비가 되었다.

때로는 한 사람의 여러 자기들이 서로를 알지 못하여 아주 이상스러운 우연한 사건에 이르게 된다. 잠재의식인 자기가 수행하는 활동과 운동이 정상적으로 의식하는 자기로부터 떨어져나가고, 피험자는 자신도 전혀 알지 못하는 여러 종류의 앞뒤가 맞지 않는 일을 저지르기도 한다. "나는 〔주의 분산법으로〕 루시에게 엄지손가락을 코끝에 대라고 명령했고, 그녀의 손은 바로 그녀 코끝에 올라갔다. 그녀에게 무엇을 하고 있느냐고 물으면 아무 일도 하고 있지 않다고 대답하고 오랫동안 이야기를 계속했지만 그녀는 손가락이 코앞에서 움직이고 있는 것을 짐작도 하는 기색이 없는 것이 분명하였다. 나는 그녀를 방 안에서 걷게 하였으나 그녀는 계속 이야기하면서 자신이 앉아 있다고 믿었다."

자네는 이와 유사한 행동을 알코올 중독에서 생긴 정신착란에 걸린 남자에게서 관찰했다. 의사가 질문하는 동안 자네는 속삭이는 암시로 환자를 걷고, 앉고, 무릎을 꿇고, 심지어 마룻바닥에 얼굴을 파묻고 엎드리게 하기도 했으나 환자는 그 동안 줄곧 침대 옆에 서 있는 것으로 믿었다. 이와 비슷한 것이라도 실제 목격하지 않는 한 이와 같은 괴상한 일은 믿어지지 않게 들린다. 이런 사실을 잘 모르고 있던 오래전에 나 자신은 한 사람의 두 자기가 지식을 나눠 갖는 작은 실례를 직접 보았다. 자동 서기를 하고 있던 젊은 부인이 손에 연필을 쥐고 앉아 나의 요구에 따라 그녀가 한 번 본 일이 있는 어떤 신사의 이름을 회상하려고 했다. 그녀는 다만 그 이름의 첫 번째 철자만 회상할 수 있었다. 그 동안 그녀의 손은 그녀가 모르는 사이에 끝의 두 철자를 적었다. 점을 치는 판자에 글을 쓸 수 있는 완전히 건강한 젊은 사람의 경우에 글을 쓰고 있는 동안 손이 완전하게 감각 마비가 된다는 것을 나는 뒤에

380

가서 알고는 그의 손을 심하게 꼬집었지만 그는 알지 못했다. 그러나 **판자**의 글은 강한 어조로 내가 그의 손을 해쳤다고 비난하였다. 한편(판자에 글을 쓰지 않는) **다른** 손을 꼬집으면 그 젊은 사람의 발성 기관에서 강한 항의를 일으키지만 판자에 글을 쓰던 자기는 꼬집혔다는 것을 부인하였다.[7)]

이와 꼭같은 결과를 이른바 최면 후 암시에서도 얻는다. 최면 몽환에 있는 동안 최면에서 깨어난 다음 어떤 행동을 하거나 어떤 환각을 경험하라고 일러주면 환자에 따라서는 그때가 되면 이 명령에 복종한다는 것은 잘 알려진 사실이다. 그 명령이 어떻게 환자에게 기록되는가? 어떻게 명령을 그렇게 정확하게 시간을 맞추어 실행하게 되는가? 이런 문제들은 오랫동안 신비로운 것이었다, 왜냐하면 몽환이나 암시를 전혀 회상하지 못하고 갑자기 그 사람을 사로잡은 설명할 수 없는 충동에 저항할 수 없이 굴복한 것에 대한 즉흥적 변명을 1차 인격이 꾸며대는 일이 흔히 있기 때문이다. 거니(Edmund Gurney)는 2차 자기가 깨어 있어 계속 명령에 주의를 고정시키고 그 명령을 실천하라는 신호를 대기하고 있다는 것을 자동 서기 방법으로 발견한 최초의 사람이다. 자동 서기도 겸한 몽환 상태에 있는 어떤 환자는 몽환에서 깨어 점을 치는 판자로 가도록 하면——무엇을 썼는지 알지 못하게 하고 또 큰 소리로 글을 읽거나 담소하거나 또는 암산으로 문제를 푸는 데 상위 자기의 주의를 완전히 집중시키면——경과된 시간과 명령을 수행할 때까지 경과해야 할 시간에 관계되는 기록과 더불어 그가 받은 명령을 그 판자에 적어두기도 한다.[8] 따라서 최면 상태에서 받은 명령대로 행동하게 하는 것은 기계적 의미의 '자동성'에 근거하는 것이 아니라 한정되고 파묻혀 있지만 완전하게 의식하는 어떤 분리되어 나간 자기가 그런 행동을 주관한다. 그뿐만 아니라 이 파묻힌 자기는 가끔 행동하고 있는 동안 표면으로 부상하여 다른 자기를 추방해 버리기도 한다. 환언하면 피험자는 최면 몽환에서 받은 명령을 수행해야 할 순간이 다가오면 몽환으로 또다시 되돌아가고, 따라서 그 다음에는 그가 수행한 행동을 회상하지 못한다. 거니와 보니(Beaunis)가 이런 사실을 확인했으며, 그후 대규모로 이 사실이 검증되었고, 거니는 또한 환자가 명령을 수행하는 짧은 기간 또다시 **암시에 걸리게** 된다는 것을 보여주었다. 자네의 관찰 역시 나름대로 이 현상을 잘 설명하고 있다.

"나는 루시에게 최면에서 깨면 팔을 들고 있으라고 일러주었다. 그녀가 정상으로 되돌아가자마자 그녀의 팔이 머리 위로 올라갔지만 그녀는 그 팔에 주의를 기울이지 않았다. 그녀는 팔을 공중에 높이 들고 왔다 갔다 걸으며 대화를 했다. 그녀의 팔이 무엇을 하고 있느냐고 물으면 질문에 놀라고 아주 진지하게 '내 팔은 아무 일도 하고 있지 않고 당신의 팔과 꼭 마찬가지입니다'라고 대답했다⋯. 내가 최면에서 울라고 명령하면 깨어난 다음 실제 훌쩍거리고 눈물을 흘리면서도 계속 아주 즐거운 일들을 이야기했다. 울음이 그친 다음 어떤 슬퍼하는 흔적도 남아 있지 않았으며 슬픔은 전적으로 잠재의식적이었던 것 같았다."

1차 자기는 때로 환각을 만들어내어 분리되어 나간 다른 자기가 연출하는 활동을 가려서 자신의 시야에 떠오르지 못하게 감추어야 한다. 레오니 3[9]이 실제로는 문자를 썼으나 레오니 1은 뜨개질을 하고 있었다고 믿고, 또 루시 3이 실제로는 병원에 갔으나 루시 1은 그 동안 자신이 집에 있었다고 믿는다. 이는 일종의 정신착란이다. 알파벳이나 수 계열이 제2인격에 주어져서 그 제2인격의 주의 대상이 되면, 그 동안 제1인격인 정상 자기에게는 그런 것들이 없는 것으로 된다. 명령을 받은 대로 충실하게 알파벳을 손으로 쓰고 있어도 '피험자'는 아주 망연자실하여 알파벳을 상기해 내지 못하는 등과 같이 동일인의 여러 분리된 부분 의식들 사이에 있는 이와 같은 상호 배척 관계보다 더 기묘한 것은 없으며 그 상호 배척에도 정도의 차이가 있다.

우리 각자의 속에서 정신이 얼마만큼 나누어져 분리된 의식으로 있을 수 있는가 하는 것이 문제이다. 자네는 정상이 아닌 허약 상태가 된 결과 통합 능력 또는 조절 능력이 결핍된 경우에만 가능하다고 주장했다. 히스테리에 걸린 부인은 신경이 너무 허약하여 그녀의 의식을 통합하여 지탱할 수 없으므로 의식의 일부를 포기한다. 이 포기된 부분이 그 동안 공고해져서 2차 자기 또는 잠재의식의 자기가 된다. 이와는 달리 완전하게 건강한 피험자의 경우에는 한 순간 떨어져나갔던 정신도 다음 순간에는 계속 되돌아온다. 이 경우 경험된 것과 얻어진 지식들이 모두 통합되어, 떨어져 나간 어떤 부분도 충분히 안정적으로 조직화되어 하위 자기를 형성하는 일이 없게 된다. 하위 자기에는 고착성(固着性), 단조성(單調性), 치졸성(稚拙性)이 아주 두드러지는 일도 많다. 최면 후(post-hypnotic)에 생기는 잠재의식은 최면 당시 최후에 받은 명령만 생각하는 것 같으며, 경직성(cataleptic) 잠재의식은 사지에 각인된 최종 자세만을 생각하는 것 같다. 자네는 두 피험자에게 최면 상태에서 특정 모양의 겨자 찜질을 한 자국이 있다는 환각을 가지도록 암시함으로써 피험자 피부에 일정한 둘레가 있는 빨간 자국과 부어오르는 증세를 일으킬 수 있었다. 암시 효력이 나타난 다음 다시 최면에 걸면 피험자는 "나는 계속하여 당신의 겨자 찜질만 생각했다"라고 말했다. 자네가 오랫동안 최면을 걸지 않았던 N이란 남자는… 그 동안 가끔 다른 시술자로부터 최면 시술을 받았고 자네에 의하여 다시 최면에 놓여졌을 때 그는 '알제이에 있어 너무 멀어 명령을 받을 수 없다' 라고 말했다. 다른 시술자가 그와 같은 환각을 암시해 놓고 피험자가 최면 몽환에서 깨어나기 전에 그 환각 암시를 제거하는 것을 깜박 잊어버리는 바람에 이 불쌍한 피동적 몽환 인격은 여러 주일 동안 정체된 꿈과 같은 환각에 사로잡혀 있었던 것이다. 대화하는 동안 왼손을 들어 '엄지손가락을 콧등에 대는' 동작을 하게 하여 레오니의 잠재 의식이 하는 일을 방문객 앞에서 시범하였으며, 1년이 지난 다음 이 방문객을 다시 만났을 때 그녀의 왼손은 코로 올라갔으나 레오니의 정상 자기는 그 사실을 전혀 짐작하지 못하였다.

종합해 보면 이 모든 사실들이 깊은 심연과도 같은 인간 천성에 새로운 불빛을 던지는 탐색 연구의 시초가 되는 것은 의심할 여지가 없다. 책의 앞부분인 이 장에서 이런 사실들을 이와 같이 장황하게 인용한 이유도 바로 여기에 있다. 이들 사실은 한 가지만은 확정적으로 증명하고 있다. 즉 어떤 사람이 느낀 것이 전혀 없다고 아무리 진지하게 증언하더라도 그에게 어떤 것도 감지되지 않았다는 적극적 증거로 그 증언을 채택해서는 안 된다는 것이다. 우리가 상대하는 1차 인격으로는 당연히 설명할 수 없는 것을 경험하는 '2차 인격'의 부분 의식이 거기에 있었을 것이다. 최면 상태에 있는 피험자를 (뒷장에서 알게 되겠지만) 간단한 암시로 운동을 마비시키거나 사지를 마비시키는 것이 이 세상에서 가장 쉬운 것과 같이, 말로 명령하여 이른바 체계적 감각 마비라 불리는 증상을 일으키는 것도 아주 쉽다. 체계적 감각 마비란 사물의 어떤 한 요소에 대한 감각 불능이 아니라 어떤 구체적인 한 개 사물이나 구체적인 사물들의 한 종류에 대한 감각 불능을 뜻한다. 피험자는 방 안에 있는 어떤 특정한 사람은 보지 못하고 그의 말소리도 듣지 못하지만 다른 사람에 대해서는 그렇지 않다. 따라서 어떤 사람이 거기 있거나 또는 이야기했다는 것을 부인하게 된다. 무릎 위에 있는 특정 숫자를 적은 카드를 보지 못하는 자네의 환자 루시가 (379쪽) 이에 해당하는 사례이다. 붉은색 과자나 검은색의 십자가처럼 대상이 간단하면 그 물건을 직시하고도 본다는 것을 부인하지만, 그럼에도 불구하고 피험자가 눈길을 딴 곳으로 돌리면 대상의 '부적 잔상'을 얻게 되므로 그 대상에 대한 시각 인상을 수용했다는 것을 보여준다. 더욱이 생각해 보면 어떤 대상을 보지 못하게 되려면 피험자가 그 대상을 유사한 다른 대상과 구별해야 한다. 방에 있는 어느 한 사람을 보지 못하게 암시하고 모든 사람을 한 줄로 세우고 인원 수를 셈하게 하라. 그 한 사람을 제외하고 다른 모든 사람을 셈할 것이다. 그러나 셈에서 빠질 사람이 누군가 하는 것을 알지 못한다면 어떻게 그 사람이 셈에서 빠지도록 구별될 수 있겠는가? 마찬가지로 종이 위나 흑판 위에 글자 한 획만 쓴 다음 그 종이나 흑판에 어떤 것도 쓰지 않았다고 일러주면, 그는 다만 깨끗한 종이나 흑판만 볼 뿐 그 외에는 어떤 것도 보지 못한다. 다음 (그가 보지 않는 데서) 원래 있던 글자 획을 둘러싸고 그것과 꼭 같은 글자 획들을 쓴 다음 무엇을 보았는가라고 물으면 그는 새로 쓴 글자 획은 하나씩 전부 지적하지만, 새로 쓴 글자 획을 아무리 많게 또는 어떤 순서로 배열하든 원래의 글자 획은 매번 빼먹을 것이다. 마찬가지로 약 16도의 굴절률을 가진 프리즘을 그의 한쪽 눈(두 눈을 뜨고) 앞에 놓아 그가 보지 못하는 원래의 글자 획을 **이중이 되게** 하면 이제는 그 중 **한 개** 글자 획은 보인다고 말하고 프리즘을 통하여 보여진 시각 상이 놓여진 방향을 지적하지만 이때에도 원래의 글자 획은 보지 못한다.

따라서 그가 적어도 같은 **종류의 글자 획을** 못 보는 것은 결코 아니라는 것이 분명하다. 그는 흑판이나 종이의 특정 위치에 있는 동일 종류의 한 개 글자 획에만 눈먼 것이고, 즉 복합 대상에서 특정 대상만 못 보는 것이고, 이렇게 말하면 역설적으로 들리겠지만 다른 글자 획들을 원래 글자 획 가까운 곳에 가져갔을 때에도 원래 글자 획만 보지 못하게 되기 위해선 그 원래 글자 획과 그와 동일한 다른 글자 획을 아주 정확하게 구별해야 한다. 원래 글자 획을 전혀 보지 못하게 되려면 그 글자 획을 다른 글자 획과 변별해야 한다는 것이 전제가 되는 것이다.

또한 한쪽 눈앞에 프리즘을 놓아서 앞서 보지 못했던 글자 획을 보게 한 다음 다른 쪽 눈을 감거나 가려도 그 눈을 감는 것으로 달라지는 것은 어떤 것도 없으며, 그 글자 획은 계속 보인다. 그러나 이때 프리즘을 치우면 조금 전 보았던 눈에도 글자 획은 보이지 않으며, 두 눈이 모두 원래 보이지 않는 상태로 되돌아갈 것이다.

따라서 이 사례에서는 우리가 눈 자체가 먼 것을 다루거나 단순히 주목하지 못하는 경우를 다루는 것이 아니라 어떤 더 복잡한 것, 즉 어떤 대상을 능동적으로 셈에서 **빼고** 적극적으로 배제하는 경우를 다루어야 한다. 이것은 친지와 '절교' 하거나 요구를 '묵살' 하거나 호의를 받고도 '시키는 대로 말을 듣지 아니 하는' 때와 같은 것이다. 그러나 이런 결과를 만들어내는 지각 작용은 피험자의 이른바 개인의식과는 연결을 끊고 암시가 주어진 대상을 그 지각 작용의 사유물과 먹이로 만드는 것이다.[10]

　아기의 칭얼거림을 빼고는 어떤 소리가 나도 깊은 잠을 자는 어머니는 그녀의 청각 감각에서 아기에 대한 부분이 체계적으로 깨어 있는 것이 분명하다. 이와는 상대적으로 그녀의 나머지 정신은 체계적 감각 마비 상태에 있다. 잠자는 부분으로부터 분리되어 나가 그 부분과 연결이 없음에도 불구하고 그 깨어 있는 부분은 필요할 경우 잠자는 부분을 깨어나게 할 수 있다. 따라서 도대체 정신도 잠을 자는가 하는 문제에 관한 데카르트와 로크의 논쟁은 여전히 해결에 접근하지 못하였다. **연역적** 사변을 근거로 하여 사고와 감성이 때로는 완전히 사라질 수 있다는 로크의 견해가 좀더 그럴 듯하게 들린다. 분비선이 분비를 하지 않고 근육이 수축하지 않는 것과 마찬가지로 뇌도 때로는 신경 흥분 전달을 중단하여 최저 뇌 활동과 더불어 최저 의식이 공존할 가능성은 충분히 있다. 다른 한편, 우리는 겉으로 보이는 것에 얼마나 속임수가 많은가 하는 것을 알고 있으며, 일부가 다른 부분과 연결이 단절되어도 계속 의식은 존속한다는 것을 인정하지 않을 수 없다. 전체적으로 보아 결론을 아직 내리지 않는 것이 최선이다. 머지않은 장래에 과학은 틀림없이 우리가 지금 할 수 있는 것보다 현명하게 이 문제에 대한 해답을 내릴 것이다.

이제 의식과 공간의 관계로 넘어가자.

의식과 공간의 관계
(RELATIONS OF CONSCIOUSNESS TO SPACE)

이것은 철학사에서 **영혼의 자리**에 관한 문제라고 알려지고 있는 문제이다. 이 문제는 많은 문헌을 쏟아져 나오게 했지만 우리는 아주 간략하게 다루어야 한다. 모든 것은 우리가 영혼을 어떤 것으로 개념화하는가, 즉 외연(外延, extended)이 있는 실체로 개념화하는가 또는 외연이 없는 실체로 개념화하는가 하는 데 달려 있다. 영혼을 외연이 있는 실체라고 한다면 영혼은 자리를 차지할 것이다. 만약 영혼이 외연이 없는 실체라면 영혼은 자리를 차지하지 않지만 이 경우에도 영혼은 어떤 **위치**는 차지하고 있을 것이라고 생각되었다. 그럼에도 불구하고 외연 없는 사물이 언제나 어느 정도의 외연량으로 **현존**할 가능성에 관하여 쓸데없이 따지는 일들이 많이 있었다. 우리는 두 종류의 현존을 구별해야 한다. 어떻게든 우리 의식이 관련을 맺는 모든 것에 우리 의식은 '현존'한다. 오리온 별자리를 지각할 때 나는 **인지적으로**는 그 별자리에 현존하지만 **역동적으로**는 거기에 현존하지 못하여 어떤 영향도 미치지 못한다. 그러나 사고와 감정이 뇌 과정에 반응하므로 나는 나의 뇌에 역동적으로 현존한다. 그러므로 만약 정신의 자리가 정신이 직접 역동적 관계를 맺고 있는 국소를 의미하는 것이라면 정신의 자리가 뇌의 피질 속 어디엔가 있다고 말하는 것은 확실히 옳은 말이다. 잘 알려진 바와 같이 데카르트는 외연 없는 영혼이 송과선(松菓腺)에 직접 현존한다고 생각했다. 그 밖에 초기 시절의 로체와 폴크만(W. Volkmann)과 같은 사람들은 모든 신경 흥분이 교차하고 연결한다고 가정한 해부학적 구조이면서도 뇌신경 요소가 없는 뇌의 세포 간질(間質) 속 어떤 점에 영혼의 위치가 있다고 생각했다. 스콜라 학파의 교리에서는 영혼이 신체 전체와 신체의 각각, 그리고 모든 부분에 전체적으로 현존한다고 가르친다. 영혼이 이와 같이 현존하는 것은 외연이 없고 단일한 존재라는 영혼의 성질에 기인된다고 이야기되었다. 외연이 있는 두 실체만이 공간속에서 부분 대 부분으로 서로 대응할 수 있으며 부분이 없는 영혼은 육체와 대응하지 못한다. 해밀턴 경과 보엔(Bowen) 교수는 대체로 이와 같은 견해를 옹호하였다. 피히테(Immanuel.H. Fichte), 울리치(Hermann Ulrici), 그리고 미국 철학자 중에서 월터(J.E. Walter)[11]는 영혼을 공간에 충만한 본질이라고 주장했다. 피히테는 영혼을 내면체(內面體, inner body)라 불렀고, 울리치는 분자 구성으로 되어 있지 않은 액체(fluid of non-molecular composition)와 같은 것이라 했다. 이들 이론은 오늘날의 '접신론(接神論,

theosophic)' 교리를 생각나게 하며, 영혼을 의식의 운반체로 간주하여 육체 구성을 주재하는 생명의 본질과 구별하지 않았던 시대로 우리를 되돌려놓게 한다. 플라톤은 머리와 가슴과 배를 각각 불멸의 이치와 용기와 욕구가 있는 자리라고 지적하였다. 아리스토텔레스는 심장이 이런 것들의 유일한 자리라고 주장하였다, 우리가 혈액, 뇌, 폐, 간, 신장 등을 발견하는 곳은 어디나 차례로 영혼의 전체 자리 또는 부분 자리로 지정되었다.[12]

사고 원리에 외연이 있다면 우리는 사고의 형태나 자리를 알고 있지 않은 것이 사실이며, 반면 사고 원리에 외연이 없다면 사고가 어떤 공간 관계를 가진다고 말하는 것 자체가 모순인 것이 진실이다. 앞으로 알게 되겠지만 공간 관계는 감각할 수 있는 것이다. 상호간의 위치 관계에 있을 수 있는 대상들만 동일 감각 공간 속에 공존하는 것으로 지각된다. 외연이 없는 영혼이 지각되지 않는 것처럼 전혀 지각되지 않는 사물들은 동일 감각 공간에서 지각되는 어떤 다른 대상과도 공존할 수 없다. 지각되지 않는 사물로부터는 지각되는 다른 대상으로 뻗치고 있다고 느껴질 수 있는 연결선은 없다. 지각되지 않는 사물은 공간을 형성하는 간격에서 생기는 두 끝을 형성할 수 없다. 따라서 그런 사물은 위치를 차지한다고 이해할 수 없다. 지각되지 않는 사물이 갖게 되는 관계는 공간 관계일 수 없고, 우리가 본 바와 같이 오직 인지 관계이거나 역동 관계여야 할 뿐이다. 그 관계가 역동적인 경우 영혼이 '현존'

한다고 말하는 것은 비유적 표현일 따름이다. 영혼이 신체 전체에 현존한다는 해밀턴의 교리는 어쨌든 틀린 것이다. 왜냐하면 영혼의 현존은 인지적으로는 신체를 넘어서 훨씬 더 연장되지만 역동적으로는 뇌를 넘어 연장되지 않기 때문이다.[13]

정신과 여타 대상(對象)의 관계
(THE RELATIONS OF MINDS TO OTHER OBJECTS)

정신의 여타 대상들에 대한 관계는 다른 정신에 대한 관계와 물질적인 사물에 대한 관계로 구분된다. 또 물질적 사물은 한편으로는 정신에 고유한 뇌이고, 또 다른 한편으로는 그 밖의 모든 사물들이다. 정신과 그에 고유한 뇌에 대한 관계는 독특하고 전적으로 신비로운 관계로서 이에 관해서는 앞선 두 장에서 논의했으므로 우리는 거기에서 설명한 것에 덧붙일 것이 없다.

뇌가 아닌 다른 대상들에 대한 정신의 관계는 우리가 알고 있는 한 오직 인지적 관계와 정서적 관계일 뿐이다. 정신은 이런 대상을 알고, 내부에서 환영하거나 배척하며, 그 밖에 다른 거래는 없다. 정신이 물질적 대상에 작용하는 것으로 보일 때에도 정신에 고유한 신체를 매개로 삼아 작용할 따름이다. 따라서 정신이 아니라 그의 신체가 대상에 작용하게 되며, 뇌가 우선 신체에 작용해야 한다. 사물이 정신에 작용하는 것으로 보일 때에도 이와 같은 일이 해당되어, 사물은 다만 신체에 작용할 뿐이고 신체를 통해야 뇌에 작용한다.[14] 정신이 **직접 할 수 있는** 일이란 기껏해야 다른 사물들을 알거나 잘못 알거나 무시해 버리거나, 또는 이렇게 저렇게 그 사물들이 흥미롭다는 것을 찾아내는 것이 고작일 뿐이다.

이제 우리가 지식을 얻어 안다는 **관계**는 이 세상에서 가장 신비로운 관계이다. 어떻게 한 사물이 다른 사물을 **알 수 있는가** 하고 묻는다면 우리는 **인식론**과 형이상학의 핵심으로 넘어가게 된다. 심리학자는 이 관계를 이와 같이 신기하게 생각하지 않는다. 심리학자는 그가 알고 있다고 믿을 수밖에 없는 세계를 그의 앞에서 발견하고, 그 세계와 동일한 세계라고 믿는 자신의 과거 사고나 타인의 사고를 탐구하면서 그가 자신의 나름으로 그 세계를 아는 것과 마찬가지로 이들 다른 사고도 그들 나름대로 이 세계를 알고 있다는 결론을 내릴 수밖에 없다. 심리학자에게는 아는 것이 궁극적 관계로서, 차이나 유사와 같이 설명되든 아니 되든, 누구도 설명하려 들지 말고 인정해야 하는 것이다.

우리의 화제가 자연 세계에 살고 있는 개인의 구체적 정신이 아니라 **절대 정신**에 관한 것이라면, 그 절대 **정신**이 우리가 일상에서 이해하고 있는 의미에서의 안다는 기능을 갖고 있는가 하는 것을 우리는 말할 수 없다. 우리는 그 절대 정신이 갖는 사고의 모습은 배워서 알 수 있으나 그런 모습과 비교할 수 있는 어떤 현실도 그 사고 밖에서 갖고 있지 않을 것이기 때문에——왜냐하면 만약 우리가 그런 현실을 갖는다면 그 **정신**은 이제는 **절대**일 수 없기 때문에——우리는 그 절대 정신의 사고를 비판하여 옳거나 틀린 것을 발견할 수 없고, 그런 사고를 다만 **절대 정신**의 사고라 불러야 하고 **절대 정신**이 얻은 **지식**이라 불러서는 안 될 것이다. 그러나 절대 정신이 아닌 유한한 인간 정신은 이와는 다른 것으로 판단될 수 있다. 왜냐하면 심리학자 자신은 유한한 인간 정신이 사고하는 대상들에 대해 독립적인 현실이 있다는 것을 확신할 수 있기 때문이다. 심리학자는 문제되고 있는 정신의 내부에도 외부에도 이 유한한 정신이 사고하는 대상들이 존재한다는 것을 알고 있고, 따라서 심리학자는 이들 유한한 정신들이 사고를 하고 또 알기도 하는가 또는 다만 사고만을 하는가 하는 것을 알고 있으며, 또 심리학자의 지식은 물론 오류를 범할 수 있는 인간의 지식이지만 다른 경우보다 이 경우에 더 틀린 것이 되게 할 만한 어떤 것도 없다.

이제, 심리학자는 그가 연구하고 있는 정신 상태가 어떤 외부에 있는 것과 관계가 있는 지식의 단편인가, 그렇지 않으면 어떤 외부에 있는 것과도 관계없는 주관적 사실일 따름인가 하는 것을 어떤 검증에 의해 결정하는 것일까?

심리학자도 우리 모두가 실제 사용하는 것과 같은 검증을 사용한다. 만약 어떤 정신 상태가 심리학자 자신이 갖고 있는 현실에 관한 관념과 **유사**하다면, 또는 만약 그 정신 상태가 심리학자가 갖는 현실에 관한 관념과 유사하지 않더라도 그런 현실을 함축하는 것처럼 보여서 어떤 신체 기관을 통해 그 현실에 작용하여 현실과 관계를 맺는 것처럼 보인다면, 또는 만약 그 정신 상태가 첫 번째 현실을 함축하고 그 현실로 인도하고 그 현실에서 끝마치는 어떤 다른 현실과 유사하기만 한다면――이들 경우 어느 하나 또는 모두에서 그 정신 상태가 직접으로든 원격으로든, 또는 분명하게든 막연하게든, 또는 옳든 틀리든, 이 세계 속에 있는 현실 속의 성질과 위치를 인지하고 있다는 것을 심리학자는 인정한다. 다른 한편 만약 검증이 진행되고 있는 정신 상태가 심리학자들이 알고 있는 어떤 현실과도 유사하지 않거나 그런 현실에 작용하지 않는다면 심리학자는 그 정신 상태를 어떤 인지적 가치도 갖고 있지 않는 순수하고 단순한 주관 상태라고 말한다. 또 만약 어떤 정신 상태가 심리학자들이 알고 있는 현실이나 현실 집합과 유사하지만 그 현실에 전혀 작용할 수 없거나 또는 심리학자가 알고 있는 신체 동작을 일으켜 그 현실의 진로를 변경시키지 못한다면 심리학자도 우리 모두와 마찬가지로 회의에 빠지게 될 것이다. 예를 들어 피험자가 잠자는 동안 그런 정신 상태가 나타났다고 하자. 피험자가 어떤 사람이 죽는 꿈을 꾸었고 같은 시각에 그 사람이 죽었다고 하자. 그 꿈은 단순히 우연한 시간적 일치인가 또는 진실한 죽음에 대한 인지인가? 이와 같은 수수께끼 같은 사례들을 '심령 연구 동인회(Societies for Psychical Research)'가 수집하여 가장 합리적으로 해석하려고 시도하고 있다.

만약 죽음의 꿈이 피험자가 일생 동안 꾼 단 하나의 죽음의 꿈이고, 또 꿈속에서 죽음이 나타난 맥락과 실제 죽음이 일어난 맥락이 많은 개별 사항에서 서로 다르고 꿈이 죽음에 어떤 작용도 미치지 못했다면, 우리 모두는 그것을 불가사의한 시간 일치이고 그 밖에는 어떤 것도 아니라고 취급해야 할 것이다. 그러나 만약 꿈속의 죽음이 실제 죽음에 있었던 모든 특징과 하나하나 일치하는 긴 맥락을 갖고 있다면, 그리고 만약 그 피험자가 실제 죽음과 완전히 똑같은 꿈을 항상 꾼다면, 그리고 만약 꿈에서 깨어나 꿈이 사실인 것처럼 즉시 행동을 취하여 뒤늦게 소식을 듣게 된 이웃들보다 '기선'을 잡는 습관이 있었다면, 우리는 아마 모두 그가 어떤 신비로운 천리안 능력을 갖고 있고, 그 꿈이 불가사의한 방식으로 현실을 알고 있어 이 경우 '우연한 시간적 일치'란 말은 이 사실의 근원을 건드리지 못했다는 사실을 인정해야 할 것이다. 그리고 꿈속에서 그가 현실의 진로를 간섭하거나 현실 속에 있는 사건들이 진행되어야 한다고 꿈꾼 바에 따라 이렇게도 저렇게도 진행하게 하는 능력을 갖고 있는 것으로 보인다면 누구든 갖고 있었을 어떤 의심도 완전히 사라지게 될 것이다. 따라서 적어도 그 피험자와 심리학자는 동일한 것을 다루고 있다는 것이 확실한 것 같다. 이와 같은 검증에 의하여 우리는 우리 동료의 깨어있는 정신이나 우리 자신의 깨어 있는 정신은 같은 외부 세계를 안다고 확신하게 된다.

결국 인지에 대한 심리학자의 태도가 아주 중요하므로 완전히 분명하게 될 때까지는 그 태도를 떠나서는 안 된다. 그 태도는 **철저한 이원론**이다. 심리학자의 태도는 아는 일을 하는 정신과 알려지는 사물이라는 두 요소를 가정하고 그 요소들을 그 이상 더 환원될 수 없는 것으로 취급한다. 어느 쪽 요소도 자신으로부터 벗어나거나 다른 쪽으로 넘어가지 못하며, 또 어떤 방법으로도 어느 하나가 다른 하나일 수는 없고, 또 어느 하나가 다른 하나를 만들어낼 수도 없다. 이 두 요소는 공동의 세계에서 얼굴을 맞대고 있으며, 한쪽은 단지 상대를 알 뿐이고 다른 하나는 상대 속에서 알려질 뿐이다. 이와 같은 독특한 관계는 어떤 하위의 용어로도 표현되거나 더 잘 이해될 수 있는 다른 명칭으로 바꿀 수가 없다. 어떤 종류의 **신호**가 사물로부터 정신이 있는 곳인 뇌에 주어져야 하며, 그렇지 않다면 알게 되는 일은 일어나지 못할 것이다. 사실 뇌 외부에 어떤 사물이 **존재**한다는 것만으로는 우리가 그 사물을 알게 되는 충분한 이유가 되지 못하며 사물이 우리에게 알려지기 위해서는 사물이 거기 있을 뿐만 아니라 어떻게든 그 사물이 뇌에 타격을 주어야 한다. 그러나 뇌가 타격을 받으면 알게 되는 일은 전적으로 정신 속에서 일어나는 새로운 구성에 따라 형성된다. 사물은 알려지든 그렇지 않든 상관없이 여전히 남게 된다.[15] 그리고 알게 된 지식이 일단 거기 있으면 사물이 어떻게 되든 그 지식은 그대로 거기 정신 속에 머물러 있을 것이다.

옛날 사람들이나 반성적 사고를 하지 않는 오늘날의 사람들은 아마도 지식이란 무엇인가가 밖으로부터 정신 속으로 들어가는 것이라 설명할 것이다. 정신은 적어도 감각 수용이 진행되는 동안은 피동적이고 수용적이다. 그러나 단순한 감각 인상을 받아들이는 경우에도 정신의 내부 구조에 대상이 복제되어야 한다. 두 사람이 대화하여 서로의 정신을 알게 될 때 무엇이 일어나는가 하는 것을 보엔 교수와 함께 살펴보기로 하자.

"어떤 사고도 한 사람의 정신을 떠나 다른 사람의 정신 속으로 들어가지 못한다. 사고를 교환한다고 말할 때 가장 조잡한 정신을 가진 사람도 그것이 단순한 비유적 표현이란 것을 알고 있다…. 다른 사람의 사고를 지각하기 위해서는 우리가 그의 사고를 우리 자신 속에서 구성해야 한다…. 이렇게 구성된 사고는 우리 자신의 사고이고 엄격히는 우리 자신에게 기원이 있다. 동시에 우리는 구성된 그 사고를 그 타인으로 말미암아 얻었으므로 그 사고가 타인에게서 기원되지 않았다면 아마 우리에게서도 기원되지 않았을 것이다. 그러나 그 타인은 어떤 일을 했는가?….그가 한 일은 다음과 같다. 말하는 사람은 아주 신비로운 세계-법칙에 따라 (그) 사고와 전혀 상이한 일련의 기호를 만들어낼 수는 있다. 그러나 그는 똑같이 신비로운 법칙에 따라 듣는 사람에게 일련의 자극으로 작용하고,

따라서 그 듣는 사람이 자신 속에 상응하는 정신 상태를 구성하게 되는 일련의 기호를 만들어낼 수도 있다. 말하는 사람이 하는 행동은 적절한 자극에 편승하는 것이다. 듣는 사람의 행동은 자극에 즉각 영혼이 반응하는 것일 뿐이다…. 유한한 정신들 사이에서 일어나는 모든 친교는 이런 종류이다…. 아마 반성적 사고를 하는 사람은 이런 결론을 부인하지 않을 것이지만, 우리가 타인의 사고를 지각하는 것과 외부 세계 일반을 지각하는 것에는 똑같은 지각 과정이 해당된다고 말하면 많은 사람들은 의문을 갖게 되어 적지않은 사람들이 위와 같은 결론을 부정할 것이 분명하다. 그러나 우주를 지각하기 위해서는 우리가 그 우주를 사고 속에 구성해야 하며, 그 우주에 대한 지식은 우리 정신의 내부 성질을 드러내는 것에 지나지 않다는 것을 수긍하는 것 외에는 별 도리가 없을 것이다….정신을 밀납판으로 기술하고, 사물을 그 밀납판 위에 자국을 남긴 것으로 기술함으로써 이 외연 있는 밀납판이 어디에 있으며, 그 위에 사물들이 어떻게 자국을 남기며, 그렇다고 하여도 지각 작용이 어떻게 설명되느냐 하는 것을 생각하여 물을 때까지는 우리가 커다란 통찰을 얻은 것 같이 보인다…. 감각과 지각을 생기게 하는 직접 전제조건은 뇌 속에 생긴 일련의 신경 변화이다. 외부 세계에 관하여 우리가 아는 것은 무엇이나 이들 신경 변화 속과 신경 변화를 통해서만 드러나게 된다. 그러나 이 신경 변화는 그 변화를 일으키는 원인으로 존재한다고 가정되는 대상들과는 전혀 유사하지 않다. 만약 정신이 광선 속에, 그리고 대상과의 직접 접촉 속에 있다고 개념화하여 생각한다면 그런 상상에서는 적어도 위안은 받을 것이다. 그러나 두개골이란 어두운 상자 속에서만 외부 세계와 접촉하고 있고, 따라서 지각되는 대상과 접촉하지 않으므로 도통 아는 바 없이 일련의 신경 변화와만 접촉하는 것으로 정신을 개념화한다면 대상은 멀리 떨어져 있는 것이 분명하다. 이렇게 되면 영상이나 인상과 같은 것에 관한 모든 언급은 종식된다, 왜냐하면 영상에 어떤 의미를 부여할 모든 조건들이 없어지기 때문이다. 우리는 그 암흑 속에서 빠져나와 광명과 현실의 세계에 또다시 들어가는 길을 언제 찾을 것인가 하는 것조차 분명하지 않다. 우리는 물리학과 감각에 대한 완전한 신뢰로부터 시작하여 곧바로 대상으로부터 멀어지고, 자기 외에는 어떤 것과도 유사한 데가 전혀 없는 일련의 신경 변화에 의하여 대상을 완전하게 대치하는 신경이 만드는 미궁으로 인도된다. 마침내 우리는 어두운 두개골 상자에 착륙한다. 대상은 완전히 사라지고 지식은 아직 나타나지 않는다. 가장 확정적 실재론에 의하면 신경 신호가 외부 세계에 관한 모든 지식의 원래 자료라고 한다. 그러나 이 신경 신호를 넘어 외부 세계에 관한 지식에 들어가려면 우리는 이 신경 기호로부터 거꾸로 객관적 의미를 읽어가는 통역을 두어야 한다. 그러나 그 통역 또한 이 우주에 있는 의미를 자신 속에 엄밀하게 담고 있어야 하며, 이들 신호도 실제 영혼 내부에 있는 것을 펼쳐내도록 하는 자극일 따름이다. 영혼은 이와 같은 신호를 통해서만 외부 세계와 교신하고 신경 신호가 가져올 수 있는 것보다 더 가깝게는 대상에 접근할 수 없다는 것이 일치된 의견이기 때문에 통역의 원리는 정신 자체 속에 있어야 하고, 결과물인 구성은 1차적으로 정신 자체의 천성이 표현된 것일 뿐이란 결론이 성립된다. 반응이란 모두 이런 종류의 것이고, 반응은 반응하는 작용원의 천성을 표현하는 것이며, 또 지식도 작용원과 같은 제목 밑에 들어온다. 이와 같은 사실은 필연적으로 사고 법칙과 사고 성질 사이, 또 사물의 법칙과 사물의 성질 사이에 미리 존재하는 어떤 조화가 있다는 것을 인정하던가 또는 정신에 나타나보이는 것과 같은 우주를 형성하는 지각 대상들은 정신이 감각 원인에 반응하는 양식일 따름인 순수한 현상이라는 것을 시인하던가 하지 않을 수 없게 만든다.[16]

객관과 **주관**, 그리고 이들 사이에 이미 수립된 조화가 존재한다는 이원론은 형이상학자가 될 만한 자격을 갖춘 개인 심리학자라면 어떤 일원론 철학을 예비로 마음속에 품고 있더라도 취해야 하는 견해이다. 이와 같은 일반적 관점이 이제 분명하게 되었으므로 나는 그 일반적 관점을 떠나 약간의 세부 구별로 내려가려고 한다.

넓은 의미에서 실제로 구별할 수 있는 두 **종류의 지식**이 있다. 우리는 이 두 종류 지식을 **지적 지식**(知的 知識, knowledge of acquaintance)과 **식적 지식**(識的 知識, knowledge-about)이라 부를 것이다. 대부분의 언어는 이 두 지식을 구별하며, 따라서 그리스어는 $\gamma\nu\tilde{\omega}\nu\alpha\iota,\ \epsilon\acute{\iota}\delta\acute{\epsilon}\nu\alpha\iota$; 라틴어는 *noscere, scire*; 독일어는 *kennen, wissen*; 불어는 *conna tre, savoir*[17]로 구별한다. 나는 많은 사람과 사물들을 지적으로는 알지만, 그들과 만났던 곳에 그들이 있었다는 것 외에는 그들에 관하여 식적(識的)으로는 거의 알지 못한다. 나는 눈으로 보면 청색이란 색깔을 알고, 맛을 보면 배 맛이라는 것을 알고, 손가락을 어느 만큼 움직이면 1인치 너비란 것을 알며, 시간이 1초 지나간 것을 느끼면 1초의 시간을 알고, 주의하면 주의하는 노력을 알고, 두 물건의 차이에 주목하면 그 차이를 알지만 이런 사실의 내부 성질이나 무엇이 그들을 지금 있는 것과 같은 것으로 만들었는가 하는 데 **관해서는** 전혀 말할 수 없다. 그런 것들에 대한 지적 지식을 미리 갖고 있지 않은 사람에게는 그런 것들에 대한 지적 지식을 나누어줄 수 없다. 나는 그런 것들을 말로 **기술**할 수 없으며, 눈먼 사람에게 청색이 어떤 것이라는 것을 생각해 내게 할 수 없으며, 어린아이에게 삼단 논법을 정의해 줄 수 없으며, 또 철학자에게는 꼭 어떤 점에서 거리가 실제 있는 대로이고 다른 형식의 관계와 다른가 하는 것을 일러줄 수 없다. 기껏해야 나의 친구에게 어떤 곳으로 가서 어떻게 행동해라, 그러면 그런 대상들이 아마 나타날 것이다라고 말할 수 있을 뿐이다. 이 세계의 모든 기본 성질들, 가장 높은 종들, 물질과 정신의 단순한 속성들, 그리고 그들 사이에 있는 모든 종류의 관계들은 전혀 알 수 없거나, 그렇지 않으면 **식적 지식**이 동반되지 않는 지적 지식으로만 우매하게 알려질 수밖에 없다. 사실 정신 속에는 모든 것에 관한 **약간의** 지식은 있다고 말할 수 있다. 적어도 사물들은 분류될 수 있고, 그 사물들이 나타나는 시각을 전할 수 있다. 그러나 일반적으로는 사물들을 덜 분석하고 사물들의 관계를 덜 지각할수록 우리는 사물에 관하여 아는 것이 적어지고, 그 사물에 대한 친숙성은 점점 더 지적 유형의 지식이 된다. 따라서 인간 정신이 실제 이 두 종류의 지식을 만들어내기 때문에 이 두 지식은 상대적 용어가 된다. 즉 어떤 사물에 대한 동일 사고라도 좀더 단순한 사고와 비교되면 식적 지식이라 불릴 것이고, 더 분명하고 더 명백한 사고와 비교되면 지적 지식이라 불리게 될 것이다.

문장의 문법이 이를 표현한다. 문장 '주어'는 지적 지식의 대상을 지칭하며 보어를 첨가해야만 대상에 대한 어떤 식적 지식을 얻게 된다. 주어가 거명(擧名)되는 것을 들었을 때 우리는 이미 많은 것을 알고 있을 것이다. 주어 명사는 이미 풍부한 내포를 갖고 있을 것이다. 그러나 많이 알고 있든 적게 알고 있든, 문장이 완성되면 우리는 더 많은 것을 알게 된다. 주의를 분산하거나 몽환 비슷하게 멍청한 정신 상태에서 바라봄으로써 우리는 대상을 지적으로만 아는 상태로 마음대로 되돌아갈 수 있다. 예지를 동원하고, 계속 주목하고, 분석하고, 사고함으로써 대상에 **관한 식적 지식**으로 올라갈 수 있다. 우리가 지적으로만 알고 있는 지식은 우리 정신에만 **현존**하며, 우리는 그것을 **소유**하거나 그것에 대한 관념을 소유한다. 그러나 우리가 그것을 식적으로 알고 있을 때에는 단순히 그것을 소유하는 것보다 더 많은 것을 할 수 있으며, 관계들을 사고할 때와 같이 우리는 그것에 어떤 종류의 처치를 가하고, 그것 위에 우리의 사고를 조작하게 하는 것 같다. **감정**과 **사고**라는 말이 이 두 대립되는 지식을 표명하기도 한다. 감정을 통해 우리는 사물에서 지적 지식을 얻고, 사고에 의해서만 우리는 사물에 관한 식적 지식을 얻는다. 감정은 인지의 싹이고 출발점이며, 사고는 성장이 완성된 나무이다. 지식의 출발점인 최소의 문법상의 주어나 최소의 객관적 현존이나 최소라고 알려진 현실은 가장 적다는 것을 표현하는 단어로 지칭되어야 한다. 그런 말은 lo! there! ecco! voilâ!와 같은 감탄사, 또는 the, it, that와 같이 문장을 도입하는 관사나 지시대명사이다. **제12장**에서 정신이 대상을 단순히 소유하거나 느끼는 것과 그 대상을 사고하는 것 사이의 구별이 어떤 것을 예고하고 있는가 하는 것을 좀더 깊이 검토할 것이다.

감정으로 분류되는 정신 상태는 **정서**와 피부, 근육, 점막, 눈, 귀, 코, 입 등에서 얻는 **감각**들로 되어 있는 것이 보통이다. 일상 대화에서 찾을 수 있는 '사고'는 **개념**과 **판단**이다. 이들 정신 상태를 개별적으로 다룰 때 우리는 그들 각각의 인지 기능과 그 각 기능의 가치에 관하여 한 마디 할 것이다. 이제 감각은 신체에서 일어나는 사실들에 대한 지적 지식만 우리에게 제공하고, 타인의 정신 상태에 관해서는 다만 개념화된 지식만을 가진다는 것을 유의하는 게 아마 좋을 것이다. 우리 자신의 과거 정신 상태에 관해서는 우리는 특이한 방법으로 인지한다. 자신의 과거 정신 상태는 '기억 대상'이며 그 상태에 대한 지각을 사고 과정보다는 감각 과정처럼 보이게 만드는 일종의 따뜻함과 친밀감을 지니고 우리에게 나타난다.

■ 주석

1) Payton과 Spence(Journal of Spec. Phil., X. 338, XIV. 286). 그리고 M. Garver(Amer. Jour. of Science, 3d series, XX. 189) 중에서 전자들은 사색을 근거로 하여, 후자는 실험을 근거로 하여 의식의 물리적 조건이 신경 진동이기 때문에 의식은 그 자체가 끊임없이 무의식에 의해 중단되어야 한다고 주장했다──Garver에 의하면 초당 약 50회 의식이 중단된다고 한다.

2) 정신 활동이 몽유 상태에서도 실제 있다는 것은 '최면에 걸린' 몽유 환자에게 깨었을 때 그 동안 있었던 일을 회상하라는 암시를 줌으로써 증명될 수 있다. 이 경우 최면에 걸린 사람은 암시한 대로 행동하는 일이 자주 있다.

3) Malebranche, Rech. de la Verité, bk. III. chap. I; J. Locke, Essay conc. H. u., book II. ch. I; C. Wolf, Psychol. rationalis, 59; Sir W. Hamiton, Lectures on Metaph., lecture XVII; J. Bacom, Science of Mind, 12; Th. Jouffroy, Mélanges Philos., 'du Sommeil'; H. Holland, Chapters on Mental Physiol., p.80: B. Brodie, Psychol. Researches, p.147; E.M. Chesley, Jourin. of Spec. Phil., vol. XI; p.72; Th. Ribot, Maladies de la Personnalité, pp.8-10; H. Lotze, Metaphysics, 533.

4) 'L'Automatisme Psychologique' (심리적 자동 장치), Paris, 1889의 여러 곳.

5) Chicago Open Court, 1889년 7 · 8 · 11월호에 있는 그의 논문을 보라. 또 Revue Philosophigue, 1889와 1890을 보라.

6) 이 모든 현상은 의식적 자아의 식역 밑에 남아 있는 관념들이 그 속에서 어떻게 연합된 결과를 자아내는가를 보여주고 있다. 환자의 1차 의식으로는 느끼지 못하는 피부 감각이 그럼에도 불구하고 식역 밑에 있는 통상적인 시각 연합물을 불러일으킨다.

7) Proceedings of American Soc. for Psych. Research, vol. I. p.548을 보라.

8) Proceedings of the (London) Soc. for Psych. Research, 1887년 5월호, p.268ff.

9) Janet는 한 피험자가 보여주는 여러 성격들에 숫자를 배정했다.

10) 이와 같은 정신 상태를 개념화하기는 쉽지 않다. 만약 새로운 글자 획을 첨가함으로써 처음 글자 획을 볼 수 있게 된다면 이 과정을 이해하기 훨씬 더 쉬울 것이다. 이때 전체로 통각되는 두 대상——한 개 글자 획을 쓴 종이와 여러 개 글자 획을 쓴 종이——있고 앞의 종이에선 보지 못하지만 뒤의 종이에 있는 것은 모두 볼 것이다. 왜냐하면 그는 뒤의 것을 앞의 것과 다른 전체로 통각할 것이기 때문이다.

이런 종류의 과정은 새 글자 획들이 본래 글자 획의 단순한 복사가 아니라 본래 글자 획과 결합하여 전체적으로 하나의 대상, 말하자면, 사람의 얼굴 같은 것이 되는 경우 때때로 (항상 그런 것은 아니지만) 나타난다. 따라서 몽환에 걸려 있는 피험자도 사람 얼굴의 부분이라고 봄으로써 앞서는 보지 못했던 글자 획의 선에 대한 시각을 다시 얻게 된다.

11) Perception of Space and Matter, 1879, part II. chap. 3

12) 이에 관한 여러 의견을 잘 요약한 역사는 W. Volkmann von Volkmar,' Lehrbuch d. Psychologie' (심리학 원론), 16, Anm을 보라. W. Hamilton 경에 관한 완전한 문헌은 J. E. Walter의 'Perception of Space and Matter' (공간과 물질의 지각), pp.65-6에 있다.

13) 대부분의 현대 저술가들은 영혼의 자리에 관한 문제를 무시해 버린다. Loathe가 이 문제에 많은 관심을 가진 것으로 생각되는 유일한 인물이며 그의 견해도 많이 변하였다. Medicinische Psychol.(의학심리학), 10. Microcosmus, bk. III. ch. 2. Metaphysic, bk. III, ch. 5. Outlines of Psychol., part II. ch 3 참조. 또 G.T. Fechner, Psychophysik(정신물리학), chap. XXXVII를 보라

14) 나는 '천리안' 이나 '영매' 에 의하여 멀리 떨어진 사물에게 미치는 작용과 같은 것은 아직 공인된 합의가 이루어진 것이 아닌 것으로 간주하여 고의로 묵살한다.

15) 나는 알려졌다는 사실로부터 나중에 사물에 닥쳐올 결과는 고려하지 않는다. 아는 것 자체는 사물에 결코 영향을 미치지 않는다.

16) B.P. Bowne: 'Metaphysics'(형이상학), pp.407-10. 또한 Lotze: 'Logik' (논리학), 308, 326-7을 참조하라.

17) John Grote: Exploratio Philosophica, p.60; H. Helmholtz, 'Popular Scientific Lecture' (대중 과학 강의), London, pp.308-9 참조.

제9장[1]

사고(思考)의 흐름
(THE STREAM OF THOUGHT)

이제부터 우리는 정신에 관한 연구를 내부로부터 시작할 것이다. 대부분의 심리학 교과서는 감각을 가장 단순한 정신적 사실로 간주하여 감각에서 시작해 낮은 단계에서부터 높은 단계로 차례로 쌓아가면서 체계적으로 진행한다. 그러나 이것은 경험적 연구 방법을 포기하는 것이다. 홀로 떨어진 단독적인 단순 감각을 갖고 있는 사람은 없다. 의식이란 출생한 날부터 풍부하고 다양한 대상들과 맺은 여러 관계들에 대한 의식이며, 우리가 단순 감각이라 부르는 것도 아주 고도로 훈련된 변별적 주의를 집중해야 얻을 수 있는 결과들이다. 그다지 해롭지 않은 가정처럼 보이지만 그럼에도 불구하고 결함이 많은 어떤 가정을 첫 시작에서 용납했기 때문에 심리학이 얼마나 황폐하게 되었는가 하는 것을 알게 되면 놀랄 것이다. 이렇게 결함이 있는 가정을 용납하면 나중에 좋지 않은 결과가 발생하여 돌이킬 수 없게 되고 그 결과는 심리학 연구의 모든 구성 속에 끼어들게 된다. 가장 단순한 것이 감각이므로 심리학에서 감각이 우선적으로 다루어져야 한다는 것도 이와 같은 잘못된 가정 중 하나이다. 첫 시작에서 심리학이 정당하게 가정할 수 있는 것은 사고 자체에 관한 사실들이며 그 사실들이 우선적으로 거론되어 분석되어야 한다. 따라서 만약 감각이 사고 요소 속에 있다는 것이 증명된다 하더라도 감각에 관해서는 우리는 처음부터 감각을 당연한 것으로 받아들이는 것보다 더 궁색한 처지에 놓이게 되지는 않을 것이다.

따라서 심리학자로서 우리에게 주어진 첫 번째 사실은 어떤 종류의 사고든 사고가 진행하고 있다는 사실이다. 나는 343쪽에서 언급한 바에 따라 사고란 말을 모든 의식 형식에 대해 구별하지 않고 사용한다. 만약 영어에서 '비가 온다(it rains)', '바람이 분다(it blows)'와 같이 '사고한다(it thinks)'라고 표현할 수 있다면, 사고란 사실을 가장 단순하게 가정을 최소로 줄여서 기술하는 것이 될 것이다. 그렇게 표현할 수 없으므로 우리는 단지 **사고가 진행한다**(thought goes on)라고 간단하게 말해야 한다.

사고의 5개 특성

(FIVE CHARACTERS IN THOUGHT)

사고가 어떻게 진행하는가? 우리는 곧 사고 과정에 있는 5개 중요 특성을 주목하게 되며, 이 특성들을 일반화하여 다루는 것이 이 장에서 해야 할 일이다.

1) 모든 사고는 개인 의식의 부분이 되기 쉽다.

2) 각 개인 의식 속에서 사고는 항상 변하고 있다.

3) 각 개인 의식 속에서 사고가 계속된다는 것이 감지된다.

4) 사고는 항상 사고 자체와는 관계없는 대상들을 다루는 것 같이 보인다.

5) 사고는 대상들의 어떤 부분에만 관심이 있고 다른 부분은 제외하며 언제나 관심을 가지는 부분을 환영하거나 거부한다——한마디로 대상들 중에서 **선택한다.**

이 5개 요점을 순차로 고찰하는 경우 우리는 어휘에 관해서는 **중립적인 것에 전념해야** 하며, 이 책 뒷장에 가서야 비로소 적절하게 정의될 수 있는 심리학 용어들을 사용해야 하게 될 것이다. 그러나 그들 용어가 무엇을 의미하는가 하는 것은 대충 누구나 알고 있으며, 우리가 지금 그 용어들을 취하는 입장도 그렇게 대충 알고 있는 의미에서 사용할 뿐이라는 것이다. 이 장은 아직 세밀한 부분은 나타나지 않게 화폭에 화가가 그린 시초의 목탄 스케치와 같은 것이다.

1) 사고는 개인 형식을 취한다

(Thought tends to Personal Form)

모든 사고는 개인 의식의 부분이라고 내가 말할 때 '개인 의식' 이 문제되는 용어 중 하나이다. 정의를 내릴 필요가 없을 때에는 우리가 개인 의식이란 용어의 의미를 알고 있지만, 개인 의식이란 용어에 대한 정확한 설명을 제시하는 것은 철학이 하는 일 중 가장 어려운 일의 하나이다. 우리는 다음 장에서 이 일과 대결해야 하고 여기서는 예비적 언급으로 만족한다.

이 방에는——예를 들어 이 교실에는——당신들의 사고와 나의 사고를 포함하는 다수의 사고들이 있으며, 이들 사고의 어떤 것들은 서로 응집하고 어떤 것은 그렇지 않다. 사고들이 모두 한곳에 속하는 한, 각자 독자적이거나 상호 독립적이 아니다. 사고는 독자적인 것도 아니고 독립적인 것도 아니다: 어느 한 사고도 떨어져 있지 않고 각기 어떤 다른 사고에 속하며 그 밖에는 어떤 것에도 속하지 않는다. 내 사고는 또 다른 나의 사고와 한 곳에 속하고 당신의 사고는 당신의 또 다른 사고와 한 곳에 속한다. 방 안의 어디인가 누구의 사고도 아닌 사고가 있는가 하는 것을 확증할 방법이 우리에게는 없다. 왜냐하면 그와 같은 사고가 있더라도 우리가 경험하지 못하기 때문이다. 우리가 자연스럽게 다루게 되는 유일한 의식 상태는 개인 의식(consciousnesses), 개인의 정신(minds), 자기(selves), 그리고 구체적인 특정한 나의 의식과 너의 의식 속에서 발견된다.

이들 정신은 각각 자신의 사고를 간직하고 있다. 사고들 사이에는 주거나 교환하는 일이 없다. 어떤 사고도 자신의 의식에 있는 사고 외의 타인의 개인 의식에 있는 사고를 직접 들여다보지 못한다. 절대적인 절연과 환원할 수 없는 다원성(多元性)이 사고의 법칙이다. 마치 근본적인 정신적 사실은 **이 사고 또는 저 사고인 사고**가 아니라, **나의 사고**이며 모든 사고는 **소유된** 것 같이 보인다. 시간적으로 동시이거나 공간적으로 근접해 있거나 또 성질과 내용이 유사하거나 하여도, 다른 개인의 정신에 속한다는 장벽에 가로막혀 갈라진 사고들은 한데 융합될 수 없다. 이와 같은 사고들 사이의 단절이야말로 성질상 가장 절대적 단절이다. '개인 정신'이란 용어의 성질에 대한 어떤 특별한 견해 없이 그 용어에 상응하는 **어떤 것**이 존재한다는 것을 전적으로 주장한다면, 이 절대적 단절이 진실이라는 것을 누구나 인정할 것이다. 이런 관점에서 보면 사고보다 개인 자기(personal self)가 심리학에서 직접적인 자료(immediate datum)로 취급될 수 있을 것이다. 보편적인 의식적 사실은 '감정과 사고가 존재한다' 는 것이 아니라 '내가 사고한다' 와 '내가 감각한다' 는 것이다.[2] 어쨌든 어떤 심리학도 개인 자기가

존재한다는 것을 의심할 수는 없다. 심리학이 범할 수 있는 가장 좋지 못한 일은 개인 자기가 지니고 있는 가치를 박탈하도록 개인 자기를 해석하는 것이다. 유심론을 반대하는 흥분에 들뜬 어떤 프랑스 저술가는 어디선가 관념에 관해 언급하면서 우리가 관념이 보여주는 특성에 오도되어 관념들의 진행을 '인격화(人格化)하고 말았다'라고 말했다——그는 그와 같은 인격화가 우리에게 있는 가장 큰 철학적 실책이라고 간주했다. 인격이란 개념이 정신의 진행 속에서 발견되는 것과 본질적으로 다른 어떤 것을 의미한다면, 그때에는 인격화가 실책(blunder)일 수 있을 것이다. 그러나 정신의 진행 자체가 바로 개인 인격이란 개념의 '기원'이라면 정신의 진행을 인격화하는 것은 잘못일 수 없는 것이다. 그런 정신 진행은 이미 인격화가 되어 있는 것으로 **딴 곳에서** 얻어지고 사고 대열 속에 없는 것으로 발견되는 인격의 징표는 없다. 정신 진행은 이미 모든 인격 증표를 갖고 있고, 따라서 그 밑에서 사고가 나타나는 개인 자기의 형태를 아무리 더 깊이 분석하더라도 심리학이 연구하는 사고들은 계속 개인 자기의 부분으로 나타날 것이란 것은 진실이고, 또 언제까지나 진실이어야 한다.

내가 '나타난다'라는 표현 대신 '나타날 것이다'라고 표현한 것은 앞의 장에서 약간 공부한 잠재의식 인격이나 자동 서기 같은 사실들이 있기 때문이다. 히스테리성 감각 마취에 걸린 환자에게나 또는 최면 후 암시를 받은 사람에게 있다고 오늘날 증명되고 있는 숨겨진 감정과 숨겨진 사고는 2차 개인적 자기(secondary personal selves)의 부분들이다. 이와 같은 자기는 대부분 아주 바보 같고 축소되고 일상의 정상적 자기와는 평상시에는 교신이 단절되지만, 그래도 그들은 의식으로서의 단위를 형성하며 계속 기억을 갖고 있어 말하고 쓰고 자신의 뚜렷한 이름을 만들어내거나 또는 암시된 이름을 사용하기도 한다. 요컨대 그 2차 자기들도 현재 그들에게 흔히 붙여지는 2차 인격이란 명칭에 전적으로 걸맞는다. 자네(Janet)에 의하면 이들 2차 인격들은 항상 정상적이 되지 못하며, 완전한 하나의 자기여야 하는 것이 두 부분으로 쪼개져, 그 중 하나가 배경 속에 숨고 다른 하나가 그 남자 또는 그 여자가 가지는 유일한 자기로 표면에 나타난 결과 생긴다고 한다. 현재 우리의 목적에서 보면 2차 자기의 기원에 관한 이런 설명이 존재 가능한 모든 2차 자기에 해당되는가 하는 것은 중요하지 않다. 왜냐하면 이런 설명이 대다수의 2차 자기에 해당되는 것이 확실하기 때문이다. 따라서 이제 이와 같이 형성된 2차 자기의 크기는 주된 의식으로부터 얼마나 많은 사고가 쪼개져 나갔느냐 하는 수효에 달려 있으며, 그 2차 자기는 개인 인격이란 형태를 취하기 쉽고, 그리고 그 2차 자기에 주어지는 뒤의 사고는 앞서 있었던 사고들을 기억하여 자신의 것으로 만든다. 자네는 그의 감각 마취된 몽유병 환자인 루시에게서 이들 2차 인격 중 하나가 (이른바) 농축(濃縮, inspissation)되는 실제 순간을 포착하였다. 이 젊은 여인의 주의가 제3자와의 대화에 몽땅 집중되고 있을 때, 그가 친히 속삭인 질문에 대한 간단한 대답을 그녀의 감각 마취된 손이 글로 쓰는 것을 발견하였다. "듣고 있느냐?"라고 물었다. "아니오"라는 것이 의식 없이 쓴 대답이었다. 그러나 "대답하려면 듣고 있어야 하는데"라고 말했더니, "네, 정말 그렇군요"라고 썼다. "그렇다면 어떻게 그렇게 할 수 있는가?"라고 물으니, "모르겠어요"라고 썼다. "내 말을 듣는 어떤 사람이 있는 것 같다"라고 속삭이면 "네"라고 글로 대답을 썼고, "그가 누구냐?"라고 물으면 "루시와 다른 사람"이라고 썼다. "응! 그래 다른 사람이군. 그러면 그 사람의 이름이 있겠지?"라고 속삭이면 "없어요"라고 대답을 했으며, "그래 이름이 있으면 더 좋을 텐데"라고 말했더니 "글쎄, 그렇다면 애드리언(Adrienne)이에요"라고 썼다. "일단 이름이 붙여지면 그 잠재의식 속의 사람은 윤곽이 더 뚜렷해지고 그녀의 심리적 특성을 더 잘 보여주었다. 특히 그녀는 1차 인물 또는 정상 인물의 의식에서는 제거된 감정을 2차 자기에서는 의식하고 있다는 것을 보여주었다. 루시가 오랫동안 전혀 촉각을 느끼지 못했던 팔을 내가 꼬집거나 그녀의 새끼손가락을 내가 만지면 그런 사실을 나에게 말하였다"[3]라고 자네는 계속 덧붙였다.

또 다른 사례에서는 2차 자기가 더 자발적으로 이름을 얻었다. 아직 완전하게 '발달' 되지 못한 자동 서기의 초기에 있는 많은 사람들이나 신령 촉매가 된 많은 사람들은 즉각 자발적으로 죽은 사람의 이름으로 글을 쓰고 말하는 것을 나는 보았다. 이런 죽은 사람들은 모차르트(Mozart), 페러데이(Faraday)같이 널리 알려진 인물일 수도 있고, 피험자가 이전부터 알고 있는 실존하는 사람일 수도 있고, 또 전적으로 상상해 낸 사람이기도 하다. 좀더 발달된 종류에 속하는 몽환 언어에 있는 실제 '정신 통제(spirit-control)'를 손상하지 않고도, 나는 그들의 조잡한(때로 개탄할 만치 알아들을 수 없는) 언어를 다른 정신 부분의 통제로부터 벗어나, 사회 환경의 편견에 따라 일련의 고정된 패턴으로 작동하는 피험자 자신의 자연적인 마음의 열등한 부분이 만들어 낸 것이라고 생각하게 된다. 강신술(降神術)을 신봉하는 사회에서는 행복한 소식을 얻지만, 무식한 가톨릭의 마을에서는 2차 인격은 마귀란 이름으로 불리고 환상의 나라에서 그것이 얼마나 행복한가 하는 것은 전하지 않고 신성 모독과 외설을 제공한다.[4]

조잡하더라도 아직도 기억과 습관과 정체감을 지닌 조직된 자기인 이들 사고 지역의 밑바닥에는 조직되지 않고 개인적 인격이 없는 사고들이 있다는 것을 히스테리 환자의 강경증(强硬症, catalepsy)에서 나타나는 사실로 미루어 우리는 가정하지 않을 수 없다고 자네는 생각했다. 강경증 몽환에 걸린 환자는(이런 몽환은 최면 상태에 있는 어떤 피험자에게서는 인위적으로 만들어낼 수 있다) 깨어나서도 기억이 없고 강경 상태가 지속되는 동안에는 감각이 없고 의식이 없는 것 같이 보인다. 그러나 만약 옆에 있는 다른 사람이 그 피험자의 팔을 들어올리면, 그 팔은 그 위치에 머물러 전신이 최면술사의 손 밑에서 밀랍이 반죽되는 것처럼 될 수 있으며, 상당 기간 어떤 자세든 시술자가 전달한 신체 자세를 유지한다. 예를 들어 팔이 감각 마취된 히스테리 환자에게도 같은 일이 일어날 수 있다. 감각 마취된 팔은 놓여진 위치에 피동적으로 머물러 있거나, 또는 만약 손을 잡아 연필을 쥐어주고 어떤 문자를 따라 쓰게 하면 그 손은 종이 위에 그 문자를 따라 쓰는 것을 한없이 계속할 것이다. 최근까지는 이런 행동은 의식이 전혀 수반되지 않는 생리적 반사로 간주되었다. 자네는 감정이 이런 행동에도 수반한다는 것이 훨씬 그럴싸하다고 생각했다. 이때 감정은 아마 단순히 사지의 위치나 운동에 관한 느낌일 것이고, 그 느낌은 신체의 위치를 계속 유지하거나 운동을 끊임없이 반복하게 하는[5] 신경 흥분을 운동 중추 속에 계속 방출할 때 자연적으로 결과를 만들어낼 뿐인 것이다. 이와 같은 조직되지 않은 사고는 "누구도 알지 못한다. 왜냐하면 뭉치지 않고 입자 상태로 된 감각은 합성하여 어떤 인격도 만들지 못하기 때문이다"라고 자네는 말했다.[6] 그러나 이처럼 말로 표현할 수 없는 바보 같은 사고도 기억을 발달시킨다는 것을 그는 인정한다──강경증 환자는 적은 힌트만으로도 곧 그의 팔을 움직이며, 따라서 이런 바보 같은 사고들도 모든 사고가 개인 의식이란 형식을 취한다는 법칙에 대한 중대한 예외를 만들고 있는 것은 아니다.

2) 사고는 부단(不斷)히 변한다

(Thought is in Constant Change)

나는 딱히 어떤 지속도 갖고 있지 않는 정신상태가 있다고 말하지는 않는다——설사 지속을 갖고 있지 않는 것이 사실일지라도 그것을 확정하는 것은 어려울 것이다. 내가 특별히 고려하는 변화는 감지할 수 있는 시간 지속에서 일어나는 변화이다. 그리고 내가 강조하고자 하는 결론은 **한번 지나간 정신 상태는 다시 되돌아 재현될 수 없고, 전에 있었던 정신 상태와 일치할 수도 없다는 것이다.** 이제 호지슨(Shadworth Hodgson)이 기술한 것으로부터 시작하자.

"나는 지각한다, 감각한다, 사고한다 또는 그 밖의 어떤 특정 정신 양식을 착수한다는 등으로 말하지 않고 곧바로 사실을 착수한다. 나의 의식을 들여다볼 때 내가 발견하는 것은 만약 내가 어떤 의식이든 가진다 하여도, 내 자신으로부터 벗어버릴 수 없는 것 또는 의식 속에 갖고 있지 않을 수 없는 것은 잡다한 감정 계열이다. 눈을 감고 완전하게 정지하고 자신의 어떤 의지도 제공하지 않으려 하지만 내가 사고하든 사고하지 않든, 또 내가 외부 사물을 지각하든 지각하지 않든, 나는 항상 연속하는 잡다한 감정들을 가지게 된다. 내가 또 갖게 되는 좀더 특수한 특성을 지닌 다른 어떤 것들도 이 감정 연속의 부분으로 들어온다. 연속하는 잡다한 감정들을 갖지 않는다는 것은 의식이 전혀 없는 것이 된다…의식의 연쇄란 **잡다**(雜多, differents)들의 연속이다."[7]

이와 같은 기술은 그 누구로부터도 항의를 받을 것이 없다. 우리 모두는 서로 다른 의식 상태의 커다란 종류들을 확인하게 된다. 때로 보고 때로 듣고 때로 추리하고 때로 의욕하며 때로 회상하고 또 때로 예측하고 때로 사랑하고 때로 미워하면서 번갈아 수백 가지로 정신이 다르게 관여한다는 것을 우리는 알고 있다. 그러나 이런 것들은 모두 복합된 정신 상태들이다. 과학의 목적은 항상 복합된 것들을 단순한 것으로 환원하는 것이며, 심리학이란 과학에서는 축복받은 '**관념에 관한 이론**'이 있는데, 이 이론은 정신의 구체적 조건들이라 말할 수 있는 것들 간에는 커다란 차이가 있다는 것을 인정하면서도, 관념은 변하지 않고 항상 동일한 것인, 어떤 단순한 의식 요소들이 다양하게 **조합되어** 생긴 결과라는 것을 보여주려 한다. 이와 같은 의식 요소인 정신 원자 또는 정신 입자는 로크(Locke)가 '**단순 관념**(simple ideas)'이라 부른 것들이다. 로크의 후계자 중에서 어떤 사람은 엄격하게는 단순 관념만 감각이라고 할 수 있다고 말했다. 그러나 어떤 관념이 단순 관념인가 하는 것을 여기에서 다루지 않을 것이다. 다만 어떤 철학자들은 정신의 용암(溶暗) 화면 현상(dissolving-view-appearance)에서는 유동 속에서도 변하지 않고 남는 요소(要素) 사실의 종류들을 볼 수 있다고 생각한다는 것을 지적하는 것으로 만족한다.

그리고 이들 철학자의 견해에는 거의 의문이 제기되지 않았다. 왜냐하면 우리의 일상 경험이 언뜻 보기에 이 견해를 전적으로 확인하는 듯하기 때문이다. 예를 들어 동일 대상에서 얻는 감각들은 항상 동일하지 않은가? 동일한 힘으로 동일한 피아노 건반을 치면 우리에게 동일한 소리가 들리지 않는가? 동일한 잔디는 동일한 초록 느낌을, 동일한 하늘은 동일한 푸른 느낌을, 그리고 동일한 향수병에 아무리 여러 번 코를 대어도 동일한 냄새 감각을 얻지 않는가? 그렇지 않다는 주장은 한 조각의 형이상학적 궤변처럼 보이지만 더 세밀하게 그런 것들에 주의하면 우리가 **동일한 신체 감각을 두 번 얻는다는 증거가 없다**는 것을 알게 된다.

우리가 두 번 얻게 되는 것은 동일한 대상이다. 우리는 같은 음을 되풀이해 듣고 같은 초록이란 성질을 가진 색채를 보고 또 같은 객관적 냄새를 맡거나 같은 **종류**의 아픔을 경험한다. 영원히 존재한다고 우리가 믿는 구체적 또는 추상적 현실과 물리적 또는 관념적 현실은 부단히 우리 사고에 반복적으로 떠오르지만 우리가 주의하지 않기 때문에, 반복되는 현실에 대한 우리 '관념'들이 동일한 관념인 것처럼 가정하게 된다. 얼마 후 **지각**에 관한 장에 이르면 감각을 주관적 사실로서 주목하지 않고, 감각이 나타내는 현실 존재의 인식으로 넘어가는 디딤돌로만 감각을 사용하는 습관이 얼마나 뿌리깊은가 하는 것을 알게 될 것이다. 창 밖에 있는 잔디의 녹색은 그늘에서나 햇볕에서나 똑같은 녹색으로 보이지만 잔디의 감각 효과를 실제로 나타내기 위하여 화가는 잔디의 한 부분은 검은 갈색을 칠하고 다른 부분은 밝은 황색을 칠해야 할 것이다. 대체로 동일한 사물도 거리가 다르고 환경이 다른 곳에서 보고 듣고 냄새 맡을 때 달라지는 것에는 우리가 주목하지 않는다. 동일한 **사물**이라는 것이 우리가 확인하려는 관심 대상이며, 그 동일성을 우리에게 확신시키기만 하면 어떤 감각이라도 대충은 서로 동일한 것으로 간주될 것이다. 이것이 여러 감각들을 주관적으로 동일하다고 함부로 말하는 증언이 사실 증거로서는 가치가 거의 없게 되는 이유이다. **감각**에 관한 모든 언급은 별개로 받아들인 두 감각이 정확하게 똑같은 것인가 하는 것을 분간하지 못하는 우리의 무능력에 관한 논평이다. 주어진 감각의 절대적인 성질이나 절대적인 양보다 훨씬 우리 주의를 끄는 것은, 어떤 감각에서든 동시에 우리가 가지는 감각에 대한 주어진 특정 감각의 **비율**이다. 모든 것이 어두울 때에는 그보다 약간 덜 어두운 감각은 사물을 희게 보이게 한다. 헬름홀츠(Helmholtz)는 달빛에 비친 건물 광경을 묘사한 그림에 그려진 흰 대리석은 낮에 보았을 때에는 실제 달빛에 비추어진 대리석 밝기보다 1만~2만 배 더 밝다는 것을 계산하였다.[8]

이와 같은 차이는 결코 직접 **감각으로** 알 수는 없으며 일련의 간접 고찰로부터 추정되어야 한다. 우리 감각 능력은 항상 변화하며 동일 대상이라도 쉽게 동일한 감각을 되풀이하여 우리에게 줄 수 없다는 것을 믿게 하는 사실들이 있다. 광선에 대한 우리 눈의 감각 능력은 처음 광선에 눈이 노출되었을 때 가장 높고, 그 다음에는 놀랄 정도로 신속하게 둔화된다. 밤에 오랫동안 잠자다 깨었을 때에는 저녁 나절 단지 눈을 감고 쉬었을 때보다 사물을 2배 더 밝게 본다.[9] 우리는 졸고 있는가 깨어 있는가에 따라, 또 배고픈가 배부른가에 따라, 또 활력이 있는가 피곤한가에 따라 같은 사물이라도 다르게 느끼며, 밤과 아침에 다르게 느끼고, 겨울과 여름에 다르게 느끼고, 무엇보다도 소년기와 장년기와 노년기에 따라 다르게 느낀다. 그러나 우리 감각이 동일한 세계를 나타내보이고 그 세계를 점하고 있는 동일하게 감각되는 성질과 동일하게 감각되는 사물들이 있다는 것을 우리는 결코 믿어 의심하지 않는다. 연령에 따라 사물에 대한 정서가 달라질 때, 또는 기질(器質)적 기분이 달라질 때 감각이 달라지는 것이 가장 잘 드러난다. 밝게 보이고 신나던 것들도 싫증나고 덤덤하고 쓸모없는 것이 된다. 새소리가 지루하게 되고 산들바람이 쓸쓸해지며 하늘이 슬퍼진다.

우리의 감정 능력이 달라지는 데 따라 항상 감각이 본질적 변화를 한다는 것을 보여주는 이들 간접 추측에 더하여, 뇌 속에서 일어나게 되는 것을 근거로 하는 또 다른 추측이 첨가되어야 한다. 모든 감각은 대뇌피질의 작용에 상응한다. 동일한 감각이 재생되려면 **변용 하지 않은** 뇌에서 두 번째 감각이 일어나야 한다. 그러나 엄격히 말하면 이런 일은 생리적으로 불가능하며, 따라서 변하지 않는 감정이란 불가능하다. 왜냐하면 뇌의 아무리 적은 변용이라도 그 뇌 변용에 상응하는 동일한 양의 변화가 그 뇌가 만들어내는 감정에도 일어나게 될 것이기 때문이다.

감각이 순수하고 단순하게 결합하여 '사물'을 형성하지 않고 우리에게 나타나더라도 이와 같은 모든 사실들은 진실에 해당될 것이다. 따라서 일상 대화에서는 아무리 동일한 감각을 재차 얻었다고 말하여도 이론적으로 엄밀히 따진다면 결코 그렇게 될 수 없으며 또 헤라클레이투스(Heraclitus)처럼 우리는 결코 같은 흐름에 두 번 다시 떠내려가지는 않는다고 말하는 것이 생명이 흐르는 강물이나 요소 감정이 흐르는 강물에도 해당되는 것이 확실하다는 것을 우리는 인정해야 할 것이다.

그러나 '감각이란 단순 관념'이어서 변하지 않는 형태로 반복 재현된다는 가정이 근거 없다는 것을 그렇게 쉽게 알 수 있다면, 좀더 큰 사고 덩어리가 변하지 않는다는 가정은 얼마나 더 근거 없는 것이겠는가!

왜냐하면 우리의 정신 상태들이 정확하게는 결코 동일하지 않다는 것이 명백하고, 또 그것을 곧 알 수 있기 때문이다. 엄격히 말하면 주어진 사실에 대한 우리 사고들은 모두 독특하며, 다만 동일한 사실에 대한 또 다른 우리 사고들과 같은 종류라는 유사성만 갖고 있을 따름이다. 동일 사실이 재차 나타날 때 우리는 새롭게 그것을 사고해야 하며 약간 다른 각도에서 보아야 하고, 앞서 있었던 관계와 다른 관계 속에 있는 것으로 그 사실을 파악해야 한다. 이때 사실을 인지하는 사고는 모두 그러저러한 관계들 속에 있는 사실에 관한 사고이며, 뚜렷하지 않는 맥락에 대한 의식이 침투된 사고이다. 우리는 같은 사물을 계속 보면 거기서 이상하게 달라진 것에 부딪히는 일이 가끔 있다. 어떤 일에 대하여 지난 달에 어떻게 그와 같은 의견을 가질 수 있었는가 의아하게 되기도 한다. 우리는 어떻게 그렇게 되었는지 모르지만 그런 유치한 의견을 가질 정도의 정신 상태로부터는 벗어날 만큼 성장한 것이다. 해마다 우리는 사물들을 새로운 조망에서 본다. 진실하지 않았던 것들이 진실하게 되고 신나던 일이 김빠진 일로 된다. 전에는 그렇게 각별했던 친구들도 그늘 속으로 움츠리고, 한때 그렇게 신성하게 보이던 연인과 별과 숲과 강들이 이제는 얼마나 덤덤하고 흔해빠진 것이 되었으며, 영원한 것 같은 분위기를 풍기던 젊은 소녀가 현재는 거의 특징 없는 평범한 여인이 되고, 사진도 그렇게 공허하며, 책으로 말하자면 무엇이 있기에 괴테(Goethe)의 책에서 그렇게 신비로운 의미를 찾았으며 존 밀(John Mill)의 책에서 그렇게 중요한 것이 가득 찬 것을 찾았는가? 모든 이와 같은 것들 대신 현재 종사하고 있는 직무가 어느 때보다 더 열정을 쏟는 대상이 되고, 공적 의무와 공익의 중요성이 더 충만하고 더 심도 있게 된다.

그러나 여기에서 우리를 그렇게 심오하게 감동시킨 것이 모든 범위에 걸쳐 존재하는데, 즉 현재 시간의 전망으로부터 다음 시간의 전망으로 알아차리지 못하게 전환하는 데 이르기까지 모든 범위에 걸쳐 존재한다. 경험은 매순간 우리를 새롭게 만들고 우리들은 실제 그날까지 세상에서 우리가 겪었던 모든 경험의 결과에 따라 주어진 사물에 대해 정신적 반응을 한다. 이와 같은 우리 견해를 확인하기 위해서는 또다시 뇌생리학의 유추에 호소해야 하겠다.

앞의 장들은 우리가 사고하는 동안 우리 뇌는 변하고 북극의 오로라처럼 뇌의 전체적 내부 균형이 뇌 박동마다 변한다는 것을 믿어야 한다는 것을 가르쳤다. 주어진 순간 바로 뇌 균형이 변하여 생긴 성질은 많은 요인들이 만들어낸 결과이다. 우연한 국부적 영양 상태나 혈액 공급 상태도 그런 요인들 중에 들어갈 것이다. 그러나 그 요인들 중 하나는 그 순간 감각 기관에 미친 외부 사물의 영향인 것도 확실하며, 마찬가지로 또 다른 요인은 과거에 뇌가 거쳤던 모든 것이 뇌란 기관에 그 순간 남긴 아주 특이한 감각인 것도 확실하다. 모든 뇌 상태는 이와 같은 모든 연속되는 과거 경험의 성질에 의하여 일부 결정된다. 이 연속되는 과거 경험의 어떤 부분이든 달라지면 뇌 상태는 어떻게든 달라지게 마련이다. 각자의 현재 뇌 상태는 전능한 자의 눈이라면 그 뇌를 소유하는 자의 모든 과거를 그 속에서 읽어낼 수 있는 기록을 갖고 있다. 따라서 꼭같은 어떤 전체 뇌 상태가 반복한다는 것은 문제도 되지 않는 것이다. 어떤 뇌 상태와 비슷한 것이 재현될지는 모르지만 바로 그것, 즉 꼭같은 뇌 상태가 재현된다고 가정하는 것은 두 번 나타난 뇌 상태 사이에 낀 모든 상태가 순수한 **비실재(非實在)**이고, 뇌라는 기관은 어떤 상태들이 지나간 다음에도 정확하게 이전과 꼭같다는 것을 인정하는 모순을 범하는 것과 같다. 그리고 (더 짧은 기간을 고려하면) 감각에서도 앞선 인상에 따라 다음 인상이 다르게 느껴지고, 서로 연속하는 색채들은 대비 현상으로 변하게 되고, 소음 다음에 있는 정적은 달콤하며 낮은 음계에서 높은 음계로 올려 노래 부를 때와 높은 음계에서 낮은 음계로 내려 부를 때에는 같은 음이라도 다르게 들리고, 도형에서 어떤 선이 있으면 여타 선들의 모양이 다르게 보이며, 또 음악에서 전체적 미적 효과는 한 계열의 음이 다른 계열의 음에서 얻는 우리 느낌을 어떻게 변용시키는가 하는 데에 따라 생기게 되며, 이와 꼭 마찬가지로 사고에서도 방금 최고조로 흥분했던 뇌 부분들이 흔히 우리가 현재 어떻게, 그리고 무엇을 느껴야 하는가 하는 것을 결정하는 요인이고, 현재의 우리 의식 조건인 일종의 흠집(soreness)을 가진다는 것을 우리는 인정해야 한다.[10)]

긴장되면 언제나 어떤 신경 통로는 줄어들고 어떤 신경 통로는 커지고 다른 신경 통로는 활발하게 신경 흥분을 방출한다. 긴장 상태는 어떤 다른 상태들과 마찬가지로 전체 신경 상태를 결정하고 어떤 **정신성**(psychosis)이 될 것인가 하는 것을 결정하는 것에 적극적인 영향력을 행사한다. 극하(極下, submaximal) 신경 흥분에 관하여, 그리고 효과를 나타내지 못하는 것 같이 보이는 자극들의 합산에 관하여 우리가 알고 있는 모든 것은, 뇌 변화가 있으면 반드시 생리적 결과가 있고 또 심리적 결과가 없는 뇌 변화는 아마 없을 것이라는 것을 보여준다. 그러나 마치 만화경 속 나선이 한때는 빨리, 한때는 느리게 이행하는 것처럼 뇌 긴장이 상대적으로 한 균형 상태에서 다른 균형 상태로 이행할 때, 뇌 긴장에 충실하게 동반하는 정신 내용은 뇌 긴장 자체보다 느려서 뇌라는 기관에서 생긴 흥분 확산과 일 대 일의 짝이 될 만치 자신의 내부 색조를 변화시킬 수 없는가? 그러나 그런 짝이 될 수 있다면 정신의 내부 색조는 무한해야 한다. 왜냐하면 뇌의 재배치는 무한히 변화가 많기 때문이다. 전화통의 진동판과 같이 거친 것도 몇 해 동안 진동해도 그 내부 조건을 꼭같게 반복하도록 만들 수는 결코 없다면 한없이 섬세한 뇌에서는 꼭같게 만들지 못하는 일이 얼마나 더 많이 일어나겠는가?

자세하게는 관찰하기 어렵더라도, 정신이 변화하는 것을 구체적이고 전체적으로 관찰하는 것만이 오직 진실한 관찰이라고 나는 확신한다. 이와 같은 관찰에 분명하지 않은 대목이 있어도 공부해 나가면 분명하게 될 것이다. 만약 이런 일이 있을 수 있다면 그 동안 우리가 처음부터 증명하려고 한 어떤 두 '관념'도 정확하게 동일할 수 없다는 명제 또한 있을 수 있는 것이 확실하다. 이 명제는 처음 언뜻 보기보다 이론상으로 매우 중요하다. 왜냐하면 그 명제는 독일과 우리 미국 사람들에게 거의 무한정의 영향을 미쳤던 로크 학파나 헤르바르트 학파의 어느 쪽에도 우리를 충실하게 따를 수 없게 만들기 때문이다. 정신적 사실들을 일종의 원자와 같은 것으로 공식화하여, 고급 의식 상태가 마치 변하지 않는 단순 관념들에 의하여 구축되는 것처럼 취급하는 것이 **편리한** 것은 의심할 여지가 없다. 곡선을 아주 짧은 직선들로 구성된 것처럼 취급하고 전기와 신경 작용을 유체(流體, fluid)처럼 취급하는 것이 때로는 편리하다. 그러나 그 어떤 경우에도 우리는 똑같이 상징적으로 말하고 있을 뿐이고, 자연 속에는 이 말에 화답할 만한 것은 어떤 것도 없다는 것을 잊어서는 안 된다. 주기적 간격으로 의식이란 불빛이 비쳐 모습을 드러내는 영생하는 '관념' 또는 영생하는 '표상'이란 Spade의 Jack(카드의 종류로서 '변화'를 의미함)처럼 신비로운 실체이다.

이 신비로운 공식을 사용하는 것을 편리하게 만든 것은 조금 전 언급한 바와 같이 심리학자가 만든 것이 아니라, 대체로 정신 상태가 제공하는 사실에만 관심을 가지는 일반 사람들이 만든 대화 조직의 전체 구도이다. 일반 사람들은 그들의 정신 상태를 오로지 이런 **사물**의 관념 또는 저런 **사물**의 관념으로 되어 있는 것처럼 말할 뿐이다. 따라서 이들이 명사가 지칭하는 사물들을 지배하는 법칙에 따라, 아주 손쉽게 사고를 개념화하는 것이 이상할 게 무엇이 있겠는가! 어떤 사물이 여러 부분들로 구성된다면, 우리는 그 사물에 대한 사고도 그 사물의 부분들에 대한 사고들에 의하여 구성되어야 한다고 가정하게 된다. 만약 그 사물의 한 부분이 이전 기회에 경험했던 같은 사물 속이나 또는 다른 사물 속에서 나타난 일이 있다면, 물론 우리는 그 부분에 대해 이전 기회에 있었던 것과 꼭같은 '관념' 을 지금도 갖고 있어야 한다. 만약 단일한 사물이라면 그에 대한 사고도 단일하다. 만약 그 사물이 여러 부분으로 되어 있으면 그 사물을 사고하려면 다수의 사고들이 필요하게 된다. 만약 그 사물이 연속하는 것이라면 연속하는 사고만이 그 사물을 알 수 있다. 만약 사물이 영생하는 것이라면 사물에 대한 사고도 영생한다. **이와 같은 예들은 원한다면 얼마든지 나열될 수 있다.** 요컨대 한 번의 정신 감응에서는 한 개 명칭으로 불리는 한 개 대상만을 알게 된다고 가정하는 것만큼 자연스러운 것이 무엇이 있겠는가? 그러나 언어가 이와 같이 우리에게 영향을 미쳐야 한다면 교착어(膠着語, agglutinative)나 격변화를 하는 그리스어와 라틴어 같은 것이 다른 언어보다 더 좋은 지침이 될 것이다. 이런 언어에서는 명사가 변하여 모든 명사는 놓여진 맥락에 맞게 형태를 변한다. 따라서 명사가 변하지 않을 때보다 변할 때 동일한 대상을 서로 다른 시기에 동일하지 않은 의식 상태에서 사고된 것으로 개념화하는 것이 훨씬 쉬웠을 것이 틀림없다.

이런 일은 더 연구하면 더욱 분명해질 것이다. 영구하게 존재하는 자체-일치하는 정신적 사실이 없어졌다가 때때로 재현한다고 믿는 데서 생기는 필연적 결과는, 우리 사고가 분리된 독립적 부분들로 구성되어 있고 계속하는 흐름으로는 감지되지 않는다는 흄(Hume)의 교리(doctrine)를 탄생하게 하였다. 이 교리가 자연 현상을 전적으로 잘못 묘사하고 있다는 것을 나는 다음에 입증할 것이다.

3) 개인 의식 속에서도 사고가 계속하는 것이 느껴진다

(Within each personal consciousness, thought is sensibly continuous)

여기서 나는 '계속'이란 말은 오직 단절이나 틈새 또는 분할이 없는 것이라고 정의할 수 있을 뿐이다. 나는 이미 성질상 정신들 상호간에 있는 단절이 가장 큰 단절일 것이라 말했다. 개인 정신에 국한시킨다면 단절이 있었다고 충분히 생각될 수 있는 단 한 가지 사실은, 의식이 완전히 사라진 때부터 다음 순간 다시 돌아올 때까지의 한 동안의 **시간상의**-공백인 **중단**이나, 또는 단편적 사고들이 아주 돌연하게 나타나 뒤에 오는 사고 단편이 앞선 사고 단편과 어떤 연결도 갖고 있지 않는 사고의 **성질상** 또는 내용상의 중단일 것이다. 개인의식 속에서 사고가 계속하는 것으로 느껴진다는 명제는 두 가지 의미를 가진다.

① 시간상의 공백이 있는 곳이라 할지라도, 그 공백이 지난 후의 의식은 마치 그 공백에 전 의식과 함께 속하는 것으로, 즉 동일한 자기의 다른 부분으로 느껴진다는 것을 뜻한다.

② 순간마다 의식의 성질에 변화가 생기지만, 그런 변화는 결코 절대적으로 돌연하게 생기는 것이 아니라는 것을 뜻한다.

가장 단순한 사례인 시간상의 공백을 우선 취급할 것이다. 그리고 무엇보다도 의식하여 자각하지 못하는 시간상의 공백에 대해 한 마디 할 것이다.

367쪽에서 우리는 그와 같은 시간상의 공백이 존재하며 흔히 가정되는 것보다 훨씬 그 수효가 많다는 것을 알았다. 시간상의 공백을 자각하지 않는다면 의식은 그 시간상의 공백을 느낄 수 없다. 아산화질소나 그 밖의 마취제에 의하여 생긴 무의식이나, 간질이나 실신에서 생긴 무의식에서는 마치 망막의 '맹점'이 객관적으로는 안구의 감각 능력을 중단시켜 공백을 만들지만, 서로 마주보고 만나는 두 주변에서 얻는 공간에 대한 느낌이 안구의 감각 능력의 공백을 메우는 것과 아주 흡사하게, 의식에서도 감각 작용이 중단되었던 양단이 서로 만나 공백을 넘어 메우게 된다. 외부에서 관찰하는 심리학자에게 어떻게 보이든 의식은 그 자체 끊어진 것이 아니다. 그 의식은 끊어진 것으로 **느껴지지** 않고, 시간 자

432

체가 그 사이에 어떤 이질적인 것들도 끼어들지 않는, 모든 부분들이 서로 이웃하는 단위라는 의미에서, 의식이 깨어 있는 하루는 그 하루가 계속하는 동안 단위로 느껴진다. 계속하는 의식을 객관적으로 중단한 것을 의식이 공백으로 느낄 것이라고 기대하는 것은, 마치 듣지 못하기 때문에 눈이 정적이란 공백을 느끼고, 보지 못하므로 귀가 암흑이란 공백을 느낄 것이라고 기대하는 것과 같을 것이다. 느끼지 못하는 공백에 관해서는 더 이상 언급할 것이 없다.

느껴지는 공백의 경우에는 사정이 다르다. 잠자고 깨었을 때 우리는 대개 잠잘 때 의식이 없었다는 것을 알고 얼마나 오랫동안 의식이 없었는가 하는 것을 정확하게 판단하는 경우가 많다. 이때 판단은 느낄 수 있는 어떤 신호에 의하여 추정되는 것이 확실하며, 그 시간판단이 용이하게 되는 것은 우리가 시간 추정을 하는 판단 분야에서 얼마나 오래 훈련하였는가 하는 데 달려 있다.[11] 그러나 이 추정 결과는 다만 말 그대로의 시간 감각의 의미에서 공백을 감지하지 못하는, 의식과는 달리 의식 **자체**가 중단되었다가 계속된다는 것을 의식하는 것이다. 그러나 공동 전체의 부분이기 때문에 부분들이 내부적으로 연결되고 한데 속한다는 의미가 아닌, 또 다른 의미에서도 의식은 여전히 계속하고 하나인 것으로 느껴질 수 있다. 그렇다면 공동 전체란 무엇인가? 그 공동 전체에 붙일 만한 자연스러운 이름은 나 **자신**(myself), 아(我, I), 또는 나

(自, me)이다.

  폴(Paul)과 피터(Peter)가 같은 침상에서 함께 자다 깨어, 자고 있었다는 것을 알게 될 때 그 두 사람 각각은 마음속에서 과거로 되돌아가 수면 시간 동안 중단되었던 두 사고 흐름 중 어느 하나와 연결한다. 땅속에 파묻은 두 전극의 전류는 그 사이에 아무리 많은 흙이 있더라도 가로질러 틀림없이 똑같이 흙속에 매설된 짝이 되는 전극으로 가는 길을 찾는 것과 마찬가지로 피터의 현재는 즉각 피터의 과거를 찾으며, 결코 폴의 과거와 짝을 맞추는 잘못을 저지르는 일이 없다. 폴의 사고도 마찬가지로 길을 잃는 일이 없다. 피터의 과거 사고는 현재의 피터만이 소유한다. 피터는 바로 앞서 잠들 때 폴이 가졌던 졸리는 정신 상태에 대한 **지식**을 갖고 있을 수도 있고, 또 그것이 올바른 지식일 수도 있지만 그 지식은 조금 전 졸았던 그 자신의 정신 상태에 대한 지식과는 전혀 다른 종류의 지식이다. 그는 자신의 정신 상태는 **기억하지만 폴의 정신 상태는 개념적으로만 알게 될 뿐이다**. 기억한다는 것은 직접 느끼는 것과 같고, 기억 대상은 단지 개념적으로만 아는 대상이 도저히 얻을 수 없는 온기와 친근감으로 충만되어 있다. 온기와 친근감과 근접감(近接感)이란 성질은 피터의 **현존하는**(present) 사고 자체가 가지는 성질이기도 하다. 이 현존이 나(me)인 것처럼 나의 것(mine)인 것이 확실하고 이와 동일한 온기와 친근감과 근접감을 가지고 오는 그 밖의 어떤 것도 또한 나이고 나의 것인 것이 확실하다고 확신한다. 온기와 친근감이라 불리는 것 자체가 어떤 성질인가 하는 것은 앞으로 고찰될 대상이 되어야 할 것이다. 그러나 어떤 과거 감정이든 이런 성질을 지니고 나타나는 과거 감정은 현재 정신 상태가 환영하고 소유하게 되어야 하며, 그 현재 정신 상태와 함께 공동의 자기에 속한다는 것이 인정되어야 한다. 자기라는 이 공동체는 어떤 시간적 공백에 의해서도 둘로 갈라질 수 없으며, 시간상의 공백을 무시하는 것은 아니지만 현재 사고가 자신을 어떤 선택된 과거 사고의 부분과 계속한다고 간주할 수 있는 근거가 된다.

따라서 의식은 의식 자체에게는 조각으로 쪼개진 것으로 나타나지 않는다. 첫째로 의식을, '연쇄'이니, '대열'이니 하는 단어들은 의식이 처음 그 모습을 드러내는 것을 적절히 기술하지 못한다. 의식은 끊어진 마디를 접합한 것이 아니고 흐르는 것이다. '강물'이나 '흐름'이라는 말이 가장 자연스럽게 의식을 기술하는 비유적인 말이다. 차후에는 의식을 언급하는 경우 의식을 사고 흐름 또는 의식 흐름 또는 주관적인 생활 흐름이라 부르기로 한다.

그러나 이제 동일 자기라는 한계 내에 있고 모두 똑같이 한데 속한다는 의미를 지니고 있는 사고들도 사고 부분들 간에는 일종의 접합과 분리가 나타나며, 위에 언급한 것들은 그런 것들을 고려하지 않은 것 같다. 나는 여기에서 사고 흐름을 이루고 있는 연속하는 사고 단편들이 돌연하게 성질상 대조를 이루어 생기는 단절을 지적하는 것이다. '연쇄'나 '대열'이란 말이 그 같은 성질상의 대조를 표현하는 데 적절한 자연스러운 표현이 아니라면 그런 말들이 도대체 어떻게 사용되어야 하는가? 돌연한 폭발로 생긴 큰 소리는 의식을 두 개로 갈라놓지 않는가? 새로운 대상이 출현하거나 감각이 새로 변하는 등 모든 돌연한 충격은 나타난 순간, 의식 흐름을 가로질러 절단해 의식의 중단을 실제 만들어내고, 또 그것이 의식 중단으로 느껴지게 되지 않는가? 그와 같은 의식 중단이 우리가 생활하는 시간마다 우리를 강타하는 것이 아니겠는가? 그리고 그와 같은 의식 중단이 있어도 우리는 의식을 계속하는 흐름이라 부를 권리를 갖고 있는가?

그런 권리가 없다는 의견은 일부는 혼란에 기인되고, 일부는 피상적으로 내관하여 얻은 견해에 기인되고 있다.

주관적 사실인 사고 자체와 사고가 알고 있는 사물을 혼동하는 데서 혼란이 생긴다. 이런 혼란을 일으키는 것은 자연적이지만 조심만 하면 쉽게 피할 수 있다. 사물은 분리된 것으로 존재하며 계속하지 않는다. 사물은 대열 또는 연쇄를 이루어 우리 앞을 지나며 때로는 폭발하여 서로 둘로 갈라진다. 그러나 사물들이 나타나고 사라지고 또 서로 대조된다고 하여, 그 사물을 생각하는 사고 흐름을 갈라놓지는 못한다는 것은, 그 사물들이 놓여 있는 시간과 공간을 사물들이 갈라놓지 못하는 것과 같다. 천둥소리는 정적을 깨뜨릴 것이고 우리는 그 충격에서 한 순간 아찔해지고 혼란해져서 어떤 일이 일어났는가 하는 것을 자신에게도 설명할 수 없게 되기도 한다. 그러나 그 혼란도 곧 정신 상태이며 정적으로부터 소리로 우리를 곧바로 넘어가게 하는 정신 상태이다. 어떤 대상에 대한 사고에서 다른 대상에 대한 사고로 이행하는 것이 **사고의 중단**이 아닌 것은 대나무 마디가 나무의 중단이 아닌 것과 마찬가지다. 대나무 마디가 **대나무**의 일부인 것과 마찬가지로 사고 이행도 **의식**의 일부분이다.

둘째, 피상적으로 내관하여 얻는 견해는 사물들이 가장 강력하게 서로 대립된 경우라도 사물을 인지하는 수단인 사고들 사이에는 아직 많은 양의 친화력이 남아 있다는 것을 간과한 견해가 되기 쉽다. 천둥소리를 들어서 알게 되는 것에는 앞에 있었던 정적을 아는 것이 계속 끼어들고 있다. 왜냐하면 천둥 칠 때 우리가 들은 것은 **순수하게** 천둥소리만이 아니라 천둥이−정적을−중단시키고−정적과−대립하는 것이기 때문이다.[12] 이렇게 정적 다음에 나타난 천둥은 객관적으로는 같은 천둥이지만, 이때 우리가 얻는 느낌은 앞에 있었던 천둥에 계속 뒤따른 천둥일 때 우리가 얻는 느낌과는 아주 판이하게 다르다. 우리는 천둥이 정적을 없애버리고 배제한다고 믿지만, 이때 천둥에 대한 우리 **느낌**은 바로 앞에 사라진 정적에 대한 느낌이기도 하며 인간의 구체적 실제 의식 속에서는 바로 앞에 지나간 어떤 것에 대한 낌새조차 차리지 못한 현재에만 국한된 느낌을 찾기는 어려울 것이다. 이때 언어가, 우리가 현실을 지각하는 데 또다시 역작용을 한다. 우리는 마치 사고들은 각기 자기 자신의 대상만 알고 다른 대상은 알지 못하는 것처럼, 단지 대상에 따라서 사고에 이름을 붙인다. 사고는 분명하게 이름을 실제 붙이게 된 대상인 사물과 함께, 막연하지만 아마 수천 개의 다른 것들도 알고 있을 것이다. 각 사고는 그 사고가 알고 있는 모든 것들을 포함하도록 이름이 붙여져야 하지만 결코 그렇게 되지 못한다. 사고 대상이 되는 사물들 중 어떤 것은 항상 바로 앞에서는 더 분명하게 알았던 것이고, 또 다른 어떤 사물은 조금 지나면 더 분명하게 알게 될 사물들이다.[13] 우리 자신의 신체 위치나 신체 자세나 신체 조건 등은 그 밖에 아무리 주의하지 않아도 우리가 알게 되는, 다른 지식에도 틀림없이 따라오는 **어떤** 자각을 초래하는 것들 중 하나이다. 우리는 사고하며 사고할 때 신체적 자기를 사고하고 있는 자기라고 느낀다. 만약 그 사고가 우리 사고라면 그 사고를 우리 것으로 만드는 그 특이한 온기와 친밀감이 사고의 모든 부분에 침투되어 있어야 한다. 이때 온기와 친밀감은 항상 있는, 이전과 동일한 신체에 대한 느낌을 넘는 그 이상의 어떤 것인가 하는 것은 다음 장에서 결정되어야 할 일이다. 자아의 내용이 **어떤 것이든** 우리 인간은 습관적으로 **모든 다른 것과 더불어** 그 자아의 내용을 느끼며, 그 자아는 우리가 연속적으로 자각하는 모든 사물들 사이를 이어가는 연결을 형성하고 있어야 한다.[14]

438

우리 정신의 내용이 이와 같이 점진적으로 변한다는 것을 신경 작용의 원리도 어느 정도 분명하게 해줄 수 있다. **제3장**에서 신경 작용의 합산에 관하여 공부했을 때 어떤 뇌 상태도 즉각적으로 소멸해 버린다고 가정할 수 없다는 것을 알았다. 새로운 뇌 상태가 나타나도 이전 뇌 상태의 타성이 아직 남아 있어, 새로운 뇌 상태를 변용하게 하는 결과를 초래한다. 물론 아직 잘 모르기 때문에 경우마다 어떤 변용이 일어나야 하는가 하는 것을 말할 수는 없다. 감각적–지각에서 가장 흔히 있는 정신 변용은 대비 현상이다. 미학에서는 대비 현상을 어떤 특정 순서의 인상 계열이 주는 쾌감 또는 불쾌감이라 한다. 엄밀하고 좁은 의미로 제한하면 사고에 있는 대비 현상은 항상 의식의 흐름에 수반하게 마련인 어디로부터란 의식과 어디로라는 의식의 대비인 것이 의심의 여지가 없다. 뇌신경 통로 a가 조금 앞서 생생하게 흥분한 다음 신경 통로 b가 흥분하고 현재는 c란 신경 통로가 새롭게 흥분한다면 현재의 전체 의식은 신경 통로 c의 흥분만으로 생성되는 것이 아니라 신경 통로 a와 b의 사라져가고 있는 신경 진동으로도 생성된다. 따라서 이 뇌 과정을 묘사하려면 $a^b{}^c$라 적어야 하며——이 3개 과정은 공존하며 이 과정들 각각이 단독으로 일어날 때 생성될 3개의 사고 각각과는 다른 사고와 상관관계에 있다. 그러나 이 제4의 사고가 정확히 어떤 것이건 간에, 그 사고는 신속하게 감소하는 국면에 있지만 그 제4사고를 생성하는 데 관여한 신경 통로들이 만드는 3개 사고 각각과 유사한 어떤 것이 아닐 수는 없는 것 같다.

이 모든 것은 몇 쪽 앞에서 다른 것과 연관시켜 언급한 것으로 되돌아가게 할 뿐이다. 전체 신경 성질이 변하면 정신의 전체 성질도 변한다. 그러나 신경의 성질은 결코 절대적으로 연결없이 변하는 것이 아닌 것과 마찬가지로, 연속하는 정신도 성질도 점차적으로 다른 정신의 성질로 변화해 가지만, 그 변화 **속도**는 때에 따라 어떤 순간에는 훨씬 빨라지는 것 같다.

정신의 성질이 변하는 속도 차이가 우리가 곧 언급해야 할 주관 상태의 차이를 생기게 하는 근거가 된다. 그 변화 속도가 느릴 때 우리는 사고 대상을 비교적 조용하고 안정된 것으로 알게 된다. 변화 속도가 빠르면 우리는 사고 대상**으로부터** 또는 그 사고 대상과 어떤 다른 것들과의 **사이에서**, 통과와 관계와 이행을 알아차리게 된다. 우리 의식의 근사한 흐름을 개관하였을 때, 먼저 우리 눈에 들어오는 것은 의식 흐름의 각 부분들의 행보가 각기 다르다는 사실이다. 날짐승 생활처럼 의식 흐름도 비상(飛翔)과 정지(停止)의 교대로 되어 있는 것 같다. 사고가 문장으로 표현되고 모든 문장이 종지부로 끝맺음을 하는 언어 리듬이 이것을 표현한다. 사고가 정지하는 장소는 흔히 어떤 종류의 감각적 상상으로 채워지며, 그런 상상의 특성은 그 상상을 무한한 시간 동안 정신에 유지하여 변하지 않고 사색하게 할 수 있다는 것이며, 비상하는 장소는 대부분 상대적으로 정지한 기간에 사색된 것들 사이에서 얻는 정적이든 또는 역동적이든 관계들에 관한 사고로 채워진다.

정지 장소를 사고 흐름의 '실체 부분(實體 部分, *substantive parts*)'이라 부르고 비상하는 장소를 '이행 부분(移行 部分, *transitive parts*)'이라 부르기로 한다. 우리 사고의 끝마침은 주로 언제나 우리가 지금 막 버리고 나온 실체 부분과 다른 실체 부분에 도달하는 것이다. 그리고 이행 부분의 주된 용도는 한 실체 결론에서 다음 실체 결론으로 우리를 이끌어가는 것이라 말할 수 있을 것이다.

이제 내관으로는 이행 부분이 무엇을 위하여 존재하는가 하는 것을 알기는 매우 어렵다. 이행 부분은 다만 사고의 종말로 가는 비상하는 부분일 뿐이라면, 종말에 도달하기에 앞서 그 이행 부분을 정지시켜 그 부분을 뒤돌아보는 것은 실제는 이행 부분을 없애 버리는 것이 된다. 한편 우리가 종말에 도달될 때까지 기다린다면, 그 종말이 힘과 안정성에서 이행 부분을 압도하여 현란한 그 종말 속에서 이지러지고 흡수되게 될 것이다. 누구든 사고를 중도에서 절단하고 그 잘라진 단면을 보려고 한다면 그는 이행 도정 (途程, *transitive tracts*)을 내관으로 관찰하는 것이 얼마나 어려운가 하는 것을 알게 될 것이다. 사고의 격류는 곤두박질하여 거의 항상 우리가 그 격류를 정지시키기보다 한발 앞서 우리를 미리 종말에 도달하게 한다. 그렇지 않고 사고 흐름을 정지시키려는 목적이 아주 재빨라 그 사고 격류를 정지시킨다해도 사고 격류는 이제는 본래 있었던 대로가 아니게 된다. 더운 손으로 잡은 눈송이 결정은 이젠 결정이 아니라 물방울인 것처럼, 종말을 향해 움직이고 있는 관계감성(feeling of relation)은 붙잡지 못하고 우리는 사물의 실체 부분만을 붙잡게 되며, 통계적으로 보면 흔히 우리가 말로 표현하고 있는 최후 단어를 붙잡으면 문장 속에서의 그 단어의 기능, 경향 또는 특수한 의미 등은 증발해 버린다는 것을 알게 된다. 사실 이 경우 내관으로 분석하는 것은 돌아가는 팽이를 잡아 팽이 운동을 붙잡으려는 것과 같거나, 또 아주 재빨리 가스등을 밝혀 어두움이 어떤 것인가 하는 것을 알려고 하는 것과 같다. 그리고 정신의 성질이 실체 부분과 이행 부분으로 되어 있다는 것에 의문을 품는 심리학자라면, 정신의 성질이 그와 같다고 주장하는 사람 누구에게나 던질 것이 아마도 확실한, 그런 정신의 성질을 산출해 보이라고 대드는 도전은, 화살이 움직이고 있을 때 그 화살이 있는 장소를 지적하라고 요구하는 앞뒤가 맞지 않는 그와 같은 질문에 즉각 해답을 줄 수 없다 하여 운동 옹호자들의 주장이 틀렸다고 취급한 제논(Zenon)이 불공평한 것과 마찬가지로 불공평한 것이다.

이와 같이 내관하기 어려워 좋지 못한 결과가 생기게 된다. 사고 흐름의 이행 부분을 붙잡아 관찰하는 것이 어렵기 때문에 모든 학파들이 빠지기 쉬운 큰 실책은, 사고의 이행 부분을 기록하지 않고 실체 부분만 터무니없이 지나치게 강조하는 일이다. 조금 전 우리는 정적과 천둥 사이에 있는 어떤 이행 감성을 무시하는 잘못에 빠졌고 또 그것들의 경계를 일종의 정신적 중단으로 취급하는 잘못에 빠질 위험에 처했던 것이 아닌가? 이제 이와 같은 이행 감성을 무시하는 것이 역사적으로 두 갈래로 작용하였다. 한 집단의 사상가들은 이행 감성을 무시함으로써 **감각주의**(感覺主義, Sensationalism)로 이끌리게 되었다. 세상에 있는 사실들 사이의 수없이 많은 연결 관계와 연결 형태에 상응하는 어떤 조잡한 감정이 있다 하여도 그런 감정에는 손을 댈 수 없고 또 그와 같은 관계를 반영하는 어떤 **이름이 붙는** 주관적 변용도 발견하지 못함으로써, 감각주의자들 대부분은 관계를 수용하는 감정이 존재한다는 것을 부인하였으며 그들 중 많은 사람들은 흄(Hume)처럼 정신 속에도 **정신 밖에도** 관계들이 진실로 존재한다는 것을 대부분 부정한 극단에까지 이르렀다. 게임의 도미노처럼 나란히 놓여 있으나, 실제로는 분리된 실체 부분으로 된 정신의 성질과 감각, 그리고 감각의 복사와 감각으로부터 유도된 것들만 존재하며, 그 외의 어떤 것이 존재한다는 것은 모두 언어적 착각이라고 한다——이것이 감각주의 견해의 결론이다.[15] 다른 한편 **주지주의자**(主知主義者, Intellectualists)는 정신 외부에의 관계로 이루어진 현실이 존재한다는 것을 포기할 수 없었지만 똑같이 관계들을 알게 하는 어떤 뚜렷한 실체가 되는 감정을 지적할 수 없어 감각주의자와 마찬가지로 관계를 수용하는 감정이 존재하지 않는다는 것을 인정하였다. 그러나 주지주의자들은 감각주의자들과 반대되는 결론을 유도하였다. 그들은 말하기를 관계는 감각과 실체 상태를 만들어내는 주관 조직과 이어지고, 동체가 되는 감정이나 정신 변용(modification)이 아닌 다른 어떤 것 속에서 알게 되어야 한다고 하였다. 따라서 사물들의 관계는 감각과는 전혀 다른 차원에 있는 것에 의하여 알려지게 되어 **사고, 지성** 또는 **이성**의 순수 작용에 의하여 알려지며, 이들은 모두 진한 글자로 적어 감각으로 얻을 수 있는 어떤 사실들보다도 말할 수 없이 우월한 것을 의미한다고 간주되었다.

그러나 우리의 관점에서 보면 주지주의자나 감각주의자나 모두 잘못되고 있다. 만약 도대체 감정이란 것이 존재한다면 **자연 속 대상들에도 관계가 존재하는 것은 확실하며 그에 못지않게 오히려 그보다 더 확실하게 이들 관계를 알도록 하는 감정도 존재한다고 할 수 있을 것이다.** 우리가 어떤 순간 더 큰 대상들 사이에 존재한다고 실제 느끼는 관계들의 농담(濃淡)이나, 기타의 것들을 표현하지 않는 인간 대화 속의 접속사, 전치사, 거의 모든 부사구, 동사(統辭) 형식 또는 문장의 태(態), 어미 변화 등이란 없다. 객관적으로 말한다면 나타나보이는 것이 현실적인 관계이고, 주관적으로 말한다면 의식의 색조에 의하여 관계들 각각을 짝지어 주는 것은 의식의 흐름이다. 어느 경우에든 관계는 무수히 많고 기존의 어떤 언어로도 그 관계의 모든 농담을 적당하게 표현할 수는 없다.

우리는 그리고(and)라는 느낌, **만약**(if)이라는 느낌, 그러나(but)라는 느낌, **의하여**(by)라는 느낌 등도 **파란색**의 느낌이나 **춥다**는 느낌과 마찬가지로 아주 쉽게 말로 표현해야 한다. 그러나 우리는 그렇게 쉽게 표현하지 못한다. 실체 부분의 존재만을 확인하는 우리 습관이 아주 끈질기게 남아 있어, 우리 언어는 실체 이외의 것을 표현하는 용도로는 거의 사용될 수 없게 되었다. **경험주의자**들은 항상 우리가 분리된 독자적 이름을 가지는 곳에는 그에 상응하는 분리된 독자적 사물이 있어야 한다고 가정하는 언어의 영향을 길게 설명했으며, 언어 외에는 그들의 편을 들 만한 증거를 제시할 수 없는 추상적 실체나 추상적 원리나 추상적 힘으로 된 집단이 존재한다는 것을 부인한 것은 당연한 것이었다. 그러나 경험주의자들은 우리가 **제7장**(358–359쪽 참조)에서 한 마디 한 바와 같이 역으로 이름이 없으면 어떤 본체도 존재할 수 없다는 것이 오류라는 것에 관해서는 어떤 언급도 없었다. 이런 오류에서는 지칭할 말이 없고 이름 없는 모든 정신 상태는 철저하게 억제된 상태에 있거나 그렇지 않으면 그런 정신 상태가 있다는 것이 확인되는 경우에는, 이런 대상에 '관한' 사고 또는 저런 대상에 '관한' 사고라는 그 정신 상태가 도달하게 되는 실체 지각에 따라 이름을 붙이게 되기 때문에, 그 둔감한 표현인 대한(about)이란 말의 단조로운 음성 속으로 그 정신 상태의 모든 섬세한 개성을 삼켜버리게 된다. 따라서 의식의 실체 부분은 계속 점점 더 크게 강조되고 분리되어 간다.

또 한번 뇌를 살펴보자. 우리는 뇌를 내부 균형이 항상 변하는 상태에——모든 뇌 부분에 영향을 주는 변화——있는 기관이라고 믿는다. 변화 박동은 뇌 장소에 따라 다른 곳에서보다 더 격렬하며, 또 변화 리듬은 때에 따라 더 빨라진다는 것은 의심할 여지가 없다. 일정한 속도로 회전하는 만화경에서 그림들은 항상 스스로 재배치되지만 그림의 변형이 미약하고 잠깐이고 또 변형이 거의 없는 것 같은 한 순간이 있은 다음, 요술처럼 빨리 그림 변형이 치솟을 때 다른 그림들이 뒤따르는 순간이 있어 비교적 안정된 형태와 다시 보면 분간해 낼 수 없는 형태가 교대되는 것과 마찬가지로, 뇌에서도 끊임없는 재배치에서 어떤 긴장 형태는 간단히 나타났다 사라져버리고, 다른 긴장 형태는 비교적 오래 머물게 되는 결과를 초래한다. 그러나 만약 의식의 재배치가 외부 사실 자체에 대응하거나 만약 의식의 재배치가 정지하는 일이 없다면 의식이 없어지게 되는 이유가 무엇인가? 그리고 오래 머무는 재배치 상태가 어떤 종류의 의식을 가져온다면, 왜 신속하게 변하는 재배치도, 그 재배치 자체에 특유한 다른 종류의 의식을 가져와서는 안 되는가? 오래 머무는 의식이 만약 단일한 대상에 대한 의식이라면 그 의식이 생생할 때에는 '감각'이라 하고 희미할 때에는 '심상'이라 부르며 만약 복합적인 대상에 대한 의식이라면 생생할 때에는 '지각', 희미할 때에는 '개념' 또는 '사고'라 부른다. 빨리 변하는 의식에 대해서는 우리가 사용한 '이행 상태' 또는 '관계감성'이란 이름만을 우리는 갖고 있을 뿐이다.[16] 뇌가 계속 변하는 것처럼 모든 의식도 용암 화면(溶暗 畵面)의 그림처럼 서로 녹아

들어 간다. 의식들은 원래 하나의 길게 늘어진 의식 또는 중단 없는 흐름일 것이다.

지향성(指向性) 감성
(Feeling of Tendency)

이행하는 정신 상태에 관해서는 그만하면 되었다. 그러나 이행 상태에 못지않게 중요하고 인지적이며 정신에 관한 전통적 감각주의자나 주지주의자나 모두가 알아차리지 못한 이름이 붙지 않은 또 다른 정신 상태 또는 정신 상태의 성질이 있다. 감각주의자는 이런 정신 상태를 전혀 발견하지 못했으며, 주지주의자는 그런 정신 상태가 갖는 **인지 기능**은 발견했지만 **감정 과정에 있는** 어떤 것이 그 정신 상태를 초래하게 하는 데 한 몫 한다는 것을 부인하였다. 뇌 흥분이 늘고 주는 데 따르는 뚜렷하지 않은 이와 같은 정신 상태가 어떤 것인가 하는 것은 보기를 들면 분명하게 될 것이다.[17]

세 사람이 연이어, '기다려라!', '들어라!', '보아라!' 라고 외친다고 상상해 보라. 이때 이들 셋의 어느 한 경우에도 어떤 뚜렷한 대상이 의식에 나타나지 않지만 우리 의식은 전혀 다른 세 가지 기대 자세를 취한다. 이때 실제 취하는 신체 자세가 다른 것을 무시하고 또 물론 세 단어에서 회상되는 이질적 심상도 무시하더라도, 아직 구체적 인상은 없지만 어떤 인상이 바야흐로 나타나려고 한다는 방향 감각인 잔존하는 의식적 감응(conscious affection)이 있다는 것은 누구도 부인하지 못할 것이다. 그 동안에는 문제되고 있는 이런 정신의 성질에는 다만 들어라, 보아라, 그리고 기다려라라는 이름 외에는 명칭이 없었다.

망각했던 이름을 상기하려고 시도한다고 가정하라. 이때 우리 의식 상태는 특이하다. 이 의식 상태 속에는 공백이 있지만 그 공백은 단순한 공백이 아니다. 그것은 아주 강력하게 활동하는 공백이다. 그 이름에 대한 일종의 망령이 그 공백 속에 있어 특정 방향으로 우리를 오라고 손짓하여 때로는 가까워졌다는 느낌으로 우리를 흥분시키고 또 때로는 찾고 있는 이름을 얻지 못하여 공백 속으로 다시 잠겨버리기도 한다. 틀린 이름이 나타나면 유난히 뚜렷하게 되는 이 공백은 곧 그 틀린 이름을 부정하도록 작용한다. 틀린 이름들은 공백 속에 있는 주형에 들어맞지 않는 것들이다. 그리고 공백으로 기술될 때에는 어떤 공백도 필연적으로 내용이 모두 공허하게 되지만 어떤 단어가 들어 있는 공백은 다른 단어가 있는 공백과 같은 것으로 느껴지는 일은 없다. 스팰딩(Spalding)이란 이름을 상기해 내지 못할 때의 나의 의식은 보울스(Bowles)란 이름을 상기해 내지 못할 때의 의식과는 아주 거리가 멀리 떨어져 있다. 이 경우 어떤 재치 있는 사람들은 다음과 같이 말할 것이다. "아직 어떤 말도 의식 속에 나타나 의식을 갈라놓지 않았는데, 어떻게 두 단어에 대한 의식이 다를 수 있는가? 상기해 내려고 해도 허사인 한에서는 거기에 있는 것은 단지 상기하려는 노력일 뿐이다. 그런 노력이 이 두 경우 어떻게 달라야 하는가? 다른 이름이 아직 떠오르지 않았다고 가정했지만 당신은 지레 짐작하여 어떤 다른 이름으로 의식을 채움으로써 그 의식을 다르게 보이도록 하고 있는 것이다. 아직 실제 존재하지 않는 사실에 따라 이름을 붙이지 말고 두 노력을 있는 그대로 고수하라. 그러면 당신은 이 두 노력이 다르다는 어떤 차이도 지적할 수 없을 것이다." 충분히 진실하게 그 차이점을 지적하라. 우리는 다만 아직 정신에 떠오르지 않은 대상의 이름을 빌려서만 그 차이점을 지적할 수 있을 따름이다. 이것은 우리 심리학의 어휘가 실제 있는 이와 같은 뚜렷한 차이마저도 명명하는 데 전혀 적절하지 못하다는 것을 말해 주는 것이다. 그러나 이름이 없어도 존재할 수는 있다. 무수히 많은 공허한 의식이 있고, 이들 의식의 어느 하나도 그 자체의 이름은 갖고 있지 않지만 그들은 모두 서로 다르다. 통상적으로는 이런 공허한 의식들은 모두 의식의 공허(空虛)이므로 동일한 의식 상태라고 가정한다. 그러나 없다는 것에 대한 느낌은 느낌이 없는 것과는 전혀 다르다. 없다는 것에 대한 느낌은 아주 강한 감정이다. 망각된 단어를 포장할 만한 음성이 없어도, 그 단어의 리듬이 의식에 있거나 또는 단어의 첫 모음이나 자음과 같은 어떤 것에 대한 아련한 감각이 그 이상은 뚜렷하게 되지 않지만 우리를 발작적으로 희롱한다. 누구나 내용이 없는 망각된 시의 리듬이 끊임없이 정신 속에서 춤추고 단어를 거기에 채우려고 마음을 애태우게 한다는 것을 알고 있을 것이 틀림없다.

또한 처음으로 맛보는 미각 경험과 이름을 댈 수 없고 어디서 언제 맛을 보았는지 말할 수는 없지만 이전에 맛본 일이 있어 잘 알고 있다고 인정되는 미각 경험과의 사이에 있는 이상스러운 차이는 무엇인가? 어떤 곡조, 어떤 향기, 또는 어떤 풍미 등도 때로는 이와 같은 뚜렷하지 않은 친숙한 감정을 우리 의식 속에 아주 깊이 간직하게 하여 우리는 그 감정의 신비로운 정서적 힘에 따라 상당히 동요되는 일이 많다. 그러나 이런 정신이 아무리 강하고 특징적이라 할지라도——아마도 그런 정신은 광범하게 확산되어 있는 뇌의 연합 신경 통로의 극하흥분(submaximal excitement)에 기인될 것이다——그 정신의 모든 농담에 붙일 수 있는 우리의 유일한 이름은 오직 '친숙감'이라는 것일 뿐이다.

우리는 '아니지만 그러나(naught but)' 또는 '이거냐 저거냐(either the one or the other)', 또는 'a는 b이지만 그러나(a is b, but)', 또는 '이지만 그럼에도 불구하고(although it is, nevertheless)' 또는 '중간 명제가 제외되면 제3의 명제는 없다(it is an excluded middle, there is no tertium quid)'라는 글귀들과 그 밖의 많은 논리 관계를 표현하는 언어 골격들을 읽을 때 우리의 정신 속에는 이들 단어 외에는 어떤 것도 없는 것이 사실인가? 그렇다면 우리가 읽을 때 이해한다고 생각하는 단어들의 의미는 무엇인가? 또 글귀에 따라 같은 단어의 의미를 달라지게 하는 것이 무엇인가? '누구냐?', '언제냐?', '어디냐?' 등의 의문사에서 느끼는 의미 차이는 소리의 차이에 지나지 않는가? 그 느껴진 의미의 차이가 (소리 자체의 차이와 똑같이) 직접으로는 검증할 수 없지만 그 차이와 상관되는 의식 감응에서 알려지고 이해되는 것이 아닌가? '아니오', '결코 그렇지 않다', '아직 아니 그렇다' 등의 부정사에도 마찬가지의 것이 해당되지 않는가?

수많은 인간 회화의 줄거리는 사고의 **방향 신호**에 지나지 않으며, 어떤 일정한 감각 심상이 작용하지 않았음에도 불구하고 우리는 사고 방향에 관한 예리한 변별 감각을 갖고 있다. 감각 심상은 안정된 정신적 사실이고 우리는 원하는 만큼 오랫동안 감각 심상을 간직하고 들여다볼 수 있다. 논리적 운용에 관한 심상은 이와는 달라 정신적 이행이어서, 말하자면 항상 날고 있어 비상 이외에서는 엿볼 수 없다. 그 심상은 한 심상 집합으로부터 다른 심상 집합으로 인도하는 기능을 한다. 심상들이 스치고 지나갈 때 우리는 심상들이 아주 특이하고 완전하게 현존하는 것과는 전혀 다른, 늘고 주는 것이 함께하는 심상을 느낀다. 지향 느낌을 붙잡으려고 하면 심상들은 완전하게 현존하지만 지향 느낌은 상실된다. 합리적 문장이 있는 단어에 의하여 뚜렷한 상상을 일깨우는 것과 아주 흡사하게 내용이 없는 논리적 운용의 언어 도식을 우리가 읽을 때, 그 언어 도식은 그 논리적 운용이 비상하는 감정을 우리에게 제공한다.

통속적인 말로 우리가 '알았다' 라고 했을 때 우리가 어떤 다른 사람이 의미한 것을 들여다보고 얻은 것이 무엇인가? 우리 정신이 그 타인의 말에 아주 특별히 감응된 것이 확실하다. 그리고 독자는 말하기 전에 **말하려는 의도**가 어떤 종류의 정신적 사실인가 하는 것을 자문해 본 일이 결코 없었는가? 그 말하려는 의도는 완전히 뚜렷한 의도이고 모든 다른 의도와 구별되고, 따라서 절대적으로 구별되는 의식 상태이지만, 그 의도의 얼마만큼이 언어 심상이든 사물 심상이든, 뚜렷한 감각 심상으로 되어 있는가? 그 의도는 그런 감각 심상으로 되어 있지 않을 것이다! 그 의도가 사라지지 않게 하라. 그러면 단어와 사물이 정신 속에 떠오를 것이고 점치는 것과 같은 예측적 의도는 이제 없어질 것이다. 그러나 의도를 대신하는 단어들이 나타날 때 그 단어들이 의도와 일치하면 의도는 그 단어들을 계속하여 환영하고 옳다고 말하고, 일치하지 않으면 그 단어들을 배척하고 틀렸다고 말한다. 따라서 의도는 가장 적극적인 자신의 성질을 갖고 있지만, 의도를 대신하는 뒤에 오는 정신적 사실에 속하는 단어를 사용하지 않는다면 의도에 대하여 우리가 무엇을 말할 수 있는가? 그런–저런–것을–말하려는 의도라는 것이 의도에 붙일 수 있는 유일한 이름이다. 우리의 훌륭한 제3 정신생활은 아직 뚜렷하지 않은 사고 도식을 신속하게 지레 예측하는 조망으로 되어 있다는 것이 인정될 것이다. 아직 나타나지 않은 문장 형식에 대한 감각이 현존한 단어에 관한 의식과 융합하여 단어를 발음할 때 적절한 강약을 붙이도록 단어의 억양을 정신 속에서 변용하도록 하는 감각을 바로 처음부터 그가 갖고 있지 않다면, 처음으로 어떤 책을 읽는 사람이 곧장 모든 단어에 억양을 붙여 읽는 일이 어떻게 있을 수 있겠는가? 이런 종류의 억양은 거의 전부 문법 구조와 관련이 있다. 우리가 'no more'라는 글귀를 읽으면 곧 'than'이란 단어가 나올 것을 기대하고, 'however'가 문장의 첫머리에 오면 우리가 기대하는 것은 'yet', 'still' 또는 'nevertheless'란 단어이다. 특정 위치에 있는 명사는 특정 화법과 수에 해당되는 동사를 요구하며, 다른 위치에 있으면 관계대명사를 기대한다. 형용사는 명사를 요구하고 동사는 부사를 요구한다 등등…. 다음에 올 단어에 대한 문법 양식의 이와 같은 예견에 연이어 발음되는 각 단어들과 결합하는 것이 실제로 아주 정확하여, 독자가 소리 내어 읽고 있는 책의 모든 구석의 관념들을 모두 이해할 수 없어도, 그럼에도 불구하고 가장 섬세하게 조율된 지적 표현을 하면서 읽어나갈 수 있다.

혹자는 이와 같은 사실들을 어떤 심상이 연상 법칙에 따라 다른 심상을 아주 빨리 일깨우기 때문에, 뒤에 가서 다른 심상이 실제 있기에 앞서 탄생 중인 그 심상의 **지향성**을 바로 느낀다고 생각하게 되는 실례라고 해석할 것이다. 이런 해석을 주장하는 학파에게 유일하게 가능한 의식의 자료(materials of consciousness)는 완전히 결정된 성질을 갖춘 심상만일 것이다. 지향성은 존재하지만, 그 지향성은 관찰되는 피험자에게 보다 외부에 있는 심리학자에게만 알려지는 사실이다. 따라서 지향성이란 심리적인 **영점(零點)**이지만 그 **결과만 느껴질** 뿐이다.

이제 내가 주장하고, 보기를 수집하여 보여주려는 것은 '지향성'이 외부에서 기술되는 것일 뿐만 아니라 정신 내부에서도, 그 지향성을 알게 되는 의식 흐름의 대상 속에 끼어 있고 때로는 너무 막연하여 우리는 그 지향성에 전혀 이름을 붙일 수 없는 **지향 느낌**으로 대부분 구성되었다고 기술되어야 한다는 것이다. 요컨대 막연한 것들을 막연한 대로 정신생활 속에서 적절한 제자리에 되돌려주라는 것이 내가 그렇게 주의를 촉구하려는 것이다. **제18장**에서 보는 바와 같이 골턴과 헉슬리 교수는 사물의 완전히 뚜렷한 심상 외엔 어떤 심상도 우리가 가질 수 없다는 흄과 버클리의 괴상한 이론을 반박하는 데 한발 앞서고 있다. 객관적 단일 성질은 주관 감정으로 알게 되지만 사물들의 관계는 우리가 감정으로는 알지 못한다는 똑같이 괴상한 개념을 뒤집어엎는 데도 그들은 한발 앞섰다. 그러나 그들의 개혁은 조금도 충분히 철저하거나 근본적이지는 못하였다. 전통 심리학이 주장하는 뚜렷한 심상이, 실제 그 심상이 살아 있을 때는 우리 정신의 아주 적은 부분만을 형성하고 있다는 것을 우리는 인정해야 한다. 전통 심리학은 흐르는 강이 잔에 든 물, 숟가락에 담은 물, 주전자 속의 물,

통 속의 물, 그 밖의 형태를 갖춘 물로 되어 있다고 말하는 것과 같다. 물통과 물 단지가 강의 흐름 속에 실제 있다고 하더라도 그들 사이에는 용기에 갇혀 있지 않는 자유로운 물이 계속 흐르고 있을 것이다. 전통적 심리학자들은 의식이 바로 자유롭게 흐르는 물과 같다는 것을 결정적으로 간과하였다. 정신 속에 있는 각각 뚜렷한 심상들은 그 둘레를 자유롭게 흐르는 물 속에 잠겨 있으며, 그 자유로운 물에 의하여 착색된다. 결정된 심상과 더불어 가깝든 멀든, 그 심상들이 우리에게 왔던 곳에 대한, 사라져 가는 여운과 심상이 이끌려오는 곳에 대한 동트는 감각이라는 관계들의 감정이 진행한다. 심상의 의의나 가치는 모두 그 심상을 둘러싸고 호위하는 후광 또는 여운 속에 있으며——또는 그보다 심상과 융합하여 하나가 되어 심상의 뼈 중의 뼈, 살 중의 살이 되어, 전에 있었던 것과 같은 사물에 대한 심상을 남기지만, 그 심상을 새로 알고 이해한 사물에 대한 심상으로 만드는 것이 사실이다.

실제 공연되었을 경우 우리 정신 속에 남아 있고 우리가 판단을 내리게 되는 오페라, 연극, 책 등의 '형식'에 관한 숨겨진 도식은 무엇인가? 과학 체계나 철학 체계에 관한 우리의 개념이란 무엇인가? 위대한 사상가들은 언어 심상만으로도 정신에 들어오지 못할 만큼 아주 빠르게 전체 과정이 진행되는 관계 항들 사이의 관계 도식도 미리 앞질러 들여다볼 수 있는 넓은 안목을 갖고 있다.[18] 우리 모두는 사고가 가고 있는 곳에 대한 이와 같은 영속하는 의식을 갖고 있다. 이 의식도 모든 다른 의식과 마찬가지로 감정이며 어떤 사고가 일어나기 전에 다음 일어날 사고에 대한 느낌이다. 이와 같은 의식의 시야는 주로 정신이 신선하거나 피로한 정도에 따라 그 범위가 아주 많이 달라진다. 정신이 매우 신선할 때에는 우리 정신은 광대한 지평을 갖게 된다. 현존한 심상이 조망을 멀리 앞으로 뻗쳐 아직 탄생하지 않은 사고가 놓여질 영역을 미리 자극한다. 정신이 덜 생생한 일상생활에서는 느껴지는 관계 후광이 이보다 훨씬 제한된다. 그리고 극단적 신경쇠약 상태에서는 시야의 지평이 좁아져서 거의 현행하는 목전의 단어에 국한된다──그러나 이 경우에도 연합 기제에 의하여 어순에 따라 다음 나타날 단어가 제공되고 마침내 피곤한 사고자도 어떤 종류이든 결론에 이르게 된다. 어떤 순간에는 결론에 이르러서도 자신의 사고가 완전히 끝난 것이 아니지 않는가 하는 의심도 할 것이지만, 이 상태에서 그의 말투가 느려지는 것은 사고하려는 노력이 얼마나 어려운가 하는 것을 보여주고 있지만, '그 밖에 더'라는 막연한 느낌이 무엇이든 있는 그대로를 더 확정적으로 표현하려는 몸부림을 치게 한다.

우리의 **확정된** 사고가 종점에 이른 것을 아는 것과 우리 사고가 확실하게 완성되었다는 것을 아는 것은 전혀 다르다. 후자의 정신 상태의 표현은 억양이 떨어지는 것이다. 이것은 문장이 끝마치고 종식되었다는 것을 나타낸다. 전자의 종점에 이른 정신 상태를 표현하는 것은 '말이 막히거나' 또는 그 밖의 '기타 등등' 또는 '기타 등'과 같은 구절들로 끝나는 것이다. 그러나 이때 문장을 거기에서 끝낼 수 없다는 것을 예견하기 때문에, 아직 완결되지 않는 문장의 부분들은 각기 다르게 머리를 스쳐갈 때 모두 다르게 느껴지게 된다는 것에 주목하라. '기타 등'이란 말은 여운을 뒤에 남기게 되어 가장 뚜렷한 심상들과 마찬가지로 사고 대상의, 없어서는 안 되는 일부인 것이다.

또 보편적 의미에서 가능한 모든 개인을 의미하는 인간이란 말과 같은 보통명사를 사용할 때 그 말을 듣는 우리 쪽은 그 말이 의도하는 것을 충분히 알고 있어 우리가 어떤 특정 집단의 사람들이나 눈앞에 있는 한 사람 개인을 의미할 때 그 말의 의도하는 것과를 엄밀하게 구별한다. **개념**에 관한 장에서 이와 같은 의도의 차이가 얼마나 중요한가 하는 것을 알게 될 것이다. 그 차이는 문장 전체에 영향을 미치고 인간이란 말이 사용된 장소의 앞뒤 문장에도 모두 영향을 미친다.

이런 모든 사실을 뇌 작용 용어로 상징하는 것보다 쉬운 일은 없다. 우리 사고의 출발점의 감각인 **어디로부터 왔다는 느낌**의 여운은 아마 조금 전만 해도 생생하게 깨어 있었던 신경 과정의 흥분이 소멸 중인 것에 기인할 것이며, 마찬가지로 사고 종점을 예감하게 하는 어디로 간다는 감각은 잠시 지나면 생생하게 사고에

그림 28

현존할 어떤 사물에 대한 대뇌 상관물이 될 신경 통로나 신경 과정의 흥분이 점차 증가하는 데 기인되어야 한다. 곡선으로 묘사하면 의식의 근거를 이루는 신경의 성질은 모든 순간 그림 28과 같은 것이 되어야 한다.

횡축상의 점들은 각각 어떤 뇌신경 통로나 신경 과정을 표시한다. 횡축 위에 있는 곡선 높이는 신경 과정의 흥분 강도를 표시한다. 신경 과정은 모두 곡선으로 제시된 강도대로 **현존**한다. 그러나 곡선 정점에 이르기까지는 뒤에 갈수록 강도가 앞보다 더 강하며, 곡선 정점을 지난 다음에는 앞의 것이 다음 것보다 강도가 더 강할 것이다. 만약 a, b, c, d, e, f, g를 암송한다면 내가 d를 말하는 순간에도 a, b, c도 e, f, g도 내 의식으로부터 완전하게 **빠져나**가지는 않고 모두 각각 그들 나름으로 d가 지니는 강한 빛에 '그들의 희미한 빛을 혼합시킨다.' 왜냐하면 그들에 대응하는 신경 성질들도 모두 어느 정도 깨어 있기 때문이다.

흔히 우리가 저지르는 특정 종류의 잘못이 있으며, 그런 잘못은 신경 과정에 부착되는 사고가 제대로——실체이고 생생한 형태로

458

——나타나기 이전에도 뇌 과정이 흥분하기 시작한다는 것을 보여주고 있다. 나는 이 대화나 글쓰기에서 저지르는 잘못을 말하며, 카펜터(Carpenter) 박사의 말로는 그런 잘못에 의하여 "우리는 바로 잠시 후 나타날 어떤 다른 문자나 철자를 단어 속에 집어넣음으로써 그 단어를 틀리게 발음하거나 틀리게 철자하거나 또는 예상된 단어 전체가 표현되었어야 할 단어를 대신하는 경우도 있을 것이다."[19] 이 경우 다음 둘 중 어느 한 가지 일이 일어나야 한다. 국부적으로 생긴 어떤 우연한 영양 상태가 **적절한** 신경 과정을 **차단**하고, 따라서 아직 탄생 중으로만 일깨워지고 있어야 하는 틀린 과정들이 방출되거나, 그렇지 않으면 국부적인 어떤 대립된 우연한 사건이 이 **탄생 중인** 과정을 **촉진시켜** 마땅한 시간이 되기도 전에 방출되게 하던가 하는 것이다. **관념 연합(Association of Ideas)**에 관한 장에서는 아직 극대 흥분에 이르지 않은 신경의 성질이 의식에 미치는 실제 영향에 관한 수많은 사례들이 제공될 것이다.

이는 바로 음악에서의 '배음(overtones)'과도 같다. 각기 다른 악기들은 '같은 음'을 내지만 악기들이 내는 소리는 각각 다르다. 왜냐하면 악기들은 각각 해당 음보다 더 많은 음, 즉 그 해당 음의 여러 높은 배음을 내며 이 배음이 악기마다 다르기 때문이다. 화음은 하나씩 떨어져 귀에 들리는 것이 아니라 기음(基音, fundamental note)과 혼합되어 기음에 침투하고 기음을 변용시킨다. 그리고 이와 마찬가지로 커지고 줄어들고 하는 뇌 과정이 매순간 정점에 있는 뇌 과정에 해당되는 정신적 결과와 융합하고, 그 결과에 침투하여 그 결과를 변용시킨다.

관계들과 대상들을 알게는 하지만 희미하게 지각되는 것과 같은 미약한 뇌 과정의 영향이 우리 사고에 미치는 영향을 지칭하기 위하여 우리는 **정신적 배음**(精神的 倍音, psychic overtone), **정신적 침투**(精神的 浸透, psychic suffusion), 또는 **정신적 주변**(精神的 周邊, psychic fringe)이란 말을 사용하기로 한다.[20]

따라서 여러 정신 상태가 지니는 **인지 기능**을 고려하면, 우리는 단순하게 '지적(knowledges-about)'으로만 아는 정신 상태와 '식적(acquaintance)'으로 아는 정신 상태(384–386쪽 참조) 사이의 차이는 거의 전적으로 정신적 주변 또는 정신적 배음이 있는가 또는 없는가 하는 것으로 환원될 수 있는 것이 확실하다고 느끼게 될 것이다. 사물을 '식적'으로 안다는 것은 그 사물의 관계를 아는 것이다. 사물을 '지적'으로 아는 것은 단지 그 사물이 만드는 인상에 국한하여 아는 것이다. 우리는 대부분의 사물의 관계를 그 사물에 관한 뚜렷하지 않은 친화성을 가지는 '주변'의 탄생 중인 여운에서 알게 될 뿐이다. 그리고 순서에 따라 다음 화제로 넘어가기에 앞서, 주관적 흐름의 가장 흥미로운 특징의 하나인 친화성의 의미를 약간 언급해야 하겠다.

우리의 수의적(隨意的) 사고에는 화제 또는 주제가 있어 모든 사고 부분은 화제 주위를 맴돈다. 화제는 거의 언제나 문제이고 아직은 확정된 그림 단어 또는 문구 등으로 채울 수 없는 공백이지만 조금 전 언급한 대로 그 공백은 정신적으로 극히 적극적이고 단호하게 우리에게 영향을 미친다. 어떤 심상이나 글귀가 우리 앞을 스치고 지나가든 아픔을 주든, 이 공백에서 그것들의 관계를 우리는 느끼게 된다. 이 공백을 채우는 것이 운명적으로 사고가 맡아 해야 할 일이다. 어떤 심상이나 글귀는 이 일을 완수하는 데 우리를 더 가깝게 가게 한다. 어떤 심상이나 글귀는 그 공백이 전혀 무관하게 생각하여 무시해 버린다. 심상이나 글귀는 각각 앞서 말한 공백을 항으로 하여 느껴지는 관계 주변 속에서 헤엄친다. 또는 뚜렷한 공백 대신 우리는 다만 관심이 있다는 기분을 가질 뿐일 수도 있다. 따라서 이때 기분은 아무리 막연해도 공백과 마찬가지로 작용하여, 정신에 들어오는 그 기분에 맞는 표상들 위에 느껴지는 친화성이란 외투를 씌우고 그 기분과 관계없는 모든 표상들에는 지루함 또는 어긋남이란 감정을 착색하게 된다.

따라서 우리의 화제나 관심과 연관된 관계는 항상 주변에서 느껴지며, 특히 화제가 조화를 이루거나 어긋나는 관계 또는 화제를 조장하거나 방해하는 관계는 주변에서 느껴진다. 화제가 조장한다는 감각이 있을 때 우리는 '잘 된' 것이고 화제가 방해된다는 감각이 있을 때 우리는 불만족하고 곤혹스러워 다른 사고를 두루 찾게 된다. 이제 **어떤** 사고든 그 사고 주변이 우리에게 '잘 된' 것으로 느끼게 하는 성질을 갖고 있는 사고는, 다른 점에서는 어떤 종류의 사고든 상관없이 우리 사고의 일원으로 수용될 수 있다. 만약 그런 사고가 우리의 관심이 되는 관계 구도 속에 자리잡고 있다고 느낀다면, 그것만으로도 우리는 그 사고를 우리 관념 대열과 관련이 있고 적합한 부분으로 만드는 데 충분하다.

왜냐하면 사고 대열에서 중요한 것은 결론이기 때문이다. 결론이란 사고의 의미 또는 우리가 말하는 바와 같이 사고의 주제이다. 결론은 사고의 모든 다른 부분들이 기억에서 사라졌을 때에도 남아 있다. 대개 결론은 물음에 해답하기 위해서 또는 우리를 괴롭히는 앞서 있는 공백을 메우기 위해 나타나든, 또는 공상 속에서 우연하게 마주치든 단어나 글귀나 특정 심상이나 현실적인 태도나 결심으로 되어 있다. 그 어느 경우에든 특별한 관심이 결부되어 있으므로 결론은 의식 흐름의 다른 단면들과는 달리 두드러지게 된다. 관심은 결론을 붙잡고 결론이 나타날 때 그 결론에 일종의 위기를 조성하여 우리를 결론에 주의를 기울이게 하고 또 결론을 실체로 다루게 한다.

이와 같이 실체인 결론에 선행하는 모든 의식 흐름의 부분들은 결론에 도달하는 수단일 뿐이다. 그리고 동일한 결론에 도달한다면 수단은 우리가 원하는 바에 따라 쉽게 바꿀 수 있을 것이다. 왜냐하면 이때 사고 흐름의 '의미'가 동일할 것이기 때문이다. 수단에 따라 어떤 차이를 만들어내는가? '취하기만 하면 어떤 병의 술인가 하는 것이 중요할 것인가?(Qu'importe le flacon, pourvu qu'on ait l'ivresse?)' 상대적으로 수단이 중요하지 않다는 것은 결론을 얻었을 때 우리가 항상 결론을 얻기 이전의 단계들은 대부분 망각한다는 사실에서 볼 수 있다. 우리가 어떤 명제를 말했을 때 조금 지나면 그 명제를 다른 단어들로 아주 쉽게 표현할 수 있지만, 앞서 말한 그 단어들을 정확하게 꼭같이 상기할 수 있는 일은 드물다. 우리가 읽은 책의 문장 어느 하나를 상기하지 않아도 그 책의 실제 결과는 우리에게 남는다.

단 한 가지 역설은 이질적인 두 심상 집합에서 친화와 불협화를 느끼게 하는 주변이 동일 주변일 수 있다고 가정하는 데 있는 것 같다. 정신을 스쳐가서 어떤 결론으로 이어지는 단어 대열을 한편으로 취하고, 다른 한편으로 같은 결론으로 이어지는 거의 단어가 없는 일련의 촉각 심상이나 시각 심상이나 또는 기타 심상을 취하라. 그러면 단어들이 놓여 있다고, 우리가 느끼는 후광이나 주변 또는 도식과 심상이 놓여 있다고, 우리가 느끼는 후광이나 주변 또는 도식이 동일할 수 있는가? 관계 항들이 이질적이면 관계 항들 사이에서 느껴지는 관계들도 이질적이 아니겠는가?

관계 항을 단순 감각으로 취한다면 관계 항들이 이질적일 때 그 항들의 관계도 이질적으로 되는 것이 확실하다. 예를 들어 단어들은 서로 운(韻)을 맞출 수 있다——시각 심상들 사이에서는 **그와 같은** 친화성이 있을 수 없다. 그러나 관계 항들을 사고로 또는 이해된 감각으로 취한다면, 단어들은 상호간 또는 결론과 배척하거나 친화하는 긴 연합 주변을 가지게 되며, 이들 단어의 주변들은 시각 관념, 촉각 관념, 그리고 기타 관념에 있는 유사한 주변과 정확하게 병행하여 진행된다. 반복하지만 이들 주변에서 가장 중요한 요소는 사고에 있는 조화 또는 불협화라는 단순 느낌이며 또 사고가 옳은 방향이나 틀린 방향이란 느낌이다. 내가 아는 한 캠벨(Campbell) 박사가 이 사실을 가장 잘 분석하였으며 자주 인용되는 그의 말은 또다시 인용할 가치가 있다. "필자와 독자 모두가 의미 없는 것은 찾아내지 못하고 놓치는 일이 많은 원인이 무엇인가?"라는 것이 그의 책의 한 장의 제목이다. 그 필자는 이 질문에 답하여 (그 중에서도) 다음과 같이 말하고 있다.[21]

"같은 언어를 사용하는 사람들의 정신 속에 그 언어의 단어들의 사이에 점차로 오래 남는 연결 (그의 표현) 또는 관계가 생기는 것은 … 다만 연결된 사물들 또는 관계된 사물들의 기호로 그 단어가 사용된 결과일 뿐이다. 어떤 사물과 동일한 여러 사물들은 서로 동일하다는 것이 기하학의 공리이다. 마찬가지로 어떤 관념과 연합하는 여러 관념들이 서로 연합할 것이란 것도 심리학에서 공리로 인정될 만하다. 따라서 두 사물이 연결되는 것을 경험함으로써 사물들에 붙여진 관념 또는 개념들 사이에서도 연합이 이루어지고, 또 더 나아가 각 관념이 기호에 따라 연합되는 것처럼 어김없이 관념들 사이에서도 연합이 이루어진다면, 마찬가지로 기호가 지칭하는 관념들 사이에도 연합이 있게 될 것이다. 따라서 기호로 간주되는 말소리도 그 말소리가 지칭하는 사물들 사이에 있는 연결과 같은 연결을 가진다고 개념적으로 생각할 수 있다. 말소리가 기호로 간주된다고 말했다. 왜냐하면 우리가 이야기하거나 글을 쓰거나 듣거나 책을 읽을 경우 언제나 말소리를 기호로 간주하는 일은 우리에게 있기 때문이다. 우리가 고의적으로 말소리를 기호로 간주하지 않고 단순히 소리로만 취급하면 우리는 즉각 말소리가 전혀 연결되지 않고, 나타난 음이나 억양에서 생기는 관계 외에 어떤 관계도 갖게 되지 못한다는 것을 감지할 수 있을 것이다. 그러나 말소리를 이처럼 단순한 소리로만 간주하려면 그렇게 하려는 사전 계획이 있어야 가능하다. 일상 회화에서 이렇게 하려면 필요하지 않은 노력을 해야 한다. 일상적으로 사용할 경우 말소리는 오직 기호로 간주되어 오히려 말소리가 지칭하는 사물과 혼동되는 일도 많다. 그 결과 지금 설명한 바와 같이 우리는 부지불식간에 기호가 아닐 때 감지될 수 있는 말소리의 연결과 아주 종류가 다른 연결을 말소리 사이에서 개념화하여 생각하게 된다."

"이제 개념 또는 언어 습관 또는 정신적 지향 등 당신이 무어라 불러도 좋은 이와 같은 것들은 언어의 사용 빈도와 언어의 구조에 의하여 현저하게 강화된다. 언어는 지식이나 발견된 것을 타인에게 전하고 타인의 지식이나 발견을 우리에게 전하는 유일한 통로이다. 말소리라는 매개물을 반복 사용함으로써 필연적으로 사물들이 서로 관계될 때 이들 사물을 지칭하는 단어들도 함께 대화 속에 나타나게 되는 일이 더 빈번하게 된다. 따라서 단어들과 명칭들은 자체로, 그리고 습관적으로 가까워져서 단어들은 순수하게 관련되는 사물들의 상징일 때 얻게 되는 관계와는 다른 관계를 공상 속에서 맺게 된다. 그뿐만 아니라 이런 경향은 언어의 구조에 의해서도 강화된다. 이 세상에 지금까지 나타난 가장 야만적인 언어일지라도 모든 언어에는 규칙이 있고 유사한 생김새를 갖추고 있다. 그리하여 사물에 유사한 관계가 있으면 유사하게 표현되는 결과를 초래한다. 즉 개별 언어의 특징이나 문법 형식에 따라 어미 변화, 파생어, 구문, 단어 배열 또는 품사 배치 등이 유사하게 표현된다는 것이다. 이제 언어를 관습에 따라 사용함으로써(그 사용이 아주 불규칙적일지라도) 지칭되는 사물의 성질들이 연결되는 경우에는, 언제나 모르는 사이에 언어라는 기호들도 심상 과정 속에서 연결될 것이며, 마찬가지로 언어 구조가 규칙적으로 됨으로써 언어 기호들 사이의 연결도 기호의 원형들 사이에 존재한 연결과 유사한 연결이 된다고 개념적으로 생각할 수 있게 된다."

우리가 영어와 프랑스어를 알고 있어도 프랑스어로 문장을 시작하면 후속 단어들은 모두 프랑스어이고 영어로 빠져들어 가는 일은 거의 없다. 그리고 프랑스어 단어들 사이에 있는 이와 같은 친화성은 단순하게 뇌-법칙에 따라 기계적으로 조작되는 것이 아니라 우리가 당장 느끼는 그 어떤 것이다. 프랑스어 문장을 귀로 듣고 있어도 그 문장의 단어들이 언어적으로 함께 프랑스어에 속한다는 것을 알지 못하게 될 만큼 이해가 되지 않는 일은 결코 없다. 프랑스어 속에 영어 단어가 갑자기 튀어나와도 그 변화에 깜짝 놀라지 않을 정도로 우리 주의가 흔들릴 수는 없다. 만약 '사고'한다면 단어들이 동일 언어에 속한다는 이와 같은 막연한 느낌이 그 단어들에 수반될 수 있는 가장 작은 최소 주변이 된다. 일반적으로 우리가 듣는 모든 단어들이 동일 언어에 속하고 그 언어의 특정 동일 어휘군에 속한다는 막연한 지각과, 그 언어의 문법적 어순에 친숙하다는 막연한 지각은 우리가 언어의 의미를 듣고 있다는 것을 인정하는 것과 실제 같은 것이다. 그러나 흔히 쓰지 않는 외국어 단어가 들어오든가 문법이 틀리거나 또는 철학적 대화에서 '절망적 상황'('rat-trap', 쥐덫)이라든가 '비밀공작비 청구서'('plumber's bill', 배관공 청구서)와 같은 걸맞지 않은 어휘군의 용어가 갑자기 튀어나오면, 그 문장이, 말하자면 방아쇠를 당겨 우리는 그 걸맞지 않은 데서 충격을 받게 되고 지금까지 묵묵히 동의한 우리 자세는 사라지게 된다. 이 경우 합리적인 느낌을 받는다 하여도 그 느낌은 긍정적인 것이 아니라 부정적인 것이고 사고 항들 사이의 단순한 충격 결여 또는 불일치 감각의 결여일 뿐이다. 말할 때 함께 사용해야 하는 단어들이 적절한가 하는 것을 정신이 확인하는 것은 이와 같이 아주 섬세하고 쉴새없기 때문에, 주의가 해이하여 문장의 **의미**를 알지 못하고 있는 청취자라도 'causalty' 대신 'casualty'로, 또 'perceptual' 대신 'perpetual'로 아주 사소하게 잘못 읽는 일도 곧 그 잘못을 수정할 것이다.

이와 반대로 단어들이 같은 어휘군에 속하고 문법 구조가 올바르면 전혀 어떤 의미도 없는 문장이라도 확신을 가지고 말하게 되고, 잘못이 지적되지 않고 지나갈 수 있다. 실속 없는 동일한 어귀들을 새로 뒤섞은 기도회 대화나 모든 종류의 한 줄에-1페니-주의(penny-a-line-ism)와 신문 기자들의 미사여구 등이 이에 대한 예를 제공한다. "새들이 아침 노래로 나무 꼭대기를 가득 채우고 공기를 축축하게 만들고 서늘하게 하며 기분 좋게 한다"라는 문장을 나는 제롬(Jerome) 공원의 어떤 운동 경기 보도에서 언젠가 읽은 기억이 있다. 아마도 시간에 쫓긴 기자가 무의식적으로 이 문장을 썼고 많은 독자도 비판 없이 읽었을 것이다. 보스턴(Boston)[22]에서 최근 발행된 784쪽짜리 어떤 책 전체는 무작위로 추려낸 이와 비슷한 문구들로 구성되어 있다.[23]

"핵심 유기체 표면에 있는 각 정점 고리의 종말 회로 출구에서 나오는 모든 이들 혈관의 원심성 액체 흐름은 그들의 각각 해당되는 대기의 열매와 마찬가지로 팽창할 수 있는 표고 한계까지 계속하고, 거기서부터는 보다 높은 표고에서 오는 유사하지만 응고시키는 요소에——외적 형태가 가지는 본질적 성질로 감각적으로 표현되는 것들——의하여 둘러싸이게 되면 그 원심성 액체는 하강하여 그 핵심 유기체의 구심성과 동화된다."

매년 그 내용이, 진짜 미친 사람이 쓴 것처럼 보이는 많은 저작물들이 출간되고 있다. 독자들에게는 앞서 인용한 책이 처음부터 끝까지 순전히 무의미한 것으로 여겨질 것이다. 이 경우 단어 사이에 어떤 종류의 합리적 관계를 가지는 느낌이 저자의 정신 속에 나타나고 있는가 하는 것을 미리 점칠 수는 없다. 객관적 의미와 무의미를 가르는 경계를 긋기는 어렵고, 주관적 의미와 무의미를 가르는 경계를 긋는 것은 불가능하다. 주관적으로는 단지 단어들이 동일 언어에 속한다는 것을 의심하지 않게 되면…단어들을 어떻게 배치하여도——심지어 꿈에 나타나는 가장 엉뚱한 단어들이라도——의미를 가질 수 있을 것이다. 이보다 더 애매모호한 헤겔(Hegel)의 문장을 들어보자: 단어들 사이에 있는 합리성은 그 단어들이 모두 공통된 어휘군에 속하고 습관적으로 재현되는 서술 구도와 관계 구도에——즉각성(卽刻性)이나 자기-관계성 등의 구도에——따라 함께 묶여진다는 사실을 넘어, 그 이상의 어떤 것인가 하는 것을 묻는 것은 타당한 질문이다. 그러나 문장을 쓸 때 문장이 합리적이라는 주관적 느낌은 필자에게는 강하며, 필자에 따라서는 노력하여 그 주관적 느낌을 문장 속에 재현시키리란 것을 의심할 이유가 없는 것 같다.

　이상을 요약하면 언어 연상의 어떤 종류와 어떤 문법적 기대가 충족되는 것은, 문장이 의미를 갖고 있으며 한 가지 **사고 단위**가 우세하다는 인상을 우리에게 대부분 제공한다. 무의미한 문법 형식은 결코 합리적으로 들리지 않으며, 영어에서는 문법적 어순이 전도되면 의미 있는 것도 무의미한 것으로 들린다. 예를 들면 "Elba the Napoleon English faith had banished broken to he Saint because Helena at."와 같다. 끝으로 각 단어 주위에는 감정이라는 정신적 '배음'이 있어 우리를 미리 느낀 결론으로 접근해 가게 한다. 문장의 단어가 지나갈 때 이들 3개의 관계 주변(언어 연상, 문법적 기대, 어순) 또는 관계 후광이 모든 단어에 침투하여 결론을 도달할 가치가 있는 것으로 보이게 하면, 누구나 그 문장이 완전히 계속적이고 통일되고 합리적인 사고의 표현이라는 것을 인정할 것이다.[24]

　그런 합리적인 문장 속에 있는 각 단어는 단어로 느껴질 뿐 아니라 의미를 갖는 것으로 느껴진다. 이처럼 문장에서 역동적으로 얻은 단어 '의미'는 정지되거나 또는 맥락 없이 얻는 단어 의미와는 아주 다를 것이다. 단어의 역동적 의미는 보통 문장의 맥락과 결론에 합당한가 또는 적합하지 못한가 하는 것을 느끼게 하는, 우리가 기술한 것과 같은 단순한 주변으로 환원된다. '책상'이나 'Boston'과 같이 단어가 구체적일 때 단어의 정적(靜的) 의미는 그 단어에 의하여 일깨워진 감각 심상으로 되어 있으며 단어가 '형법 입법'이나 '결함'과 같은 추상적인 것일 때에는 그 의미는 그 단어가 불러낸 다른 단어로 되어 있어 이른바 '정의'를 형성한다.

순수 존재(pure being)는 순수 비존재(pure nothing)와 일치한다는 헤겔의 유명한 명구는 그가 단어들을 정적으로 받아 들였거나 또는 맥락 속에서 지니게 되는 주변이 없는 것으로 받아들인 결과이다. 분리하여 취하면 단어들은 감각 심상을 일깨우지 못한다는 오직 한 가지 점에서만 일치된다. 그러나 역동적으로 또는 의미로──**사고된 것으로**──단어를 취하면 단어들의 친화성(親和性)과 반발성(反撥性), 그리고 그들의 기능과 의미 등과 같은 단어들의 관계 주변들이 느껴지고 절대적으로 대립되는 것으로 이해된다.

이와 같은 고찰은 골턴(Galton)이 우리에게 알려준(아래 참조) 극도로 시각 심상이 결핍된 사례로부터 역설로 보이는 모든 것을 제거한다. 아주 뛰어난 지성을 가진 한 친구가 그의 아침 식탁의 모습에 대한 어떤 감각 심상도 그려낼 수 없다는 것을 나에게 전하였다. 그러면 어떻게 아침 식탁을 기억하느냐고 물으면 그는 네 사람이 앉았고, 흰 식탁보가 씌워졌고, 그 위에 버터, 접시, 커피, 주전자, 홍당무 기타 등이 있었다는 것을 그저 '안다'고 말했다. 이처럼 '아는 것'을 만든 정신 소재는 오직 언어 심상인 것 같다. 그러나 만약 '커피', '베이컨', '머핀 빵', '계란' 등의 단어들이 시각이나 미각과 같은 감각 기억이 시키는 것과 꼭같이, 우리를 요리사에게 말을 걸게 만들고 청구서를 지불하게 하고 내일 아침 식사를 장만하게 한다면 사실 그런 단어들이 실제 훌륭한 사고 자료가 되지 말라는 법이 어디 있겠는가? 사실 우리는 더 풍부한 심상 과정의 색채를 띤 항들보다 그런 단어들이 대부분의 우리 목적을 위하여 좋지 않을까 생각해 본다. 관계 형식과 결론이 사고에는 본질적이어서 단어와 같은 다루기 쉬운 정신 소재가 우리 목적에는 가장 좋을 것이다. 이제 말로 발음되거나 또는 표현되지 않아도 단어들은 우리가 갖고 있는 가장 다루기 쉬운 정신 요소이다. 단어들은 아주 빠르게 재생될 수 있을 뿐만 아니라, 감각과 마찬가지로 실제 우리가 경험하는 어떤 다른 항들보다도 훨씬 더 쉽게 재생될 수 있다. 만약 단어가 이와 같은 장점을 지니고 있지 않다면 일반적으로 볼 수 있는 바와 같은 늙을수록, 그리고 더 효율적인 사고자일수록 시각 심상을 만드는 능력이 점점 상실되고 단어에 더 의존하는 일은 있을 수 없을 것이다. 이런 일이 Royal Society의 노인 회원들에게 해당되었다는 것을 골턴이 확인했다. 필자도 나이 먹어감에 따라 나 자신에게서 이런 일을 아주 분명하게 관찰하게 되었다.

다른 한편 귀가 먹었거나 벙어리가 된 사람도 단어 사용자에 못지않게 효과적이고 합리적으로 촉각 심상과 시각 심상을 사고 체계 속에 엮어넣을 수 있다. 언어 없이도 사고할 수 있는가라는 물음은 철학자들 사이에서 즐겨 토론된 화제였다. 워싱턴

(Washington)의 내셔널 컬리지(National College)에 있는 귀먹고 벙어리 강사인 발라드(Ballard)가 가지고 있는 어릴 때의 흥미 있는 기억은 언어 없는 사고가 완전히 가능하다는 것을 보여준다. 몇 단락을 여기 인용할 것이다.

"어릴 때 청각을 상실한 결과로 나는 모든 정상적인 감각을 갖고 있는 아이들이 흔히 초등학교 수업, 친구나 소꿉동무들과의 일상 대화에서 얻고 또 부모와 그 밖의 어른들과 대화함으로써 얻는 모든 장점을 누리지 못하게 되었다.

나는 내 생각이나 느낌을 어떤 자연적 신호나 몸짓으로 부모와 형제에게 전할 수 있었고 또 그들이 나에게 말하는 것도 같은 매개를 통하여 알아들을 수 있었으나, 우리가 주고받는 것은 일상적 가정생활의 상례적 사건들에 한정되었고 내가 관찰할 수 있는 범위를 넘어서는 일은 거의 없었다.

아버지는 나의 청각 상실을 어떻게든 보상할 수 있으리라 생각되는 모든 과정을 채택하였다. 그것은 사업상 외국으로 기마(騎馬)여행을 해야 할 경우 나를 데리고 가는 것이었고, 형제들보다 나를 더 자주 데리고 다녀서 나를 편애(偏愛)하는 것처럼 보인 이유는 나의 형제들은 귀로 정보를 얻지만 나는 눈에 의존해야 외부 세계에서 일어나는 일을 알게 되기 때문이라는 것이었다.

나는 우리가 지나간 여러 풍경들을 바라보고 생명계든 무생명계든, 자연의 여러 모습을 관찰하여 느낀 기쁨을 귀가 먼 불구여서 대화로는 표현할 수 없었지만 생생하게 회상할 수는 있었다. **이 세계가 어떻게 있게 되었을까?**라고 자신에게 묻기 시작한 것은 내가 초보적인 글쓰기를 시작하기 약 2~3년 전에 즐거운 기마 여행을 하는 도중이었다. 이 의문이 내 정신에 생겼을 때 나는 오랫동안 그것을 골똘히 생각했다. 나의 호기심을 일깨운 것은 이 지구상에 처음 나타난 인간 생활의 기원이 무엇이었으며, 또 식물 생활의 기원은 무엇이며, 또 지구와 태양과 달과 별들이 존재하는 원인이 무엇인가 하는 데 관한 것이었다.

우리가 기마 여행을 할 때 한번은 우연히 그 곁을 지나가게 된 아주 큰 늙은 나무 그루터기를 보았을 때 나는 자신에게 '이 세상에 나타난 최초의 사람이 저 나무 그루터기로부터 생겨났을 것인가? 그러나 그 그루터기는 한때 위풍당당했던 거대한 나무의 잔해에 지나지 않는데, 대체 그 나무는 어떻게 생겨났을까? 왜 그 나무도 다만 지금 막 돋아나는 저 작은 나무들처럼 땅에서 자라기 시작하여 생겨난 것일까?'라고 자문한 것을 기억한다. 그리고 인간 기원과 썩어가는 늙은 나무 그루터기 사이를 연결시키는 것은 바보 같은 생각이어서 나의 정신에서 지워버렸다.

"사물의 기원에 관한 의문을 나에게 처음 암시한 것이 무엇인가 하는 것은 기억에 남아 있지 않다. 나는 그보다 앞서 부모로부터 자식에게 혈통이 전해지고 동물이 번식하고 식물이 씨앗으로부터 생산된다는 생각을 얻었다. 나의 정신 속에 나타난 의문은 최초의 인간, 최초의 동물, 그리고 최초의 식물이 인간도 동물도 식물도 없었던 아주 오랜 옛날 어디서부터 왔을까 하는 것이었다. 왜냐하면 그들이 모두 처음과 끝을 갖고 있다는 것을 내가 알고 있었기 때문이다.

"이런 여러 가지 의문, 즉 사람, 동물, 식물, 지구, 태양, 달 등에 관한 의문이 나타난 정확한 순서를 말할 수는 없다. 인간과 지구에 한 것만큼 많은 생각을 하등동물에게는 주지 않았다. 그 이유는 아마도——돌아가신 숙부가 잠자는 사람처럼 보여, 이때 내 질문에 대답하여 어머니가 숙부는 먼 장래에 다시 깨어난다는 것을 내가 알아듣도록 일러주었지만——인간도 사라지고 무덤을 넘어 부활하는 일은 없다고 믿었으므로 내가 인간과 동물을 같은 종류로 치부했기 때문인 것 같다. 인간과 짐승은 같은 원천에서 그 존재를 얻었고, 소멸된 상태에서는 흙속에 묻힌다는 것이 나의 신념이었다. 짐승은 2차적 중요성만 지니며 하급 수준에서 인간과 연결된다고 간주하였으므로 인간과 지구가 내 정신이 가장 많이 머무는 두 가지 사물이었다.

부모로부터 자식이 이어지고 동물이 번식하는 것을 이해하기 시작한 것이 5세 때라고 생각된다. 내가 교육받은 기관에 들어간 것이 11세 가까운 때였고 우주의 기원에 대한 의문을 자문하기 시작한 시기는 적어도 시설에 들어가기 2년 전부터였다고 뚜렷하게 기억하고 있다.

지구 형태에 관해서는 두 반구를 그린 지도를 보고 서로 가까이 놓여있는 아주 큰 두 개 접시 같은 물건이라 추측한 것 외에는 나의 어린 시절에는 어떤 생각도 갖고 있지 않았다. 나는 또한 태양과 달은 둥글고 광채를 내는 물질로 되어 있는 납작한 원판이라 믿었으며 지구를 밝히고 덥게 하는 힘을 가지고 있으므로 이들 발광체에 대하여 일종의 존경심을 품었다. 나는 태양과 달이 뜨고 지며 하늘을 가로질러 가는 것이 아주 규칙적이므로 그들의 진행을 관리하는 힘을 가진 그 어떤 것이 존재하는 것이 틀림없다고 생각했다. 나는 태양이 서쪽에서 동굴 속으로 들어가고 동쪽에서 다른 동굴로부터 나오며 땅속에 있는 커다란 관을 통하여 진행하고 하늘을 곡선을 그리며 가로지르는 것처럼 그 관 속에서도 곡선을 그린다고 생각했다. 나에게 별들은 하늘에 점점이 박혀 있는 작은 빛으로 보였다.

우주가 생긴 원천에 관한 의문은 나의 정신이 그 주위를 맴돌았던 의문이었으며 그것을 파악하기 위해 또는 오히려 만족스러운 해답에 도달하기 위해 몸부림쳤지만 허사로 돌아가곤 한 의문이었다. 내가 이 주제에 상당히 오랫동안 정신을 쏟고 있을 때 이 주제가 내 정신이 이해할 수 있는 것보다 훨씬 크다는 것을 지각했고, 나는 그 문제의 신비로움에 아주 섬뜩한 느낌을 가졌으며 그 주제와 겨룰 능력이 나에게 없다는 것에 아주 당혹하여 그 주제를 제쳐놓고 내 정신 속에 두지 않고 말하자면 풀 수 없는 혼란의 소용돌이에서 도피하는 것을 기뻐한 것을 뚜렷하게 기억한다. 이와 같은 도피에서 해방감을 느끼기는 했지만 아직도 그 진실을 알려는 희망은 참을 수 없어 그 주제에 다시 돌아가곤 했지만 얼마 동안 그 주제에 대하여 생각한 다음 전과 같이 손을 떼었다. 이와 같은 당혹한 상태에서도 나는 언제나 그 진실에 도달하기를 바랐으며 아직도 내가 더 많이 그 주제를 생각하면 내 정신이 그 신비를 더 많이 꿰뚫으리라 믿고 있다. 따라서 배드민턴 공처럼 나 자신이 던져져 그 주제로 되돌아갔다가 다시 거기서 되돌아오곤 하는 일을 학교에 갈 나이가 될 때까지 반복하였다.

나는 어느 때인가 어머니가 하늘을 손가락으로 가리키며 엄숙한 얼굴 표정을 하면서 하늘 위에 있는 존재에 대해 나에게 이야기한 것을 기억한다. 어머니와 이와 같은 대화를 하게 된 계기는 상기해 낼 수 없다. 어머니가 하늘에 있는 신비로운 존재에 대해 이야기할 때 이야기 주제를 열심히 붙잡으려 했으며 이 알지 못하는 존재의 형태나 모습에 관해서 그것이 해나 달 또는 하나의 별인가 하는 것을 물으면서 집요하게 질문을 어머니에게 퍼부었다. 어머니가 하늘 어딘가에 생명이 있는 존재가 있다는 것을 의미한다는 것은 알았지만 어머니가 내 질문에 해답할 수 없다는 것을 알았을 때 나는 실망하여 질문을 포기하고 하늘에 있는 신비로운 생명체에 관한 뚜렷한 관념을 얻을 수 없다는 것을 슬프다고 느꼈다.

어느 날 뜰에서 풀을 베고 있을 때 아주 심한 일련의 천둥 번개가 있었다. 나는 형에게 이 천둥이 어디에서 오느냐고 물었다. 그는 하늘을 가리키며 손가락을 꾸불꾸불 움직여 번개 모양을 만들었다. 나는 푸른 창공 어딘가에 위대한 사람이 있어 그의 목소리를 창공에서 보내 큰 소리를 낸다고 상상했고, 나는 천둥소리를 들을 때마다[25] 놀랐고 하늘을 쳐다보고 그 위대한 사람이 협박하는 말을 하고 있지나 않나 하는 무서움을 느꼈다."[26]

여기서 끝을 맺을 것이다. 독자들은 이제 사고가 어떤 종류의 정신 소재나 어떤 성질의 심상 과정으로 진행되든, 거의 또 전혀 달라질 것이 없다는 것을 알았을 것이다. 단 한 가지 **진정으로** 중요한 심상은 일시적이든 종국적이든, 사고가 머무르는 장소가 되고, 사고의 실체적 결론이 있는 장소가 되는 심상이다. 그 밖의 모든 사고 흐름에서는 온통 관계감성이 전부이고 관계되는 항들은 거의 없는 것과 마찬가지이다. 관계 항들 주위에 있는 정신적 배음, 정신적 후광, 정신적 침투, 정신적 주변 등의 관계감성은 아주 다른 심상 체계에서도 동일할 것이다. 그림 29를 보면 목표가 동일할 경우에는 정신적 수단이 무엇이든 상관없다

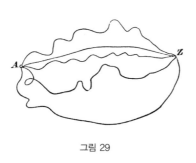

그림 29

는 것이 뚜렷하게 될 것이다. 그림 29에서 A를 여러 사고자들이 사고를 시작하는 어떤 경험이라 하고 Z를 그 경험에서 합리적으로 추정할 수 있는 실제 결론이라 하자. 어떤 사람이 어느 한 경로를 통하여 결론에 도달하고 다른 사람은 다른 경로를 통하여 결론에 이르며 또 어떤 사람은 영어라는 언어 심상으로 된 경로를 따르고, 다른 사람은 독일어라는 언어 심상의 경로를 밟는다. 어떤 사람에게서는 시각 심상이 우세하고 다른 사람에서는 촉각 심상이 우세할 것이다. 어떤 사고 대열에는 정서가 착색되고 다른 사고 대열에는 그런 것이 없으며 어떤 사고 대열은 아주 간결하고 종합적이고 신속하며 다른 대열은 주저하고 여러 단계로 끊겨지기도 할 것이다. 그러나 모든 사고 대열에서 끝에서 하나 앞선 항들이 아무리 **서로** 달라도 종당(終當)에는 동일한 결론을 향하여 줄달음칠 때, 우리는 모든 사고자들이 본질적으로 동일한 사고를 했다고 말하며 또 그렇게 말하는 것이 정당하다. 옆사람의 정신 속에 들어가 그 사람의 정신 속에 있는 광경이 자신의 정신 속 광경과 얼마나 다른가 하는 것을 알면 사고자 각자를 형언할 수 없이 놀라게 할 것이다.

오래전에 버클리가 말했듯이 사실 사고란 일종의 **대수학**이며 "대수학에서는 특정 수치를 각 문자가 대신하고 있지만 옳게 진행시키기 위하여 모든 연산 단계에서 그 문자가 대신하고 있는 특정 수치를 당신의 사고에 반드시 제시해야 할 필요는 없는 것이다." 루이스(Lewes)가 대수학에서 얻는 이런 유추를 아주 잘 발전시켰으므로 그의 말을 인용해야 하겠다.

"대수학의 주요 특성은 바로 관계에 관한 연산을 한다는 것이다. 이런 특성은 또한 **사고**의 주요 특성이기도 하다. 대수학은 수치 없이는 존재할 수 없고 **사고는 감정** 없이는 존재할 수 없다. 연산은 수치가 주어지기 이전에는 내용이 없는 형식일 뿐이다. 대수학의 수치에 해당하는 심상과 감각을 단어와 관념이 상징하지 않는다면, 단어는 내용이 없는 소리이고 관념은 공허한 형식이다. 그럼에도 불구하고 분석가는 이 공허한 형식으로 계산이 완료되기까지는 연산을 중지하고 수치를 제공하는 일 없이 아주 철저한 연산을 진행한다; 또 철학자 못지않게 일반 사람들도 그들의 사고를 멈추고 관념(단어) 대신 심상을 대치시키지 않고 긴 사고 대열을 진행시키는 것이 진정 사실이며 그렇게 하는 것이 가장 중요한 일이다…어떤 사람이 먼 곳에서 '사자다!' 라고 외쳤다고 생각하자. 그 소리를 들은 사람은 바로 놀라 불안하게 될 것이다…그 사람에게는 그 단어가 여러 가지 경험을 상기시킬 수 있는, 사자에 관하여 보고들은 모든 것의 표현일…뿐만 아니라 또한 그 단어는 사자에 관한 이들 경험의 어떤 것도 상기하지 않고, 또 어떤 희미한 심상조차도 재생하지 않고도——단순히 사자라는 이름이 붙는 복합체 속에 포함되는 어떤 관계에 대한 신호로——연결되는 일련의 사고 속에 나타날 수 있는 것이다. 대수학의 기호처럼 단어는 추상적 관계 외에는 어떤 의미도 전하지 않으면서도 계속 조작할 수 있으며, 그 사자라는 단어는 **위험** 신호이며 모든 운동 계열이 수반하게 되는 공포와 관련된다. 사자라는 단어의 논리적 위상은 충분하다…관념이 상징하는 것이 심상으로 번안되고 경험을 대신할 때에는 관념은 2차 과정(secondary process)을 요구하는 대용물이지만, 이 2차 과정은 전혀 실천되지 않는 일이 드물지 않으며 대개는 아주 적은 규모로 실천될 뿐이다. 누구든 연쇄적으로 추리할 때 정신 속에 무엇이 스쳐갔는가 하는 것을 자세히 검토해 보라. 그러면 관념에 수반하는 심상이 아주 적고 희미한 것에 놀라게 될 것이다. 당신이 나에게 '적을 보고 그 사람의 심장에서 혈액이 맹렬히 쏟아져나오고 맥박을 빨리 뛰게 했다' 라고 전했다고 가정하자. 이 글귀 속에 숨은 많은 심상들 중 당신의 정신과 나의 정신에 뚜렷하게 나타난 심상이 몇 개나 되는가? 아마도 두 개 정도일 것이고——그 사람과 그의 적——이 심상들도 희미할 것이다. 혈액, 심장, 맹렬히 쏟아짐, 맥박, 빨리 뛰게 한다, 그리고 본다 등의 심상은 전혀 회생하지 않거나 스쳐 지나가는 그림자에 지나지 않을 것이다. 이들 심상 중 어떤 것이든 떠오르면 그것들은 사고를 저해하고 무관한 연결을 도입하여 논리적 판단 과정을 지연시킬 것이다. 상징이 이들 **수치** 대신 **관계들을** 대신하며… '둘과 셋은 다섯이다' 라고 말할 때 두 개 사물과 세 개 사물에 대한 심상은 없고 다만 정확한 관계를 지닌 잘 알고 있는 상징들만 있을 뿐이다…말(馬)의 형태를 보기만 해도 말의 울음소리나 발굽 소리나 마차를 끄는 동물로서의 특징이나 기타 등등을 상기하지 않고서도 말인 것을 **알아보는** 목적을 전적으로 이루는 것과 마찬가지로[27] 말에 대한 모든 우리 경험을 대리하는 '말'이란 언어 상징은 말이란 지각 속에 있는 심상 덩어리 중 어느 하나도 상기하지 않고도 모든 **사고** 목적을 이루게 한다.

대수학자들이 다루는 수열 항들은 개별 수치보다 오히려 항들의 관계에 의하여 고정되지만 대수학자는 그가 도달한 **최종** 항에는 실수치를 주어야 하는 것과 마찬가지로 단어로 사고하는 사고자도 결론이 되는 단어나 글귀를 충분한 감각–심상–수치로 충분하게 번안해야 하며, 그렇게 번안되지 못하면 그 사고는 진실한 것이 되지 못하고 퇴색하는 벌을 받게 된다는 것을 첨언할 필요가 있을 뿐이다.

이것이 사고를 진행시키는 단어나 심상, 또 그 밖의 수단들이 단절된 것으로 보이는 것과는 대조적으로 우리 사고는 계속적이고 통일된 것으로 감각된다고 내가 말해야 하는 이유의 모든 것이다. 단어나 심상과 같은 모든 실체적 요소들 사이에는 '이행'의 식이 있고 단어와 심상에는 '주변'이 붙어 있어 자세히 보지 않으면 단절된 것처럼 보이지만, 실제는 단절되어 있지 않다. 이제 사고 흐름에 관한 다음 제목의 기술로 넘어가기로 하자.

4) 인간 사고는 그 사고 자체와는 다른 대상들을 다루는 것 같이
보인다. 즉 인간 사고는 인지적이거나 또는
지식을 얻는 기능을 갖고 있다

(Human thought appears to deal with objects independent of itself;

that is, it is cognitive, or possesses the function of knowing.)

절대 관념론에서는 무한한 **사고**는 그 사고 대상과 하나가 된다
고 한다. **대상**은 사고됨으로써만 존재하고 영원한 **정신**도 대상들
을 사고함으로써만 존재한다. 이 세상에 오직 인간 사고만 있다
면, 사고에 대하여 이러저러한 가정을 할 이유가 없다. 단 하나인
인간 사고에 있는 것은 무엇이나 그 사고가 보는 그대로일 것이
고, '거기(there)' 그 사고의 거기에 있을 것이고, 또 '그때' 그 사
고의 그때 속에 있을 것이다. 그리하여 그 사고의 복사물이 정신
외부에 있는가 없는가 하는 문제는 결코 제기되지 않을 것이다.
사고 대상들의 복사물이 외부에 존재한다고 우리 모두가 믿는 이
유는, **동일한** 대상에 대한 많은 각기 다른 인간 사고들이 있다고
우리가 가정하지 않을 수 없기 때문이다. 심리학자들은 동일 대상
에 대한 나의 사고와 **그의** 사고가 있다는 판단으로부터 나의 사고
가 외부 현실을 인지한다고 말하게 된다. 내 자신의 과거 사고와
현재 사고가 동일한 대상에 관한 사고라는 판단으로부터 나는 그
양쪽 사고에서 대상을 뽑아내어, 일종의 삼각 분할로 대상을 독립

적인 위치에 투사하여 그 위치로부터 양쪽 사고에 **보이게** 한다. 따라서 객관적으로는 다양하게 보이지만 동일하다는 것이 사고 외부에 현실이 있다고 믿게 되는 근거이다.[28] **제12장**에서 우리는 동일성 판단을 다시 취급해야 할 것이다.

현실이 정신 외부에 있는 것인가, 그렇지 않는가 하는 문제는 동일한 것을 반복 경험하지 않는 곳에서는 제기되지 않는다는 것을 보여주기 위하여, 목구멍에서 맛본 새로운 미각처럼 예전에 겪어 본 일이 전혀 없는 경험을 예로 취한다. 그 미각이 감정으로부터 오는 주관적 성질인가, 그렇지 않으면 객관적으로 있는 성질이 느껴진 것인가? 당신은 이런 점에 대한 의문조차 제기하지 않을 것이다. 그것은 다만 그 맛일 뿐이다. 그러나 그 미각을 당신이 기술하는 것을 듣고 어떤 의사가 '아! 이제 당신이 **매운맛**이 무엇인가 하는 것을 알았구먼'이라고 말한다면 매운맛이란 미각은 당신 **정신의 외부**에 이미 있었던 성질이고, 당신이 이번에 부딪히게 되어 알게 된 성질이다. 어린아이가 처음 경험하는 공간과 시간과 물건들, 그리고 성질들은 아마 첫 번 경험한 매운맛과 마찬가지로 사고 안에도 사고 밖에도 있지 않는 단순한 존재로 보일 것이다. 그러나 뒤에 가서 현행하는 사고 외의 사고를 갖게 되고 그의 여러 사고들의 대상이 동일하다는 것을 반복 판단함으로써, 어린아이는 자신이 한번의 사고로는 소유하거나 조성하지 못했으나 그의 모든 사고가 사색하고 알고 있는 현재 현실과 더

불어 과거 현실과 멀리 떨어진 현실들에 관한 개념을 자신 속에서 확증하게 된다. 앞장에서 언급된 바와 같이, 이와 같은 것이 **심리학**의 관점이며 모든 자연과학이 상대적으로 비판 없이 받아들이고 관념론적이 아닌 관점이고 이 책은 이 관점을 넘어 진행할 수 없다. 자신의 인지 기능을 의식하는 정신이 우리가 '심리학자'에게 자신을 인지하기를 요구하는 역할을 수행한다. 정신은 나타난 사물들만 알 뿐 아니라, 정신이 그 사물들을 안다는 것도 알고 있다. 이런 반성 단계가 다소간 우리 성인의 평소 정신 상태인 것은 분명하다.

그러나 이 반성적 의식 단계는 원초적인 것으로 간주될 수는 없다. 반성 의식이 있기 이전에 첫 번째로 대상 의식이 나타나야 한다. 마취제 흡입이나 실신하여 의식이 최소로 축소되었을 때 우리는 원초 상태에 들어가는 것 같다. 마취 과정의 어떤 단계에서는 자기에 대한 사고는 상실되지만 대상들은 아직도 인지된다는 것을 많은 사람들이 증언하고 있다. 헤르첸 교수는 다음과 같이 말한다.[29]

"가사(假死) 상태 동안에는 완전히 정신이 사라지고 의식이 없어지며 다음 의식을 되찾기 시작하는 초기에는 한 순간 막연하고 경계가 없고 무한하다는 느낌──나와 나 아닌 것 사이가 구별되는 흔적이 전혀 없는 **존재 일반**에 대한 감각──을 가진다."

필라델피아의 슈메이커(Shoemaker) 박사는 에테르 마취로 의식이 가장 깊어져 있을 때 생기는 시각을 다음과 같이 기술하였다.

"——고르게 안개 낀 배경 위에——수직으로 빠르게 움직이는 끝없는 두 평행선이 보이고——이 평행선과 연결된 것처럼 보이는——높지 않지만 뚜렷한 일정한 소리 또는 윙윙거림이 함께 있었다——이 현상이 전체 시야를 차지하였다. 어떻게든 인간사와 연결된 꿈이나 시각도 없었으며 과거 경험 속에 있었던 것과 유사한 관념이나 인상도 없었으며 정서도 없고 물론 개인의 인격에 관한 관념도 없었다. 이 두 평행선을 보고 있는 것이 어떤 존재인가 하는 데 관한 개념도 또 그 존재와 같은 것이 존재했었다는 개념도 없었으며 평행선과 파동만이 전부였다."[30]

마찬가지로 스펜서(Herbart Spencer)가 '정신(Mind)'(vol. III. p. 556)에 인용한 그의 친구도 "어딘가에 둔한 침입처럼——고요 위에 얼룩처럼——권태로운 현재가 놓여 있다는 것 이외에는 모든 곳이 교란되지 않은 공허한 정적(靜寂)"이 있었다고 말했다. 나 자신에서는 마취 국면이 너무 깊어 어떤 분명한 기억도 남기지 못했지만, 대상을 규정할 수 없을 때도 남아 있는 이와 같은 객관에 대한 감각과 주관의 상실은 클로로포름 마취 국면에 흔히 있는 잘 알려진 사실인 것으로 나에게는 보인다. 그와 같은 국면이 사라질 때 나는 깨어나 앞서 거기 있던 국면에 첨가된 것으로써 나 자신의 존재에 대한 느낌을 알아차리게 될 뿐이었다.[31]

그러나 많은 철학자들은 자기를 반성하는 의식이 사고의 인지 기능에 필수적이라고 주장한다. 그들은 사물을 알기 위해서는 사물과 그 사물을 사고하는 자기를 분명하게 구별해야 한다고 주장한다.[32] 이것은 전적으로 엉터리 같은 가정이며 그 가정이 진실이라 가정할 만한 어떤 근거의 희미한 여운조차 없다. 이와 같은 논리라면 내가 안다는 것을 알지 못하고서는 나는 대상을 알 수 없다고 주장하는 것과 마찬가지로, 내가 꿈꾼다는 것을 꿈꾸지 않고서는 꿈을 꿀 수 없고, 내가 서약한다는 것을 서약하지 않고서는 서약할 수 없고 내가 부정한다는 것을 부정하지 않고서는 부정할 수 없다고 주장될 만할 것이다. 나는 자신에 대한 사고를 전혀 하지 않고서도 O란 대상을 지적으로나 식적으로나 알 수 있다. 그러기 위해선 내가 O를 사고하고 O란 대상이 존재하는 것만으로 충분하다. O라는 대상을 사고하는 데 덧붙여 내가 존재하고 내가 O를 안다는 것도 충분히 잘 사고한다면 나는 이전에는 무심하게 지나쳤던 O에 관한 한 가지 사실을 더 알게 된다. 그러나 이 한 가지를 더 알게 되는 것이 내가 이미 O를 많이 알고 있다는 것을 막지는 못한다. O 자체 또는 O 더하기 P는 O 더하기 나(自, me)와 마찬가지로 훌륭한 지식 대상이다. 문제되고 있는 이들 철학자들은 단지 모든 다른 대상들 대신 어떤 특수 대상을 대치시키고 그 특수 대상을 **특별한** 대상이라 한다. 이것은 '심리학자 오류'의 사례이다(361–362쪽 참조). 그들은 대상과 사고가 각기 별도인 것으로 알고, 곧 진실한 것을 제공한다고 그들이 주장하는 사고가, 알고 있는 지식 속으로 자신의 지식을 몰래 집어넣었다. 따라서 결론적으로 말하면 사고는 지식을 얻는 경우, 대상과 사고 자체를 구별할 수는 있지만 반드시 구별할 필요는 없다는 것이다.

우리는 **대상**이란 말을 사용하였다. 심리학에서 **대상**(對象)이란 말을 적절하게 사용하는 문제에 관하여 이제 약간 언급해야 하겠다.

일상 대화에서 사용하는 대상이란 단어는 통상 지식을 얻는 활동과는 연관시키지 않고 개별적 존재 주체란 말과 동의어로 취급된다. 따라서, 당신이 '콜럼버스가 아메리카를 1492년 발견했다'라고 말할 때 정신 속에 어떤 대상이 있느냐고 물으면 대부분의 사람들은 '콜럼버스' 또는 '아메리카' 또는 기껏해야 '아메리카 발견'이라고 대답할 것이다. 그들은 이와 같은 의식의 실체적 핵심 또는 실체 핵을 거명할 것이며 사고며, 그 거명된 것에 '관한' 것이라 말할 것이고——사실 그렇기는 하다——그 거명된 것을 당신의 사고 '대상'이라고 말할 것이다. 실제는 그 거명된 것은 문장의 문법상의 목적인 것이 보통이며 더욱 문법상의 주어이기 쉽다. 그 거명된 것은 기껏해야 다신 사고의 '단편적 대상'이거나 또는 사고의 '제목' 또는 '대화의 주체'라고 당신은 말할 것이다. 그러나 실제는 당신의 사고 **대상**은 문장 전체 내용 또는 전체 진술이며 그 이상도, 이하도 아니다. 대화 내용에서 실체적 핵심만 끄집어내어 그것만을 대상이라 말하는 것은 대화를 잘못 사용한 것이며, 또 대화 내용 속에 분명 포함되지 않은 실체적 핵심을 첨가하여 그것을 대화 대상이라 하는 것도 마찬가지로 대화를 잘못 사용한 것이다. 그러나 현재 사고가 단순히 어떤 화제에 '관한' 것이라든가 또는 그 화제가 그 사고의 '대상'이라 말하는 것으로 만족할 때에는 언제나 이 두 가지 잘못 중 어느 하나를 범한 것이 된다. 예를 들면 앞의 문장에서 나의 사고 대상은 엄밀하게 말하면 콜럼버스도 아메리카도, 또 아메리카의 발견도 아니다. 그 사고는 '콜럼버스가-아메리카를-1492년-발견했다' 라는 전체 문장인 것이다. 그리고 그 문장을 실체적으로 말하려면 모든 단어 사이를 연결 부호로 표시하여 문장 전체를 실체로 만들어야 한다. 이렇게 하는 것 외에는 그 문장이 가지는 심오한 개성에 이름을 붙일 수 없다. 그리고 만약 그 문장의 개별 특성을 느끼려면, 우리는 그 문장을 말했을 때의 사고를 재생해야 하고 모든 단어가 주변을 가지고 문장 전체는 수평선처럼 문장의 의미 주위에 확산하는 막연한 관계라는 원래 후광 속에 잠기게 하여야 한다.

우리 심리학자가 해야 할 의무는 우리가 연구하고 있는 사고의 실제 구성에 가급적 밀착하는 것이다. 여기에 부족하거나 지나치는 것은 똑같이 오류를 범하게 할 것이다. 만약 콜럼버스와 같은 사고 핵심이나 사고 '화제' 가 어떤 의미에서 사고 대상으로 모자란다면 다른 의미로서는 지나치게 될 수도 있다. 즉 심리학자가 콜롬부스란 이름을 부를 때에는 보고자로서의 그의 사고에 실제 현존하는 것 보다 훨씬 더 많은 것을 의미할 것이다. 따라서 예를 들어 '그는 대담한 천재였다!' 라고 당신이 계속 사고해야 한다고 가정하라. 심리학자는 보통 그래도 당신의 사고 대상이 '콜럼버스' 라고 주저하지 않고 말할 것이다. 사실 당신의 사고는 콜럼버스에 관한 것이다. 당신의 사고는 콜럼버스에서 '끝마치며' 직접 콜럼버스란 관념으로부터 나오고 그 관념으로 되돌아간다. 그러나 그 순간 당신의 완전하고 즉각적인 사고는 콜럼버스는 아니며, 당신의 사고는 다만 '그' 또는 '그는-대담한-천재였다' 이며, 그 사고는 대화 목적에는 그다지 중요한 차이가 아닐 수도 있지만 내관 심리학에서 보면 있을 수 있는 가장 큰 차이인 것이다.

따라서 모든 사고 대상은 사고가 사고하는 모든 것의 이상도 이하도 아니며, 사고 대상이 아무리 복잡하여도 또 사고가 아무리 상징을 위주로 하더라도 모든 사고 대상은 정확하게 사고가 사고하는 것 그대로이다. 그런 대상이 일단 정신에서 사라지면 기억은 사고 대상을 정확하게는 거의 재생할 수 없다는 것은 말할 필요도 없다. 기억은 사고 대상을 지나치게 적거나 지나치게 많은 것으로 만들어낸다. 기억이 할 수 있는 가장 좋은 계획은 만약 사고 대상을 표현하는 언어 문장이 있다면 그 언어 문장을 되풀이하는 것이다. 그러나 뚜렷하지 못한 사고에는 이와 같은 언어 문장은 자취조차 없고, 내관하면 대상을 재생하는 작업은 기억 능력을 넘어서는 것임을 인정하지 않을 수 없게 된다. 우리 사고의 대부분은 회복될 가망 없이 영원히 사라지고, 심리학은 다만 식사 뒤에 떨어진 약간의 부스러기만을 주워모을 뿐이다.

다음으로 분명히 해두어야 할 점은 대상이 아무리 복잡하더라도 그 대상에 대한 사고는 분할되지 않은 한 단위의 의식이라는 것이다. 토머스 브라운(Thomas Brown)이 다음과 같이 말한 바와 같다.[33]

"우리 언어가 빈약하고 부족하여 어쩔 수 없이 사용할 수밖에 없는 용어 자체가 자연스레 당신에게 저지르게 한다고 내가 인정하는 잘못에 대해 주의하라는 경고는 내가 너무 자주 언급하였으므로 재차 되풀이할 필요는 없다. 이 잘못은 가장 복합적인 정신 상태도 본질적으로 우리가 단순하다고 말하는 정신 상태와 마찬가지로 하나이고 분할될 수 없다는 것이 진실이 아니라고 가정하는 것이고——그리고 정신 상태들에 있는 복합성이나 다수가 공존하는 것으로 보이는 것은 우리 느낌과 관계될[34] 경우뿐이고 그 정신 상태들의 절대적인 천성과는 관계없다. 아무리 복합적인 것처럼 보여도 본래 모든 개념은 진정 단일하고 또 단일해야 한다는——하나의 단일 실체인 정신의 단일 상태 또는 단일 감응이라는——것을 당신에게 되풀이할 필요가 없다고 나는 믿는다. 예를 들어 군대 전체에 대한 우리 개념은 군대를 구성하는 어느 개인에 대한 개념과 마찬가지로 하나의 상태에 있는 하나의 정신인 것이 진실이다. 숫자 8, 4, 2등과 같은 추상 수에 대한 우리 개념도 1이란 단위 개념과 마찬가지로 진정 하나의 정신적 느낌이다."

상식적 연합 심리학은 이와 대조적으로 사고 대상이 많은 수의 요소들을 포함하고 있을 때에는 언제나 사고 자체도 바로 요소의 수효만큼의 관념으로 되어 있으며, 한 요소에 한 관념이 있어 모든 관념들이 한데 융합하여 나타나지만 실제로는 따로 떨어져 있다고 가정한다.[35] 연합주의 심리학에 반대하는 적들은(우리가 이미 본 바와 같이) 그와 같은 분리된 관념들의 묶음은 결코 단일한 사고를 형성하지 못한다는 것을 보여주는 데 어떤 어려움도 없었으며, 그들은 관념의 묶음을 통합된 단위로 만들고 여러 관념들을 서로 연관되게 하기 위해서는 **자아**가 그 관념의 묶음에 첨부되어야 한다고 주장하였다.[36] 우리는 여기서 아직 자아에 관하여 논하지 않을 것이지만, 관계에 의하여 사물들이 사고된다면 사물들은 함께 사고되어야 하고 하나의 **어떤 것** 속에서 사고되어야 하며, 그 어떤 것을 자아나 정신성이나 의식 상태나 또는 그 밖에 좋을 대로 어떻게도 불릴 수 있는 것이란 것이 분명하다. 서로 더불어 사고되지 않는다면 사물들은 전혀 관계에 따라 사고되는 것이 아니라고 한다. 이 점에서 오늘날 자아를 신봉하는 사람들 대부분도 그들이 반대하는 연합주의자 또는 감각주의자들과 마찬가지 잘못을 저지르고 있다. 이 두 학파는 모두 주관적 흐름의 요소들은 단절되고 분리되고 있으며 칸트가 '잡다' 라 부른 것을 구성한다는 것에 의견을 같이하고 있다. 그러나 연합주의자들은 '잡다' 도 단일 지식을 형성할 수 있다고 생각하지만, 자아론자들은 이를 부정하고 잡다(雜多)는 자아의 종합 활동을 거칠 때만 지식이 생기게 된다고 말한다. 이들 두 학파는 최초에는 일치되는 가설을 만들어냈지만 자아론자(自我論者)는 그 가설이 사실을 표현하지 못한다는 것을 알고, 그 최초 가설을 수정하기 위하여 또 다른 가설을 첨부하였다. 지금 나는 아직 자아가 존재한다거나 존재하지 않는다는 어느 쪽에도 '편들기' 를 원치 않지만 바로 이 특정 이유——잡다가 단일 관념으로 환원하게 한다는 이유——때문에 구태여 자아를 불러들일 필요가 없다고 주장한다. 잡다한 개념들이 공존하는 일은 없으며 잡다한 개념이 공존한다는 것은 터무니없는 망상이다. 관계에 의하여 사고되는 사물은 어떤 사물이든 처음부터 하나의 단위로 사고되고 단일한 주관적 맥박(*pulse*)에서 사고되며 단일한 정신성에서, 단일한 감정에서, 또 단일한 정신 상태에서 사고된다.

　아주 이상하게도 이 사실이 여러 책에서 잘못 전해지는 이유는 앞에서 내가 심리학자 오류(360쪽 참조)라 부른 것 때문인 것 같다. 우리는 사고를 내관하여 기술하려 할 때엔 언제나 본래 있는 그대로의 사고를 빠뜨리고 그것과 다른 어떤 것을 말하는 고질적인 버릇을 가지고 있다. 우리는 사고에 보이는 사물들을 기술하고 또 그 사물들에 관한 다른 사고들도 기술한다——마치 이 다른 사고들과 원래 사고가 동일한 양 기술한다. 예를 들어 만약 사고가 '카드 한 벌이 책상 위에 있다' 라는 것이라면 우리는 다음과 같이 말한다. "그래, 그것은 카드 한 벌에 대한 사고가 아닌가? 그것은 카드 한 벌 속에 포함된 하나하나의 카드 장들에 대한 사고가 아닌가? 그것은 책상에 대한 사고가 아닌가? 그리고 또한 책상다리들에 대한 사고가 아닌가? 책상에는 다리가 있다——책상다리를 실제로 사고하지 않고 어떻게 책상을 사고할 수 있는가? 그렇다면 우리 사고가 모든 이들 부분들——한 부분은 카드 한 벌이고 다른 부분은 책상이란 부분——을 가지고 있지 않은가? 그리고 카드 한 벌이라는 부분 속에는 매 카드 장으로 된 부분이 있고 마찬가지로 책상이란 부분 속에는 책상다리라는 각 부분이 있는 것이 아닌가? 그리고 이 각 부분들이 관념이 아닌가? 따라서 우리 사고란 각 관념이 사고가 알고 있는 어떤 요소에 대응하는 그런 관념들의 집합 또는 한 집합의 관념들이 아니라면 어떤 것일 수 있는가?"

이제 이 가정들 중 어느 하나도 진실인 것이 없다. 우선 예로든 사고는 '카드 한 벌' 에 대한 사고가 아니다. 그 사고는 '카드-한-벌이-책상-위에-있다' 에 대한 사고이며 카드에 대한 사고와는 전혀 다른 별도의 주관적 현상이며, 이 현상의 **대상**은 카드 한 벌과 그 속에 있는 모든 카드 장을 함축하지만 그 현상의 의식 구조

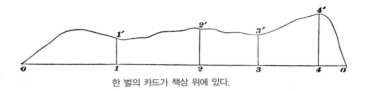

한 벌의 카드가 책상 위에 있다.

그림 30. 의식의 흐름

는 카드 한 벌 **자체**에 대한 사고의 의식 구조와는 유사성이 거의 없다. 직접 사고되는 것과 사고가 발전하여 결과로 이루어지는 것 또는 사고가 대리한다고 설명되는 것 또는 사고와 동등하다고 하는 것 등과는 서로 다른 두 사물이며 결코 같은 하나가 아니다.[37]

카드 한 벌이 책상 위에 있다는 글귀를 말할 때 정신을 지나가는 것들을 분석하면 위에 말한 것이 분명하게 될 것이며, 동시에 앞서 언급한 많은 것들을 구체적 보기 속에 압축하게 되기를 나는 바란다(그림 30참조).

이 글귀를 전부 말로 발성하려면 시간이 걸린다. 그림 30에서 수평선으로 시간을 표시하라. 그러면 수평선 각 부분들은 시간 단편을 표시하고 수평선의 모든 점은 순간적 시간을 표시한다. 물론 사고에는 **부분–시간**이 있다. 부분–시간 2–3은 부분–시간 1–2와 계속하지만 1–2와는 다른 부분–시간이다. 이제 어떤 방식으로든 '한 벌의 카드가 책상 위에 있다' 라는 전체 대상에 대한 사고가 되지 못할 만큼 아주 짧게 이들 부분–시간의 어느 하나라도 취할 수 없다고 말한다. 부분-시간들은 용암(溶暗) 화면(dissolving views)의 그림처럼 서로 녹아들어가 어느 두 부분도 대상을 똑같게 느끼게 하지는 않지만 각 부분은 전체 대상을 하나의 분할할 수 없는 단위로 느끼게 한다. 대상 부분에 상응하는 것을 사고 부분에서 찾을 수 있다는 것을 내가 부인할 때 뜻하는 것이 바로 이것이다. 사고의 부분-시간이란 대상에 상응하는 사고 부분이 아니다.

이제 그림의 수직 차원으로 사고 대상 또는 사고 내용을 표시하도록 하라. 따라서 수평선의 어떤 점에서든 그 점에서 수직이 되는 1-1′와 같은 선은 1이란 순간 정신에 있는 대상을 상징으로 표시한 것이며, 수평선 위에 있는 1-1′-2′-2로 된 공간은 1-2란 시간 선을 거치는 동안 정신을 스쳐 지나가는 모든 것을 상징으로 표시한 것이다. 0부터 0′까지 전체 그림은 유한한 사고 흐름의 길이를 표시한다.

이제 우리는 시간적 단편 위의 각 수직 단면들의 정신 구조를 정의할 수 있는가? 아주 조잡하지만 그렇게 할 수 있다. 바로 0으로 표시된 순간이 지난 다음 입을 벌려 말하기 이전이라도 의도라는 형태로 문장을 말하려는 전체 사고가 우리 정신에 현존한다. 의도는 한 마디로 지칭할 수 있는 이름이 없고 최초 단어가 그 의도를 대치하게 되는 이행 상태이지만 사고의 어떤 다른 국면과도 유사하지 않은(451~452쪽 참조) 그것만으로 완전하게 규정된 사고 국면이다. 또한 O' 직전인 문장의 최종 단어가 발음된 직후에도 문장 진술이 끝났다는 것을 내부적으로 실감했을 때, 우리는 문장의 전체 내용을 다시 생각한다는 것을 누구나 시인할 것이다. 그림의 각 부분을 거쳐 만들어진 모든 수직 단면들은 각각 문장의 의미를 다르게 느끼는 느낌으로 채워질 것이다. 예를 들면 2라는 순간을 거친 단면은 card란 단어가 정신 속에 가장 강조되어 현존하는 대상 부분일 것이며 4란 순간을 거친 단면에서는 테이블이 가장 강조될 것이다. 그림에서 사고 흐름은 처음보다 뒤에 가면서 더 높게 그려진다. 왜냐하면 끝에 가서 문장 내용에 대해 느끼는 감정이 처음에 느낀 감정보다 더 충실하고 풍부하기 때문이다. 주베르(Joubert)가 말한 바와 같이 "우리는 말한 다음이라야 말하려 한 것을 알게 된다." 그리고 에게(V. Egger)의 말대로 "말하기 전에는 무엇을 말하려는가 하는 것을 거의 알지 못하지만 말한 뒤에는 그렇게 훌륭하게 말했고 그렇게 잘 사고했다는 것에 대하여 경탄과 놀라움으로 가득 채워진다."

내가 보기에는 이 뒤 저자가 어떤 다른 의식 분석가보다 사실에 훨씬 가까운 위치를 지키고 있는 것 같다.[38] 그러나 그마저도 꼭 정곡을 찌른 것은 아니며 내가 그를 이해하기로는, 그는 문장 속의 어떤 단어가 정신을 차지하면 나머지 사고 내용을 배척한다고 생각한 것 같기 때문이다. 그는 '관념'(내가 대상 전체 또는 의미라 부른 것)을 단어에 대한 의식과 구별하여, 관념은 아주 희미한 상태라 말하고 마음속에서 반복하더라도 생생하게 떠오르는 단어들과는 대립된다고 하였다. 그는 말하기를 '단어에 대한 감정은 그다지 중요하지 않은 글귀의 의미보다 10배 또는 20배 더 많은 잡음을 우리 의식에 만들어낸다'고 말했다.[39] 그리고 그는 이 두 가지를 구별하여 계속 관념과 단어에 대한 감정을 시간적으로 분리하여 관념은 단어에 앞서거나 뒤서거나 할 수 있지만 관념과 단어가 동시에 존재한다고 가정하는 것은 '순전한 착각'이라고 말했다.[40] 이제 나는 단어들이 **이해되는** 경우엔 언제나 한 글귀를 말하기 전이나 말한 다음뿐만 아니라 개별 단어가 각각 발음되는 동안에도 문장의 전체 관념은 있을 것이고 또 있는 것이 보통이라 믿는다.[41] **어떤 문장을 말할 때에는** 문장의 전체 관념은 단어의 배음, 후광, 또는 주변이 된다. 전체 관념은 결코 없을 수 없으며, 이해된 문장 속에 있는 단어는 어떤 단어도 단순한 잡음으로 의식되지는 않는다. 우리는 문장이 지나갈 때 그 문장의 의미를 느끼며 핵심 언어 또는 핵 언어가 되는 우리 대상은 순간마다 달라져도 대상은 의식 흐름의 모든 단면에 걸쳐 유사하다. 관점이라고 말할 수 있다면 같은 대상이 이제는 이 단어의 관점에서, 또 저제는 저 단어의 관점에서 어디서나 알게 된다. 그리고 각 단어에서 얻는 우리 감정 속에는 모든 다른 단어의 여운이나 전조가 울려져 알려진다. 따라서 '관념'에 대한 의식과 단어에 대한 의식은 동체(同體)이다. 그 의식들은 동일한 '정신-소재'로 되어 있고 중단 없는 흐름을 형성한다. 어느 순간 정신을 죽여 아직 완성되지 않은 사고를 절단하고, 그렇게 갑자기 만들어진 의식 흐름의 단면에 있는 대상을 점검하라. 그러면 발음 도중에 있는 알맹이만의 단어가 아니라 전체 관념이 침투된 단어를 발견하게 될 것이다. 에게가 주장할 만하지만 단어가 너무 높은 소리를 내기 때문에 우리는 그 단어에 침투한 것이 어떻게 느껴지며, 또 그 단어에 침투한 것과 다음 단어에 침투할 것이 어떻게 다른가 하는 것을 분간할 수 없다. 그러나 이 처음 것은 다음 것과 다르며, 만약 우리가 뇌를 들여다볼 수 있다면 전체 문장에 걸쳐 정도가 다른 동일한 뇌 과정이 활동하고, 각 뇌 과정이 차례로 극대 흥분을 하여 사고 내용에 순간적 언어 '핵심'을 산출하고 다음에는 다만 역하 흥분을 하여 이때에는 다른 역하 흥분 과정과 결합하여 배음 또는 주변을 제공하는 것을 발견할 것이라고 확신할 수 있을 것이다.[42]

우리는 이것을 495쪽에 있는 그림을 더 발전시켜 설명할 수 있다. 사고 흐름의 모든 수직 단면의 객관적 내용을 이제는 선으로 묘사하지 않고 어떤 대상 부분이든 단면이 만들어진 순간 의식에 가장 두드러진 대상 부분을 가장 높게 맛보는 평면 도형으로 묘사하라. 언어로 하는 사고에서는 이 두드러진 부분이 보통 어떤 단어이다. 따라서 각각 1, 2, 3의 순간 취한 일련의 단면 1–1′은 다음과 같이 될 것이다.

각 그림에서 수평 넓이는 전체 대상을 표시하고 대상의 각 부분

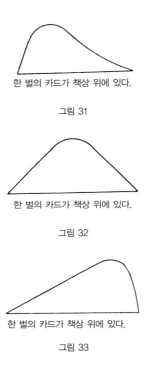

한 벌의 카드가 책상 위에 있다.

그림 31

한 벌의 카드가 책상 위에 있다.

그림 32

한 벌의 카드가 책상 위에 있다.

그림 33

위에 있는 곡선의 높이는 그 부분이 사고에서 상대적으로 두드러진 정도를 표시한다. 처음 그림으로 상징되는 순간에는 'pack'이 사고에서 가장 두드러지고 세 번째 그림에서는 'table'이 가장 두드러진 부분이 된다 등등….

우리는 이들 평면으로 된 단면들을 모두 한데 합쳐 쉽게 입체를 만들 수 있고 이 입체의 한 차원은 시간을 표시하며 이 시간 차원과 직각으로 절단한 것은 절단한 순간의 사고 내용을 제공할 것이다. 그 사고가 'I am the same I that I was yesterday'라 하자. 시간 차원의 네 번째 순간에 사고를 죽이고 의식의 최종 맥박이 어떻게 되었는가 하는 것을 점검한다면 우리는 그 의식의 최종 맥박이 문장의 전체 내용을 알고 있고 same이란 단어가 가장 두드러지고 여타 부분은 비교적 덜 뚜렷하게 알려지는 것을 발견하게 될 것이다. 시간이 진행하는 방향으로 이 모형을 연장할 때마다 단면 곡선의 정상이 점점 문장 끝쪽으로 가게 될 것이다. 전면에 문장을

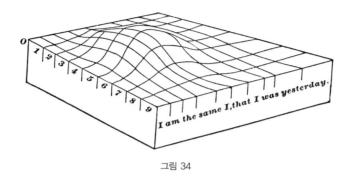

그림 34

적고 다른 측면에 시간 척도가 있는 목재 입체 구조물을 만들고 그 윗면에 인도 고무판을 평평하게 덮고 그 고무판 위에 정방형의 좌표들을 그리고, 매끈한 둥근 공을 고무판 밑으로 0으로부터 'yesterday' 쪽으로 굴린다면 연속되는 순간 이 대각선에 따라 고무막이 부풀어올라오는 것이 무엇이든 말한 뒤에 사고 내용이 변하는 것을 충분히 분명하게 상징으로 표현한 것이 되므로 더 이상 설명할 필요가 없다. 또 이것을 대뇌 용어로 표현하면 연속되는 순간 사고 대상의 여러 부분들에 상응하는 각 신경 과정의 상대적 강도를 나타낼 것이다.

의식 흐름에 관한 이와 같은 초기의 대략적 기술에서 주의를 끌게 하는 최종적인 의식 특성은 다음과 같은 것이다.

5) 의식은 항상 대상의 다른 부분보다 어떤 한 부분에
더 많은 관심이 있고 의식이 사고하는 동안에는 계속 환영하거나
거부하며 또는 선택한다

(It is always interested more in one part of its object than in another,

and welcomes and rejects, or chooses, all the while it thinks.)

선택적 주의와 사고된 의지라는 두 현상은 물론 의식의 선택 활동의 두드러진 보기이다. 그러나 보통 그런 이름으로 불리지 않는 정신 조작에서도 선택 활동이 얼마나 끊임없이 작용하는가 하는 것을 아는 사람은 거의 없다. 우리가 가지는 모든 지각에는 강세와 강조가 있다. 수많은 인상에 주의를 공평하게 골고루 분배할 수 없다는 것을 우리는 알고 있다. 타격 소리가 단조롭게 계속되면, 그 소리를 쪼개어 타격 소리마다 다르게 강세를 붙여 순간마다 종류가 다른 리듬을 만들어낸다. 이런 리듬 중 가장 단순한 것은 두개로 된 리듬이어서 똑딱, 똑딱, 똑딱하는 소리이다. 표면 위에 흐트러지게 함부로 찍어놓은 점들도 줄로 이어져 뭉친 것으로 지각된다. 선들은 분리되어 여러 도형 속으로 흡수된다. 마찬가지로 이것과 저것, 여기와 저기, 이제와 저제 등 우리 정신 속 어디에나 있는 구별도 공간과 시간의 각 부분들을 선택적으로 강조한 결과이다.

그러나 우리는 사물을 강조하는 데 그치는 것이 아니라 어떤 것들은 합치고 어떤 것들은 떼어놓는다. 실제 우리 앞에 있는 많은 것을 우리는 **무시해** 버린다. 이런 일이 어떻게 일어나는가 하는 것을 간략하게 보기로 하자.

  밑바닥에서 시작하면 우리 감각 기관 자체도 선택하는 기관이 아니고 무엇인가? 외부 세계를 구성하고 있다고 물리학이 우리에게 가르치는, 끝없이 움직이는 혼돈으로부터 감각 기관들은 각각 어떤 한정된 속도 이내에 있는 운동만을 받아들인다. 감각 기관은 그 속도 내의 운동에는 반응하지만 그 밖의 운동은 마치 그 운동이 존재하지 않는 것처럼 완전히 무시한다. 따라서 감각 기관은 특정 운동에 강세를 주지만 그렇게 해야 할 어떤 타당한 객관적 이유는 없는 것 같다. 왜냐하면 랑게(Lange)가 말한 것처럼 가장 높은 음의 음파와 가장 낮은 열파(熱波, heat-waves) 사이에 우리 감각에 있는 간격과 같은 돌연한 단절이 **자연**에도 있다고 생각할 만한 어떤 이유도 없으며 또 자연 속의 자색 광선과 자외선 광선 사이에 있는 차이가 명암의 차이에서 주관적으로 묘사되는 객관적 중요성과 같은 어떤 중요성을 가지고 있다고 생각할 어떤 이유도 없기 때문이다. 뚜렷해지거나 강조되지 않고 그 자체 구별될 수 없는 떼지어 소용돌이치는 **계속체**(繼續體, continuum)로부터 우리 감각들은 어떤 운동에는 주의하고 다른 운동은 무시함으로써, 대비와 예리한 강세와 돌연한 변화와 멋진 명암으로 가득 차 있는 세계를 우리에게 만들어준다.

만약 어떤 감각 기관으로부터 우리가 수용하는 감각 원인이 감각 기관 말단 구조가 선택하여 주는 데 달려 있다면 다른 한편 **주의란** 얻어진 모든 감각 중에서 어떤 감각은 주목할 가치가 있어 선택하고 그 밖의 다른 감각들은 모두 억제하는 것이다. **광학**에 관한 헬름홀츠의 업적은 일반 사람들은 결코 알아내지 못하는 시각 감각들을——맹점(盲點), **비문증**(飛蚊症), 잔상(殘像), 방산 작용(放散作用), 색채 주변(色彩周邊), 경계색 변화(境界色 變化), 이중상(二重像), 난시(亂視), 순응 수렴 운동(順應 收斂 運動), 망막 경합(網膜 競合) 및 그 밖의 것들——연구한 데 지나지 않는다. 특수 훈련을 받지 않으면 우리는 어느 쪽 눈에 상이 맺혀 있는가 하는 것조차 알지 못한다. 대부분의 사람들은 이런 것을 완전히 무시하는 습관을 가지고 있기 때문에 여러 해 동안 한쪽 눈이 보이지 않아도 그 사실을 자신이 모르고 지낼 수도 있다.

헬름홀츠는 우리에게 **사물**의 신호가 되는 감각만 주목한다고 말했다. 그러나 사물이란 무엇인가? 우리가 앞으로 수없이 보게 될 바와 같이 사물은 실용적 또는 미감적 관심을 우리에게 주고, 따라서 우리가 실체로서의 명칭을 부여하고 독립성과 권위 있다는 고급한 지위로 추켜세운 감각 속성들의 특수 집단에 지나지 않다. 그러나 나의 관심과는 달리 어느 바람 부는 날의 특정 먼지 소용돌이도 본래 우리 자신의 육체와 마찬가지로 한 개체 사물이고 개별 명칭을 받을 자격이 있을 수도 있고 또 그런 자격이 없을 수

504

도 있다.

그렇다면 각 개별 사물에서 우리가 얻는 감각들 속에서는 무엇이 일어나는가? 정신은 여기에서도 또한 선택을 한다. 정신은 사물을 가장 **진실하게** 묘사하는 어떤 감각을 선택하고 나머지 감각은 그 순간의 조건에 따라 변용되는 그 사물의 외양으로 간주된다. 그리하여 내 책상의 상판은 그 상판이 만들어내는 무수히 많은 망막 감각 중에서 단 하나의 감각에 따라 그 상판을 **정사각형**이란 이름을 붙이고 나머지 모든 망막 감각은 두 개 예각과 두 개 둔각이지만 나는 자신의 심미적 이유에서 이 두 개 예각과 두 개 둔각을 책상 상판의 **조망시**(眺望視, perspective view)라 부르며 네 직각을 책상의 **진정한** 형태라 불러 직사각이란 속성을 책상의 본질로 선택한다. 마찬가지로 원의 실제 형태는 우리 시선과 원의 중심이 직각을 이룰 때 얻는 감각과 같은 것으로 간주되며——원에서 얻는 모든 나머지 다른 감각은 이 감각을 대리하는 신호가 된다. 대포의 실제 소리는 바로 옆에서 귀로 듣는 감각이다. 실제 벽돌색은 햇빛이 비치지 않지만 어둡지 않을 때 가까운 점에서 정면으로 보고 얻는 감각이고 그 밖의 경우는 이 진짜 벽돌색의 신호에 지나지 않는 전혀 다른 색 감각을——따라서 우리는 벽돌색을 진짜 색보다 더 붉게 보거나 더 어둡게 본다——우리에게 준다. 독자는 어떤 전형적 자세에서와 같이 어떤 특징적인 거리에서 어떤 표준 색조 등을 가진 어떤 정상적 크기를 선호하여 표상하지 않으면 어떤 대상도 알지 못한다. 그러나 합쳐서 우리에게 사물의 진정한 객관적 성질을 만들어주고, 일정 순간 사물이 우리에게 자아낸 주관적 감각이라 부르는 것과 대조되지만 모든 이들 본질적 특성들도 주관적 감각과 마찬가지로 단순한 감각일 따름이다. 정신은 자신에게 알맞는 것을 선택하고 어떤 특정 감각이 다른 나머지 감각들보다 더 진실하고 타당한 것으로 간주되는가 하는 것을 결정한다.

따라서 지각에는 이중의 선택이 있다. 모든 현존하는 감각으로부터 우리는 주로 그 현존하는 감각이 대리하는 현존하지 않는 감각에 주목하며 또 이 현존하는 감각이 암시하는 현존하지 않는 모든 연합물로부터는 우리가 또다시 객관적 진실을 **특별하게** 대리하는 아주 약간의 것들만을 선택한다. 우리는 이와 같은 지각의 선택보다 더 절묘한 선택 공정의 예는 어디서도 얻을 수 없을 것이다.

이 선택 공정은 지각에 주어지는 사물들을 계속 다룬다. 인간의 경험적 사고는 경험한 사물에 좌우되지만 그 사물이 무엇인가 하는 것은 대부분 인간의 주의 습관에 의하여 결정된다. 어떤 사물이 수천 번 제시되어도 그가 그 사물을 계속 주목하지 않는다면 그 사물은 그의 경험 속에 들어간다고 말할 수 없다. 우리는 모두 파리, 모기, 딱정벌레 등을 수천 번 보지만 그것들은 곤충 학자들 이외에 누구에게 어떤 독특한 것을 말해 주는가? 다른 한편 일생 동안 단 한번 만난 사물도 기억 속에 지울 수 없는 경험을 남길 수 있다. 네 사람이 구라파를 여행했다고 하자. 한 사람은 다만 보기에 멋진 인상만——의상, 깃발, 공원, 건축 외관과 구조, 그림과 동상 등——을 가지고 돌아 올 것이다. 다른 한 사람에게는 이런 것은 모두 존재하지 않은 것이고 그 대신 상품의 차이와 가격, 인구와 하수도 시설, 대문이나 창문의 고정 방법 및 기타 유용한 통계 자료가 대신할 것이다. 세 번째 사람은 극장, 식당, 대중 무도장 등에 관한 풍부한 설명을 제공하는 것밖에는 어떤 것도 없었을 것이며, 네 번째 사람은 주관적 생각에 아주 파묻혀 통과했던 약간의 고장 이름을 댈 정도밖에 되지 않을 것이다. 각자는 현존된 같은 양의 대상에서 개성에 따라 관심에 맞는 것들을 선택했고 그것으로 자신의 경험을 만들었다.

이제 만약 대상들을 경험에 따라 결합하지 않고, 정신이 어떻게 대상들을 **합리적으로** 연결하는 일을 진행시키는가 하는 것을 묻는다면 우리는 또 한번 선택이 만능이라는 것을 알게 될 것이다. 앞으로 나올 장에서 우리는 모든 **추리**가 추리되는 현상 전체를 부분으로 쪼개고 그 쪼개진 부분들 중에서 목전의 긴급 사태에서 적절한 결론에 도달하게 하는 특정 부분을 골라내는 정신 능력에 의존한다는 것을 알게 될 것이다. 긴급사태가 달라지면 결론도 달라져야 할 것이고 각기 다른 요소들이 선택되어야 할 것이다. 천재라는 사람은 항상 올바른 점에 부리(bill)를 박고 그 부리 위에 박혀진 올바른 요소——긴급 사태가 이론적이면 '이유'를, 실용적이면 '방법'——를 끄집어내는 사람일 것이다. 여기서는 내가 이와 같이 간략하게 언급하지만 **추리**란 정신에 있는 선택 작용의 또 다른 형식에 지나지 않는다는 것을 보여주기 위해서는 이것으로 충분할 것이다.

이제 만약 미감 영역으로 옮겨가면 우리 법칙은 더욱 분명해진다. 예술가들이 지나치리만큼 소재를 고른다는 것은 널리 알려진 사실이며 그들은 상호간 서로 조화되지 않거나 창작 목적과 조회되지 않는 모든 음이나 모든 색채나 모든 형태들은 배척한다. 자연이 만든 작품보다 예술가의 작품을 더 우수한 것이 되게 하는 저 통일성, 조화성, 텐(Taine)이 말한 '성품들의 수렴' 등은 전적으로 제거(除去) 작용에 의존된다. 만약 예술가가 성품을 지닌 것으로 간주하여 자연적인 주제의 어떤 한 특징에 덤벼들고 그 특징과 조화되지 않는 단순한 모든 부수적인 소재들은 억제할 만치 충분한 예지를 가지고 있다면 어떤 자연 주제도 쓸 만할 것이다.

더 높은 단계로 올라가면 우리는 **윤리** 차원에 이르게 되며 거기선 널리 알려진 바와 같이 선택이 최고로 지배한다. 모두 똑같이 가능한 몇 가지 중에서 선택되는 행위가 아니라면 어떤 행위도 전혀 윤리적 성질을 가지게 되지 못한다. 착한 인생행로에 대한 주장을 견지하고 그 주장을 항상 앞에 내세우며 더 화려한 것을 바라는 욕망을 억누르고 또 험한 길을 굽히지 않고 계속 걷는 것 등이 특징적인 윤리적 에너지이다. 그러나 그뿐이 아니다. 왜냐하면 이런 것들은 다만 그 사람이 이미 최고라고 느낀 관심을 추진시키는 수단을 다루었을 뿐이기 때문이다. 윤리적 에너지는 이보다 뛰어나게 훨씬 더 나아가야 하며 똑같이 강요적인 여러 관심 중에서 어떤 관심이 최고인가 하는 것을 선택해야 한다. 여기서 선택 문제는 가장 의미심장하다. 왜냐하면 그 선택 문제가 한 사람의 인생 경로를 결정하기 때문이다. 이런 범죄를 저지를 것인가? 그 직업을 택할 것인가? 그 직책을 수락할 것인가? 또는 그만한 재산을 가지고 있는 사람과 결혼할 것인가? 그 어느 것을 취할까 취하지 말까 할 때──그의 선택은 실제로 동일하게 가능한 여러 미래 인간**상(像)** 사이에 있다. 그가 어떤 사람이 **되느냐** 하는 것은 이 순간의 행위에 따라 결정된다. 정해진 고정된 인간상으로는 정해진 상황 하에서는 단 하나만의 반응이 가능할 뿐이라고 주장하여 결정론을 강변한 쇼펜하우어(Schopenhauer)는 이와 같이 중요한 윤리적 순간, 의식적으로 문제되고 있는 것처럼 보이는 것이 성품 자체의 모습이라는 것을 망각하고 있다. 그 사람에게 중요한 문제는 지금 어떤 행위를 할 것을 선택하는 것이 아니라 지금 어떤 사람이 되려고 결심하는 것이다.

따라서 이 개관을 다시 돌이켜보면 정신이란 모든 단계에서 동시적인 여러 가능성을 지닌 무대라는 것을 우리는 알게 된다. 의식은 이들 가능성을 서로 비교하여 보강하거나 제지하는 주의라는 작용원(agency)에 의하여 어떤 것은 선택하고 나머지는 억제한다. 가장 고급스럽고 가장 정교한 정신적 산물은, 바로 밑단계의 능력이 그 다음 아래 능력에 의하여 제공되는 자료 덩어리로부터 선택한 소재에서 걸러낸 것이며, 또 그 자료 덩어리는 차례로 더 많은 양의 더 단순한 자료로부터 채를 쳐서 걸러진 것들이다. 요컨대 정신은 마치 조각가들이 돌덩이에서 작품을 만들어내듯이 받아들인 자료에서 작품을 만들어낸다. 어떤 의미에서는 조각상은 태고부터 거기 서 있는 것이다. 그러나 그 조각상 외에도 수천의 다른 조각상들도 거기 서 있었으며, 그 조각가만이 나머지 조각상과 구별된 한 개 조각상만을 끄집어낸 은공에 대한 감사를 받는다. 바로 이와 같이 우리가 이 세상을 보는 관점이 아무리 서로 다르더라도 우리 각자의 세계는 모두 우리 모두의 사고에 단순하게 구별 없이 **소재**를 제공하는 감각이라는 원초적 혼돈 속에 이미 파묻혀 있는 세계이다. 만약 원한다면 우리는 추리를 통하여 사물들을 해체하여 과학이 유일한 현실 세계라고 말하는 저 칠흑 같고 마디 없는 공간의 연속과 떼지어 돌아다녀 움직이는 원자들의 구름으로 되돌아가게 할 수 있을 것이다. 그러나 그 동안 **우리**가 느끼고 살고 있는 세계는 우리 조상들과 우리 자신이 서서히 축적해온 선택 충동에 의하여 조각가처럼 주어진 소재의 어떤 부분을 단지 제거하기만 하여 파낸 세계일 것이다. 다른 조각가는 같은 돌에서 다른 조각상을 파낼 것이다! 마찬가지로 우리와 다른 정신을 가진 사람은 같은 단조롭고 표정 없는 혼돈으로부터 우리와 다른 세계를 파낼 것이다! 나의 세계는 똑같이 그 속에 숨겨져 있고 그 세계들을 파낸 사람들에게 똑같이 진실한 수백만의 세계 중 하나에 지나지 않는다. 개미나 오징어나 게의 의식 속에 있는 세계들은 어떻게 달라져야 하는가!

그러나 나의 정신과 당신의 정신에서는 원래의 세계—소재로부터 제거된 부분과 선택된 부분이 대부분 동일하다. 전체적으로 인간이란 종족은 대체로 무엇을 주목할 것인가, 무엇에 이름을 붙일 것인가 하는 것 등에 관해서는 의견을 거의 같이한다. 그리고 주목된 부분들 중 우리는 받들고 선호하거나 천시하고 혐오할 것을 거의 똑같이 선택한다. 그러나 어떤 두 사람도 똑같이 선택하지 않는다고 알고 있는 한 가지 전혀 특별한 경우가 있다. 전체 우주를 절반씩 크게 둘로 가르는 일을 우리 각자는 하고 있다. 우리 각자의 거의 모든 관심은 이 두 절반 중 하나에 달라붙지만, 우리 모두는 이 두 절반을 나누는 분할 선을 긋는 장소를 각자 달리한다. 우리 모두는 이 두 반쪽들을 같은 이름들로 부르며 그 이름을 각각 '나(自, me)'와 '나 아닌 것(非自, not-me)'이라고 말하면, 내가 의미하는 것이 무엇인가 하는 것을 곧 알아차릴 것이다. 피조물 중에서 나 또는 나의 것이라 부를 수 있는 부분에서 각 인간 정신이 느끼는 전적으로 독특한 종류의 관심은 도덕이 풀어야 할 문제이지만, 근본적인 심리적 사실이다. 어떤 인간 정신도 타인의 나에는 자신의 나에 대한 것과 같은 관심을 취할 수 없다. 타인의 나는 나머지 모든 것과 더불어 타인의 세계에 낙착되며 그에 맞서 자신의 나는 놀랄 만하게 두드러져 부각된다. 로체(Lotze)가 어디에선가 말한 것처럼 자신에 대해서도 또는 우주가 어떤 것이라는 데 대해서도 분명한 개념을 가지고 있지 않지만, 짓밟힌 벌레도 고통을 받고 있는 자기와 나머지 전체 세계를 대립시킨다. 나에게는 그가 단지 세계의 한 부분일 뿐이고 그에게는 내가 세계의 한 부분일 뿐이다. 우리 각자는 장소를 달리하여 **우주**를 양분한다.

이와 같은 초두의 개략적 서술에서 더 세밀한 작업으로 내려가서 다음 장에선 우리가 또 한번 다루게 될 자기−의식에 관한 사실에 대한 심리학을 추구하기로 하자.

■ 주석

1) 이 장의 많은 부분은 'Mind,' 1884년 1월호에 게재된 '내관심리학의 누락 부분'이란 논문으로부터 복사된 것이다.

2) B. P. Bowne: Metaphysics, p.362.

3) L' Automatisme Psycholgique, p.318.

4) A. Constans: Relation sur une Epidémie d' hystero-demonopathie en *1861*. 2판. Paris, 1863.——Chiap e Franzolini: L' Epidemia d' istero - emonopatie in Verzegnis. Reggio, 1879.——또 J. Kerner의 작은 저술, Nachricht von dem Vorkommen des Besessenseins. 1836을 보라.

5) 이에 관한 생리학을 **의지**의 장과 비교하라.

6) 상기 인용문, p.316.

7) The Philosophy of Reflection, I. 248, 290.

8) Populare Wissenschaftliche Vorträge **노트** 3. (1876), p.72

9) Fick, L. Hermann 의 *Handb. d. Physiol.*, Bd. III. Th.1. p.225.

10) 전체 뇌 상태는 반복되지 않기 때문에 뇌의 어떤 점도 동일 상태로 두 번 다시 있을 수 없다는 결론이 반드시 있어야 하는 것은 물론 아니다. 이는 바다에서 같은 공간 위치 점에 파도의 정점이 두 번 다시 올 수 없다고 하는 것과 마찬가지로 그럴싸하지 않은 결론이다. 두 번 다시 올 수 없다는 것은, 파도의 꼭대기와 밑바닥이 모두 똑같은 장소를 점유하도록 파도 형태가 꼭같이 결합되는 경우가 없다는 것이다. 이와 같이 파도 전체가 결합하는 것이 우리의 실제 의식이 어떤 순간에 의지하게 되는 뇌 상태와 유사하기 때문이다.

11) '얼마나 오래냐' 하는 것을 정확하게 기록한다는 것은 아직도 약간 신비로운 일이다.

12) Brentano; Psychologie, vol. I. pp.219-20. 브렌타노(Brentano)의 **의식 단위**에 관한 장 전체는 내가 알고 있는 모든 것과 일치하여 훌륭하다.

13) 명예는 명예를 받을 만한 사람에게 주어져야 한다! 내가 이에 관한 가장

노골적 평가를 어디선가 찾았다면 그것은 Royal Irish Academy 회보, vol. XXI. Part I.(1846)에 있는 윌스(Jas. Wills) 경의 'Accidental Association'이라는 파묻혀서 망각된 논문에서이다(Rev. Jas. Wills.). 윌스(Wills)는 다음과 같이 적고 있다.

"의식하여 사고하는 모든 순간에는 지각이나 반성 또는 이 두 가지가 합친 어떤 집합이 현존하여 이들이 함께 파악되는 상태 전체를 형성한다. 이 전체 상태 중에서 어떤 특정한 부분은 모든 다른 나머지 부분보다도 훨씬 더 두드러지고, 따라서 나머지 부분은 상대적으로 막연하여 어떤 것은 망각될 한계에까지 이르게 된다. 그러나 이 한계를 넘지 않는 범위 내에서는 가장 희미한 지각 형태라도 아직 실존하는 파악 상태 전체에 들어가서 아주 약간이지만 그 상태를 변용시키고 그 파악 상태의 어떤 부분이라도 두드러지게 할 것이다. 그리하여 실제 나타난 결과는 사람에 따라 또는 상황에 따라 천차만별일 수 있다…여기 기술된 전체 범위 내의 어느 한 부분에 지향하는 특별한 주의의 방향이 있을 것이며, 이 특별한 주의 방향은 관념이 정신에 현존할 때 **확인되는** 것과 마찬가지로 엄격하게 확인된다. 관념이 파악 상태 전체와 맞먹지 않는 것은 분명하지만 이런 사실을 알지 못하여 많은 혼란이 생긴다. 주의가 어떤 상념에 아무리 깊게 사로잡혀 있다고 가정하더라도 주변 현상이 어느 정도 변하면 그 변화를 지각할 것이다. 이 방에서 아주 어려운 실험 강의를 하여 아무리 정신을 빼앗기고 있더라도, 그 강의 청강자는 불이 갑자기 꺼지면 그것을 알아차린다. 우리 정신 상태는 본질적으로 언제나 단위 존재이며, 각 파악 상태는 아무리 다양하게 혼성되더라도 단일한 전체이며, 이 전체의 모든 구성 성분들은 엄격히 부분으로(파악된다고 한다면) 파악된다. 이런 것이 우리 모든 지적 조직이 시작되는 기본 근거이다."

14) **지성**에 관한 텐(Taine) 〔N. Y. ed.〕, I. 83–4]의 매혹적인 글귀와 비교하라.

15) 예를 들면 "사고 흐름은 계속적 흐름이 아니라 다소간 빠르게 연속되는 각기 구별되는 일련의 관념들이며, 사고 흐름의 속도는 일정 시간에 정신 속을 지나간 관념의 수로 측정된다."(Bain: E 및 W., p.29)

16) 어떤 저술가들은 감성을 통하여 관계를 인지한다는 것을 거의 인정하지 않았다. 주지주의자들은 그런 일이 있을 가능성을 들러내놓고 부인한다——예를 들어 그린(T. H. Green) 교수는('*Mind*,' vol. VII. p.28) "감성

자체로든 또는 느껴진 감성으로든 어떤 감성도 관계[에 대한 감성]일 수 없다…감성들 사이의 관계는 그 자체 감성이 아니거나 느껴지는 것이 아니다"라고 적었다. 다른 한편 감각주의자들은 어떤 설명도 없이 인지로 슬쩍 넘어가거나 또는 관계가 인지된다거나 관계가 존재한다는 것을 전적으로 부인한다. 그러나 감각주의자들 중에서 몇몇의 명예로운 예외가 되는 사람의 이름을 거명할 가치가 있다. 트라시(Destutt de Tracy), 라로미기에르(Laromiguière), 콩디야크(Condillac), 브라운(Brown), 그리고 끝으로 스펜서(Spencer) 등은 관계감성을 공공연하게 옹호하였으며 관계감성을 그들은 '사이(between)'라는 말로 표현하였지만 우리가 감성 또는 사고라고 말한 것과 같은 것이다. 그리하여 트라시(Eléments d' Idéologie(이데올로기의 본질), T. Ier. chap. IV)는 "판단 능력 자체가 일종의 감각 능력이다, 왜냐하면 판단 능력이란 관념들 사이의 관계에 대한 감성 능력이고 관계에 대한 감성은 곧 감성이기 때문이다"라고 말했다. 라로미콰이어는 다음과 같이 쓰고 있다(Leçons de Philosophie, IIme Partie, 3me Leçon):

"누구든 그의 지성이 다소간 뚜렷하고 다소간 혼란된 많은 관념들을 동시에 포용하고 있지 않는 사람은 없다. 이제 우리가 한꺼번에 많은 관념을 가지고 있을 때에는 어떤 특수한 감성이 나타나서 이들 관념 사이에서 유사, 차이, 관계 등을 느끼게 된다. 우리 모두에게 공통된 이와 같은 감성 양식을 관계에 관한 감성 또는 관계감성(sentiment-rapport)이라 부르기로 하자. 관념들이 근접함으로써 생기는 이와 같은 관계감성은 감각 감성(sentiments-sensations) 또는 우리 능력의 작용에 관한 감성들보다 그 수가 무한정 더 많아야 한다는 것을 곧 알게 된다. 수학의 조합 이론을 조금만 알고 있으면 이것을 증명할 것이다…관계 관념의 기원은 관계감성이다. 관계 관념은 관계감성들을 비교하고 추리한 결과이다."

마찬가지로, 꽁디약(Études Élémentaires de Philosophie, Section I. chap. VII)은 다음과 같이 말했다.

"당연한 결과로 우리는 동시에 여러 개의 감각들이나 또는 여러 개의 관념들을 정신 속에 가지고 있고, 이들 감각 사이에 있는 관계와 이들 관념 사이에 있는 관계를 느낀다고 가정하기에 이르게 된다…만약 우리에게 관계감성이 있다면…그 감성은 인간의 감성 중에서 가장 다양하고 가장 풍부한 것이어야 한다: 1° 가장 다양하다는 것은 관계가 존재보다 수가 더 많기 때문이며 관계감성은 같은 비율로 현존하여 관계를 형성하게 하는 감각들보다 그 수가 더 많아야 한다; 2° 가장 풍부하다는 것은 관계감성을 원천으로 하는 관계 관념이…만약 관계가 아닌 절대 관념이 있다면 그런 절대 관념보다 더 중요하기 때문이다…만약 우리가 상용하는 언어를 점검하면 관계감성이 수없이 서로 다르게 표현되고 있는 것을 발견하게 된다. 만약 관계를 파악하는 것이 쉬우면 우리는 그 관계를 감각적이라 말하고, 관계를 이루는 항들이 너무 멀리 떨어져 있기 때문에 빨리 지각될 수 없는 관계와 감각적 관계를 구별하게 된다. 차이 또는 유사는 감각될 수 있다… 예술 작품이나 지적 생산물에는 어떤 미각이 있는가? 그들의 가치를 구성하는 것이 그들 작품의 각 부분들 사이의 관계에 대한 감성이 아니고 무엇인가?…만약 관계를 느끼지 못한다면 우리는 진실한 지식에 도달할 수 없을 것이다…왜냐하면 거의 모든 우리 지식은 관계에 관한 지식이기 때문이다…우리는 결코 각기 떨어진 분리된 감각을 갖고 있는 것이 아니다…따라서 우리에게는 결코 관계감성이 없을 수 없다…**대상**이 우리 감각 기관을 두드리면 우리는 그 대상에서 얻는 감각만을 안다…이때 관계 대상은 관계가 아닌 절대 대상과 아주 가깝게 되고 관계감성이 감각−감성과 아주 가깝게 되며, 이 두 감성이 아주 밀접하게 융합하여 대상을 구성하기 때문에 관계가 감각 자체의 일부인 것처럼 보인다. 형이상학자들이 관계 감성을 별도로 언급하지 않는 것이 당연하다고 생각하게 된 것은, 감각과 관계감성 사이에 있는 이런 융합 때문인 것은 의심의 여지가 없으며, 형이상학자들이 감각이 제공할 수 없는 관계 관념을 구태여 감각 속에서 찾으려고 완강하게 고집한 것도 같은 이유에서인 것 같다."

토머스 브라운(Thomas Brown) 박사(*Lectures*, XIV. 서문)는 다음과 같이 적었다. "이와 같은 관계 개념도 포함하며 어떤 종류의 관계에 대한 단순한 지각으로 되어 있는 것이 사실인 우리 감성에는 넓은 범위의 서열이 있다…두 개 또는 여러 개의 외부 대상들의 관계든 또는 두 개 또는 여러 개의 정신적 감응들 사이의 관계든 이런 관계에 대한 감성은…내가 관계 암시(relative suggestion)라 이름 붙인 것들이며, 이 관계 암시란 말은 어떤 특정 이론도 없이 단순히 의심되지 않는 사실의 표현으로, 어떤 감성 다음에는 관계감성이 나타난다는 단순한 사실을 표현하기 위하여 사용할 수 있는 가장 간편한 말이다…관계감성은 근본적으로 단순한 대상 지각이나 대상 개념과는 다르다는 것, …관계감성이 콩디야크(Condillac)가 **변형된 감각**(transformed semsation)이라 명명한 것과는 다르다는 것 등등을 나는 재치 있지만 그다지 정확하지 못한 이 철학자가 지나치게 관계감성을 단순화한 것에 대하여 앞서의 강의에서 논의로 증명하였다. 외부 사물이 현존하여 우리 감각 기관에 어떤 감응을 일으킬 때 즉각적인 지각을 얻는 1차 요소 감성을 가지게 되는 원천적 경향 또는 원천적 감각 능력이 있는 것과 마찬가지로, 여러 대상들을 함께 지각하면 어떤 다른 정신 과정도 개입시키지 않고 어떤 점에서 그 대상들의 관계를 즉각 감지할 수 있는 정신의 원천 경향 또는 원천 감각 능력이 있다는 것은 진실이며, 또 나는 여기에 우리 감각과 지각에 여러 종류가 있는 것과 마찬가지로 관계에도 여러 종류가 있다는 것을 첨가할 것이다──사실 관계의 수는 외부 사물들의 관계일지라도 거의 무한하지만 지각의 수는 필연적으로 우리 감각 기관에 감응을 일으킬 능력이 있는 대상의 수에 따라 제한된다…관계감성을 가지게 되는 정신의 감각 능력이 없다면 우리 의식은 진짜로 한 점으로 제한될 것이며, 이것은 마치 우리 몸을 묶어서 한 개 원자로 만들 수 있다면 우리 신체가 한 점으로 제한될 수 있는 것과 같다."

스펜서(Spencer)는 더 공개적이다. 그는 외부 관계는 오직 이행 상태에서만 알게 된다고 생각한 것 같은 데서 그의 철학은 조잡하지만, 앞으로 풍부하게 찾아보게 될 바와 같이 공간 관계, 대비 관계와 같은 것들은 관계 항들과 함께 이행 상태뿐만 아니라 실체 상태에서도 느껴지는 것이 진실이다…그럼에도 불구하고 스펜서의 문장이 아주 분명하기 때문에 여기 그 전부를 인용할 만하다(*Principle of Psychology*, 65).

"광범하게 대립되는 두 종류의 근접한 **정신** 요소들이 있다──감성과 감성들 간의 관계이다. 이 두 종류 정신요소의 각 집단 내 성원들 사이에도 여러 가지 비유사성이 있고, 그 비유사성의 많은 것은 극히 강력하지만 한 집단인 감성의 성원과 다른 집단인 관계의 성원과의 사이를 갈라놓는 비유사성과 비교하면 아주 적은 비유사성이다. 우선 모든 **감성**이 공통으로 가지고 있는 특성이 무엇이며, 감성들 사이의 **관계**들이 공통으로 가지고 있는 특성이 무엇인가 하는 것을 고찰하기로 한다."

"여기서 정의한 바와 같이 감성은 각기 개성을 지각할 만큼 충분히 큰 장소를 차지하는 의식의 부분이다. 그리고 각 감성은 그 지각된 개성을 질적 대비에 의하여 인접된 의식 부분과 떨어지도록 표시하며 내관하여 사색할 때에는 감성은 동질적인 것으로 보인다. 이런 것들이 감성의 기본이다. 분명한 것은 만약 내관에서 어떤 의식 상태가 동시적으로 또는 연속적으로 존재하지 않고 동일하지 않은 부분들로 분리될 수 있다면, 그런 의식 상태는 한 개 감성이 아니라 두 개 또는 그 이상의 감성들로 되어 있는 것이 분명하다. 또 만약 어떤 의식 부분이 인접된 다른 의식 부분과 구별될 수 없다면 그 의식 부분은 그 인접된 부분과 합쳐서 하나의 의식을 만든다는 것도 분명하다――그런 의식 부분은 별개 감성이 아니라 한 개 감성을 이루는 부분이다. 그리고 또 만약 의식 부분이 의식 속에서 알아볼 만한 영역이나 알아볼 만한 시간적 기간을 차지하지 않는다면 그 의식 부분이 감성으로 알려질 수 없다는 것도 분명하다."

"감성들 간의 **관계**는 이와 대조적으로 어떤 알아볼 만한 의식 부분을 차지하고 있지 않는 것이 특징이다. 합쳐서 관계를 이루는 항들을 제거하라, 그러면 관계는 그 항들과 더불어 사라진다. 관계는 독립된 장소도 자신의 개성도 가지고 있지 않다. 궁극적으로 분석하면 우리가 관계라고 말하는 것도 그 자체 일종의 감성인 것이――한 개 뚜렷한 감성으로부터 인접하는 별개의 다른 감성으로 이행하는 순간적 감성-진실이다. 그리고 관계감성이 극히 짧은 시간에 존재함에도 불구하고 그의 질적 특성은 알아볼 만하다는 것도 진실이다, 왜냐하면 관계는(우리가 차후에 알게 될 바와 같이) 순간적 이행에 수반하는 감성들이 유사하지 않다는 것으로도 구별될 수 있기 때문이다. 관계감성의 각각은 사실 우리가 감성의 구성단위일 것이라고 짐작한 신경 충격의 하나로 간주될 수 있으며, 또 순간적이지만 강도가 큰가, 약한가 또는 아주 쉽게 나타나는가, 덜 쉽게 나타나는가 하는 것은 알 수 있다. 그러나 관계감성은 우리가 통상 감성이라 부르는 것과는 아주 강하게 대조를 이루어 우리는 관계감성을 각각 따로 분류해야 한다. 관계감성은 아주 짧은 시간 존재하며 변화가 적고 연결되는 관계 항들에 의존한다는 것 등이 관계감성을 다른 감성들과 어김없이 구별하게 만든다."

"그러나 아마 이런 구별은 절대적일 수 없다는 것을 충분하게 확인하는 것이 좋을 것 같다. 의식 요소로서 관계는 순간적 감성이라는 것을 인정하는 이외에도 우리는 또한 관계 항들을 이루고 있는 감성들을 떠나서는 관계가 존재할 수 없는 것처럼, 감성은 공간이나 시간에 의하여 또는 이 두 가지에 의하여, 그리고 그 감성을 제약하는 다른 감성들과의 관계에 의해서만 존재한다는 것도 인정해야 한다. 엄밀하게 말하면 감성도 관계도 독립된 의식 요소가 아니며 언제든지 서로 의존하고 있어 감성들이 차지하는 상당한 의식 부분이 그 감성들을 연결하는 관계를 떠나서는 개성을 가질 수 없는 것은 그들 관계들이 연결 가능성을 떠나서는 개성을 가질 수 없는 것과 같다. 따라서 감성과 관계의 근본 차이는 관계감성들은 부분으로 분리될 수 없는 의식 부분이며, 이에 반하여 일상 말하는 감성들은 상상하여 서로 관계되어 연속이나 공존하게 되는 유사한 부분으로 나눌 수 있는 의식 부분이라는 것일 것이다. 원래 감성은 시간을 점한 유사한 부분들로 되어 있거나 그렇지 않으면 공간을 점한 유사한 부분으로 되어 있거나 또는 이 두 가지 시간과 공간의 부분으로 되어 있다. 그 어느 경우에나 감성은 원래 관계를 이룬 유사한 부분들이 집적된 것이지만 관계감성은 분해될 수 없는 감성이다. 그리고 바로 이것이 감성과 관계감성이 대조되는 것이며, 우리가 추론한 바와 같이 이런 대조는 감성이 감성 단위로 또는 충격 단위로 구성되면 그 결과로 생겨난다."

17) 폴랑(Paulhan)(*Revue Philosophique*, XX. 455-6.)은 대상과 정서의 희미한 심상을 언급한 후 다음과 같이 말했다. "우리는 이들 외에 또 다른 더 막연한 정신 상태를 찾아볼 수 있으며 천성으로든 직업으로서든 내적 관찰에 몰두하는 사람 외에는 이와 같은 막연한 정신 상태에 거의 주의를 기울이지 않는다. 이 정신 상태에 이름을 붙이는 것은 어려운 일이다. 왜냐하면 이 정신 상태는 거의 알려진 바 없고 분류되지도 않았기 때문이다. 그러나 우리는 이 상태의 예로서 어떤 주제에 강하게 몰두했으나 그럼에도 불구하고 그 주제와 전혀 연결되지 않는 일에 매달리고 그 일에 우리 주의를 거의 완전하게 흡수시킬 때 우리가 느끼는 어떤 특이한 인상을 들 수 있다. 이때 우리는 몰두했던 대상을 정확하게 생각하지 않고 또 그 대상을 분명하게 표상하지 않지만 우리 정신은 앞서 몰두했던 일이 없을 때와 동일한 정신이 아니다. 우리가 몰두했던 대상이 의식에는 없지만 그럼에도 불구하고 특이한 틀림없는 인상으로 정신에 현존하며, 그 인상은 오래 지속되는 일이 많고 우리 지성에는 아주 막연하게 보이지만 때로는 아주 강한 감정이 된다." "이와 같은 종류의 정신적 신호는 오래전에 경험하였지만 지금은 망각해 버린 고통스러운 사건 때문에 내 정신 속에 남아 있는 어떤 사람을 좋아하지 않는 성향 같은 것이다. 신호는 남아 있으나 알아차리지 못하고 그 신호의 진짜 의미는 의식에서 사라진 것이다."(p.458)

18) 따라서 모차르트는 작곡 방식을 다음과 같이 기술했다: "음악 조각들이 우선 나타나 정신 속에서 점차 한데 합치고, 다음 영혼이 달아올라 작곡하게

되면 작곡하는 일이 점점 더 성장해 간다. "그 다음 나는 그 작곡을 점점 더 넓게 더 뚜렷하게 확장하여, 마침내 그 작곡이 아주 길어도 내 머리에 서는 거의 완성되며 그리하여 나는 마치 그 작곡이 아름다운 그림이나 잘 생긴 사람처럼 내 정신 속에서 그 작곡 전체를 한눈에 볼 수 있으며, 그렇게 하여 나의 상상 속에서 그 작곡을 연속되는 것으로 듣는 것이 아니라 ──뒤에 가선 연속적인 것으로 들어야 하지만──말하자면 한꺼번에 듣는다. 그것은 흔하지 않는 재주이다! 작곡을 발명하고 작성하는 일이 아름다운 꿈속에서와 같이 내 속에서 진행된다. 그러나 가장 좋은 것은 그 음악을 일시에 한꺼번에 듣는 것이다."

19) *Mental Physiology*, 236. 카펜터(Carpenter) 박사의 설명은 이 교과서에서 제시되는 설명과는 현저하게 다르다.

20) 또한 S. Stricker: *Vorlesungen über allg. u. exp. Pathologie* (1879), pp.462-3, 501, 547; Romanes: *Origin of Human Faculty*, p.82를 보라. 자기 의견을 분명하게 하기란 매우 어려워서 나는 고인이 된 Dublin의 매과이어(Thos. Maguire) (Lectures on Philosophy, 1885) 교수가 보여준 나의 견해에 대한 오해에 주의를 돌릴 것이다. 이 저자는 내가 '주변'이란 말로 서로 분리된 감각을 한데 응고시키는 어떤 정신적 소여를 의미하는 것으로 생각하여 재치를 부려 "석화 아가미를 '꾸며서' 우주를 만드는 것보다 '주변' 감각들을 한데 묶는 것은 더 막연하다는 것을 알아야 한다"고 말했다(p.211). 그러나 내가 사용하는 '주변'이란 말은 이런 것을 의미하지 않는다. 주변은 인지되는 대상의 중요한 부분이다──실체로서의 사물과 실체인 성질도 관계 주변 속에서 정신에 나타난다. 우리 사고 흐름의 어떤 부분은──이행 부분들──사물보다는 관계를 인지한다. 그러나 이행 부분과 실체 부분은 모두 하나의 계속하는 흐름을 형성하며 매과이어 교수가 거기 있다고 가정했고 또 나도 거기 있다고 생각하는 것으로, 계속되지 않는 '감각들'은 그 사고 흐름 속에는 없다고 그는 가정하였다.

21) George Campbell: *Philosophy of Rhetoric*, book II. chap, VII.

22) 'Jean Story'의 *Substantialism or Philosophy of Knowledge* (1879).

23) 트레이드(M.G. Trade)는 꿈에서 얻은 약간의 의미 없는 시의 구절을 인용하여(Delboeuf의 *Le Sommeil et les Rêves* (1885), p.226) 논리적 법칙이 사라진 정신 속에도 운율에 맞는 형식이 어떻게 살아남는가 하는 것을 보여준다고 말했다…꿈에서도 운이 맞는 두 단어를 발견하는 능력을 가지고

있으며 그 운을 감상할 수 있으며 첨가되면 올바른 철자 수가 되지만 의미는 전혀 알지 못하는 다른 단어들과 함께 처음 나타난 시(詩)를 메워갈 수도 있었다…따라서 단어들은 서로를 불러일으키지만 단어 의미는 불러일으키지 않는다는 특이한 사실을 우리는 알게 된다…깨어 있을 때에도 한 단어에서 다음 단어로 넘어가는 것보다 단어의 의미로 올라가는 것이 더 어렵다. 다른 말로 표현하면 수사학자가 **되기보다 사고자가 되는 것이** 더 **어렵고**, 대체로 이해되지 않는 단어 대열만큼 흔한 것은 없다.

24) 절반은 알아듣지 못하고 또 그 뜻을 묻지도 않은 단어로 표현된 이야기도 읽어주면 어린아이들은 아주 열중하여 주의를 기울여 듣는 것이 이상하다고 우리는 생각한다. 그러나 그들의 사고는 아주 빨리 진행될 때의 어른들의 사고와 꼭같은 형식을 갖추고 있다. 어린이나 어른이나 모두 이야기되는 문장의 상당한 부분을 뛰어넘어 다만 실체로 된 출발점, 전환점 또는 여기저기에 있는 결론에만 주의를 기울인다. '실체'가 될 가능성도 있고 분리되면 알아들을 **가능성**도 있지만 나머지 것들은 모두 다만 실제 이행적인 재료 역할을 할 뿐이다. 그것들은 문장의 **마디 사이**라는 의식이고 계속이라는 느낌을 우리에게 제공하지만, 오직 공백을 메운다는 기능을 떠나서는 의미를 가지고 있지 않다. 어린아이들은 알지 못하는 많은 단어들을 거쳐가서 재빨리 익숙하고 알아들을 수 있는 정지점에 이르게 되어 어떤 공백도 느끼지 않게 될 것이다.

25) 물론 문자 그대로 듣는 것이 아니다. 들을 수 있는 사람이 주목하지 않을 정도로 약해도 감지될 수 있는 충격과 찢어지는 소리를 귀가 먼 벙어리는 재빨리 지각한다.

26) 새뮤얼 포터(Samuel Porter)가 인용한 'Is Thought possible without Language?,' *Princeton Review*, 57th year, pp.108–12 (Jan, 1881?). 또한 W.W. Ireland: *The Blot upon the Brain*(1886), Paper X, Part II; G.J. Romanes: *Mental Evolution in Man*, pp.81–83과 그 속에 있는 인용 문헌을 참조하라. 뮐러(Max Müller) 교수가 이 논쟁에 관한 아주 완전한 역사를 그의 *'Science of Thought'* (1887), pp.30–64에 제시하였다. 그 자신의 견해는 **사고**와 **회화(會話)**는 분리할 수 없다는 것이었지만 회화에는 개념화할 수 있는 모든 종류의 상징, 심지어 마음속에 있는 상상마저 포함시켰으나 우리가 가진 관계 체계와 지향 체계에 관해선 말없이 요약하여 엿보는 것마저도 허용하지 않는다.

27) *Problem of Life and Mind*, 3d Series, Problem IV, chapter 5. 또한 Victor Egger: *La Parole Intérieure*), (Paris, 1881), Chap. VI와 비교하라.

28) 만약 한 사람만 어떤 허깨비를 본다면 우리는 그것을 그의 개인적 환각이라 한다. 만약 한 명 이상의 사람들이 같은 허깨비를 보면 우리는 그것이 현실로 외부에 현존할 것이라 생각하기 시작한다.

29) *Revue Philosophique*, vol. XXI, p.671.

30) *Therapeutic Gazette*, N.Y. Semi-weekly Evening Post. 1886년 11월 2일자에서 인용.

31) 반쯤 기절한 상태에서도 자의식은 사라질 수 있다. 어떤 친구가 나에게 다음과 같은 편지를 보냈다. "우리는 유람 마차를 타고 ___ 에서 돌아오고 있었다. 마차 문이 바람에 열리고 별명이 '발디(Baldy-대머리)'인 X는 길에 떨어졌다. 우리는 곧 멈추었고 그때 그는 '누군가가 떨어졌느냐?' 또는 '누가 떨어졌느냐?'라고 물었다──나는 그의 말을 그대로 정확하게 기억하지는 못한다. 발디(Baldy)가 밖으로 떨어졌다고 일러주었더니, '발디(Baldy)가 떨어졌어? 불쌍한 발디!'라고 그는 말했다."

32) 칸트(Kant)가 이 견해를 창작했다. 나는 이에 관한 약간의 영어로 된 문장들을 여기 첨가한다. J. Ferrier, *Institutes of Metaphysic*, 명제 I: "지성이 어떤 것을 알던 그 어떤 것과 더불어 지성은 지식을 얻는 근거 또는 조건으로서 자신에 대한 인지도 가지고 있어야 한다." 해밀턴(Wm. Hamilton) 경은 그의 저서 '*Discussions*,' p.47에서 "우리가 아는 것과 우리가 안다는 것을 아는 것──이 두 명제는 논리적으로는 구별되지만 실제로는 일치되는 것이고 한쪽 명제는 다른 쪽 명제를 서로 함축하고 있다…따라서 스콜라 철학의 격언인 '우리는 자신이 느끼고 있다는 것을 느끼지 않는다면 느낄 수 없다(Non sentimus nisi sentiamus nos sentire)"라는 말은 맞는다. 맨슬(H.L. Mansel)은 그의 '*Metaphysics*,' p.58에서 다음과 같이 말했다. "아무리 다양한 자료들이 정신이 도달하는 범위 내에 있다 하더라도 그 자료들을 나의 것으로 확인해야만 그것들을 의식할 수 있게 된다…따라서 의식하는 자기와의 관계가 모든 의식 상태가 자체로 보여주어야 하는 영원한 보편적 특징이다." 그린(T.H. Green)은 그의 '*Introduction to Hume*' (p.12)에서 "인간이 자기 자신에 대하여…가지는 의식은 대상인 사물에 대해서는 반대되는 관계에 있으며, 그런 의식은 지각 작용 자체와 나란히 진행하는 것으로 취급되어야 한다. 지식을 얻는 시초가 되는 어떤

활동에도 이 자기 의식은 진정 꼭 포함될 수 있어야 한다. 이 자기 의식이 가능한 최소의 사고와 지성이다."

33) *Lectures on the Philosophy of the Human Mind*. 강좌 45.

34) '우리 **느낌**에 대해서만' 이라는 말 대신 '그는 **대상**에 대해서만' 이라고 말했어야 했다.

35) "연합이 무한히 많은 수의 개별 관념을 하나의 복합 관념으로 만든다는 것을 인정하는 것은 어렵지 않다. 왜냐하면 그것은 인정될 만한 사실이기 때문이다. 우리는 군대라는 관념을 가지고 있지 않는가? 그리고 그 군대란 개념이 바로 사람이란 무수히 많은 관념들을 한 관념으로 만든 것이 아니겠는가?"〔Jas. Mill의 *Analysis of Human Mind*(J.S. Mill 편집) Vol. 1. p.264.〕

36) 그들의 주장은 위쪽들을 보라.

37) 복합 대상에 대한 사고는 그 대상 자체로부터 변별되는 부분들만큼 많은 부분들을 가지고 있지 않다는 것을 무엇으로도 확신시킬 수 없는 독자들이 있다는 것을 나는 알고 있다. 자! 그렇다면 단어로 표현된 부분들만 통과하게 하라. 다만 그 부분들이 전통 심리학에서 말하는 분리된 '관념' 들이 아니란 것을 관찰하라. 그 부분들의 어느 하나도 그 특정 사고를 떠나서는 살아남을 수 없는 것은 나의 머리가 나라는 사람의 특정 어깨 위를 떠나서는 살 수 없는 것과 같다. 어떤 의미에서는 비눗방울도 부분들을 가지고 있으며 비눗방울은 구형으로 나란히 놓여진 삼각형들이 합산한 것이다. 그러나 이들 삼각형은 진실로는 분리된 것들이 아니며, 사고 '부분들' 도 진실로는 분리된 것들이 아니다. 비눗방울을 만져라. 그러면 이젠 삼각형은 없다. 사고를 없이 하라, 그러면 사고의 부분들도 없어진다. 당신이 전에 있었던 삼각형으로 새로운 비눗방울을 만들 수 없는 것과 마찬가지로 한때 사용했던 '관념'으로 새로운 사고를 만들 수 없다. 각 비눗방울과 각 사고는 **독특한 새로운 유기적 단위**이다.

38) 그의 저서 *La Parole Intérieure*(Paris, 1881). 특히 Chapter VI와 VII.

39) p.301.

40) P.218. 이 점을 증명하기 위하여 에게(Egger)는 정신을 딴 곳에 쏟고 있는 동안에도 다른 사람이 말하는 것을 듣기는 하지만, 한참 후 갑자기 그 다른 사람이 의미하는 것을 '깨닫게' 될 때까지 그의 말을 알아차리지 못하는 일이 빈번하다는 사실을 증거로 들었다. 또 관념이 들어오기 훨씬 앞서 단

어가 현존하는 익숙하지 못한 언어에서도, 우리가 문장의 의미를 천착한다는 사실도 증거로 들었다. 이와 같은 특수한 경우에는 단어가 관념에 선행하는 것이 사실이다. 이와는 반대로 외국어에서 또는 흔하지 않은 지적 발명에서와 같이 노력해야 우리 자신을 정확하게 표현하게 되는 경우에는 언제나 관념이 단어에 앞선다. 그러나 이 두 경우는 모두 예외적이며 반성해 보면 에게(Egger)도 단어가 관념에 앞서는, 겨우 관념이 파악되기만 한다면 어떤 종류든 그 관념이 아무리 일시적이라 해도 언어적으로 그 단어에 침투한다는 것을 아마 인정할 것이다──우리는 단어의 의미를 파악할 때 단어의 여운도 듣는다. 그리고 그는 또한 관념이 단어에 선행하는 두 번째 종류의 사례에서도 그렇게 많은 노력을 들인 단어들이 발견된 다음에도 관념이 지속한다는 것도 인정할 것이다. 정상 사례에서도 그가 인정한 바대로 관념과 단어가 동시에 존재하는 경우가 분명 있다.

41) 단어와 문자의 의미를 따로 얻는 좋은 방법은 타인의 이야기를 한 단어, 한 단어 속으로 발음하는 것이다. 그래야만 글귀나 문장이 끝난 다음에도 문장의 의미가 박동을 치며 정신 속으로 오는 일이 많다는 것을 알게 된다.

42) 여기에 제시된 원리에 (내가 알고 있는) 가장 근사한 접근은 리프만(O. Liebmann)의 *Zur Analysis der Wirklichkeit*, pp. 427–428에 있다.

제10장
자기 의식(自己 意識)
(THE CONSCIOUSNESS OF SELF)

가장 광범하게 받아들여지고 있는 의미의 **자기**(自己)를 다루는 것으로부터 시작하여 가장 섬세하고 미묘한 형태의 자기를 추적해 올라가는, 경험적 자기의 연구로부터 (독일인들이 말하는) 순수 자기인 **자아**(自我)에 대한 연구에까지 이르도록 할 것이다.

경험적 자기 또는 나
(THE EMPIRICAL SELF OR ME)

우리 각자의 **경험적 자기**는 나(me)라는 이름으로 부르고 싶어지는 모든 것이다. 그러나 사람들이 나(me)라 부르는 것과 단순히 나의 것(mine)이라 부르는 것 사이에는 선을 긋기 어려운 것이 분명하다. 우리는 우리 자신에 대하여 행동하고 느끼는 것과 아주 유사하게 우리 것인 어떤 사물에 대하여 느끼고 행동한다. 우리의 명성, 자식, 내가 손수 이룬 업적은 우리 자신의 육체나 마찬가지로 우리에게 소중하여 만약 이런 것들이 공격받으면 우리 육체가 공격받는 것과 같은 감정과 보복 행위를 일으킨다. 또한 우리 육체 자체가 단순히 우리 것인가, 그렇지 않으면 육체 자체가 우리인가? 사람들은 육체를 자신과 분리하여 단순한 껍질이거나 또는 언젠가는 벗어나 기뻐하게 될 흙으로 만든 감옥으로 간주하는 경향도 확실히 있다.

따라서 우리가 자기를 다룰 때 한결같지 않은 소재를 다룬다는 것을 알게 된다. 같은 대상도 때로는 자신의 부분으로 취급되고, 때로는 단순히 자신의 것으로 취급되고, 또 때로는 자신과는 전혀 관계없는 것처럼 취급되기도 한다. 그러나 **가능한 한 가장 넓은 의미에서 한 사람의 자기**는 그의 것이라 부를 **수** 있는 모든 것의 총체(總體)이며, 그의 신체와 정신 능력뿐 아니라 그의 의복과 집, 처자식, 선조와 친구들, 명성과 업적, 그의 토지와 가축, 그리고 그의 요트와 은행 예금 등등이다. 이런 모든 것들은 그에게 똑같은 정서를 제공한다. 만약 이것들이 번창하면 그는 의기양양한 느낌을 가지게 되고, 그것들이 줄어들거나 죽어가면 낙담을 느낀다. 이때 반드시 각 사물에 대하여 똑같은 정도로 그런 것을 느끼는 것은 아니지만 모두에게 거의 비슷한 느낌을 갖게 된다. 우리는 **자기**를 이와 같이 광범하게 이해함으로써 세 부분으로 구분할 것이며, 이 구분된 부분들은 각각 다음 것들과 관계되고 있다.

1. 자기의 구성 성분들;
2. 그 구성 성분들이 일으키는 감정과 정서——**자기-감정**;
3. 그 구성 성분들이 촉발하는 행위——**이기주의와 자기보존본능**

1. 자기의 구성 성분

(constituents of the self)

자기의 구성 성분은 두 종류로 나누어지고 각각 다음과 같은 것들을 구성한다.

(a) 물질적 **자기,** (b) 사회적 **자기,** (c) 정신적 **자기,** (d) **순수 자아**

(a) 육체는 우리 각자에게 있어 **물질적 자기**의 가장 내부에 있는 부분이며, 육체의 어떤 부분은 나머지 다른 부분보다 더 친밀한 우리 것이 되는 것 같다. 그 다음에 의복이 온다. 인간은 세 부분으로——정신과 육체와 의복——되어 있다는 옛말은 단순한 농담만이 아니다. 우리는 의복을 나의 것으로 소유하고, 의복과 우리 자신을 동일시함으로써, 헐고 더러운 옷을 입은 아름다운 몸매를 가지는 것과 항상 깨끗한 옷차림을 한 못생기고 흠이 있는 몸매를 가진 것 중 어떤 것을 택하겠느냐고 물으면 결정적인 대답을 하기에 앞서 누구나 한 순간 머뭇거리지 않는 사람은 없다.[1] 다음은

우리 직계 가족이 우리 자신의 일부이다. 아버지와 어머니, 처와 자식은 우리 뼈 중의 뼈이고 살 중의 살이다. 그들이 사망하는 것은 바로 우리 자신의 일부가 소멸하는 것이다. 만약 그들이 잘못을 저지르면 우리의 수치가 된다. 만약 그들이 모욕당하면 마치 우리 자신이 모욕당한 입장에 있는 것처럼 분노가 쉽게 폭발한다. 우리의 집이 다음에 온다. 집은 우리 생활의 일부가 되는 장소며 집의 이모저모들은 가장 다정한 감정을 불러일으킨다. 우리 집을 방문하여 그 배치에서 흠집을 찾아내거나 우리 집을 멸시하는 사람은 쉽게 용서하지 않는다. 모든 이런 여러 가지 사물들은 우리 생활에서 가장 중요하고 진실한 관심이 결부되고, 본능적으로 선호하게 되는 대상들이다. 우리 모두는 우리 육체를 돌보고, 장식품의 일종인 의복으로 육체를 가리고, 부모와 처자식을 소중하게 여기고, 우리가 살고 '가치를 높일 수' 있는 자기 소유의 집을 찾는 것에 맹목적인 충동을 가진다.

이와 똑같은 본능적인 충동이 재화를 모으게 하고, 그렇게 모여진 것들은 친밀한 정도에는 차이가 있지만 우리의 경험적 자기의 일부가 된다. 가장 친밀하게 우리 것으로 느끼는 재화 부분은 우리의 노동이 배어 있는 재화들이다. 손과 머리를 짜내 일생을 걸고 만든 작품이——예를 들어 곤충 채집이나 대작의 원고 등—— 갑자기 바람에 휩쓸려 사라져버렸다면 자기 개인이 없어졌다고 느끼지 않는 사람은 없을 것이다. 수전노도 돈에 대해 이와 비슷한 것을 느낄 것이다. 소유물을 상실하여 생기는 우울증이, 그 소유물로 말미암아 얻게 되리라 기대했던 어떤 소중한 재보(財寶)를 이젠 얻지 못하고 지내야 한다는 감정에 일부 기인되는 것도 사실이지만, 그런 감정 이상으로 자신의 개인적 인격이 축소되었다는 느낌과 자신이 부분적으로 무가치한 사람으로 전락되었다는 느낌에 주로 기인하며, 이런 느낌들은 그 자체 심리 현상인 것이다. 이때 우리는 그렇게도 경멸했던 뜨내기나 불쌍한 놈팡이와 동류로 단번에 취급됨과 동시에, 땅과 바다와 인간을 지배하여 지구에 군림하고, 부와 권력이 제공할 수 있는 무르익은 향락 속에 있고, 그의 앞에서는 스스로 경직되어 반(反)속물주의의 제1신조를 따르더라도 공개적으로나 은밀하게나 존경과 두려움의 정서를 피하는 것이 불가능한, 그러한 대지의 행복한 아들이란 위치로부터 우리 자신이 그 어느 때보다 훨씬 멀리 떨어지게 된 것이다.

(b) 한 사람의 **사회적 자기**는 그의 동료들로부터 얻는 인정이다. 우리는 동료들의 시야 속에 있기를 좋아하는 군거 동물일 뿐만 아니라 동족으로부터 주목받고 또 호의적으로 주목받기를 바라는 타고난 성향을 갖고 있다. 사회로부터 떨어져나가 모든 사회 성원들이 전혀 그를 주목하지 않고 내버려두는 것보다 더 잔인한 형벌을 물리적으로 고안해 낼 수 없을 것이다. 우리가 방에 들어가도 거기에 있는 누구도 돌아보지 않고, 말을 걸어도 대답하지 않고, 어떤 일을 해도 누구도 상관하지 않고, 만나는 모든 사람이 '모르

는 척하고', 마치 우리가 존재하지 않는 물건인 양 우리에게 행동한다면 곧 일종의 분노와 무기력한 실망이 솟구쳐 가장 잔혹한 어떤 신체적 고문도 이런 분노와 실망에서 벗어나게 해주기만 한다면 구원이 될 것이다. 왜냐하면 신체적 고문은 아무리 당하는 고통이 심할지라도 전혀 주목받을 만한 가치가 없는 존재라는 수렁에까지 전락되었다고 느끼게 하지는 않을 것이기 때문이다.

적절하게 표현하면, **사람은 그를 인정하고 정신 속에 그에 관한 심상을 간직하고 있는 타인의 수만큼 많은 사회적 자기를 갖고 있다.** 그 사람에 대한 이 심상 중 어느 하나라도 손상되는 것은 곧 그가 손상되는 것이 된다.[2] 그러나 그 심상을 갖고 있는 개인들은 자연히 어떤 사회 계급에 속하게 되므로 실제로는 그가 존중하는 의견을 가진 사람들로 구성된 각기 다른 **집단**의 수만큼의 사회적 자기를 가지게 된다고 말할 수도 있다. 대체로 그는 이들 각기 다른 집단에 자신의 각각 다른 측면을 보여준다. 부모와 교사 앞에서 훌륭하게 점잔을 빼는 많은 젊은이들도 그들의 '거친' 친구들 사이에서는 해적처럼 욕하고 으시댄다. 우리는 자식들에게 클럽 친구들을 대하듯이 대하지 않으며, 고용인들을 대하듯이 고객을 대하지 않으며, 주인이나 고용주에게는 친한 친구를 대하는 것처럼 대하지 않는다. 이로부터 한 사람이 실제로 여러 자기로 분할되는 결과가 생기며, 이런 분할은 한 집단에서 만나는 사람들에게는 다른 집단에서의 그의 모습이 알려지기를 꺼려하는 경우처럼 조화를 이루지 못하는 분할이 될 수도 있고, 때로는 자식에게는 상냥하지만 지휘하는 병사나 죄수에게는 엄한 경우와 같이 완전한 조화를 이루는 분업이 될 수도 있다.

흔히 얻기 쉬운 가장 특수한 사회적 자기는 사랑하는 사람의 정신에서 얻는 자기이다. 이들 사랑하는 사람들에게서 얻는 사회적 자기의 행운이나 불행은 가장 강한——개인적인 기질적 감성을 제외한 어떤 다른 것을 기준으로 측정하는 경우에는 전적으로 불합리한——흥분과 낙담을 자아낸다. 이 특수한 사회적 자기가 인정을 받지 못하는 한 그는 자신이 아무 것도 아닌 것으로 의식되며, 만약 그 사회적 자기가 인정을 받으면 그의 만족은 무한하게 된다.

좋거나 나쁘거나 한 사람의 **명성**과 **명예**나 불명예는 그의 사회적 자기의 어느 하나에 붙는 이름이다. '명예롭다'라는 이름이 붙는 어떤 사람의 사회적 자기는 보통 앞에서 언급한 여러 분할된 사회적 자기들 중 어느 하나가 얻은 결과이다. '명예롭다'란 사회적 자기는 다른 인생의 길을 걷는 사람들에게는 바라지도 않는 어떤 요건에 그가 합당한가, 합당하지 않는가 하는 데에 따라 그를 칭찬하거나 책망하는, 그를 둘러싼 '집합'적인 타인들의 눈에 비친 그에 대한 심상이다. 따라서 일반 사람은 콜레라에 감염된 도시를 버리고 떠나도 상관없지만 목사나 의사에게는 그런 행위가 그의 명예와 양립될 수 없다고 생각한다. 군인의 명예는 군인이 아닌 사람이면 변명하거나 도망쳐도 자신의 사회적 자기에 먹칠이 되지 않는 상황에서도 싸우거나 죽는 것을 요구한다. 마찬가지로 판사나 정치가도 입고 있는 제복의 명예 때문에 사적인 삶을 살고 있는 사람들에게는 전적으로 명예롭게 생각될 수도 있는 금전 관계에 휘말리는 것이 금지된다. 사람들이 이런 종류의 각기 다른 자기들을 구별하는 이야기만큼 흔히 들리는 것은 없다: "인간적으로는 당신을 동정하지만 공적으로는 당신에게 자비를 베풀어서는 안 된다, 정치가로서는 동지로 생각하지만 도덕가로서는 몹시 싫어한다" 등등. '클럽 의견'이라 불리는 것이 인생의 가장 강한 힘의 하나이다.[3] 도둑들은 다른 도둑의 물건은 훔쳐서는 안 되고, 도박사는 세상의 모든 채무는 갚지 않아도 도박 채무는 꼭 갚아야 한다. 모든 역사를 통하여 상류 사회의 명예 율법은 찬성과 반대로 가득 차 있고, 그 중 어느 하나를 따르게 되는 유일한 이유는 그렇게 함으로써 어느 한 사회적 자기에 가장 좋은 보탬이 되기 때문이다. 일반적으로는 거짓말을 해서는 안 되지만 어떤 부인과의 관계를 질문받으면 적당히 거짓말을 할 수도 있으며, 동등한 사람의 도전은 받아들여야 하지만 나보다 못한 사람에게서 도전을 받으면 웃어버리며 경멸할 수도 있다. 이런 것들이 명예 율법이 의미하고 있는 보기들이다.

(c) **정신적 자기가 경험적 나**에 속하는 한 정신적 자기는 사람의 내부 존재 또는 주관적 존재를 의미하고, 구체적으로는 그 사람의

정신 능력, 또는 정신적 소질을 의미하며, 앞으로 논의해야 할 단순한 개인의 **통일성**의 원리 또는 '순수' **자아**를 의미하지는 않는다. 이런 정신적 소질은 자기의 가장 지속적이고 심오한 부분이어서 우리가 가장 진실하게 있는 그대로인 것으로 보이는 부분이다. 우리의 토론하고 변별하는 능력과 도덕적 감수성과 도덕적 양심, 그리고 불굴의 의지를 생각할 때 다른 어떤 소유물을 살펴 볼 때보다 훨씬 더 순수한 자기 만족을 얻는다. 이런 것이 달라질 때 우리는 **자기**가 소외되었다고 말하게 된다.

이제 이와 같은 정신적 자기는 여러 가지로 고찰될 수 있다. 방금 예로 든 것처럼 정신적 자기를 여러 능력으로 분할하고, 능력을 서로 분리하여 차례로 자신을 그들 능력의 어느 하나와 동일시할 수도 있다. 이것이 의식을 **추상적**으로 다루는 방법이고, 의식이 현존할 때에는 언제나 그 의식 속에서 다수의 능력이 동시에 발견된다. 또 우리는 구체적 관점을 견지할 수도 있다. 구체적 관점을 견지할 때에는 넓은 관점을 택하느냐, 좁은 관점을 택하느냐에 따라 우리의 정신적 자기가 개인 의식의 전체 흐름이거나 또는 그 흐름의 현재 '단편' 또는 '단면'이 될 것이다. 의식 흐름과 의식 단면은 둘 다 시간에 따른 구체적 존재이며 각각 나름대로 특수한 종류의 통일 단위이다. 그러나 추상적으로든 구체적으로든, 우리가 정신적 자기를 고찰하는 것은 곧 반성 과정이며, 외부를 보는 관점을 포기하고 **우리 자신을 사고하는 자로 사고하는 것**, 즉 주관성 자체를 사고할 수 있게 된 결과이다.

이와 같이 사고 자체에 주의를 돌려 사고가 해명하는 어떤 대상과 우리 자신을 동일시하지 않고 우리 자신을 사고 자체와 동일시하는 것은 중요한 조작이고, 어떤 점에서는 약간 신비로운 조작이다. 그러나 여기에서는 다만 그런 조작이 사실로 존재하며 누구에게나 그의 어릴 때의 정신에서도 무엇에 '대한' 또는 무엇에 '관한' 사고와 사고 자체를 구별하는 것이 익숙하게 되었다는 것만 말해 둘 필요가 있을 뿐이다. 이와 같은 구별에 대한 좀더 깊은 근거를 찾기는 어렵지만 피상적인 근거는 허다하며 손쉬운 곳에 있다. 거의 모든 사람들은 사고는 사물과 종류가 다른 존재라고 말할 것이다. 왜냐하면 많은 종류의 사고는 사물이 아닌 것에 대한 사고이고(예를 들어 쾌와 고통, 또는 그 밖의 정서에 대한 사고), 또 어떤 사고는 존재하지 않는 것에 대한 사고(오류와 허구에 대한 사고)이고, 또 다른 종류의 사고는 존재하는 사물에 관한 사고이지만 상징적이어서 사물과 형태가 유사하지 않은 사고(추상 관념과 추상 개념체들)이기 때문이며, 또 사물에 '대한' 사고로서 사물과 유사한 사고(지각체, 감각)에서도 알려진 사물에 대한 사고와 더불어 정신 속에서 전혀 개별적인 작용과 조작을 진행하는 사고를 느낄 수 있기 때문이다.

이제 이와 같이 대상 자체와 분명하게 구별되는 주관을 통하여 알려지는 우리 주관 생활을 앞에서 언급한 바와 같이 구체적으로 취할 수도 있고 또는 추상적으로 취할 수도 있다. 주관 생활을 구체적으로 취하는 것에 관해서는 얼마 가지 않아 의식의 통일 단위 원리가 갖는 성질에 관한 논의를 할 때 의식 흐름의 실제 '단면'이 아주 중요한 역할을 한다는 것 외에는 지금 당장은 어떤 언급도 하지 않을 것이다. 주관 생활을 추상적으로 취하는 것이 우리의 주의를 우선 끌게 한다. 전체로서의 의식 흐름이 외부 사물 보다 **자기**와 훨씬 더 동일시된다 하더라도 **의식 흐름의 다른 나머지 부분과 별도인 어떤 특정 의식의 흐름 부분**을 특별히 자기와 동일시하여 모든 사람은 그 부분을 원의 가장 내부 중심과 같은 어떤 것으로 느끼고, 또 주관 생활 전체가 만드는 성채 속의 가장 성스러운 장소로 느끼게 될 것이다. 이 장소와 비교하면 의식 흐름 중에서 다른 부분들은 주관 생활의 부분이기는 하지만 외부로부터 얻는 이행하는 소유물과도 같으며, 그런 소유물들은 하나하나 차례로 배제될 수 있지만 그 소유물들을 배제하는 자는 남게 된다. **이제 이 모든 다른 자기들과 구별되는 자기는 무엇인가?**

아마 모든 사람들은 이것을 어떤 점까지는 거의 똑같이 기술할 것이다. 그들은 이 성스러운 자기를 전체 의식에서 가장 활동적인 요소라 말하고, 어떤 성질의 감정을 가지고 있든 또 사고가 어떤 내용을 포함하고 있든, 그 감정의 성질들과 그 사고 내용들을 마중 나가고 **들어오는** 것을 수용하는 정신적인 어떤 것이 있다고 말할 것이다. 그리고 그 정신적인 어떤 것은 환영하거나 배척하는 성질을 갖고 있다고 말할 것이다. 그 정신적인 어떤 것은 감각-지각을 주재하고, 동의하거나 동의하지 않음으로써 감각들이 일으키는 운동에 영향을 미치는 작용을 한다. 그것은 관심의 본거지이다──그것은 유쾌한 것도 고통스러운 것도 아니고, 그 자체 쾌도, 고통도 아니지만 우리 속에 있어, 유쾌한 것이나 고통스러운 것에서 생기는 쾌와 고통이 상대하여 말을 거는 정신적인 어떤 것이다. 그 정신적인 어떤 것은 노력과 주의의 원천이고 의지의 명령이 울려나오는 장소이기도 하다. 개인 자신 속에서 그런 어떤 것을 반성해야 하는 생리학자는 그 정신적 어떤 것을 다소 막연하지만 관념이나 구심성 감각들이 '반영'되거나 외부 활동으로 넘어가는 과정과 결부시키지 않을 수 없을 것이라고 나는 생각한다. 그 정신적 어떤 것은 반드시 반영되는 과정들이거나, 그런 과정들에 대한 단순한 감정이어야 할 필요는 없지만 그들 과정과 어떻게든 밀접하게 관계되어 있어야 한다. 왜냐하면 그 정신적 어떤 것은 정신 생활에서 그런 생리 과정들과 유사한 역할을 하여, 감각 관념들이 끝나고 운동 관념들이 시작하는 일종의 접합점이 되어, 이두 관념 사이에서 일종의 연결 고리를 형성하고 있기 때문이다. 정신생활에서는 다른 어떤 단일 요소보다도 이 정신적 어떤 것은 더 간단없이 존재함으로써, 다른 정신 요소들이 그 주위에 부착하고 거기 속함으로써 끝나는 것처럼 보인다. 그 정신적인 어떤 것은 영원한 것이 변화하고 무상(無常)한 것에 대립하는 것처럼 이들 다른 정신적 요소들과 대립한다.

장차 골턴(Galton) 식 순환 논리에 의하여 전복될 것을 우려할 것 없이 모든 사람은 자신들이라 부르는 것들로부터 어떤 중심 원리를 골라내야 하며, 누구든 앞에서 언급한 것들이 그 중심 원리에 대한 적절한 일반 서술이란 것을——결국 의미하는 것을 충분하게 정확히 지칭하고 그 원리를 다른 것과 혼동하지 않게 하는 서술——인정할 것이라 나는 생각한다. 그러나 그 중심 원리의 더 핵심에 가까운 부분에 다가가서 더욱 정확하게 그 원리의 성질을 정의하려 하는 순간 의견이 서로 갈리기 시작하는 것을 발견하게 될 것이다. 어떤 사람들은 그 중심 원리가 단순한 활동하는 실체이고 영혼이어서 그 원리를 그런 존재로 의식한다고 말할 것이며, 다른 사람들은 그 원리는 단지 허구에 지나지 않으며 '나(I)'란 대명사로 지칭되는 상상하여 만들어낸 존재라 말할 것이고, 또 이 두 극단적 의견 사이에 중간적인 모든 종류의 의견들이 있다는 것이 발견될 것이다.

우리는 뒤에 가서 이들 모두에 대하여 논의해야 하며 그날의 괴로움은 그날로 족하다. 이제 우리는 그것이 정신적 실체이든 허구적 용어에 지나지 않든 상관할 것 없이 **자기**의 이와 같은 중심핵이 어떻게 **느껴지는가** 하는 것을 가급적 실증적으로 확인하려고 노력할 것이다.

왜냐하면 이 **자기**의 중심부는 **느껴지기** 때문이다. 초월론자들은 그런 중심부가 있다고 말하는 것으로 끝내고, 경험론자들은 그 것이 **덤으로 있는** 것이라 말하는 것으로 그만이지만, 어쨌든 그 자 기의 중심부는 지성으로만 인지되는 단순한 추상적 존재도 아니 고, **단순한** 기억의 합산도 아니며, 우리 귀에 들리는 **단순한** 단어 의 소리만도 아니다. 그 자기의 중심부는 감각을 통하여 직접 알 게 되며, 그 중심부가 현존하는 모든 의식의 순간에, 그리고 그런 순간이 있기만 하면 일생 동안 모든 의식의 순간에 똑같이 완전하 게 현존하는 그 어떤 것이다. 지금 당장 그 자기의 중심부를 하나 의 추상이라고 말하더라도 그 말은 그 중심부가 어떤 일반화된 개 념처럼 개별 경험 속에는 현존할 수 없다는 것을 의미하는 것은 아니다. 이때 추상이란 말은 그 중심부가 의식 흐름 속에서 누구 의 도움도 없이 저절로 발견되는 것이 결코 아니란 것을 의미할 따름이다. 그러나 그 중심부가 발견될 때에는 우리 육신이 느껴지 는 것과 마찬가지로 느껴지고, 육체와 같이 느껴지면 육체에 대한 느낌이 추상적인 것처럼 중심부에 대한 감각 또한 추상적이다. 왜 냐하면 육체도 결코 그것만 홀로 느껴지는 것이 아니라 항상 다른 사물들과 함께 느껴지기 때문이다. 이제 우리는 이 중심을 이루는 **활 동적 자기**로부터 얻는 감정이 무엇으로 되어 있는가 하는 것을 더 정 확하게 말할 수 있는가——아직 존재자로서, 또는 원리로서, 그 활동 하는 자기가 꼭 무엇이라고 말해야 하는 것은 아니지만 우리가 그 런 자기가 존재한다는 것을 알았을 때 우리가 무엇을 **느끼는가**?

나는 나 자신의 경우에 그것을 말할 수 있다고 생각하며, 내가 말하는 것을 만약 일반화한다면 반박에 부딪히기 쉬울 것이기 때문에 (사실 내가 말하는 어떤 부분은 다른 사람에게 해당되지 않을 수도 있으므로) 나는 일인칭으로 서술을 계속하고, 내관해 보고, 내가 기술하는 것을 진실이라 여기는 사람들만 그것을 받아들이게 하고, 그렇지 않은 사람들이 있다면 그들의 요구를 충족시키지 못한 나의 무능을 자인하는 편이 더 좋을 것이다.

　무엇보다 나의 사고에는 욕망에 따르려는 경향과 욕망에 따르지 않으려는 경향인 상호 촉진과 저지, 제동과 해방 작용들이 끊임없이 일어나고 있는 것을 나는 알고 있다. 내가 사고하는 자료 중 어떤 것은 사고가 관심을 가지는 쪽에 걸쳐 있고, 어떤 것은 그 관심에 역행하는 역할을 한다. 이들 대상이 되는 자료들 속에서 얻는 상호 불일치와 상호 일치, 보강과 방해는 뒤로 되돌아가서 그 자료들에 대한 나의 자발적 반응이 되는 환영하거나 반대하는 일, 소유하거나 포기하는 일, 찬성하거나 반대하는 일, 노력을 하고 '네' 또는 '아니오'라 말하는 일들을 끊임없이 만들어낸다. 내 속에 있는 이와 같이 박동하는 내부 생활이 지금 내가 모든 사람들이 사용할 수 있는 용어로 서술한 자기의 중심핵이다.

　그러나 내가 이와 같은 일반적 기술을 떠나서 개별 사례 기술에 매달려 가급적 사실에 가장 가까운 영역에 이르게 되면 나는 활동하는 어떤 순수한 정신적 요소들을 찾기 어렵다. 나의 내관 관찰이 재빨리 회전하여 활동하는 나의 자발성을 표출하는 어느 하나라도 붙잡는 것에 성공한다면, 그때는 나의 내관이 직접 느낄 수 있는 것 모두가 언제나 신체 과정이고 대부분 머릿속에서 일어나는 과정들일 뿐이다. 이들 내관 결과 중에서 애매한 것은 잠시 빼고 나 자신의 의식에서 의심될 수 없이 분명하게 보이는 개별적인 것들만 진술하려고 한다.

우선 주의하고 동의하고 부정하고 노력하는 등의 활동에서는 머릿속에서 어떤 것이 운동하는 것을 느끼게 된다. 대부분의 경우 이런 운동은 상당히 정확하게 기술될 수 있다. 특정 감각 영역에 속하는 관념이나 감각에 주의하면 운동이 일어날 때 마치 그 특정 감각 기관이 적응하는 것처럼 느껴진다. 예를 들어 시각적으로 사고하면 나는 필연적으로 안구에서 압력, 수렴, 확산, 순응 등의 동요하는 움직임을 느낀다. 대상이 놓여 있다고 생각되는 방향이 이 운동의 성질을 결정한다. 나의 의식에서는 그 운동에 대한 느낌이 장차 보이게 될 사물을 받아들일 준비가 되어 있는 태세와 일치했다. 마치 연속하는 외부 사물들을 따라가거나, 또는 달라지는 감각–관념 대열을 뒤쫓아 나의 주의가 한 감각 기관으로부터 다른 감각 기관으로 옮겨갈 때, 내가 의식하는 운동 방향 선으로 나의 뇌가 가득 차 있는 것처럼 보인다.

내가 기억하려 하거나 반성하려 하면 문제되고 있는 운동은 주변 쪽으로 향하지 않고 주변으로부터 내부 쪽으로 오는 것 같으며, 일종의 외부 세계로부터의 **후퇴**처럼 느껴진다. 내가 알아낼 수 있는 한, 이들 운동에 대한 느낌은 수면시 나에게 일어난다고 믿는 것처럼 안구가 실제 바깥쪽과 위쪽으로 회전하는 운동에 기인하며, 이런 안구 회전은 사물에 안구를 고정시키는 것과는 정반대되는 안구 운동이다. 추리해 보면, 나는 막연하게 국재된 일종의 도형을 나의 정신 속에 갖는 경향이 있고, 여러 단편적 사고 대상이 그 도형의 각 점들에 배열되는 것을 발견하며, 또 나의 주의가 이들 단편적 사고 대상의 어느 하나로부터 다른 것으로 왔다 갔다 하여 동요하는 것은 머릿속에서 운동 방향이 교대하는 것으로 가장 뚜렷하게 느껴지는 것을 알 수 있다.[4]

찬성하거나 반대하는 경우, 또 정신적 노력을 할 경우, 그 운동은 더욱 복잡하게 되는 것 같으며, 그런 운동을 서술하는 것이 더욱 어렵다는 것을 알게 된다. 이런 정신 조작에서는 목구멍이 열리거나 닫히는 것이 큰 역할을 하며 그보다는 덜 분명하지만 입에서부터 뒤쪽 콧구멍에 가는 통로를 막는 연구개(軟口蓋) 등의 운동도 역할을 한다. 나의 목구멍은 감각 능력이 있는 밸브와 같아서, 정신적으로 주저하거나 사고 대상에 혐오를 느끼면 즉각 호흡을 가로막고, 비위를 거슬리는 일이 없어지는 순간 재빨리 열려 기도(氣道)와 코를 통하여 공기가 나가게 된다. 이때 공기 운동에 대한 느낌은 나에게는 동의한다는 감정의 강력한 구성 요소였다. 이마와 눈꺼풀 근육의 운동 또한 내 정신에 나타나는 유쾌와 불쾌의 변화에 따라 아주 민감하게 반응한다.

어떤 종류이든 노력하는 경우에는 턱 근육과 호흡 근육의 수축이 이마와 목구멍 근육 수축에 가세하며, 따라서 노력에 대한 느낌은 머리와 상관없이 나타난다고 하는 것이 타당할 것이다. 대상을 환영하거나 거부하는 것이 강하게 느껴질 때에는 언제나 감정이 머리와는 상관없이 나타난다. 따라서 모두 나의 정서 '표현'이 되는 신체의 여러 부분으로부터 감정 집합이 쏟아져 들어오고 나의 진솔한 머리-감정은 이 큰 감정 집합 속으로 삼켜져버린다.

따라서 어떤 의미에서는 적어도 한 인간에게서는 자세히 점검하면 '자기들 중 으뜸가는 자기'는 주로 머리에서, 또 머리와 목구멍 사이에서 생기는 이와 같은 특이한 운동들의 집단으로 구성된다는 것이 발견된다고 진정 말하게 된다. 당장은 이 운동 집단이 자기를 구성하는 모든 것이라고 나는 말하지 않는다, 왜냐하면 내가 이 분야의 내관이 실망감을 줄 만큼 얼마나 어려운가 하는 것을 충분히 알고 있기 때문이다. 그러나 이와 같은 머리 부분의 운동이 내가 가장 뚜렷하게 자각하는 나의 가장 깊숙한 내부 활동 부분이라는 것을 나는 확실하게 느낀다. 아직 뚜렷하게 규정할 수 없는 희미한 부분들도 내 속에 있는 뚜렷한 부분들과 동일하다는 것이 증명되어야 하고, 내가 다른 사람과 동일하다면 정신 활동 또는 정신 활동이란 이름으로 통하는 것에 대한 우리의 모든 느낌은 사실은 신체 운동에 대한 느낌이며, 대부분의 사람들이 이 느낌의 정확한 성질을 간과해 버린다는 결론이 도출될 것이다.

이제 이 가설을 채택한다고 결코 선언하지는 않지만 그 가설이 진실이라면 어떤 결과에 이르게 될 것인가 하는 것을 보기 위해 잠깐 그 가설을 다루기로 한다.

첫째, 관념과 외부로 나타나는 운동과의 중간 사이에 낀 **자기의 핵심부**는 생리적으로는 외부로 나타난 행동 자체와 본질적으로 차이가 없는 행동일 것이다. 만약 가능한 모든 생리 작용을 **적응 작용**과 **실행 작용**으로 구분한다면 핵심적 자기는 적응 작용 집단이라고 간주될 것이고, 보다 덜 심오하고 좀더 유동적인 자기가 활동하는 경우 그 활동은 실행 작용이 될 것이다. 그러나 적응 작용도, 실행 작용도 반사(反射)라는 형식을 따를 것이다. 이 두 작용은 모두 뇌 속에서 서로에게 자극을 보내거나 또는 뇌 외부에 있는 근육이나 다른 부분에 자극을 보내는 감각 과정과 관념 과정의 결과로 생긴 것일 것이다. 적응 작용의 특성은 최소 반사이고, 수가 적고, 쉬지 않고 반복하고, 그 밖의 다른 정신 내용에 큰 동요가 있어도 그 동요 속에서도 일정하고, 또 여러 사물들과 여러 활동들이 의식에 현존하는 것을 촉진시키거나 제지하는 용도 외에는 전혀 중요하지도, 관심의 대상도 되지 않는다는 것이다. 우리는 적응 작용을 의식에 있는 모든 다른 사물들과——경우에 따라 물질적, 사회적 또는 정신적 **'자기'**의 다른 구성 요소들과——강하게 대립되는 시종 일관된 과정 집단으로 알게 되기는 하지만,

적응 작용에 있는 위와 같은 특성들 때문에 내관에서 그 작용의 세부에 우리가 많은 주의를 집중하지 못하게 되는 것은 당연할 것이다. 적응 작용은 대상 작용에 대응하는 반작용이며 1차 반작용(反作用)이다. 적응 작용을 일으키지 못하는 대상이란 없다. 왜냐하면 어떤 특별한 영향을 남기지 않는 대상도 한 순간 이마를 찌푸리게 만들고 목구멍을 막히게 하기 때문이다. 마치 정신에 들어오는 모든 것이 입학시험을 쳐서 합격하거나 낙방하도록 면접을 받아야 하는 것과 같다. 이들 1차 반작용은 문을 열거나 닫는 것과도 같다. 그 1차 반작용은 정신이 변하는 와중에서도 지향 전환(指向 轉換)과 이탈 전환(離脫 轉換)을 하는 영구적 핵심이거나 또는 산출과 중단을 일으키는 영구적인 핵심이며, 자연 그 반작용을 일으키는 데 **적합한** 어떤 외부 소재와 비교해도 중심에 있고 내부에 있는 것으로 보이며 일종의 재정(裁定)하고 결정하는 위치를 차지하여 나(me)를 구성하는 다른 요소들이 차지하는 위치와는 차이가 있다. 따라서 이 1차 반작용을 결론이 생성되는 곳이고 행동이 시발하는 점으로 느끼거나 또는 조금 앞서 개인 생활의 '성채 속의 성스러운 장소'라 부른 것으로 보이게 되어도 놀랄 것 없을 것이다.[5]

실제 1차 반작용이 가장 내부의 성스러운 장소에 있고, 우리가 직접 경험할 수 있는 모든 자기들 중 가장 **궁극적**인 자기라고 한다면, 경험되는 모든 것은 엄격하게 보면 **객체**이며, 이 **객체**가 각각 서로 대립하는 두 부분으로 나누어져 그 하나는 '**자기**'로 실감되고 다른 하나는 '비-**자기**'로 실감되며, 이 두 부분을 넘어 그 두 부분을 안다는 사실 외에는 그 위에 어떤 것도 없고, 사고의 흐름이 거기에 있다는 사실이 이들 두 부분을 경험하는 데 불가결한 주관적 조건이라고 결론짓게 될 것이다. 그러나 사고 흐름이 거기 있다는 경험 조건은 경험하는 순간에 **경험되는 사물**이 아니며, 그 자기와 비(非)자기를 안다는 것도 즉각적으로는 **알려지는 것**이 아니다. 의식 흐름을 알게 되는 것은 뒤에 가서 반성에서만 있게 될 뿐이다. 따라서 사고 흐름은 "사고하는 다른 것과 함께 자신의 존재도 사고하는" 공지자(共知者, consciousness, Ferrier가 말한 바와 같은)가 아니라 '**나**(me)'라고 불리는 것을 만드는 어떤 대상을 사고하며, 자신의 '순수한' **자기**는 다만 추상적으로, 가설적으로, 또는 개념으로만 아는 순수하고 단순한 **지자**(知者, sciousness)의 흐름이라 부르는 것이 더 좋을 것이다. 따라서 사고 흐름의 각 '단면'은 아는 자(知者)의 조각이거나 또는 그 아는 자가 가지는 지식의 조각일 것이며, 연극을 연출할 대상으로서 아는 자의 조각인 '**나**'와 지식의 조각인 '**나 아닌 것**'을 함께 포함하고 사색하지만, 그 단면 자체의 주관적 존재를 포함하거나 사색하지 않는다. 문제되고 있는 아는 자는 사고자일 것이며, 이 사고자의 존재는 우리 자신이 가지고 있다고 자연적으로 믿고 있는 정신 활동을 직접 내부에서 지각하는 것이 아니라 오히려 논리적 가정으로만 우리에게 주어질 것이다. 물리 현상 배후에 있다고 간주되는 **'물질'**이란 것도 이와 같은 종류의 가정이다. 가정된 **'물질'**과 가정된 **'사고자'** 사이를 현상이라는 장막이 왕래하여, 어떤 현상은 ('진실') 물질에 더 많이 속하고 또 다른 현상(허상, 의견, 오류 등)은 사고자에게 더 많이 속하는 동요가 생긴다. 그러나 그 사고자가 **누구**이며 또 얼마나 많은 각기 다른 사고자들이 이 우주에 있다고 가정해야 하는가 하는 것은 모두 앞으로 형이상학이 연구할 주제일 것이다.

이와 같은 사색은 상식(그런 상식은 철학에서 극복할 수 없는 반론은 되지 못한다)에 반대될 뿐만 아니라 **모든** 철학 학파가 지닌 근본 가정과도 모순된다. 유심론자든 초월론자든, 그리고 경험론자든 모두 똑같이 사고 활동을 구체적으로 우리가 계속 직접 지각한다는 것을 인정한다. 그들은 여타의 점에서는 의견을 달리하여도 우리 **사고**가 회의론자들의 손에 의하여 회의될 수 없는 존재라는 것을 서로 다투어 인정한다.[6] 따라서 나는 앞의 몇 쪽에 걸쳐 논의한 것은 본론에서 벗어난 중간 삽입으로 취급할 것이고, 지금부터 이 책의 끝까지 또다시 상식의 길로 되돌아갈 것이다. 이렇게 하는 것은 내가 사고 과정 자체를 직접 자각한다고 계속 가정하고 (지금까지 계속 그렇게 가정했고 특히 앞장에서 그랬듯이) 사고 과정이 대부분의 사람들이 가정하는 것보다 훨씬 더 내부적이고 섬세한 현상이라는 사실을 단적으로 주장한다는 것을 의미한다. 그러나 이 책을 끝마칠 무렵 나는 여기서 잠시 토의된 의문으로 되돌아가서 그 의문이 시사하는 약간의 형이상학적 반성에 몰두할 것이다.

따라서 현재 내가 도달한 단 한 가지 결론은 다음과 같다: 가장 생생하게 느껴지는 가장 내부에 있는 **자기** 부분은 (적어도 어떤 사람들에서는) 대부분 주의와 반성이 결여되어 지각되지 못하고 또 있는 그대로 분류되지도 못한 '적응 작용'에 따른 머리 운동의 집단으로 되어 있다는 것, 또 이런 적응 운동을 넘어 그 운동 이상의 어떤 것이 더 있다는 막연한 느낌도 있다는 것, 그러나 이 느낌도 적응 과정에 따른 미약한 생리 과정에 대한 느낌인가 또는 주체 자체에 대한 느낌, 즉 어떤 객체도 전혀 없는 '그 자체 대상'인 사고에서 얻은 느낌인가 하는 것은 현재로서는 해답되지 않는 의문으로 남겨둘 수밖에 없다——이 의문은 자기란 분할될 수 없는 활동하는 영혼–실체인가 또는 '나'라는 대명사가 인격화된 것인가 또는 자기의 천성에 관해 추측할 수 있는 그 밖의 어떤 다른 것인가 하는 의문과 같이 해답되지 않는 의문이다.

우리는 **자기**의 구성 성분 분석을 아직은 이보다 더 분명하게 진전시킬 수 없다. 따라서 다음에는 자기의 구성 성분들이 일으키는 **자기**에 관한 정서로 넘어가기로 한다.

2. 자기-감정(自己-感情)

(self-feeling)

자기-감정은 **자기-만족**(self-complacency)과 **자기-불만족** (self-dissatisfaction)이 기본이 된다. '자기애(self-love)' 라 불리는 것에 관해서는 약간 더 뒤에 다룰 것이다. 자기-만족과 자기-불만족이라는 1차적 감성에 해당하는 동의어가 우리 언어에는 충분히 많다. 따라서 자만, 자부, 과장, 자존, 오만, 허세 등이 한편에 있고, 또 다른 한편에는 겸손, 비하, 당황, 자신감 상실, 수치, 굴욕, 후회, 모욕감, 개인적 실망과 같은 말들이 있다. 이 두 종류의 대립되는 감정들은 인간 천성에 기본적으로 직접 주어지고 있는 것 같다. 연합주의자들은 이와는 달리 이 두 종류의 자기-감정은 우리 개인의 영화로운 상태나 가치 절하된 상태가 초래하기 쉬운 감각적 쾌나 고통을 신속하게 계산해 생기는 2차 현상이고, 표상된 쾌의 합계는 자기-만족을 형성하고, 표상된 고통의 합계는 자기-만족과 반대인 수치라는 감정을 형성한다고 할 것이다. 우리는 의심할 바 없이 자기-만족을 얻었을 때에는 우리가 한 일에 대한 모든 가능한 보상을 열거하기를 즐기게 되고, 자기-실망의 기분에 잠겼을 때에는 좋지 못한 일을 예감하게 된다. 그러나 단순히 보상을 기대하는 것만으로는 자기-만족을 얻지 못하고, 또 단지 좋지 못한 일을 걱정하는 것만으로는 자기-실망이 되지 않는다, 왜냐하면 자기–감정에는 자기–만족도 자기–불만족도 아닌 평균인 중립적 색채의 감정도 있기 때문이며, 이런 중립적 감정을 우리는 누구나 갖고 있으며 만족이나 불만족을 갖게 하는 객관적 이유와는 상관없는 감정이다. 즉 아주 천하게 자란 사람도 흔들리지 않는 자만심에 충만할 수 있고, 또 인생에서 성공이 보장되고 모든 사람들로부터 존경을 받는 사람도 궁극적으로는 자기 능력에 자신이 없을 수도 있는 것이다.

그러나 정상적으로 자기–감정을 일으키는 유발자는 실제로 성공하거나, 실패하는 것과 이 세상에서 그가 차지하는 지위가 실제로 좋으냐, 나쁘냐 하는 것이라 말할 수 있다. "엄지손가락을 집어넣어 병 속에 있는 자두 열매를 끄집어내고 그는 내가 얼마나 근사한 아이냐라고 말했다." 광범하게 확장된 경험적 **자아**를 가지며, 언제나 성공을 가져다주는 능력이 있고, 지위와 부와 친구와 명성을 갖고 있는 사람은 그가 소년 시절에 갖고 있었을지도 모를 자신에 대한 병적 실망감과 회의감을 다시는 경험하지 않게 되기 쉽다. '이것이 내가 씨를 뿌린 위대한 바빌론(Babylon)이 아닌가?'[7] 이와는 달리 큰 실수를 자주 하고 중년에 이르러 아직도 인생의 고개 밑에서 실패에 파묻혀 있는 사람은 자기 불신에 의해 창백하게 되고 실제는 그의 능력으로 해낼 수 있는 시련에도 위축되기 쉽다.

자기–만족과 자기–비하라는 정서 자체는 독특한 종류의 정서

여서, 예를 들어 분노나 고통과 마찬가지로 원초적인 정서 종류로 분류될 만하다. 이들 각 정서는 자체의 특유한 신체적 표현을 갖고 있다. 자기-만족에는 신근(伸筋)이 신경 지배를 받아 눈이 힘 있고 빛나며, 걸음걸이가 좌우로 흔들리고 탄력이 있으며, 콧구멍이 커지고, 특징적인 웃음이 입술 위에 떠오른다. 이와 같은 모든 복합적인 증후는 정신병원에서 쉽게 찾아볼 수 있어, 정신병원에서는 항상 문자 그대로 미칠 지경으로 자만에 빠진 환자들이 환상적 표정을 하고 어리석게 점잔을 빼고 뽐내어 흔드는 걸음걸이를 볼 수 있는데, 이것은 이 환자들이 어떤 가치 있는 인간적 성품도 갖고 있지 않는 것과는 비극적으로 대조를 이루고 있다. 우리는 이와 정반대되는 신체 표현이 가장 강하게 보여지는 예를 실망의 성채인 이 동일한 정신병원에서 '용서받지 못할 죄'를 범하여 영원히 길을 잃었다고 생각하고 쭈그리고 앉아 굽실거리며 눈에 띄지 않도록 살금살금 걸어다니며 감히 큰 소리로 말하거나 눈으로 똑바로 우리를 쳐다보지 못하는 선량한 사람들에서 발견한다. 공포나 분노와 마찬가지로 유사한 병적 조건에서도 **자기**에 관한 이들 상반되는 감정은 어떤 타당한 원인이 없이도 일어날 수 있을 것이다. 그리고 우리의 자존심이나 자신감 척도는 합리적인 원인보다는 내장적(內臟的, visceral) 또는 기질적 원인에 의하여, 그리고 친구의 나에 대한 존경심이 변하는 데 상응하는 것이 아닌 원인에 의하여 오르고 내린다는 것을 우리 자신들이 알고 있는 것이 사실이다. 민족에서 이들 정서가 생기는 기원에 관해서는 자기-추구(self-seeking)와 자기-보존(self-preservation)을 다룰 때 언급하는 것이 더 좋을 것이다.

3. 자기-추구와 자기-보존
(self-seeking and self- preservation)

이 말들은 많은 우리의 기본적인 본능 충동을 포괄하고 있다. 우리는 신체적 자기 추구, 사회적 이기주의 및 정신적 이기주의라는 본능적 충동들을 갖고 있다.

일상에서 유용한 모든 반사 작용이나 취식(取食) 운동과 방어 동작은 신체적 자기 보존본능 행동이다. 공포와 분노도 마찬가지로 우리에게 유용한 행동을 촉진시킨다. 자기-추구가 현재 상태를 유지하는 것이 아니라 장래에 대비하는 것을 의미한다면 분노와 공포도 수렵 본능, 소유 본능, 주거 건설 본능, 도구 제작 본능 등과 함께 신체적 자기-추구 충동의 한 종류로 분류되어야 한다. 그러나 여기 열거한 본능들은 구애(求愛), 양친애(兩親愛), 호기심, 경쟁심 등과 더불어 신체적 자기의 발달뿐 아니라 가장 넓은 의미에서의 물질적 **자기**의 발달도 추구한다는 것은 사실이다.

다음 우리의 **사회적 자기-추구**는 직접적으로는 우리의 구애와 친교, 만족시키고 주목과 존경을 받으려는 욕구, 경쟁과 질투, 그리고 영광과 권세와 권력에 대한 선호 등을 통해 진행되며, 간접적으로는 사회적 목표를 달성하는 수단으로 쓸 수 있다고 알고 있는 물질적 자기−추구 충동을 통하여 충족된다. 직접적인 사회적 자기−추구 충동이 순수한 본능이라는 것은 쉽게 알 수 있다. 다른 사람에 의하여 '인정' 받기를 바라는 욕망에서 주목할 만한 것은 그 욕망 강도가 감성이나 이치에 맞는다고 인정할 만하게 계산된 강도 수치와는 거의 상관이 없다는 것이다. 우리는 아주 긴 방문객 방명록을 얻으려고 광분하고, 어떤 사람이 화제에 올랐을 때 "아! 나는 그 사람을 안다" 라고 말할 수 있고, 거리에서 만나는 사람 절반쯤은 인사를 나눌 수 있게 되려고 애를 쓴다. 물론 저명한 친구와 나누는 존경을 표시하는 인사가 가장 소망스럽다. 새커리(William M. Thackeray)는 어디에선가 어느 쪽 팔이든 공작과 팔짱을 끼고 폴몰(Pall Mall) 거리를 걸어가다가 다른 사람과 만나는 것이 그들 누구에게나 야릇한 쾌감을 주지 않는다고 고백해 보라고 독자들에게 요구했다. 그러나 공작도 없고 타인이 부러워하는 인사말도 없는 경우 어떤 사람에게는 거의 모든 것이 쓸모 있어 다른 방도가 없으면 오늘의 '도착과 출발', '개인적 단면', '면접' 등——가십이든 심지어는 추문마저도——어떤 신문 기사 표제에서든 상관할 것 없이 신문에 이름이 실리도록 하는 데 정열을 쏟는 인간 족속이 있다. 가필드(James. A. Garfield)의 암살자 기토(Guiteau)가 활자화되어 그 자신의 악명이 높아지기를 바란 것은 그런 종류의 욕망이 병적으로 진행된 극단적 사례이다. 신문이 그의 정신적 지평을 묶어놓아 교수대에서 이 불쌍한 사형수가 읊은 기도에서 가장 심금을 울린 표현의 하나는 '하나님이시어! 이 나라 신문은 당신이 청산해야 할 큰 청구서를 갖고 있습니다!' 라는 것이었다.

사람뿐만 아니라 내가 알고 있는 장소들이나 사물들도 일종의 사회와 비유되어 나의 **자기**를 확대시킨다. 프랑스의 노동자가 능숙하게 쓸 줄 아는 연장에게 말한 바대로 '**그놈은 나를 안다**(*Ça me connaît*).' 따라서 그들의 의견을 대수롭지 않게 여기는 사람들로부터도 우리는 주목을 받으려 하며, 또 모든 점에서 진실로 위대한 많은 남자들과 진짜 우아한 여인들마저도 그들이 마음속으로부터 멸시하는 성격을 가진 하찮은 놈팽이라도 매혹시키려고 많은 고심을 하게 될 것이다.

정신적 자기-추구라는 표제에는 지적이든 도덕적이든, 또는 좁은 의미에서 정신적이든 정신의 발전을 초래하는 모든 충동이 포함되어야 한다. 그러나 흔히 이와 같은 좁은 의미의 정신적 자기-추구로 간주되는 것들 중 많은 것들이 뒤에 가서는 물질적 자기-추구나 사회적 자기-추구에 지나지 않게 된다는 것을 인정해야 한다. **회교도**들이 천국을 바라는 욕망과 **기독교도**들이 지옥에 빠지지 않으려는 원망 속에는 재물을 탐하는 물질적 측면이 노골적으로 표현되고 있다. 천국에 관한 좀더 긍정적이고 세련된 견해에서 보면 천국에 있는 많은 좋은 것들과 죽은 자가 성자와 친교하는 것, 그리고 **신**의 현신 등은 오직 가장 숭고한 사회적 재화일 뿐이다. 현세에서나 내세에서나 순수하고 더럽히지 않은 정신적 자기-추구로 간주될 수 있는 것은 오직 죄로 오염되지 않고 구제된 내부 천성을 찾는 것일 뿐이다.

그러나 **자기** 생활에 있는 사실을 이와 같이 광범하게 외부에서 개관하는 것은 여러 **자기**들의 상호 경쟁과 갈등에 관한 설명 없이는 완전한 것이 되지 못할 것이다.

상이한 자기들의 상호 경쟁과 갈등
(RIVALRY AND CONFLICT OF THE DIFFERENT SELVES)

대부분의 욕구 대상들에서 물리적 성질은 표상되는 많은 것들 중에서 하나만을 선택하도록 제한하며 그런 제한은 자기들에도 해당된다. 나는 여러 경험적 자기들 중 어느 하나만을 편들고, 나머지 자기는 포기해야 하는 경우에 직면하는 일이 가끔 있다. 나는 될 수 있기만 하면 잘생기고, 몸집이 듬직하고, 좋은 옷을 입고, 위대한 운동 선수이고, 한 해에 백만 달러씩 벌고, 재치 있고, 미식가(*bon-vivant*)이고, 여자를 매혹시키는 사람이고, 철학자이면서도 동시에 박애주의자, 정치가, 무사, 아프리카 탐험가이고,

'표제 음악의 작곡가'와 성자가 되는 것을 마다하지 않을 것이다. 그러나 이런 일은 단적으로 불가능할 뿐이다. 백만장자가 하는 일은 성자가 하는 일과 상반되며, 미식가와 박애주의자는 서로 걸고 넘어지며, 철학자와 여자 유혹자는 같은 토양에서 사이좋게 살아갈 수 없을 것이다. 이와 같이 서로 다른 성품들도 아마 인생의 시초에는 어떤 사람에게나 똑같은 **가능성**이 있는 것들일 수 있었을 것이라고 개념적으로 생각할 수 있다. 그러나 실제 그런 성품 중 어느 하나를 얻으려면 나머지 성품은 다소간 억제되어야 한다. 그리하여 가장 진실하고 가장 강하고 가장 깊은 자기를 찾는 사람은 이들 품성 목록을 조심스럽게 고찰하여 그의 영혼의 구원을 걸 만한 한 가지 특성을 골라잡아야 한다. 이렇게 되면 모든 다른 자기는 실현되지 못하지만 이 선택된 자기의 운명은 실현된다. 이 선택된 자기가 실패하는 것이 실제 실패이고 그 자기의 승리는 실제 승리여서 수치와 기쁨이 따르게 된다. 이것이 내가 앞에서 주장했던 (502–503쪽 참조) 예와 똑같이 정신에 있는 선택 공정을 보여주는 강력한 예이다. 우리 사고는 같은 종류의 많은 사물들 중 어떤 사물이 그 사고에게 진실인가 하는 것을 쉴새없이 결정하게 되며 자기의 경우에도 많은 가능한 자기나 성품들 중에서 하나를 선택하고 따라서 뚜렷하게 자기 것으로 채택되지 않은 자기는 어떤 것이든 실패해도 수치로 간주하지 않는다.

현재 심리학자가 되는 것에 모든 것을 걸고 있는 나는 다른 사람이 나보다 심리학을 더 많이 알고 있다면 마음이 상하게 된다. 그러나 나는 그리스어를 아주 몰라 허우적거린다고 해도 만족한다. 그리스어를 모른다는 것은 나에게 개인적 모욕을 전혀 주지 않는다. 내가 언어학자라는 '자부심'을 갖고 있다면 이와 정반대였을 것이다. 따라서 이 세상에서 둘째가는 권투 선수이고 둘째가는 조타수란 이유만으로 부끄러워 죽을 지경이 된다는 인간적 역설(逆說)이 생긴다. 한 사람을 빼놓고 이 세상의 모든 사람을 때려눕힐 수 있다는 것은 그에게는 무의미하며 그는 이 한 사람을 때려눕히기 위해 '겨루며', 그것이 이루어질 수 없는 한 어떤 것도 그에게는 중요하지 않다. 그의 눈에는 그 자신이 존재하지 않은 것처럼 보이며 사실 그는 존재하지 않는다.

그러나 누구라도 때려눕힐 수 있는 길거리의 하찮은 사람은 권투 선수에게 맞았다고 분하게 생각하지 않는다, 왜냐하면 장사꾼이 말하듯이 그는 이미 오랜 옛날 자기를 '그런 선까지 가져가려는' 시도를 포기했기 때문이다. 시도가 없으면 실패도 없고 실패가 없으면 모욕감도 없다. 따라서 이 세상에서 우리의 자기-감성은 전적으로 우리가 자신을 무엇이 되고 무엇을 하려고 결심하는가 하는 데 달려 있다. 자기-감성은 가정한 가능성과 실현과의 비율에 의하여, 즉 가정된 포부가 분모가 되고 실제 성공이 분자가 되는 분수(分數)치이고 **자존심 = '성공/포부'이란** 공식으로 결정된다. 이와 같은 분수의 값은 분모가 감소하거나 분자가 증가하는 데에 따라 증가할 것이다.[8] 자기 포부를 포기하는 것은 그 포부를 충족시킨 것과 마찬가지로 축복받을 구원이며, 끊임없이 실망을 느끼며 투쟁이 끝이 없는 곳에서는 자기 포부를 포기하는 것이 언제나 사람들이 취하는 일일 것이다. 원죄에 대한 확신과 자기 포부 포기와 선행(善行)에 의한 영혼 구원의 단념을 담고 있는 복음 신학 이야기는 있을 수 있는 전형적인 것들 중에서 가장 심각한 것들이지만 그 밖의 전형적인 것들도 우리는 모든 인생살이에서 찾아볼 수 있다. 어떤 인생 노선에서든 자신이 아무 것도 아니라는 것을 일단 굳게 믿고 받아들이면 이상스럽게도 심정이 아주 가벼워진다. 최종의 냉혹한 '아니오'란 대답으로 거부당한 연인의 운명에는 쓰라림이 **모든 것이 아니다. 경험을 통해 얻어진 것이지 만** (다른 지역에 사는 주민들도 그럴 것이라 생각되지만) 한번이라도 **음악적 자기**를 유지하려는 생각을 포기하고 심포니가 귀찮은 것이라 사람들에게 말해도 수치를 느끼지 않을 수 있다면 보스턴에 사는 많은 사람들은 오늘날 보다 행복한 남녀가 되었을 것이다. 젊어지려는──또는 날씬해지려는──노력을 포기한 날에는 얼마나 유쾌할까! **제발!** 이들 착각이 없어지라고 우리는 말한다. **자기**에게 첨가되는 모든 것은 자랑이자 부담이다. 남북전쟁 당시 무일푼이 된 어떤 사람이 실제 흙바닥에 뒹굴면서 내 생전 이렇게 자유와 행복을 느껴 본 적이 없다고 말했다.

따라서 또 한번 말하지만 자기-감정은 우리가 마음대로 할 수 있는 것이다. 칼라일(Thomas Carlyle)이 말한 바와 같이 "임금을 전혀 요구하지 말라, 그러면 이 세상은 너의 발밑에 있다. **체념을 함**으로서만이 진정한 의미에서 인생이 시작된다고 말할 수 있다고 우리 시대의 가장 현명한 사람이 적어놓았다."

가능성만 있는 자기든 실제 자기든 자기를 건드리지 않는다면 협박해도, 간청해도 사람을 움직일 수 없다. 대체로 자기를 건드려야 우리는 타인의 의지를 '단단하게 잡을 수 있다.' 외교관이나 군왕이나 그 밖에 통치를 하거나 영향력을 행사하기를 바라는 사람이면 누구나 우선 마음을 써야 하는 것은 피지배 상대의 가장 강한 자존심의 원리를 찾아 모든 호소의 지렛대로 삼도록 하는 것이다. 그러나 만약 어떤 사람이 외부에 운명이 달려 있는 사물들을 거들떠보지 않고 그런 사물들을 그 자신의 일부로 간주하지 않는다면 그 사람에게 영향을 미칠 어떤 힘도 우리에게는 없게 된다. 만족을 얻는 스토익(Stoic)의 처방은 자기 힘으로 어떻게도 할 수 없는 것은 사전에 모두 떨쳐버리는 것이다——그러면 행운을 가져다주는 충격이 부지중 비처럼 쏟아져 내릴 것이다. 에픽테토스(Epictetōs)는 이와 같이 하여 우리의 **자기**를 좁히고 동시에 견고하게 만들어 파괴되지 않도록 하라고 훈계한다: "나는 죽어야 한다. 그러나 신음하면서 죽어야 하는가? 나는 옳다고 여겨지는 것을 말할 것이고 독재자가 그렇다면 너를 죽일 것이다라고 말하면 나는 다음과 같이 대답할 것이다; '언제 내가 죽지 않는다고 말한 일이 있는가? 당신은 당신 일을 하고 나는 내 일을 할 것이고 죽이는 것은 당신 소관이고 겁이 없이 죽는 것은 내 소관이며 당신 일은 추방하는 것이고 내 일은 조용히 떠나는 것이다.' 여행할 때 우리는 어떻게 처신하는가? 우리는 키잡이와 뱃사람과 시간을 선택한다. 나중에 폭풍을 만난다. 내가 마음 써야 할 일이 무엇인가? 나는 내가 할 일을 한다. 그 일은 키잡이가 해야 하는 일이다. 그러나 배가 가라앉고 있다. 그때 나는 무엇을 해야 하는가? 나만이 할 수 있는 것은──두려움 없이 비명을 지르거나 하나님을 저주함이 없이 다만 이 세상에 태어난 것은 무엇이든 똑같이 죽어가야 한다는 것을 알고 있는 사람처럼──몸을 물에 빠지게 내맡기는 것이다."[9]

스토익 방식은 때와 장소에 따라서는 효과가 있고 영웅적이지만 다만 습관이 된 영혼의 기분처럼 좁고 무정한 성격 특성을 가진 사람에게만 있을 수 있을 뿐이다. 스토익 방식은 전적으로 배제에 의해 진행된다. 만약 내가 스토익이라면 소유할 수 없는 재물은 나의 재물일 수 없고 그것들이 재물이란 것마저도 거의 전적으로 부정하려는 유혹에 빠진다. 다른 점에서 스토익이 아닌 사람들 중에도 배제와 부정에 의해 **자기**를 보호하는 방법을 우리는 흔히 볼 수 있다. 마음이 좁은 모든 사람은──그들이 안전하게 소유할 수 없는 영역으로부터──**나**(Me)를 굳게 **지키고 후퇴**시킨다. 마음이 좁은 사람들은 아무리 본질적으로 가치 있는 사람들이라도 자신들을 닮지 않은 사람들이나 또는 자신들을 냉정하게 다루는 사람들이나 또는 자신들의 영향이 미치지 못하는 사람들을 적극적인 증오가 아니더라도 싸늘한 부정의 눈으로 본다. 나의 편이 되려고 하지 않는 사람을 나는 존재에서 완전히 제거할 것이고 내가 그렇게 할 수만 있다면 그런 사람은 존재하지 않는 것과 같을 것이다.[10] 따라서 **나**라는 테두리가 어떤 절대적인 것이고 확정된 것일 때에는 그 내용이 작은 것이 위안이 된다.

이와 반대로 동정심이 많은 사람들은 정반대인 확장과 포섭이란 길을 걷는다. 그들의 자기 테두리는 아주 불확정한 것이 보통이지만 내용이 확대된 것이 그 불확정을 보상하고도 남음이 있다. **인간은 누구나 자신과 소외되지 않는다**(*Nil humani a me alienum.*). 나라는 이 작은 인간을 사람들이 경멸하려 하면 경멸하도록 하라. 그리고 나를 개처럼 취급하려 하면 그렇게 하도록 하라. 그래도 나의 육신이 영혼을 담고 있는 한 나(I)는 **그들**을 부정하지 않을 것이다. 내가 현실인 것처럼 그들도 현실이다. 그들에게 조금이라도 긍정적인 선이 있다면 그것은 나의 것이기도 할 것이다 등 등…. 이와 같이 확장된 자기 천성에 있는 너그러움은 때로는 정말 감동적이다. 그런 사람들은 아무리 병들고 천대받고 열악한 상황에 있고 대체로 버림받는 신세일지라도 이 멋진 세상 전체로 보면 없어서는 안 될 부분이며, 무거운 짐수레를 끄는 말과 같은 힘에 동료로서 한 몫 끼고, 젊은 사람들의 행복과 현명한 사람들의 슬기에 한 몫 끼고, 그들 자신도 밴더빌트(Vanderbilt)가(家)나 호엔 촐레른(Hohenzollern)가의 사람들이 누리는 행운에 한 몫 끼거나 자기 몫의 행운이 전혀 없는 것이 아니라고 생각하여 일종의 야릇한 환희를 느낄 수 있다. 따라서 부정하거나 또는 포섭함으로써 **자아**는 자신을 현실 속에 정립하려 할 것이다. 마르쿠스 아우렐리우스(Marcus Aurelius)처럼 '오! 하나님이시여! 나는 당신이 원하는 것은 무엇이든 원합니다'라고 진실로 말할 수 있는 사람은 부정과 장애의 모든 자국이 말끔히 제거된 자기를 갖게 된다——어떤 바람이라도 돛을 채울 수 있다.

여러 자기가 한 사람을 '사로잡고 점거하는' 결과로 맨 밑바닥에 육체적 자기가 있고, 맨 꼭대기에는 정신적 자기가 있으며, 그 중간에 육체가 아닌 물질적 자기들과 여러 사회적 자기들이 있는 위계 척도상에 그 사람의 여러 자존심 차원이 있다는 것에는 상당히 의견이 일치하고 있다. 타고난 우리의 단순한 자기-추구는 이 모든 자기들을 확장하도록 유도할 것이고, 우리는 이들 중 간직할 수 없다는 것을 알고 있는 자기들만을 신중하게 포기한다. 따라서 우리의 비이기심은 '필요에서 생긴 덕목'일 경우가 많으며, 견유학자(犬儒學者, 비꼬는 사람)들이 우리가 이기심에 빠지는 것을 서술하는 경우 여우와 신 포도의 우화를 인용한 것은 전혀 이유 없는 것은 아니다. 그러나 이것은 인류의 도덕교육이며, 대체로 간직할 수 있는 자기들이 본질적으로 가장 좋은 것이라는 결과에 우리가 동의한다면 그런 자기가 지니는 우월한 가치를 그와 같은 우화로 비꼬아 알게 되었다고 불평할 필요는 없다.

물론 이것이 하위 자기들을 고위 자기들에게 종속시키는 것을 우리가 배우는 유일한 방법은 아니다. 직접적인 윤리 판단이 여기에 한 몫 하는 것은 의심할 여지가 없고, 마지막으로, 그러나 가장 덜 중요하지는 않은 것으로, 우리가 원래 타인의 행위에서 일깨워진 판단을 인격체로서의 우리 자신에 적용한다는 것이다. 우리 자신에게 있을 때에는 만족하는 많은 것들도 다른 사람에서 발견되면 역겨워지는 것은 인간의 천성에 있는 가장 이상한 법칙의 하나다. 타인의 신체가 '불결'한 것은 누구도 동정하지 않는다──거의 마찬가지로 타인의 탐욕이나 사회적 허영과 허욕, 그리고 질투나 독재성이나 자랑 등도 동정하지 않는다. 절대적으로 내 멋대로 한다면 나는 내 속에서 번성하는 모든 이런 자연발생적 성향들을 막지 않고 허용할 것이며, 더 나아가 그런 성향들의 종속 관계 차원에 대한 뚜렷한 개념을 형성하려면 오랜 시간이 걸릴 것이다. 그러나 사귀는 사람들을 끊임없이 판단하게 되어 나는 곧 호르비츠(Horwicz)가 말한 것처럼 나 자신의 욕정을 타인의 욕정이라는 거울에 비추어 보게 되고, 내가 단순히 느끼는 것과는 아주 다르게 자신의 욕정을 생각하게 된다. 물론 어릴 때부터 나에게 주입된 일반 도덕은 나 자신에 대하여 반성하고 판단하는 것을 엄청나게 촉진시킬 것이다.

따라서 앞에서 언급한 바와 같이 사람들은 찾을 수 있는 여러 자기들의 값어치에 따라 자기들을 위계척도로 배열하는 일이 일어나게 된다. 어느 정도의 신체적 이기심은 모든 다른 자기의 토대로 요구된다. 그러나 너무 과도한 관능은 멸시되거나 기껏해야 그 사람의 다른 성품 때문에 용납될 뿐이다. 더 광범한 물질적 자기는 직접적인 육체보다는 더 높은 것으로 간주된다. 성공을 위해 약간의 고기와 마실 것과 따스함과 잠도 포기할 수 없는 사람은 가련한 인간으로 평가된다. 또한 사회적 자기 전체는 물질적 자기 전체보다 더 높게 등위가 매겨진다. 우리는 명예, 친구, 인간적 유대 등을 건강한 피부나 재산보다 더 소중하게 여겨야 한다. 그리고 정신적 자기는 아주 최고로 귀한 것이어서 인간은 그런 자기를 상실하기보다 친구나 훌륭한 명성이나 재산이나 생명까지도 기꺼이 포기해야 한다.

각 종류의 물질적 또는 사회적 또는 정신적 자기에서 사람들은 직접적이고 실제적인 것과 원격하고 잠재적인 것을 구별하고, 보다 좁은 견해와 보다 넓은 견해를 구별하며, 이들 짝의 앞의 것은 해롭다 하고 뒤의 것은 장점이 있다고 한다. 전반적 건강을 위해서는 당장의 신체적 쾌락을 포기해야 하며, 장차 얻을 100달러를 위하여 손에 있는 1달러를 버려야 하고, 더 가치 있는 집단의 동료들과 친교하게 된다면 현재 사귀는 사람을 적으로 돌려야 하고, 자신의 영혼 구원을 더 잘 유도하기 위해서는 학문과 품위와 재치도 버리고 살아야 한다.

　이와 같이 넓고 보다 잠재력이 있는 모든 자기들 중에서 잠재적 사회적 자기가 행위에서 어떤 역설로 이르게 되기 때문에, 그리고 우리의 도덕 생활이나 종교 생활과 연결되기 때문에 가장 관심의 대상이 된다. 명예와 양심이란 동기 때문에 내가 가족과 클럽과 주위의 '패거리'로부터 오는 비난을 무릅쓸 때, 또 개신교도가 가톨릭으로 신앙 개종을 할 때, 또 가톨릭이 자유 사상가로 개종할 때, 또 '면허받은 일반의(一般醫)'가 전문의(專門醫)로 전환할 때, 나는 지금 나에게 불리한 선고를 내리는 자들과 다른 더 훌륭한 능력 있는 사회적 판단자를 생각하여 항상 나의 인생 행로는 내부로부터 강화되고, 나의 실제적인 사회적 자기의 손실에도 강인하게 대하게 된다. 따라서 이와 같은 사회 판단자의 결정에 호소하여 얻으려는 이상적인 사회적 자기는 아주 원격한 자기일 것이며, 그런 자기는 있을 가능성이 희박한 자기로 표상되기도 할 것이다. 나는 살아 있는 동안 그런 사회적 자기가 실현될 것을 희망할 수 없을 수도 있으며, 나를 알게 되면 나를 인정할 미래의 세대도 내가 죽어 없어진 다음 나를 알 것이라고 기대조차 하지 않을 수도 있을 것이다. 그렇다 하여도 아직도 만약 나에 대한 사회적 판단을 하는 동료가 있다면 적어도 가능한 가장 높은 판단을 하는 동료가 인정할 만한 가치 있는 이상적 사회적 자기를 추구하도록 나를 유혹하는 정서가 있다는 것을 의심할 수 없다.[11] 이와 같은 자기는 내가 찾는 진실하고 본질적이고 궁극적인 영원한 **나**(Me)이다. 가장 높은 판단을 내리는 판단자는 **신**이며 **절대 정신**이며 '**위대한 지침서**'이다. 현대와 같은 과학 문명 시대에는 우리가 기도의 효과에 관한 많은 토론을 듣게 된다. 기도해도 소용없다는 수많은 이유가 우리에게 제시되는 반면 기도하는 이유들도 그만큼 많이 제시된다. 그러나 모든 이들 논의에는 왜 우리가 기도하느냐 하는 이유, 즉 단적으로 기도하지 않고서는 **배겨내지 못하는** 이유는 거의 제시되고 있지 않다. '과학'이 하는 모든 것은 기도와는 반대되지만 그럼에도 불구하고 인간 정신의 천성이 달라져서 인간이 모든 것을 알고 그 이상은 어떤 기대도 하지 않게 되지 않는 한 인간은 영원히 계속 기도하리라는 것은 있을 수 있는 일인 것 같다. 기도하려는 충동은 인간의 경험적 자기들 중 가장 내면적 자기는 **사회적** 성질의 **자기**이고, 그 사회적 자기는 자신의 유일하게 타당한 **사회성(Socius)**을 오직 이상 세계에서만 발견할 수 있다는 사실에서 생기는 필연적 결과이다.

사회적 **자기**에서 어떤 발전이 있다면 그 발전은 모두 하급 심판 대신 고급 심판을 대치하는 것이고 이상적 심판이 가장 높은 심판이며 대부분의 사람들은 계속하여 또 때때로 마음속에서 그 이상적 심판을 참조한다. 세상에서 가장 천한 부랑자라도 이 고급 심판이 인정하는 바에 의한 진실과 타당함을 스스로 느낄 수 있다.

다른 한편 외부의 사회적 자기가 탈락하고 우리로부터 떨어져 나갔을 때 이상적 자기와 같은 내부 피난처가 없는 세상은 우리 대부분에게는 공포의 나락(奈落)일 것이다. 나는 '우리 대부분에게는' 이라 말했다. 왜냐하면 사람에 따라 이와 같은 이상적 감시자에 대한 감정에 사로잡히는 정도에 차이가 많기 때문이다. 어떤 사람은 다른 사람들보다 이 이상적 감시자에 대한 감정이 그의 본질적 의식의 많은 부분을 차지하고 있다. 이 감정을 가장 많이 갖고 있는 사람들이 아마 가장 **종교적인** 사람들일 것이다. 그러나 그 감시자에 대한 감정을 전혀 갖고 있지 않다고 공언하는 사람들도 실은 자신을 속이고 있으며 어느 정도는 그 감성을 갖고 있다고 나는 확신한다. 다만 군거하지 않는 동물은 그런 느낌을 전혀 갖고 있지 않을 수도 있을 것이다. 아마 정의를 위하여 희생한다는 정의 원리를 어느 정도 자신의 인격에 받아들이고 정의에 따른 희생에 대한 감사를 받을 것이라 기대하지 않는다면 어느 누구도 '정의'를 위해 희생할 수 있는 사람은 없을 것이다. 환언하면 **완전히 사회적 이타**(利他)는 있을 수 없으며 **완전한 사회적 자살**이란 인간 정신에는 거의 일어날 수 없을 것이다. 욥(Job)의 "신이 설령 나를 죽인다 하여도 **그를** 믿을 것이다"라는 성서 구절이나 아우렐리우스의 "하나님이 나와 나의 자식들을 미워한다면 거기에는 그럴 만한 합당한 이유가 있을 것이다"라는 성서 구절마저도 그렇지 않다는 것을 증명한다고 인용될 수는 결코 없다. 왜냐하면 욥(Job)은 희생물을 죽여 바친 다음 여호와(Jehovah)가 그의 경배심을 인정해 줄 것이라는 생각에 빠졌고, 로마 황제는 신의 혐오에 그가 묵종(默從)한 것에 대하여 **절대 이성**(理性)이 결코 무관심하지 않을 것이라 확신하였다는 것이 의심되지 않기 때문이다. 옛날부터 내려온 "**하나님**의 영광을 위하여 흔쾌히 지옥으로 떨어지겠느냐?"라는 신앙 시험에는 마음의 핵심 중 핵심으로부터 그들이 흔쾌히 지옥으로 가겠다는 의지를 신이 '가상하게' 여기고, 또한 측량할 수 없는 **신**의 설계에 의하여 **신**이 그들을 지옥에 보내지 않고 오히려 더 그들을 소중히 여길 것이라 확실하게 느끼는 사람이 아니라면 결코 긍정하는 대답을 하지 않을 것이다.

자살의 불가능성에 관한 이 모든 주장은 인간에게 **긍정적** 동기가 있다는 것을 가정하여 말한 것이다. 그러나 **공포**라는 정서에 사로잡혔을 때 우리 정신 상태는 **부정적**으로 된다. 즉 이때 우리 욕망은 다만 어떤 것이 없어지기를 바라는 것에 한정되고 그 없어지는 것에 무엇을 대치할 것인가 하는 것은 고려하지 않는다. 이런 정신 상태에 있으면 의심할 바 없이 신체적 자살뿐 아니라 정신적 및 사회적 자살에 대한 순수한 생각과 순수한 행동이 있을 수 있다. 그와 같은 때에는 도망치고 없어지기 위해서 무엇을 못하랴! 그러나 그와 같은 자살 광란의 상태는 성질상 병적이며 인간의 **자기** 생활에서 정상적인 모든 것과는 정면으로 상충된다.

'자기애(自己愛)'에서는 어떤 자기가 사랑되는가?
(WHAT SELF IS LOVED IN 'SELF-LOVE'?)

이제 우리는 자기애와 자기-추구에 관한 사실들을 내부에서 약간 더 정교하게 해석하려고 시도해야 한다.

어떤 종류든 자기-추구가 크게 발달된 사람을 이기적(利己的)이라 한다.[12] 다른 한편 자신의 자기보다 타인의 자기가 갖는 이해(利害)를 더 염려한다면 이기적이 아니라고 한다. 이제 그에게 있는 이기적 정서의 가장 친근한 성질이 무엇인가? 또한 그 이기적 정서가 소중하게 여기는 1차 대상은 무엇인가? 우리는 이기적인 사람은 처음에는 한 종류의 사물을, 다음에는 다른 종류의 사물을 자기로서 추구하고 키운다고 기술하였다. 또 우리는 동일한 사실들이라도 그의 눈에서는 관심을 얻게도 잃게도 되고, 또 그를 무관심하게 놓아두기도 하거나 또는 그 사실들에 집착하여 마치 그 사실들이 자신의 일부일 수 있거나 실제 자신의 일부인 것처럼 취급하든가 또는 그렇지 않은가 하는 데에 따라 그에게 승리감을 채워주거나 실패감을 안겨주기도 한다는 것을 알았다. 일반적이고 추상적으로 취하면 어떤 인간이 인생에서 실패하느냐, 성공하느냐 하는 것이 우리에게 얼마나 하찮은 일인가 하는 것을 우리는 알고 있지만——그가 교수형에 처하게 되든 상관할 바 없지만——그 사람이 우리 자신과 같은 이름을 갖고 있는 사람이면 이 경우와 전혀 다른 심각성과 두려움을 얻게 될 것이다. 나(I)는 실패해서는 안 된다는 것이 우리 각자의 가슴속으로부터 울려퍼지는 가장 높은 소리이며 누가 실패하든 상관없지만 적어도 나(I)는 성공해야 한다. 이제 이런 사실들이 시사하는 첫째 결론은 우리 각자는 어떤 것이든 상관없이 오직 있는 그대로 받아들인 순수한 개인적인 자신의 존재 원리를 존중하는 직접적 감정에 의해서 활기차게 된다는 것이다. 마치 모든 이기심은 이 개인 존재 원리를 대전제의 주어로 삼아 만들 수 있는 수효만큼의 삼단논법(三段論法)의 결론에 의하여 구체적으로 명시되는 것 같다. 따라서 무엇이든 나인 것은 귀중하다. 이것은 나이다. 그러므로 이것은 귀중하다; 또 무엇이든 나의 것은 실패해서는 안 된다. 이것은 나의 것이다. 그러므로 이것은 실패해서는 안 된다 등등…. 마치 이와 같은 개인 존재 원리가 접촉하는 모든 것에 가치 있고 친근한 그 자신의 성질을 주입하는 것 같으며 또 마치 접촉하기 이전에는 모든 것이 무관하고 그 자체로는 어떤 관심도 끌지 못하는 것 같으며 또 마치 자신의 육체를 존중하는 것마저도 단순히 육체에 대한 관심이 아니라 그 육체가 나 자신의 것인 한에서만 관심을 가지는 것 같이 보인다고 나는 말한다.

그러나 통속 철학에 따라 그렇게 계속 '망 보고 있다고' 가정되는 내 속에 있는 **'제1자'** 라는 숫자가 붙는 이 추상적 정체(正體) 원리는 무엇인가? 그 원리는 막연하게 느껴지는 '적응 작용'의 집단인 나의 정신적 자기의 내부 핵심 더하기 앞에서 언급한 이보다 아마 더 막연하게 지각될 것이라 생각되는 주체성 자체로 되어 있는가? 그렇지 않으면 그 원리는 내 사고의 구체적 흐름 전체인가 또는 그 구체적 사고 흐름의 어느 한 단면인가? 또는 그 원리는 전통적 고전에 따르면 나의 능력들이 내속(內屬)하는 분할될 수 없는 **영혼-실체**인가? 또는 끝으로 그 원리는 단순한 나(I)라는 대명사인가? 내가 그와 같이 뜨겁게 존중하여 느끼는 자기는 이런 것들의 어느 하나도 아닌 것이 확실하다. 이런 것들 모두가 함께 나의 속에 들어온다 하더라도 아직도 나는 냉정할 것이고 이기심이란 이름 또는 '**제1자**'에 대한 헌신이라는 이름에 걸맞을 만한 것은 보여주지 못할 것이다. 내가 **존중**할 수 있는 자기를 갖기 위해서는 그 자체가 귀중하여 본능적으로 갖고 싶어하고 그것으로부터 우리가 이미 개관한 물질적, 사회적 또는 정신적 자기의 어느 하나라도 만들어내기를 원할 만큼 내 관심을 끌게 하는 어떤 **대상**이 우선 나에게 제공되어야 한다. 그렇게 나에게 감동을 준 자기들의 상호 경쟁과 상호 대치에 관한 모든 사실들과, 그리고 나와 나의 것으로 간주되는 영역의 모든 변천과 확장과 축소는 어떤 **사물**들이 우리 천성의 원초적이고 본능적 충동에 호소하고 반성적 사고 원천에는 의존하지 않는 흥분으로 우리가 그 사물들의 운명에 따른 결과일 뿐이라는 것을 우리는 알게 될 것이다. 이런 대상들을 우리 의식은 원초적인 **나**(Me)의 구성 요소로 취급한다.

이런 대상들의 운명과 연합하거나 또는 그 밖의 어떤 다른 방법으로든 동일한 종류의 관심을 갖고 우리가 따르게 되는 대상들은 어떤 대상이나 나의 원초적 본능에 호소하는 대상들보다 원격하고 우리의 2차 자기를 형성한다. 따라서 어떤 감정을 일으키고 정서 가치를 내포하는 한 **나(Me)**라는 단어와 **자기**란 단어는 **대상에** 대한 지칭어이며, 의식 흐름에 어떤 특수한 종류의 흥분을 산출하는 능력을 갖는 **사물 전체를** 의미한다. 이 명제를 좀더 자세하게 정당화하려고 시도할 것이다.

가장 구체적으로 알 수 있는 인간의 이기심은 그의 육체에 대한 이기심이며 가장 구체적인 자기는 이기심이 관계되는 육체이다. 이제 나는 인간이 육체를 사랑하기 때문에 자신과 육체를 동일시하는 것이며 육체가 자신과 동일시된다는 것을 알기 때문에 육체를 사랑하는 것이 아니라고 말한다. 당연하게 보이는 역사나 인간의 심리를 거꾸로 하면 이런 진실을 우리가 아는 데 도움이 될 것이다. **본능**에 관한 장에서 모든 생명체는 선택적으로 세상의 어떤 부분에 관심을 가지며, 그런 관심은 획득되기도 하고 또 생득(生得)되기도 한다는 것을 알게 될 것이다. **우리가 사물에 관심을 가진다는 것은 그 사물을 사고함으로써 주의와 정서가 자극되고, 그 사물이 현존하여 행위가 일어난다는 것을** 의미한다. 따라서 모든 종속의 동물은 자신들의 먹이나 음식에 관심을 가지고, 자신들의 성적 상대에 관심을 가지고, 자신들의 어린것들에 관심을 가진다.

이런 것들은 그들의 내재적 힘에 의해 관심을 갖게 유혹되며 그들이 관심의 대상이 된다는 것은 그들 자신을 위한 것이다.

그러므로 우리 육체도 결코 이와 다를 바 없다. 우리 육체도 똑같이 객관 세계에 있는 지각 대상이다——이 세계에서 육체는 단적으로 가장 관심이 가는 지각 대상이다. 육체에서 일어나는 일들은 이 '세계'의 어떤 다른 부분으로부터 자극된 것들보다도 더 강력하고 습관적 정서와 행동 경향을 촉발시킨다. 친구가 나의 육체적 이기심 또는 나의 자기애라고 부르는 것은 육체에 대한 나의 관심이 자연발생적으로 드러나는 나의 모든 외부 활동을 합산한 것일 뿐이다. 이 경우 나의 '이기심'이란 내가 외부에 보여준 증세들을 한데 묶는 기술용어(記述用語)에 지나지 않는다. 내가 자기애에 빠져 자리에 앉아 있고 부인들을 서 있게 하거나, 또는 무엇이든 맨 먼저 움켜잡고 이웃을 제쳐놓을 때 내가 실제로 사랑하는 것은 안락한 자리이고 내가 움켜쥔 물건 자체이다. 나는 우선 이런 것들을 마치 어머니가 아기를 사랑하듯, 또 고결한 사람이 영웅적 행위를 사랑하듯 사랑한다. 이 경우와 마찬가지로 이기심이 단순한 본능적 소질의 결과인 곳에서는 어디서나 이기심이란 말은 어떤 반사 활동에 붙인 이름에 지나지 않는다. 어떤 사물은 숙명적으로 나의 주의를 고정하게 하고 나의 '이기적' 반응을 일으킨다. 이와 같은 행위를 모방할 만큼 교묘하게 만들어진 자동 장치가 있을 수 있다면 그 장치도 나와 마찬가지로 이기적이라 불리는 것이 타당할 것이다. 나는 자동 기계가 아니라 사고하는 존재인 것이 진실이다. 그러나 나의 사고는 나의 행동과 마찬가지로 이 경우 외부 사물에만 관심을 가진다. 그 사고는 내부에 있는 어떤 순수한 원리를 알 필요도, 그 원리에 관심을 가질 필요도 없다. 사실 내가 이와 같이 원시적인 '이기심'에 완전하게 빠질수록 나의 사고는 욕정의 대상과 충동에 더욱더 맹목적으로 흡수되고 자신의 내부를 살펴보는 눈길은 더욱더 사라지게 될 것이다. 흔히 순수 **자아**에 대한 의식, 즉 사고자로서의 자신에 대한 의식이 발달되지 않았다고 가정되는 유아는 이런 의미에서 어떤 독일 사람이 말한 바와 같이 '가장 완벽한 이기주의자(*der vollendeteste Egoist*)'이다. 그의 육체와 육체의 요구를 충족하도록 돕는 것들이 그가 사랑한다고 말할 수 있는 유일한 자기이다. 이른바 그의 자기애는 그의 육체와 육체의 욕구를 충족시키는 사물 집단 외에는 모든 것에 그가 무감각하다는 것에 붙인 이름일 따름이다. 어떤 것을 느낄 수 있어 **어떻게든** 변별과 사랑을 하기 위해서는 그에게 순수한 주체성 원리나 영혼이나 순수 자아가 (그에게 사고 흐름이 필요한 것도 확실하다) 필요하다──어떻게 그렇게 되느냐 하는 것은 곧 알게 될 것이지만 그때 그가 사랑할 수 있는 **조건**인 이 순수 **자아**는 그의 사고 대상이 될 필요가 없는 것과 마찬가지로 사랑의 대상이 될 필요도 없다. 만약 그의 관심이 자신의 육체가 아닌 다른 사람의 육체에 온통 쏠려 있다 하더라도, 또 만약 그의 본능이 온통 이타적이고 모든 그의 행위가 자살적 행위라 하더라도, 그래도 그에게는 지금 이야기된 것과 꼭같은 의식 원리를 필요로 할 것이다. 따라서 그런 의식 원리는 그가 보여주는 어떤 다른 성향의 원리도 되지 못하는 것과 마찬가지로 그의 육체적 **이기심**의 원리도 될 수 없다.

육체적 자기애에 관해서는 이만하면 된다. 그러나 다른 사람의 마음속에 그리는 나에 관한 심상에 내가 가지는 관심을 지칭하는 나의 **사회적** 자기애도 나의 사고 밖에 있는 대상 집단에 대한 관심이다. 다른 사람의 정신 속에 있는 사고들은 나의 정신 밖에 있으며 나에게로 '내뿜어진다.' 그 다른 사람의 사고들은 나에게로 왔다가 가고 커졌다 줄어들며 물질적 사물을 추구하여 성공하거나 실패하거나 하는 데 따른 것과 마찬가지로 나는 사회적 자기애의 결과에 따라 자부심으로 부풀어오르기도 하고 수치심으로 얼굴을 붉히게도 된다. 그리하여 사회적 자기애에서도 앞의 육체적 자기애의 경우와 마찬가지로 순수한 자아 원리는 고려 대상이 되지 못하고 국외에 있으며, 다만 내 속에서 고려와 사고를 진행하게 하는 일반 형식 또는 일반 조건으로 존재할 따름이다.

그러나 이 설명은 곧 사실을 왜곡한 설명이라고 다음처럼 반박될 수 있을 것이다. 다른 사람의 정신 속에 있는 나에 관한 심상들은 내 밖에 있는 사물인 것이 사실이며 그 심상이 변하는 것을 나는 다른 외부 사물의 변화를 지각하듯이 지각한다. 그러나 내가 느끼는 자부심이나 수치심은 **이런** 변화와 관계되는 것뿐만이 아니다. 당신의 정신 속에 있는 나에 관한 심상이 나쁜 쪽으로 변한 것을 내가 지각할 때 나는 마치 심상이 속하는 내 속에 있는 어떤 것이 변한 것처럼, 즉 조금 전까지는 내 마음속에서, 크고 강하고 씩씩한 것으로 느껴졌지만 지금은 나약하고 위축되고 일그러진 것으로 느끼게 된다. 수치심을 느끼게 하는 변화는 나에 관한 타인의 심상이 변한 것 자체가 아니라 그 뒤의 내 마음속에 있는 것에서 느끼는 변화가 아니겠는가? 내 속에 있는 이 어떤 것의 상태가 나의 이기적 관심과 나의 자존심의 원 대상이 아니겠는가? 그리고 내 속에 있는 이 어떤 것이 결국 나의 순수 **자아**이고 타인과 나를 구별하는 단지 제1자라는 숫자가 붙는 원리이고 전혀 경험적이 아닌 자신의 부분이 아니겠는가?

그러나 그렇지 않다. 내 속에 있는 그 어떤 것은 그와 같은 순수한 원리가 아니라 또다시 단순히 나의 경험적 자기의 총체이며, 나의 역사적 **나**(Me)이며, 당신의 정신 속에 있는 평가절하된 심상이 '속하는' 객관적 사실들의 집단이다. 어떤 자격으로 내가 당신에게 이와 같은 모멸에 찬 인사 대신 존경하는 인사를 요구하고 요청할 것인가? 그런 존경하는 인사를 요구하는 나는 알몸인 나로서가 아니며 어떤 능력과 재산과 공인으로서의 기능과 분별과 의무와 목표, 그리고 업적과 공적을 갖고 있는 어떤 가족과 '가문'에 속하여 항상 존경을 받았던 나로서이다. 나의 가족이나 가문이 갖는 이런 것 모두를 당신의 모멸에 찬 인사는 부인하고 거역하고 있으며 바로 이런 것이 당신의 대우가 달라질 때 수치를 느끼게 하는 '내 속에 있는 것'이고, 과거에는 왕성했으나 지금은 당신이 취한 행위의 결과 무너져버린 것이고, 확실히 그것은 경험할 수 있는 대상인 것이다. 사실 내가 수치심을 느끼는 동안 나쁜 쪽으로 변용되고 변화되었다고 느끼는 것은 흔히 이런 것보다 더 구체적인 경우가 많다――내가 변했다고 느끼는 것은 단순히 나의 육체적 인격이며 당신의 행위가 내 쪽에 어떤 반성할 만한 여유도 주지 않고 즉각 근육과 선과 혈관의 변화를 일으키고 이런 변화가 합쳐 수치심을 '표현'하게 되는 것이다. 이와 같은 본능적이고 반사적인 수치심에도 우리가 처음에 거론한 좀더 조잡한 경우와 마찬가지로 육체가 전적으로 자기 추구의 운반체가 된다. 단순한 '식탐(食貪)'의 경우 제3자가 '탐욕'이라 생각하고 일종의 '이기심'에서 나왔다고 간주하는 행동이지만, 사실은 한줌의 맛있는 음식에 반사적으로 일어난 행동인 것과 마찬가지로, 수치심에서도 어느 정도 반사적이고 즉각적인 기제에 따라 나는 옆사람이 '수치스럽다'고 말하고, 앞서와 다른 종류이지만 이기심에 기인된다고 간주하는 또 다른 종류의 행동을 당신이 나에게 준 모멸에 의해 일으키게 된다. 그러나 이 두 경우 모두 당신 정신이 **존중**하는 특정한 자기란 없고, 이기심이란 칭호는 다만 그런 반사 활동 자체와 그 반사 활동이 방출되어 생긴 즉각적인 결과로 얻어진

576

감정에 외부에서 덮어씌운 서술적 호칭일 따름일 것이다.

육체적 자기와 사회적 자기 다음에 정신적 자기가 온다. 그러나 내가 실제로 소중히 여기는 것은 어떤 정신적 자기인가? 나의 **영혼-실체**인가? 경험을 초월하는 나의 초월적 **자아** 또는 사고자인가? 나의 나(**I**)라는 대명사인가? 나의 주관 자체인가? 나의 두뇌에서 생기는 적응 작용의 핵심인가? 또는 나의 사랑과 증오, 그리고 의지와 감각 등과 같은 보다 현상적이고 소멸될 수 있는 나의 능력들인가? 확실히 내가 소중히 여기는 것은 뒤의 현상적 능력들일 것이다. 그러나 현상적이고 소멸될 수 있는 능력들은 어떤 원리든 중심 원리에 대해서는 상대적으로 외적이고 객관적이다. 그런 능력들은 왔다가 가곤 하지만 중심 원리는 있는 그대로 남는다——"그렇게 자석은 움직이지만 극점(極點)은 고정된다." 능력들이 정신적 자기애라는 사랑을 받기 위해서는 거기 있어야 하지만 능력들이 거기에 있다는 것과 사랑을 받는다는 것은 같은 것이 아니다.

따라서 종합하면 1차 자기애든 또는 2차 자기애든, 그 어느 것이든 우리가 의식하는 정체 원리에 대한 단적인 사랑이라 가정할 어떤 이유도 우리는 알지 못한다. 자기애는 정체 원리와 비교하면 항상 표면적이고 일시적이며 마음 내키는 대로 취하거나 버리기 쉬운 어떤 것에 대한 사랑이다.

그리고 동물 심리학은 또한 우리 이해에 도움이 되며 자기애가 일시적인 어떤 것에 대한 사랑이 되어야 한다는 것을 우리에게 보여준다. 사실 자기애의 경우 사람이 사랑하는 것이 무엇인가라는 질문에 대한 대답에서 우리는 암암리에 왜 그런 것들을 사랑하느냐 하는 또 다른 질문에 대답하고 있는 것이다.

인간 의식이 인지하는 것 이상의 어떤 것이 아니라면, 또 인간 의식이 연속하여 의식의 시야를 차지하는 어떤 대상에서 선호하는 일부만을 경험하는 것이 아니라면 인간 의식 자체는 오래 존재할 수 없을 것이다. 왜냐하면 어떤 필요에 의한 것인지는 알 수 없지만 이 지구상에 있는 개인의 정신이 각 외양은 그 정신이 속해 있는 신체와의 통합에 따라 조절되고, 그의 신체가 타인으로부터 받는 취급에 따라 조절되며, 또 그의 신체를 도구로 사용하고 신체를 장수하게 하거나 또는 파괴하는 쪽으로 이끌어가는 정신적 소질에 따라 조절되기 때문이다. 따라서 무엇보다도 첫째는 그 자신의 육체이고, 다음이 그의 친구이고, 끝으로 그의 정신적 소질이 인간 각자의 정신이 가장 월등하게 관심을 가지는 **대상**이 **되어야 한다**. 개인 정신은 처음부터 생존하기 위하여 육체적 자기 추구란 본능 형식의 어떤 최소한의 이기심을 가져야 한다. 육체적 자기 추구란 최소의 본능은 장래의 더 정교한 자기-부정이나 이기심에 의한 의식 활동에 대한 근거로 거기에 있어야 한다. 모든 인간 정신은 더 직접적인 길이 없다면 그 정신이 소유하는 순수 **자아**에 대한 관심과는 상관없이 적자생존의 방식에 따라 정신을 속박하는 육체에 강한 관심을 가져야 한다.

또 이와 마찬가지로 타인의 정신 속에 비친 그에 관한 심상에도 자신의 순수 자아에 대한 관심과는 관계없이 관심을 가져야 한다. 나의 생활이 투영된 타인의 얼굴에 나타나는 찬성이나 불찬성의 눈초리에 민감하지 못하면 현재의 나는 존재할 수 없었을 것이다. 다른 사람들에게 던져진 모멸의 눈초리는 나에게는 특별한 영향을 미치지 않는다. 직접이든 간접이든, 나의 정신생활이 오로지 어떤 타인의 행복에 달려 있다면 의심할 바 없이 자연 선택은 지금 나 자신의 사회적 흥망에 민감한 만큼 그 타인의 사회적 흥망에도 민감해야 한다는 사실이 생기게 된다. 이때 나는 이기적이 아니라 자연발생적으로 이타적이 되어야 한다. 그러나 내가 경험적으로 사랑하는 자기가 변해도 현재 인간 조건에서는 일부만 실감되는 이런 경우 나의 순수 **자아**, 또는 순수 사고자는 현재와 꼭 같은 것으로 남을 것이다.

또한 다른 사람의 정신 능력보다 나의 정신 능력이 더 나의 관심사가 되어야 하는 것도 이와 같은 이유에서이다. 내가 나의 정신 능력을 배양하고 소멸되지 않도록 막지 않으면 나는 정신 능력 차원에서는 전혀 존재하지 않는 것이 된다. 그리고 한때 나의 정신 능력을 소중하게 여기도록 했던 법칙과 동일한 법칙이 아직도 내가 그 능력들을 소중하게 여기도록 하고 있는 것이다.

따라서 나 자신의 육체와 그 육체의 요구를 만족시키는 것을 돕는 것은 본능에 따라 결정된 이기적 관심의 원초적 대상이다. 나의 육체의 요구를 만족시키는 것들과 수단으로, 또는 습관적 동반자로 연합함으로써 다른 대상들도 파생적으로 관심의 대상이 될 것이며, 그리하여 수천 갈래로 이기적 정서의 원초 영역은 확대되고 그 경계는 변할 것이다.

이런 종류의 관심이 현실적으로 '나의(my)'란 말의 뜻이다. 그 말이 붙는 것은 무엇이나 나름으로 나(me)의 일부이다. 나의 자식, 나의 친구가 죽으면 현재 그가 간 곳에 나 자신의 일부가 있고, 또 영원히 거기에 있을 것이라 나는 느낀다.

> "왜냐하면 이런 관심을 상실하는 것이 진실한 죽음이고;
>
> 이는 위엄 있는 자의 쓰러짐이며;
>
> 이는 느리지만 확실한 쇠퇴이며;
>
> 별 하나씩 떨어질 때마다 그의 세계는 사라져가기 때문이다."

그러나 어떤 종류의 특수 사물들은 원초적으로 나의 관심의 대상이 되어 **자연인으로서의 나**(me)를 형성한다는 사실이 남아 있다. 그러나 모든 이런 사물들도 사고하는 주체에 대한 **대상**이라 말하는 것이 타당할 것이다.[13] 그리고 어떤 사물이 자연적으로 주체에 대한 대상이 된다는 이 뒤의 사실은 이타적 정열과 이타적 관심이란 사물의 원래 성질로는 있을 수 없는 것이며, 만약 그런 이타적 관심이 어디에서든 존재하는 것처럼 보인다면 그것은 본질적으로 이기심의 사례로 분해될 수 있고 경험에 의하여 위선적 위장을 하도록 배우게 된 2차 산물이어야 한다는 낡아빠진 감각주의 심리학의 신조를 즉각 뒤집는 것이 된다. 만약 동물학적이고 진화론적 견해가 진실이라면 나 자신의 관심과 연결되거나 연결되지 않는 것과는 상관없이 어떤 대상이든 다른 대상과 마찬가지로 원초적이고 본능적으로 정열과 관심을 일으켜서는 안 될 어떤 이유도 없는 것이다. 정열을 방출하는 목표가 무엇이든 정열이란 현상은 모두 기원과 본질에서 동일하고, 실제 어떤 것이 정열을 방출하는 목표가 되는가 하는 것은 다만 사실에 관한 문제일 뿐이다. 내가 자신의 육체를 돌보는 것과 마찬가지로 다른 사람의 육체를 돌보는 것에서 똑같이 매혹되고 또 원초적으로 매혹된다는 것은 개념적으로 생각할 수 있는 것이다. 그와 같은 왕성한 이타적 관심을 막는 유일한 작용은 자연 선택뿐으로, 자연 선택은 개인 또는 그 개인이 속하는 종족에 몹시 해가 되는 것들은 뽑아버릴 것이다. 그러나 이타적 관심과 같은 많은 것들을 자연 선택은 뽑아 버리지 않고 남겨 두고 있다——예를 들어 이성(異性)에 대한 관심이 그렇다, 이 관심은 인간에서는 실용적 필요에 따라 요구되는 것보다 훨씬 더 강한 것 같으며——이성에 대한 관심과 병행하여 우리가 알 수 있는 한에서는 어떤 유용성도 없는 알코올 중독이나 음악에 대한 관심과 같은 것들도 남아 있다. 따라서 동정심의 본능과 이

기적 본능은 동격(同格)이 된다. 우리가 말할 수 있는 한 그런 본능들은 같은 심리적 수준에서 일어난다. 그런 본능들 사이의 유일한 차이는 이기적이라고 불리는 본능이 더 큰 덩어리를 이루고 있다는 것이다.

'순수 **자아** 자체가 존중될 대상이 될 수 있느냐 하는 문제를 논의한 유일한 저술가는 내가 알고 있기로는 호르비츠로 『심리 분석(*Psychologische Analysen*)』이란 그의 극히 유능하고 예리한 책에서 이 문제를 논의했다. 그도 모든 자기-존중이 어떤 객관적 사물에 대한 존중이라 말했다. 그의 주장에 대하여 제기된 어떤 한가지 종류의 반론을 그가 아주 훌륭하게 처리하였으므로 그의 말을 일부 인용하여 결론으로 삼아야 하겠다.

첫째로, 그 반론은:

"자신의 아이들은 언제나 가장 귀엽고 가장 영리한 것으로 여기고, 자기 창고에서 나온 포도주는——적어도 가격에 비해——가장 좋은 것으로 여기며, 자기 소유의 집과 말은 가장 훌륭한 것으로 여긴다는 것은 의심할 수 없는 사실이다. 아무리 작은 일이라도 자기 자신이 베푼 자선 행위는 얼마나 다감한 존경심을 가지고 주의 깊게 되돌아보는가! 우리 자신의 결점과 비행을 알아차렸을 때라도 얼마나 쉽게 '정상 참작'이라는 이유를 들어 빠져나가려고 하는가!

우리 농담은 열 번, 스무 번 되풀이되어도 참지만 다른 사람의 농담은 그렇게 참지 못할 것이며, 우리 자신의 농담은 다른 사람의 농담보다 얼마나 더 웃음을 자아내는 것으로 여겨지는가! 자신의 언변은 얼마나 달변이고 심금을 울리고 강력한 것으로 느껴지는가! 자신의 연설은 얼마나 적절하게 보이는가! 요컨대 어떤 것보다 우리 자신에 관한 모든 것은 얼마나 훨씬 더 지성적이고 고상하며 좋은가! 예술가와 저술가의 자만과 허영의 슬픈 이야기들이 여기에 속한다."

"우리 자신의 모든 것에서 느끼는 이와 같은 뚜렷한 편애가 널리 통하고 있다는 것은 진실로 놀라운 일이다. 어떤 것이 우리에게 즐거움을 주려면 우선 우리가 사랑하는 **자아**가 그 어떤 것에 자신의 색채와 취향을 심어주어야 하는 것 같이 보이지 않는가?…우리 **사고** 생활의 기원이자 중심을 형성하는 우리의 자기 또는 **자아**가 동시에 우리 감정생활의 기원이고 중심 대상이기도 하며, 그 자아가 어떤 개별 관념이나 어떤 개별 감정이 뒤따라 일어나는 근거라고 가정하는 것이 사고나 감성 속에서 아주 일관되게 일어나는 이 모든 현상에 대한 가장 간단한 설명이 아니겠는가?"

호르비츠는 타인에게 있으면 우리가 혐오를 일으키는 많은 종류의 사물도 우리 자신에게 있으면 혐오를 일으키지 않는다고 이미 우리가 지적한 것들을 계속 지적하였다.

"예를 들어 대부분의 우리에게는 타인이 앉았던 의자의 온기와 같은 타인의 체온마저도 불쾌하게 느껴지며 우리 자신이 앉았던 의자의 온기에는 불쾌한 것이 전혀 없다."

몇 마디 더 첨가한 다음 그는 이런 사실들과 그 이유를 다음과 같이 말했다.

"우리는 대부분의 경우 우리 자신의 소유물들은 (그것들이 우리의 소유라는 이유에서가 아니라) 다만 우리가 그것들을 다른 것들보다 잘 알고 보다 친근하게 '실감' 하고 보다 농도 있게 느끼기 때문에 우리를 더 즐겁게 한다고 확신을 가지고 단언할 수 있다. 우리가 갖고 있는 것은 모든 세부와, 그리고 모든 음영에 따라 감상할줄 알지만 타인의 소유물은 우리에게 대강의 윤곽만 보이고 조잡하고 흔한 것으로 보인다. 여기 약간의 예가 있다: 자신이 연주한 한 편의 음악은 다른 사람이 연주했을 때보다 더 잘 들리고 더 잘 이해된다. 우리는 모든 세부적인 것을 더 정확하게 받아들이며 더 깊은 음악적 사고 속으로 뚫고 들어간다. 우리는 그 동안 타인이 우리보다 더 훌륭한 연주가인 것을 완전히 잘 지각할 수 있지만 그럼에도 불구하고——때로는 우리 자신의 연주에서 더 많은 즐거움을 얻는다. 왜냐하면 자신의 연주가 자신의 심금을 울리는 멜로디와 화음을 가져다주기 때문이다. 이 사례는 다른 사례의 자기애에 대

584

한 전형으로 취급될 수 있을 것이다. 더 자세히 점검하면 우리가 소유하는 것에 대한 우리 감정은 대부분 우리가 그 사물에 더 가까이 살고, 따라서 그 사물들을 더 철저하고 깊게 느낀다는 사실에 기인한다는 것을 항상 알게 될 것이다. 나의 한 친구가 결혼하려 했을 때 그의 새로운 집의 꾸밈새에 대하여 시시콜콜 되풀이해 지껄이곤 하여 나를 진력나게 한 일이 많았다. 나는 그처럼 지성적인 사람이 이와 같은 외적 성질의 사물에 그렇게 깊은 관심을 가지는 데 대하여 의아해 했다. 그러나 몇 해 후 나 자신이 똑같은 상황에 놓이게 되었을 때 이런 외적 성질의 사물들이 나에게 전혀 색다른 관심을 가지게 했으며 이번에는 내 쪽에서 쉴새없이 그것들을 뒤적이고 그것들에 관하여 이야기하게 되었다…그 이유는 단순히 이런 것이다. 앞의 경우 그 사물들과 그 사물들이 가정의 안락에 미치는 중요성에 대하여 나는 어떤 것도 이해한 바 없었으며, 뒤의 경우에는 그 사물들이 억제할 수 없이 긴박하게 나에게 다가와서 나의 상상을 생생하게 사로잡았기 때문이다. 자신이 받지 못하면 훈장이나 존칭을 우습게 생각하는 많은 사람들도 이와 마찬가지다. 그리고 이것은 또 확실히 어떤 절대적인 '그것은 나다(c'est moi)'라는 것 때문이 아니라 우리 자신이 연주한 음악에서와 꼭같은 이유 때문이며…우리 자신의 초상화나 거울에 비친 자신의 모습에 특별한 관심을 끌어 찬찬히 보게 되는 이유이기도 하다. 우리 눈에 드는 것은 우리가 가장 잘 아는 것이고 깊게 이해하는 것이다, 왜냐하면 우리 자신이 그것들을 느꼈고 그것들을 통하여 살아왔기 때문이다. 우리는 무엇이 나의 얼굴 주름살을 파놓았으며, 무엇이 나의 그림자를 수척하게 만들었으며, 무엇이 나의 머리를 희게 만들었는가 하는 것을 알고 있으며 다른 사람의 얼굴이 내 얼굴보다 잘 생겼을지 모르지만 내 얼굴만큼 나에게 흥미와 관심을 끌 수 있는 것은 어떤 것도 없다."[14]

그뿐만 아니라 이 저자는 우리 자신이 소유하고 있는 사물들은 그것들이 일깨우는 추억과 그것들이 불러일으키는 진실한 희망과 기대 때문에 타인이 소유하고 있는 것들보다 더 흐뭇하다는 것을 계속하여 보여주었다. 이처럼 가슴을 벅차게 하는 것만으로도 자신에게 속하여 생기는 어떤 가치와는 상관없이 우리가 소유하는 것들은 강조될 것이다. 따라서 우리는 이 저자와 더불어 다음과 같은 결론을 얻을 수 있다. 원래의 중추적 자기-감정은 우리의 자기-존중 정서에 있는 열정적 온기를 결코 설명할 수 없으며, 자기-존중 정서는 반대로 내용이 덜 추상적이고 덜 공허한 개별 사물과 직접 관계한다. 이 개별 사물들에도 '자기'라는 이름이 주어지고 또 그 개별 사물들에 대한 우리 행위에 '이기심'이란 이름이 주어질 것이지만 이런 자기에도, 이런 이기심에도 순수 사고자는 '주역'을 맡지 못한다.

우리의 자기-존중과 관련하여 한 가지만 더 언급할 필요가 있다. 우리는 자기-존중을 지금까지 활동적인 본능이나 정서로만 언급했다. 자기-존중을 냉철한 **지적 자기-평가**로 언급하는 일이 남아 있다. 우리는 다른 사람을 저울질하는 만큼 쉽사리 **나**(Me)도 칭찬과 비난이라는 저울에 올려놓고——어렵지만 꽤 공정하게 ——계량할 수 있을 것이다. **공정한** 사람이란 자기 자신을 공평하게 저울질할 수 있는 사람이다. 공정하게 저울질한다는 것은 호르비츠가 지적한 것처럼 자신의 소유나 자신의 업적이라고 친밀하게 알고 있는 사물들이 우리 상상에 호소할 경우의 생생한 느낌에서 벗어나는 흔하지 않은 능력과 다른 사람의 일도 생생하게 표상하는 똑같이 흔하지 않은 능력을 전제로 한다. 그러나 이와 같은 희귀한 능력이 있다면 타인에 대하여 판단하는 것과 똑같이 자기 자신에 대해서도 객관적이고 훌륭하게 판단을 내리지 않게 될 이유가 없는 것이다. 자신을 부당하게 우쭐하게 느끼든 또는 부당하게 우울하게 **느끼든** 상관할 것 없이 이런 능력을 가진 사람은 다른 사람에게 적용한 외적 규준에 따라 자신을 측정하여 자신의 가치를 **알게** 된다는 것은 진실이며 그가 완전하게 탈피할 수 없는 감정이 남긴 불공정한 것들을 중화시킬 것이다. 자기 측정 과정은 우리가 지금까지 다루었던 본능적 자기-존중과는 관련이 없다. 단지 지적 비교를 한번 사용했을 뿐이고 우리는 더 이상 자기 측정 과정에 머물지 않을 것이다. 그러나 어떻게 순수 **자아**가 단순

구분	물질적 자기	사회적 자기	정신적 자기
자기-추구	신체적 욕구와 본능 장식품 애호, 멋내기, 소유욕, 가옥 건설욕, 집에 대한 사랑 등	즐거움이나 주목 존경 등을 받으려는 욕구 등. 사회성, 경쟁, 선망, 사랑, 명예 추구 야심 등	지적, 도덕적 그리고 종교적 열망, 양심
자기 평가	개인적 허영, 겸허함, 등 부에 대한 자부, 빈곤에 대한 공포	사회적 및 가족적 자부심, 자만심, 속물 근성, 겸손, 수치심, 등	도덕적 또는 정신적 우월감, 순수성 등. 열등감 또는 죄의식

히 평가가 수행되는 운반자로만 보이고 평가되는 대상은 모두 자신의 육체, 자신의 신용, 자신의 명성, 자신의 지적 능력, 자신의 행복, 그 밖의 경우에 따라 어떤 것이든 경험적 성질[15]의 사실이 되는가 하는 것을 주목하기 바란다.

  자기의 경험 생활은 위와 같이 분할된다.

순수 자아
(THE PURE EGO)

위의 도표에 지금까지 언급한 이 장의 주요 결과들을 요약함으로써 나는 현상적 자기의 구성 요소와 자기-존중의 천성에 관해 언급할 필요가 있는 것은 모두 언급했다. 따라서 앞에서 설명을 진전시킬 때 줄곧 대두되었지만 우리가 항상 뒤로 물러나 다음으로 미루지 않을 수 없었던, 어려운 것으로 취급했던 저 개인 정체를 이루는 순수 원리와 이젠 씨름할 준비가 되었다. 흄의 시대 이래 정체 원리는 심리학이 다루어야 할 가장 풀기 어려운 수수께끼라고 간주된 것은 당연하며, 어떤 입장을 견지하든 누구라도 이 수수께끼에서는 큰 적수와 맞서야 하게 되어 있다. **유심론자**처럼 실체(實體)로서의 영혼이나 초월적 통일원리를 주장한다면 정체 원리가 무엇이라는 것을 우리는 실증적으로 설명할 수 없다. 그리고 만약 흄 주의자들처럼 그런 원리를 부정하고 진행 중인 사고 흐름이 전부라고 한다면 뚜렷한 자기성(自己性) 원리에 대한 믿음이 없어선 안 될 부분인 인간의 모든 상식과 상충하게 된다. 이 책의 다음 부분에서 어떤 해결책이 채용되든, 읽는 사람들 대다수를 만족시키지 못하리란 것을 미리 마음에 새겨두는 것이 좋을 것이다. 이 문제에 접근하는 가장 좋은 방법은 우선 개인 정체에 대한 감정인 개인 정체감을 다루는 것이다.

개인 정체감
(The Sense of Personal Identity)

실제로 존재한다고 우리가 알고 있는 사고는 제멋대로 떠돌아다니는 것이 아니어서 각기 어떤 사고자 한 사람에게만 속하고 다른 사고자에게는 속하지 않는다는 것을 앞장들에서 가급적 철저하게 서술하였다. 각 사고는 수많은 사고하는 다른 사고들 중에서 자신의 **자아**에 속하는 사고와 거기에 속하지 않는 사고를 구별할 수 있다. 자신의 자아에 속하는 사고는 온기와 친밀감을 갖고 있지만 자아에 속하지 않은 사고는 이런 것들이 전혀 없고, 다만 냉담하고 낯설 뿐이며, 피를 나눈 친척이 과거로부터 우리에게 인사를 보내고 있는 것처럼 보이지 않는다.

이제 개인이 동일하다는 의식은 주관 현상으로 다루어지기도 하고, 또 객관적 유추로 다루어지기도 하며, 감성으로 다루어지기도 하고, 진리로 다루어지기도 할 것이다. 우리는 어떻게 한 개 사고 단편이 다른 사고 단편을 함께 동일 **자아**에 속한다고 판단할 수 있는가 하는 것을 설명하거나, 또는 그 사고 단편이 내린 판단을 비판하여 그 판단이 얼마나 사물의 천성과 일치하는가 하는 것을 결정할 것이다.

단순한 주관 현상으로서는 사고 단편이 내리는 판단은 그 자체로 특별한 곤란이나 신비로운 것을 제공하지는 않는다. 그 판단은 동일성 판단이란 커다란 종류에 속한 판단이며, 1인칭에서 동일성을 판단하는 것이 2인칭이나 3인칭으로 판단하는 것보다 더 유별난 것은 어떤 것도 없다. '나는 동일한 사람이다' 라고 말하든 '그 철필은 어제 것과 동일한 것이다' 라고 말하든, 지적 조작은 본질적으로 유사한 것 같다. 이처럼 생각하는 것과 반대로 '나도 철필도 동일하지 않다'라고 말하는 것도 마찬가지로 쉬운 일이다.

이와 같이 사물들을 한데 묶어 단일 판단 대상 속에 넣는 것은 물론 모든 사고에 필수적이다. 어떤 관계로 사고에 나타나든 사고속에서는 사물들이 연합한다. 사물들이 한데 속하지 않는다는 결과 판단을 얻는다 해도 사물들을 사고하는 것이 곧 사물들을 연합하여 사고하는 것이다. 지식 자체에 필수적인 (지식이 복합적 대상을 포함할 때에는 언제나) 이런 종류의 주관적 합성은 사물들 속에서 일어나는 객관적 합성이나 또는 객관적 차이나 단절에 대신하는 통일과 혼동되어서는 안 된다.[16] 주관적 합성은 사고가 있기만 하면 있게 마련이다. 진실로 연결이 없는 세계도 그 세계의 부분들을 일시적으로 어떤 의식 맥박의 대상 속에서 통일함으로써만 연결이 없는 세계란 것이 알려질 수 있을 것이다.[17]

따라서 개인 정체감은 이와 같은 모든 사고에 필수적인 단순한 합성 형식이 아니다. 정체감은 사고에 의하여 지각되고, 식적(識的)으로 사고된 사물들로 단언되는 동일성 감각이다. 이때 식적으로 사고되는 사물들은 현재의 자기와 어제의 자기이다. 사고는 이 둘을 모두 사고할 뿐만 아니라 그들이 일치한다는 것도 사고한다. 옆에서 방관하고 비판하는 심리학자는 이들이 동일하다는 사고는 잘못이라는 것을 증명하여 진실한 일치란 없다는 것을 보여줄지도 모른다——어제란 없고, 적어도 어제의 자기는 현재 없고, 어제의 자기가 있다고 해도 여기서 단언되는 것과 같은 동일성은 얻을 수 없거나 또는 충분하지 못한 근거에 따라 단언되었을 것이다. 그 어느 경우든 개인 정체감이란 **사실로서는** 존재하지 않을 것이지만 어쨌든 느낌으로는 존재할 것이고, 그것의 의식은 사고에 의하여 거기 있을 것이며, 심리학자는 여전히 그 정체감을 분석하여 어디에 그 허상이 있는가 하는 것을 보여주어야 할 것이다. 이제 우리는 심리학자가 되어 **나는 어제 있었든 것과 동일한 자기이다** 라고 말할 때 그것이 옳은 것인가 틀린 것인가 하는 것을 알아보기로 한다.

우리가 어제 있었던 것과 동일한 자기라는 말은 과거의 사람들 또는 그 속에 포함된 자기들과 함께 과거 시간을 자리잡게 한다면 옳은 말이고 그럴 듯하다고 할 것이다——이 과거 사고들 또는 과거 자기들이란 이 책 첫머리에서 가정한 원자료들이다. 또한 현재 자기도 그렇게——여러 형식으로 우리가 방금 공부한 그런 현재 자기를——생각한다면 그 말은 또한 옳고 그럴 듯한 말이다. 우리에게 남는 단 하나의 의문은 현재 자기를 정신 속에 있는 어느 하나의 과거 자기와 동일하다고 말할 때 정체감이 무엇을 의미하는가에 관한 문제이다.

우리는 조금 전 온기와 친밀감을 언급했다. 이것이 우리가 찾는 해답을 얻게 해준다. 왜냐하면 우리가 비판하고 있는 사고는 어떤 사고든 현재 자기에 관하여 사고하고 있는 것이고, 그 현재 자기는 온기와 친밀감을 동반하여 알려지거나 느껴지기 때문이다. 물론 이런 것은 **육체** 부분의 자기에도 해당되어, 우리는 육체라는 입체 덩어리 전체를 언제나 느끼며, 그 육체 덩어리는 쉴새없이 개인적으로 내가 존재한다는 느낌을 제공한다. 우리는 내부의 '정신적 자기의 핵심'을 저 희미한 생리적 적응 작용이란 형식으로든 또는 (보편적 심리학적 믿음을 받아들이면) 진행되고 있는 순수한 사고 활동이란 형식으로서든 한결같이 느낀다. 우리의 보다 원격한 정신적, 물질적, 사회적 자기들도 현실로 나타나기만 하면 열광과 온기를 띠고 오게 마련이다. 왜냐하면 그런 자기들에 대한 사고는 어김없이 심장 고동을 빠르게 하거나 호흡을 억제하거나 하는 형식으로 어느 정도 기질적 정서를 초래하고, 또는 아주 미약하지만 그 밖에도 신체의 일반적 긴장에 약간이라도 변용을 초래하기 때문이다. 따라서 현재 자기에 있는 '온기'라는 특성은 다음 둘 중——사고할 때 사고 자체에 관하여 우리가 갖는 느낌 속에 있는 어떤 것으로, 또는 그 순간의 신체의 실제 존재에 대한 느낌으로——어느 하나로 환원되거나 또는 끝에 가서는 이 둘 모두에 환원될 것이다. 우리가 사고와 동시에 이 둘 중 어느 한 가지 느낌이라도 갖고 있지 않다면 우리는 현재 자기를 알아차릴 수 없을 것이다. 이 두 가지를 의식 속으로 가져오면 어떤 다른 사실도 현재 자기에 달라붙는 것과 유사한 온기와 친밀감을 동반하여 사고될 것이다.

어떤 **원격한** 자기를 사고해도 이 조건만 충족시키면 온기와 친밀감이 그 사고에 있게 될 것이다. 그러나 원격한 자기가 표상될 때 어떤 자기가 이런 조건을 충족시킬 것인가?

살아 있을 때 그 조건을 충족시켰던 원격한 자기, 오직 그런 자기만이 그렇게 된다는 것은 분명하다. **그런 자기를** 우리는 동물적 온기를 갖고 상상할 것이고, 또 그런 자기에는 사고가 이루어졌다는 여운 또는 향기가 아마 부착되었을 것이다. 그리하여 필연적 결과로 우리는 그런 자기들을 서로 동화하게 만들고, 또 사고할 때 우리 속에서 지금 느끼는 온기와 친밀감이 있는 자기와 동화하게 만들고, 자기들의 집단에서 온기와 친밀감이란 표지를 달지 않은 자기들과 분리할 것이며, 이는 마치 어떤 광활한 서부 초원에 겨울 동안 풀어 방목했던 소떼로부터 봄에 가축을 몰아넣을 시기가 되었을 때, 그 소의 소유주가 자신의 소유라는 특정 소인이 찍힌 모든 소를 골라내어 한데 추려내는 것과 꼭 마찬가지이다.

각 집단 성원들은 서로 떨어져 있더라도 사고되기만 하면 언제나 한데 속해 있는 것으로 느껴진다. 동물적 온기 등등은 집단-표지여서 집단 성원들은 결코 **빠져나갈** 수 없는 낙인이다. 동물적 온기는 염주를 엮는 실처럼 집단 성원들 모두를 관통하여 엮어 그들을 하나의 전체로 만들고, 어떤 점에서는 각 부분들이 **서로** 다르더라도 우리는 전체를 하나의 단위로 취급하게 된다. 이런 특성에 더하여 여러 원격한 자기들이 서로 오랜 시간 **연속된** 것으로 우리 사고에 나타나고, 또 원격한 자기들 중 가장 최근의 자기는 현재 순간의 **자기**와 연속되어 현재 순간의 자기에 점차 녹아들어간다는 또 다른 특성을 첨가하면 우리는 자아들 사이에 더 한층 강한 단결 유대를 얻게 된다. 육체의 구조가 변함에도 불구하고 육체가 계속 우리 눈앞에 있을 때, 또는 육체의 현존이 아무리 방해받더라도 육체 성질이 변하지 않고 되돌아올 때, 우리가 동일한 육체를 본다고 생각하는 것과 마찬가지로 자기들의 경우에도 이와 유사하게 자기들이 나타나면 우리는 동일한 **자기**를 경험한다고 생각한다. 유사하지 않아 분리되는 것들도 서로 계속되면 우리는 하나로 통일하며, 또 계속되지 않아 서로 떨어진 것들도 유사하면 우리는 하나로 통일한다. 그리하여 마침내는 폴(Paul)과 한 침상에서 자고 깨어나 취침 전에 두 사람이 마음속에 간직했던 것들을 상기한 피터(Peter)는 '온기' 있는 관념을 자신의 것으로 재확인하고 소유하여, 그 관념과 폴의 것으로 돌린 저 냉랭하고 창백하게 보이는 관념과는 결코 혼동하지 않을 것이다. 마찬가지로 그가 보기만 하는 폴의 육체와 보고 또 느끼는 자신의 육체를 결코 혼동하지 않을 것이다. 잠에서 깨어나면 우리 각자는 예전과 똑같은 침상이 있다거나 예전과 똑같은 방이 있다거나 예전과 똑같은 세계가 있다고 말하는 것과 마찬가지로 예전과 똑같은 자기가 있다고 말한다.

따라서 우리 자신의 개인 정체감은 현상들 속에서 동일하다는 것을 지각하는 다른 모든 지각과 정확하게 꼭같다. 이는 비교되는 두 현상이 기본적인 점에서 유사하다는 것에 근거하거나 또는 그 현상들이 정신 속에서 연속한다는 것에 근거하여 얻은 결론이다.

그리고 개인 정체감은 이런 근거가 보장하는 것 이상의 것을 의미하는 것으로 취급되어서는 안 되며, 또 모든 차이가 매몰되는 일종의 형이상학적 또는 절대적 **통일성으**로 취급되어서도 안 된다. 비교되는 과거 자기와 현재 자기는 동일한 만큼만 동일하며 그 이상은 아니다. 육체의 존재에서 얻는 한결같은 '온기' 느낌(또는 순수 정신 에너지에서 얻는 똑같이 한결같은 느낌?)은 과거 자기나 현재 자기 모두에게 널리 퍼져서 이 느낌이 자기들에게 **총칭적 통일성**을 제공하여 동일한 종류로 만든다. 그러나 이 총칭적 통일성은 마찬가지로 현실적인 총칭적 차이와 공존한다. 그리고 어떤 관점에서 그 자기들이 하나의 자기라면 다른 관점에서는 그들은 하나가 아니라 여러 자기인 것도 진실이다. 그리고 연속이란 속성도 마찬가지여서 고유한 종류의 통일성을 자기에게 제공하며——완전하게 정해진 현상적 사물로서의 단순한 연결이나 또는 중단의 부재라는 통일성——그 이상은 한 점, 한 획도 더는 제공하지 못한다. '용암시(溶暗視)'에서 중단이 없는 것을 보는 것과 같은 자기들의 흐름에 있는 이 중단의 부재도 결코 더 이상의 어떤 통일

596

성을 의미하지 않으며, 또 다른 점에서는 아무리 다양성이 많아도 조금도 모순되지 않는다.

따라서 우리가 유사와 연속을 더 이상 느끼지 않는 곳에서는 개인 정체감도 사라지는 것을 우리는 알게 된다. 우리는 부모로부터 어린 시절의 여러 가지 일화들을 듣지만 그 일화를 친히 기억하고 있는 것들처럼 갖고 있지는 못한다. 일화에서 버릇없는 행위를 했다고 해도 우리는 얼굴을 붉히지 않으며 근사한 말을 했다 하여도 자기-희열을 가져오지 않는다. 마치 현재 살고 있는 낯선 다른 아이와 자신을 감정적으로 동일시하지 않는 것과 마찬가지로 우리의 현재 자기는 그 일화의 주인공인 어린이를 자신과 동일시하지 않으며 나와는 상관없는 아이로 알게 된다. 왜 그런가? 그 이유의 일부는 커다란 시간 간격이 이들 어린 시절을 모두 단절했기 때문이며――연속되는 기억을 더듬어 그 어린 시절로 거슬러 올라갈 수 없기 때문이다――그리고 또 그 이유의 다른 일부는 그 일화 속의 아이가 어떻게 **느꼈는가** 하는 것에 대한 표상이 일화에 따라 떠오르지 않기 때문이다. 우리는 어린 시절의 자기인 그 아이가 무엇을 말했고 어떤 일을 했는가 하는 것은 알지만 그의 작은 육체와 그의 정서와 그의 정신적 노력 등에 대해 일화 속의 어린아이가 느꼈던 정조(情操)가 떠오르지 않아 우리가 들은 이야기에 온기와 친밀감이란 요소를 주지 못하며, 따라서 현재 자기와 연결할 주요 유대가 없어진 것이다. 우리가 막연하게 회상하는 어떤 경험들도 이와 마찬가지이다. 우리는 그런 경험들을 자신의 것인지, 상상에 불과한 것인지, 또는 책에서 읽었거나 들었을 뿐 그런 경험을 직접 겪지는 않았는지 하는 것을 거의 알지 못한다. 그런 경험에는 동물적 온기가 증발해 버렸고, 그 경험에 수반했던 감정들은 그 경험을 상기할 때 없어졌거나 우리가 지금 느끼고 있는 감정들과 아주 달라서 두 경험이 일치한다는 판단을 결정적으로 내릴 수 없게 된 것이다.

따라서 다른 모든 점에서는 대단히 상이한 것들이지만 경험되는 **감정 연속(連續)** (특히 육체 감정) **부분들 사이의 유사성이 우리가 느끼는 진실하고 검증할 수 있는 '개인 정체'를** 구성한다. 앞장에서 기술한 주관적 의식 '흐름' 속에는 이 정체 외에는 다른 어떤 정체도 없다. 연속체를 이루는 감정 부분들은 서로 다르지만 모든 그런 차이가 있어도 그 감성들은 유사와 연속이란 두 가지로 서로 엮어지고, 만약 그 어느 한 가지 엮음이라도 없으면 통일성이란 의식은 사라진다. 만약 어느 화창한 날 깨어 과거 경험을 하나도 회상할 수 없어 자신의 생활사를 새롭게 배워야 한다면, 또 만약 과거 사실을 냉랭하게 추상적으로 다만 언젠가 확실히 있기는 했던 일이라고 회상한다면, 또 만약 기억이 없어진 것이 아니라도 하룻밤 사이에 그의 육체적 습성과 정신적 습성이 모두 바뀌어 각 신체 기관이 전부 변조되고 사고 활동은 앞서와는 다르게 자신을 알게 된다면, 그는 달라진 사람이라고 느끼고 또 그렇게 말할 것이다. 그는 이전의 **나(me)**를 벗어버리고, 자신에 새로운 이름을 붙이고, 그의 현재 생활을 이전에 있었던 것들 중 어떤 것과도 동일시하지 않을 것이다. 이와 같은 사례는 정신 병리에는 드물지 않지만 우리는 아직 추리를 진전시켜야 할 것이 있으므로 이 장 끝에 이를 때까지 이 사례에 관한 구체적 설명을 하지 않는 편이 좋을 것 같다.

개인 정체에 관한 이 서술이 경험 학파가 공언하는 상투적 원리인 것을 교육받은 독자들은 알아차릴 것이다. 영국과 프랑스의 연합주의자들과 독일의 헤르바르트 학파는 모두 **자기**를 집적체(集積體)로 간주하고, 그 집적체의 부분들은 각각 분리된 사실들로 존재하는 것으로 기술한다. 그 이야기는 그런 대로 좋고, 어떤 더 발전된 것이 진실일지 모르지만 그만큼은 진리이며, 개인 정체의 의미를 뜬구름 같은 혼미 속으로부터 그만큼 건져내어 **자기**를 경험적이고 검증할 수 있는 사물로 만든 것은 흄과 헤르바르트 및 그 후계자들의 불후(不朽)의 영광이다.

그러나 이 문제를 여기서 끝마치고 현행하는 사물을 이처럼 합산하는 것이 전부라고 말한다면 이 저술가들은 **의식의 통일성이란, 다음에 다룰** 보다 미묘한 측면을 무시한 것이 된다.

조금 앞에서 있었던 소떼 비유가 우리에게 도움이 될 것이다. 소의 소유주가 각 동물에 있는 자신의 낙인을 찾음으로써 소들을 같은 무리에 함께 모이게 했다는 것을 기억했을 것이다. 여기서

'소유주'는 우리가 그 동안 정체 판단의 운반자라고 묘사한 의식 '단면', 또는 사고 박동을 상징적으로 의미하며, '낙인'은 판단을 내리는 근거가 되는 온기와 연속성이란 특징을 상징한다. 무리-낙인이 발견되는 것처럼 자기-낙인도 발견된다. 그 점에서 낙인은 각각 어떤 사물들이 함께 속한다는 것을 우리에게 알려주는 표지 또는 원인이다. 그러나 만약 낙인이 소속을 확인하는 근거라면 무리의 경우 소속이 다음 낙인이 찍힐 근거가 된다. 어떤 소유주에 속하지 않으면 어떤 동물도 그 낙인이 찍혀지는 일이 없을 것이다. 소들은 낙인이 찍혀졌기 때문에 소유주의 것이 된 것이 아니라 소유주의 것이기 때문에 낙인이 찍혀지는 것이다. 따라서 최근 사고 맥박에서 단순히 한데 속한다고 표상되어 여러 자기들이 한데 속한다고 기술하는 것은 사실을 뿌리째 뒤엎는 것이며, 무리에서 찾을 수 있는 모든 특징적인 특성 중에서 가장 두드러진 특성을 빠뜨리게 된다——그 특징은 상식으로도 개인 정체 자체 현상에서도 마찬가지로 발견되는 특징으로서 그것을 빠뜨리면 상식은 우리를 엄격하게 힐난(詰難)할 것이다. 왜냐하면 상식은 여러 자기들이 이루는 통일성이란 사실이 있은 다음에나 확인되는 단순한 유사나 연속으로 보이는 것이 아니라고 고집하기 때문이다. 상식은 자기들이 이루는 통일성은 진짜 **소유주**, 즉 어떤 순수한 정신적 본체에 진실로 소속된다는 것을 확신하고 있다. 자기의 구성 요소들이 사고되기 위해 한데 묶여지는 것처럼 정신의 본체와 관계를 맺는 것은 자기의 구성 요소들을 한데 묶는 것이다. 개별 동물들은 같은 낙인을 가지고 있지만 서로 모여 있지는 않다. 각 동물은 우연히 만난 짝들과 함께 돌아다닌다. 목동이나 소유주가 올 때까지는 집단이 형성하는 통일성은 다만 가능성일 따름이고 물리학의 '중력 중심'처럼 무리의 중심 이념일 뿐이다. 소를 몰고 가서 머무르게 하는 실제 집결 중심을 제공하는 것이 소유주이다. 동물들은 각기 개별적으로 소유주에 결부됨으로써 서로 한데 집결하게 된다. 바로 이와 같이 자기의 경우도 실제 소유주가 있어야 하며, 그렇지 않다면 자기들이 '개인의식' 속에서 실제로 집결하는 일은 결코 일어날 수 없을 것이라고 상식은 주장한다. 이 주장은 개인의식에 관한 경험론자들의 상투적 설명에는 만만치 않은 비난이 된다. 왜냐하면 평범한 연합주의는 '오늘날까지' 연속하여 이어진 개인의 모든 사고와 감정이 어떤 알 수 없는 방법에 의하여 '통합되거나' 나름대로 한데 집결하고, 그리하여 융합하여 사고 흐름 속으로 들어간다고 묘사하고 있기 때문이다. **제6장**에서 본 것과 같이 매개 없이도 사물들이 융합한다는 생각에 부착된 모든 이해할 수 없는 것들이 이 개인 정체에 관한 경험론자들의 서술에도 해당된다.

그러나 우리 설명에서는 그 매개가 충분히 지목될 수 있으며, 목동은 한데 집합되는 것들 속에 있지 않고 그 집합되는 것들 어떤 것보다도 우위에 있는 어떤 것이란 형태를 갖추고, 즉 진실로 현존하여 감시하고 기억하는 '판단 사고' 또는 동일한 것을 증명하는 사고 흐름의 '단면'이란 형태로 거기에 있는 것이다. 이 형태가 모이게 하며——살펴본 과거 사실들 중 어떤 것은 '소유'하고 나머지는 버리는——따라서 다만 가능성이란 창공 속에서 떠돌기만 하지 않고 현실화하고 정착시키는 통일성을 만드는 그 무엇이다. 그리고 우리는 지식을 얻는 기능이 있는 이와 같은 사고 박동의 현실을 어떤 것으로부터 연역하려 하거나 설명하려고 하지도 않고 다만 심리학자가 그 존재를 단지 인정해야 하는 궁극적 사실이라고 가정한다는 것을 기억할 것이다.

그러나 이 가정은 많은 것을 만들어내지만 아직 상식이 요구하는 모든 것을 만들어내지는 못하고 있다. **현행 사고가**——나는 당분간 계속 진한 글자로 현존하는 정신 상태를 표기할 것이다——개별 과거 사실들을 서로 묶거나 또는 그 사실들을 사고 자신과 묶어서 만드는 통일성은 **현행 사고**가 거기에 있기 이전에는 존재하지 않는다. 마치 야생 소떼가 새로 터전을 잡은 개척자들이 올가미를 씌운 다음이라야 비로소 소유되는 것과 같다. 그러나 상식에서는 과거 사고들은 결코 야생의 소떼가 아니며 항상 소유되고 있었다는 것이 본질적인 사실이라는 것이다. **현행 사고**가 과거 사고들을 야생 소떼처럼 붙잡는 것이 아니라 **현행 사고**는 생기자마자 과거 사고들이 이미 자신의 소유인 것을 발견한다는 것이다. **현행 사고**가 이전 소유주와 **본질적으로** 일치하지 않는다면——즉 우리 설명에서와 같은 단지 연속이나 유사만이 아니라 **진실한 통일성**이라면——어떻게 이와 같은 일이 가능할 것인가? 사실 사고 흐름 전체와 그 흐름 속에 표상 되는 모든 자기들을 지배하는 **원-자아**(Arch-Ego)라 우리가 한 동안 불렀던 것을 그 통일성 속에 함축된 영원히 자기-동일하며 불변하는 원리로 인정하도록 상식이 우리를 부추기는 것이 사실이다. 곧 알게 되겠지만 **형이상학**에서 내세우는 '**영혼**'과 칸트 **철학**의 '**초월적 자아**'는 상식의 간절한 요청을 충족시키려는 기도에 지나지 않는다. 그러나 적어도 한 동안은 그런 가설 없이도 상식이 주장하는 것과 같은, 결코 무효가 되지 않는 소유권의 출현을 우리는 표현할 수 있다.

왜냐하면 만약 **현행 사고**, 즉 현존하여 판단하는 **현행 사고**가 과거 자기의 이전 소유주와 어떻게든 본질적으로, 또는 선험적으로 일치하지 않지만 단지 이전 소유주의 '칭호'만 상속받아 그의 합법적 대리자가 된다면 어떻게 그럴 수가 있는가? 만약 그의 출생이 다른 소유주의 죽음과 정확하게 시간적으로 일치한다면 **현행 사고**는 과거 자기를 발견하자마자 즉각 그 과거 자기가 이미 자신의 자기인 것을 **발견할** 것이고, 따라서 그 과거 자기는 결코 야생이 아니며 결코 무효가 되지 않는 칭호에 따라 항상 소유되고 있었을 것이다. 우리는 유산으로 원칭호를 이전받음으로써 같은 소떼를 재빨리 소유하는 세대를 길게 이어가는 목축자들을 상상할 수 있다. 자기들의 집단에 대한 '칭호'도 이와 유사하여 한 **현**

행 사고로부터 다른 **현행 사고**로 옮겨가서는 안 되는가?

이와 같은 칭호 이전이 실제 일어나는 것이 의식된다는 것은 명백한 사실이다. 각 인지의식의 박동에 해당되는 **현행 사고**는 사라지고 다른 **현행 사고**가 대치된다. 이 다른 **현행 사고**는 그가 알게 된 사물들 속에서 자신을 선행한 자를 알게 되고, 우리가 앞서 서술한 '온기'를 선행자에서 발견하고 그에 인사하여 "너는 나의 것이며 나와 동일한 자기의 일부이다"라고 말한다. 따라서 선행한 **현행 사고**들을 알고 포함하는 각 **현행 사고**는 그들 선행 현행 사고들이 포함하고 소유했던 모든 것을 받아들이는 최후의 용기(容器)이다——그리고 그것들을 소유하는 자가 최종의 소유자이다. 따라서 각 **현행 사고**는 소유주로 태어나서 소유되어 죽어가고, 그의 **자기**로서 현실이었던 것은 무엇이든 그 자신의 다음 소유자에게 넘겨준다. 칸트가 말한 바와 같이 이것은 마치 탄력 있는 공은 튕기는 운동을 할 뿐만 아니라 그 운동을 알게 되어 처음 공이 그 공의 운동과 그 운동을 아는 의식을 두 번째 공에 이전하고, 이 두 번째 공은 이 두 가지 모두를 자신의 의식 속에 받아들이고 다음 세 번째 공에 그것들을 넘겨주어 마침내는 최종의 공이 모든 다른 공들이 가졌던 모든 것을 가지게 되고 그것을 자신의 것으로 실현시키는 것과 같다. 탄생 중인 사고가 사라져가는 사고를 즉각 취하여 '수용'하는 이와 같은 재주가 대부분의 멀리 떨어진 원격한 자기 구성 요소들을 소유하게 되는 기초가 된다. 최종의 자기를 소유하는 자는 그 최종 자기에 앞선 자기를 소유한다. 왜냐하면 소유자를 소유하는 자는 소유된 것도 소유하게 되기 때문이다.

개인 정체 속에 있는 **검증 가능한** 특징으로서 위에서 간략하게 서술한 것 속에 포함되지 않는 것을 찾아낼 수 없으며, 또 현상이 아닌 어떤 종류의 선험적 **원-자아**가 있다면 그것이 어떻게 이와 다른 결과가 되도록 일을 꾸밀 수 있는가, 또 앞서간 모든 것을 알고 그들을 알면서 껴안아 받아들여야 하는——그렇게 함으로써 전체 과거 의식 흐름의 **대표자**로 자리잡고 마찬가지로 이 정신적 흐름의 어떤 다른 부분이 이미 받아들인 대상들을 다시 받아들여야 하는——의식 흐름의 각 단면이 만들어낸 산물이 아니라면 어떤 다른 결과에 의하여 그 원-자아를 알 수 있는가 하는 것을 생각해 낼 수 없다. 그와 같이 대표자로 자리잡는 것과 그와 같이 받아들이는 것은 완전한 현상적 관계인 것이 분명하다. 다른 **현행 사고**를 알고, 그 다른 **현행 사고**의 **대상**을 알고, 그 다른 **현행 사고**와 그 다른 **현행 사고**가 소유했던 **대상**을 소유한다고 해도 그 **현행 사고**는 완전히 그 다른 **현행 사고**와 구별되는 현상이며, 그 다른 사고와는 거의 유사하지 않으며, 공간과 시간상으로 그 다른 사고와 멀리 떨어져 있을 것이다.

단 한 가지 애매한 점은 **소유하는** 행위 자체이다. 자기의 구성 요소들과 그 요소들과 대립된 구성 요소들을 열거할 때 나는 소유라는 단어를 사용해야 했다. 그리고 재치 있는 독자라면 그때 어떻게 어떤 구성 요소는 탈락되고 소유되지 않으나 다른 구성 요소는 꼭 붙잡아 신봉되는가 하는 것을 듣고 그 구성 요소들이 다른 어떤 것의 수중에 있는 대상이 아니라면 그 소유라는 말은 어떤 의미도 없다는 것을 알아차렸을 것이다. 사물은 자신을 소유할 수 없고, 사물은 그 자체이며 더욱이 사물은 자신을 버릴 수 없다. 소유하거나 버리는 작용원이 따로 있어야 한다. 우리는 그런 작용원을 이미 명명했다. 그것은 여러 '자기의 구성 요소'들을 알고 있는 **현행 사고**이다. **현행 사고**는 인지의 운반자인 동시에 선택의 운반자이며 그것이 선택한 것 중에는 그 '자신의 것으로' 소유하는 것과 배척하는 것이 있다. 그러나 **현행 사고**는 자신에게는 결코 대상이 아니며 결코 자신을 소유하거나 버리지 않는다. **현행 사고**는 자신에게 소유되어 있고, 실제 부착하는 초점이고, 연쇄적 과거 자기가 매달리는 갈고리이며, 유일하게 현실이라고 간주되는 **현재**에 확고하게 뿌리박고, 따라서 과거 자기들의 연쇄를 단순한 관념적인 것으로만 되지 않도록 한다. 그리고 그 갈고리 자체는 즉시 가지고 있는 모든 것과 더불어 과거 속으로 탈락하게 될 것이고, 그런 다음 살아 있는 갈고리 역할을 하게 될 현재의 새로운 **현행 사고**에 의해 대상으로 취급되고 소유될 것이다. 따라서 호지슨(Hodgson)이 말했듯이 현재 순간의 의식은 전체 의식 계열 중에서 가장 어두운 의식이다. 현재 순간의 의식 존재는 즉각 느낄 것이다——직접 내관으로는 그 사실을 확인하기 어렵지만 그 존재를 느낄 가능성은 있다는 것을 우리는 항상 인정하였다——그러나 현재 순간의 의식이 죽고 없어질 때까지는 그 순간에 관하여 우리가 알 수 있는 것이란 없다. 따라서 현재 순간의 의식은 자신에게 소유되는 것이 아니라 오히려 그 순간의 현재 **대상**과 신체, 그리고 사고 작용에 수반하는 **중추적 적응 작용**의 가장 친근하게 느껴지는 **부분**에 소유된다. 이들만이 우리의 개인 정체의 현실적 **핵심**이고, 확고한 현재 사실로 실감되는 개인 정체의 핵심으로서 우리에게 '내가 존재하는 것이 확실한 것처럼 이들 과거 사실도 나 자신의 일부'라고 말할 수 있게 만든다. 개인 정체의 핵심은 **표상된 자기** 부분들이 동화되고 부착되고 엮어지는 핵심이며, **현행 사고**가 사고 작용을 하는 동안 그 자체 전혀 의식되지 못해도 사고의 현재 대상의 '온기' 있는 부분들은 개인 정체감이 머무를 확고한 근거일 것이다.[18] 따라서 심리적 사실로서의 그러한 개인 정체감은 소유와 배척이란 기능을 가지고 있고, 그들 중 어떤 것은 다른 사고가 이미 알고 소유했거나 배척한 대상들을 알고, 또 소유하거나 배척할 수 있는 소멸되는 사고들이 연속한다는 것 외에는 어떤 다른 작용원을 가정하지 않고도 충분히 서술될 수 있다.

그림으로 설명하면 A, B와 C가 각각 그 속에 대상을 간직하고 있는 연속하는 3개 사고를 지칭한다고 하자. 만약 B의 대상이 A이고 C의 대상이 B라고 하면 A, B와 C는 개인 정체감 속에 있는 3

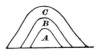

그림 35

개 사고 박동을 지칭할 것이다. 각 박동은 다른 박동과는 약간 다를 것이나 B는 A를 알고 수용하며 C는 A와 B를 알고 수용할 것이다. 이들 각 경험이 지나가면서 흔적을 남기게 되는 동일한 뇌의 연속하는 3개 상태들은 바로 이와 같이하여 서로 다른 사고를 일으키게 될 것이다.

따라서 **현행 사고가 사고자**인 것 같이 보이며 그 배후에 현상으로 나타나지 않는 또 다른 **사고자**가 있을지도 **모르지만** 우리가 아는 한 사실을 표현하기 위해서는 그런 배후에 있는 사고자는 필요하지 않은 것 같다. 그러나 우리가 그런 배후에 있는 사고자가 진실로 존재한다는 것을 증명하기 위해 역사적으로 사용된 이유를 들을 때까지는 그 사고자의 유무(有無)에 관한 결정을 확고하게 내릴 수는 없다.

순수 자기(純粹 自己) 또는 개인 통일성의 내적 원리
(THE PURER SELF OR INNER PRINCIPLE OF PERSONAL UNITY)

우리는 다음 **자아(自我, Ego)**에 관한 이론을 간단하게 살피는 일로 넘어가기로 한다. 그 이론에는 다음과 같은 3종이 있다.

1) **유심론자** 이론(The Spiritualist theory);

2) **연합주의자** 이론(The Associationist theory);

3) **초월론자** 이론(The Transcendentalist theory).

영혼 이론

(The Theory of the Soul)

정신—소자들이 자체적으로 '통합'한다는 이해할 수 없는 이론으로부터 벗어나고, 또 뇌에 있는 물질 단자에 사고가 부착되어 있다는 생리학적으로 있을 수 없는 생각을 모면하는 수단으로 **제6장**에서 우리는 '**영혼**'에 관한 유심론자 이론에 이르게 되었다. 그러나 그 장 끝에서 뒤에 가서 '영혼'을 비판적으로 검토하여 유심론이 아직 설명되지 않는 어떤 법칙에 의해 사고 흐름이 대뇌 활동을 동반한다는 단순한 현상 개념보다 이론으로서 월등하게 우월한 장점을 갖고 있는가 하는 것을 검토할 것이라고 우리는 말했다.

영혼 이론은 통속 철학의 이론이며 체계를 갖춘 상식 철학에 지나지 않은 스콜라 학파 이론이다. 이 이론은 우리에게 있는 개체성 원리가 실속이 있어야 한다고 선언한다. 왜냐하면 정신 현상은 작용이고 구체적 작용원이 없이는 어떤 작용도 있을 수 없기 때문이다. 이 실속 있는 작용원은 뇌일 수는 없고, **물질적이 아닌 어떤** 것이어야 한다. 왜냐하면 그 작용원의 작용인 사고는 물질적인 것이 아니면서 물질적이 아닌 사물을 인지하기도 하며, 또 물질적 사물을 개별적이고 감각적으로 인지할 뿐만 아니라 일반적이고 지적으로도 인지하기 때문이다——이와 같은 작용원의 모든 능력은 뇌를 구성하는 물질들의 성질과는 양립될 수 없는 것들이다. 또 사고는 하나이지만 뇌 활동은 뇌 부분들 각각의 기본 활동들이 합친 것이다. 더 나아가 사고는 자발적이고 자유롭지만 모든 물질의 작용은 **외부에 의하여** 결정되며, 또 의지는 육체에 이롭거나 또는 육체가 바라는 것이라도 모두 외면할 수 있지만 만약 의지가 작용하지 않고 육체만 작용한다면 이런 일은 있을 수 없을 것이기 때문이다. 이와 같은 객관적 이유 때문에 정신생활의 원리는 물질적이 아니고 단일하면서도 실속이 있어야 하는, **영혼**이라 불리는 것이어야 한다. 주관적 이유에서도 똑같은 결론이 얻어진다. 우리의 개인 정체 의식은 본질적으로 단일하다는 것을 우리에게 확신시켜 주며 우리가 본 바와 같이 자기를 구성하는 여러 요소들을 소유하는 소유주인 **원−자아**는 잠정적으로 가능한 것으로만 개념화했지만 우리의 자−의식이 그의 존재를 직접 우리에게 알려주는 진실한 본체이다. 따라서 물질적 작용원은 어떤 것이든 돌아가서 **자신**을 파악할 수 없다——물질 작용은 항상 작용원이 아닌 다른 어떤 것을 파악한다. 그리고 만약 뇌가 자신을 파악하면서도 또

자—의식을 가질 수 있다면 뇌는 자신을 뇌로 의식할 것이고 전혀 종류가 다른 어떤 것으로 의식하지는 않을 것이다. 그러므로 **영혼** 은 단일 실체로 존재하며 그 실체 속에 여러 정신 능력과 정신 조작과 정신 감응이 내속(內屬)한다.

만일 **실체**가 무엇인가라고 묻는다면 단 한 가지 대답은 실체는 자존적(自存的, self-existent) 존재, 또는 그 속에 내속할 다른 주체를 필요로 하지 않는 존재라는 것이 유일한 대답이다. 근본적으로 실체를 규정할 수 있는 유일한 실증적 요건은 **존재**이며 설명하기 어렵지만 그 의미를 우리 모두는 잘 알고 있는 것이고, 또 **영혼**은 개체적(個體的) 존재이며 만약 영혼이 무엇이냐라고 물으면 우리에게 있는 자기를 들여다보라는 대답만을 받게 되고, 어떤 추상적 해답보다 직접 통찰함으로써 더 잘 알게 될 것이다. 사실 많은 사람들은 자신의 내부 존재에서 얻는 지각을 단일한 활동적인 실체 일반이란 우리 개념을 꾸며내게 하는 **원형**(原形, original proto-type)이라 생각한다. 단일하다는 성질과 실체라는 성질을 **영혼**이 가지게 되어 영혼은 불후(不朽)하고 **사멸하지 않으며**——**신**의 직접적인 의지 **명령**이 아니면 어떤 것도 영혼을 소멸시킬 수 없다—— 한번 행한 일에는 언제나 **책임**을 진다.

이와 같이 영혼을 보는 실체론자들의 견해는 주로 플라톤과 아리스토텔레스의 견해이다. 이 견해는 중세기에 이르러 형식이 정교하게 완전히 갖추어졌다. 이 견해는 홉스(Thomas Hobbes), 데카르트, 로크, 라이프니츠, 울프(Wolf), 버클리(Bishop George Berkeley)에 의해 신봉되었고, 모든 현대 사상 중 이원론, 또는 유심론, 또는 상식학파들이 옹호하는 견해이다. 칸트는 이 견해를 지지했으나 곧 그 견해가 실증적 결과를 연역해 내는 전제로는 성과가 있다고 생각하지 않았다. 칸트의 후계자인 절대관념론자들은 이 견해를 포기한다고 공언했다——어떻게 그 견해를 포기하게 되었는가 하는 것을 곧 검토할 것이다. 이제 우리 자신이 이 견해에 대하여 어떻게 생각할 것인지 결정하기로 하자.

주관적 의식 현상을 실제 나타난 대로 표현하기 위해서는 영혼이란 전혀 필요하지 않다. 우리는 영혼의 도움을 받지 않고도 다른 사고들과는 본질적으로 다르지만 다른 사고들 각각을 인지하고 그 내용을 '소유' 하는 하나의 사고 흐름을 가정하여 모든 주관적 의식 현상들을 공식화하였다. 적어도 독자들에게 이미 이와 같은 공식화가 있을 수 있다고 생각하도록 만드는 일에 성공하지 못하였다면 그 이상 무엇을 첨가해도 독자들을 확신시킬 가망이 없는 것 같다. 따라서 정신생활에 나타나는 통일성과 정체와 개성과 비물질성 등은 오로지 현상적이고 일시적 사실이며, 현재의 **현행 사고** 또는 사고 흐름의 '단면' 보다 더 단일하거나 실체적인 작용원을 끌어들일 필요가 없는 것으로 설명될 수 있다. 우리는 **현행 사고**가 떼어낼 수 있는 부분(434~435쪽 참조)을 가지고 있지 않다는 의미에서 단일하고 유일무이하다고 알고 있으며——아마 그것이 영혼에 관하여 단언되는 유일한 단일성일 것이다. 현재의 **현행 사고**는 존재하며——적어도 **영혼**을 믿는 모든 사람들이 그렇게 믿는다——만약 **현행 사고**가 '내속'하는 다른 **존재**를 갖고 있지 않다면 **현행 사고** 자체가 '실체'여야 한다. 만약 **이와 같은** 종류의 단일성과 실체성이 모두 **영혼**에 관하여 단언된다면 현재의 **현행 사고**를 작용원이나 소유주와 같은 것으로 취급할 때 우리는 이미 부지불식간에 영혼에 관하여 줄곧 이야기하고 있었던 것 같이 보일 것이다. 그러나 **현행 사고**는 소멸되는 것이고 불멸하거나 불후하는 것이 아니다. **현행 사고**를 계승하는 사고들은 계속적으로 그 사고를 계승하고, 그 사고와 유사하고, 또 그 사고를 소유하지만 계승하는 자들은 그 **현행 사고**가 아니다, 그러나 **영혼-실체**는 고정된 불변하는 것으로 가정된다. **영혼**이란 항상 현재의 **현행 사고** 배후에 있는 어떤 것이라 이야기되며, 현상 차원이 아닌 차원에 존재하는 또 다른 종류의 실체를 의미한다.

　제6장 끝에서 동시에 여러 뇌 과정들이 영향을 미친다고 가정되는 실체로, 그리고 이들 여러 뇌 과정의 결합된 영향에 사고라는 단일 박동으로 반응하는 실체로 우리가 **영혼**을 받아들였을 때, 한편으로 정신-소자들이 통합된다는 이론으로부터 벗어나고, 또 다른 한편 있을 수 없는 뇌 단자(單子)의 주장으로부터 벗어나기 위해서이다. 그러나 (앞서의 언급이 있은 다음 모든 것을 살펴본 지금) 우리가 첫째, 사고 박동이 뇌 과정에 단순하게 대응한다는 공식과

둘째, **영혼** 속에 있는 사고 박동이 뇌 과정에 대응한다는 공식의 두 뇌 공식을 취하여 비교할 때, 우리는 실제는 동일한 사실을 두 번째 공식이 다만 첫 번째 공식보다 더 우회적으로 표현했을 뿐인 것을 알게 된다. 따라서 있는 그대로의 사실은 **뇌가 작용할 때 사고가 일어난다**는 것이다. 유심론의 공식은 뇌 과정의 영향을 받기 위해 거기에 있는 영혼으로부터 그 뇌 과정이 사고를 두드려낸다고 한다. 이것보다 더 간단한 공식은 사고가 단순히 **나타난다**고 말하는 것이다. 그러나 더 음미하면 영혼이 사고를 **가능하게 하는 근거**라는 것 외에 어떤 실증적 의미를 가지는가? 그리고 '두드려낸다'는 것은 **가능성을 현실로 결정하는 것**이 아니고 무엇인가? 그리고 이것은 결국 뇌 과정이 일어날 때 사고가 생기는 것은 사물의 천성에 근거가 있다는 우리 믿음에 일종의 **구체화된 형식**을 제공하는 것이 아니고 무엇인가? 만약 세속에서 말하는 **영혼**이 이와 같은 주장을 표현한 것으로 이해된다면 영혼이란 말은 사용해도 좋은 말이다. 그러나 영혼을 이와 같은 주장을 충족시키는 것 이상의 일을 하는 것으로——예를 들어 일어난 사고와 생겨난 뇌 과정을 합리적으로 연결하고 이들 두 이질적 천성 사이를 지적으로 매개하는 일——간주한다면 영혼이란 말은 허상과 같은 용어이다. 사실 **실체** 일반이란 말에 해당되는 것은 **영혼**이란 말에도 해당된다. 현상이 **실체** 속에 내속한다고 말하는 것은 사실은 단순히 현상의 존재가 진리의 전부라는 개념에 반대하는 항의를 표시한 것에 지나지 않는다. 현상을 넘어서는 그 **이상**이 되는 어떤 것이 없다면 현상 자체가 있을 수 없다고 우리는 주장한다. 현상을 넘어서는 그 이상이 되는 것에 우리는 **실체**라는 잠정적인 이름을 붙인다. 그리하여 현재의 경우 우리는 확실히 현행 사고와 현행 뇌 상태가 공존한다는 단순한 사실을 넘어선 그 이상의 것이 있다는 것을 인정해야 한다. 그러나 '현상을 넘어서는 그 이상의 것이 무엇이냐?'라는 물음에 그것은 뇌 상태가 영향을 주는 '영혼'이라고 말한다면 우리는 그 물음에 대답한 것이 아니다. 이런 종류의 현상을 넘어서는 그 이상의 것은 어떤 것도 **설명**하지 못하며, 형이상학적인 설명을 일단 시도하게 되면 우리는 너무 어리석어 갈 수 있는 끝까지 가지 못하게 된다. 나로서는 형이상학적으로 현상을 넘어서는 그 이상의 것을 정의하려 하는 순간, 우리 모두에게 있는 세속적 생명 원리(anima mundi)인 사고라는 개념이 모든 난점이 있음에도 불구하고 수많은 절대적 개체 영혼들이 존재한다는 가설보다 훨씬 더 유망한 가설이라는 것을 발견한다고 자인한다. 그 동안 **심리학자**로서 우리는 형이상학적으로 될 필요가 전혀 없었다. 현상이면 그만이고, 진행 중인 **현행 사고** 자체가 **검증할 수 있는** 유일한 사고자이며, 궁극적으로 우리가 알 수 있는 법칙은 **현행 사고**가 뇌 과정과 맺는 경험적 연결이다.

영혼이 필요하다는 것을 증명하려는 그 밖의 논의에도 마찬가지로 우리는 귀를 기울이지 않을 것이다. 자유 의지 주장으로부터 파생된 영혼에 관한 논쟁은 다만 자유 의지를 신봉하는 사람들만을 확신시킬 수 있을 뿐이며, 그들조차도 적어도 우리의 '**현행 사고**'와 같은 일시적인 정신적 작용원에도 그들이 가정하는 **영혼**과 같은 영생하는 작용원과 마찬가지로 자발성이 있을 수 있다는 것을 인정해야 할 것이다. 이와 같은 것은 인지되는 사물들에 관한 논쟁에도 해당된다. 뇌는 보편적인 것과 비물질적인 것, 또는 뇌의 '**자기**'를 인지할 수 없다고 하더라도 우리 설명에서 우리가 의존하는 '**현행 사고**'는 뇌와 밀접하게 연결되는 것 같지만 그 자체 뇌는 아니며, 결국 뇌가 인지할 수 있다면 왜 뇌는 어떤 종류의 사물을 다른 종류의 사물과 마찬가지로 인지하지 않는가 하는 것을 우리는 충분하게 알지 못한다. 어떻게 한 사물이 **어떤 다른 사물을** 인지할 수 있는가 하는 것을 아는 데에는 아주 큰 어려움이 있다. 인지하는 자에게 **영혼**이란 이름을 붙인다 해도 이런 어려움은 조금도 제거되지 않는다. **유심론자**들은 다른 방법으로 알게 된 영혼의 속성으로부터 정신생활의 어떤 속성도 연역해 내지 못한다. 그들은 단지 정신생활에 이미 마련되어 있는 여러 특성들을 발견하고 그 특성들을 **영혼** 속에 밀어넣고 "자! 이런 특성들이 흘러나온 원천을 보라!"라고 말한다. 이 '설명'에는 다만 특이한 언어만 있다는 것이 분명하다. 이렇게 불러낸 **영혼**은 현상들을 더 잘 알게 하기는커녕 현상이란 형식을 빌어 영혼 자신을 알아보게 할 수 있게 할 뿐이다──영혼은 만약 묘사된다면 우리가 알고 있는 의식 흐름을 복사하는 초월적인 의식 흐름으로 묘사되어야 한다.

전적으로 **영혼**이란 호지슨 박사에 의하면 '당신이 **전혀** 알지 못하는 그 무엇이 다른 모든 것들을 설명한다' 라는 위대한 격언을 신봉하는 부류의 철학하는 자들이 만들어낸 것이다.

로크와 칸트는 여전히 영혼을 믿기는 했지만 우리가 알고 있는 영혼에 관한 개념을 파괴하는 일을 시작했다. 쇠퇴한 현대 유심론 철학이나 이원론 철학에 속하는 저술가들은——우리 사이에서 자주 그렇게 불리는 스코틀랜드 학파——영혼을 모른다고 자진하여 선언하고, 오로지 이미 우리가 주장한 바와 같은 검증 가능한 자기-의식의 현상에만 관심과 정성을 쏟았다. 예를 들면 웨일런드(Wayland) 박사는 그의 『지식 철학의 요체(*Elements of Intellectual Philosophy*)』라는 저서를 "**정신**의 본질에 관하여 우리는 어떤 것도 알지 못한다"란 문구로 시작하고 계속하여 다음과 같이 말했다. "정신에 관하여 우리가 긍정할 수 있는 것은 다만 그것이 지각하고, 반성하고, 기억하고, 상상하고, 의욕하는 **어떤 것**이라는 것이 전부이지만 이런 에너지를 발휘하는 것이 무엇인가 하는 것을 우리는 알지 못한다. 우리가 정신의 존재를 의식하는 것은 이런 에너지의 활동을 의식할 경우뿐이다. 정신은 다만 자신이 지니는 능력을 발휘함으로써만 이런 에너지들의 존재를 인지하게 된다. 그러나 정신이 지니는 능력들이 인지되어도 그 능력들을 단언하는 본질에 관한 지식을 우리는 얻지 못한다. 이 점에서 정신에 관한 우리의 지식은 물질에 관한 우리의 지식과 정확하게 유사하다." 우리가 정신도 물질도 알지 못한다는 두 무지(無知)의 유사는 스코틀랜드 학파에서 즐겨 쓰는 말이다. 철학에서 군더더기를 좋아하는 사람들이라면 마음이 내키면 호의적인 믿음을 주겠지만 그렇지 않은 사람들은 누구나 자유롭게 무시하고 배척할 수 있는 '불가지'라는 단일한 무지로 이 두 무지를 묶어 하나로 합치려면 다만 한 걸음만 더 나가면 된다.

따라서 **영혼설**은 실제 검증되는 의식 경험에 관한 사실을 설명하려고 할 경우에는 전적으로 군더더기이다. 따라서 확고한 과학적 이유로는 누구도 영혼설을 찬동하도록 강요될 수 없다. 영혼설은 여기서 멈출 것이며 보다 실질적인 필요 때문이 아니라면 독자들이 자유롭게 영혼설을 선택하도록 내맡길 것이다.

이 실질적인 필요 중 첫째는 **영생**이며 **영혼**의 단일성(單一性)과 실체성(實體性)이 영혼의 영생을 확고하게 보장하는 것 같다. 영혼의 본질 속에 포함될 것이라고 우리가 알고 있는 사고 '흐름'은 어떤 순간에라도 완전하게 정지될 수 있지만 단일한 실체는 불멸이며, **창조자**가 직접 기적을 행하여 사멸시키지 않는 한 자체의 타성에 의하여 **존재**를 지속할 것이다. 이것이 유심론자들이 믿는 신념의 강점인 것은 의심할 여지가 없다——사실 모든 철학에 통용되는 시금석은 "철학이 내세에 대하여 어떤 의미를 가지는가?"

라는 문제이다.

그러나 더 자세히 살펴보면 **영혼**은 우리가 **관심을 가지는** 그런 종류의 영생을 보장하는 것이 아니다. 철학자들이 실체를 **영원하게** 존재하는 원자와 같은 단일한 것으로 받아들이는 것은 대부분의 인간에게는 진심으로 그들이 바라는 최종의 목표가 되지 못할 것이다. 영생에 대한 우리의 희망을 고취하기 위해서는 실체가 현재의 의식 흐름과 계속되는 의식 흐름을 일으켜야 하지만 실체 **자체가** 존속하는 것만으로는 그런 의식 흐름을 일으킨다고 보장하지는 못한다. 그뿐만 아니라 우리의 일반적 도덕관념이 발전하는 데 있어 우리 조상들이 영생에 대한 희망을 실체에 있는 단일성에 근거를 두게 된 사정에는 어떤 우스꽝스러운 것이 있었다. 오늘날 영생에 대한 요구는 본질적으로 목적론적이다. 우리는 자신이 불사(不死)하기에 **적합**하다고 믿기 때문에 자신의 영생을 믿는다. 사물의 성질이 우리가 합리적이라고 믿고 있는 것처럼 합리적으로 조직되었다면, 살아남을 가치가 없으면 어떤 '실체'도 사라져야 하고, 만약 살아남을 가치가 있으면 실체가 아닌 어떤 '흐름'도 영속해야 한다고 우리는 생각한다. 실체든 실체가 아니든, 영혼이든 '흐름'이든, 로체(Lotze)가 영생에 관하여 말한 것은 인간의 예지가 말할 수 있는 거의 모든 것을 말하고 있다.

"세계라는 말의 의미에 영생이란 개념이 속하고 있는 한 모든 피조물들은 영생할 것이지만 세계의 이행 국면에서만 현실성이 정당화되는 모든 것은 사멸할 것이라는 일반적 관념론의 믿음 외에는 영생을 결정하는 어떤 다른 원리도 우리는 갖고 있지 않다. 이 관념론적 믿음의 원리는 더 이상 사람의 손을 대는 것을 용납하지 않는 것은 말할 나위도 없다. 어떤 존재에 영생에 대한 요구를 받아들여서 얻는 장점도 어떤 다른 존재에 그런 요구를 받아들이지 않아 생기는 단점도 우리는 알지 못하는 것이 확실하다."[19]

둘째로 영혼-실체가 필요하다는 주장은 **신**에 대한 우리의 법적 책임에서이다. 로크는 동일한 **실체**가 뒷받침하든 안 하든, **의식**의 통일성이 개인을 동일한 사람으로 만든다고 말하고, 또 최후의 심판을 하는 날, **신**은 개인이 기억하지 못하는 것에 대해서는 책임을 묻지 않을 것이라고 말하여 물의를 일으켰다. 따라서 신의 '영광'을 높일 수 있는 인과응보를 내릴 기회를 망각이 신으로부터 빼앗는 것이 되어 이는 명예롭지 못하다고 생각되었던 것이다. 이런 생각은 확실히 사변적으로 **영혼**을 보존하게 되는 훌륭한 근거가 된다——적어도 충분한 인과응보를 바라는 사람들에게는 그렇다. 기억이 없는 단순한 의식 흐름은 심판의 날에 전에 있었던 전능한 영혼과 똑같은 '책임'을 질 수는 없을 것이다. 그러나 조상들보다 신의 인과응보를 덜 욕심내는 현대 독자들에게는 영혼이 필요하다는 주장이 예전만큼 확신을 주지 못할 것이다.

620

영혼의 한 가지 큰 용도는 각 개인의식의 폐쇄된 개체성을 항상 책임지는 동시에 그 개체성을 보장해 주는 것이다. 한 영혼에 있는 사고들은 통일되어 하나의 자기를 만들어야 하고, 모든 다른 영혼에 있는 사고들과는 영원히 절연되어야 한다고 가정되었다. 그러나 각 개인의 의식은 통일성이 법칙이지만 적어도 어떤 개인에서는 여러 사고들이 쪼개져 나가 분리된 자기를 형성하기도 한다는 것을 우리는 이미 알기 시작하였다. 다른 개인의식과의 절연 (絕緣)도 오늘날 그 어느 때보다 훌륭한 권위자들이 주장한 사고─전이(thought-transference), 최면 영향(mesmeric influence) 및 정신─통제(spirit-control) 등과 같은 현상에서 보면 지나치게 확신하는 것은 성급한 것 같다. 우리 개인의식이 보여주는 확실한 폐쇄적인 성질은 아마 여러 조건들에서 얻는 통계적인 평균적 결과인 것 같으며 근본 능력이나 근본 사실은 아닌 것 같다. 따라서 누구든 **영혼**을 보존하기를 원한다면 영혼을 근본 능력이나 근본 사실이라 간주하는 영역으로부터 논의를 끌어내는 일이 적을수록 더 좋을 것이다. 우리의 자기(self)가 대체로 잘 해나가고 실제로 폐쇄된 개성으로 유지되고 있는 한 로체가 말한 바와 같이 왜 그것으로 충분하지 못한가? 그리고 접근할 수 없는 형이상학적인 방식으로 우리의 개체성이 **존재**한다는 것이 왜 그렇게 자랑할 만한가?[20]

따라서 실체인 **영혼**에 관한 나의 최종 결론은 그런 영혼을 설명하고 보증하는 것은 어떤 것도 없다는 것이다. 영혼의 연속적 사고만 영혼에 관하여 알 수 있고 검증할 수 있는 유일한 것이며, 이들 연속적 사고와 뇌 과정과의 상관관계를 결정적으로 확인하는 일이 심리학이 경험적으로 할 수 있는 한계이다. 형이상학적인 관점에서도 그런 상관관계에는 합리적 근거가 있다고 주장할 수 있는 것이 사실이고, 만약 **영혼**이란 단어가 단지 이와 같은 막연하고 불확실한 근거를 의미하는 것으로 받아들여질 수 있다면 그 말은 배척받을 이유가 없다. 그러나 문제는 영혼이란 말이 실증적용어로는 매우 믿기 어려운 불확실한 것들의 근거를 제공한다고 공언하는 데 있다. 따라서 나는 이 책의 나머지 부분에서 **영혼**이란 단어를 거리낌 없이 버릴 것이다. 만약 내가 **영혼**이란 단어를 사용한다면 아주 막연하고 가장 통속적 의미에서 사용할 것이다. 그러나 **영혼**이란 관념으로부터 위안을 얻는 독자는 계속 영혼을 믿는 데 주저할 필요가 없다. 왜냐하면 우리의 추리는 영혼이 존재하지 않는다는 것을 확인한 것이 아니라 영혼이 과학의 목적에는 군더더기라는 것을 증명했을 뿐이기 때문이다.

다음에 우리가 넘어갈 순수 **자기**에 관한 이론은 연합주의자 이론이다.

연합주의자 이론

(The Associationist Theory)

로크는 동일 실체가 연속하는 두 의식을 가질 수 있고, 또 동일 의식이 한 개 이상의 실체에 의하여 뒷받침된다는 가설을 세움으로써 연합주의자 이론이 탄생할 소지를 마련했다. 그는 **자기**의 통일성이 중요하고 검증할 수 있는 것이며, 다양한 **의식**이 존재하는 한 형이상학적 또는 절대적 통일성이란 의미 없는 것으로 독자들이 느끼도록 하였다.

흄은 다양한 의식이 실제로 얼마나 위대한가 하는 것을 보여주었다. 유명한 『인간 본성론(*Treatise on Human Nature*)』의 **개인 정체**에 관한 장에서 그는 다음과 같이 적고 있다.

"어떤 철학자들은 **자기**라 불리는 것을 순간마다 친밀하게 의식하고, 자기의 존재와 그 연속성을 느끼며, 또 논증된 증거 이상으로 자기의 완전한 정체와 단일성을 확신한다…불행하게도 모든 이와 같은 긍정적인 언명들은 바로 그 언명들을 변호하는 경험과는 상충되며, 또 우리는 여기에서 설명되는 것과 같은 양식의 **자기**에 대해서는 어떤 관념도 갖고 있지 않다…실제 관념을 일으키는 것은 모두 어떤 단일 인상이어야 한다…만약 어떤 인상이 **자기**란 관념을 일으킨다면 그 인상은 우리가 일생을 살아가는 동안 변하지 않고 동일하게 연속되어야 한다, 왜냐하면 자기란 그와 같이 연속하여 존재한다고 가정되고 있기 때문이다. 그러나 항등(恒等)하고 불변하는 인상이란 없다. 고통과 쾌, 슬픔과 환희, 정열과 관능 등은 서로 시간적으로 연이어지는 것이며 결코 모두 동시에 존재하는 것은 아니다…가장 내밀하게 나 자신이라 부르는 것에 들어갈 때 나는 항상 덥거나 차거나, 밝거나 그늘지거나, 사랑하거나 미워하거나, 고통스럽거나 유쾌하거나 하는 것과 같은 어떤 특정 지각에 부딪히게 된다. 나 자신을 붙잡으면 언제든지 반드시 어떤 지각을 가지게 되며, 그 지각 외에는 어떤 것도 관찰할 수 없다. 깊은 잠에 빠졌을 경우와 같이 나의 지각이 없어질 때에는 언제나 그 시간 동안 나 자신을 느낄 수 없으며 나는 존재하지 않는다고 말하는 것이 진실일 것이다. 또 죽어서 모든 지각이 사라지고 신체가 붕괴된 다음에 사고할 수도 없고, 느낄 수도 없고, 사랑할 수도 미워할 수도 없게 된다면 나는 완전히 소멸될 것이며, 그 이상 나를 완전하게 무(無) 존재로 만들기 위하여 또 무엇이 요구될 것인가 하는 것을 나는 생각해 내지 못한다. 만약 진지하고 편견 없이 반성하여 어떤 사람이 이와 다른 자신에 관한 개념을 가진다고 생각한다면 나는 이제 그와 함께 합리적으로 생각할 수 없다는 것을 인정해야 한다. 내가 그에게 허락할 수 있는 것은 다만 그도 나와 마찬가지로 옳을지도 모르지만 우리가 이 특정한 점에서 본질적으로 서로 다르다는 것이다. 아마 그는 자신이라 부를 단일하고 연속하는 어떤 것을 지각할 것이나 나의 내부에는 그런 원리가 없다는 것이 확실하다.

"그러나 이런 종류의 형이상학자들을 제외하고 그 밖의 세상 사람들에게는 나는 그것들이 감히 생각할 수 없을 만큼 신속하게 서로 연속하고 영원한 유동과 운동 속에 있는 여러 **지각들의 묶음, 또는 집단에 지나지 않는다**고 감히 확언할 것이다. 안와(眼窩) 속에서 우리 눈이 움직이면 우리가 얻는 지각은 반드시 달라진다. 우리의 사고는 눈으로 보아서 얻는 시각보다 더욱더 변하기 쉽고, 모든 다른 감각과 능력들도 사고의 이런 변화에 공헌하며, 영혼의 어떤 단일 능력도 아마 한 순간이라도 변하지 않고 동일하게 머무는 일은 없는 것 같다. 정신은 일종의 극장이어서 거기에는 여러 가지 지각들이 연속하여 나타나고 지나가고, 또다시 지나가고 미끄러져 사라지며 한없이 많은 종류의 포즈와 상황을 만들어낸다. 정신이라는 극장에는 본래 한 순간도 단일한 것이 없으며 변화하는 것들속에는 동일한 것이 없다. 즉 그런 동일성과 정체를 상상해야 할 어떤 자연스러운 성향도 없다. 극장의 비유에서 우리는 오도되어서는 안 된다. 그들은 정신을 구성하는 연속적인 지각들일 뿐이고, 우리는 장면을 묘사하는 장소에 대한 어떤 미약한 개념도 갖고 있지 않으며, 그 장소를 꾸미는 자료들에 관한 개념도 전혀 갖고 있지 않다."

그러나 흄은 이와 같은 한 편의 훌륭한 내관 작업을 수행한 다음 어린아이를 목욕물과 함께 쏟아버리듯 옥석(玉石)을 가리지 않고 버리고, 실체론을 주장하는 철학자와 마찬가지로 극단으로 비약하였다. 실체론 철학자들이 **자기**란 추상적이고 절대적인 **통일성**에 지나지 않는다고 말한 것과 꼭같이 흄은 자기란 추상적이고 절대적인 **다양성**이라고 말한다. 그러나 사실은 자기란 통일성과 다양성의 혼합물이며, 우리는 이미 이 두 가지를 아주 쉽게 떼어놓을 수 있다는 것을 알고 있다. 우리는 의식 흐름 속에 있는 대상들 속에서 현재 감정처럼 온기와 생생함이 변함없이 두드러진 과거의 감정들을 발견한다. 또 우리는 판단자인 **현행 사고**가 이들 감정이 **차츰** 달라붙는다고 느끼는 부착의 중심에 현재 감정이 있다는 것을 발견했다. 흄은 판단하는 **현행 사고**에 관해서는 어떤 것도 언급하지 않았으며, **자기**의 구성 성분들을 관통하는 유사라는 실마리나 동일성의 핵심이 현상적 사물로 존재한다는 것조차 부인하였다. 그에게서는 순수한 통일성과 순수한 분리 사이에 제3자란 있을 수 없다. 관념의 연속성이 "밀접한 관계로 연결되었기 때문이라는 견해는 어떤 관계의 방식도 없다는 것만큼이나 완벽하게 다양성에 관한 정확한 개념을 줄 수 있는 것이다."

"우리가 개별적인 것으로 지각하는 모든 것은 개별적으로 존재하며, 정신은 이들 개별적인 존재 사이에서 어떤 진실한 연결도 결코 지각하지 못한다. 만약 우리 지각이 단일하거나 개별적인 어떤 것 속에 내속하거나, 우리 **정신**이 이들 개별 지각 사이에서 **어떤**

진실한 연결을 지각한다면 어떤 어려움도 생기지 않을 것이다. 나로서는 회의론자의 특권을 주장하면서 이 어려움이 나의 이해 능력으로는 너무 힘들다는 것을 자인해야 하겠다. 그러나 그 어려움이 극복될 수 없는 것이라고 선언할 생각은 없다. 다른 사람이 아마 …이 모순을 타개할 어떤 가설을 발견할 것이다.[21]

흄도 근본적으로 토마스 아퀴나스(Thomas Aquinas)와 마찬가지로 형이상학자이다. 그가 이 난점을 해결할 '가설'을 발견할 수 없었던 것은 새삼 놀랄 일이 아니다. 사고 흐름의 부분들의 다양성이 진실로 분리인 것과 꼭 마찬가지로 사고 흐름의 부분들의 통일성은 '진실한' 연결이며, 그 연결과 분리는 둘 다 과거 사고들이 **현행 사고**에 나타나는 방법들이다. 과거 사고와 **현행 사고**가 시간과 어떤 성질에서 서로 다를 수 있다——이것이 분리이고, 성질에서 유사하고 시간에서 연속하면——이것은 연결이다. 이 명백하고 검증될 수 있는 유사와 연속보다 더 '진실한' 연결을 요구함으로써 흄은 '거울 뒤에 있는 세계'를 찾게 되어 철학적 **사고**의 커다란 병폐인 저 **절대주의**의 놀랄 만한 보기를 제공하였다.

흄이 이와 같이 우리의 사고 '흐름'을 토막 내어 만든 개별 존재들의 연쇄를 그의 후계자들 모두가 완전한 사실로 그들의 목록에 받아들였다. 그리하여 마침내 연합주의자 **철학**이 창설된 것이다. 각기 분리되고 서로 짝이 되는 것을 알지 못하지만 어떤 법칙에 따라 서로 달라붙고, 서로 불러일으키는 '관념들'로부터 모든 고등 의식의 형식을 설명한 것 같으며, 그런 의식 형식에는 우리의 개인 정체 의식도 들어 있다. 이와 같이 설명하는 것은 어려운 작업이며, 우리가 심리학자 오류라고 부른 것에 빠졌다고 정면으로 비판될 수 있다. 'A'라는 관념과 거기 따르는 'B'라는 관념은 'A 다음 B'라는 제3의 관념으로 변형된다. 현재로 되돌아온 지난해의 관념은 지난해의 관념으로 취급되고, 유사한 두 관념은 유사라는 관념을 뜻한다 등등…. 이것은 아마 외부 사람들에게만 알 수 있는 관념에 관한 어떤 사실을 관념 자체가 갖는 본래의 한정된 의미와 내용 대신 주입한 뚜렷한 혼란이다. 서로 단절된 관념 계열과 감정 계열에 존재하는 그와 같은 재현과 유사로부터 어떻게 재현과 유사라는 지식이 출현하고, 그러한 지식이 나(I)라는 이름이 붙는 통일성을 이루는 계열을 형성하는 것을 돕는다고 가정되었다. 마찬가지로 독일에서 헤르바르트[22]는 갈등되는 관념들이 어떻게 융합하여 '나(I)'라는 명사가 붙는 존재를 표상하게 되는가 하는 것을 설득력 있게 보여주려 하였다.[23]

모든 이와 같은 시도 속에 있는 결함은 어떤 전제로부터 얻었다고 주장된 결론들이 그 전제 속에 결코 합리적으로 포함되지 않는데 있다. 어떤 감정이든 재현된다면 단적으로 이전에 있었던 것과 달라서는 안 된다. 감정이 재현되었을 때 만약 이전에 존재한 것에 대한 기억과 그 밖의 모든 종류의 인지 기능을 그 재현된 감정에 귀속시킨다면 그 감정은 이젠 이전 것과 동일한 감정이 아니라 전혀 다른 감정이며, 따라서 그렇게 기술되어야 한다. **우리는** 대단히 명백하게 그렇게 기술하였다. 우리는 감정은 결코 되돌아오지 않는다고 말했다. 우리는 감정이 되돌아오지 않는다는 사실을 **설명하는** 척하지 않았다. 우리는 감정이 되돌아오지 않는다는 것을 뇌 생리의 법칙과 유사하게 경험으로 확인되는 법칙이라고 기록했으며, 새로운 감정이 옛날 감정과 다르다는 것을 정의하면서, 새로운 감정이 옛날 감정을 **인지하고 소유하며**, 그 옛날 감정은 항상 다른 어떤 것을 인지하고 소유한다는 것을 발견하였다. 다시한번 이런 설명이 사실의 완전한 기술 이상인 척하지 않는다. 이 설명도 연합주의 학파와 마찬가지로 사실을 설명하지는 못한다. 그러나 연합주의 학파는 사실을 설명한다고 가정하고, 동시에 사실을 왜곡하였으며 이 두 가지 이유 때문에 비난받는다.

그것은 연합주의 학파의 저자들이 일반적으로 **자기**에 관해 떳떳하지 못하여, 자기가 감정과 사고의 대열이라는 것은 명백히 했지만 자기가 어떻게 자기를 알게 되느냐 하는 문제를 공개적으로 다루는 것에는 너무 소심했다는 것을 말하고 있을 뿐이다. 예를 들면 베인도 스펜서도 이 문제를 직접 건드리지 않았다. 일반적으로 연합주의 저자들은 '정신'에 관하여, 그리고 '우리'라는 것이 하는 일에 관하여 계속 언급하고 있고, 그리하여 현재의 '판단하는

현행 사고'란 형식으로 명백하게 가정했어야 했던 것을 은밀하게 뒷거래함으로써 독자들의 분별력이 없는 것에 편승하였거나 그들 자신이 분별하지 못한 것 같다.

내가 알기로는 톰슨(D. G. Thompson)이 이 혼란에서 완전히 벗어나 필요한 것을 공개적으로 가정한 유일한 연합주의자였다. 그는 말하기로 "**모든 의식 상태는** 주관적 **자아**를 함축하고 가정하지만 자아의 실체는 알지 못하고 알 수 있는 것도 아니며, **의식 상태들**은 그 실체에 대하여 (왜 실체에 '의하여'라고 하지 않는가) 속성으로 참조되지만 이렇게 참조되는 과정에서 실체는 대상이 되고 또 그 자체 아직도 배후에 놓여 있으며, 인지를 위하여 항상 가정되지만 인지를 항상 피해 가는 주관적 **자아**의 속성이 된다"라고 했다.[24] 이것은 정확하게 우리가 말하는 판단하고 기억하는 현재의 '**현행 사고**'를 덜 간단한 말로 기술한 것에 지나지 않는다.

톰슨 이후 텐과 밀 부자가 가급적 분명하게 기술하려고 했다는 공적을 인정받을 만하다. 텐은 자신의 『지성(*Intelligence*)』이란 책 첫 권에서 **자아**가 무엇이라는 것을 말하고 있다──칠판 자체가 하나이기 때문에 칠판 위에 백묵으로 그린 능형, 삼각형, 사각형 등도 실제는 별개가 아닌 것처럼 연속적인 망을 이루는 의식의 사건들도 실제 서로 구별되는 것이 아니다 라고 그는 말하였다.[25] 제2권에서 그는 모든 이들에게 의식되는 사건 부분들은 그 속에 있는 공통된 특성인 '**내부**'란 특성(이것이 우리가 말한 '온기'라는 특성을 다른 말로 표현한 것이다)을 가지고 있다고 말했다. 이 특성은 지적 가공에 의하여 추출되고 분리되어 자기라고 우리가 **의식하는** 것이 된다——"이 안정된 '내부'가 우리 각자가 '**나**(I)' 또는 '**나** (me)'라 부르는 것이다." 텐은 갑자기 튀어나와 추상하여 그 결과를 '나(I)' 또는 '나'(me)라 '부르게' 하는 그 '우리 각자'가 무엇인가 하는 것을 우리에게 말해 주는 것을 잊어버린 것이 분명하다. 그 내부란 특성은 자신을 추상하지는 않는다. 텐은 '우리 각자'로 단지 기억과 소유 경향을 갖춘 현재의 '판단하는 **현행 사고**'를 의미했지만, **현행 사고**에 충분히 명백하게 이름은 붙이지 않고 전체 사고 계열, 즉 '흑판' 전체가 반성하는 심리학자라는 허구로 빠져들어 갔다.

제임스 밀은 **기억**을 과거 자기 관념으로부터 시작하여 현재 자기 관념으로 끝나는 연합된 관념 대열이라 정의한 다음 **자기**를 최초 관념이 최후 관념과 연속되고 연결된다고 **기억**이 선언하는 관념들의 대열이라 정의하였다. 연속적으로 연합되는 관념들은 '말하자면 의식의 한 점으로 달려들어간다.'[26] 이 설명에 첨가하여 존 밀은 다음과 같이 말했다.

"**자기**에 있는 현상과 **기억**에 있는 현상은 같은 사실의 두 측면, 또는 같은 사실을 보는 서로 다른 두 관점일 따름이다. 심리학자로서 우리는 그 어느 하나로부터 시작할 수도 있고, 다른 하나를 그 시작한 것과 관련시킬 수도 있다…그러나 자기와 기억이란 두 가지를 같은 것이라 하기는 어렵다. 이 둘을 같은 것이라 하면 그 어느 하나도 설명하지 못하게 된다고 말해야 한다. 다만 이 둘은 본질적으로 동일하여, 어느 날 스키도(Skiddaw)를 올라갔다는 나의 기억과 그날 스키도를 올라간 사람과 내가 동일한 사람이라는 나의 의식은 아직까지는 심리학자가 그 이상 보다 요소적인 어떤 것으로 분해하지 못하는 동일한 사실을 서술하는 두 가지 양식이다. 우리는 복합적인 의식 현상을 분석하여 어떤 궁극적인 것에 도달해야 한다. 우리는 첫눈으로도 훌륭히 궁극적이란 칭호를 받을 만한 두 요소에 도달하는 것 같다. 첫째로…사실과 그 사실에 관한 **현행 사고** 사이의 차이이다. 이 구별은 우리가 과거 속에서 인지하면 **기억**을 구성하고, 미래에서는 **기대**를 구성하지만 그 어느 경우도 그것이 존재한다는 것 외에는 어떤 설명도 할 수 없다…둘째로 이에 첨가하여 내가 지금 가지고 있는 관념이 이전의 감각에서 유추되었다는…믿음으로부터 출발하여…이 감각이…나 자신의 것이며 나의 자기에 일어났던 것이라는 또 다른 확신이 있다. 말을 바꾸면 나는 기억이 미칠 수 있는 한 먼 과거에 되돌아가서 현재 순간 내가 가지는 감각에 이르러 끝마치는 길고 중단 없는 과거 감정의 연속이 있다는 것을 알고, 이렇게 연속되는 모든 과거 감정들과 현재 감각들은 단순한 사고 속에 있는 다른 연속이나 결합과는 구별될 뿐만 아니라 또한 충분한 증거에 의하여 나처럼 생긴 내 주위에서 내가 지각하는 다른 사람들에게도 일어났다고 내가 믿는 나의 감정 연속과 병행하는 감정 연속과도 구별되는 설명할 수 없는 유대로 연결되어 있다는 것을 나는 안다. 과거에 대한 나의 기억이라 부르는 이 감정 연속은 나의 **자기**를 다른 것으로부터 구별하게 하는 감정 연속이다. 나 자신은 그와 같은 감정 계열을 갖고 있는 개체이며 내가 그런 감정 계열을 갖고 있다는 것 외에는 나의 자기에 관하여 직접 지식으로는 어떤 것도 알지 못한다. 그러나 그 감정 계열의 모든 부분들 사이에는 모종의 유대가 있으며, 이 유대에 의하여 나는 언제나 동일 개인이고 (우리 주장에 따르면 이 동일 개인이 그 감정 계열의 '온기'이고 지금 실제로 느끼는 '중심이 되는 정신적 자기'와 유사하다), 그 감정 계열과 병행하는 감정 계열을 갖고 있는 사람과 전혀 다른 개인이 되는 한 개인의 감정들이라고 말할 수 있고 이와 같은 유대가 나의 **자아**를 구성한다. 지금까지의 그 누구보다 분석을 더 진전시킬 수 있다는 것을 어떤 심리학자가 보여주는 데 성공을 할 때까지는 이 문제를 여기에서 멈추어야 한다고 나는 생각한다."[27]

우리 자신이 분석한 것이 성공적인가 하는 것은 독자가 판단해야 한다. 우리가 여러 가지로 구별한 것은 모두 성공적으로 분석하려는 노력의 일환이다. 뒤에 적은 글에서 보면 존 밀 자신은 분석 노선을 진전시키기는커녕 위험하게도 **영혼**과 흡사한 어떤 것으로 되돌아간 것 같다. 그는 다음과 같이 말하고 있다.

　"감각을 재인하고…그 감각을 이전에 느낀 일이 있던 것이라고 회상하는 것이 기억에 있는 가장 단순하고 가장 기본적인 사실이며…현재 의식과 그 현재 의식이 나에게 회상하게 만드는 과거 의식을 연결하는…**설명할 수 없는 유대가 자기**라는 실증적인 개념에 우리가 이를 수 있는 가장 가까운 것이라고 나는 생각한다. 이 유대 속에는 감각 자체만큼이나 현실적이지만 어떤 사실도 거기 상응하지 않는 단순한 사고 법칙의 산물이 아닌 어떤 것이 있다는 것을 나는 의심할 수 없다…그 자신의 특수한 이름 외의 다른 이름을 붙이면 반드시 어떤 그릇된 이론을 함축하게 되거나 또는 근거 없는 이론을 함축하게 되는…원 요소가 **자아** 또는 **자기**이다. 따라서 그만큼 나는 어떤 현실을 **자아**에게——나 자신의 정신에게——귀속시키지만 그 현실은 내가 **물질**에만 해당시킨 유일한 현실인 **영생 가능성**으로서의 현실적 존재와는 다르다…우리는 감정 연속이 감정 자체가 아닌 것과 마찬가지로 감정 자체가 아닌 **공통된 어떤 것에 의하여** 감정 계열의 모든 부분들이 다른 부분들과 연결되어 있다고 이해하지 않을 수 없으며, 또 첫 번째 감정 부분에 있는 것과 두 번째 감정 부분에 있는 것이 동일하고, 두 번째에 있는 것이 세 번째에 있는 것과 똑같고, 세 번째에 있는 것이 네 번째에 있는 것과 똑같다는 등으로 되어 있다면 첫 번째에 있는 것이 열다섯 번째에 있는 것과도 똑같아야 하며, 이렇게 모든 감정을 같은 것으로 만드는 공통되는 요소는 영속하는 요소이다. 그러나 이 요소를 넘어 의식 상태 자체 외에 우리가 확인할 수 있는 것은 어떤 것도 없다. 이 공통 요소에 속하거나 속했었고 또 앞으로도 속할 가능성이 있는 감정이나 의식은 **자기**가――영생 외에 그 공통 요소에 우리가 귀속시킬 수 있는 유일한 실증적 속성――있다고 확언되는 유일한 사실들이다."[28]

존 밀이 습관적으로 철학적 사고를 하는 방법은 그의 아버지로부터 유래된 어떤 일반 원리를 대담하게 긍정하지만 적수들에게 세부에서 너무 많이 양보하여 아버지의 주장을 실제 완전하게 포기하는 것이었다.[29] 여기에서 그의 양보는 **영혼**과 아주 유사한 어떤 것을 인정하기까지 이르렀다는 것을 알아차릴 만하게 되었다. 감정들을 연결하는 이 '설명할 수 없는 유대'이고, 감정들을 연계하지만 진행 중인 감정 자체가 아니라 속성과 영속 외에는 '어떤 것도 긍정'할 수 없는 '영생'하는 감정들에 '공통된' 어떤 것은 형이상학적 **실체**가 또다시 부활한 것이 아니고 무엇이겠는가? 존 밀의 기질이 공정하다는 것을 존경해야 하는 만큼 이 점에서 그의 예지에 결함이 있었다는 것을 애석하게 생각하지 않을 수 없다. 근본적으로 그는 흄과 마찬가지 실수를 저질러 감각 **자체**에는 '유대'가 없다고 생각했다. 그는 회상하고 있는 **현행 사고**가 감정 속

제 10 장 자기 의식(自己 意識) **635**

에서 찾아내는 유사와 연속이란 유대는 '진실한 유대'가 아니고 '단순한 사고 법칙의 산물'이며, **현재 현행 사고**가 그들 유사와 연속을 '소유'한다는 사실 또한 진정한 유대가 아니라고 한다. 그러나 결국 흄은 '진정한 유대'란 없다고 함으로써 만족했지만 그럴 가능성을 인정하기를 원치 않은 존 밀은 스콜라 학파의 사람들처럼 진실한 유대를 현상적 세계가 아닌 세계에 있는 것으로 생각하게 되었다.

존 밀의 양보는 **자기** 의식에 관한 **연합주의 서술의 결정적 파탄**으로 간주될 수 있으며, 실제 그랬듯이 그들의 연합주의 서술은 좋은 의도에서 출발하였고, 그 서술의 행로에 관해서는 잘 모르고 연합주의자들이 항상 휴대하기를 즐겼던 유일한 보따리인 자신을 인지하지 않고 자신을 초월하지 않는 '단순 감정'이 적절하지 못하여 마침내 '극도의 혼란'에 빠지게 되었다. 우리는 감정 자체의 외부에 있는 어떤 것에 대한 감정에 관한 지식으로서의 기억을 **청해 와야 한다**. 이런 일이 허용된다면 모든 다른 현실적인 것들도 자연 이에 따르게 되고 길을 잘못 들어갈 염려가 없다. 현재 감정이 가지는 과거 감정에 관한 지식이 그 두 감정 사이의 현실적 유대가 되며, 그들의 유사도 마찬가지로 현실적 유대이고, 그들의 연속도 마찬가지로 현실적 유대이며, 한 감정이 다른 감정을 '소유'하는 것도 마찬가지로 현실적 유대이고, 모든 이런 유대들은 단절이 존재한다면 그 **단절**이 실현될 수 있는 유일한 장소인 매순간의 판단하는 **현행 사고** 속에서 실현되는 현실적 유대일 것이다. 흄과 존 밀 두 사람 모두 판단하는 **현행 사고** 속에서는 단절이 실현되지만 유대는 실현될 수 없다는 것을 시사했다. 그러나 유대와 단절은 자기–의식에서 정확하게 쌍을 이룬다. 다른 어떤 소유주가 좀더 현실적으로 과거를 소유하지 않는 한, 그리고 현재의 **현행 사고**가 과거를 거부하는 근거가 과거를 소유하게 되는 근거보다 더 강하지 않는 한, 현재의 **현행 사고**가 과거를 소유하는 것이 진실한 것이다. 그러나 사실이란 점에서 보면 어떤 다른 소유주도 일찍이 나의 과거에 현존한 일이 없었으며, 내가 나의 과거를 소유한다고 지각하는 근거는——즉 현재와의 계속성과 유사성——내가 과거를 소유하지 않는다고 지각하는 근거를——즉 시간상의 거리——압도한다. 따라서 나의 현재의 **현행 사고**는 나의 과거 자기들의 대열에 대한 소유권에 충분히 참여하는 **사실상의** 소유주일 뿐만 아니라 **권리상으로도** 가능한 실제 소유주이기도 하여 어떤 '설명 불가능한 유대'를 전혀 가정하지 않고도 완전히 검증될 수 있는 현상적 소유주이다.

　이제 우리는 초월주의자 이론이라 불리는 것에 눈을 돌리자.

초월주의자 이론

(The Transcendentalist Theory)

이 이론은 칸트에 기원이 있다. 칸트 자신의 저술은 너무 길고 막연하여 문자 그대로는 여기에 인용할 수 없으므로 나는 그 저술의 실체만 제시해야 할 것이다. 내가 알기로는 칸트도 **대상**에 관해서는 우리가 이 책 488-489쪽에 기술한 것과 본질적으로 같으며, **대상**이란 사물들, 성질들, 또는 사실들이 서로 관련된 체계라는 견해로부터 출발했다. "대상은 주어진 **지각** 속에 있는 **잡다**(Manifold)들이 연결된 지식(Knowledge, Begriff) 속에 있는 것이다."[30] 그러나 우리는 이 잡다(雜多)를 연결하는 지식의 운반체를 단순하게 현재의 **현행 사고**, 또는 **의식 흐름**의 단면(우리는 이것을 심리학의 궁극적 사실이라 선언했다)이란 형식에서 얻었지만, 칸트는 그런 형식이 궁극적인 사실이라는 것을 부인하고, 그 잡다를 수많은, 본질적으로는 동등하지만 구별되는 요소들로 분석할 것을 고집하였다. **자체로는 혼돈된 것인 대상**은 **감각**에 의하여 '**잡다**'가 되며, 대상의 통일성은 **직관**(Intuition), **이해**(Apprehension), **상상**(Imagination), **오성**(Understanding), **통각**(Apperception) 등의 고급 능력에 의해 **잡다**가 처리되는 합성 조작에 기인된다. 이와 같이 여러 이름이 붙지만 감각 잡다에 통일성을 초래하는 것은 **오성**에 있는 본질적 자발성 하나뿐이다.

"사실 **오성**이란 주어진 관념적 **잡다**를 **연역적**으로 함께 묶어 **통각**의 통일성으로 가져가는 능력에 지나지 않으며, 따라서 통각은 인간 지식에 있는 최고 원리이다." (§16).

연결될 재료들은 하위 능력에 의하여 **오성**에 제공돼야 한다. 왜냐하면 오성은 성질상 직관 능력이 아니고 '공허(空虛)'하기 때문이다. 그리고 재료를 '**통각**의 통일성으로' 가져간다는 것은 칸트에 의하면 자료를 항상 사고한다는 것을 의미하며, 따라서 자료의 다른 결정 요인들이 어떤 것이든 상관없이 자료가 **나에 의하여 사고되는 것**으로 알려진다는 것을 의미한다고 설명되었다.[31] 내가 **그것을 사고한다**라는 의식은 모든 순간 뚜렷하게 실감될 필요는 없지만 언제든 실감될 수 있다. 왜냐하면 사고자가 가지고 있는 관념과 결합할 수 없는 대상이 있다면 그 대상을 어떻게 알 수 있으며, 어떻게 다른 대상과 관계시킬 수 있으며, 그런 대상으로 도대체 어떻게 '경험'의 일부를 형성하게 할 수 있겠는가?

따라서 모든 경험 속에는 내가 **사고한다**라는 것이 함축된다. 전제 조건으로, 또 '초월'적 조건으로 **자기**와 연결되는 의식이 없다면 어떤 사물과 연결되는 의식도 없다! 따라서 어떤 사물이든 알려질 수 있는 한 순수한 **자기**의식과의 결합을 통해서만 알려지게 되며, 적어도 가능성에서라도 있을 수 있는 이런 결합을 떠나서는 우리에게 알려질 수 있는 것은 어떤 것도 없다.

그러나 칸트는 이와 같이 연역적으로 자기-의식을 경험의 **필수 조건**으로 확립하고는 자기가 어떤 실증적 속성을 가진다는 것을 곧바로 부인하였다. 칸트가 자기에 붙인—— 'original transcendental synthetic Unity of Apperception(원초적 초월적 합성의 **통각 단위**)' ——이름은 그렇게 길지만 그에 따르면 자기에 **관한** 우리 의식은 아주 짧다. 이와 같은 '초월'적인 **자기-의식**은 우리가 어떻게 나타나는가, 또 우리가 어떻게 내부적으로 존재하는가 하는 것을 우리에게 전하지 않고, 다만 우리가 존재**한다는** 것만을 말해 줄 뿐이다(§25). 우리 자신에 관한 지식의 근거에는 다만 "단순하고 전적으로 공허한 관념인 **나(I)**만 놓여 있으며, 그 나(I)라는 관념에 관해서는 어떤 개념도 우리는 갖고 있다고 말할 수 없으며 다만 모든 개념에 동반하는 의식만이 있다고 말할 수 있을 뿐이다. **나(I)** 또는 그대, 또는 사고하는 그것(사물)에서는 지식의 꾸밈이 없는 초월적 **주어** = X만 표상될 뿐이며, 그 주어는 다만 술어인 사고에 의해서만 확인될 뿐이고, 그 주어 자체만 취한다면 우리는 어떤 개념도 형성하지 못한다〔ibid. '배리(背理, Paralogisms)' 〕." 따라서 통각을 하는 모든 순수 **자아**는 칸트에서는 영혼이 아니라 모든 지식에서 **목적어**의 필수 상관물일 뿐인 '**주어**' 일 따름이다. 칸트는 영혼이 있기는 하지만 이와 같은 우리 의식의 단순한 자아-형식은 영혼이 실체인가, 비물질인가, 단일한가 또는 영생하는가 하는 것에 관해 아무 것도 일러주는 것이 없다고 생각했다. 순수

자기의 의식은 완전히 무능하여 어떤 연역적 또는 '합리적' 심리학도 성립될 수 없다는 칸트의 선언은 다른 어떤 것보다도 그에게 '전방위-파괴 분자'라는 칭호를 얻게 했다. 우리가 실증적인 어떤 것으로 **식적(識的)으로** 알고 있는 자기만이 경험적 **나**(me)이고 순수 **나(I)**가 아니며, 다른 대상들과 똑같은 대상인 자기이며, 그런 자기의 구성 요소들은 우리 자신이 보았고 공간과 시간이란 형식 속에 나타나는 현상적 사물로 확인된다고 그는 생각했다.

우리 목적을 위해서는 이상으로 '초월적' **자아**에 관한 충분한 설명이 되었다.

우리 목적은 칸트의 어떤 개념이 끊임없이 새롭게 기억하고 소유하는 **현행 사고**라는 우리 개념을 포기하지 않을 수 없게 만드는가 하는 것을 확인하는 것 이상으로 더 나가지는 않는다. 많은 점에서 칸트가 의미하는 바가 애매하지만 실제로, 또 역사적으로 그 의미가 무엇인가 하는 것을 확신하기 위하여 그의 저술들을 쥐어짤 필요는 없을 것 같다. 만약 가능성이 있었을 두세 가지 사물을 분명하게 정의할 수 있었다면 그만큼 우리 관념을 분명하게 하는 데 도움이 되었을 것이다.

전체적으로 칸트의 관점을 옹호하는 해석은 대략 다음과 같은 모양을 갖춘다. 우리와 마찬가지로 그도 정신 외부에 **현실 세계**가 있다는 것을 믿고 서술했지만, 그 세계를 보증한 그 비판자는 믿음에 근거하여 그렇게 하였다. 왜냐하면 그가 말하는 현실은 검증

할 수 있는 현상적인 현실이 아니기 때문이다. 또 그 현실은 **잡다**
도 아니다. 지적 기능에 의하여 결합되는 '**잡다**' 는 전적으로 정신
에 있는 잡다이며, 따라서 그 잡다는 **통각하는 자아**와 외부 **현실**
사이에 있지만 아직도 정신 내부에 자리잡고 있다. 지식을 얻는 기
능이 작용하는 경우에는 연결되어야 할 다수가 있게 마련이고, 칸
트는 이 다수를 정신 내부로 가져갔다. **현실**은 다만 공허한 **위치**
또는 불가지(不可知)한 것이 되고, 이른바 **물 자체**(Noumenon)가
되며, 잡다한 현상들은 정신 속에 있다. 이에 반하여 우리는 **다수**
를 **현실**과 더불어 외부에 있게 하고 정신을 단일한 것으로 남겨둔
다. 그도 우리도 다 같이 동일한 요소들을——사고와 대상을——
다루고 있지만 단 한 가지 문제는 이 둘 중 어디에 다수가 머물러야
하는가 하는 것이다. 어디에 머무르든 다수는 사고될 때에는 '합
성' 되어야 한다. 그리고 사실을 자연스럽게 기술할 뿐만 아니라 어
느 쪽이든 '합성하는 신비' 를 이해하는 것을 어렵지 않게 만드는
방향으로 다수를 머무르게 하는 것이 가장 좋은 방법일 것이다.

  아마도 칸트가 사실을 기술하는 방법은 신비롭다고 할 수 있다.
우리 사고가 이와 같이 잘 다듬어진 내부 가공-공장이라는 개념
은 490-491쪽에서 사고의 단일성에 입각하여 우리가 말한 모든
것에 의하여 부당한 것이 되었다. 대상들이 아무리 부분들로 되어
있어도 **현행 사고**는 부분들로 구성되어 있지 않다. 사고에는 질서
있게 환원되어야 할 원천적으로 혼돈(混沌)된 잡다란 없다. 그처

럼 순결한 사고 기능의 모태가 이러한 칸트 식의 혼란을 품고 있다는 개념은 거의 충격적이다. 만약 **사고**와 **현실**이란 이원론을 취한다면 다수는 서로 연관된 이 용어 쌍의 후자인 현실 속에 머물게 되어야 할 것이며, 전자인 사고에 머물게 해서는 안 된다. 부분들과 그 부분들 사이의 관계는 확실히 아는 자보다 알려지는 자에 속한다.

그러나 칸트의 모든 신비가 사실이라 하더라도 합성하는 자리가 정신 내부에 있다고 말하는 것으로는 합성 과정이 조금도 **설명**되지 않을 것이다. 그런 방법으로는 어떤 신비도 경감되지 않을 것이다. '**자아**'가 어떻게 생산적인 **상상**을 구사하여 **재인**(Recognition)과 **연합**(Association)과 **이해**(Apprehension) 등에 의해 받아들인 자료들을 **오성**으로 하여금 범주를 사용하여 결합하게 할 수 있는가 하는 것은 **현행 사고**가 어떻게 대상인 사실들을 결합할 수 있는가 하는 것과 마찬가지로 수수께끼이다. 말을 어떻게 꾸며도 항상 똑같이 어려운 것은: **일자**(一者)가 **다자**(多者)를 아는 것이다. 또 아는 자를 초월적 **자아**라 부르고 대상을 '**직관적 잡다**'라 부를 때, 전자를 **현행 사고**라 부르고 후자를 **사물**이라 부를 때보다 아는 자가 대상을 '연결'하는 공정을 더 잘 이해하게 된다고 누가 진지하게 생각하겠는가? 알기 위해서는 지식을 나르는 운반자가 있어야 한다. 그 운반자를 **자아**라 부르든, 또는 **현행 사고, 심성, 영혼, 지성, 의식, 정신, 이성, 감성**——좋을 대로——이라 부르든 그 운반자를 알아야 한다. 안다는 동사의 가장 좋은 문법적 주어는 가능하다면 그 주어의 다른 속성으로부터도 앎이 연역될 수 있는 주어이다. 그리고 그런 주어가 없으면 그 다음 가장 좋은 주어는 가장 덜 애매하고 가장 덜 사이비적인 명사일 것이다. 칸트의 고백에 따르면 초월적 **자아**는 어떤 속성도 없고, 그것으로부터는 어떤 것도 연역될 수 없다고 한다. 초월적 자아란 명사는 사이비적이고, 곧 알게 될 바와 같이 실체로서의 영혼이 가지는 의미와 혼동될 만한 애매한 의미를 지니고 있다. 그리하여 가능한 모든 설명에서 우리는 **다자(多者)**들을 동시에 아는 원리로 현재의 '**현행 사고**' 란 우리 용어 대신 초월적 자아라는 말을 사용하지 않아도 무방하게 되었다.

초월적 **자아**의 의미와 관련하여 **애매한** 것은 칸트가 초월적 자아로 작용원을 의미하고 **경험**으로는 조작을, 즉 구성을 돕는 것을 의미하는가, 또는 경험은 지정되지 않고 **산출된** 사건을 의미하고 **자아**는 단지 그 사건 속에 포함되는 **요소**에 불과한 것인가 하는 것이다. 만약 경험이 조작을 의미한다면 어느 하나가 다른 것을 경험하는 충돌이 있기에 앞서 **자아**와 **잡다**가 모두 사전에 존재해야 한다. 만약 경험이 단순히 분석하는 것을 의미한다면 그와 같은 사전 존재는 없고 요소들은 다만 결합된 것에만 **존재할** 뿐이다. 이제 칸트의 어조와 언어는 어디에서나 조작과 조작을 수행하는 작용원에 관해 언급하는 사람들이 사용하는 바로 그런 말투이다.[32] 그러나 실제는 그가 작용원과 같은 것을 마음속에 갖고 있지는 않았다고 생각할 만한 이유가 있다.[33] 이와 같은 불확실성에 즈음하여 **만약** 자아가 작용원이라면 우리는 그의 초월적 **자아를** 무엇이라 생각할 것인가 하는 것을 결정할 필요가 있을 뿐이다.

이제 만약 초월적 자아가 작용원이라면 **초월론은** 창피스러운 **실체론일** 뿐이며, 이때 **자아는** 다만 '값싸고 지저분한' 영혼의 재판일 뿐이다. **영혼이** 이런 지위까지 축소된다면 **'영혼'** 이란 말보다 **'사고'** 라는 말을 선호한 우리의 모든 이유가 들어맞아 우리 이론이 힘을 배가할 것이다. **영혼은** 어떤 것도 설명하지 않는다는 것은 진실이며, 영혼이 수행하는 '합성' 도 단지 기성품일 뿐으로 사실이 있은 다음 취해진 영혼의 표현으로 영혼에 부과된 것이지만 적어도 영혼은 어떤 기품과 전망 비슷한 것은 갖고 있다. 영혼은 그 나름으로 작용한다고 일컬어지고 선택하며 책임지고 영원하다. **자아는** 단적으로 어떤 것도 아니며 **철학이** 보여줄 수 있는 바와 같이 무능하고 허풍떠는 미숙아이다. 심성이 착한 칸트가 그의 정직과 각고의 노력의 아픔에서 이 초월적 자아라는 개념을 그의 사상의 중요한 산물이라고 생각했다면 그것은 진정 **이성(理性)**의 비극 중 하나일 것이다.

그러나 칸트가 초월적 자아를 거의 중요하지 않게 생각한 것을 우리는 보았다. 초월적 자아를 **철학의 제일 원리**라 부르고 그 명칭을 대문자로 적고 존경심을 가지고 발음하는, 요컨대 마치 초월적 자아라는 개념이 그들의 정신 속을 스칠 때마다 기구를 타고 하늘로 올라가는 것처럼 행동하는 일은 피히테(Fichte)와 헤겔(Hegel) 학파의 후계자들을 위해 남겨둔 것들이다. 그러나 여기에서도 나는 역사적 사실에는 확실하지 못하며, 그들 저술가의 사상을 올바르게 읽지 못했을지도 모른다는 것을 알고 있다. 칸트의 사색과 칸트 이후 사람들의 사색이 가르친 모든 교훈은 단일성에 관한 가르침인 것 같이 나에게는 보인다. 칸트에서는 사고와 서술이 모두 복잡한 것이 타고난 약점이었고, 그 약점은 그가 쾨니스베르크(Köenigsberg)에 거주하여 생긴 케케묵은 아카데미즘에 의하여 더욱 조장되었다. 헤겔에서는 그 아카데미즘이 광기로 날뛰는 열정으로 되었다. 따라서 이들 철학의 아버지들이 씹은 신 포도는 우리를 몹시 불쾌하게 한다. 그러나 영국과 미국에서 우리는 다행하게도 좀더 단순한 의견을 제공하는 헤겔 사상의 현대 후계들을 가지고 있으며, 헤겔, 로젠크란츠(Rosenkranz), 또는 에르트만(Erdmann) 등이 **자아**에 관하여 언급한 것에서는 확실히 심리학적인 것을 발견할 수 없으므로 나는 케어드(Edward Caird)와 그린(Thomas H. Green)에게로 눈을 돌린다.

실제로 이 두 저술가와 칸트 사이의 큰 차이는 이 저술가들은 방관적인 **심리학자**와 그 심리학자가 알고 있다고 생각하는 **현실**

을 완전히 사상(捨象)해 버린 데 있으며, 또는 오히려 이 두 국외에 해당하는 항들을 심리학의 정당한 주제, 즉 관찰 대상인 정신적 경험 속에 흡수하였다는 점에서 차이가 있다. **현실**이란 **잡다**가 결합된 것과 동체(同體)이고, **심리학자**는 **자아**와 동체이며, 안다는 것은 '결합하는 것'이며, 그 결과 이제는 유한하고 비판할 수 있는 **경험**이 아니라 **대상**과 **주관**이 항상 동일한 '절대' **경험**이 있게 된다. 그리하여 우리의 유한한 '**사고**'는 실제로도, 또 가능성으로도 이 영원한(또는 오히려 '시간이 없는') 절대 **자아**이며, 다만 잠정적으로, 그리고 겉보기에 **첫눈**에 그렇게 유한한 사물로 보일 뿐이다. 앞선 흐름의 단면을 소유하는 우리 의식 '**흐름**'의 뒤에 나타난 '단면'은 모든 앞선 의식 흐름의 단면들로 되어 있다고 말한 것은 실체론에서 **영혼**이 언제나 동일하다는 생각과 꼭같다.[34] **경험**이 절대적이란 개념 속에 있는 '**유아론(唯我論)적**' 특성은 심리학을 별도의 과학적 학문 체계로 성립하는 것을 실제 말살해 버린다.

심리학은 자연과학이고, 시간 속에 공존하거나 연속하는 개별적인 유한한 사고 흐름에 관한 보고이다. 물론 (분명하게 그런 것은 결코 아니지만) 최종으로 형이상학에 이르게 되면 모든 이들 사고 흐름들이 단일한 보편적 **전지적(全知的)** 사고자에 의하여 사고될 것이라고 개념화할 수는 있다. 그러나 이와 같은 형이상학의 개념에는 심리학에 소득이 되는 것은 어떤 것도 없다, 왜냐하면 단일 사고자가 우리 모든 사람들 속에서 사고한다고 하더라도 **그가** 내

속에서 무엇을 사고하며 당신 속에서 무엇을 사고하는가 하는 것은 단적으로 **그 사고자**란 관념으로부터는 결코 연역해 낼 수 없기 때문이다. **단일 사고자**란 관념은 적극적으로 정신을 마비시키는 결과를 초래하는 것 같기도 하다. 이때 유한한 사고의 존재는 완전히 억압된다. 그린 교수가 말한 것처럼 사고의 특성은,

"단지 하루 동안만 지속하는 개인 생활의 사건에서는 찾을 수 없다…어떤 지식도, 그리고 지식 속에 있는 어떤 정신 작용도 '의식 현상'이라 부르는 것에 합당한 것은 없다…왜냐하면 현상은 감각할 수 있는 사건이고, 감각할 수 있는 다른 사건들과 전제로나 또는 결과로 되어 관계를 이루지만 지식을 구성하고 있는 의식은…그와 같은 사건들과 그렇게 관계되거나 구성되는 것이 아니기 때문이다."

그리고, 만약

"우리가 지각한 어떤 대상의 구성 요소를 점검하면…그 요소들은 오로지 의식에 대해서만 존재할 수 있다는 것과 또 그 요소들을 그렇게 존재하게 하는 의식은 단지 현상 계열이나 정신 상태의 연속일 수만은 없다는 것을 우리는 똑같이 발견할 것이다…따라서 의식이 어떤 종류의 현상들의 연속이라는 정의와 양립될 수 없고 가장 초보적 경험에서도 작동하는 (즉 **합성 기능**) 의식 기능이 있다

는 것이 분명하게 된다."[35]

이와 같은 언급에 따른다면 우리는 **현행 사고**(시간에 따라 영원히 새로워지기는 하지만 항상 그 시간을 인지하는) 개념을 버려야 할 것이고, 그런 개념 대신 모든 본질적인 점에서 사고를 복사하고 있지만 '시간을 벗어난다' 는 점에서 사고와 다른 어떤 실체를 신봉해야 할 것이다. **현행 사고**와 이 실체를 교환함으로써 심리학이 어떤 이득을 얻을 수 있는가 하는 것은 점치기 어렵다. 그뿐만 아니라 시간을 벗어난 **자아**와 **영혼**과의 유사성은 또 다른 유사에 의해 완성되는 것 같다. 칸트 이후 관념론자들이 주장하는 일원론은 항상 흔히 있는 구식 유심론적 이원론으로 빠져들어 가는 것 같다. 그들은 끊임없이 마치 **전지적** 사고자(All-thinker)도 영혼과 마찬가지로 감각으로부터 보내진 자료를 조작하는 **작용원**인 것처럼 이야기한다. 이런 일은 영국 관념론 학파의 저술들이 건설적이기보다 논쟁적이었으며, 또 독자들이 논리적 모순 부분으로 생각되는 **인간**에 대한 진술을 긍정적 표명으로 취했거나, 또는 지식 단편을 요소로 분석하는 것을 지식을 창출하는 극적 신비로 잘못 받아들인 일이 많다는 사실로부터 생겼을 것이다. 그러나 이 사안(事案)에는 더 깊은 근원이 있다고 나는 생각한다. 그린 교수는 **자기**가 '작용' 하는 것이 지식이 이루어지는 '조건' 이라고 언제나 말한다. 감각 자료에 '자기—의식을 결합하는 작용' 에 의해서만 사실들은 다른 사실들과 통합된다고 이야기된다.

"우리가 지각하는 모든 대상은…현존하기 위해서는 융합하지 않고 **나타나보이는** 것들을 파악되는 사실 속에 **함께 유지**하는 작용과 같은, 그 자체 시간 조건에 구애되지 않고 연속적으로 나타나보이는 것들을 함께 유지하는 어떤 의식 원리의 **작용을** 요구한다."[36]

우리 지식 속에서 사물들이 연결되는 일은 본질이 자기-일치적이며 시간 제약을 받지 않는 작용원이 사물들을 연결하는 작용을 한다고 해도 **설명이** 되지 않는다는 것은 되풀이해 말할 필요도 없다. 시간에 따라 생겼다 없어지는 현상적 사고라는 작용원은 곧 쉽게 **이해된다.** 그리고 더 나아가 결합 작용을 하는 작용원이 동일한 '자기-구별적 주관'이고, 이 주관이 '다른 작용 양식'에서는 다양한 대상을 자신에게 현존하게 한다고 말한다면, 이해 불능이 치명적이 되며, 논의되고 있는 모든 사고 학파가 때로는 보다 세련된 것을 언뜻 보이기는 하지만 아직도 현상이 다만 현상 자체의 특성을 복사하는 실체들에 의하여 연출되는 연극의 결과라고 인습에 따라 설명되는 저 신화적 사고 단계에 머무른다고 자인하지 않을 수 없다. 자기는 대상을 알기만 해서는 안 된다──그것은 적어두고 가만히 내버려두기에는 너무 건조하고 생명 없는 관계이다. 안다는 것은 대상의 개별성이 어떤 식으로 '극복' 되는 '유명한 승리'로 그려져야 한다.

"자기는 대상으로서의 자기와 주체로서의 자기를 대립시키는 즉시 그 대립을 부정하고 초월할 때에만 하나의 자기로 존재한다. 단지 자기가 자신 속에 해결된 모순을 갖고 있는 구체적 통일성이기 때문에 지성은 강력한 우주의 모든 잡다와 분할에 대적할 수 있고, 우주의 비밀에 통달되기를 바랄 수 있다. 번갯불이 이슬방울에서 잠자는 것처럼 이 세상을 조각나게 할 것 같이 보이는…반대자들의 저 치명적 적대도 단순하고 투명한 자기—의식이란 통일성 속에서는 균형을 이룬다. 지성은 세계를 이해할 수 있다거나 또는 말을 바꾸면 바로 지성이 존재한다는 자체가 곧 사물의 모든 분할과 갈등을 해결한다는 것을 암시하기 때문에 지성은 자신과 사물 사이의 장벽을 무너뜨리고 사물 속에서 자신을 발견한다."[37]

지성을 이와 같이 역동적(나는 거의 다이너마이트처럼 폭발적이라 적을 뻔했다)으로 묘사하는 것은 활기 있다는 장점이 있다. 이와 같은 묘사로부터 우리 심리학의 체계로 돌아가는 것은 무언극의 불꽃놀이나 함정 창문이나 또는 변신술로부터 한밤중의 맥 빠진 세계로 옮아가는 것이나 진배없으니 이러한 곳에서는,

"보슬비 흐르는 속에서 스산하게,

생기 없는 거리에 창백한 날이 밝는구나!"[38]

그러나 우리의 '현행 사고'가——시간 속의 인지적 현상 사건이——존재한다면 이 사고가 사실이 요구하는 유일한 사고자라는 것을 고백하면서 우리는 심리학의 체계로 돌아가야 한다. 초월적 자아 이론이 심리학에 끼친 유일한 공헌은 흄의 정신적 '묶음' – 이론에 대항하여 항거한 것이었다. 그러나 이 공헌도 잘못된 것이었다. 왜냐하면 그들 자신이 무엇이라 말했건 **자아** 논자들은 정신적 묶음을 믿었고, 단지 그들 자신의 이론 체계에서는 그 묶는 용도만을 위하여 발명된 특수한 초월적 끈으로 그 정신 묶음을 **묶어 놓았기** 때문이다. 그뿐만 아니라 자아 논자들은 마치 이 기적과 같은 묶는 일 또는 '관계짓는 일'로 **자아**의 임무가 끝난 것처럼 이야기한다. 묶는 일보다 훨씬 더 중요한, 다른 사물들을 제쳐놓고 묶을 사물들만 선택하고 전유한다는 자아의 임무에 관해서는 그들은 한 마디도 하지 않고 있다. 따라서 초월론 학파에 대한 나 자신의 의견을 종합하면, 그 학파는(그들의 마음속에 있는 어떤 형이상학적 진리를 짐작한다 하여도) 심리학이 배울 만한 어떤 것도 갖고 있지 않으며, 그 학파의 특히 **자아**에 관한 의견은 **사고 흐름**이란 우리 자신의 체계를 결코 수정하게 하지는 못했다는 것이다.[39]

이것으로써 있을 수 있는 모든 대립된 이론 체계들을 논의하였다. **자기**에 관한 문헌은 방대하지만 모든 그런 문헌의 저자들은 우리가 실체론(實體論), 연합론(聯合論), 초월론(超越論)이라 명명한 세 학파의 극단론이나 절충론의 대표들로 분류된다. 우리 자신의 의견은 이 세 학파 모두로부터 본질적 요소들은 흡수하고 있지만 이 학파들과는 별도로 분류되어야 한다. 만약 연합주의가 모든 사고 박동에는 분해될 수 없는 통일성이 있다는 것을 인정하고, 그 반대파가 '사라져가는' 사고 박동도 회상되고 알 수 있다는 것을 기꺼이 인정한다면 연합주의와 그 반대파 사이의 논쟁은 있을 필요가 없게 된다.

우리는 개인 성격이란 두 요소의 중단 없는 현존, 즉 대상으로서의 개인이 **진행 중인 주관적 사고**에 의해서 알게 되고, 시간적으로 연속하는 것으로 확인된다는 것을 의미한다고 말함으로써 요약할 것이다. 차후에는 **나**(me)란 말과 **나**(I)란 단어는 각각 경험되는 나 개인과 판단하는 **현행 사고**를 대신하는 말로 사용하기로 한다.

나에게서 일어나는 어떤 변천은 우리의 주목을 끌게 한다.

첫째로 그 변천은 점진적이지만 때가 되면 대단히 커진다. **나**의 중심 부분은 신체에 대한 감정이며 머릿속의 적응 작용에 대한 감정이다. 그리고 신체 감정에는 일반적 정서 기조와 정서 경향에 관한 감정이 포함된다. 왜냐하면 실제로 이들 일반적 정서 기조와 정서 경향에 관한 감정은 기질적 작용과 기질적 감수성이 작동하는 습성에 지나지 않기 때문이다. 이제 어린아이로부터 늙은이가 될 때까지 이 신체 감정의 덩어리는 무엇보다도 한결같은 것으로 보이지만 그래도 변화가 서서히 일어나는 대상이 된다. 우리 신체의 힘이나 정신적 힘은 그만큼 빨리 변한다.[40] 우리가 소유하고 있는 것들은 소멸될 수 있는 사실들이라는 것은 잘 알려지고 있다.

인간의 일생이란 긴 행진을 살펴볼 때 때 **내(I)**가 발견하는 정체는 상대적 정체이고, 항상 어떤 공통된 성분을 보유하고는 있지만 서서히 변천하는 정체일 수 있을 뿐이다.[41] 무엇보다 가장 공통된 요소, 즉 가장 한결같은 것은 같은 기억을 가진다는 것이다. 어떤 사람이 현재와 청년 시기가 아무리 다르다 하더라도 소년기를 되돌아봤을 때 그의 현재와 청년기는 모두 그 되돌아본 것을 자신들의 소년기라 한다.

따라서 **내(I)**가 **나(me)** 속에서 발견하는 정체는 다만 느슨하게 짜여진 것일 뿐이고, 동일 사실들의 집합에서는 어떤 외부 관찰자라도 발견할 만한 것과 같은 '대략적'인 정체이다. 우리는 가끔 어떤 사람을 '그는 아주 변해 버려 알아볼 수 없다'라고 말하지만 그 사람은 자신을 그렇게 말하는 일은 드물다. 내(I)가 확인했거나 또는 외부 관찰자가 확인한 나(me)에게 있는 이 변화는 엄청날 수도 있고 약간일 수도 있다. 그런 변화들을 여기에서 약간 유의할 필요가 있다.

자기 변이(自己 變異)
(THE MUTATION OF THE SELF)

자기 변이는 다음과 같은 주된 두 개 범주로 나누어진다.

1. 기억 변용
2. 현재의 신체적 자기와 정신적 자기의 변용

1. **기억 변용**은 기억 상실과 잘못된 기억이다. 이 경우 모두 나 (me)가 변한다. 소년 시절에 저지른 일을 지금 기억하지 못한다고 처벌을 받아야 하는가? 간질이 있은 다음의 무의식이나 몽유병에 서나, 또는 자신도 모르게 어떤 회상도 남아 있지 않게 유도된 의 식 상태에서 저지른 범죄 때문에 처벌을 받아야 하는가? 상식에 따라 법은 "처벌하지 않는다, 법적으로 그 당시의 그와 현재의 그 는 동일한 사람이 아니다"라고 말한다. 이와 같은 기억 상실은 고 령에 흔히 있는 일이며 그 사람의 나(me)는 기억에서 사실이 사라 진 만큼의 양에 비례하여 축소된다.

꿈에서는 깨어 있을 때의 경험을 잊어버리고 마치 그런 경험이 없었던 것 같다. 그리고 이와 반대의 경우도 있을 수 있다. 대체로 깨어 있는 상태 동안에는 최면 상태 동안에 일어난 일에 대한 기 억이 남아 있지 않지만 다시 최면 몽환에 들어가면 그 일을 분명 하게 회상한다. 이때 깨어 있는 상태에 속하는 사실들은 또다시 망각된다. 따라서 건강한 정신 생활 범위 내에서도 **나(me)**의 정신 생활 변용을 연구하기 위한 접근 방법은 있다.

잘못된 기억은 우리 대부분에게 결코 드문 일이 아니며 잘못된 기억이 나타날 때에는 언제나 **나(me)**에 관한 의식이 왜곡된다. 아마 대부분의 사람들은 어떤 것이든 과거에 있었던 자신의 일에 속하는 것도 의심한 적이 있었을 것이다. 그들은 어떤 것을 보았거나 이야기했거나 그것을 실행했거나 또는 실행한 것으로 다만 꿈꾸었거나 심상만이라도 있었던 일이 있었을 것이다. 꿈의 내용이 실제 생활 흐름 속에 끼어들어 아주 당혹하게 되는 일도 비일비재하다. 가장 빈번하게 일어나는 잘못된 기억의 원천은 타인에게 우리의 경험을 전달할 때의 설명이다. 그 설명은 거의 항상 현실 그대로보다는 더 간단하고 재미있게 꾸며진다. 실제로 우리가 말했거나 겪은 것이 아니라 말해야 하거나 겪어야 한다고 생각한 것을 말하게 되는데 이야기의 첫머리에서는 이 구별을 충분히 알고 있을 것이다. 그러나 얼마 안 가 꾸민 말이 실제 있었던 것에 대한 말을 쫓아내고 현실을 대신하여 기억을 독점해 버린다. 이것이 아주 정직하게 하려 했던 증언도 잘못될 수 있는 한 가지 큰 오류의 원천이다. 특히 과장하려고 하는 경우에는 이야기가 과장하는 쪽으로 기울고, 기억도 그 이야기에 따르게 된다. 카펜터 박사는 가장 흔히 있는 예로서 코브(Cobbe) 양에게서 얻은 다음과 같은 이야기를 인용하였다.

"가장 정직하고 양심적인 친구가 책상 위에 여러 사람이 손을 얹기만 해도 책상을 움직이게 한다는 심령(心靈) 현상에 관한 이야기를 하는 것을 언젠가 필자는 들었으며, 그녀는 그 이야기에 책상 주위 1야드 거리에 **누구도 없었으나** 책상을 두드리는 소리가 들렸다는 확언을 첨언하였다. 필자는 이 이야기에 의문을 느꼈고, 그 부인은 자신의 이야기의 정확함을 완전히 확신하고 있었으나 그 일이 있었던 10년 전에 만든 보고서 노트를 보여줄 것을 약속했다. 노트를 점검한 결과 **여섯 사람의 손이 책상 위에 놓여졌을 때** 책상이 두들겨졌다는 말이 분명하게 적혀 있는 것을 발견하였다. 그 부인의 기억이 여타 모든 점에서는 완전히 정확한 것이 증명되었으나 다만 이 점에서 선의로 잘못을 범하고 만 것이었다."[42]

기억이 가장 많이 왜곡되는 것은 본질적이 아닌 세부적인 것들이지만 이런 종류의 이야기에서는 모든 세부적인 것을 정확하게 기억하기란 거의 불가능하다.[43] 디킨스(Charles Dickens)와 발자크(Honore de Balzac)는 항상 그들이 가공적으로 상상한 것과 실제 경험한 것을 혼합하였다고 전해지고 있다. 우리 모두는 누구나 자신의 인격에 대한 생각과 자신의 음성에 아주 중독되어 자신의 자서전이 문제되고 있을 때 결코 진실을 생각해 낼 수 없는 하잘것없는 인간 표본을 알고 있을 것이 틀림없다. 상냥하고 악의 없고 명랑한 J. V. 여! 너의 진실한 자기와 즐겨 상상한 자기와의 사이

의 차이를 깨닫지 말지어다!⁴⁴⁾

2. 기억 변용을 넘어 현재 자기에 있는 **비정상적 변용**에 이르러 우리는 더욱 심각한 장애에 빠지게 된다. 기술하는 관점에서 보면 이와 같은 변용에는 주된 3개 유형이 있다. 그러나 어떤 사례는 둘 또는 그 이상의 유형들의 특징을 합쳐서 갖고 있기도 한다. 개인 성격의 이와 같은 변화를 초래하는 요인과 원인에 관한 우리의 지식은 아주 적어 유형으로 나누는 것이 어떤 깊은 의미를 가진다고 간주해서는 안 된다. 이들 유형은 다음과 같다.

(1) 정신 이상적 망상;

(2) 교대 자기;

(3) 영매 또는 홀림

1) 정신 이상에서는 과거 속에 투사되는 망상을 가지는 일이 빈번하며, 그런 망상은 병적 특성에 따라 우울하거나 쾌활한 것으로 나타난다. 그러나 가장 좋지 못한 자기 변용은 과거의 감각이나 충격은 혼란에 빠지게는 하지 않지만 환자로 하여금 현재의 **나 (me)**를 전혀 새로운 사람으로 생각하게 하는 현재의 감각과 충동의 도착에서 생기는 변용이다. 이런 종류의 변용의 어떤 것은 사춘기가 지나 일어나는 지성이나 의지와 같은 성격 특성 전체가 급속하게 확장되는 데에서 흔히 나타난다. 이들 병적 사례는 아주

신기하여 더 많은 주목을 기울일 가치가 있다.

리보(Ribot)가 말한 바와 같이 우리 개인 성격의 토대는 우리의 생명력에 대한 감정이며 그 생명력은 언제나 존재하기 때문에 의식의 배경 속에 항상 머무르고 있다.

"생명력에 대한 감정은 침묵하거나 휴식하는 일이 없이 항상 현존하고 항상 작용하기 때문에 생명의 기본이며, 그 감정은 잠자는 것도 기절하는 것도 모르며 그 감정의 하나의 형태를 이루고 있는 생명이 지속하는 한 오래 지속한다. 생명력에 대한 감정은 기억이 구성하는 **나(me)**라는 자기−의식의 지주 역할을 하고 또 기억의 부분들 간의 연합을 이루게 하는 매개가 된다…한번에 우리 육체를 바꾸어 다른 육체를 그 대신 가져와 과거 기억을 저장하는 신경 계통을 제외하고는 골격, 혈관, 내장, 근육, 피부 등 모든 것을 새롭게 할 수 있다고 가정해 보라. 이 경우 그와 같은 익숙하지 않은 감각들의 유입이 가장 심각한 장애를 야기할 것은 의심할 여지가 없다. 이전 신경 계통에 새겨진 자기 존재에 대한 감각과 가장 강한 현실성과 참신성에서 작용하는 새로운 감각 사이에는 서로 용납될 수 없는 갈등이 있을 것이다."[45]

대뇌 질환의 시초 단계에는 이것과 상당히 견주어지는 다음과 같은 일들이 일어난다.

"지금까지 없었던 생소한 감각 덩어리와 충격과 예를 들면 공포, 저지른 범죄나 적이 추적한다는 등의 표상과 같은 똑같이 경험하지 않은 종류의 관념들이 일어난다. 처음에는 이것들은 생소하고 때로는 놀랍고 두려운 너로서 잘 알고 있는 **나(me)**와 대립된다.[46] 때로는 그것들이 이전 감정 범위에 침입하는 것이 마치 이전 자기를 어두운 압도적인 힘이 사로잡는 것 같이 느껴지고, 그렇게 '사로잡힌' 사실이 환상적 심상 속에 그려진다. 이전 자기와 그것과 조화되지 않는 새로운 경험 형식 간의 투쟁이란 이중성은 항상 고통스러운 정신적 갈등과 정신적 격정과 격한 정서 흥분을 동반한다. 이것이 엄청나게 많은 정신 질환 사례에서 초기 단계에 우울증 정서 변용을 특별히 흔하게 경험하는 이유의 대부분이다. 이제 새로운 비정상인 관념 대열을 초래하는 직접 원인이 되는 뇌 질환에서 벗어나지 못하면 그 비정상 관념 대열이 확인된다. 이 비정상 관념 대열은 이전의 자기를 특징지었던 관념 대열과 점차 연합하던가, 또는 이전 관념 대열의 일부가 뇌의 질환이 진행되는 데에 따라 소멸되거나 상실되고, 의식되는 두 나(me)의 대립이 조금씩 감소되어 정서적 광란도 진정된다. 그러나 그때까지는 감정과 의지가 비정상의 요소들과 연합하던가 또는 그 요소들을 자신 속에 받아들여 이전의 나(me) 자체는 왜곡되고 다른 나(me)로 전환된다. 이렇게 되면 환자는 또다시 조용해지고 그의 사고가 때로 논리적으로 타당하지만 그 사고 속에는 병적인 잘못된 관념이 항상 끈질긴

접착성을 얻게 되어 통제할 수 없는 전제로 현존하여 그 사람은 이제 이전의 그와 동일한 사람이 아니고 실제 새로운 사람이며 그의 옛 자기는 변형된다."[47)

그러나 환자 자신은 그에게 있는 새로운 **신체 감각의 상실**이나 이전에 있었던 신체 감각의 상실이 월등하게 작용하지 않는 한 그의 변화를 꼭 이런 말로 계속 기술하는 일은 드물다. 단순한 시각 및 청각 도착(倒錯), 또는 의지 충동의 도착마저도 곧 나(me)라는 통일성과 모순된 것으로 느껴지는 일이 없어지게 된다.

나(me)라는 통일 단위와 모순되는 특이한 신체 감각 도착과 같은 것은 건강한 정신을 가진 사람에게는 거의 생각될 수 없다. 어떤 환자는 또 다른 자기를 갖고 있어서 자신의 사고를 전부 그에게 반복하여 일러준다. 역사적으로 유명한 어떤 인물이라고 자칭하는 환자들은 그 인물과 말을 걸고 응답하는 잘 알려진 마귀를 갖고 있다. 또 다른 환자들에서는 그들의 사고를 다른 사람이 '만들어' 준다. 또 다른 환자는 따로 떨어진 침대에 누운 자신의 두 개 신체를 갖는 것으로 생각한다. 어떤 환자는 그들의 치아, 뇌, 위 등 그의 신체 일부를 상실한 것처럼 느낀다. 어떤 환자는 자신이 나무, 유리, 버터 등으로 되어 있는 것 같이 생각한다. 어떤 환자는 자신이 이젠 존재하지 않거나, 죽었거나, 말하고 있는 자기와 완전히 분리된 생소한 대상이 된다. 때로 신체의 일부가 다른 부분과의 연결을 상실한 것으로 의식되고, 다른 사람에게 속하는 것처럼 취급되고, 적의에 찬 의지로 움직여지기도 한다. 따라서 적과 싸우는 것처럼 오른손이 왼손과 싸운다.[48] 또는 환자 자신의 울음을 환자가 동정하는 다른 사람의 울음이라고 한다. 광기에 관한 문헌은 이런 착각에 관한 이야기로 꽉 차 있다. 텐은 크리샤베르(Krishaber) 박사의 환자로부터 인간 경험이 어떻게 정상으로부터 갑자기 완전하게 멀리 떨어지게 되는가 하는 것을 보여주는 질환에 관한 기록을 얻어 인용하였다.

"첫째날 또는 둘째날이 지난 다음 몇 주 동안은 나 자신을 관찰하고 분석하는 것이 불가능하였다. 그 질환은——협심증——너무나 심하였다. 정월 초순까지는 내가 경험한 것을 나 자신에게 전할 수 없었다…여기 맨 처음 분명하게 기억되는 것이 있다. 나는 혼자였고 이미 영구적 시각 장애의 희생물이 되어가고 있었으며 나는 한정 없이 점점 더 심해지는 시각 장애에 갑자기 사로잡혔다. 대상들이——사람이건 사물이건 다 함께——작아지고 무한히 먼 거리로 뒤로 물러갔다. 내 자신이 측정할 수 없는 먼 곳으로 멀어져갔다. 나는 주위를 둘러보고 공포와 경악을 느꼈으며, **세계는 나로부터 도망치고 있었다**…동시에 나의 목소리는 나로부터 아주 멀리 떨어진 곳에 있고, 이젠 나의 목소리로 들리지 않는 것을 알아차렸다. 나는 발로 땅을 내리구르고 땅이 저항하는 것을 지각했지만 이 저항이——땅이 부드러운 것이 아니라 내 몸무게가 거의 없는 것 같이 줄어든——착각인 것 같이 보였다…나는 무게가 없는 존재인 것 같은 느낌을 가졌다…" 이와 같이 먼 거리에 있을 뿐만 아니라 "대상들은 나에게 **평평하게** 보였다. 누구와 이야기할 때 나는 그 사람을 입체적 부각이 없는 종이에서 오려낸 모양과 같은 것으로 보았다…이런 감각이 간헐적으로 2년간 계속되었다…나의 다리가 나에게 속하지 않는 것처럼 늘 느껴졌다. 나의 팔도 거의 마찬가지로 좋지 않았다. 머리는 이젠 존재하지 않는 것 같았으며…나는 나와 관계없는 것으로부터 오는 충동에 의해 자동적으로 행동하는 것처럼 보였다…나의 내부에는 새로운 존재와 이 신참 자에게 어떤 관심도 없는 이전 존재인 나라는 또 다른 부분이 있었다. 나는 이 새로운 존재가 걸린 병은 나와는 상관없다고 나 자신에게 말한 것을 뚜렷하게 기억한다. 나는 실제 이런 착각에 빠지는 얼간이는 결코 아니었지만 나의 정신은 새로운 인상들을 끊임없이 교정하는 데 지치게 되는 일이 많았고 나 자신 제멋대로 이 새로운 실체가 겪는 불행한 생활을 살았다. 나는 나의 옛 세상을 다시 보고 나의 옛 자기로 되돌아가기를 열렬히 원했다. 이 욕망이 나로 하여금 자살하지 않게 했다…나는 딴 사람이 되었고 나는 이 새로운 딴 사람을 증오하고 경멸하였으며 그 딴 사람은 나에게는 완전히 가증스럽고 나라는 형상을 쓰고 나의 기능을 받아들인 어떤 딴 사람인 것이 확실하다."[49]

이와 같은 사례에서는 **나(me)**는 변하였지만 **나(I)**는 변하지 않은 것이 확실하다. 말하자면 기억이 유지되는 한 환자의 **현행 사고**는 이전 나(me)와 새로운 나(me) 모두를 인지한다. 다만 이전에는 확인하는 판단과 소유하는 판단을 아주 간단하게 내리게 했던 대상 영역에서도 이상한 당혹감이 생길 뿐이다. 그런 영역에서 보여지는 현재와 과거는 둘 다 서로 연결하려 하지 않는다. 어디에 옛 나(me)가 있는가? 이 새로운 나(me)는 무엇인가? 이 둘이 동일한 것인가? 또는 나(**I**)가 두 나를 가지는가? 환자들이 그럴싸하게 꾸며낼 수 있는 어떤 이론으로도 대답이 가능한 이런 질문들이 그의 광적 생활의 시초가 된다.[50]

툭스베리(Tewksbury)의 피셔(C. J. Fisher) 박사를 통하여 내가 알게 된 사례의 질병 기원은 아마 이와 같은 것이었던 것 같다. 그 사례의 환자인 브리짓(Bridget) 부인은,

　"여러 해 동안 광증(狂症)에 걸렸었고, 항상 그녀는 자기를 '생쥐'라고 가정하여 말하고 나에게 '그 작은 생쥐를 땅에 묻어달라'는 부탁을 했다. 자신의 현실적 자기를 3인칭으로 '착한 부인'이라 불렀고 '그 착한 부인은 F. 박사를 알며 전에 그를 위해 일했다'고 한다. 때로 그녀는 슬프게 '그 착한 부인이 언젠가 돌아올 거라고 생각하느냐?'라고 묻는다. 그녀는 바느질과 뜨개질과 세탁 등의 일을 하고 그녀의 일을 보여주면서 '이 일은 생쥐에게만 유익한

것이 아닌가?'라고 말한다. 그녀는 우울한 기간에는 건물 밑에 숨고, 구멍 속과 상자 밑으로 기어들어 간다. 우리가 그녀를 발견했을 때 '그녀는 다만 생쥐일 뿐이며 죽고 싶다'고 말하곤 했다."

2. 교대 성격(交代 性格, alternating personality) 이 현상의 가장 단순한 국면은 기억 상실에 원인이 있는 것 같다. 누구든 약속, 서약, 지식, 습관 등을 망각하면 우리가 말하듯이 **일관성 없는** 사람이 되며, 어떤 점에서 그의 성격이 변했다고 말하게 되는가 하는 것은 다만 일관성 없는 정도의 문제일 뿐이다. 이중(二重) 성격 또는 교대 성격의 사례로 알려진 병적 사례에서는 기억 상실이 갑자기 나타나고 대개는 그 기억 상실에 앞서 의식 상실, 또는 가사(假死) 상태가 나타나게 되며 그 기간이 길 수도 짧을 수도 있다. 최면 몽환에서 피험자에게 어떤 날짜 이후 그에게 일어난 것은 모두 망각해 버리라고 일러주어 그를 다시 (아마도) 어린이가 되게 하든가, 또는 그를 공상적인 전혀 다른 사람이라고 말해 주어 그 자신에 관한 모든 사실들이 한 동안 그의 정신에서 떠나버린 것 같이 되게 하면, 그가 갖고 있는 연극적 상상력의 다소에 비례하여 생생하게 이 새로운 인물 속으로 그의 몸을 내맡기는 성격 변용을 우리는 손쉽게 일으킬 수 있다.[51] 그러나 병리적(病理的)인 경우에는 성격 변용이 자연 발생적으로 일어난다. 아마 기록으로 남아 있는 가장 유명한 사례는 보르도(Bordeaux)의 아장(Azam) 박사가

보고한 펠리다(Félida X.)의 사례일 것이다.[52] 열네 살 때 이 부인은 마치 전에 있었던 '제지 작용'이 갑자기 제거된 것처럼 그녀의 일반적 소질과 인격이 변해 버린 특징을 지닌 '제2' 상태로 들어가기 시작하였다. 이 제2 상태 동안 처음 상태를 회상했지만 제2상태에서 빠져나와 처음 상태로 되돌아가면 제2 상태에 관해서는 어떤 것도 기억하지 못했다. 나이가 44세 되어서는 제2 상태에 머무르는 기간(이 상태가 원래 상태보다 대체로 질적으로 우수했다)이 원 상태 기간을 능가하였고 그만큼 그녀의 대부분의 시간을 차지하였다. 그 동안 그녀는 원 상태에 속하는 사건들을 기억하였지만 원 상태가 다시 나타났을 때에는 제2 상태에 관한 완전한 망각이 일어나 그녀를 아주 괴롭히는 일이 빈번하였다. 예를 들면 장례식에 가는 도중 차 안에서 상태 전환이 일어나 그녀의 친구 중 누가 죽었는지 전혀 생각이 나지 않을 때와 같은 경우이다. 그녀는 초기에 있었던 어느 제2 상태의 시기에 실제 임신하였으며 그녀의 처음 상태 기간 중에는 그 임신이 어떻게 일어났는가 하는 것을 전혀 알지 못했다. 이와 같은 기억 공백에서 오는 그녀의 괴로움은 때로는 심각하여 한번은 자살하려고까지 하였다;

　다른 예를 들면, 리거(Rieger) 박사의 간질 환자에 관한 기록이다.[53] 그 간질 환자는 17년 동안 자유인으로 살거나 감옥 속에서 지내거나 정신병원에서 치료받는 생활을 교대로 전전하였으며, 정상 상태에서는 그의 성격이 충분히 조리 있었지만 주기적으로 성격이 교대하고는, 그 교대된 시기에는 몇 주 동안 가출하여 도 둑질과 부랑자 생활을 하여 감옥에 보내지고 간질 발작과 감정 홍 분을 하고 또 꾀병이라는 욕도 먹는 등의 일들이 있었으나 그는 비난을 받아 마땅한 모든 이런 좋지 못한 일들을 초래한 비정상 상태에 대한 기억을 전혀 갖고 있지 않았다.

"나는 이 사람으로부터 얻은 인상보다 더 기묘한 인상을 어느 누 구로부터도 얻지 못했으며 그가 똑바로 의식하는 과거를 가지고 있다고 전혀 말할 수 없었다"라고 리거 박사는 말한다…"한 사람 의 자기가 그런 상태에 놓여진다고 생각하기란 실제 불가능하다. 그의 최종 절도죄는 뉘른베르크(Nürnberg)에서 저질러졌으나 그 일에 대해 어떤 것도 알지 못했고, 법정에 선 다음 병원에 보내졌지 만 왜 그렇게 되었는지 이유를 조금도 이해하지 못했다. 간질 발작 을 갖고 있다는 것은 그도 알고 있었다. 그러나 몇 시간 동안 날뛰 고 정상이 아닌 행동을 했다는 것을 그에게 납득시키는 것은 불가 능했다."

또 다른 주목할 만한 사례는 메리 레이놀즈(Mary Reynolds)의 사 례이다. 최근 미첼(Weir Mitchell) 박사가 이 사례를 재출판했다.[54] 이 둔하고 우울한 젊은 부인은 1811년 펜실베이니아의 황무지에 살고 있었으며,

"어느 날 아침 그녀가 습관적으로 깨어나는 시각보다 훨씬 늦게까지 깊은 잠에 빠져 깨울 수 없다는 것을 알게 되었다. 약 18~20시간 수면한 다음 깼지만 자연스럽지 못한 의식 상태였다. 기억이 없어졌다. 어느 점으로 보나 처음 이 세상에 인도된 존재인 것같이 보였다. '그녀에게 남아 있는 과거는 몇 마디의 말을 발음하는 능력이 전부였으며, 이것도 어린아이가 울부짖는 것과 같이 순전히 본능적인 것처럼 보였다. 왜냐하면 처음엔 그녀가 발성한 단어가 그녀의 정신 속에 있는 어떤 관념과도 연결되어 있지 않았기때문이다. 그녀에게 그 단어의 의미를 가르쳐 주지 않으면 그 단어들은 무의미한 소리에 지나지 않았다."

"'그녀의 눈은 실제 처음 열려서 이 세상을 보는 거나 다름없었다. 옛 것은 사라지고 모든 것이 새로웠다.' 그녀는 부모, 형제, 자매, 친구들을 알아보거나 인정하지 못했었다. 그녀는 그들을 전에 본 일이 없었으며——결코 그들을 알지 못했다——그런 사람들이 있었다는 것조차도 알지 못했다. 이제 처음 그녀는 그 가족과 친지들에게 소개되는 것이었다. 그녀를 둘러싼 환경에 그녀는 완전히 생소하였다. 집, 뜰, 숲, 언덕, 계곡, 강물——이 모든 것들이 새로운 것이었다. 그 경치의 아름다움도 전혀 전에 본 일이 없는 것이었다."

"그녀는 그 신비로운 잠에서 깨어난 순간 이전에 살아 있었다는 의식을 조금도 갖고 있지 않았다. '한 마디로 그녀는 막 탄생했지만 성숙한 상태로 태어나서 풍부하고 고상하며 사치스러운 경이

(驚異)를 즐기는 타고난 성질로서의 능력을 갖고 있었다."

"그녀에게 가르친 첫 번째 과제는 주위 사람들과 그녀가 어떤 유대로 연결되는가 하는 것과 그에 따라 그녀가 해야 할 의무를 알게 하는 것이었다. 그녀는 이것을 아주 느리게 습득했고, '실제 습득하지 못했거나 또는 적어도 혈연관계의 유대를 인정하지 못했으며, 또 친구와의 유대도 거의 알지 못했다. 그녀는 한때 알고 있었던 사람들 대부분을 모르는 사람, 또는 적대하는 사람으로 생각하고 그녀가 어떤 존재 영역이나 어떤 존재 상태로부터 왔는가 하는 것은 해결되지 않는 문제이지만 어떤 놀랄 만하고 설명할 수 없는 방법으로 그녀가 그 사람들 사이에 옮겨졌다고 생각했다."

"다음 과제는 글을 읽고 쓰는 것을 다시 배워 주는 것이었다. 그녀는 충분히 영리하였으며 이 두 가지 일에 빠른 진보가 있어 **몇 주일 지난 다음** 읽고 쓰는 것을 실제로 다시 배웠다. 첫 과제로 그녀의 오빠가 그녀에게 써준 이름을 베끼게 했을 때 그녀는 펜을 아주 어색하게 쥐었고 마치 동양에서 온 사람처럼 히브리 식으로 오른쪽에서 왼쪽으로 베끼기 시작했다."

"주목할 만한 다음 일은 그녀의 성격 소질에 나타난 변화이다. 우울하지 않고 지금은 극히 쾌활하다. 새침하지 않고 들떠 있고 사교적이다. 전에는 말이 없고 수줍어했으나 지금은 쾌활하고 익살맞다. 그녀의 성격 소질은 완전히, 그리고 철저하게 변했다. 이 두 번째 상태에서 그녀는 사람들과 함께 있는 것을 엄청나게 좋아했지만 숲, 언덕, 계곡, 강물 줄기 등에서 보여지는 자연적인 것들에 더 많이 매혹되었다. 그녀는 도보로나 또는 말을 타고 아침에 떠나 저녁 노을이 온 시골을 뒤덮을 때까지 돌아다니곤 하였으며, 길 있는 곳을 걷고 있거나 사람이 밟은 일이 없는 숲 속을 걷고 있거나 전혀 개의치 않았다. 그녀가 이와 같은 생활을 즐기게 된 것은 그녀의 친구들이 그녀에게 필요하다고 생각하여 그런 곳에 가지 말라고 강요하여 금지했기 때문인 것 같으며, 그 결과 그녀는 친구들을 적으로 간주하고 동료로 보지 않았으며, 친구로부터 멀어지는 것을 좋아하였다."

"그녀는 무서운 것을 몰랐으며 곰과 퓨마가 숲 속에 많았고 방울뱀과 독사가 어디에나 우글거렸기 때문에 친구들이 그녀가 노출되고 있는 위험을 일러주었지만 비웃는 웃음을 자아내는 것밖에 다른 효과가 없었다. 그때 그녀는 '나는 너희들이 나를 놀라게 하려 하고 또 집에 나를 가두어 두려고 하는 것을 알고 있지만 너희들이 틀렸다. 왜냐하면 나는 너희들이 말하는 곰을 가끔 보았는데 그것들은 검은 돼지에 지나지 않는다는 것을 전적으로 확신하기 때문이다'라고 말하였다."

"어느 날 저녁 매일 하는 방랑에서 돌아와서 다음과 같은 사건을 이야기하였다. '오늘 내가 좁은 길을 말을 타고 가는데 큰 검은 돼지(곰)가 숲에서 나와 내 앞을 가로막았다. 나는 그런 뻔뻔한 검은 돼지는 일찍이 본 일이 없다. 그놈은 뒷발로 서서 나를 향해 이빨을 드러내 보이고 이빨을 갈았다. 나는 말을 전진시킬 수 없었다. 나는 돼지에게 놀라는 것은 바보라고 말에게 말하고 빨리 가라고 채찍질을 하였지만 말은 전진하지 않고 뒤로 물러나려고 했다. 나는 돼지에게 길을 비키라고 말했지만 그는 내 말을 듣지 않았다. '좋다, 말로 안되면 갈길 것이다' 라고 말하고 나는 말에서 내려 몽둥이를 들고 돼지에게로 걸어갔다. 내가 아주 가까이 갔을 때 돼지는 네 발을 땅에 내려놓고 천천히 시무룩해 걸어가며 몇 발자국 간 다음 매번 서서 뒤돌아보고 이빨을 드러내고 으르렁거렸다. 그 다음 나는 말에 올라 계속 달렸다.'"

"이와 같이 5주일이 계속되고 어느 날 아침 긴 잠을 잔 다음 그녀는 잠에서 깨어 제정신으로 다시 돌아왔다. 그녀는 어떤 일도 없었다는 듯이 부모와 형제와 자매들과의 유대를 확인하고 즉각 그녀에게 주어진 5주 전에 계획되었던 임무에 착수했다. 하룻밤 사이에(그녀는 하룻밤으로 가정했다) 일어난 변화에 대한 그녀의 놀라움은 굉장히 컸다. 사람의 성질은 또 다른 측면을 갖는다. 그녀의 정신 속에는 그녀가 겪었던 아찔한 광경들에 대한 어떤 흔적도 남아 있지 않았다. 그녀가 숲 속을 헤매다닌 일, 그녀의 속임수와 유머, 이런 모든 것이 기억에서 사라지고 그림자조차 남아 있지 않았다. 그녀의 부모는 그들의 자식인 그녀를 보았고 형제 자매들도 그들의 자매인 그녀를 보았다. 이제 그녀는 변화가 있기 전 처음 상태에서 마치 어떤 변화도 없었던 것처럼 생생하고 강력하게 발동하는 그녀가 가졌던 모든 지식을 갖고 있었다. 그러나 그 동안 그녀가 얻은 새로운 일들과 새로운 관념들도 지금의 그녀에게서 사라졌다――아직은 사라진 것이 아니고 장차 쓰기 위하여 이런 것들이 보이지 않게 안전한 곳에 보관되고 있었다. 물론 그녀의 타고난 성격 소질도 회복되었으며 그녀의 우울증은 그 동안 일어난 일에 관한 정보 때문에 더 깊어졌다. 모든 것이 옛날처럼 진행되었고, 이 5주 동안 있었던 신비로운 일들이 다시 되풀이되지 않기를 무척 희망했지만 그런 예상이 실현되지 못하였다. 몇 주 지난 다음 그녀는 깊은 잠에 빠졌고, 깨어나 제2 상태가 되고, 그녀가 이전에 그 상태에서 빠져나올 때 떠났던 정확히 그곳에서 또다시 새로운 생활을 시작하였다. 그녀는 이제 부모가 있는 딸이나 자매가 있는 동생이 아니다. 그녀가 지닌 지식은 모두 이전 제2 의식 기간이었던 몇 주 동안에 얻은 것들이었다. 그녀는 두 제2 상태 사이에 있었던 일은 어떤 것도 알지 못했다. 멀리 떨어진 두 제2 시기들은 서로 인접한 것으로 되었다. 그녀는 그것을 하룻밤 사이의 일로 생각했다."

"이 상태에서는 그녀는 기억에서가 아니라 정보에 의하여 그녀의 사례에 관한 사실들을 완전하게 알게 되었다. 그러나 그녀의 정신이 아주 크게 쾌활하여 어떤 우울증도 나타나지 않았다. 우울하기는커녕 그런 일들은 그녀의 유쾌감을 북돋았으며 모든 다른 것들과 마찬가지로 환희의 근거가 되었다."

"이와 같이 한 상태에서 다른 상태로 교대하는 일이 기간은 길고 짧은 차이가 있었지만 15년 또는 16년간 계속되었고, 마침내 그녀가 35세 또는 36세 되었을 때 **영구하게 제2 상태로 남고** 더 이상 교대하지 않았다. 그녀는 변하지 않고 이 상태로 최후 25년간을 지냈다."

그러나 이 두 상태에 있었던 대립된 정서들은 메리 레이놀즈에게서는 점차 소멸되어 가는 것 같았다.

"농담을 좋아하고 어리석은 믿음이나 망상적 신앙에 빠지기 쉬운 명랑하고 신경질적이고 장난기 있는 여인으로부터 기쁨과 사회에 대한 사랑을 갖고 있으면서도 실제 쓸모 있는 수준까지 차분한 여인으로 점차적으로 변하였다. 다음 25년의 대부분은 제2 상태 초기에 보였던 들뜬 상태와도 달랐고, 본래의 우울하고 병적인 자기와도 달랐다. 그녀의 가족 중 어떤 사람은 그것을 그녀의 제3 상태라고 말했다. 그녀는 합리적이고, 근면하고, 아주 유쾌하지만 상당히 진지했으며, 잘 균형이 잡힌 기질을 갖고 있었고, 정신이 상처를 입었거나 장애를 받았다는 흔적은 조금도 없었다고 기술되었다. 몇 해 동안 그녀는 교편을 잡았으며, 교사로서의 능력에서 그녀는 유능했고, 인기도 있어 늙은이나 젊은이들로부터 일반적으로 호감을 얻었다."

"이 최후의 25년간 그녀의 조카인 존 레이놀즈(John V.

Reynolds) 박사 신부(神父)와 한 집에 살았으며, 몇 시간씩 그의 집 안을 돌보았고, 건전한 판단과 그녀가 해야 할 일거리에 따른 의무를 충분히 알고 있다는 것을 보여주었다."

"아직도 미드빌(Meadville)에 살고 있고, 친절하게도 그 사실을 나에게 제공해 준 레이놀즈 박사는 1888년 1월 4일자로 나에게 보낸 편지에서 그녀의 말년에는 완전히 파악할 수 없고 정상이 아닌 시기에 일어난 사건에 대한 부분적으로 회복된 기억에 근거한 것인가, 또는 다른 사람이 일러준 이야기에 근거한 것인지 확실하지 않지만 그림자 같은 과거의 희미하고 꿈과 같은 관념을 가끔 가지게 된다고 말했다고 적고 있다" 라고 미첼 박사는 말한다.

"레이놀즈 양은 1854년 1월, 61세로 사망하였다. 그녀가 죽던 날 아침 그녀는 평상시와 같이 건강한 몸으로 침상에서 일어났고 아침을 먹고 가사 일도 감독하였다. 이런 일을 하던 중 갑자기 그녀는 손을 들어 머리에 가져가고는 외쳤다. '아! 머리가 왜 이런지 모르겠다!' 그리고 곧 방바닥에 쓰러졌다. 소파에 옮겼을 때 그녀는 한두 번 숨을 몰아 쉬고 죽었다."

앞에서 언급한 사례와 같이 제2 성품이 첫째 성품보다 우수한 경우에는 첫째 성품이 병적이라고 생각할 이유가 있는 것 같다. **제지 작용**이란 용어로 그녀의 성품이 둔하고 우울한 것이 설명된다. 펠리다의 원래 성품은 그녀가 뒤에 얻은 성품에 비하면 둔하고 우울했으며, 그 성품이 변한 것은 어릴 때부터 있었던 어떤 제지 작용이 제거된 결과로 간주될 수 있다. 정신 속에 있는 것들을 회상할 수 없거나 또는 어떤 이유로 그런 것들을 마음대로 할 수 없을 때 우리는 누구나 일시적으로 그와 같은 제지 작용을 경험한다. 모든 명사, 또는 모든 동사, 또는 알파벳의 특정 문자, 또는 어떤 특정한 사람과 관계되는 모든 것을 망각하도록 명령을 받은 최면에 걸린 피험자에게서 볼 수 있는 체계적 건망증(기억 상실)은 훨씬 더 광범한 제지 작용이다. 이런 제지 작용은 자연발생적으로 질병의 증세로 나타날 수도 있다.[55] 이제 자네(Janet)는 그러한 제지가 특정 종류의 감각에 대해서 이루어지거나 (피험자를 감각 마비시킴으로써) 그 감각에 관한 기억에 이루어질 때 그 제지 작용이 개인의 성격 변화의 원인이 된다는 것을 보여주었다. 감각이 마비되고 '건망증'에 걸린 히스테리 환자였던 여자를 최면 몽환에 집어넣어 제지되었던 감각과 기억을 회복시켰을 때——말을 바꾸면 그녀의 '해리(解離, dissociation)되었거나' 분리된 감각과 기억을 구출하여 다른 감각과 기억에 접합시켰을 때——그녀는 전혀 다른 사람이 된다. 앞에서 언급한 바와 같이(371–372쪽) 최면 몽환은 히스테리 환자로부터 감각을 회복시키는 방법 중 하나이다. 그러나 루시(Lucie)란 이름을 가진 히스테리 증세로 감각 마비된 환자가 이미 최면 몽환에 들어가 있었으나 자네는 어떤 이유 때문에 어느 날 마치 그녀가 최면 몽환 속에 있지 않은 것처럼 30분간 계속 최면을 걸었다. 그 결과 그녀는 일종의 가사 상태에 들어갔으며 그후 30분이 지나 그녀는 그 가사 상태에서 다시 깨어났지만 지금까지 그녀에게 특징적이었던 상태와 전혀 다른 제2의 몽유(夢遊) 상태에 들어갔다——감각이 달라지고, 기억이 달라지고, 요약하면 사람이 달라졌다. 최면에 걸리지 않은 깨어 있는 상태에서는 이 가련한 젊은 여인의 전신이 감각 마비가 되어 있었고 거의 귀머거리였으며 아주 악성으로 시야가 축소되었다. 그러나 좋지 못하기는 했지만 시각이 그녀의 최상의 감각이었고, 시각을 모든 신체 운동을 인도하는 감각으로 사용하였다. 그녀의 눈에 붕대를 감으면 완전히 무력해지고, 보고된 다른 유사한 종류의 사례와 마찬가지로 그녀도 최종 감각 자극마저 제거되면 거의 즉각 잠들어버렸다. 자네는 최면에서 깨어 있는 이런 상태, 또는 일차 상태를 (이 점에서 '정상'이란 말을 쓸 수는 없다) 루시 1이라 명명하였다. 그녀의 첫 번째 최면 상태인 루시 2에서는 감각 마비는 감소되었지만 제거되지는 않았다. 바로 앞에서 기술한 것과 같이 최면을 두 번 걸어 나타난 루시 3인 더 깊은 몽환에서는 감각 마비 흔적이 남아 있지 않았다. 그녀의 감각은 완전하게 되었으며 시각에만 의존하는 '시각' 유형의 극단적 예가 되지 않고, 샤르코(Jean-Martin Charcot) 교수의 용어로 운동 유형이라고 알려진 상태로 변형되었다. 즉 최면에서 깨어 있을 때에는 다만 시각으로만 사고하고 사물들이 어떻게 **보였느냐** 하는 것을 회상함으로써만 사물들을 상상할 수 있었지만 지금 이 깊은 몽환에서는 그녀의 사고와 기억이 주로 운동 심상과 촉각 심상으로 되어 있는 것처럼 자네에게는 보였다.

이 깊은 몽환을 발견하고 루시의 성격 변화를 발견한 자네가 다른 피험자에서도 깊은 몽환을 발견하려고 노력하게 된 것은 당연하다. 그는 로즈(Rose)와 마리(Marie)와 레오니(Léonie)에게서 그런 깊은 몽환을 발견했고, 살페트리에르(Salpétrière) 병원의 인턴이었던 그의 동생 쥘 자네 박사는 유명한 피험자 위트(Wit)에서 깊은 몽환을 발견했으나 위트의 몽환은 여러 해 동안 그 병원의 여러 의사들이 연구했었지만 그 누구도 이 아주 특이한 개체성을 불러내지는 못하였다.[56]

깊은 몽환에서는 모든 감각이 회복되고 그와 더불어 피험자들은 이른바 정상적인 사람으로 돌아왔다. 그들은 특히 기억 범위가 넓어졌고, 그것을 토대로 자네는 이론적 일반화를 엮었다. 히스테리 환자에게서는 어떤 특정 종류의 감각이 소멸될 때 그 감각과 동일 종류의 과거 경험에 대한 모든 기억도 더불어 소멸된다고 그는 말했다. 예를 들어 히스테리 증세에서 청각이 마비된 감각이라면 환자는 소리와 음성은 상상할 수 없게 되고, (대화가 가능하려면) 운동 단서나 발성 단서에 의하여 대화를 해야 한다. 만약 운동 감각이 없어졌다고 하면 환자는 우선 마음속에서 사지 운동을 시각 용어로 정해 놓은 다음, 사지를 움직이려는 의지를 가져야 하고, 그 단어가 발음될 모양에 대한 사전 관념이 발성 기관의 신경을 지배해야 한다. 이 법칙의 실용적 결과는 매우 크다. 왜냐하면 후에 마비된 감각 영역에 속하는, 예컨대 촉각에 속하는 모든 경험은 촉각 용어로 저장되고 회상될 것이어서 질병에 걸려 피부 감각과 근육 감각이 제거되면 그 경험이 즉각 망각될 것이기 때문이다. 다른 한편 그런 경험에 대한 기억은 촉각이 되돌아오자마자 다시 회복될 것이다. 이제 자네가 실험한 히스테리 환자에서 촉각이 최면 몽환 상태에서 되돌아왔다. 그 결과 일상 상태에서는 없었던 모든 종류의 기억이 회복되어 과거로 되돌아갈 수 있어 다른 방법으로는 설명할 수 없는 환자의 생활 속에 있는 많은 것들의 기원이 설명될 수 있었다. 예를 들어 히스테리성 간질에서 볼 수 있는 큰 경련 발작 위기의 어떤 단계를 프랑스 저술가들은 **격정적 태도 국면** (*phase des attitudes passionelles*)이라 불렀으며, 이 단계에서는 환자가 자신에게는 말하지도 설명하지도 못하지만 공포나 분노, 또는 그 밖의 정신적 정서 상태를 표출하는 외부 운동을 거듭한다. 흔히 이 단계는 환자에 따라 어떤 한 가지 사물에 고착되어 자동 기계처럼 보이게 되고, 그런 단계가 지속하는 동안 의식이 있는가 하는 의문을 제기하기도 하였다. 그러나 깊은 몽환에서 환자 루시의 촉각 능력이 돌아왔을 때, 그녀의 히스테리 위기의 기원이 어릴 때 어떤 날 커튼 뒤에 숨어 있던 사람이 그녀를 갑자기 덮쳤을 때 가졌던 큰 공포에 있다는 것을 그녀는 설명해 주었고, 히스테리 위기 때마다 이 광경을 어떻게 되씹어 겪게 되는가 하는 것을 이야기했고, 또 어릴 때 집 안을 돌아다닌 몽유 발작을 이야기했고, 또 안질 때문에 여러 달 동안 어떻게 컴컴한 방에 갇혔던가 하는 것을 이야기했다. 모든 이런 것들은 그녀가 최면에서 깨었을 때에는 회상할 수 없는 것들이다. 왜냐하면 그것들은 주로 운동 경험과 촉각 경험으로 기록되어 있었기 때문이다.

그러나 자네의 환자인 레오니는 흥미로운 환자였으며 감각과 운동 충격에 따라 기억과 성격 특성이 어떻게 변하는가 하는 것을 가장 잘 보여주고 있다.

"이 부인의 일생은 진짜 있었던 이야기라기보다는 있을 수 없는 로맨스처럼 들리지만 3세부터 자연 발생적인 몽유병에 시달려왔다. 그녀는 16세부터 여러 최면술사로부터 계속해서 최면을 받았으며 지금은 45세이다. 한편으로 그녀의 정상 생활에서는 가난한 시골 환경에서 자랐지만 그녀의 제2 인생은 응접실과 의사의 진료실에서 지냈으므로 자연히 전혀 다른 방향을 취하게 되었다. 정상 상태인 오늘에는 가엾은 이 농촌 부인은 진지하고 약간 슬픈 사람이며 조용하고 느릿느릿하며 누구에게도 아주 상냥하게 대하고 극히 소심했으며 그녀를 보고 누구도 그녀 속에 다른 인간상이 있으리라고 의심하는 사람은 없을 것이다. 그러나 그녀가 최면에 의해 잠에 빠지게 되자마자 탈바꿈이 나타난다. 그녀의 얼굴은 이젠 전과 같지 않다. 그녀는 실제 눈을 감고 있었지만 다른 감각들이 그 대신 예민해졌다. 그녀는 명랑하고 소란스럽고 들떠 있고 때로는 옆사람이 참을 수 없을 정도이다. 그녀는 마음씨가 좋았으나 비꼬고 뼈 있는 농담을 하는 기묘한 성향을 얻었다. 그녀가 최면에 걸려 잠자는 것을 보려고 내왕한 낯선 사람의 방문을 받는 동안 최면 상태에 있었고 그 다음 그녀가 하는 말을 듣는 것만큼 신기한 것은 없다. 그녀는 그 낯선 사람의 말투를 그대로 묘사하고 그들의 거동을 흉내내고 그들이 가지고 있는 사소한 우스운 면과 감정도 알고 있는 척하며 그들 각자에게 로맨스를 만들어낸다. 이 최면 상태에서는 이와 같은 성품이 있다는 것 외에도 그녀가 최면에서 깨었을 때 건망증이 완전하기 때문에 그런 일이 있었다는 것조차 모르는 굉장히 많은 기억을 갖고 있었다는 것을 첨언해야 하겠다——이때 그녀는 레오니란 이름을 거부하고 그녀에게 최초로 최면술을 건 사람이 익숙하게 만든 레온틴(Léontine, 레오니 2)이란 이름을 취했다. '그 마음씨 좋은 여인은 내가 아니고 너무 어리석다!' 라고 그녀는 말한다. 그녀가 **몽유 상태**에서 치른 모든 감각과 모든 행동, 즉 한 마디로 모든 의식하는 경험을 그녀는 레온틴 또는 레오니 2인 그녀 자신에게 귀속시켜 그런 경험들을 한데 엮어서 그녀가 겪은 지나간 긴 인생의 이야기를 꾸민다. 한편 레오니 1(자네가 최면에서 깨었을 때를 이렇게 불렀다)에게는 오로지 깨어 있는 동안 겪는 사건들만 그녀 자신에 귀속시켰다. 나는 처음에는 이 법칙에 중요한 예외가 있다는 것에 놀랐고 그녀의 추억을 이렇게 둘로 나누는 것이 인위적이라 생각했다. 정상 상태인 레오니에게 남편과 아이들이 있었지만, 몽유 환자인 레오니 2는 아이들은 자기 자식이라는 것을 인정하지만 남편은 '다른 사람'의 남편으로 돌린다. 이와 같은 변별 행동이 설명될 법도 하지만 위의 법칙에는 따르지 않는 것이다. 발병 초기 그녀에게 최면을 시술한 사람들은 최근의 일부 최면술사들처럼 대담하여 그녀를 처음 **최면 의자에 눕혔을 때** 몽유하도록 하여 그후 최면을 걸기만 하면 그때마다 그녀는 자발적으로 몽유 상태에 빠져들어 가게 되었다는 것을 나는 최근까지 알지 못했다. 따라서 레오니 2가 어린아이를 자신에게 귀속시키는 것은 아주 당연하다——어린아이를 가졌던 것이 이때의 그녀였으므로 그녀의 첫 번째 몽환 상태가 별개 성격을 형성한다는 법칙은 깨진 것이 아니다. 그러나 마찬가지로 두 번째 몽환, 또는 깊은 몽환 상태에서도 법칙은 깨진 것이 아니다. 새로 최면으로 가사 상태 등이 있는 다음 내가 레오니 3이라 부른 상태에 이르게 되면, 그녀는 또 다른 사람이 된다. 들떠 있는 아이가 아니라 진지하고 정중하며 천천히 말하고 몸을 조금씩 움직인다. 또한 그녀는 최면에서 깨어난 상태인 레오니 1과도 동떨어져 있다. '마음은 좋지만 약간 바보 같은 그녀는 내가 아니다'라고 말한다. 그리고 그녀는 레오니 2와도 동떨어져 있다. '저 미치광이 여자에게서 어떻게 나의 모습을 찾아볼 수 있는가?'라고 그녀는 말한다. '다행하게도 나는 그녀와는 아무 관계도 없다.'"

레오니 1은 다만 자신만 알며, 레오니 2는 자신과 레오니 1을 알고, 레오니 3은 자신과 다른 둘도 알고 있다. 레오니 1은 시각 의식을 갖고 있었으며, 레오니 2는 시각과 청각의 두 의식을 가졌고, 레오니 3에서는 시각, 청각, 촉각 의식이 한꺼번에 있었다. 자네 교수는 처음에는 그가 레오니 3을 발견한 사람이라고 생각했다. 그러나 그녀가 그에게 이전에도 그런 상태에 있은 일이 가끔 있었다고 말했다. 이전 최면술사도 최면술로 레오니 2를 더 깊게 잠들게 하려고 하여 바로 자네가 우연히 발견한 것과 꼭같이 레오니 3을 우연히 발견했던 것이다.

"약 20년 동안이나 소거되었던 몽유 인물이 이와 같이 재생한 것은 신기한 일이며, 레오니 3에게 말을 걸 경우, 나는 그녀의 첫 번 최면술사가 지어준 레오니라는 이름을 이제는 자연스럽게 사용한다."

중다 성격(重多 性格)에 관한 가장 충실한 연구 사례는 히스테리 환자인 젊은 루이(Louis V.)의 사례로서 부루(Bourru)와 뷔로(Burot)가 그에 관하여 한 권의 책을 썼다.[57] 그 사람의 증세는 너무 복잡하여 여기에서 자세하게 반복할 수 없다. 루이는 군대와 병원과 교정원 등에서 불규칙한 생활을 했으며, 수많은 히스테리성 감각 마비, 근육 마비, 근육 수축 등이 시기에 따라, 그리고 그가 사는 장소에 따라 다르게 그를 엄습했다는 것을 지적하는 것만으로 충분하다. 농사를 짓는 교정원에서 18세 때 독사에게 물렸고, 그것이 경련을 일으키는 위기를 초래했고, 그후 3년 간 그의 두 다리가 모두 마비되어 있었다. 이런 상태에 있는 동안에는 그는 점잖았고 도덕적이고 근면했다. 그러나 갑자기 긴 경련 발작이 있은 다음 마침내 다리 마비는 사라졌고 마비 기간에 있었던 모든 일에 대한 기억도 사라졌다. 성품도 변하였으며, 호전적이고 대식가가 되었고, 버릇이 없으며, 친구의 술을 훔치고, 경비원의 돈을 훔치고, 마침내는 시설에서 도망치고 추적당하여 붙잡히게 되었을 때 광폭(狂暴)하게 싸웠다. 나중에 처음 그가 저자의 관찰 대상이 되었을 때 그의 오른쪽 반신이 마비되고 감각도 없었으며, 참을성이 없는 성품이었고, 최면용 자석을 사용하여 최면을 걸어 마비를 왼쪽 반신으로 옮겨 마비 상태 동안 있었던 일에 대한 추억을 사라지게 하고, 비슷한 신체 상태 때문에 치료를 받았던 비세트르 (Bicêtre) 병원으로 심리적으로 되돌아가게 하였다. 그의 성품, 의견, 교육 등 모두가 그에 따라 변형되었다. 그는 이제는 조금 전에 있었던 인물이 아니었다. 현재 그에게 있는 어떤 신경 장애도 최면용 쇠붙이나 자석 또는 전기 충격, 또는 기타 충격에 의하여 일시적으로 제거될 수 있었고, 또 어떤 과거 장애도 최면 암시로 재현시킬 수 있다는 것이 곧 분명해졌다. 그는 또한 이따금 나타나는 경련 발작이 있은 다음, 매번 그가 과거에 가졌던 일련의 장애를 자연발생적으로 신속하게 반복하는 경험을 했다. 그가 놓여진 신체 상태에 따라 어떤 기억은 제거되고, 그에 따라 일정하게 성격 변화가 나타나는 것이 관찰되었다.

저자들은 다음과 같이 말한다. "이런 변화를 지배하는 법칙은 아주 분명하다. 신체 상태와 정신 상태 사이에 정확하고 일관되고 필연적인 관계가 있어 한쪽 상태를 변하게 하면 반드시 다른쪽 상태도 그에 병행하여 변한다."[58]

따라서 이와 같이 변화무쌍한 사람의 사례는 감각 마비와 기억 공백이 병행한다는 자네(P. Janet)의 법칙을 훌륭하게 입증하는 것 같다. 자네의 법칙과 기억 변화가 성격 변화를 초래한다는 로크의 법칙을 합치면 적어도 약간의 교대 성격 사례들을 외형상으로는 설명할 수 있을 것이다. 그러나 단순한 감각 마비만으로는 충분하게 성격 소질의 변화를 설명하지 못하며, 성격 소질의 변화는 감각 신경 통로의 투과성이 변질되는 데에 따라 생긴다기보다는 그 투과성 변질과 함께 생기는 운동신경 통로와 연합 신경 통로의 투과성 변질에 기인되는 것 같다. 그리고 실제 자네 자신의 사례가 아닌 다른 사례를 잠깐 보아도 감각과 기억이 언제나 반드시 겹쳐지는 것은 아니라는 것을 충분하게 알 수 있게 된다.[59] 자네의 법칙은 그 자신의 사례에는 해당되었지만 모든 사례에 해당되는 것 같지는 않다.

물론 **자기**에서 일어나는 변화의 밑바닥에 깔린 건망증의 원인이 무엇이냐 하는 것에 관한 사색은 오로지 추측에 지나지 않는다. 혈액 공급 변화를 끌어들이는 것은 당연하다. 오랜 옛날 위건(Wigan) 박사가 그의 『Duality of the Mind(정신의 이중성)』란 책에서 뇌 양 반구가 교대로 작용한다는 설명을 제안하였다. 나는 제3의 종류의 **자기** 변질, 즉 '신들렸다'라고 말한 변질을 고려한 다음 이 설명에 되돌아갈 것이다.

나는 아주 최근 '순행성(巡行性, ambulatory)' 교대 성격의 사례인 환자를 알게 되었는데, 그는 다음의 인용문에 이름을 그냥 사용하도록 허락해 주었다.[60]

로드아일랜드(Rhode Island)의 그린(Greene)에 있는 언셀 번(Ansel Bourne) 목사는 목공일을 하도록 양육되었지만, 아주 특이한 환경에서 일시적으로 시각과 청각을 갑자기 상실하여 30세 되기 직전 무신론으로부터 기독교로 개종하였고, 그후 대부분 그는 순회 설교사 생활을 하며 살았다. 일생 동안 대부분 두통과 일시적 정신 우울 발작에 사로잡혔으며, 한 시간 내외로 지속하는 약간의 의식 상실 발작도 가졌었다. 또한 그의 왼쪽 넓적다리에 약간 피부 감각이 감퇴된 부분이 있었다. 그 밖에는 그의 건강은 매우 좋았으며 그의 근육의 힘과 인내력은 우수했다. 그는 결단성이 있고 자신감에 넘친 성격 소질의 사람이었으며 '네-아니오'가 분명한 사람이었고, 그의 강직한 성격은 지역 사회에서 그를 알고 있는 사람은 누구도 그의 그런 성격이 천성적 성품이 아닐 가능성이 있다고는 잠깐이라도 인정하려는 사람이 전혀 없었을 정도였다.

1887년 1월 17일 그는 그린에 있는 어떤 지소(地所)의 땅값을 갚기 위하여 프로비던스(Providence)에 있는 은행에서 551달러를 인출하고 약간의 청구서를 지불한 다음 퍼터킷(Pawtucket) 행 마차를 탔다. 이것이 그가 기억하고 있는 마지막 일들이었다. 그날 그는 집으로 돌아오지 않았으며 2개월간 그로부터는 어떤 소식도 없었다. 그는 신문에 실종된 것으로 공고되었고, 범죄를 저질렀다는 혐의를 받아 경찰이 그의 소재를 탐문했지만 허사였다. 그러나 3월 14일 아침 펜실베이니아의 노리스타운(Norristown)에서 6주 전 작은 가게를 세내어 문방구와 과자와 과일과 자잘한 물건들을 놓고 누구에게도 어색하거나 유별나게 보이지 않게 조용히 장사를 하던 자칭 A. J. 브라운(Brown)이란 이름을 가진 사람이 잠에서 깨어나자 놀라며 집 안에 있던 사람들을 불러 여기가 어디냐고 물었다. 그는 그의 이름이 언셀 번이라 했고, 노리스타운이라는 곳은 전혀 모르며, 상점 경영에 관해서는 어떤 것도 알지 못하고, 그가 기억하는 마지막 일은——그것은 단지 바로 어제 일어난 일로 그에게 느껴졌지만——프로비던스에서 은행으로부터 돈을 인출한 일뿐이라고 말했다. 그는 2개월이 지난 것을 믿으려 하지 않았다. 집에 있던 사람들은 그를 미친 것으로 생각했으며, 그를 보아달라고 불러들인 리드(Louis H. Read) 박사도 처음에는 그가 미쳤다고 생각했다. 그러나 프로비던스에 전보를 친 결과 인정한다는 회전이 왔고, 얼마 안 되어 그의 조카인 앤드루 해리스(Andrew Harris)가 현장에 당도하여 모든 것을 바로잡고 그를 데리고 갔다. 그는 아주 쇠약했고, 도피 중 분명 20파운드 이상의 근육 체중 감량이 있었으며, 과자점을 생각하면 공포를 느껴 그후 다시는 과자점에 발을 들여놓기를 거부했다.

그가 일단 정상 성격으로 회복된 후에는 그 시기의 어느 부분에 대한 기억도 남아 있지 않았고, 또 그를 알고 있는 누구도 그가 집을 나간 후 그를 본 사람이 없었으므로 처음 2주 동안에 어떻게 지냈는지 설명되지 않았다. 물론 가장 주목할 만하게 변화된 부분은 이른바 브라운이란 이름으로 그가 몰두했던 독특한 직업이다. 번 씨는 그의 일생 동안 장사와는 조금도 인연이 없었던 사람이다. 이웃사람들은 '브라운'을 말이 없고 습성이 깔끔하고 어떤 괴이한 점도 없는 사람이었다고 진술하였다. 그는 필라델피아에 몇 번 갔으며, 그의 상점의 물건을 거기서 보충했고, 뒤채에서 자취하고 기거했으며, 규칙적으로 교회에 나가고, 한번은 기도회에서 청중들이 훌륭한 연설이라 생각한 연설을 했으며, 그 도중 본래 번 상태에서 본 일이 있는 사건을 이야기했다.

　이것이 1890년 6월까지 이 사례에 대해 알려진 모든 것이었고, 이때 내가 번 씨를 최면술을 받게 하여 최면 몽환에서 그의 '브라운' 시절의 기억이 되돌아올 것인가 하는 것을 보려고 했다. 그는 기억을 놀랄 만하게 쉽게 되돌렸고, 최면에 걸려 있는 동안에는 그의 정상 생활에 있은 어떤 사실도 회상할 수 없다는 것도 마찬가지로 증명되었다. 그는 언셀 번에 대하여 들은 일은 있지만 "그 사람을 만난 일이 있는지 알지 못했다." 번 부인과 대면했을 때 '그 부인을 전에 만난 일이 없다고' 말했다. 다른 한편 그는 그의 잊어버린 2주 동안의 편력에 관하여 이야기했고[61] 노리스타운에서 있었던 일에 대한 모든 자세한 일들을 일러주었다. 모든 것이 다만 평범할 뿐이었으며, 브라운이란 사람의 성격은 번 씨 자신으로부터 끄집어낸 약간 축소되고 맥없고 건망증적인 성격에 지나지 않은 것 같았다. '거기(정상 상태) 되돌아와 어색하고', '쉬고 싶었다'는 것 외에는 떠돌아다닌 동기를 말하지 못했다. 몽환 동안 그는 늙어보였고 그의 입가가 밑으로 처졌으며 목소리는 느릿느릿하고 약했으며 눈을 가리고 앉으며 브라운으로서의 경험을 했던 2개월 전과 후에 있었던 일들을 생각해 내려고 했지만 허사였다. "나는 울타리로 둘러싸여 어느 쪽에서도 빠져나갈 수 없었다. 무엇이 나를 저 퍼터컷 행 마차에 올라타게 했는가 하는 것을 모르겠으며, 내가 어떻게 그 가게를 떠났는가 하는 것, 또는 그렇게 함으로써 어떤 일이 있었는가 하는 것도 나는 모르겠다"라고 그는 말했다. 그의 눈은 실제 정상이었으며, 모든 그의 감각은 (반응이 좀 느린 것을 제외하면) 깨어 있을 때나 최면 상태에 있을 때나 거의 마찬가지였다. 나는 암시 등으로 그 두 성격을 한 개 성격으로 합쳐 진행하게 하여 두 기억을 계속되게 만들기를 희망했지만 기교를 아무리 부려도 그렇게 할 수 없었으며, 번 씨의 두개골은 오늘도 두 개 각각 다른 인격인 자기를 감싸고 있다.

이 사례는 (간질 요소를 포함하든 그렇지 않든) 분명 2개월 동안 지속한 자연 발생적 최면 몽환의 하나로 분류되어야 할 것이다. 이 사례의 특징은 인간 생활에서 또 다른 이와 같은 일은 일찍이 없었다는 것이며 또 어떤 병적 성격도 나타나지 않았다는 것이다. 이와 유사한 대부분의 사례에서는 발작이 반복되고 감각과 행동이 현저하게 변질된다.[62]

3. '영매(靈媒, mediumship)'나 '신들림(possessions)'에서는 제2 상태가 나타나고 사라지는 것이 비교적 돌연하며 그 상태가 지속하는 기간도 대개는 짧다——즉 수 분에서 수 시간에 이르는 동안 뿐이다. 제2 상태가 잘 발달했을 때에는 언제나 그 동안 무엇이 우연히 나타나든 상관없이 1차 의식으로 되돌아 왔을 때 어떤 기억도 남아 있지 않다. 제2 상태의 의식이 있는 동안 환자는 마치 외부 사람에 의해 사주된 것처럼 말하고 글 쓰고 행동하며, 때

로는 이 외부 사람에게 이름을 붙이고 그에 관한 이야기를 한다. 옛날에는 이 외부의 '영매 지배 영혼(control)'이 흔히 마귀였으며 그런 신앙을 즐기는 사회에서는 지금도 그렇다. 우리에게 그 영혼은 아무리 나쁘게 말해도 인디언이나 그 밖의 괴기하지만 해를 주지 않는 인물이다. 대개 그는 현존하는 사람들에게 알려졌거나 또는 알려진 일이 없는 죽은 사람의 신령으로 여겨지며, 그 까닭에 '영매'라 불린다. 뚜렷한 신경 이상이 없는 사람에서도 각기 정도 차이는 있지만 영매와 같은 신들림이 완전하게 자연적인 교대 성격의 특수 유형으로 형성되는 것 같고, 어떤 형태든 그런 신들림에 걸릴 가능성을 타고나는 일도 결코 드물지 않다. 이 현상은 아주 까다로워 적절한 학문적 연구가 이제 막 시작되었을 뿐이다. 가장 하급 영매 단계는 자동 서기(automatic writing)이고, 그 중 가장 저급한 경우에 신들린 **피험자**는 어떤 말이 떠오르고 있다는 것을 알고 있지만 마치 밖으로부터 그런 말을 쓰도록 강요당하는 것처럼 느낀다. 따라서 무의식적으로 글을 쓰게 되어 책을 읽거나 대화를 하고 있는 동안에도 글을 쓰게 된다. 영감을 받은 말이나 악기 연주 등도 비교적 저급한 신들림 단계에 속하며, 이 단계에서는 그런 일들을 주도하는 것이 딴 곳에서 오는 것 같기는 하지만 그 일에 참여하는 정상 **자기**가 의식에서 완전하게 배제되지는 않는다. 가장 고도의 신들림 단계에서는 몽환이 완전하며 목소리와 말과 그 밖의 모든 것이 변하고, 다음 몽환이 나타날 때까지는 어떤 잔존(殘存)-기억도 없다. 몽환 언어에서 한 가지 신기한 것은 사람은 달라도 사용되는 말이 유사하다는 것이다. 미국에서는 '영매 지배 영혼'이 괴기하고 속어를 쓰고, 경박한 인물이거나 (여자는 'squaws'라 부르고, 남자는 'braves'라 부르며, 집은 'wigwam'이라 부르는 등의 '토인'의 영매 지배 영혼이 특히 흔하다), 또는 만약 그 영혼이 더 높은 지적 비약을 한다면 정신, 조화, 아름다움, 법률, 진보, 발달 등에 관한 글귀가 계속 반복해서 나타나는 기묘하게도 모호하고 낙천적인 공허한 철학으로 가득 찬다. 누구에 의해서 말해지든 상관없이 몽환-메시지의 절반 이상은 꼭 한 작가가 만든 것처럼 보인다. 모든 잠재의식 상태의 자기들이 어떤 사회 계층의 시대 정신(Zeitgeist)에 특별하게 민감하여 그 시대 정신에서 어떤 영감을 얻는지는 알 수 없지만 강신술사들 사이에서 '발달'된 2차 자기에는 이런 일이 해당되는 것이 분명하다. 강신술에서는 영매 몽환의 시작과 최면 암시 결과가 구별되지 않는다. 신들린 사람은 단지 현재 조건에서 다른 사람들이 기대하는 의견 때문에 영매 역할을 취하고 그가 갖고 있는 연극적 소질이 얼마나 있느냐 하는 데 비례하여 영매 역할을 어설프게 하거나 아주 실감나게 수행하거나 한다. 그러나 이상한 일은 강신술사의 전통과 접촉한 일이 없는 사람들도 때로 몽환 속에 빠지면 똑같은 행동을 하고, 죽은 사람의 이름으로 말하고, 임종시의 고뇌를 표현하는 몇 가지 몸짓을 하며, 환상의 나라에서 그들의 행복한 가정에 관한 소식을 보내고, 현존하는 사람들의 우환(憂患)을 기술하는 일이 빈번하다는 것이다. 내가 직접 본 약간의 이런 사례에 관하여 발표할 만한 이론을 나는 갖고 있지 못하다.

자동 서기를 하는 예로서 나는 1855년부터 1859년까지 코네티컷 주 출신의 국회의원이며, 일생 동안 강건하고 활동적인 언론인이며, 저술가이고, 실무가인 로드아일랜드의 시드니 딘(Sidney Dean)이 친절하게도 나에게 제공한 자신의 사례에 관한 기술을 인용할 것이다. 그는 여러 해 동안 자동 서기 환자였으며 자동 서기로 만들어진 많은 양의 원고를 갖고 있었다.

자동 서기된 어떤 것은 상형(象形)문자이거나 복잡하게 꼬인 제멋대로 된 이상한 문자였다. 각 문자 계열은 대체로 꾸밈새나 특징에서 외견상 통일성을 지니고 있었고, 이어서 모국어인 영어로 번역이나 개작하려고 한 것 같은 것이 이어지고 있었다. 나는 그 문자를 복사하는 것이 불가능한 것 같이 보여 복사하는 재간을 부리려고 해본 일이 없었다. 그 문자들은 조각용 도구로 정확하게 자른 것 같고 대개는 연필로 한번 빠르게 휘갈긴 것이었다. 역사에서 사라진 어떤 케케묵은 말들이 많이 뚜렷하게 적혀 있었다. 그 문자들을 보면 따라 쓰지 않고서는 누구도 복사하지 못할 것이라는 것이 충분히 납득될 것이다.

"그러나 이런 것은 이 자동 서기 현상의 작은 부분일 따름이다.

'자동' 서기가 복사 서기로 넘어가면 서기 작업이 진행 중에도 정상 상태로 되돌아가게 되어 두 정신과 두 지성과 두 인간이 실제 관여하고 있는 것처럼 보인다. 서기하는 일은 내 손이 하지만 불러주는 것은 내 자신의 정신과 의지가 아니라 타인의 정신과 의지이며, 자동 서기 주제에 관하여 나는 전혀 알 수 없고 추측할 수도 없으며, 나 자신은 나의 손이 그 주제와 단어들을 기록하고 있는 동안 의식으로는 그 자동 서기의 사고와 사실과 표현 방식 등을 비판한다. 만약 내(I)가 그 문장이나 또는 그 단어라도 쓰기를 거부할 양이면 인상은 곧 사라지고, 자동 서기를 재차 하려면 내가 서기하려고 한다는 것이 정신 속에 표현되어야 하고, 중단된 곳이 문장의 중간이면 그 중단된 곳에서부터 다시 서기가 시작된다. 주어나 끝마감을 내가 알고 있지 않더라도 문장은 시작된다. 사실 나는 논문 주제를 사전에 결코 미리 알지 못하였다."

"확실하지 않지만 어느 때 도덕적이고 정신적이며 영원한 인생에 관한 과학적 특징을 다룬 24장의 연속물이 나의 의지와는 상관없이 자동 서기로 진행 중이었다. 일곱개 장은 이미 설명한 바와 같이 씌어졌다. 이들 7개 장에 앞서 대체로 물질적 죽음을 넘어선 삶과 그런 삶의 특징들과 관계되는 24개 장을 썼다. 각 장은 이 세상에 언젠가 살았던 어떤 사람의 이름이 기명되었고——그들 중 어떤 사람은 내가 친히 면식이 있는 사람이고 다른 사람들은 역사에서 알게 된 사람들이다…나는 그것이 완성되고 이름이 인쇄되어 첨가

되기까지는 어떤 장이든 누가 저자로 지목되는가 하는 것을 전혀 알지 못하였다…나는 명성이 있는 저자에게——그런 저자에 관하여 확증할 만한 어떤 것도 갖고 있지 않았다——관심이 있을 뿐만 아니라 이들 장이 나타나기까지 내가 알지 못했던 학교에서 가르치는 철학에도 관심이 있었다. 인생에 관한 나의 관점——성서의 전통주의 관점이었는데——에서 보면 그 철학은 새롭고 합리적인 것 같고 또 논리적으로 꾸며져 있다. 나는 내가 만족할 만하게 그 철학을 성공적으로 논박할 수 있는 능력이 없다는 것을 자인한다."

"자동 서기하는 자는 지능이 높은 **자아**(自我)이거나 그렇지 않으면 실제로 개인 성격을 형성하는 개체 형태를 갖춘 영기(靈氣)이다. 자동 서기하는 자는 나 자신이 아니며 자동 서기가 진행되는 모든 단계에서 나는 그 자동 서기하는 자를 의식한다. 나는 또한 비판적으로 검토할 수 있는 한 이른바 '무의식적 대뇌 작용'이라 주장되는 전 영역을 섭렵했지만, 나에게 일어난 이 이상스러운 자동 서기 작업에 그 대뇌 작용을 적용할 때, 그 무의식적 대뇌 작용이란 이론은 수많은 점에서 실패였다. 오늘날 어떤 강신론자들이 가르치는 바와 같은 재환생(再還生)이란 어리석은 가설을——낡은 윤회설(輪廻說)——받아들이고 내가 여기서 전생을 살았었고 한 동안 전생이 나의 지적 능력을 지배하여 인생 철학에 관한 장을 썼다거나 또는 그 전생에 있었던 정신이 느낀 것을 떨어뜨려 영어 글자로 옮겨 쓰게 하기 위한 우편함을 개설했다고 믿는 것이 훨씬 더 합

694

리적이고 만족스러울 것 같다. 아니다, 나에게 가장 쉽고 가장 자연스러운 해답은 기존의 주장을 시인하는 것, 즉 자동 서기하는 자가 육체를 떠난 지성이라는 주장을 시인하는 것이다. 그 육체를 떠난 지성이 누구냐?라는 것이 문제이다. 가장 문법에 맞지 않고 가장 허약한 허튼 소리에 한때 이 세상에 살았던 학자와 사상가의 이름들이 붙여지고 있다."

"자동 서기 전달문 속에는——자동 서기하는 자가 타인의 정신이나 타인의 뇌를 사용하는 사람이라는 가설에 따라——그 타인의 스타일이나 어조가 다소간 구현되어야 한다는 것, 그리고 스타일이나 어조가 아니라 자동 서기하도록 압력을 주는 힘, 사상, 사실 또는 철학이 이 보이지 않는 자의 성격에 속한다는 것이 나에게는 합리적으로 보인다. 예를 들어 영기가 가장 큰 힘으로 신속하게 내 뇌에 압력을 주어 연필을 종이 위로 날려 사상을 기록하는 동안, 나는 많은 경우 마치 서기하는 자로서의 나의 성격이 그 전달문과 혼합되는 것 같이 되어 그 사상의 운반자인 언어가 나에게 아주 자연스럽고 익숙한 것으로 의식된다. 그리고 또다시 스타일과 어투, 그리고 그 밖의 모든 것이 나 자신의 것과는 전혀 다르다."

나는 한 영매의 몽환을 충분히 알게 되어 그의 '영매 지배 영혼'이 그 사람이 깨어 있을 때 있을 수 있는 어떤 자기와도 전혀 다른 것을 확신하게 되었다. 내가 생각하는 사례에서는 그 영매 지배 영혼이 작고한 프랑스 의사라 말하고, 주위 환경에 있는 사실들을 알고 있었으며, 또 그 영매가 이전에 만나본 일이 없고 이름조차 들은 일이 없는 그 자리에 앉아 있는 많은 사람들의 살아 있거나 죽은 친척과 친지도 알고 있었다고 나는 확신한다. 나는 증거가 뒷받침하고 있지 않은 그대로의 의견을 여기에 기록하였으며, 물론 내 의견에 따르도록 하기 위해서가 아니라 이런 몽환 현상을 진지하게 연구하는 것이 심리학이 가장 필요하게 되는 이유들 중 하나라고 확신하고, 내가 친히 자인함으로써 **자칭**(*soi-disant*) '과학자'들이 흔히 탐색하기를 거부하는 영역으로 한두 사람의 독자라도 인도할 수 있을 것이라 생각하기 때문이다.

어떤 사례에선 영매 지배 영혼이 실제 그가 주장하는 바대로 죽은 사람의 혼령이라고 사람들 정신 속에 결론짓도록 하는 많은 증거가 있다. 이 현상은 분명 터무니 없는 사례에 이르기까지 점차 농도가 엷어져서 그와 같은 일이 진실이 아닐 예상이 (**연역적인** '학문적' 편견을 떠나서) 커진다. 루런시 비넘(Lurancy Vennum) 사례는 우리가 발견할 수 있는 현대판 '신들림'의 아마 극단적 사례일 것이다.[63] 루런시는 14세의 어린 소녀로서 부모와 함께 일리노이 주 와트세카(Watseka)에 살았으며 그녀는 (여러 가지 혼란스러운 히스테리 장애와 다소간 괴상 망측한 죽은 망령에 의해 신들려진 자연발생적 몽환이 있은 다음) 마침내 메리 로프(Mary Roff, 12년 전 정신병원에서 죽은 이웃사람의 딸)의 망령에 의해 신들려졌다고 선언하고 로프 씨

696

'집'으로 보내달라고 고집했다. 그녀가 일 주일 동안 '향수병(鄕愁病)'을 앓고 끈질기게 졸라댄 다음 그녀의 부모는 동의하였으며, 그녀를 불쌍히 여기는데다 강신론자였던 로프 씨 가족들은 그녀를 받아들였다. 일단 그 집으로 온 다음 그녀는 그 가족에게 죽은 메리가 루런시와 거처를 바꾸었다는 것을 확신시키려는 것 같았다. 루런시는 잠시 천당에 있다고 했으며 메리의 망령이 지금 그녀의 신체를 지배하며 다시 이전에 이 세상에서 살던 그녀의 집에서 살고 있다고 말했다.

"지금 새 집에 있는 그 소녀는 완전히 행복하고 만족한 것 같았으며, 12년부터 25년 전까지 메리가 원래 육신이었던 시절에 알았던 모든 사람과 사물들을 알았고, 1852년부터 메리가 죽은 1865년까지의 그녀 가족의 친구나 이웃이었던 사람들을 알아보고 이름을 불렀으며, 그녀가 살아 있었을 동안 일어났던 수십 아니 수백의 사건들에 주의를 기울였다. 로프가에 체류하고 있은 전 기간에 그녀는 비넘 씨의 가족과 그들의 친구, 또는 그들의 이웃의 누구도 알지 못했고 그들을 알아보지도 못했으며, 비넘 씨 부부와 그 자식들이 그녀와 로프 씨 댁 사람들을 방문하면 어떤 낯선 사람에게 하는 것처럼 그녀가 소개되었다. 그들이 자주 방문하고 이야기를 자주 듣고 또 그들이 호의적으로 말을 거는 것을 들은 다음 그 소녀는 그들을 친지로서 좋아하게 되어 그들을 로프 부인과 함께 세 번 방문했다. 소녀는 날로 자연스럽고 편안하고 상냥하며 근면하게 되어가는 것으로 보이고, 가사 책임을 열심히, 그리고 충실하게 수행했으며, 충실하고 신중한 딸들이 하는 것이라 가정되는 일반적 가사 일도 도왔으며, 노력하고 책을 읽거나 또는 기회가 주어지면 가정에 대하여 개인적으로, 또는 일반적으로 관심이 가는 모든 일에 대하여 대화를 나누었다."

이 가짜 메리는 로프 씨 집에 있는 동안 가끔 '천당으로 돌아가', '조용한 몽환' 속에 몸을 맡기곤 했다. 즉 루런시란 원래 성격으로 되돌아가지 않고 그렇게 했다. 그러나 8주 또는 9주가 지난 다음 루런시의 기억과 거동이 가끔 수 분 동안 전부는 아니지만 부분적으로 되돌아오곤 했다. 한번은 잠시 동안 완전하게 루런시가 그녀를 사로잡은 것 같이 보였다. 마침내 약 14주 후 처음 '영매 지배 영혼'에 잡혔을 때 이 가짜 '메리'가 예언한 것과 들어맞기나 한 것처럼 그 가짜는 결정적으로 떠나고 루런시의 의식은 다행하게도 되돌아왔다. 로프 씨는 다음과 같이 적었다.

"그녀는 내가 그녀의 집에 데려다주기를 원했고 나는 그렇게 했다. 그녀는 나를 로프 씨라고 불렀고 면식이 없는 젊은 여자아이가 하듯이 나에게 이야기했다. 나는 그녀에게 모든 것이 어떻게 보이는가——모든 것이 자연스러운가——라고 물었다. 그녀는 모든 것이 꿈 같다고 말했다. 그녀는 부모와 형제를 아주 다정하게 만났고 기쁨의 눈물을 흘리면서 각자를 껴안고 키스했다. 그녀는 아버지의 목을 오랫동안 팔로 껴안고 키스로 상당히 숨막히게 했다. 나는 지금 막(11시) 그녀의 아버지를 만났다. 그는 그녀가 완전히 자연스러우며 완쾌한 것 같다고 말했다."

루런시의 어머니는 몇 달 후 다음과 같이 적었다. 그녀는,

"완전하게, 그리고 전적으로 건강하고 자연스럽다. 그녀가 집에 돌아온 후 2~3주 동안 지난 여름 그녀가 병에 걸리기 전의 그녀와는 약간 다른 것 같이 보였지만 그것은 아마도 그녀에게 일어난 자연적인 변화일 뿐이며 그 밖에는 다만 그녀에게 꿈을 꾸거나 잠을 잤던 것처럼 보였을 뿐이다. 루런시는 이전보다 더 세련되고 더 영리하고 더 근면하며 더 여성다웠고 더 예의바르게 되었다. 그녀가 완쾌하고 가족에게 되돌아온 공로를 의사 스티븐스와 그녀가 옮겨간 것을 받아들여 그곳에서 치료가 이루어지도록 한 로프 씨 부부에게 돌린다. 우리는 그녀가 집에 머물러 있었더라면 죽었거나 정신병원에 보내지 않을 수 없게 되었을 것이며, 만약 그렇게 되었더라면 그녀는 거기에서 죽었을 것이고 더 나아가 나에게 지워진 근심과 혼란으로 나도 얼마 살지 못했을 것이라고 확신한다. 우리를 포함하여 몇몇 루런시의 친척은 그녀가 혼령 능력으로 치유되었고

메리 로프가 그녀의 영매를 통제했다고 믿는다."

그후 8년이 지나 루런시는 결혼하고 어머니가 되었으며 건강했다고 한다. 그녀는 영매 단계를 벗어날 만큼 성장한 것이 확실하다.[64]

영매가 침범하고 있는 동안 감수성의 상태에 관해서는 거의 관찰되지 않고 있다. 나는 자동 서기 중에 손이 감각 마비가 되는 것을 두 사람의 자동 서기하는 자에게서 발견하였다. 다른 두 사례에서는 그렇지 않다는 것이 발견되었다. 자동 서기가 있기에 앞서 신경을 따라 팔이 쑤시는 통증과 팔 근육의 불규칙한 수축이 있는 것이 통상적이다. 나는 한 영매의 혀와 입술이 몽환 (말하고 있는) 중에 바늘로 찔러도 느끼지 못하는 것이 분명한 사실을 발견하였다.

만약 우리가 모든 이와 같은 여러 성격 도착이 나타나고 있는 동안에 있을 수 있는 뇌 상태를 생각해 보면 뇌 상태는 모든 작용 양식을 연속적으로 변경시킬 수 있고, 또 잘 조직된 연합 신경 통로 장치 전체를 한 동안 사용하지 않을 수도 있다고 가정해야 한다는 것을 알게 된다. 교대 성격에서 한 성격 상태에서 다른 상태로 넘어갈 때 생기는 기억 상실을 이와는 다른 방법으로 설명할 수는 없다. 그뿐만 아니라 조직된 신경 통로 체계들이 서로 맞물리지 못하게 될 수도 있어, 한 신경 통로 체계에서 생긴 신경 과정은 하나의 의식을 생기게 하고 다른 신경 통로 체계의 과정은 동시에 존재하는 다른 의식을 생기게 한다는 것을 인정해야 한다. 그렇게 해야만 우리는 환자가 몽환에서 빠져나온 다음 나타나는 자동 서기 등에 관한 사실들과 히스테리형의 잘못된 감각 마비와 건망증 등을 이해할 수 있다. 그러나 '맞물리지 못한다' 라는 말이 바로 어떤 종류의 해리(解離) 현상을 지칭하고 있는가 하는 것을 우리는 추측조차 할 수 없고, 다만 자기 이중화가 보통은 결합하는 어떤 **관념** 체계들이 결합하는 데 실패하여 일어나는 것처럼 말해선 안 된다고 생각할 뿐이다. **대상**은 정상으로 결합하고는 있지만, 문제되고 있는 히스테리와 자동 서기에서는 두 '자기'로 갈라진다고 말하는 편이 더 좋다. 각각의 자기는 대뇌 신경 통로 체계가 서로 독립적으로 작용하는 데 기인된다. 만약 뇌가 정상적으로 작용하고 해리되었던 체계가 다시 합치게 되면 그 결과 이전의 두 자기와 다르지만 그들 두 자기가 가졌던 대상을 함께 아는 제3의 **'자기'** 라는 형태로 새로운 의식 감응을 얻을 것이다——결국 내가 앞장에서 모든 것을 말하여 더 설명할 필요가 없다.

저급한 자동 서기 수행에 있는 약간 특이한 점들은 고장나서 서로 맞물리지 못한 신경 체계 중 하나는 오른쪽 뇌반구에 있고 다른 하나는 왼쪽 뇌반구에 있다는 것을 시사해 준다. 환자들은 예를 들어 역방향으로 글을 쓰거나 문자를 서로 바꾸거나 거울에 비친 대로 좌우를 달리 하여 쓴다. 모든 이와 같은 것은 실서증(失書症, agraphic)의 증상이다. 자극 충격에 왼쪽으로 대응하도록 되어 있다면 대부분의 사람은 글자를 지금 우리가 쓰는 대로 쓰기보다 거울에 비치듯 좌우를 바꾼 문자를 쓰는 것이 더 쉬울 것이다. F. W. H. 마이어스(Myers)는 이와 같은 유추를 강조하였다.[65] 그는 또한 통상적인 점치는 판에 쓴 글(자동 서기와 유사한 글—옮긴이)에는 흔히 도덕적으로 저열한 기조가 있는 것에 주목하였다. 잭슨(Hughlings Jackson) 원리에 따르면 평상시에는 더 진화된 왼쪽 뇌반구가 오른쪽 뇌반구 작용을 제지한다고 한다. 그러나 마이어스(Myers)는 자동 서기를 하는 동안에는 이와 같은 평상시의 제지 작용이 제거되고 오른쪽 뇌반구가 자유롭게 독자적으로 작용할 수 있게 된다는 것을 시사하였다. 이런 일은 어느 정도 있을 수 있는 일이다. 그러나 '두' 자기를 '두' 뇌반구에 기인시키는 조잡한 설명은 물론 마이어스의 사상과는 거리가 멀다. 자기는 두 개 이상일 수도 있으며, 각각의 자기들이 각각 따로 사용하는 뇌–체계들이 아주 정교하게 엉키고 서로 침투하고 있다고 개념화해야 한다.

요약
(SUMMARY)

이제 이 긴 장을 요약한다. **자기**의식에는 사고 흐름이 있고, 그 사고 흐름의 각 부분은 '나(I)'로서 1) 앞서 지나간 것들을 기억하고, 그리고 그것들이 알고 있던 것들을 알며 2) 그것들 중 어떤 것들을 '나(me)'로 월등하게 강조하고 아끼고, 나머지 것들은 그것들에 소유되게 한다. '나(me)'의 핵심은 항상 그때그때 현존하는 것으로 느껴지는 신체적 존재이다. 기억된 과거 감정에서 현재 감정과 유사한 것은 무엇이나 현재 감정과 더불어 동일한 '나(me)'에 속하는 것으로 여겨진다. 여타의 것들 중에서도 이들 감정과 연합된다고 지각되는 것은 무엇이나 **나**의 경험의 일부를 형성한다고 간주되며, 그것들 중 어떤 것들은 (다소간 진폭은 있지만) 광의의 의미에서 **나의 구성 성분으로** 간주될 수 있다——이런 것들로 옷, 물질적 소유물, 친구, 명예, 또는 받았거나 받게 될 명성 등이 있다. 이 나(me)는 객관적으로 알려진 사물들의 경험적 집적물(集積物)이다. 이런 것들을 알고 있는 나(I)는 그 자체가 집적물일 수는 없으며, 또한 심리학의 목적을 위해서도 **영혼**과 같은 불변의 형이상학적 실체나 또는 '시간을 벗어나 존재하는' 순수 **자아**와 같은 원리로 간주될 필요는 없다. 나(I)는 **현행 사고**이며, 매순간 앞선 순간의 사고와는 다르지만 앞선 사고와 함께 그 앞선 사고가 자기 것이라 부르는 모든 것을 **소유한다**. 경험으로 얻은 모든 사실들은 이 서술 속에 각자의 자리를 찾고, **현행 사고** 또는 현행 정신 상태가 존재한다는 가설 외에는 어떤 가설도 가질 부담이 없다. 동일한 뇌가 교대로든 공존으로든, 의식되는 여러 자기를 떠받치고 있을 것이지만 뇌 작용의 어떤 변화에 의하여 그렇게 되는가, 또는 뇌를 초월하는 조건이 거기에 개입하는가 하는 것은 지금으로서는 해답을 내릴 수 없는 문제이다.

만약 누군가가 연속하는 **현행 사고**들이 왜 서로의 소유물을 상속받는가, 또는 왜 사고들과 뇌 상태가 서로 함수 관계에 (수학적 의미에서) 있어야 하는가 하는 문제에 대하여 내가 어떤 이유도 제공하지 못했다고 주장한다면, 나는 그런 이유가 만약 있다면 그 이유는 이 세계가 가지는 모든 의의 또는 모든 의미에 따라 모든 진실한 이유가 놓이는 곳에 있어야 한다고 대답할 것이다. 만약 그런 의미가 있거나 그런 의미에 가까운 어떤 것이 있다면 (그런 것이 있다고 우리는 믿어야 하지만) 그 의미만이 왜 그와 같은 유한한 인간의 사고 흐름이 뇌에 대한 그와 같은 함수적 의존 관계로 존재하게 되었느냐 하는 것을 우리에게 분명히 알게 할 수 있을 것이다. 이것은 **심리학**이란 특수 자연과학은 단순한 함수 공식으로 끝내야 한다고 말하는 것과 같다. 만약 **현행 사고**가, 어떤 학파라도 그렇다는 것을 의심하지 않는 직접 검증할 수 있는 존재라면, 그 사고 **자체**가 사고자이고 심리학은 그 이상을 넘어서 탐색할 필요는 없다. 그 이상의 초월적 사고자를 받아들이기 위하여 내가 발견할 수 있는 유일한 길은 사고 자체에 관한 어떤 **직접** 지식도 우리가 갖고 있지 않다고 부정하는 것일 것이다. 따라서 사고 자체에 관한 지식이 있다는 것은 하나의 공리로 환원되며, 이 알려지는 모든 것과 상관되는 아는 자가 있어야 한다는 주장으로 환원될 것이고, 그 아는 자가 누구냐라는 문제는 형이상학의 문제가 될 것이다. 그 문제가 일단 이런 형이상학적 용어로 진술되면 유심론자와 초월론자의 해답이 자명하게 우리 심리학의 해답과 동등하게 간주되어야 하고, 따라서 어느 쪽도 편들지 않고 논의되어야 한다. 그러나 그것은 심리학적 또는 자연과학적 관점을 넘는 곳으로 우리를 끌고간다.

■ 주석

1) Philosophy of Dress (복식 철학), H. Lotze의 Microcosmos (소우주), Eng. Tr. vol. I. p.592 ff에 있는 매력적인 귀절을 보라.

2) "누가 나의 훌륭한 이름을 훔치는가" 등.

3) 칭찬이나 모욕이 인간의 강한 동기가 되지 못한다고 생각하는 사람은…인간의 천성과 역사에 숙달되지 않은 사람인 것 같다. 전부는 아닐지라도 대부분의 사람들은 관습법에 지배되어 하나님의 법이나 세속의 법을 거의 고려하지 않고도 동료들로부터 좋은 평판을 받게 되는 일을 골라 한다는 것을 알게 될 것이다. 하나님의 법을 위반함으로써 받게 될 처벌에 대해서는 어떤 사람들, 아니 대부분의 사람들은 거의 심각하게 반성하지 않으며 그런 벌을 심각하게 반성하는 사람들 중에서도 많은 사람들은 하나님의 법을 어기면서도 장차 화해할 것이라는 생각을 품고 그의 범법을 감행하며, 공화국의 세속적인 법률에 의한 처벌에 대해서는 종종 그 처벌로부터 벗어날 희망이 있다고 생각한다. 그러나 친교하고 자신을 의탁하는 동료들의 관습이나 의견을 거슬려 침범하는 사람은 누구도 **동료들의** 비난과 혐오를 면할 길 없다. 그가 속한 클럽에서 끊임없이 싫어하고 비난을 받아도 견뎌낼 만큼 고집불통이고 둔감한 사람은 천 명 중 한 명도 되지 않을 것이다. 그런 사람은 자신이 속하는 특정 사회에서 받는 끊임없는 치욕과 멸시에서도 만족하여 살아갈 수 있는 색다르고 흔하지 않은 성품의 사람인 것이 틀림없다. 많은 사람들이 고독을 찾고 또 고독을 달게 받지만 주위에 있는 사람에 대한 생각이나 느낌을 조금도 생각하지 않는 사람이라도 친한 사람들이나 대화하는 사람들의 끊임없는 혐오와 악평을 받으면서도 사회 생활을 할 수 있는 사람은 없다. 이것은 인간이 당하는 고통 중에서 너무 과중한 부담이고 동료들과 함께 있는 것을 즐길 수 있지만, 그러나 동료들로부터의 멸시나 경멸에 무감각할 수 있는 사람은 구제될 수 없는 모순 덩어리로 되어 있는 사람인 것이 틀림없다(Locke의 Essay, book II. ch. XXVIII. 12).

4) 이들 운동에 대한 느낌에 관하여 더 많은 언급은 다음 장에서 보라.

5) Wundt의 **자**-의식에 관한 설명이 이와 비교될 수 있을 것이다. 내가 '적응 작용'이라 부른 것을 그는 '통각' 과정이라 불렀다. "이와 같은 (의식) 발달에서 한 집단의 특수 지각체들은 특별한 의미, 즉 그 원천이 우리 자신에게 있다는 의미를 가진다고 주장한다. 우리 자신의 신체에서 얻은 감성에 대한 심상과 우리 자신의 운동에 관한 표상은 영구적인 집단을 형성한다는 점에서 모든 다른 것들과 구별된다. 긴장 상태에 있거나 활동 상태에 있는 근육은 언제나 있게 마련이므로 희미하게든 또는 분명하게든 우리 신체의 위치나 운동에 관한 감각은 언제나 없을 수 없다는 결론이 나온다…그뿐만 아니라 이 영구적인 감각은 우리가 어떤 순간에도 마음대로 그 감각의 구성 요소의 어느 하나라도 불러낼 수 있는 능력이 우리에게 있는 것을 알고 있다는 특징을 지니고 있다. 우리는 그와 같은 수의적 의지 충동에 의하여 신체 운동 자체가 불러일으키는 것과 마찬가지의 운동 감각을 즉각 흥분시키고 수의적으로 감각 기관을 움직임으로써 신체에 대한 시각 감성과 촉각 감성을 흥분시켜 일으킨다. 그리하여 이 영구적인 감성 덩어리를 즉각적으로, 또는 원격적으로 의지에 따르는 것으로 개념적으로 생각하게 되며 그것을 우리는 **자**-**의식**이라 부른다. 자-의식은 처음에는 철저하게 감각적이다… 우리 의지에 따른 두 번째로 언급된 자-의식의 특성은 점차적으로 우세하게 될 뿐이다. 우리의 모든 정신 대상에 대한 통각은 의지의 내부 작용으로 보이는 정도에 비례하여 우리의 자-의식이 확대와 축소를 동시에 시작한다. 우리 자-의식은 의지가 관계되는 모든 정신 활동에서는 확대되고, 통각이란 내부 작용에 점점 더 많이 집중되는 곳에서는 축소되며 우리 자신의 신체와 그 신체와 연관되는 모든 표상은 통각의 내부 작용과는 대립되어 우리의 진솔한 자기와 구별된 외부 대상으로 보인다. 통각 과정까지 축소된 이 의식을 우리는 **자아**라고 부르며 정신 대상 일반에 대한 통각은 따라서 라이프니츠에 따라 정신 대상들을 우리의 자-의식 속으로까지 끌어올리는 것이라고 지적할 것이다. 따라서 자-의식의 자연적 발달은 내면적으로 철학에서 기술했던 통각 능력의 가장 추상적 형태에 이르는 것이며 철학만이 이 추상적 자아를 출발점에 둠으로써 자-의식의 자연적인 발달을 역행시키는 것을 좋아한다. 또한 완전하게 추상된 자아는 (순수 활동과 같이) 우리 의식의 자연적인 발달에 의하여 암시되기는 하지만 실제로 의식 속에서는 결코 발견되지 않는다는 사실을 간과해서는 안 된다. 가장 사색적인 철학자라 할지라도 언제든 자기 자신을 알게 되는 배경을 형성하는 자신의 신체

느낌과 신체 심상으로부터 그의 자아를 떼어낼 수는 없다. 모든 다른 개념과 마찬가지로 자아 개념 자체도 감각으로부터 도출된다. 왜냐하면 통각 과정 자체가 주로 그 과정에 수반하는 긴장 느낌을(이것이 내가 내적 적응 작용이라 부른 것이다) 통하여 우리 지식에 들어오기 때문이다. [Physiologische Psychologie (생리 심리학), 2판 II 권. pp. 217-19.]

6) 내가 알고 있는 단 하나의 예외는 J. Souriau씨의 중요한 논문으로서 Revue Philosophique, vol. XXII, p.449에 게재되어 있다. Souriau씨의 결론은 '의식이란 존재하지 않는다' (que la conscience n' existe pas.) (p.472)라는 것이다.

7) 그의 'Emotion and the Will' (정서와 의지)이라는 책 속의 'Emotion of Power' (능력에 대한 정서)에 관한 베인 교수의 탁월한 논술을 보라.

8) Carlyle: Sarter Resartus (의복 철학), 'The Ever Lasting Yea' (영원한 찬성)를 보라. "나는 너 얼간이에게 말하나니 모든 것이 너의 허영에서 생기고 동일한 너의 공과도 네가 무엇으로 여기느냐 하는 데에 따라 생기느니라. 네가 교수형을 받아 마땅하다고(대부분 그렇게 될 것인데) 상상하라. 그러면 총살을 당하는 것만으로도 다행하다고 느낄 것이며, 머리를 매는 밧줄에 매달려 죽게 될 만하다고 생각하라. 그러면 삼으로된 밧줄에 매달려 죽는 것은 호사스러운 것일 것이다…너를 행복하게 해줄 어떤 법조문이 있었는가? 잠시 전에는 너는 행복하게 될 어떤 권리도 전혀 가지고 있지 않았다." 등등.

9) T.W. Higginson의 번역 (1866), p.105.

10) 실망이나 불명예라는 충격을 감소시키는 데 흔히 사용하는 방법은 가능하면 그 충격을 제공한 사람의 평가를 절하하는 것이다. 이것은 파당성과 개인적 악의에서 생긴 불공정한 비난으로부터 벗어나는 구제책이기도 하다 (Bain: Emotion and Will (정서와 의지), p.209).

11) 그와 같이 이상적으로 구성된 **자기**의 성질은 우선 나의 실제 동료들에게서 인정을 받는 성질이고 이제 내가 동료들의 선고로부터 이상적인 판단자의 선고에 호소하는 이유는 비근한 경우의 어떤 외적 기이함 때문인 것이다. 한때 내게 용기가 있다 하여 존경을 받던 것이 지금은 사람들 눈에 '건방진' 것이 되고, 불굴의 정신이었던 것이 완고함이 되고, 성실함이었던 것이 지금은 광신(狂信)이다. 이상적인 판단자만이 나의 성질, 나의 의도, 나의 능력이 어떤 것인가 하는 것을 진실하게 읽을 수 있다고 나는

지금 믿는다. 나의 동료들은 그들의 관심과 편견에 사로잡혀 잘못을 저지르고 있다.

12) 이기심의 **종류**는 추구되는 자기에 따라 달라진다. 만약 추구하는 것이 단순한 육체적 자기여서 가장 좋은 음식과 더운 구석과 빈자리를 차지하고, 또 그가 누구에게도 자리를 양보하지 않고, 침을 아무 곳에나 뱉고, 우리 얼굴에 대고 트림을 한다면——우리는 그를 돼지 같다고 한다. 만약 추구하는 것이 인기나 영향력이란 형태를 갖춘 사회적 자기이고 그런 자기에 대하여 탐욕스러우면 그의 목표에 도달하는 가장 좋은 수단은 물질적으로는 자신을 타인에게 버금가게 하는 것일 것이며, 이렇게 된 경우에는 그는 사욕이 없는 사람으로 통하게 될 수 있다. 만약 그가 추구하는 것이 '다음 세계'의 자기이고 그것을 금욕을 통하여 추구한다면——그는 그의 개인 영혼을 상실하기보다는 차라리 모든 사람으로부터 영원한 저주를 받더라도—— '성스러움'이라는 것이 아마 그의 이기심에 붙는 이름이 될 것이다.

13) Lotze, Med. Psych. (의학 심리학), 498–501; Microcosmos, bk II. chap. V. 3, 4.

14) Psychologische Analyzen auf Physiologischer Grundlage.(생리적 근거에서의 심리적 분석), 제II부 후반부 11. 이 부분 전체를 읽어야 한다.

15) 베인 교수는 그의 'Emotion of Self (자기 정서)' 란 장에서 대부분의 자기–감정이 원초적 성질을 가진다는 것을 정당하게 다루지 않고, 자기–감정을 냉정하게 지적으로 반성된 자기 평가의 하나로 환원한 것 같이 보이지만 **대부분의** 자기–감정은 결코 지적인 것이 아니다. 내부로부터 형성되는 인격으로서의 자기에 주의를 돌릴 때 "우리는 타인을 숙고하는 경우에 해당되는 조작을 우리 자신에게 시행한다. 주위 사람들의 활동과 행위를 정밀하게 관찰하고, 두 사람을 비교하여 그 중 한 사람에게 높은 가치를 부여하며, 곤경에 빠진 사람을 **불쌍히** 여기고, 특정인에 대해서는 **은근함**을 느끼고, 어떤 좋은 행운을 얻은 사람에게는 그가 이득을 얻은 것을 보는 것이 즐겁다는 축하 인사를 하고, 동료들 중 누가 보여주든 위대함과 우월함을 **존경**하는 일들에 우리는 익숙해 있다. 이런 모든 조작들은 본질적으로 사랑과 분노와 같이 사회적인 것이며, 홀로 떨어져 있는 개인은 이런 조작을 결코 얻을 수 없으며 또 그런 조작을 실천할 수도 없다. 그렇다면 어떤 방법으로 어떤 창작(!)을 통하여 우리가 타인에게 실시하는 그런 조작을 돌려서 자신에게도 시행할 수 있는가? 또는 타인의 자리에 자신을 대신 두

어 만족을 얻는 일이 어떻게 이루어지는가? 아마 가장 단순한 반성 활동 형식은 우리 동료의 습관과 행위를 관찰한 바에 근거하여 그로부터 얻는 자기-가치와 자기-평가 속에서 표현되는 반성 형식일 것이다. 우리는 곧 주위에 있는 개인들을 서로 비교하고 그들 중 한 사람이 다른 사람들보다 더 강하고 더 많이 일하여 그 결과 아마 더 많은 임금을 받을 것이라고 알게 된다. 어떤 사람은 다른 사람보다 더 친절을 베풀고, 그 결과 더 많은 사랑을 받는다는 것도 우리는 안다. 놀라운 묘기를 부려서 어떤 사람은 다른 사람들을 압도하며 그 묘기에 의하여 군중들의 주시와 존경을 이끌어내게 된다는 것도 안다. 우리는 그런 위치에 있는 사람에 대하여 일련의 고정된 연상 관념들을 얻으며 그들이 우수한 사람일 경우에는 호의적이고 열등한 사람일 경우에는 비호의적인 연상 관념을 얻게 된다. 강하고 노력하는 사람에게는 더 큰 보상을 받을 것이라 평가하고 그런 사람처럼 되는 것이 다른 사람처럼 되는 것보다 더 행복하리라고 느낀다. 우리가 실제 바라는 것처럼 우리의 생존을 위한 기본 동기에서 우리는 좋은 사물들을 가지기를 바라고, 이런 좋은 것들이 인간의 월등한 노력에 의하여 얻어지는 것을 관찰함으로써 우리는 그 노력에 존경을 느끼고, 그 노력이 우리 것이었으면 좋겠다는 바람을 느낀다. 우리도 또한 우리 몫인 좋은 것들을 얻으려고 노력하고, 타인의 노력을 보고 우리 자신을 생각하게 되며, 그 타인과 우리 자신을 비교하게 되기 쉬우며, 그 비교는 실질적 결과에 따라 관심을 끌어낸다는 것을 우리는 안다. 따라서 일단 타인을 크든 적든 노동을 하고 그에 걸맞은 성과를 얻는 인간으로 볼 줄 알게 되었고, 그뿐만 아니라 모든 점에서 그가 우리의 동료들과 동일하다면——자기를 노동을 하고 보수를 받는 존재로 사색하는 것이 어렵거나 무의미한 것이 아니라는 것을 알게 된다…우리가 두 사람 사이에서——누가 더 가치 있는가 하는 것을 결정하는 것과 마찬가지로…우리는 자기와 모든 타인들 사이에서 누가 더 가치 있는가 하는 것을 결정하지만, 그러나 이 결정은 우리 자신의 욕망이라는 편향적 영향을 받게 마련이다." 몇 페이지 더 나가면 우리는 다음과 같은 것을 읽게 된다: "자기-도취와 자기-희열이란 말은 자신의 공적과 소유물에 파묻힘으로써 긍정적 즐거움을 얻는 것을 지칭한다. 다른 양식과 마찬가지로 여기에서도 출발점은 다소간 다정함이나 사랑을 동반하는 타인에게 있는 우월성이나 기분 좋게 만드는 성질에 대한 기대이다." 여기에서 베인 교수는 자기-연민 또한 직접 대상을 떠나 우리 자신에게로 돌려진 정서로 간주하여 "창작이고 비진실이라 말하였다. 더욱이 우리의 자기를 타인에 비추어 볼 수 있을 때 타인이 우리가 놓여진 상황에 처할 경우 그들이 일으킬 연민의 정서를 우리의 자기에 대하여 느낄 수 있다."

베인 교수의 이 설명은 정서란 결과를 신속하게 계산한 것이고 한 대상으로부터 그 대상과의 접촉 또는 유사에 의하여 연합된 다른 대상으로 감정이 이전된 것이라 설명하는 진부한 설명 양식의 좋은 표본으로 간주될 것이다. 베인 교수가 처음 집필한 이후 대두된 동물학적 진화론은 반대로 많은 정서들이 특정 대상들에 의하여 틀림없이 **원초적으로** 불러일으켜진다는 것을 우리에게 알게 하였다. 중요한 생활 기능에서 우리 자신이 성공하거나 실패하는 데 따라 생기는 자기-희열과 자기-모멸보다 더 원초적이라고 순위가 매겨질 어떤 정서도 없다. 우리는 이런 감정을 설명하기 위하여 의식적 반성을 빌릴 필요는 없다. 베인 교수의 설명은 전체적 자기-감정 덩어리에 비판적 반성이 가감될 수 있는 아주 작은 자기-감정 부분에만 해당된다——Lotze는 Microcosmus, book V, chap. V. 5에서 보편적 판단에 의한 우리의 자기-존중의 변용에 관하여 약간의 지면을 할애하고 있다.

16) "따라서 주어진 표상에 있는 잡다(雜多)한 것들을 하나의 의식 속에서 결합시킬 수 있음으로써만 나는 이들 표상 자체에서 의식의 정체를 표상할 수 있다. 즉 통각의 분석 단위는 오직 어떤 합성 단위를 전제하는데서만 가능하다." (Also nur dadruch dass isch ein Mannigfaltiges gegebener Vorstellungen in einem Bewusstsein verbinden kan, ist es mögllich dass ich die Identität des Bewusstseins in diesen Vorstellugen selbst vorstelle, d. h. die analytische Einheit der Apperception is unter der Voraussetzung irgend einer synthetischen möglich.) 이 문장에서(순수이성비판, 제2 판 16) 칸트는 분석적 통각과 합성적 통각이란 이름으로 우리가 여기서 객관적 합성과 주관적 합성이란 말로 의미하는 것들을 각각 지칭하고 있다. 누군가 이 구별을 나타내는 좋은 용어 쌍을 발명하는 것이 훨씬 바람직하다——이 교과서에서 사용된 용어도 확실히 좋지는 않지만 칸트의 용어는 그보다 더 좋지 않은 것 같이 나에게는 보인다. '범주적 단위'와 '초월적 합성'이란 용어도 칸트적 표현으로는 좋지만 훌륭한 인간의 언어는 되지 못한다.

17) 그리하여 일종의 좋지 못한 익살로 우리는 '연결된 세계에서만 연결이 없

는 세계라는 것이 알려질 수 있다' 라고 말할 수 있을 것이다. 나는 좋지 못한 익살이라 했는데, 왜냐하면 관점이 연결이 있는 것과 연결이 없는 것 사이에서 왔다 갔다 옮겨지기 때문이다. 연결이 없다는 것은 알려지는 현실들에 관한 것이고, 연결이 있다는 것은 그 진실에 대한 지식에 관한 것이며, 이들 페이지에서 견지되고 있는 심리학적 관점에서 보면 현실과 현실에 관한 지식은 별도의 두 사실이다.

18) 까다로운 논자들은 대상의 어떤 부분을 우선 **자신에게** 엮어놓지 않는다면 **대상**의 어떤 부분도 '**나**(I)' 라 부르고 그 '**나**(I)' 위에 다른 대상 부분들을 엮어놓을 수 없으며, 또 **현행 사고**는 자신을 알지 않고서는 대상의 일부분도 자신과 엮어놓을 수 없다고 반박할 것이다──따라서 **현행 사고**가 자신에 대한 직접 지식을 가지고 있지는 않다고 개념화할 수 있다고 말한 우리 가설(544–546쪽)은 뒤집어진다. 이에 대한 대답은 말에 속지 않도록 조심해야 한다는 것이다. '**나**(I)' 와 '**나**(me)' 란 단어는 신비스럽거나 유례가 없는 어떤 것을 뜻하는 것이 아니며──그 단어들은 근본적으로 다만 강조에 대한 명칭일 뿐이고, **현행 사고**는 항상 어떤 것을 강조한다. 인지 공간의 범위 안에서는 사고가 **여기와 저기**를 대비시키고, 인지 시간의 범위 안에서는 **지금과 그때**를 대비시키며 짝이 될 수 있는 사물에서는 그 하나를 이것이라 하고 다른 것은 **저것**이라 부른다. 나와 너, 나와 그것도 이와 똑같은 구별──오로지 **객관적 지식** 영역에서만 가능한 구별──이며, '**나**(I)' 라는 것은 **현행 사고**에게는 순간적으로 느끼는 육체 생활 외에는 어떤 것도 의미하지 않는다. 나의 육체 존재에 대한 감각은 아무리 그 자체가 애매하게 알려지더라도 내가 의식하는 자기의 절대적 기원일 **것이며 내가 존재한다**란 기본 지각일 것이다. 모든 소유는 그 순간 즉각 인지되지 않는 **현행 사고**에 의하여 자기의 기원에 도달하게 될 것이다. 이들 소유가 논리적으로 가능할 뿐만 아니라 또한 실제 사실로도 가능한가 하는 것에 관해서는 이 교과서가 아직 독단적으로 결정을 내리지 못할 사항이다.

19)Metaphysik (형이상학), 245 끝. 그의 초기 저서인 Medizinische Psychologie(의학심리학)에서는 (내가 읽은 바로는) 강력한 **영혼** 실체 설의 옹호자였던 이 필자는 그의 Metaphysik (형이상학), 243–5에서는 일찍이 있었던 것 중 가장 훌륭한 영혼 실체 이론에 대한 비판을 적었다.

20) 자기가 통일된 단위라는 경험적 개념과 초월적 개념에 관해서는 Lotze의 Metaphysik (형이상학), 244를 보라.

21) Hume의 Treatise on Human Nature (인간 본성론)의 book 1의 부록.

22) Herbart도 **영혼**을 믿었으나 우리가 '의식'하는 '**자기**'는 경험적 **자기**이고
   ──영혼이 아니었다.

23) 288~294쪽의 설명과 재차 비교하라.

24) System of Psychology (심리학 체계), vol. I. p.114.

25) '구별이란 다만 **관찰**에만 있을 뿐이다'라고 그는 첨가해 말했다. 누구의
   관찰엔가? 외부 심리학자의 관찰엔가? **자아**의 관찰엔가? 관찰되는 것들
   자신의 관찰엔가? 또는 흑판의 관찰엔가? 그것이 문제로다!

26) Analysis(분석학) 등, J. S. Mill 편찬, vol. 1. p.331. '말하자면'이란 표현은
   이 학파가 즐겨 쓰는 특징이다.

27) J. Mill의 Analysis (분석학), vol. II p.175.

28) Examination of Hamilton (Hamilton 사상 검토), 4th ed. p.263.

29) 그의 Psychological Theory of Mind (정신에 관한 심리학 이론)란 장은 정
   곡을 찌른 훌륭한 사례이며, 여기서 그의 양보가 아주 유명하게 되었으므
   로 독자들의 소득이 되기 위해 인용되어야 마땅하다. 그는 그 장을 다음과
   같은 말로 끝맺었다(상기 인용문 p.247): "따라서 느낄 수 있다는 것을 배
   경으로 하여 **정신**을 일련의 감정으로 분해하려는 이론은 그 이론에 반대
   하는 가장 비위에 거슬리는 논쟁에서도 효과적으로 대적할 수 있다. 그러
   나 외부로부터의 반론은 근거가 없지만 이 이론은 내부적으로는 우리가
   아직 거론하지 않았고 형이상학적 분석도 제기하기에는 능력이 미치지 못
   하는 어려운 점이 있는 것으로 나에게는 보인다… "현상적 정신 생활을 구
   성하는 의식의 실타래는 현존하는 감각으로 구성되어 있을 뿐만 아니라
   그 일부는 똑같이 과거 기억과 미래에 대한 기대로도 구성되어 있기도 한
   다. 그러면 이것들은 무엇인가? 기억이나 기대도 현존하는 감정이고 현존
   하는 의식 상태여서 그 점에서는 현존하는 감각과 구별되지 않는다. 그뿐
   만 아니라 그들은 모두 우리가 전에 경험했던 어떤 일정한 감각이나 감정
   과 유사하다. 그러나 기억과 기대에는 자신의 현재 존재를 넘는 어떤 것에
   대한 믿음이 있다는 특징이 붙어 있게 마련이다. 감각에는 다만 현존하는
   존재만 있지만 회상된 감각은 어떤 특정 날짜와 관계시키지 않는다고 해
   도 회상이 복사하거나 묘사하는 어떤 감각이 과거에 실제 있었다는 암시
   와 믿음을 포함하며, 기대는 직접 관계되는 어떤 감각이나 또는 다른 감정
   이 미래에 존재할 것이라는 다소간 적극적인 믿음을 포함한다. 이 두 의식

상태와 관계되는 현상들을 적절하게 표현하려면 반드시 회상되는 감각에는 전에 나 자신이 그것을 가졌다는 믿음, 그리고 기대되는 감각에는 다른 사람이 아닌 나 자신이 차후 그 감각을 가질 것이란 믿음이 그 정신 상태에 포함된다고 말해야 한다. 현재 어떤 감각들에 대한 회상이나 기대가 일부를 차지하고 있는 자체–동일한 정신 상태의 계열이나 의식의 실타래 부분을 그 감각들이 실제 형성하고 있거나 또는 장차 형성할 것이라는 사실을 믿게 된다. 따라서 **정신**을 감정 계열이라 말한다면 과거와 미래의 자신을 알고 있는 감정 계열이라고 말하여 그 말을 보완해야 하며, 우리는 **정신** 또는 **자아**를 감정의 계열이나 또는 감정 계열일 가능성과는 전혀 다른 어떤 것이라고 믿거나 그렇지 않으면 **가설에 의해서만** 감정 계열일 따름인 그 어떤 것이 자신을 계열로 자각할 수 있다는 역설을 받아들이거나 하는 양자 택일로 되돌아간다.

"여기서 우리는 해밀턴(W. Hamilton) 경이 말한 것처럼 우리가 궁극적 사실에 이르렀을 때 불가피하게 도달하게 되는 저 최종의 설명 불가능과 직면하게 되고, 일반적으로 그 설명 불가능을 어떤 방식으로든 서술하면 오히려 그 만큼 다른 서술 방법보다 이해하기 어렵게 만들 뿐이라는 것은 진실이다. 왜냐하면 인간이 사용하는 언어는 모두 하나의 서술 용도에만 적합하고 다른 용도에는 적합하지 못하여 어떤 용어로 표현해도 진리를 부정하지 않을 수 없기 때문이다. 실제 저해 요소가 되는 것은 아마 사실에 관한 어떤 이론에 있는 것이 아니라 사실 자체에 있는 것 같다. 진정한 이해 불가능은 아마 존재를 끝마쳤거나 아직 존재하지 않았던 어떤 것이 어떤 양식으로든 현존할 수 있다는 것과 무한히 방대한 부분이 과거 또는 미래로 되어 있는 감정 계열이 한데 뭉쳐 현재라는 개념 속에 들어가서 현실이란 믿음을 수반하게 될 수 있다는 것이다. 우리가 할 수 있는 가장 현명한 일은 설명할 수 없는 사실이 어떻게 생겨나는가 하는 데 관한 어떤 이론도 생각하지 않고 그 사실을 받아들이는 것이며, 그 설명할 수 없는 것을 이론적 가정에 근거한 용어로 언급하지 않을 수 없을 경우에는 그 용어의 의미에 제한을 두면서 그 용어를 사용해야 한다고 나는 생각한다."

같은 책의 뒷부분(p.561)에서 밀(Mill)은 이론을 정립하는 자에게 무엇을 요구하는 것이 정당한가 하는 것에 관하여 언급하면서 다음과 같이 말했다: "그는(이론을 정립하는 자) 어떤 한 종류의 현상에서 이론을 구성하고 그 이론이 적합하지 않은 다른 종류의 현상으로 확대 적용하여 만약 그 이론을 적합하게 만들 수 없을 때 그 이유를 궁극적 사실은 설명 불가능하기 때문이라고 말하여 자기 변명을 할 자격을 가지고 있지 않다." 연합주의 학파가 **자아**에 관한 이론을 구성하기 위해 취한 현상 종류는 서로를 알지 못하는 감정들로 된 현상이다. 그러나 **자아**가 제공하는 현상 종류에서는 뒤에 나타난 감정들이 앞서 지나간 감정을 철저하게 아는 감정들이다. 이 두 종류의 현상은 서로 '들어맞지' 않으며 어떤 정교한 기교로도 들어맞게 만들 수 없다. 서로를 알지 못하는 감정들을 아무리 **바꾸어 섞어도** 그들을 서로 알게 할 수는 없다. 알기 위해선 아는 능력이 있는 새로운 감정을 내세워 공개적으로 알기를 청해야 한다. 이 새로운 감정은 현상에 관한 '**이론**'이 아니라 단순한 현상의 진술이며, 나는 이 책에서 그렇게 많은 앞서 간 것에 관한 지식을 가지고 있는 정신적 완전체로서의 현재 진행 중인 **현행 사고**를 그런 새로운 감정으로 내세웠다.

30) Kritik d. reinen Vernunft (순수이성 비판), 제2판. 17.

31) 위 274 페이지에서 언급된 것을 정당화하는 데 있어 칸트도 그의 후계자들도 통각하는 **자아**가 결합된 대상에 현존하는 것과 자신의 현존과 통각하는 것과 자신이 구별된다는 것을 그 **자아**가 아는 **것과를** 어디에서도 구별하지 않은 것에 주목해야 한다. **대상은 사고하는 것**에게 알려져야 하고, 또 **사고하는 것은 사고하는 것**에 알려져야 한다는 것을 칸트와 그 제자들은 동일한 필요 조건으로 취급하였다——어떤 논리에서 그렇게 취급했는가 하는 것은 밝히지 않았다. 칸트는 **자아**가 **자신을** 사고하는 것은 다만 **가능성**으로만 필요할 뿐이라고 말하여 이와 같은 추리상의 비약을 완화하려 하였으나——"'내가 생각한다' 라는 말은 모든 다른 지식을 수반할 수 **있어야 한다**"——그러나 가능성뿐인 사고는 실제로는 전혀 사고가 아니며 이는 실질적으로 사고를 포기하는 것이다.

32) "여기에서 영혼에 관하여 또는 '나(I)' 와 '사고자' 등에 관하여 칸트가 흄이나 감각심리학보다 전반적으로 앞선 것은 지식의 주체가 **작용원**이라는 것을 제시했다는 것이다[G.S. Morris Kant's Critique 등, (Chicago, 1882), p.224.].

33) H. Cohen은——나 자신은 그의 글귀를 찾지 못했다——"칸트는 Prolegomena(서설)에서 문제는 경험이 어떻게 일어나느냐 (entsteht) 하는 것을 보여주는 것이 아니라 경험이 무엇으로 되어 있느냐 (besteht) 하는 것을 보여주는 것이라고 분명히 말했다"고 했다. (Kant's Theorie d.

Erfahrung(경험 이론), (1871), p.138.)

34) 이와 같이하여 도달된 일원론과 우리 자신의 심리학적 관점과의 사이에 대조되는 것을 도식적으로 다음과 같이 표시할 수 있으며, 네모 속의 항들은 우리에게는 심리학이란 학문에서 궁극적이고 더 이상 환원될 수 없는 자료가 되는 것을 지칭하며, 네모 위의 괄호 선은 칸트 이후의 관념론이 수행한 환원을 상징한다.

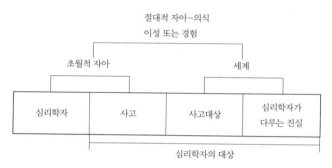

이와 같은 환원은 현대의 일원론적 저술에 있는 '심리학자 오류'(bk. II. ch. I. p.32)가 도처에 있는 이유를 설명해 준다. 사고가 가지고 있는 지식을 (대상에 대한 지식 또는 사고 자체에 관한 지식) 언급할 때 어떤 경고도 붙이지 않고 용어를 바꾸고, 사고된 지식 대신 심리학자의 지식을 대치하고서도 마치 같은 것을 언급한 것처럼 만드는 것은 우리에게는 용서할 수 없는 논리적 죄악이다. 일원론적 관념론에서는 이것이 바로 철학의 자치권으로서 물론 아무리 빠져들어도 지나칠 수 없는 것이다.

35) T. H. Green, Prolegomena to Ethics (윤리학 서설), 57, 61, 64.

36) 전게서, 64.

37) E. Caird: Hegel (1883), p.149.

38) 무언극과 같은 정신 상태와 헤겔 변증법의 정신 상태가 정서상으로 볼 때 하나의 같은 것이라고 믿기 쉽다. 무언극에서는 흔히 있는 모든 것들이 불가능한 모양으로 나타나게 묘사되어, 사람들이 다른 사람을 서로 꼼짝 못하게 하거나, 집의 안과 밖을 뒤집거나, 늙은 할머니가 젊은 남자로 둔갑하거나, 모든 것이 개념으로 사고할 수 없을 만큼 민첩하고 재치 있게 '반

대되는 쪽으로 옮겨가서' 당혹감을 일으키기는커녕 관람자의 정신에 큰 기쁨을 가져다준다. 또한 헤겔의 논리도 이와 마찬가지여서 다른 곳에서는 구별(아는 자와 그 대상 사이의 구별, 다수와 하나의 구별 같은)이라는 무미건조한 이름으로 알려지는 관계가 처음에는 불가능과 모순으로 번역되어야 하며, 다음에는 '초월되고' 기적에 의하여 찾아내야 비로소 그 관계들이 보여주는 광경을 철저하게 음미할 만한 진실한 기분이 생긴다.

39) 초월적 **자아**를 **현행 사고**에 대신하는 대치물로 간주한 가설을 내가 **사변 근거 일반에 관한 논의**에서는 미해결로 두려고 한 것을 독자들은 이해해 주기 바란다. 다만 **이 책에서만은** 우리가 연속하는 의식 상태를 가지고 있다는 상식적 가정을 고수하려 한다. 왜냐하면 모든 심리학자가 그와 같은 상식적 가정을 하고, 또 그런 사고를 궁극적 자료로 상정하지 않는 **심리학**을 어떻게 저술할 수 있는가 하는 것을 나는 알지 못하기 때문이다. 모든 자연과학의 자료들은 차례로 그 과학 자체가 제공하는 조처보다 더 세련된 비판적 조처를 받게 되며 결국 우리의 **현행 사고**도 그렇게 되어갈 것이다. **현행 사고**의 존재를 감지할 확실성은 흔히 가정되는 것보다 덜 강하다는 것을 우리는 알았다(538~547쪽). 초월적 자아론자들과 나와의 논쟁은 주로 그들이 가지고 있는 믿음의 **근거**에 관한 것이다. 그들이 일관성 있게 **자아**를 **현행 사고**의 대치물이라고 주장했다거나 또 일관성 있게 **현행 사고의 존재를 부인**했다면 나는 그들의 입장을 더 한층 존경했을 것이다. 그러나 내가 그들을 이해하는 바로는 그들도 **현행 사고**를 믿는 습성이 있다. 그들은 심지어 로크(Locke)의 분리된 관념들의 흐름이란 생각마저도 믿고 있다. 왜냐하면 그들 저서에 나타난 **자아**의 주된 영광은 분리를 '극복'하고 자연에서는 통일되지 않는 것을 통일하는 능력에 있으며, 초월주의 저술가에 의하면 관념들을 한데 '**합성한다**', '**연결한다**', 또는 '**관련시킨다**' 등의 말은 **여러 대상들을 한꺼번에 안다**는 것을 의미하는 것과 동의어(同義語)로 사용되었기 때문이다. 우리 정신 생활에서는 의식하는 것 자체가 아니라 **많은 것을 한꺼번에 의식하는** 것이 어려운 일로 간주되며, 이런 일은 신비로운 일을 하는 **자아**만이 할 수 있다고 한다. 그러나 **한 개 대상을 안다**는 명백한 개념을 그 대상의 여러 부분들에 대한 **관념들을 통일하거나 종합한다**는 애매한 개념과 바꾸는 순간 우리가 얼마나 믿을 수 없는 근거에 이르게 되는가!──**감각**에 관한 장에서 모든 이런 것들을 다시 다룰 것이다.

40) "젖을 먹는 순간부터 다시 깨어 젖을 찾는 순간까지 꾸벅꾸벅 잠자는 어린
아이가 멍하게 가만히 있는 것과 성숙한 나이가 되어 신속하고 어리둥절
할 만치 풍부하게 연달아 진리를 세상에 쏟아내거나 또는 한손에 제국의
운명을 움켜잡는 저 힘 있는 사람의 끊임없는 정력을 비교할 때 뒤늦게 나
타난 그 모든 지성과 유사한 상황을 그가 어릴 때 우리가 그려낼 수 있는
것이 얼마나 적으며, 단지 그의 생활 기제에 미약한 운동을 일으키게 한
것 이상으로 아는 것이 얼마나 적은가!…만약 우리가 인간의 짧은 일생의
여러 연령들에 관하여 이야기한다면——각 연령은 독특한 특성으로 표시
되는 것 같다. 각 연령에는 생생한 애정을 일으키는 그 연령에 특유한 대
상이 있으며, 각 연령에서——다른 시기에선 적극적인 욕구를 일으키지
못하고 사라지는——애정에 의하여 노력이 고취되기도 한다. 소년은 그의
시계(視界)의 지평을 제한하는 공간보다 더 작은 공간에서 세계를 보며,
그의 활동 무대 범위에서 어슬렁거리며 다음 시기가 되면 오직 무시되기
만 할 대상들을 추구하는 데 정력을 소진하며, 한편 후에 그의 정신을 온
통 흡수하게 될 대상들도 현재의 정열의 대상이 그때가 되면 무시될 운명
에 있듯이 무시된다…지적인 쇠퇴와 한때 인정이 많았던 가슴에 어느 새
저도 모르게 스며든 차가움을 목격하는 기회를 우리 모두는 얼마나 많이
가져야 하는가! 아마 인생의 초기에 고향을 등지고 떠나 있다가 오랜만에
돌아왔을 때, 고향의 다정했던 대상들에 접근할수록 과거의 즐거운 기억
이 더욱 간절하게 되곤 한다. 우리가 그의 목소리를 경청하는 것이 버릇이
되었고, 그의 예언이 마치 신탁(神託)과도 같이 확실하여 존경했던 아버지
를——처음으로 우리에게 지식을 가지게 해주었고, 사랑을 동반하는 모든
존경심을 갖고 그에 대한 심상을 우리 정신 속에 언제나 함께했던 그를
——애타게 찾을 것이다. 아마 우리는 그가 늙어——과거도 미래도 모르고
다만 동물적 만족에 대한 감각 능력 속에서만 살고 있는——치매에 빠져
우리를 알아보지 못하는 것을 알게 될지 모른다. 우리는 다감했던 어릴 적
에 친했던 친구를 찾을 것이다…우정은 사라지고 냉담한 위선으로 우리를
거의 만나주지 않는——세상에 대한 그의 일반적 관계에서 그가 직접 당
하지 않는 불행에는 상관하지 않는——성인(成人)으로 굳어져버린 것을
알게 될지도 모른다…우리가 이와 같은 모든 것을 관찰했을 때,…그가 다
른 사람이 되었고 그의 정신과 성품이 변했다고 말한다면 우리가 거의 의
미 없는 유추만을 사용한 것일까? 개인의 정체(正體)란 무엇으로 되어 있

는가?…이때 그의 정신에 적용된다고 가정되는 정체를 검증하는 방법은 완전히 쓸모없게 된다. 그런 가정된 정체 검증은 같은 환경에서도 똑같이 영향을 주거나 받는 것이 아니다. 따라서 그 정체 검증이 올바르다면 그의 정신은 동일한 정체를 가진 정신이 아닌 것이 된다."(T. Brown: 'Lectures on Philosophy of the Human Mind,' 'on Mental Identity' (인간 정신에 관한 철학 강의, 정신적 정체에 관하여).

41) John Cutler 경은 한 컬레의 검은 소모사(梳毛絲) 양말을 가지고 있었으며 그의 하녀가 매양 명주실로 꿰매어 마침내는 명주실 양말이 되고 말았다. 이제 꿰맬 때마다 이 John 경의 양말에 매번 약간씩의 의식이 주어졌다고 가정한다면 꿰매기 전과 꿰맨 후에도 같은 한 컬레의 양말이라는 것을 느끼고, 이 감정이 모든 이어지는 꿰매는 과정에도 계속될 것이지만 마지막 꿰매기가 있은 다음에는 처음의 양말 컬레를 짰던 소모사 실은 하나도 남아 있지 않고 앞에서 말한 바와 같이 명주실 양말로 되어버릴 것이다." (Pope's Martinus Scriblerus, quoted by Brown, 전게서)

42) Hours of Work and Play (작업 시간과 놀이 시간), p.100.

43) 말로 구술하는 이야기 속에 나타나는 오류에 관한 철저한 연구는 E. Gurney의 Phantasms of the Living (생활상의 환상), vol. I. pp.126-158 을 보라. Proceedings of the Society for Psychical Research, 1887년 5월 호에서 Richard Hodgson은 특출한 일련의 사례를 들어 신속하게 진행된 일련의 사건들에 관하여 기억을 더듬어 얻은 모든 사람들의 기술이 얼마나 전혀 정확하지 못한가 하는 것을 보여주고 있다.

44) Josiah Royce (Mind, vol. 13. p.244, 및 Proceedings of Am. Soc. of Psych, Research, vol. I p.366)에서 그가 'Pseudo-presentiment' (사이비 예감)이라 부른 어떤 종류의 기억 환각이 드문 현상이 아니라는 증거를 찾아라.

45) Maladies de la Mémoire (기억장애), p.85. **만약 모든** 감각이 기능을 중지하더라도 최소한의 개인 의식은 남아 있다는 것이 Strümpell 교수가 보고한 특별나게 감각 마비된 청년이 하는 말 속에서 재치 있게 나타나 있다. (Deutsches Archiv. f. klin. Med., XXII. 347, 1878). 차후 여러 관련 사항에서 배울 바가 많다는 것을 알게 될 이 소년은 한쪽 눈의 시각과 한쪽 귀의 청각을 제외하고는 신체 외부와 내부가 (검사 가능한 모든 점에서) 전부 감각 마비가 되었다. 그가 눈을 감았을 때 그는 '내가 볼 수 없다면 나

는 **존재**하지 않는다――즉 나는 이젠 존재하기 않는다! 라고 말했다."
("*Wenn ich nicht sehen kann, da BIN ich gar nicht.*")

46) "이런 환자의 정신 상태를 **유충(幼蟲)**의 정신 상태와 비교하는 것보다 더
잘 비교할 수 있는 것은 없을 것이다, 유충은 유충으로서의 관념과 기억을
모두 지니고 있으면서 갑자기 나비가 되어 나비의 감각 기관과 감각을 지
녀야 한다. 이전 상태와 새로운 상태 사이 또 유충으로서의 첫 번째 자기
와 나비로서의 두 번째 자기 사이에는 깊은 균열 또는 완전한 파열이 있
다. 새로운 감정은 그 자신을 짜넣을 수 있는 선행 감정 계열을 발견할 수
없다. 환자는 그런 새로운 감정을 해석할 수도 사용할 수도 없으며, 환자
는 그 새 감정을 알아차리지 못하며, 그 감정은 알 수 없는 것이 된다. 따라
서 두 가지 결론이 있게 되는데 그 첫째 결론은 **'나는 이젠 존재하지 않는
다'** 라고 말하는 것이고, 두 번째 결론은 약간 뒤에 **'나는 다른 사람이다'**
라고 말하는 것이다."〔H. Taine: de l'Intelligence (지성에 관하여), 3판
(1878), p.462.〕

47) W. Griesinger: Mental Diseases (정신 질환), 29.

48) Proceedings of the Am. Soc. for Psych. Research, p.552에 있는 'old
Stump'란 흥미 있는 사례를 보라.

49) De l'Intelligence (지성에 관하여), 3판 (1878), vol. II, note, p.461.
Krishaber의 책〔La Névropathie Cérébro-cardiaque, (뇌-심장 신경 질
환), 1873〕은 유사한 관찰로 꽉 차 있다.

50) 외부에서 오는 운명이 돌연하게 변하면 거의 자기-의식이 병적인 장애를
초래할 정도의 경험적 나(me)의 변화를 초래하는 일도 빈번하다. 가난한
사람이 추첨에서 큰 상금을 받던가, 또는 생각지도 않은 재산을 상속받았
을 때, 또 명성이 높은 사람이 공개적으로 망신을 당했거나 백만장자가 피
구호자가 되었거나 또는 사랑하는 남편이나 아버지가 가족이 한꺼번에 죽
어가는 것을 보았을 때, 일시적으로 능동적·피동적인 모든 과거 관습들
과 새로운 상황의 절박함과 가능성들 간에 균열이 생겨서 개인은 생활의
한 국면으로부터 다른 국면으로 옮겨가게 하는 연속성 또는 연합의 매개
를 찾지 못할 수 있다. 이와 같은 상황에서는 교란된 정신 상태가 드문 일
이 아니다.

51) 조금이라도 생산적이고 풍부하게 이와 같은 연극적 상상을 할 수 있는 피
험자의 수는 상대적으로 아주 적다.

52) 첫 번째는 Revue Scientifique, 5월호, 26, 1876년에 실렸고 다음 그의 책 Hypnotisme, Double Conscience, et Altérations de la Personnalité(최면 술, 이중 의식 및 인격 병용) (Paris, 1887)에 게재되어 있다.

53) Der Hypnotismus (최면술), (1884), pp.109–15.

54) Transactions of The College of Psysicians of Philadelphia, 4월 4, 1888. 또한 덜 완전하게는 Harper's Magazine, 5월, 1860.

55) Ribot의 Deases of Memory (기억 질환)의 사례를 보라. 또한 Forbes Winslow의 Obscure Desease of the Brain and Mind (뇌와 정신의 우울 증), chapters XIII–XVII을 보라.

56) Revue Scientifique 5월 호 19, 1888년에 있는 J. Janet씨의 흥미 있는 기 술을 보라.

57) Variations de la Personnalite' (성격 변종들) (Paris, 1888).

58) 전게서, p.84. 이 저서와 Azam 박사의 저서 (앞 페이지에 인용)와 Th. Ribot 교수의 Maladie de la Personnalité(성격 질환) (1885)에서 독자는 이 런 종류의 또 다른 잘 알려진 사례들에 관한 정보와 참고문헌을 찾을 수 있을 것이다.

59) 그의 친동생의 환자인 Wit는…깨어 있고 감각 마비가 있는 상태에서는 두 몽환 상태에 있었던 일은 어떤 것도 회상하지 못했지만 그녀가 가벼운 몽 환에 있었을 때에는 깊은 몽환을 (이때 그녀의 감각은 온전했다——378– 379쪽 참조) 회상했다. 그럼에도 불구하고 가벼운 몽환 상태에서는 깨어 있을 때와 마찬가지로 감각 마비가 있었다(상기 인용, p.619)——Félida X 의 감각 능력에는 이 두 상태 사이에 어떤 중요한 차이가 있는 것 같지 않 았으며——Azam 박사 기록을 근거로 판단할 수 있는 한 그녀는 어느 정도 이 두 상태 모두에서 감각 마비가 있었던 것 같다(전게서, pp.71, 96)—— Dufay씨가 (Revue Scientifique, vol. XVIII. p.69) 보고한 이중 성격 사례 에서는 더 심한 감각 마비 상태에서 기억이 가장 좋았던 것 같다——최면 으로 눈이 보이지 않게 된 환자도 시각 관념이 반드시 사라지는 것은 아니 었다. 따라서 감각 마비와 건망증은 결합하여 나타나기도 하지만, 감각 마 비가 없이도 건망증이 나타나고, 또 건망증 없이도 감각 마비가 나타나는 것 같다. 암시에 의하여 눈이 보이지 않게 된 최면 환자도 그들이 이젠 볼 수 없는 사물들도 분명하게 상상한다고 말할 것이다.

60) R. Hodgson이 제공한 이 사례의 전체 기록은 'Proceedings of the

Society for Psychical Research, 1890 속에서 찾아 볼 수 있을 것이다.

61) 그는 보스턴에서 하루 오후, 뉴욕에서 하룻밤, 뉴어크에서 하루 오후를 보냈고, 10여 일을 필라델피아에서 처음에는 어떤 여관에서, 다음에는 어떤 하숙집에 있었으며, 친구를 만들지 않았고, '쉬고' 책을 읽고, 그리고 '구경하러 돌아다녔다.' 나는 불행하게도 호텔 기록이 없어지고, 그가 말한 하숙집은 헐려버려 그런 세부 사항들을 별도로 확인할 수 없었다. 그는 이 하숙집을 경영하던 두 여인의 이름을 잊어버렸다.

62) 이 사례의 세부적인 것들은 꾀병과 **진배없다는** 사실을 알게 될 것이다. Bourne씨를 검사한 사람(Read 박사, Weir Mitclell 박사, Guy Hinsdale 박사 및 R. Hodgson을 포함하여)들은 실제 그의 타고난 정직성을 의심하는 사람은 없었으며, 또 내가 발견할 수 있는 한 그를 개인적으로 아는 사람 누구도 회의적 견해에 빠진 사람은 없었다는 것을 나는 말할 수 있을 뿐이다.

63) The Watseka Wonder, E.W. Stevens 저, Chicago. Religio— Philosophical Publishing House, 1887.

64) 나의 친구 R. Hodgson은 그가 1889년 4월 Watseka를 방문하고 이 사례의 중요 목격자들에게 반증 신문을 하였다는 것을 나에게 전했다. 원래 전해진 이야기에 대한 그의 확신은 그가 조사해 알게 된 내용에 의해 보강되었으며, 여러 가지 발표되지 않은 사실들도 확인되었고, 이 사실들은 이 현상을 강신론으로 해석할 가능성을 높였다.

65) **자동 서기** 또는 기타에 관한 아주 중요한 그의 일련의 논문을 보라. Proceeding of the Soc. for Psych. Reserch. 특히 논문 II. (1885년 5월호). 또 Mind, vol. XIV. p.161에 있는 Moudsley 박사의 시사적인 논문과 l'Encéphale, 1889에 있는 「이중인격에 관하여(Sur le Dédoublement)」라는 Luys의 논문과 비교하라.

제11장

주의(注意)

(ATTENTION)

　이상하게도 인간이 끊임없이 선택적 주의를 하고 있다는 명백한 사실이 영국 경험주의 학파 심리학자들의 주목을 받지 못하였다. 독일 사람들은 주의를 인간이 갖는 능력 또는 합성 운동(resultant)으로 취급한 것이 분명하지만, 로크(Locke), 흄(Hume), 하틀리(Hartley), 밀(Mill) 부자, 스펜서(Spencer) 등의 영국 저술에서는 주의라는 단어가 거의 나타나지 않았고, 나타난다 해도 부수적이었고 마치 실수로 그렇게 된 것처럼 취급되었다.[1] 이와 같이 주의라는 현상을 영국 학자들이 도외시한 동기는 아주 분명하다. 이들 저술가는 인간의 고등 정신 능력들이 얼마나 단순한 '경험'의 산물이며, 경험이란 단지 **주어지는** 어떤 것이라고 가정된다는 것을 보여주려는 일에만 몰두했기 때문이다. 주의가 의식의 자발적 반응 정도를 의미하므로, 주의는 '경험'을 구성하는 순수한 자극 수용의 한계를 벗어나는 것으로 보였고, 따라서 경험에 관한 논의를 매끈하게 하는 데 방해가 된다는 문제가 있어 언급해서는 안 되었던 것이다.

그러나 이 문제를 생각해 보는 순간, 경험을 단순히 외부 차원이 감각에 현존하는 것으로만 보는 경험 개념이 얼마나 잘못된 것인가 하는 것을 우리는 알게 된다. 외부 차원의 수백만의 항목(項目)들이 나의 감각에 현존하지만, 결코 그들이 그대로 모두 나의 경험 속에 들어오는 것은 아니다. 왜냐? 모든 항목들이 나에게 **관심거리가 되는 것이 아니기 때문이다. 내가 경험하는 것은 내가 주의할 것을 동의한 항목들뿐이다.** 내가 주의하는 항목들만 나의 정신을 만들고(shape) 선택적 관심이 없다면 경험은 완전히 혼돈 자체일 것이다. 관심만이 억양과 강조를, 빛과 그늘을, 그리고 배경과 전경을——한 마디로, 알아차릴 수 있는 전망을——제공한다. 사람에 따라 관심을 갖는 바가 다르지만, 관심이 없다면 모든 사람의 의식은 개념을 이룰 수조차 없는 회색의 혼돈으로 된 변별이 없는 의식이 될 것이다. 예를 들어 스펜서와 같은 경험주의 저술가는 인간을 완전히 피동적 점토 덩어리로 간주하여, 그 점토 위에 '경험'이 비처럼 쏟아진다고 했다. 점토는 빗방울이 가장 농도 있게 떨어진 곳에서 가장 깊이 패이고, 그에 따라 정신의 최종 형태가 반죽되어 만들어질 것이다. 충분한 시간을 주라. 그러면 그런 조건에서는 감각이 있는 모든 사물들은 동일한 정신 구조를 갖추는 결과가 되지 않을 수 없다. 왜냐하면 유일하게 정신을 형성하는 '경험'은 유한한 사실들로 되어 있고, 경험되는 항목의 차원은 감각을 갖춘 유기체라 불리는 피동적 거울에 의해 정확하게 반영되는 결과가 되어야 하기 때문이다. 만약 이 설명이 진실이라면, 예를 들어 개들의 눈에 제시되는 각가지 형태의 짜맞추기로 대리석에 조각된 시각 형태의 인물 조각상이 있는 바티칸 궁전에서 여러 세대 동안 키워진 개(犬) 종족은 이들 독특한 조각 인물상의 가장 세밀한 음영도 곧 구별해야 한다. 한 마디로 시간이 충분하면, 개들은 숙련된 조각 **감정가**가 되어야 한다는 것이다. 경험이 쌓이면 종국에는 이런 일을 성취할 확률이 누구에게나 있다고 판단될 것이다. 그러나 이들 조각상을 영원하게 시각으로 경험해도 개는 그들이 구별한 것들을 얽어맬 구실을 하는 원천적 관심을 갖고 있지 않기 때문에, 처음이나 다를 바 없이 예술적 존재가 되지 못할 것이다. 그 동안 조각상 대석(臺石) 밑의 냄새는 개 종류의 의식에서 조직되어 '통신(correspondence)' 체계를 이루게 될 것이지만, 냄새에 대한 개가 가지는 관심이 인간에게는 영원히 불가사의한 신비이기 때문에 유전으로 물려받은 가장 훌륭한 감식 능력을 지닌 특권 계급인 인간도 이 개가 가지는 통신 체계에는 결코 접근할 수 없을 것이다. 따라서 경험주의 저술가들은 주관적 관심이 무게 있는 집게손가락을 특정 경험 항목에 놓음으로써, 그 항목을 강조하여 가장 빈번한 연상보다 오히려 가장 덜 빈번한 연상을 사고하게 되는 훨씬 더 큰 능력을 제공한다는 불 보듯이 명백한 사실을 완전히 무시했다. 관심 자체가 완전히 **자연**발생적인 것은 의심되지 않지만, 관심이 경험에 의해 구성되기보다는 경험을 구성한다.

누구나 주의가 무엇이라는 것을 알고 있다. 주의는 동시에 가능한 여러 사고 대상이나 사고 대열 중에서 정신이 하나만 뚜렷하게 생생한 형태로 소유하는 것이다. 의식이 초점화(焦點化)되고 집중되는 것이 주의의 본질이다. 주의는 어떤 것을 효과적으로 다루기 위해 다른 모든 것들로부터는 후퇴하는 것을 의미하며 프랑스 말로는 *distraction*, 독일어로 *Zerstreutheit*라 불리는 혼란되고 멍해지고 산만해진 상태와 진실로 반대되는 정신 상태이다.

우리 모두는 산만한 정신 상태를 알고 있고 극도에 달한 그 상태마저도 알고 있다. 대부분의 사람들은 아마 하루에 몇 번은 산만(散漫)과 비슷한 어떤 발작에 빠질 것이다. 즉 두 눈이 공허한 곳에 고정되고 이 세상의 모든 소리는 혼돈이 가득 찬 단위 속으로 녹아들어 가고 주의는 흐트러져 말하자면, 신체 전체를 한꺼번에 느낀다. 의식의 전경은 만약 어떤 것으로 채워진다면 공허한 시간 경과에 항복한 일종의 엄숙한 느낌으로 채워진다. 그 동안에도 우리는 우리 정신의 희미한 배경 속에서 어떤 일을 해야 하는가 하는 것을 알고 있으며 일어나서 옷을 입고 우리에게 말을 거는 사람에게 대답하고 다음 추리 단계로 넘어가려 한다. 그러나 어찌된 것인지 우리는 **시동**되지 않고 우리 정신 상태를 감싸고 있는 무기력이란 껍데기를 **머리 뒤 사고가**(pensée de derrière la tête) 꿰뚫지 못한다. 매순간 우리는 그 껍데기가 깨어질 것을 기대한다. 왜냐하면 우리는 그 껍데기가 계속 있어야 할 이유를 알지 못하기 때문이다. 그러나 그 껍데기는 맥박마다(pulse after pulse) 계속되고 우리는 그와 더불어 떠돌아다니지만, 마침내는——또한 우리가 찾을 수 있는 어떤 이유도 없이——어떤 에너지가 주어져 어떤 것——그것이 무엇인지 우리는 모르지만——우리로 하여금 정신을 차리게 하고 눈을 끔벅이고 머리를 흔들고 배경 속에 있던 관념이 효력을 나타내게 되고 생활의 수레가 또다시 굴러가게 된다.

이와 같은 기묘한 제지 작용(inhibition)은 눈을 허공에 고정시킴으로써 잠깐 동안 인위적으로 만들어낼 수도 있다. 어떤 사람은 수의적으로 마음을 비우고 '어떤 것도 생각하지 않을' 수 있다. 엑스너(Exner) 교수 자신이 그랬다고 말한 것과 같이, 많은 사람들에게 있어서 어떤 것도 생각하지 않는 것이 잠드는 가장 효과적인 방법이다. 이와 같은 산만한 정신 상태와 비슷한 것이 힘차게 먹이를 추격하지 않을 때 짐승들에게 통상 있는 의식 상태라고 가정하는 것은 어려운 일이 아니다. 피로나 자동 기계처럼 동작하게 하는 단조로운 기계적 작업은 인간에게 이와 같은 산만한 정신 상태를 자아내기 쉽다. 그런 정신 상태는 수면은 아니지만 그 상태에서 깨어도 때로는 그가 무엇을 생각하고 있었는가 하는 것을 거의 말할 수 없게 된다. 최면 몽환에 걸린 피험자는 그냥 내버려두면 그런 산만한 정신 상태에 빠져들어 가는 것 같으며, 무엇을 생각하느냐고 물으면 그들은 "특별히 생각하는 것이 없다!"라고 대답한다.[2]

이런 산만한 상태를 없애는 일이 우리가 주의를 환기한다고 말하는 일이다. 이때 주된 대상이 의식 초점에 나타나고 나머지 대상들은 일시 억제된다. 주의 환기는 외부에서 오는 자극이 원인이 되어 나타나기도 하고 아직은 알지 못하는 어떤 내부 변화 결과로 생길 수도 있을 것이며, 주의 환기가 초래하는 변화는 모든 다른 대상은 배제하고 단 하나의 대상에만 집중되거나 또는 주의 집중 상태와 완전한 정신 산만 상태 사이의 중간에 있는 어떤 상태가 되는 것이다.

한 번에 우리는 몇 개 사물에 주의할 수 있는가?
(TO HOW MANY THINGS CAN WE ATTEND AT ONCE?)

의식의 '폭'의 문제는 자주 제기되고 또 해답도——때로는 연역적으로, 또 때로는 실험적으로——얻어졌다. 여기가 이 문제를 다룰 적절한 장소인 것 같으며 제9장에서 정립한 원리에 따르면 우리 해답은 그렇게 어렵지 않을 것이다. 우리가 한 번에 주의할 수 있는 사물의 수는 개인 지능에 따라, 또 파악하는 형식에 따라, 또 사물이 무엇인가 하는 데에 따라 달라지고 전혀 일정하지 않다. 사물을 개념적으로 연결되는 체계로 파악할 때에는 한 번에 주의할 수 있는 수가 아주 클 것이다. 그러나 파악한 **사물**의 수가 아무리 많다 하더라도 그 사물들은 다만 하나의 복합 '대상'(491쪽 이하)을 형성하는 단일 의식 박동에서 알려지는 것이므로, 정신에는 어느 한 순간 진정으로 복수 **관념**이라 말할 수 있는 관념들은 존재하지 않는다고 말하는 것이 정당할 것이다.

'관념'을 개별 원자와 같은 성질을 갖는다고 믿은 많은 철학자들은 '영혼의 통일 단위(unity of the soul)'가 한 번에 한 개 관념에서 표출되는 한 개 객관적 사실보다 더 많은 사실들을, 영혼에 현존하게 하는 것을 배제한다고 가정하였다. 듀갈드 스튜어트(Dugald Stuart)조차 그려진 도형에서 최소로 볼 수 있는 그림은 모두,

"마치 빈 공간이 사이에 있어 다른 그림과 분리된 그림처럼 정신에 대한 개별적인 주의 대상을 구성한다…정신은 한 번에 이런 점들 중에서 한 개 이상에 주의하는 것은 불가능하며 그림을 지각하는 것은 서로 관계하는 여러 점들의 상대적 위치를 아는 것을 의미하므로, 눈으로 그림을 지각한다는 것은 수많은 개별 주의의 결과라는 결론을 내려야 한다. 그러나 이와 같은 주의는 아주 신속하게 이루어지기 때문에 우리에게는 결과적으로, 마치 지각이 즉각 이

루어지는 것과 마찬가지가 된다."[3]

이와 같은 눈부신 인위적 견해는 다만 환상적 형이상학에서 나오거나, 또는 '관념'이란 단어의 애매성에서 나올 수 있을 따름인데, 이는 때로는 정신 상태를 지칭하고, 때로는 알려지는 사물을 지칭하여 정신 상태에 속해야 하는 통일 단위뿐만 아니라 영혼 속에 내재한다고 생각되는 단일성마저도 사물 쪽에 귀속시키도록 만든다.

사물을 **감각**으로 파악하는 경우 한 번에 주의할 수 있는 사물 수는 아주 적다('*Pluribus intentus, minor est ad singula sensus.*').

"찰스 보닛(Charles Bonnet)에 의하면 정신은 한 번에 개별 개념 여섯 개를 가질 수 있다고 한다. 에이브러햄 터커(Abraham Tucker)는 그 수를 네 개로 한정하였다. 한편 데스튜트 트라시(Destutt Tracy)는 또다시 그 수를 여섯 개로 증가시켰다. 이 세 철학자들 중 처음 사람과 끝 사람의 의견이 옳은 것으로 나에게는 느껴진다." (해밀턴(Wm. Hamilton) 경은 계속한다.) "당신은 쉽게 혼자서 실험할 수 있지만 대상들을 종류에 따라 묶는 것을 조심해야 한다. 만약 방바닥에 한 줌의 공기놀이 돌들을 뿌리면 당신은 혼동하지 않고 한 번에 여섯 개 이상 또는 기껏해야 일곱 개 이상을 보기 어렵다는 것을 알게 될 것이다. 그러나 당신이 그 공깃돌들을 두 개, 세 개 또는 다섯 개로 묶는다면 당신이 묶을 수 있는 집단 수만큼 파악할 수 있다. 왜냐하면 정신은 이들 집단을 단위로 간주하기——정신은 공기 돌 전체를 보며 부분은 고려하지 않기——때문이다."[4]

상자 속에 던져넣은 콩알을 즉각 셈하는 관찰을 반복함으로써, 제번스(Jevons) 교수는 6개를 147회 중 120회에서 바로 추정했고, 5개를 107회 중 102회에서 바로 추정했으며, 4개와 3개는 항상 바로 추정하는 것을 발견했다.[5] 이런 관찰은 진정한 의미의 주의에 관해서는 어떤 것도 밝혀주는 것이 없다는 것은 분명하다. 이런 관찰은 오히려 일부는 시각 명료도(視覺 明瞭度)[6]——특히 1차-기억-심상(primary-memory-image)의 명료도——를 측정한 것이며 또 일부는 각 개인들에게서 보여진 자극 배열과 숫자 이름 사이의 연합량을 측정한 것이다.[7]

콩알들 각각에 숫자 이름을 붙이는 것은 하나의 전체 대상으로 콩알을 파악하는 방법이다. 이 전체 대상에서 모든 부분들은 조화를 이루게 되어 하나의 결과적 개념체(resultant concept) 속으로 수렴되고 어떤 콩알도 낱개로 이탈되어 그 자신에게만 독특한 연합물을 갖고 있지 않게 되고, 따라서 **연습해도** 우리가 바르게 추측하지 못하게 되려면 콩알 수가 엄청나게 많아야 한다. 그러나 우리 앞에 있는 '대상'이 서로 연결되지 않는 부분으로 쪼개져, 각각 분리된 대상이나 체계를 형성하여 다른 부분들과 한 단위로 개념화될 수 없는 경우에는, 이들 부분을 한꺼번에 모두 파악하기는 어렵게 되며 정신은 한 부분에 주의하는 동안 다른 부분은 사라지게 된다. 그러나 이런 일도 일정 한도 내에서만 가능하다. 폴랑 (Paulhan)은 한 편의 시를 암송으로 되풀이하는 동안 다른 한편의 시를 낭독하거나, 또는 한 문장을 말하는 동안 다른 문장을 종이에 적거나, 또는 시를 암송하는 동안 종이에 계산을 하도록 하여 이 문제를 신중하게 실험하였다.[8] 그는 다음과 같은 것을 발견하였다.

"정신을 이중으로 작용하게 하는 가장 좋은 조건은 쉽고 이질적인 두 조작을 동시에 하게 하는 것이다. 같은 종류의 두 조작, 즉 두 곱셈이나 두 시를 암송하거나 또는 한 편의 시는 외우고 동시에 다른 한 편의 시를 쓰는 것 등은 그 과정을 더 불확실하고 어렵게 만든다."

항상 그런 것은 아니지만 주의는 가끔 이런 이중 작업을 하는 동안 동요하며 때로 한쪽 작업에 나타난 단어가 다른쪽 작업에 나타나는 단어들 사이에 끼어든다. 저자 자신은 한 가지는 암송하고 동시에 다른 것은 글로 쓰려고 했을 때 각 단어의 초두 또는 글귀 마디의 초두에는 주의를 해야 한다는 것을 알게 되었다. 일단 시작하면 나의 펜은 마치 자체 탄력으로 그렇게 되는 것처럼 한두 마디 단어를 써내려 간다. 폴안은 두 가지 조작을 동시에 하는 경우와 연속으로(in succession) 하는 경우에 소요되는 시간을 비교하여 두 조작을 동시에 하는 것이 시간적으로 훨씬 이득인 경우가 많다는 것을 발견하였다. 예를 들면,

"나는 뮈세(Musset)의 11개 시구를 암송하는 동안 아탈리 (Athalie)의 처음 4개 시구를 써내려갔다. 이 일을 끝마치는 데 40초 걸렸다. 그러나 암송하기만 하는 데는 22초, 쓰기만 하는 데 31초, 도합 53초 걸렸으며 따라서 동시 조작을 하는 것이 유리했다."

또한 다시,

"나는 421, 312, 212를 2로 곱하였다. 이 연산은 6초 걸렸고 4개 시구를 암송하는 데도 6초 걸렸다. 그러나 두 가지 조작을 한꺼번에 해도 단지 6초만 걸렸으며, 따라서 이 두 조작을 결합해도 시간 낭비는 없었다!"

물론 이런 시간 측정은 정확하지 못하다. 대상 체계가 3개가 되면(암송하는 동안 두 손으로 각각 글 쓰는 것) 조작이 훨씬 어려워진다. 따라서 만약 한꺼번에 몇 개 관념이나 사물에 주의할 수 있는가

라는 본래의 과제가 전혀 연결이 없는 개념 체계나 과정이 동시에 몇 개까지 처리될 수 있는가 하는 문제를 의미한다면, 그 대답은 조작 과정이 아주 습관이 된 것이 아니면 한 개 이상은 쉽지 않고, 아주 습관이 된 것이면 두 개 또는 세 개까지는 주의 동요 없이도 가능하다는 것이다. 그러나 네 개 문자를 구술하면서 다섯 번째 문자를 썼다는 줄리우스 카이사르(Julius Caesar)의 이야기에서처럼,[9] 개념이 덜 자동적인 곳에서는 정신이 한 과정에서 다음 과정으로 빠르게 동요하여 결과적으로 시간 이득이 없는 것 같다. 어떤 체계든 수많은 부분들이 있을 수 있지만 부분들이 형성하는 전체를 개념화할 때 우리는 그 부분들에 집단적으로 주의한다.

주의할 사물들이 미세한 감각들이고, 그 감각들을 정확하게 기록하려고 노력할 때 어느 한 사물에 주의하는 것은 다른 사물을 지각하는 것을 상당히 방해한다는 것이 알려지고 있다. 이 분야에는 많은 훌륭한 연구들이 이루어졌고 그 중 약간을 설명해야 하겠다.

기대적(期待的) 주의(expectant attention)가 두 감각 중 하나에 집중될 때 두 감각이 실제 동시적 사건이지만, 다른 한 감각은 잠시 의식에서 제거되었다가 다음에 다시 나타나는 경향이 있다는 것이 오래전부터 알려져왔다. 따라서 책에 나오는 진부한 예를 들면 외과 의사는 주사기가 피부를 뚫고 들어가는 것을 보기도 전에 그가 채혈하고 있는 환자 팔에서 벌써 피가 흐르는 것을 보는 일이 가끔 있다고 한다. 마찬가지로 대장장이는 망치가 쇠를 두드리기 전에 불꽃이 나는 것을 볼 것이다. 따라서 두 인상이 주의를 똑같이 자극하지 않고 또 서로 다른 종류일 때에는 두 인상을 받는 정확한 시각을 지각하는 것에는 약간의 어려움이 있다.

두 감각이 연속하는 것으로 보기 위하여 필요한 최소 시간인 **최소 가지 연속 시간**(最少 可知 連續 時間, minimal perceptible succession)에 관한 그의 실험은 다른 장에서도 인용될 것이지만 엑스너 교수는 시간 간격이 극히 짧을 때, 감각들 간의 간격과 올바른 순서를 파악하기 위해 주의가 어떻게 **마련되어야** 하는가에 관해 약간의 중요한 언급을 하였다. 요점은 두 신호가 동시냐, 연속이냐 하는 것을 분간하는 것과, 만약 연속이면 어느 신호가 앞서 오느냐 하는 것을 분간하는 것이다.

그 자신이 시작하게 된 첫 번째 주의하는 양식은 신호들이 그다지 크게 다르지 않을 때——예를 들면 두 귀로 유사한 두 소리를 각각 따로 따로 들을 때——이다. 이 경우 어느 쪽 신호든 첫 신호를 기다리고 다음 순간에는 기억 속에서 그 신호를 찾아내게 된다. 따라서 나타나지 않고도 알려질 수 있는 두 번째 신호는 항상 그 자체는 분명하게 구별되지 않는 경우가 많다. 시간 간격이 아주 짧은 경우에는 첫 번째 신호가 두 번째 신호와 전혀 분리될 수 없었다.

두 번째로 취한 주의 양식은 어떤 특정 **종류**의 신호에 주의를 적응시키고, 다음 순간 그 특정 신호가 짝을 이룬 신호보다 앞에 오느냐 또는 뒤에 오느냐 하는 것을 기억 속에서 알아내는 것이었다.

"이 주의에는 불확실한 것이 아주 많다. 주의하려고 미리 준비하지 않은 인상은 다른 인상보다 기억에서 약하게 나타나며, 말하자면 애매하고 시간이 잘못 정해져 나타난다. 우리가 객관적으로 더 강한 자극을 처음 자극으로 생각하기 쉬운 것과 마찬가지로, 의도된 자극인 주관적으로 더 강한 자극을 처음 자극으로 취하는 경향이 있다. 그렇지만 이와 다른 일도 생길 수 있다. 촉각부터 시각에 이르는 실험에서는 마치 주의하려고 준비하지 **않았던** 인상(impression)이라도 다른 인상이 나타나면 항상 거기에 있는 것처럼 나에게 보이는 일이 자주 있었다."

엑스너 자신은 인상들이 아주 다를 때에는 이 두 번째 주의 양식을 가장 빈번하게 사용하였다.[10]

이 관찰(이 관찰은 두 신호가 동일하여 어느 것이 앞서 나타나든 상관없이 신호가 단순히 **이중으로** 연속하는 곳에서 하는 관찰과 혼동되지 말아야 한다)에서는 각 신호가 우리 지각에서 각기 **다른** 시간 순간과 안정되게 결합되어야 한다. 이것이 서로 모순되는 두 개념체가 **동시에** 우리 정신을 차지할 수 있을 가능한 가장 단순한 사례이다. 이제 동시적(simultaneous) 신호인 사례는 이와 다른 종류의 사례인 것 같다. 이런 사례를 더 자세히 해명하는 데 적합한 관찰을 얻기 위하여 분트의 관찰로 돌아가야 한다.

　독자들은 **제3장**에서 취급한 반응시간 실험을 기억할 것이다. 분트의 실험에서 반응 시간이 ‘0’으로 줄어들거나 마이너스인 경우마저도 가끔 나타났으며, 이를 통용 언어(common speech)로 번역하면 관찰자가 때로는 너무나 신호에 정신을 쏟아 이치로는 당연히 신호가 있은 다음 1초의 천 분의 몇이라도 후에 반응이 나타나야 하지만, 그렇지 않고 반응이 신호와 **동시 또는 신호에 앞서 이루어지는** 결과가 실제 있다는 것을 의미한다. 이 결과에 관해서는 다시 더 언급될 것이다. 그 동안 이 결과를 설명하여 분트는 다음과 같이 말하였다.

　“일반적으로 만약 두 자극의 강도 차이가 그다지 크지 않으면 **우리는 두 자극이 동시라는 아주 정확한 느낌을 가진다.** 그리고 고정된 시간 간격에서 경고가 미리 주어지는 일련의 실험에서는 불수의적으로 가급적 즉각 반응하려고 할 뿐만 아니라, 반응 운동이 자극 자체와 시간적으로 일치되게 반응하려 한다. 우리가 촉각 느낌 및 신경 지배 (근육 수축) 느낌을 객관적으로 귀로 듣는 **신호와 동시적이** 되게 하려고 할 때 많은 경우, 이에 근사하게 성공한다는 것을 경험으로 알 수 있다. 이 경우 신호를 듣고 신호에 따라 반응하고 또 반응이 일어났다는 것을 느끼는 것을──이 모두를 같은 한 순간——뚜렷하게 의식한다."[11]

또 다른 곳에서 분트는 다음과 같이 첨언하고 있다.

"이런 관찰은 어렵고 또 이처럼 반응 시간이 없어지게 되는 일이
비교적 드문 것은, 주의가 강할 때라도 서로 다른 두 관념에 동시에
주의를 균등하게 고정시키는 것이 얼마나 어려운가 하는 것을 보
여주는 것이다. 그뿐만 아니라 두 관념에 주의를 고정하는 일이 일
어날 때에는 항상 그 두 관념을 어떻게든 연결시키려 하며 어떤 복
합 표상의 구성 요소로 파악하려 한다는 것에 주목하라. 따라서 문
제되고 있는 실험에서 쇠로 만든 공이 바닥에 떨어지는 소리가 마
치 내 자신이 시간 기록을 하면서 동작에서 만들어낸 소리인 것처
럼 나에게 느껴지는 일이 많았다."[12]

분트가 말한 사례에서 관찰의 '어려움'은 동시적이 아닌 두 사
건을 동일한 순간과 결합한 것으로 보이도록 강요하는 데에 따르
는 어려움이다. 실제 동시적인 두 인상을 둘로 느끼도록 주의를
두 인상 간에 쪼개는 것에는 어떤 곤란도 없다는 것을 그는 인정
했다. 그가 기술한 사례들은 실제로는 시간적으로 동시가 아닌 지
각 사례이고, 그 자신의 말을 사용하면 주관적 시간-전위(time-dis-
placement) 사례이다. 이보다 더 신기한 시간-전위 사례를 그는

가장 세심하게 연구하였다. 이들 사례는 우리 연구를 일 보 전진 시키므로 그의 용어를 가급적 정확하게 사용하여 인용할 것이다.

"정해진 시간 간격으로 분리되고, 중간에 이질적 인상이 돌연하게 끼어드는 한 계열의 인상들을 받을 때 실험 조건은 더욱 복잡하게 된다. 따라서 그 인상 계열에서 어느 인상과 이 첨가된 인상이 시간적으로 일치하는 것으로 우리가 지각하는가? 또 현존하는 인상이 시간적으로 부가적인 인상과 실제 공존하는가? 또는 그들 사이에 어떤 이탈이 있는가의 문제가 제기된다…만약 첨가 자극의 종류가 계열 인상과 다른 감각에 속하면 상당한 이탈이 나타날 수 있다."

"가장 좋은 실험 방법은 다수의 시각 인상(움직이는 대상에서 이와 같은 시각 인상을 쉽게 얻을 수 있다)을 계열 인상으로 하고 음향을 이질 인상으로 하는 것이다. 예를 들어 원형 계기판(計器版) 위를 일정하고 충분히 느린 속도로 지침을 회전시켜 그 지침이 주는 인상들이 한데 융합하지 않고, 어떤 순간이든 지침의 위치가 별개로 분명하게 보이게 한다. 관찰자가 언제 벨이 울릴 것인가 하는 것을 결코 사전에 알지 않도록 시점을 바꾸어 가면서 지침이 한 바퀴 돌 때마다 매회 한 번씩 벨을 울리는 시계 장치를 마련한다. 이 관찰에는 세 가지 경우가 있을 수 있다. 벨 소리가 울릴 때 지침이 지적하는 바로 그 순간 정확하게 벨 울림소리를 지각할 수 있거나

——이런 경우에 시간–전위가 없다——또는 벨이 울린 다음 약간 늦게 지침 위치와 결합시킬 수도 있다. … 우리가 **정적–시간–전위**라 부르는 것이다; 또는 끝으로 벨 울림보다 약간 앞선 지침 위치에서 벨 소리를 결합시킬 수도 있다——이것은 우리가 **부적–시간–전위**라 부르는 것이다. 가장 자연적인 시간 전위는 분명 정적–시간–전위이다. 왜냐하면 통각(apperception)하려면 항상 시간이 약간 필요하기 때문이다…그러나 경험은 이와 반대되는 일도 있다는 것을 보여주며 실제 예정보다 벨 소리가 일찍 울리는 것처럼 들리는 일이 가장 자주 일어나고, 벨 소리가 실제 시간과 일치하거나 실제 시간보다 늦게 울리는 것 같이 들리는 일은 훨씬 드물다. 분명하게 지각되도록 벨 소리와 지침의 특정 위치를 결합하려면 약간 시간이 걸리고 지침이 계기판을 한 바퀴만 돌아서는 이런 결합 목적에 충분하지 않다는 것이 이 모든 실험에서 관찰되어야 한다. 벨 소리 자체가 규칙적 자극 계열을 형성하기 위해서는 지침 운동이 충분히 오래 진행되어야 한다——별도의 두 사건 계열을 동시에 지각하는 것이 실험결과이며 그 중 어느 한 계열이라도 속도 변화를 일으키면 실험 결과가 달라질 것이다. 첫째로 계기판의 특정 영역에 지침이 왔을 때 벨 소리가 울린다는 것에 주목하는 것이고, 다만 점진적으로만 벨 소리는 지침의 특정 위치와 결합되는 것으로 지각된다. 그러나 여러 바퀴 지침을 회전시킨 관찰에서 얻어진 결과라도 정확하지 못할 수 있다. 왜냐하면 우연하게 주의하지 못하는 일

이 실험 결과에 커다란 영향을 미치기 때문이다. 만약 벨 소리를 지침 위치와 임의로 선택하여 결합시키려고 신중하게 시도하면, 그 위치가 진짜 위치와 그다지 멀리 떨어져 있지 않을 경우에만 어렵지 않게 성공한다. 또 만약 지침이 지나가는 것을 볼 수 있는 일부 계기판을 제외하고 나머지 전부를 덮어버리면, 벨 소리를 실제 보이는 지침 위치와 결합시키는 경향이 강해지고 그렇게 하는데에서 1초의 4분의 1 이상의 시간을 쉽게 간과해 버리게 된다. 따라서 쓸모 있는 측정치를 얻으려면 불규칙한 주의 동요가 대수 법칙(law of great number)에 따라 서로 상쇄됨으로써 진실한 법칙을 얻을 수 있도록, 오래 계속하여 아주 많은 수의 관찰에서 결과를 얻어야 한다. 내 자신이 시행한 실험은 (중단도 있었지만) 여러 해에 걸쳤지만 이 주제에 결말을 지을 만큼 충분히 많은 수에 아직 이르지 못했다──그러나 이와 같은 조건에서 주의의 기본 법칙을 얻을 수는 있는 것이다."[13]

따라서 분트는 벨 소리가 울림의 시간 전위(displacement)가 나타나는 **방향과 양**을 구별하였다. 시간 전위의 방향은 지침 운동 속도에 좌우되고 (따라서) 벨 소리가 이어지는 속도에도 좌우된다. 지침 회전이 1초에 계기판을 한 바퀴 도는 속도일 경우, 그는 오차 경향이 가장 적게 벨이 울리는 순간을 추측하였다. 이보다 지침 회전이 **빠르면 정적** 오차가 우세했고 이보다 회전이 느리면 거의 항상 **부적** 오차가 있었다. 다른 한편, 지침 운동 속도가 **가속되**면 오차가 **부적**으로 되고, 속도가 **감속**하면 오차는 **정적**으로 되었다. 오차량은 일반적으로 지침 운동 속도가 느리거나 속도 변화가 느려질수록 더 커진다. 끝으로 동일인이라도 때에 따라 차이가 클 뿐 아니라 개인차가 광범하다.[14]

분트의 제자인 폰 츠이치(von Tschisch)는 벨 소리를 한 개만 사용한 것이 아니라 2, 3, 4 또는 5개를 동시에 주는 인상을 사용하여, 이들 인상 집단 전체가 나타나는 순간 지침이 있는 장소를 주의해 표시하게 함으로써 더 정교한 계기판으로 이 실험을 실시하였다. 벨 소리가 한 개일 때에는 항상 본 츠이치에게 너무 일찍 그 소리가 들렸다——시간 전위가 어김없이 '부적'이었다. 동시에 다른 벨 소리 인상들을 첨가했을 때에는 시간 전위가 처음에는 없었고 끝에 가서 정적으로 되었다. 즉 너무 늦게 소리 인상들이 지침 위치와 연결되었다. 이와 같은 시간 지체는 동시에 주어지는 인상들이 모두 동일 종류일 때보다 서로 이질적일 때(여러 곳에 주어지는 전기 충격 자극이나 단순 촉각 자극들과 여러 소리 자극들) 더 컸다. 시간 지체의 증가분은 첨가 자극의 수가 늘어남에 따라 상대적으로 줄어들었고 따라서 6개의 인상도 본 츠이치가 사용한 가장 많은 인상의 수인 5개 이상과 거의 동일한 결과를 초래할 가능성이 있다.

분트는 이 모든 결과를 반응이 때로 신호에 앞서는 결과를 얻은

(741쪽 참조) 그의 이전 관찰과 마찬가지로 설명한다. 정신이 벨 소리에 너무 집중되어 매 회 벨 소리가 있은 다음, 주기적으로 '통각 작용'이 무르익어 다음 벨 소리를 기대하게 된다고 그는 가정하였다. 통각 작용이 무르익어 가는 가장 자연적인 속도는 벨 소리가 나타나는 속도보다 빠를 수도, 늦을 수도 있다. 만약 통각이 무르익는 것이 빠르면 벨 소리를 너무 일찍 듣게 되고 만약 통각이 무르익는 것이 느리면 벨 소리를 너무 늦게 듣게 된다. 그 동안 계기판의 지침 위치는 벨 울림이 주관적으로 들리는 순간보다 이르거나 늦은 순간에 기록된다. 벨 소리 한 개 대신 여러 개 인상들을 사용하면 지각이 무르익는 것을 느리게 하여 지침이 너무 늦게 보인다. 적어도 나는 분트와 본 츠이치가 제공한 설명을 이렇게 이해하고 있다.[15)]

이것이 이질적인 두 개념체를 함께 가지는 것이 어렵다는 것과 우리가 동시에 주의할 수 있는 사물의 수에 관해 내가 언급해야 할 전부이다.

주의의 종류
(THE VARIETIES OF ATTENTION)

우리가 주의하는 사물들은 우리에게 **관심**을 갖게 한다고 이야기되고 있다. 사물에 대한 관심을, 주의하게 하는 원인으로 가정한 것이다. 무엇이 대상에 관심을 갖게 하는가 하는 것을 곧바로 살펴보고, 나중에 어떤 의미에서 관심이 주의의 원인이 되는가 하는 것을 검토할 것이다. 우선, 주의는 몇가지 방식으로 구분될 수 있다.

주의는 우선,

a) 감각 대상(감각적 주의)에 대한 주의 또는

b) 관념 대상 또는 표상 대상(지적 주의)에 대한 주의로 구분된다.

주의는 또한,

c) 직접(immediate) 주의 또는

d) 유도된(derived) 주의로 구분되는데, 직접 주의는 화제나 자극이 다른 것들과 관련되지 않고 본래 관심을 불러일으키는 것에 대한 주의이고, 유도된 주의는 다른 직접적으로 관심을 불러일으키는 사물과 연합함으로써 관심을 불러일으키는 주의이다. 내가 유도된 주의라고 부른 것은 '통각적(統覺的)' 주의라고도 불렸다. 더 나아가 주의는,

e) 피동적, 반사적, 불수의적, 무노력의 주의 또는

f) 능동적, 수의적인 주의로 구분된다.

수의적 주의는 항상 유도된 주의이다. 우리는 노력이 요구되는 어떤 원격한 관심 때문이 아니라면 대상에 주의하려고 결코 노력하지 않는다. 그러나 감각적 주의와 지적 주의는 피동적일 수도, 수

의적일 수도 있다.

수동적이고 감각적 직접 주의에서는 자극이 아주 강하거나 자극량이 크거나 돌연한——이 경우 자극 속성은 어떤 것이든, 즉 시각 자극이든 소리 자극이든, 후각 자극이든 타격이든, 내부 통증이든 상관없다——감각 인상이거나 또는 자극이 지니는 단순한 힘 때문이기보다는, 자극의 성질 때문에 우리의 어떤 생득적인 정상 충동에 호소하고 직접 흥분시키는 속성을 지니는 지각을 초래하는 **본능적인** 자극이다. 본능에 관한 장에서 이런 자극이 동물에 따라 어떻게 다르며 인간에 있는 그런 자극——생소한 사물, 움직이는 물건, 짐승, 밝은 물건, 아름다운 물건, 쇠붙이, 말에 의한 공격, 출혈 등등——대부분이 어떤 것인가 하는 것을 보게 될 것이다.

감각을 즉각적으로 흥분시키는 자극에 대해 감수성이 높은 것이 어린아이와 젊은 사람이 갖고 있는 특징적 주의이다. 연령이 성숙되면 우리는 일반적으로 이른바 영구적인 관심과 연결되는 한 두 자극들을 선택하고 그 밖의 것에 대해서는 주의하여 반응하지 않게 된다.[16] 그러나 아동기는 활동 에너지가 큰 것이 특징이며 새로운 인상을 받아들이고 그것이 주목할 만한 가치가 있는 것인가 하는 것을 결정할 만한 조직된 관심을 거의 갖고 있지 않으며, 그런 결과로 어린아이에게서 흔히 볼 수 있어 잘 알고 있고 첫 학습을 그렇게 거칠게 만드는 저 극도의 주의 동요가 있게 된다. 어떤 감각이든 강한 감각은 그 감각을 지각하는 기관들의 순응을 일으켜서 그때 하고 있든 일을 당분간 완전히 망각하게 한다. 어떤 프랑스 저술가가 말했듯이 어린아이들이 자신에 속하기보다는, 우연히 그가 주목하게 된 모든 대상들에 속한 것처럼 보이게 하는 이와 같은 반사적이고 수동적인 어린아이들의 주의 특성은 교사가 극복해야 할 첫째 과제가 된다. 이런 수동적인 주의 특성은 인생의 종말까지 정신적 방랑의 틈틈이 그들의 직업을 수행하는 사람들에게서는 결코 극복되지 않는다.

강하지 않거나 또는 본능적 흥분을 일으키는 성질이 없는 인상들도 이전 경험이나 교육에 의하여 그런 성질을 가진 사물들과 연결될 때 수동적 감각적 주의를 유도한다. 이런 성질의 사물들은 주의를 일으키는 **동기**라 불릴 것이다. 인상은 이와 같은 동기에서 관심을 끌어내기도 하고, 또 아마 이들 동기와 융합하여 단일한 복합적인 대상이 되기도 할 것이며, 그 결과 그 인상은 정신의 초점으로 들어가게 된다. 약한 타격 음 **자체는** 관심을 끌 만한 소리가 아니고 이 세상에 있는 일반적으로 분명하지 않은 소음과 구별되지 않게 될 만도 하다. 그러나 창문 유리를 두드리는 애인의 신호와 같은 것일 경우에는 그 약한 타격 음이 지각되지 않고 넘어가는 일은 거의 없을 것이다. 헤르바르트는 다음과 같이 적었다.

"문법의 사소한 잘못도 얼마나 언어순화주의자들의 귀를 상하게 하는가! 잘못된 음은 음악가에게 얼마나 상처를 주는가! 또 예의바른 행위를 해치는 것이 세상 사람들을 얼마나 상처 입게 하는가! 학문의 근본 원리가 우리에게 인상으로 박혀 그 원리를 완전히 분명하고 쉽게 마음속에서 재생해 낼 수 있을 때 학문이 얼마나 신속하게 진보하는가! 이와 달리 주제와 연결된 좀더 기초적인 지각체에 대하여 적절한 바탕을 줄 만큼 숙달되지 못할 때 그 주제의 근본 원리 자체를 학습하는 것이 얼마나 느리고 불확실한가!──아직 그들이 알아들을 수 없는 어른들의 이야기를 듣고 이야기 여기저기서 그들이 아는 한 마디 단어들을 갑자기 붙잡아 그런 단어들을 혼자서 되풀이할 때 아주 어린아이들에서도 통각적 주의가 분명하게 관찰된다. 그래! 우리가 개에 대한 이야기를 하고 개 이름을 발음했을 경우, 우리 주위를 두리번거리는 개에서도 통각적 주의가 관찰된다. 정신이 동요하는 학동도 수업 시간에 선생이 이야기해 주는 모든 순간을 알아차리고 있다는 것을 보여주는 재주도 통각적 주의와 멀리 떨어진 것이 아니다. 나에게는 수없이 흥미 없고 규율이 느슨하여 작은 소리로 소곤거리는 속삭임이 항상 들리지만, 어떤 일화 이야기가 계속되는 시간만큼은 어김없이 오래도록 그 속삭임이 멈추는 학급을 기억한다. 학동들은 어떤 것도 듣고 있지 않은 것 같으나 어떻게 그 일화 이야기가 시작되는 때를 알아차릴 수 있었을까? 학동들 대부분은 항상 선생의 말에서 무엇인가 듣고 있었으나 선생의 말 대부분은 그들의 이전 지식이나 이전 일과와 연결이 없고, 따라서 개별 단어가 학동들의 의식 속에 들어가자마자 도로 의식에서 빠져나가지만, 다른 한편 그 단어가 옛 사고를 불러일으켜 새로운 인상이 쉽게 결합될 만한 강하게 연결된 사고 계열을 형성한다면, 그 단어를 듣자마자 방랑하던 관념은 의식의 식역 밑으로 몰아넣고 한 동안 안정된 주의가 대신 자리잡게 되는 완전한 관심이 새 인상과 옛 인상이 합쳐 생겨나는 것이 틀림없다."[17]

수동적 지적 주의는 우리가 사고 속에서 흥분을 일으키거나 관심을 갖게 하는 심상 대열 **자체**를 따라 일어날 때에는 즉각적 주의가 되며, 그 심상들이 다만 어떤 원격한 목적을 위한 수단으로 관심을 갖게 되거나 또는 그 심상들을 소중한 것으로 만드는 어떤 것과 연합되기 때문에 관심을 가지게 될 때에는 유도된 주의가 된다. 많은 수의 현실 사물들이 통합되어 우리에게 단일 사고 대상이 되고 있기 때문에 지적 주의에서 즉각적 주의와 유도된 주의를 가르는 분명한 선을 그을 수는 없다. 우리는 지적 주의에 몰두하면 외부 사물에 주의하지 않게 되어 '방심 상태', '얼빠짐' 또는 '멍함'이 된다. 모든 공상이나 집중된 명상은 우리를 이런 상태에 몰아넣기 쉽다.

"잘 알려진 바와 같이 아르키메데스(Archimedes)는 기하학에 관한 명상에 아주 몰두하여 자신이 치명적인 상처를 입고서야 시러

748

큐스(Syracuse)에 폭풍이 있은 것을 처음 알았으며 로마 군대가 쳐들어왔을 때 그의 외침은 '나의 원을 망가뜨리려고 하지 말라!(*Noli turbare circulos meos!*)'란 것이었다. 마찬가지로 가장 학식이 높은 스칼리제르(Joseph Scaliger)는 파리의 개신교 학생일 때 호머로스(Homeros) 연구에 아주 정신을 빼앗겨 혁명의 참극이 있은 다음 날이 되어서야 바르톨로메오(St. Bartholomew)의 대학살과 그가 학살에서 모면한 것을 알게 되었다. 철학자 카르네아데스(Carneades)는 습관적으로 아주 깊은 명상 기분에 빠져들기 쉬워 그가 무기력에 잠기지 않도록 하기 위해서는 하녀가 그를 어린아이처럼 먹여 주어야 했다. 그리고 뉴턴(Newton)에 관해서도 그가 수학 연구를 하는 동안은 때때로 식사를 잊어버렸다고 전해지고 있다. 가장 유명한 철학자이고 수학자 중의 한 사람인 카르다노(Cardano)는 여행 중 한때 아주 생각에 갈피를 찾지 못하여 그의 여행 행선지와 여행 목적을 잊어버린 일이 있었다. 계속 갈 것이냐라는 운전기사의 물음에 그는 대답하지 않았고 저녁 때가 되어 제정신으로 돌아왔을 때 마차가 바로 교수대 밑에 멈춰 있는 것을 보고 놀랐다. 수학자인 비에타(Vieta)는 때로 명상에 잠겨 몇 시간 동안 살아 있는 사람이기보다 죽은 사람과 유사했으며, 그의 주위에서 진행되고 있는 모든 것을 전혀 의식하지 못하였다. 결혼식 날 위대한 뷔데(Budéus)는 철학적 사색에 빠져 모든 것을 망각했고, 다만 결혼 파티에서 늦게 나온 어떤 외교관이 그가 주석서를 작성하

는 일에 몰두하는 것을 보고 일깨워주어서야 외부 세계에서 돌아
가는 일들을 알게 되었다."[18]

아주 깊게 일에 몰두하면 흔히 감각이 사라질 뿐만 아니라 아주
심한 통증마저도 없어질 수 있다. 파스칼(Pascal), 웨슬리(Wesley),
로버트 홀(Robert Hall) 등은 모두 이런 능력을 가졌다고 전해지고
있다. 카펜터(Carpenter) 박사는 자기 자신에 관하여 다음과 같이
말하였다.

"신경통의 통증이 아주 심하여 강의를 진행하기 어려울 것으로
우려하면서 강의를 시작하는 일이 많았지만, 마음먹고 노력하여
스스로 훌륭하게 사고 흐름을 발전시키게 되자 곧 어떤 혼란도 없
이 계속 지탱해 나갔으며, 마침내 강의를 끝마치고 주의가 헤이하
게 되면 그때 모든 저항을 압도할 만큼 강력하게 통증이 다시 나타
나 강의 중에는 어떻게 이 통증을 느끼지 않을 수 있었을까 하는 것
을 의아하게 생각하게 되었다."[19]

카펜터 박사는 확고한 **노력**으로 일을 시작하는 것을 말하고 있
다. 이런 노력이 **적극적 주의** 또는 **수의적 주의**라 부르는 주의의
특징이다. 노력은 모든 사람이 알고 있는 감정이지만 대부분의 사
람들은 그것을 말로 표현할 수 없다고 말할 것이다. 시각이든 청

각이든 미각이든 후각이든 또는 촉각이든 **극히 미약한** 인상을 포착하려 할 때에는 언제나 해당 감각 영역에서 노력하게 되며, 또 유사한 다른 감각 집단과 병행하는 어떤 감각을 **변별**하려고 할 때에도 언제나 노력을 하고, 또 보다 영향력이 많은 자극에서 오는 **유혹에 저항하거나** 받아들인 인상과 다른 어떤 성질의 대상에 정신을 쏟아야 할 때에는 언제나 노력하게 된다. 우리는 이와 정확하게 유사한 경우에는 지적 영역에서도 노력한다. 마치 우리가 막연하게만 보이는 관념을 예리하고 뚜렷하게 만들려고 할 때 또는 유사한 의미에서 관념의 농담(濃淡)을 변별하려 할 때 또는 의지충격과 아주 들어맞지 않아 도움없이 내버려두면 자극적이고 감동적인 심상에 곧 굴복되고 말, 어떤 사고를 견지하려고 결심할 때와 같은 때에는 노력을 하게 된다. 저녁 만찬에서 둘러앉은 모든 손님들이 소리 내어 웃고 자극적이고 흥미 있는 일들을 이야기하고 있을 때, 옆사람이 낮은 소리로 시시하고 반갑지 않은 충고를 하는 것을 애써 들으려 하는 사람에게서는 온갖 형태의 주의노력들이 한꺼번에 동원될 것이다.

　한 번에 수 초 이상 지속되는 수의적 주의는 없다. 수의적 주의가 지속된다고 이야기되는 경우는 화제를 정신에 되돌려보내는 노력을 계속 반복하는 경우이다.[20] 같은 성질의 화제라면 일단 되돌려보내진 화제는 **발달**하며 만약 그 발달이 관심을 끌게 되면 화제도 한 동안 수동적으로 주의를 끌게 된다. 조금 전 카펜터 박사는 일단 들어가면 '그를 사로잡는' 사고 흐름을 기술하였다. 이와 같은 수동적 관심은 짧을 수도, 길 수도 있다. 그런 관심이 쇠퇴하면 즉각 주의는 화제와 관련 없는 어떤 일에 의하여 딴 곳으로 돌려지고, 수의적으로 노력해야 주의를 원래 화제에 되돌아가게 할 수 있으며, 이와 같이 조건이 좋은 경우에는 몇 시간 동안 주의가 원래 화제와 함께 있게 된다. 그러나 심리학적 의미(785–787쪽)에서는 이 기간 동안 주의가 동일 대상에 고정되는 것이 아니라 동일 화제를 만들어내게 하는 상호 관련된 대상들의 연속에 주의가 고정되고 있을 따름인 것에 유의하라. 누구도 변하지 않는 대상에 계속하여 장시간 주의할 수 있는 사람은 없다.

이제 당장에는 발달하려 하지 않는 대상들도 약간은 항상 있게 마련이다. 이런 대상들은 다만 사라져버리게 될 뿐이고, 대상들과 관계되는 어떤 것에 정신을 쏟으려면 끊임없이 새로워지려는 노력이 요구되며, 결심이 아무리 굳은 의지라도 오래지 않아 소진해버리고 가능한 시간만큼 저항을 한 다음 사고를 보다 자극적인 유혹에 따르도록 한다. 놀란 말처럼 뒷걸음치게 되고 한번 보는 것마저 피하게 되는 화제도 있다는 것은 누구나 알고 있다. 평생 낭비만 하는 자에게는 그의 재산이 줄어들고 있다는 이야기가 그런 화제이다. 그러나 정열에 들떠 있는 모든 사람에게는 그 정열을 부정하는 관심에 관한 사고는 스치는 순간 이상으로 정신에 머물지 않는데, 왜 하필 낭비하는 자만 골라내는가? 자부심에 찬 인생

752

의 전성기에는 그와 같은 이야기는 '죽음의 상징'과도 같은 것이다. 사람의 성품은 그런 죽음의 상징과 같은 암시들에서 솟아나지만 결국 그 암시를 시야에서 사라지게 한다——오! 건강한 독자여, 이제 얼마나 오래 당신은 당신의 무덤을 계속 생각할 수 있는가?——죽음보다 덜 심각한 경우에도 마찬가지로 지속적으로 사고하기는 어려우며, 특히 뇌가 혹사당했을 때 지속해 사고하기 어렵다. 현재 당하고 있는 일의 짜증스러움으로부터 벗어나기 위해서는, 어떤 사소하고 관계없는 것이라도 머리를 스치는 어떤, 그리고 모든 변명을 붙잡고 늘어진다. 예를 들어 화덕의 불을 불어일으키거나, 의자를 정돈하거나 마루에서 먼지를 주워올리거나, 식탁을 마련하거나 신문을 홱 잡아채거나, 눈에 마주치는 어떤 책이든 집어내리거나, 손톱을 다듬거나 하는 요컨대 사전에 생각한 바 없는——단지 그가 주의해야 하는 단 한 가지 일은 그가 싫어하는 정오의 형식 논리학 수업 준비를 하는 것이었기 때문에——**이러저런 일**로 오전 시간을 허송하는 어떤 사람을 나는 알고 있다. 그 이유 외에 무엇이 또 있겠는가!

다시 한번 더 말하거니와 대상은 변해야 한다. 대상이 변하지 않는다면——대상에 너무 지나치게 동요 없이 주의하면——그 대상이 시각 대상이라면 실제로 보이지 않게 될 것이고 청각 대상이라면 들리지 않게 될 것이다. 일상생활에서는 분명 간과해 버릴 대상에서 그의 눈을 사용하여 감각적 주의를 가장 엄격하게 검증한 헬

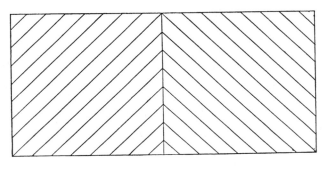

그림 37

름홀츠(Helmholtz)는 망막 경합(retinal rivalry)에 관한 장에서[21] 이 점에 관하여 흥미 있는 언급을 했다. 망막 경합이라 불리는 현상은 두 눈이 각각이 다른 그림(여기 첨부된 입체 경 슬라이드와 같은 그림)을 보았을 때 때로는 한쪽 그림이, 또 때로는 다른 쪽 그림이, 또 때로는 양쪽 그림의 일부만이 의식 속에 들어오지만 두 그림이 결합되어 눈에 들어오는 일은 없는 것을 말한다. 헬름홀츠는 이제 다음과 같이 말한다.

"나는 수의적으로 이제는 한쪽 선분 체계에 다음에는 다른쪽 선분 체계에 주의할 수 있고 그때 한 선분 체계만 일정 기간 남아 있고 다른 선분 체계는 완전하게 사라진다. 예를 들어 이런 일은 먼저 한쪽 선분 체계의 선분들을 셈하고 다음 다른쪽 선분 체계의 선분을 셈하려 할 때는 언제든지 나타난다…그러나 우리가 보는 것에 주의 작용을 끊임없이 계속 새롭게 하려는 어떤 뚜렷한 목적을 연합시키지 않는다면, 그렇게 오랫동안 어느 한쪽 선분 체계에 주의를 묶어두는 것은 매우 힘든 일이다. 그런 목적이란 선분 수를 셈하거나 선과 선 사이의 간격을 비교하는 것과 같은 것이다. 어떤 경우라도 한정 없이 지속되는 균형(均衡)된 주의란 이루어질 수 없다. 그냥 두면 주의에는 끝없이 새로운 사물로 옮아가려는 자연적 경향이 있어, 주의 대상에 대한 관심이 사라지고 주목할 만한 새로운 것이 없으면 곧 의지와는 상관없이 주의는 다른 것으로 넘어간다. 만약 우리가 주의를 같은 한 가지 사물에 머무르게 하기를 바란다면, 그 대상에서 새로운 어떤 것을 끊임없이 찾아야 하며 특히 다른 강력한 인상들이 우리를 딴 곳으로 유인할 때에는 더욱더 새로운 어떤 것을 찾아야 한다."

또 주의를 완전히 의식적인 의지에 지배되는 작용으로 취급한 저술가들을 비판하여 헬름홀츠는 다음과 같이 적고 있다.

"그것은 다만 제한된 범위에서만 진실이다. 우리는 눈을 의지에 따라 움직인다. 그러나 훈련하지 않고서는 두 눈을 중심 쪽으로 수렴시키려는 의도를 갖고 있어도 생각만으로는 쉽게 그렇게 할 수 없다. 그러나 어느 때든 두 눈을 중심 쪽으로 수렴하게 하는 가까운 대상을 보려는 의도를 가지면 누구라도 쉽게 두 눈을 중심 쪽으로 수렴할 수 있다. 이제 대상에 대한 우리 관심이 소진되고 어떤 특정 대상에 주의를 확고하게 고정시키려는 목적이, 이와 같이 다만 추상적으로 내부에서만 꾸며질 때에는 우리는 그 목적을 거의 실행할 수 없다. 그러나 우리는 대상에 관한 새로운 문제를 제기할 수 있고, 그리하여 대상에 대한 새로운 관심이 나타나며 그때에는 주의가 그 대상에 못박아질 것이다. 따라서 주의와 의지의 관계는 직접 통제하는 관계가 아니라 매개를 통한 통제 관계이다."

헬름홀츠의 이 말은 근본적인 중요성을 지니고 있다. 그리고 만약 이 말이 감각적 주의에도 해당된다면 지적 주의에는 얼마나 더 해당될 것인가! 주어진 사고 화제에 지속적으로 주의하기 위한 **불가결한 조건**은, 우리가 그 화제를 끊임없이 반복 회전시켜 그 화제가 가지는 여러 측면과 여러 관계들을 차례로 고찰하도록 하는 것이다. 다만 질병 상태에 있을 때에만 무한히 단조롭게 되풀이되는 고정된 관념들이 정신을 사로잡게 될 것이다.

그리고 이제 우리는 지속적 주의라고 불리는 것이, 좀더 습득을 용이하게 하고 풍부하게 하며 정신을 신선하고 독창적이게 하는 이유를 알 수 있다. 그와 같은 정신에서는 주제들이 움트고 싹이 나고 성장한다. 순간마다 정신은 새로운 결과에 기뻐하고 주의를 새롭게 고정시킨다. 그러나 소재가 장만되지 않았고 정체되고 독창성이 없는 지성은 어떤 주제든 장시간 주의하여 고찰하지 못하게 되기 쉬울 것이다. 그런 사람에서는 한번 보는 것으로 관심을 끌 가능성은 소진되어 버린다. 지속적 주의를 하는 능력에서 천재는 다른 사람들보다 월등하다고 흔히 믿어지고 있다.[22] 대부분의 천재들은 이른바 주의 '능력'이 수동적인 종류의 능력이 되는 것을 두려워한다. 천재들의 착상은 번득이며 모든 주제는 그들의 비옥한 정신에서 무한히 가지치게 되어 몇 시간이고 정신이 그 주제에 몰두하게 된다. 그러나 그들의 천재성이 그들을 주의하게 하는 것이며 주의가 그들을 천재로 만드는 것은 아니다. 그리고 이 문제의 근원을 파고들면 천재는 주의라는 특성에서 일반인과 다른 것이 아니라, 오히려 그들이 지속적으로 주의하는 대상들의 성질이 일반인의 그것과 차이가 난다는 것을 알 수 있다. 천재에게서는 주의 대상들이 사슬로 엮어진 계열을 형성하여 각 대상이 가지는 어떤 합리적 법칙에 의하여 서로 연합되어 나오게 된다. 따라서 이런 경우 우리는 주의가 '지속'된다고 말하며 명상(meditation) 화제가 여러 시간 '동일'하다고 한다. 일반인에서는 대상 계열이 대부분 앞뒤가 맞지 않고, 대상들이 합리적 유대를 갖지 않으므로 우리는 주의가 동요하고 고정되지 않는다고 말한다.

천재성은 실제로 수의적인 주의의 습관을 획득하지 못하게 하는 경향이 있다는 것, 그리고 또 다른 곳에서와 마찬가지로 천재에게서도 엄밀한 의미의 의지 미덕이 가장 많이 번성할 것이 기대될 수 있는 토양이 중간 정도의 지적 능력을 타고나는 것이라는 것은 있을 수 있다고 하겠다. 그러나 천재 덕분으로든, 의지의 힘으로든, 주의가 화제에 오래 집중할수록 화제에 더 통달하게 된다. 그리고 방황하는 주의를 수의적으로 반복해서 돌아오게 하는 능력이 바로 판단력과 인격과 의지의 근본이다. 이런 능력을 갖고 있지 않으면 누구든 자신을 소유하는 자가 되지 못한다. 이 능력을 향상시키는 교육이 훨씬 뛰어난 올바른 교육일 것이다. 그러나 이와 같은 관념은 말로 정의를 내리기는 쉽지만 실제 이루어지도록 실용적인 지침을 주는 것은 어렵다. 주의와 관계되는 단 한 가지 일반화된 교육 격언은 아동이 미리 주제에 관심을 많이 가지면, 그만큼 그는 더 잘 주의할 것이란 것이다. 따라서 새로운 것이 나타날 때마다, 이미 갖고 있는 어떤 학습된 것들 속에 그것을 짜넣도록 아동을 인도하라. 그리고 만약 가능하면 그 새로운 것이 정신 속에 미리 품고 있던 어떤 물음에 대한 해답이거나, 또는 그런 해답의 일부로 보이도록 호기심을 불러일으켜라.

이제 주의의 종류를 기술했으므로 주의의 결과를 살피는 방향으로 가자.

주의의 결과
(THE EFFECT OF ATTENTION)

주의가 원격한 사후까지 남기는 결과는 너무 많아 전부 기록할 수는 없다. 개인 존재뿐만 아니라 종족 전체의 현실 생활과 관념 생활은 모두 습관적 주의 방향에 있는 선택 과정의 결과이다. **제 14장**과 **제15장**에서 이런 결과의 약간이 밝혀질 것이다. 그때까지는 우리 각자가 나름대로 사물에 주의함으로써, 자신이 살고 있는 문자 그대로 제 나름의 세계를 선택한다는 것을 지적해 둔다.

주의의 직접 결과는 우리로 하여금

a) 지각하고——

b) 개념화하고——

c) 구별하고——

d) 기억하는——

일들을 주의 없이 할 수 있는 것보다——연속되는 사물은 더 많이, 그리고 개별 사물은 더 분명하게——더 잘 하게 한다. 또한 주의의 직접 결과는,

e) '반응' 시간을 단축시킨다.

a와 b. 대부분의 사람들은 주의된 감각이 주의되지 않은 감각보다 더 강하다고 말하고는 한다. 그러나 이 점은 그다지 분명하

지 않아 약간의 논쟁을 야기한다.[23] 감각 명료도는 감각 강도와 구별되어야 하며, 어떤 심리학자들은 명료도를 증가시키는 것이 오직 주의가 할 수 있는 일이라 한다. 그러나 사실을 탐색해 보면 한 감각에 주의하고 다른 감각에 주의하지 않았을 때 어느 정도는 두 감각의 상대적 강도가 달라질 수 있다는 것도 인정해야 한다. 모든 예술가는 주의하는 자세에 따라, 눈앞에 있는 풍경을 색채로 더 따뜻하게, 또는 더 차갑게 나타나게 할 수 있는 방법을 알고 있다. 만약 따뜻하게 나타나게 하려면 그는 곧 빨간색이 모든 것보다 두드러진 것으로 보기 시작하고, 차갑게 나타나게 하려면 청색이 두드러진 것으로 보기 시작한다. 마찬가지로 화음에서 어떤 특정 음을, 또 음악 음에서 어떤 특정 배음을 듣는 경우 우리가 주의하는 음은 아마도 이전보다 약간 더 높고 강조된 음으로 들릴 것이다. 우리가 일련의 단조로운 타격 음을 마음속으로 매 두 번째 또는 매 세 번째 음에 억양을 주어 리듬으로 분할할 때, 주의하여 강조한 음은 더 강해지고 또 더 두드러진 것처럼 느껴진다. 세심하게 주의할 때 시각 잔상과 이중상이 더 잘 보이게 되는 것은 망막 감각 자체가 실제 강화되었다는 것 외에는 달리 해석될 수 없다. 그리고 특히 주의가 충분히 오래 집중되면 심상을 남긴 시각 대상은, 마음의 눈에서 거의 실제와 같은 광채를 얻게 되며, 또한 [어떤 특출한 천품(天稟)을 타고난 관찰자의 경우] 대상이 사라진 다음 부적 잔상을 남긴다는 사실에 비추어 보더라도 이 망막 감각 자체가 강화되었다는 견해가 가능한 것으로 생각된다. 따라서 인상이 어떤 강도나 어떤 성질을 지닐 것이란 확신을 갖고 예측하면 실제로는 훨씬 미치지 못하는 대상에서도 뚜렷하게 인상을 보거나 듣게 되는 일이 많을 것이다. 이와 같은 사실에 부딪히고 보면 주의가 감각 인상을 더 강하게 만들 수 없다고 말하는 것은 속단이다.

그러나 다른 한편, 주의에 의하여 초래된 강도 증가는 판단에는 결코 착오를 가져오지 않는 것 같다. 광선이 달라져도 동일 색채를 올바르게 지각하고 이름을 붙이게 되고 거리가 달라도 동일한 소리를 올바르게 지각하고 이름 붙이는 것과 꼭같이, 우리는 대상들을 보는 주의의 양이 달라져도 이와 비슷한 허용 오차를 가지는 것 같고 주의가 어떤 느낌 변화를 야기하든 우리는 그것을 주의의 탓으로 치부하며 대상은 동일한 것으로 지각하고 개념화한다.

"주의 긴장을 아무리 높이더라도 회색 종이는 더 밝게 보이지 않으며, 시계의 똑딱 소리는 더 크게 들리지 않는다. 그렇게 주의 긴장을 높인다고 회색 종이를 희게 보이도록 하거나 시계 진자의 똑딱 소리를 망치 소리로 들리게 할 수 있는 사람은 없다. 이와 반대로 주의 강도 증가를 사물에 돌린 자신의 의식 작용이 증가한 것으로는 느낀다."[24]

만약 의식의 증가를 느끼지 않는다면 우리는 사물들에 주의해도 강도를 기록할 수 없을 것이다. 슈툼프(Stumpf)[25]가 말한 바와 같이 관찰된다는 바로 그 사실만으로도 약한 자극이 더 강해 질 것이다.

"나는 희미한 소리는 전혀 관찰할 수 없고 다만 나에게 최고 강도를 가지는 것으로 느껴지거나, 또는 적어도 관찰량에 따라 강도가 증가되는 것으로 느껴지는 소리는 관찰할 수 있을 것이다. 그러나 실제로는 꾸준히 주의를 증가시킴으로써 점점 약해져가는 소리도 완전히 잘 따라갈 수 있다.

방법만 고안해 낼 수 있다면 이 주제는 정밀한 실험을 하여 성과를 많이 거둘 수 있는 주제이다. 그 동안에는 주의가 도움을 주어 우리가 지각하고 개념화하는 모든 것의 명료도를 증가시킨다는 것에는 어떤 문제도 없었다. 그러나 여기서 명료도란 무엇을 의미하는가?

c. 명료도란, 주의가 이를 만들어내는 경우 어떤 사물을 다른 사물들과 **구별하는** 것이나 **내부 분석** 또는 **내부 재분할**하는 것을 의미한다. 이런 것들은 본질적으로 비교와 기억과 각종의 관계 지각을 포함하는 지적 변별이 만들어내는 것들이다. 주의 **자체**는 구별하고 분석하고 관계짓는 일을 하지 않는다. 우리가 말할 수 있는 모

든 것은, 주의가 구별하고 분석하고 관계짓게 하는 조건일 뿐이라는 것이다. 그리고 이런 과정들이 만들어내는 명료도는 뒤에 가서 기술될 것이기 때문에 여기에서 더 논의하지 않는 것이 좋겠다. 여기서 유의해야 할 중요한 점은 명료도는 주의가 만들어낸 **직접적인 열매가 아니라는 것이다.**[26]

d. 주의의 직접적인 열매에 관하여 장차 어떤 결론에 도달하든, 우리가 주의하지 않고 스쳐 지나쳐버린 주의 대상은 어떤 흔적도 뒤에 남기지 않을 것이지만, 한 번 주의된 대상은 기억에 남는다는 것은 부정할 수 없다. 이미 **제6장**(295쪽 이하 참조)에서 우리는 정신 상태가 '무의식'인가 또는 무의식이기보다 오히려 주의하지 않아, 뒤에 가서 지나간 흔적을 기억에서 찾을 수 없는 상태가 아닌가 하는 것을 논의했다. 스튜어트(Dugald Stewart)는 다음과 같이 말했다.[27] "주의와 기억의 연결에 관하여 많은 저술가들이 언급하였다." 그는 쿠인틸리아누스(Quintilianus), 로크(Locke) 및 엘베시우스(Helvetius)를 인용하고 기억에 남지 않을만치 주의하지 않게 되는 정신 작용이 있다는 것으로 '2차적 자동성(secondary automatism)'(206쪽 이하 참조) 현상을 장황하게 설명하였다. 뒤에 기억에 관한 장에서 이 점이 다시 거론될 것이다.

e. **반응 시간 단축**이란 제목에서 주의 결과에 관하여 언급될 것

이 아주 많다. 분트가 아마 이 주제를 어느 연구가보다 더 철저하게 연구했고, 또 이 주제를 특별한 자신의 연구 주제로 삼았기 때문에 다음 언급에는 가급적 그의 용어에 따르는 것이 좋겠다. 독자들은 **제3장**에 제시된 것과 같은 '반응 시간' 실험 방법과 결과에 관하여 기억하고 있을 것이다.

내가 계속 인용하려는 사실들은 그 장의 보충으로 취급될 수도 있을 것이다. 분트는 다음과 같이 적고 있다.

"긴장된 주의를 하면서 자극을 기다릴 때에는 자극에 따라서만 기록 반응을 하는 것이 아니라 전혀 다른 어떤 인상에 따라 반응하는 일도 가끔 있지만, 이런 일은 인상을 서로 혼동하여 그렇게 된 것이 아니다. 인상들의 혼동이 아니라 기록 반응을 하는 순간, 자극에 잘못 반응 동작을 취하고 있다는 것을 완전하게 잘 의식하고 있다. 자주 있는 것은 아니지만 때로 잘못 반응된 자극이 실제 자극과 전혀 종류가 다른 감각 자극일 수도 있다. 예를 들면 소리 자극으로 실험하는데 우연하게든 계획에 따라서든, 주어진 광선 섬광(閃光)에 대하여 기록 반응을 하는 일도 있다. 이 결과는 우리가 기대하는 인상에 대한 주의 긴장과 반응하는 운동 중추에 생긴 예비적 신경 지배가 함께 있어, 아주 작은 충격으로도 그 신경 지배 상태가 충분하게 실제 운동 방출로 넘어간다고 가정하여, 설명하는 것 외에는 별다른 도리가 없다. 이런 운동 충격은 어떤 우연한 인상에 의해서도 야기될 수 있고 반응하려는 의도가 없는 인상에 의해서도 야기될 수 있다. 예비 신경 지배가 일단 이렇게 높은 강도에 도달하면 자극과 근육 수축 사이에 끼어 있는 시간은 없는 거나 마찬가지로 적어진다."[28]

"인상이 나타나기에 앞서 인상이 나타날 것이라고 일러주어 경고하면 인상에 대한 지각이 촉진된다. 이런 일은 여러 개 자극이 일정한 간격으로 연달아 나타날 때——예를 들면 진자(振子)운동을 눈으로 보거나 똑딱하는 소리를 귀로 듣는 경우와 같을 때——언제나 있는 일이다. 이 경우 각 단일 타격음은 다음 타격음에 대한 신호가 된다. 따라서 다음 나타나는 타격음은 충분한 예비적 주의를 한 상태에서 마중되게 된다. 약간 시간 간격을 두고 지각될 자극에 앞서 단 한 번 사전 경고를 주는 경우에도 같은 일이 일어나 반응 시간이 항상 현저히 단축된다…나는 경고 신호가 주어졌을 때와 없을 때의 반응 시간을 비교 관찰하였다. 반응되어야 할 인상은 '쇠로 만든 공을 떨어뜨려 소리내는 장치'의 밑판에 쇠공이 떨어지는 소리였다…첫 번째 실험 계열에서는 쇠의 떨어지는 소리에 앞서 경고를 주지 않았으며, 두 번째 실험 계열에서는 쇠공을 떨어뜨릴 때 기계 장치에서 나는 소음이 신호 역할을 했다…이 두 실험 계열의 실험에서 얻은 평균 반응 시간은 다음과 같다."

낙하의 높이 평균	평균 오차	시행 수
25cm 무경고————————0.253	0.051	13
경고————————————0.076	0.061	17
5cm 무경고—————————0.266	0.036	14
경고————————————0.175	0.035	17

　"…긴 실험 계열(경고와 자극과의 시간 간격은 동일함)에서는 반응 시간이 점점 줄어들고 때로는 양이 0에 이르는 소멸되는 양(1초의 천 분의 몇)까지 줄어들거나 또는 부적 값으로까지 줄어드는 경우도 있을 수 있었다.[29]…이 현상에 해당될 수 있는 유일한 이유는 **주의의 준비 태세**(준비 긴장, vorbereitende Spannung)가 있었다는 것일 뿐이다. 이렇게 반응 시간이 단축되는 것은 쉽게 이해되지만, 반응 시간이 영으로까지 줄어들고 또 부적 값까지 갖게 되는 것은 놀랄 만한 일이다. 그럼에도 불구하고 이 뒤의 실험에서 부적 값을 가지는 사례도, 또한 단순 반응 시간 실험에서 나타나는 바에 따라 설명되며", 그 실험은 조금 전 인용했으며 그 실험에서는 "주의 긴장이 극한에 도달하면 우리가 실행하려고 준비한 운동 반응은 우리 의지를 벗어나 잘못된 신호에 기록 반응을 하였다. 사전 경고로 자극 순간을 미리 말해 주는 다른 실험에서도 주의가 아주 정확하게 자극 수용에 순응하기 때문에, **자극이 대상으로 제공되자마자 완전히 통각되고 운동 반응 방출이 시간적으로 통각과 일치**

하게 된다."[30)

흔히 인상이 충분하게 예견될 때에는 주의가 자극에 대하여 반응하려는 경향과 운동하려는 경향을 관장하는 반응 운동 중추를 아주 완전하게 준비시킴으로써, 반응에 소비되는 시간을 다만 생리적으로 하행하는 신경 전도에 소비되는 시간만 걸리게 만든다. 그러나 이 하행 신경전도 시간마저도 사라질 수 있다. 즉 자극과 반응이 객관적으로 동시일 수 있거나 또 더 주목할 만한 것은 실제 자극이 주어지기 이전에 반응이 방출될 수 있다는 것이다.[31) 바로 몇 쪽 앞서 본 바와 같이 분트는 이런 일을 우리 자신의 반응 운동과 그 운동을 촉발하는 신호를 동일 순간에 느껴 반응하도록 정신이 노력하기 때문이라 설명한다. 이 경우 운동 반응이 감각보다 선행해야 하는 것과 마찬가지로 자극과 운동이 동시적으로 느껴지려면 반응 운동이 자극에 선행해야 한다.

이 실험에 대한 특별한 이론적 관심은 그 실험들이 기대 주의와 감각이 동일한 운동 결과를 초래하므로 이 둘은 계속 과정이거나 또는 동일 과정이란 것을 보여주는 것에 있다. 다른 예외적 관찰에서는 똑같이 주의와 감각이 주관적으로 계속된다는 것을 보여주었지만 분트의 실험은 그렇지 않았으며 그에게서는 사전 반응을 하는 순간 자극이 실제 있었다고 믿는 잘못에 빠지는 일은 없었던 것 같다.

주의가 집중되면 지각을 촉진시키는 것과 마찬가지로, 무엇이든 자극을 기다리는 주의를 좌절시키거나 분산시키는 것은 반대로 자극 지각을 지연시킨다.

"예를 들어 관찰자가 어떤 강도의 자극이 나타날지 확실하게 예측할 수 없는 약한 자극과 강한 자극을 불규칙하게 교대로 제시하여 소리 자극에 반응하게 하면, 강도가 변하는 **모든** 소리 신호에 대하여 반응 시간이 증가하고──평균 오차 또한 증가한다. 나는 두 예를 첨부한다…실험 계열 I에서는 강한 소리와 약한 소리가 규칙적으로 교대되어 매번 자극 강도가 사전에 알려진다. 실험 계열 II에서는 강도가 달라지는 소리들이 불규칙하게 나타난다.

I. 규칙적 교대
평균시간 평균오차 실험 수
강한 소리────────────────────0.116″ 0.010″ 18
약한 소리────────────────────0.127″ 0.012″ 9

II. 불규칙적 교대
강한 소리────────────────────0.189″ 0.038″ 9
약한 소리────────────────────0.298″ 0.076″ 15

"강한 인상 계열 속에 예기치 않게 약한 인상이 삽입되거나 또는 그 반대일 경우 반응 시간이 증가되는 것이 더욱 커진다. 이런 방법으로 겨우 지각될 만할 정도로 약한 소리에 대한 반응 시간이 0.4″ 내지 0.5″ 상승하고, 강한 소리에 대해서는 0.25″ 상승하는 것을 보았다. 또 기대되기는 하지만 사전에 강도에 주의할 수 없는 자극에는 긴 반응 시간을 요한다는 것도 일반적으로 경험되고 있다. 이 경우──반응 시간이 차이나는 이유는, 오로지 주의할 준비를 하는 것이 불가능할 때 언제나 지각하여 의지를 발동시키는 데 요구되는 시간이 반응 시작을 길어지게 한다는 사실에 있을 뿐이다. 또한 아주 약하여 겨우 지각될 만한 자극에서는 현저하게 큰 반응 시간이 얻어지는 것은 아마 주의가 항상 이런 최소량보다 큰 자극에 주어지는 경향이 있어 자극을 기대하지 않는 상태와 마찬가지 상태가 되기 때문이라 설명될 수 있을 것이다──사전에 알지 못한 자극보다 **전혀 기대하지 않은** 인상에 대한 반응 시간이 훨씬 더 길어진다. 이런 일은 나타날 신호에 관찰자의 주의가 집중되지 않고 분산되는 경우, 때로 우연히 일어난다. 또 이런 일은 같은 간격으로 주어지는 긴 일련의 자극계열 속에 갑자기 그보다 짧은 간격을 관찰자가 예기하지 않게 삽입함으로써 의도적으로 만들어낼 수도 있다. 이 경우 정신에 미치는 영향은 깜짝 놀랄 때와 같으며──때로는 놀라는 것을 외부에서 볼 수도 있다. 반응 시간은 이때 강한 신호에서 쉽게 1초의 4분의 1까지 길어지며 약한 신호로는 2분의 1

초까지 쉽게 길어질 수 있다. 자극이 빛, 소리, 또는 촉각 인상들 중 어느 것이 될지 알지 못하게 하여, 관찰자가 어느 특정 감각에도 사전에 주의할 수 없도록 실험이 꾸며질 때에는 반응 시간이 지연되는 것이 이것보다는 적지만, 아직도 알아차릴 수 있을 만하게 지연된다. 그리고 동시에 주의에 수반되는 긴장감이 몇 개 감각 기관 사이를 계속 왔다갔다 동요하는 것과 같은, 특이한 불안정한 상태를 관찰자는 느끼게 된다.

"질과 강도가 예측되기는 하지만 주의 집중이 어려운 다른 자극을 동반하는 인상을 기록할 때에는 또 다른 종류의 복잡한 일이 생기게 된다. 이 경우 반응 시간은 항상 다소 길어진다. 가장 간단한 이런 종류의 사례는 상당히 강한 어떤 감각 자극들이 연속하는 도중에, 다른 순간 인상을 기록하는 경우이다. 연속하는 자극들은 반응을 일으킬 자극과 동일한 감각에 속할 수도 있고, 다른 감각에 속할 수도 있다. 동일 감각일 때 그 순간 인상이 야기하는 반응시간이 지연되는 것은 일부 연속하는 자극에 의해 주의가 분산되는 데 기인되기도 하지만, 일부는 반응을 일으키는 자극이 단독으로 주어질 때보다 덜 강하게 부각되어 실제 덜 강한 감각이 된다는 사실에도 기인된다. 그러나 여기에는 실제 다른 요인들도 개입되고 있다. 왜냐하면 자극이 강할 때보다 약할 때 동반하는 자극에 대한 반응 시간이 더 길어진다는 것을 우리는 발견했기 때문이다. 나는 반응을 일으킬 신호가 되는 주 인상으로 이동시킬 수 있는 분동(分銅)

을 망치에 달아 용수철로 강도를 조절할 수 있게 한 벨 타격음을 사용하여 실험하였다. 각 관찰 절차는 두 계열로 되어 있어, 한 계열의 관찰에서는 벨 타격음이 통상으로 동반 자극 없이 반응 시간이 기록되었으며 다른 계열의 실험에서는 전체 실험 기간 중 동반 자극으로 타격음 계시 장치에 톱니바퀴를 달아 금속 용수철을 건드려 일정한 소음을 내게 했다. 이 뒤 실험 계열의 절반(A)에서 벨 타격음은 중간 정도의 강도뿐이어서 동반한 소음이 벨 타격음 강도를 현저하게 감소시켰으나 벨 타격음을 구별할 수 없게는 하지 않았다. 다른 절반(B)에서는 벨 소리가 아주 커서 소음을 제치고 완전히 뚜렷하게 들렸다."

평균	최고	최저	시행 수
A 무소음 ——————— 0.189	0.244	0.156	21
(벨 타격음			
중간 정도) 유소음 ——— 0.313	0.499	0.183	16
B 무소음 ——————— 0.158	0.206	0.133	20
(벨 타격음			
큰 음) 유소음 ———— 0.203	0.295	0.140	19

"이 실험에서 벨 타격음 B에는 소음이 있었지만 소음이 없는 벨

타격음 A보다 현저히 더 강한 인상이었으므로 방해 소음이 반응 과정에 미치는 직접 영향을 표에서 찾아보아야 한다. 순간 자극과 함께 방해 자극이 각기 다른 감각에 주어졌을 때에는, 이와 같은 두 자극의 혼합된 영향을 받지 않게 된다. 이것을 검증하기 위해 나는 시각과 청각을 사용하였다. 순간 신호는 암흑 배경에서 어떤 백금 침으로부터 다른 백금 침으로 뛰는 감응 전류 스파크 섬광이었다. 고정 자극은 앞에 설명한 소음이었다."

스파크 평균 극대 극소 시행 수

	평균	극대	극소	시행 수
무소음	0.222	0.284	0.158	20
유소음	0.300	0.390	0.250	18

"동일한 한 가지 감각으로 실시한 실험에서 신호의 강도가 항상 줄어들었다는 것을 (그것만으로도 반응지연을 초래하는 조건이 된다) 반성해 볼 때, 이 끝의 유소음의 경우 관찰에 나타난 반응 시간 지연량이 커진 것을 보면 자극들이 동일한 감각에 속할 때보다 이질적인 감각에 속할 때 주의를 혼란시키는 영향이 더 클 수 있는 것 같다. 사실 벨이 소음 중간에 울릴 때 즉각 반응을 기록하는 것은 별로 어렵지 않지만 전기 스파크가 신호일 때 소음에서 전기 스파크 쪽으로 주의를 돌리는 것이 어떤 강요되는 것 같은 느낌을 가지게 한다. 이와 같은 사실은 주의 과정의 다른 속성들과도 곧바로 연

결된다. 주의하려고 노력하면 사용된 감각에 따라 여러 가지 다른 신체 감각들도 동반되게 된다. 따라서 주의하려고 노력하는 동안 있게 되는 신경지배는 감각에 따라 달라진다고 하겠다."[32]

분트는 여기 인용할 필요가 없는 약간의 이론 설명을 하고 나서 반응 시간 지연을 다음과 같은 표로 제시하였다:

지연

1. 기대하지 않은 인상의 강도:

a) 기대하지 않은 강한 소리———————0.073

b) 기대하지 않은 약한 소리———————0.171

2. 유사 자극의 간섭(소리가 소리를 간섭)———————0.045[33]

3. 비유사 자극의 간섭(소리가 광선을 간섭)———————0.078

기본 정신 과정에서 얻어진 이와 같은 결과에서 보면 주의가 산만하거나 활기 없거나 하지 않고 집중될 때에는 언제나 모든 정신 과정 심지어는 회상, 추리 등의 고등 정신 과정마저도 더 신속하게 진행될 수 있는 것 같다.[34]

뮌스터베르크는 더욱 흥미 있는 반응 시간 관찰을 하였다. 독자들은 **제3장**에서 기대한 신호에 주의를 집중했을 때보다 기대되는 반응 운동에 주의를 집중했을 때, 반응 시간이 더 단축된다고 지적된 사실을 회상할 것이다. 뮌스터베르크는 단순 반사가 아니라 지적 조작이 있은 다음 반응 운동이 나타날 때에도 이 사실은 마찬가지로 해당된다는 것을 발견하였다. 다섯 손가락을 모두 사용하여 반응하게 한 일련의 실험에서 반응자는 신호 종류에 따라 각기 다른 손가락을 사용해야 했다. 주격 단어를 불러주면 엄지손가락을 사용하고 여격 단어를 부르면 다른 손가락을 사용하며 형용사, 명사, 대명사, 숫자 등 또는 도시, 강, 짐승, 식물, 원소 또는 시인, 음악가 철학자 등이 각 손가락과 짝지어지고 또 이들 종류 중 어떤 것에 속하는 단어를 일러주면 특정 손가락으로 반응하고 다른 손가락을 사용해서는 안 되었다. 두 번째 실험 계열에서는 반응이 다음과 같은 질문에 대한 해답을 단어로 말하는 것이었다. 즉 "먹을 수 있는 생선 이름은?" 또는 "실러(Schiller)의 제1번 드라마의 이름은?" 또는 "흄과 칸트 중 누가 더 위대한가?" 또는 (사과, 앵두, 그 밖의 과일 이름을 처음에 불러주고) "사과와 앵두 중 어느 것을 더 좋아하는가?" 또는 "괴테의 가장 훌륭한 드라마는 무엇인가?" 또는 "알파벳에서 L 다음 오는 글자는 무엇인가, 또는 가장 아름다운 나무 이름의 첫 글자는 무엇인가?" 등; 또는 "15와 20 빼기 8은 어느 것이 더 적은 수인가?"[35] 등등…이와 같은 반응 계열에서도 반응자가 사전에 질문에 주의할 때보다 대답에 주의할 때 반응시간이 훨씬 빨랐다. 짧은 반응 시간이라도 1초의 5분의 1 이상이 되는 일은 거의 없었으며 긴 반응 시간은 이보다 4배에서 8

배에 이르기까지 길어졌다.

이 결과를 이해하기 위해서는 대체로 이 실험에서 반응자는 항상 사전에 그가 받을 질문 종류를 알고 있었고, 따라서 대답이 들어 있는 영역을 미리 알고 있었다는 것을 고려해야 한다.[36] 따라서 처음부터 대답할 것에 주의를 기울이면, 대답이 들어 있는 '영역' 전체와 연결된 뇌 과정이 잠재 흥분을 계속하여 질문이 주어지면 해답이 속하는 특정 '영역'에서 최소의 시간을 소비하면서 해답을 방출하게 할 수 있다. 이와 반대로 오로지 질문을 기다리는 것에만 주의가 집중되고 대답에는 주의하지 않을 경우에는, 운동신경 통로에는 이와 같은 예비적 잠재 흥분이 전혀 생기지 않고 대답하는 전체 과정이 질문을 들은 **연후에** 진행되어야 한다. 따라서 이 경우 반응 시간이 길어지는 것은 놀랄 일이 아니다. 이는 자극이 합산하는 좋은 예이며 또 그다지 강하게 초점에 집중되고 있지 않더라도 기대 주의가 운동 중추에 준비 태세를 취하도록 하여, 자극이 주어질 때 소정의 결과를 만들어내기 위해 운동 중추에서 수행해야 하는 일을 자극이 어떻게 단축시키는가 하는 것을 보여주는 훌륭한 예이기도 하다.

주의과정의 심오한 성질
(THE INTIMATE NATURE OF THE ATTENTIVE PROCESS)

우리는 이제 주의 과정의 심오한 성질이라는 난해한 문제를 고찰할 충분히 많은 사실들을 알게 되었다. 그리고 잠깐 살펴볼 두 생리 과정이 결합하여 이 난해한 문제에 대한 완전한 해답을 곧 만들어낼 수 있다는 생각이 떠오른다. 나는 이 두 생리 과정으로 다음과 같은 것을 뜻한다.

1. 감각 기관의 순응 과정 또는 적응 과정; 그리고

2. 주의가 주어질 대상과 관련된 관념 중추 내부에 생기는 기대적 준비

1. 감각 기관들과 감각 기관의 작용에 유리한 신체 근육들은, 즉각적인 것이거나 반사적인 것이거나 또는 유도된 것이거나 감각적 주의에서 가장 강력하게 적응한다. 그러나 감각 대상과 관계된 관념에 주의하는 지적 주의에서도 어느 정도는 그 대상이 자극하는 감각 기관의 흥분이 수반된다고 믿을 만한 충분한 근거가 있다. 한편, 대상에 대한 우리 관심이——감각에 대한 관심이든, 관념에 대한 관심이든——정신 속의 다른 관심이나 정신에 전전하고 있는 다른 대상으로부터 유도되거나, 또는 어찌하여 그런 것들과 연결을 이루고 있는 곳에는 어디에서나 관념 중추에 준비가 있게 마련이다. 그렇게 유도된 주의가 수의적 주의로 분류될 때나

수동적 주의로 분류될 때나 똑같이 관념 중추의 준비는 존재하게 마련이다. 그리하여 대체로 우리는——성인 생활에서는 어떤 것에 주의하면 반드시 그 어떤 것에 대한 우리 관심은, 어느 정도는 다른 대상과 연결되어 유도된 관심이기 때문에——감각의 적응과 관념의 준비란 두 과정이 아마 모든 구체적 주의 작용에 공존한다고 확신을 가지고 결론을 내릴 수 있을 것 같다.

두 가지 점이 이제 더 세밀하게 증명되어야 한다. 첫째는 감각 적응에 관한 것이다.

우리가 감각할 수 있는 사물에 주의하면 감각 적응이 있게 되는 것은 분명하다. 보거나 들을 때 우리는 불수의적으로 눈이나 귀를 조절하고 머리와 몸까지 돌리게 되며, 맛을 보거나 냄새를 맡을 때에는 대상에 혀, 입술 및 호흡 등을 적응시키고, 물건의 표면을 만질 때는 만지는 기관을 적절하게 움직인다. 이 모든 작용에서 우리는 적극적인 불수의 근육 수축을 할 뿐만 아니라 그 작용들을 방해할 만한 다른 작용들을 제지하기도 한다——우리는 맛볼 때, 눈을 감고 귀를 기울일 때 숨을 죽이는 것과 같은 일을 한다. 결과적으로 주의가 진행되고 있다는 것을 알리는 신체 기관에서 오는 다소간 부피 있는 느낌이 생긴다. 이와 같은 신체 기관 느낌(organic feeling)은 543쪽에 기술한 바와 같이, 그 감정을 초래한 대상에 대한 느낌과는 대립되는 것으로 뚜렷하게 우리 자신에 속하는 것으로 간주되어, 대상은 나 아닌 것(非-自)을 형성한다. 기관 느껌도 어떤 다른 대상의 느낌들과 마찬가지로 감각 기관들이 적응된 연후에 신체 기관으로부터 오지만, 기관 감각을 우리는 **자신의 고유 운동**에 대한 느낌으로 취급한다. 즉각적으로 흥분시키는 대상이라면 어떤 대상이라도 감각 기관을 반사적으로 적응시키는 원인이 되어, 두 가지 결과——첫째, 대상의 명료도 증가와 둘째 문제되고 있는 고유 운동 느낌——를 초래한다. 이 둘은 모두 '구심성(afferent)'에 해당되는 감각 종류이다.

그러나 **지적** 주의에서도 우리가 이미 본 바와 같이(539쪽), 이와 유사한 운동 느낌이 생긴다. 페히너(Fechner)가 우리 자신의 지적 주의에 대한 운동 느낌을 분석하여, 앞에서 언급한 더 강한 신체 기관 느낌과 구별한 최초 사람이라고 나는 믿는다. 그는 다음과 같이 적고 있다.

"한 감각 대상으로부터 다른 감각 대상으로 주의를 전이(轉移, transfer)시킬 때 우리는 말로 표현할 수 없는, 방향이 달라진(동시에 완전하게 정해지고 마음대로 재생할 수 있지만) 또는 국재가 달라진(differently localized) 긴장(Spannung) 감정을 갖게 된다. 눈 앞쪽으로부터 옆의 귀쪽으로 향하고 주의하는 정도에 따라 증감하고, 어떤 대상을 찬찬히 보거나 주의하여 듣거나 하는 데에 따라 긴장이 변하는 것을 느끼며, 따라서 우리는 주의를 긴장시킨다라고 말한다. 주의가 눈과 귀 사이에서 빠르게 동요할 때 가장 분명하게 긴장 차이를 느끼고, 우리가 어떤 사물을 촉각, 미각, 후각으로 섬세하게 변별하려고 하면 그에 따라 여러 감각 기관의 느낌이 가장 뚜렷하게 서로 다른 장소에서 느껴진다."

"그러나 이제 기억 상이나 공상했던 것을 생생하게 상기하려 할 때에도, 사물을 눈이나 귀로 뚜렷하게 파악하려 할 때에도, 경험하는 감정과 완전히 유사한 감정을 가지게 되지만 이 유사한 감정이 국재되는 장소는 아주 다르다. 실제 대상(또는 잔상)에 가급적 가장 뚜렷한 주의를 하는 동안에는 긴장이 분명 전면에 있고, 주의가 어떤 감각에서 다른 감각으로 바뀔 때에는 다만 긴장 방향이 몇 개 외부 감각 기관들 사이에서 달라지고 머리의 나머지 부분은 긴장에서 벗어나지만, 기억이나 공상에서는 사정이 달라진다. 이는 기억이나 공상인 경우 느끼는 감정은 외부 감각 기관으로부터 완전히 이탈하여 뇌가 차 있는 머리 부분에 스며드는 것 같다. 예를 들어 내가 어떤 장소나 사람을 상기하려 하면 주의를 앞쪽으로 긴장시키는 것이 아니라 오히려, 말하자면 주의를 뒤쪽으로 후퇴시킬수록 그에 비례하여 더 생생하게 그것들이 나에게 떠오르기 때문이다."[37]

내 자신에서는 기억된 관념에 주의하는 동안 느껴지는 '뒤쪽 후퇴'는 주로 잠잘 때 나타나는 것과 같이, 안구가 실제로 바깥쪽과 위쪽으로 굴러서 생기는 감정으로 되어 있으며, 이 운동은 실제 물질적 사물을 볼 때의 안구 운동과는 정반대가 된다. 나는 이미 이 감정을 539쪽에서 언급하였다.[38] 이와 같은 기관 느낌(or-ganic feeling)이 존재한다는 것을 의심하는 독자는 그 부분을 다시 전부 읽을 필요가 있다.

그러나 우리는 시야 주변에 있는 대상에는 주의하지만, 눈은 그 대상에 순응하지 않을 수 있다고 이야기하였다. 따라서 교사는 보고 있는 것 같지 않지만 교실 내의 아동들 행동을 알아차릴 수 있다. 일반적으로 여자들이 남자들보다 주변시(周邊視)에 대한 주의에 더 많이 훈련되어 있다. 이것은 주의의 구성 성분으로, **불변하는 보편적** 적응 운동이 존재한다는 주장에 반대되는 사실이다. 잘 알려진 바와 같이 시야 경계 부분에 놓여 있는 대상은 주의를 끌면 반드시 동시에 '우리 눈을 돌리게' 하는 것이 통상적이다. 즉 대상의 상이 중심와(中心窩)나 또는 가장 감각 능력이 높은 점에 초점을 맞추려고 하는 것과 마찬가지로 눈 회전 운동과 순응 운동을 일으킨다. 그러나 노력하여 연습하면 눈을 움직이지 않고도 시야 주변에 있는 대상에 주의할 수 있다. 이런 상황에서는 대상이 결코 완전히 뚜렷하게 되지는 못하지만——이때 대상의 상이 있는 망막 장소는 대상을 뚜렷하게 만들 수 없다——그러나 (누구든 시도하면 확신하게 되지만) 노력하지 않을 때보다는 대상을 훨씬 더 생생하게 의식하게 된다. 헬름홀츠가 이 사실을 아주 탁월하게 기술하였으므로 나는 그의 관찰을 전부 인용할 것이다. 그는 전기 스파크로 순간 조명된 한 쌍의 입체 그림을 한 개 입체 지각체로 결합하려 하였다. 쌍을 이룬 두 그림은 가끔 전기 스파크로 조명되는 캄캄한 상자 속에 있었고 두 그림 사이에서 눈이 동요하지 않도록 하기 위하여, 두 그림의 중간에 바늘구멍을 뚫어 그 구멍을 통하여 방안의 빛이 들어와 스파크가 없어 캄캄한 동안에도 두 눈 각각에 한 개의 밝은 점이 주어졌다. 두 눈의 시선축이 평행하면 점들이 결합하여 단일상을 만들지만 안구를 아주 조금 움직여도 상이 즉각 이중으로 되어 움직였다는 것이 탄로나게 된다. 헬름홀츠는 이제 눈을 이와 같이 움직이지 않게 하면, 단순한 직선 도형들도 전기 스파크가 한번 번쩍일 때 입체로 지각될 수 있는 것을 발견했다. 그러나 도형들이 복잡한 사진일 때에는 그림 전체를 파악하려면 많은 연속적 전기 스파크 번쩍임이 필요했다.

그는 다음과 같이 말했다. "이제 착실하게 바늘구멍에 시선을 고정시키고 바늘구멍이 결합하여 만들어내는 단일 망막 상이 두개로 쪼개지지 않도록 했지만, 그럼에도 불구하고 전기 스파크가 나타나기 전에 마음대로 암흑 시야 속 어떤 특정 부분에 수직적으로 계속 주의하면, 다음 전기 스파크가 나타났을 때 이 영역에 있는 그림 부분에서만 인상을 받아들일 수 있다는 것을 발견한 것은 흥미 있는 일이다. 따라서 이 점에서 보면 주의는 눈의 위치나 순응과는 전혀 상관이 없으며, 눈이라는 기관의 알려진 어떤 변화와도 상관없고,

의식적이고 수의적인 노력을 하면 주의는 어둡고 분화되지 않은 시야의 선택된 어떤 부분에도 자유롭게 주어진다. 이것은 장차 있을 주의에 관한 이론을 정립하는 데 가장 중요한 관찰의 하나이다."[39]

그러나 헤링은 다음과 같은 세부설명을 첨부했다.

"시야의 경계에 있는 대상에 주의하는 동안, 우리는 항상 동시에 직접 시선이 고정되는 대상에도 주의해야 한다"라고 그는 말했다. "만약 한 순간이라도 시선이 고정되었던 대상을 우리 정신으로부터 빠져나가게 하면 잔상이 생기고 근육 음이 들려 쉽게 그것을 알아차리게 되어, 우리 눈은 경계에 있는 대상 쪽으로 움직인다. 이 사례는 주의가 위치를 전환했다고 할 것이 아니라 예외적으로 광범한 주의 분포의 한 사례라는 것이 적절하며, 이런 주의 분산에서 가장 큰 몫은 어디까지나 직접 응시하는 사물에 떨어진다."[40]

따라서 직접 순응하는 사물에 돌아간다. 다른 데서와 마찬가지로 여기에도 안구 순응이 있고, 만약 안구 순응이 없다면 주의 활동에 대한 감각의 일부는 상실될 것이다. 사실은 주의 활동에 따르는 긴장(이 긴장이 실험에서는 현저히 크다)은 안구를 계속 정지시키는 데 필요한 근육 기관에 있는, 익숙하지 않은 압각(壓覺, pressure) 감성을 자아내는 근육의 아주 강한 수축에 일부 기인된다.

2. 그러나 만약 이 실험에서 그림의 주변 부분에 대한 안구의 물리적 순응이 없다면 그 주변 부분도 우리 주의에서 한 몫을 차지한다는 것은 무엇을 의미하는가? 우리가 주의를 '적응' 시키려 하지 않는 사물에 '분배' 하거나 '분포' 시킬 때 어떤 일이 생기는가? 이 물음은 이미 언급한 '관념적 준비' 라는 주의 과정의 두 번째 특징으로 이어진다. 주변시와 경계 영역에 있는 그림에 주의하려는 노력은, 거기 그려진 것에 관한 가급적 명료한 관념을 형성하려는 노력의 이상도, 이하도 아니다. 관념은 감각에 도움을 주고 감각을 더 뚜렷하게 만들기 위해 나타난다. 관념은 노력과 더불어 생기며 그렇게 노력과 더불어 관념이 어떻게 생기게 되는가 하는 것이, 주변시에 대한 주의 상황에서 우리가 주의 '긴장' 이라고 알고 있는 것 중 아직 언급하지 않은 나머지 부분이다. 우리의 주의 활동 속에 우리가 주의할 사물에 대한 내부 재생이고 예측적 사고인 이와 같은 보강(補強)적인 관념 상상이 얼마나 보편적으로 존재하는가 하는 것을 살펴보자.

지적인 종류의 주의인 경우에는 보강적인 상상이 당연히 존재해야 한다. 왜냐하면 이때 주의되는 사물은 다만 관념이나 내부 재생물이나 또는 개념일 것이기 때문이다. 따라서 만약 감각적 주의에서도 대상에 대한 관념 형성이 이루어지는 것이 증명된다면, 관념 형성은 주의 과정의 어디에나 있을 수 있게 된다. 그러나 감각적 주의가 고도에 이르렀을 때에는 지각체의 얼마만큼이 외부에서 오고 또 얼마만큼이 내부에서 오는가 하는 것을 분간할 수 없다. 감각적 주의를 위한 준비의 일부는 항상 정신 속에 그 대상에 대한 상상적 복사물을 창출하는 것으로 되어 있으며, 그 상상적 복사물이 마치 주형처럼 외부 인상을 받아들일 태세를 갖추고 있다는 것을 우리가 발견한다면 그것이 이 논점을 충분하게 확정할 것이다.

앞에서 인용한 분트와 엑스너의 실험에서는 인상을 기다리거나 반응을 하려는 준비에는, 다만 인상이나 반응이 무엇일까 하는 것을 대기하는 상상이 있을 뿐이었다. 자극을 알지 못하고 반응이 결정되지 않는 곳에서는 시간이 걸린다. 왜냐하면 그런 상황에서는 안정된 상상이 사전에 형성될 수 없기 때문이다. 그러나 신호와 반응의 성질과 시간을 모두 미리 일러주면 기대 주의는 아주 완전하게 예고적 상상을 하기 때문에, 우리가 본 바와 같이(712쪽 주 18, 655쪽, 661쪽) 그 기대 주의는 강하게 현실을 모사(模寫)하거나 또는 어떻게든 현실적인 운동 결과를 창출할 것이다. 분트와 엑스너의 저서를 읽고 거기 나오는 '**통각**(Apperception)', '**긴장**(Spannung)' 등과 같은 용어들을 **상상**과 동의어로 해석하지 않을 수 없게 된다. 특히 분트의 **통각**(그가 아주 존중한 개념)이란 단어는 상상이란 단어나 주의라는 말과 충분히 교환해 사용할 만하다. 이 세 용어는 관념을 다루는 뇌 중추 내부로부터 생긴 흥분을 지칭하며, 그들에 대해서는 루이스(Lewes)가 붙인 **선지각**(Preperception)

이란 용어가 아마 가장 좋은 명칭인 것 같다.

파악될 인상이 아주 약할 경우 그 인상을 빠뜨리지 않는 방법은, 인상이 강한 형태에 있을 때 미리 접촉하여 그 인상에 대한 주의를 예리하게 만드는 것이다.

"우리가 배음(倍音)을 관찰하기 시작하려면 분석할 소리를 듣기 바로 직전에, 찾고 있는 음을 아주 부드럽게 울려 시험해 볼 것을 충고할 만하다…피아노나 풍금은 모두 강한 배음을 내기 때문에 이와 같은 용도에는 아주 적합하다. 첫 번째로 피아노의 (악보에 미리 주어진 어떤 음악 표본의) g' 음을 치고, 다음 진동이 객관적으로 종료되었을 때 제3 배음으로 g' 음이 포함되어 있는 c 음을 강하게 두드리고, 바로 앞에 들은 g' 음의 음도에 주의를 착실하게 기울여라. 그러면 당신은 이제 이 g' 음이 c 음 속에서 울리고 있는 것을 들을 것이다… 만약 예를 들어, c 음 속의 g' 음과 같은 어떤 배음에 상응하는 공명기(共鳴器)를 귀에 꽂아 놓고 c 음을 울리면, 당신은 공명기에 의해 훨씬 강화된 g' 음을 들을 것이다… 공명기로 이와 같이 강화하는 것은, 파악하려는 음에 대한 보청(補聽)을 하지 않은 귀로 하여금 더 주의하도록 하기 위하여 사용될 수 있다. 왜냐하면 공명기를 차츰차츰 제거하면 g' 음은 점점 더 약해지기는 하지만, 주의가 일단 그 음에 지향되면 그 음을 더 쉽게 꼭 붙잡아주어, 관찰자는 이젠 보청기로 귀를 보청하지 않고도 있는 그대로 변하지 않은 자연 상태의 g′ 음을 듣게 되기 때문이다."[41]

분트는 이런 종류의 경험을 주석하여 다음과 같이 말하고 있다.

"조심스럽게 관찰하면 누구나 처음에는 기억 속에 있는 들어야 할 음의 심상을 상기하려고 하게 되며, 그 다음에는 전체 소리 속에서 그 음을 우리가 듣고 있는 것을 항상 알게 될 것이다. 희미하고 붙잡기 어려운 시각 인상에도 이와 같은 일이 있는 것이 주목된다. 상당한 시간 간격을 두고 전기 스파크로 그림을 순간적으로 조명하라. 그러면 첫 스파크나 또 때로는 두 번째 또는 세 번째 스파크가 있은 다음에도 어떤 그림도 알아차리지 못하는 일이 있을 것이다. 그러나 순간 스파크 조명으로 혼란하게 된 심상들이 기억 속에 계속되다가, 다음 연속되는 스파크에 의하여 조명될 때마다 심상이 점차 완전한 것으로 되어가서 마침내는 분명한 지각을 얻을 것이다. 이와 같은 정신의 내부 작용을 하게 하는 기본 동기는 외부 인상 자체로부터 시발되는 것이 보통이다. 우리는 어떤 연상에 따라 특정 배음이 있을 것이라 짐작되는 소리를 듣고 난 다음 그 배음을 기억에서 상기하고 끝으로 듣고 있는 소리에서 그 배음을 파악하게 된다. 또는 이전에 보았던 어떤 금속 사물을 보면 아마 그 인상이 그 사물의 기억상을 불러일으키고, 이 기억상은 또다시 다소간 완전히 사물에서 얻는 인상 자체와 융합될 것이다. 이렇게 하여 모든 관념이 의식의 초점으로 뚫고 들어가려면 약간의 시간이 걸린다. 그리고 이 시간 동안, 우리는 항상 자신 속에서 주의에 따른 특유한 감정을 가지게 된다…이 감정 현상은 얻어진 인상에 주의가 조절되었다는 것을 보여주는 현상이다. 예기하지 않았던 인상과 맞닥뜨릴 때 우리가 놀라는 것은 근본적으로 인상이 나타나는 순간에 주의가 그 인상에 조절되지 않았다는 사실에 기인된다. 조절 자체는 자극 속성에 대한 조절과 자극 강도에 대한 조절이란 두 종류가 있다. 인상의 성질이 달라지면 조절도 달라질 것이 요구된다. 그리고 우리의 정신 내부에 있는 주의에서 생긴 긴장에 대한 느낌은, 우리가 지각하려고 의도한 인상의 강도가 증가할 때마다 증가한다고 우리는 말한다."[42]

모든 이런 것을 개념화하는 가장 자연스러운 방법은 두 방향으로부터 작용하는 뇌 세포의 상징 형식에 있는 것이다. 한편으로 대상이 뇌 세포를 외부로부터 흥분시키고, 다른 한편 다른 뇌 세포 또는 아마 정신적 힘이 내부로부터 그 뇌 세포를 자극하여 흥분시킬 것이다. 이 뒤의 내부의 영향이 '주의 조절(adaptation of the attention)' 이다. 뇌 세포가 충분한 에너지를 얻기 위해서는 이 두 요소가 협동하는 것이 요구된다. 단순히 이 두 요소가 있기만 하는 것이 아니라 두 요소가 있고 또 주의했을 때에만 대상은 완전하게 지각된다.

이에 첨가되는 약간의 경험도 이젠 완전히 분명해졌을 것이다. 예를 들어 헬름홀츠는 조금 전 인용된 전기 스파크로 조명된 입체 그림에 관하여 기술된 글귀에 이 관찰을 첨가하였다.

그는 다음과 같이 말했다 "이들 실험은 주의가 이중상에서 역할을 한다는 점에서 흥미 있다…왜냐하면 나로서는 이중으로 보는 것이 비교적 어려운, 아주 단순한 그림에서도 그 그림이 어떻게 보여야 하는가를 활발하게 상상하려고 노력하는 순간, 조명이 오직 순간적이라도 나는 그 그림을 이중으로 보는 데 성공할 수 있기 때문이다. 이때 주의가 미치는 영향은 순수한 것이다. 왜냐하면 모든 안구 운동이 배제되었기 때문이다."[43]

또 다른 곳[44]에서 같은 필자는 다음과 같이 말한다.

"결합되기 어려운 한 쌍의 입체경 그림을 입체경으로 보기만 하는 것으로는 서로 일치하는 선과 점들을 겹치게 하기는 어렵고, 조금만 눈을 움직여도 이들 선이나 점들이 떨어진 것으로 보이게 된다. 그러나 표상된 입체 형태에 대한 생생한 심상(직관상, Anscha-ungsbild)을 우연히 얻게 되면(이런 일은 운이 좋으면 가끔 일어난다), 그때에는 나의 두 눈을 그림 위로 움직여도, 그림이 각각으로 분리되지 않는 것이 완전히 확실하게 된다."

또한 망막 경합에 관하여 기술하면서 헬름홀츠는 다음과 같이 말했다.

"망막 경합은 두 감각 간의 강도의 문제가 아니고, 주의를 고정하는가 또는 고정하지 못하는가 하는 데에 따라서 생긴다. 사실은 주의를 결정하는 원인들을 연구하는 데 있어 망막 경합만큼 적합한 현상은 없다. 처음에 한쪽 눈으로 보고 다음 다른쪽 눈으로 보려는 의도를 의식적으로 만들어내는 것으로는 충분하지 않고, 보게 되리라고 기대되는 대상에 대한 개념을 가급적 분명하게 형성해야한다. 그래야만 그 보려는 것이 실제로 나타날 것이다."[45]

결과가 애매한 도형인 그림 38과 그림 39에서 우리가 보려는 형태를 사전에 강하게 상상함으로써 한 도형으로부터 다른 도형으로 바꿀 수 있다. 그림 속에 있는 어떤 선들을 결합하면 겉으로 나타나보이는 그림과는 연결이 없는 대상을 만들어내는 숨은 그림 찾기에서나, 또는 실제 대상이 뚜렷하지 않고 배경과 구별되지 않는 경우에도 우리는 마찬가지로 대상을 오랫동안 찾아낼 수 없었지만, 한번 대상을 찾아내기만 하면 우리 상상 속에 있는 대상의 정신적 복사물에 따라 이젠 원하면 언제든 원하는 대상에 다시 주의할 수 있게 된다. 무의미한 프랑스 단어들인 'pas de lieu Rhône que nous'란 말에서 누가 즉각 영어의 'paddle your own

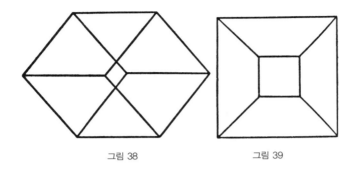

그림 38   그림 39

canoe(독자적으로 해나간다)'란 뜻을 즉각 알아차릴 수 있겠는가?[46] 그러나 이 두 문장이 동일하다는 것을 일단 알고 난 사람으로 그 문장이 다시 나타나면 주의하지 않을 사람이 누가 있겠는가? 멀리 있는 시계가 울릴 것을 기다리면서 우리 정신은 그 시계 소리의 심상으로 꽉 차 있어, 순간마다 고대했던 또는 걱정했던 그 시계 소리를 듣는다라고 생각하게 된다. 기다리고 있던 사람의 발자국 소리도 마찬가지이다. 사냥꾼에게는 숲 속에서의 조그만 움직임도 사냥감 짐승으로 보이고, 도망자에게는 추적하는 사람으로 보인다. 거리를 다니는 여인의 모자만 보고도 애인은 사랑하는 여인의 머리에 쓰고 있는 모자인 것처럼 한 순간 여긴다. 정신 속에 있는 심상이 곧 주의이고, 루이스(Lewes)가 명명한 선지각(先知覺)이란 기다리는 사물에 대한 절반의 지각이다.[47]

이런 이유 때문에 인간은 분간하도록 미리 학습된 사물 측면을 보는 눈 외의 눈은 갖고 있지 않게 된다. 우리는 혼자서는 1만 번에 한 번도 발견할 수 없는 현상도, 한번 지적된 다음에는 알아차릴 수 있다. 시나 예술에서도 누가 와서 어떤 면을 부각시켜야 하고 어떤 결과를 존중해야 하는 것을 일러주면, 비로소 우리의 미적 소질이 최대한, 그리고 결코 '나쁜 정서'를 동반하는 일없이 '확대'될 수 있는 것이다. 유치원 수업에서 훈련할 과제의 하나는, 아동들이 꽃이나 박제된 새와 같은 대상에서 얼마나 많은 특징들을 지적해 낼 수 있는가를 알게 하는 것이다. 아동들은 그들이 이미 알고 있는 나뭇잎이나, 새의 꼬리, 부리, 다리 등의 특징은 쉽게 이름으로 부를 수 있다. 그러나 그들은 몇 시간 동안 보면서도 콧구멍, 발톱, 비늘 등등은 그들의 주의가 이런 세부적인 것들에 미칠 때까지는 구별하지 못하지만 그런 것들을 한번 구별하도록 일러준 다음에는 매번 그것들을 알아본다. 요컨대 우리가 흔히 보는 물건들은 우리가 선지각한 것들뿐이다. 우리가 선지각한 사물들만이 이름표를 붙인 것들이고 또 그 이름표가 우리 정신 속에 새겨진 것들이다. 만약 이들 이름표의 저장을 기억에서 잃어버리면 우리는 이 세상 한가운데에서 지적으로는 캄캄해질 것이다.

따라서 신체 기관의 적응과 관념의 준비, 그리고 선지각은 모든 주의 작용과 관계된다. 아주 흥미 있는 이론이 베인(Bain) 교수[48]와 리보(Ribot)[49]와 같은 권위에 의해 옹호되었고, 랑게(N. Lange)[50]에 의해 더욱 훌륭하게 변호되고 있다. 그들은 관념적 준비 자체는 근육 적응의 결과이고, 따라서 근육 적응이 전체적인 주의 과정의 본질이라 말할 수 있다는 이론을 주장했다. 앞의 두 저술가는 바로 이와 같은 말로 주의에 관한 이론을 기술하지는 않고 있지만 적어도 그 저술가들의 이론이 실제 귀착하는 곳은 이와 같은 내용이다. 이에 대한 증명은 기질적 적응을 수반하는 지적 주의 사례를 제시하거나, 사고할 때 운동 반응을 해야 하는 대상의 사례를 제시하는 것이다. 그리하여 랑게(Lange)는 어떤 색칠한 원을 상상하려면 우선 자신이 원에 상응하는 눈 운동을 하고 다음 이눈 운동에 이어 색채를 상상하는 것을 발견하였다고 말한다.

그는 다음과 같이 첨부하였다. "독자들이 눈을 감고 외연(外延)이 있는 대상, 예를 들면 연필을 생각해 보도록 하라. 독자는 우선 직선에 해당하는 약간의 (눈) 운동을 하고, 마치 연필 표면을 만지는 것과 같이 손이 신경 지배를 받는 약한 느낌을 가지게 되는 일이 많다는 것을 쉽게 알아차릴 것이다. 마찬가지로 어떤 소리를 생각하면 우리는 소리 있는 방향으로 몸을 돌리거나 근육으로 그 리듬을 반복하거나 그 소리를 흉내내어 발음하거나 한다."[51]

그러나 우리 사고의 동반자로서 근육 수축이 언제나 현존한다는 것을 지적하는 것과 랑게처럼 근육 수축에 의해서만 사고가 가능하다고 말하는 것은 전혀 별개이다. 사고 대상이 두 부분으로 되어, 그 하나는 신체 운동에 의하여 지각되는 부분과 다른 하나는 그렇지 않은 부분으로 되어 있는 곳에서는 신체운동에 의해 지각되는 부분이 습관적으로 우선 일깨워져 운동 수행에 의하여 정신 속에 고정되고, 그렇지 않은 다른 부분은 단지 그 신체 운동의 연상물로 이차적으로 나타나게 되는 일도 충분히 있을 수 있다. 그러나 이런 일이 모든 사람에 해당되는 법칙이라 하여도(나는 그것을 의심하지만),[52] 그것은 다만 사고하는 습관일 뿐이며 사고의 근본적 필요조건은 아닐 것이다. **의지**에 관한 장에서 신체운동 자체가 정신에 떠오른 때로는 운동하는 신체 부위에 있는 느낌에 대한, 또는 때로는 눈과 귀에 미치는 신체운동의 영향에 관한, 또는 때로는(만약 신체운동이 원래 반사이거나 본능적인 것이라면) 운동을 일으키게 하는 자연 자극 또는 흥분을 일으킨 원인에 대한 심상의 결과라는 것을 우리는 알게 될 것이다. 어떤 성질의 느낌이든 곧바로 상승하여 관념 형태로 될 수 있다는 것을 부인하고, 운동 관념만이 다른 관념들을 정신에 불러들일 수 있다고 주장하는 것은 모든, 보다 광범하고, 보다 심오한 유추와는 반대되는 주장이다.

적응과 선지각에 관해서는 이만하면 되었다. 항상 현존하고 내가 생각할 수 있는 단 하나, 제3의 주의 과정은 관련이 없는 운동과 관념을 제지하는 과정이다. 그러나 제지는 주의 전반의[53] 본질적 특징이기보다 수의적 주의에만 부수적으로 따르는 특징인 것 같으며, 특별히 여기서 다룰 필요는 없는 것 같다. 다만 지금까지의 우리 설명에서 정립한 주의를 한편으로 하고, 상상, 식별, 기억 등을 다른 한편으로 하는 두 사이의 친밀한 연결에 유의하면서, 몇 가지 실용적 결론을 끄집어내고 다음 남아 있는 좀더 사변적인 문제로 넘어가자.

실용적 결론은 교육적인 것이다. 첫 번째는 공부하고 있는 과목에 어떤 관심도 갖고 있지 않고, 자신의 지혜를 얼빠진 공상에 쏟는 아동에게 주의를 강화하도록 하는 것이다. 이 경우 밖으로 나타내지 않는 방법이 떠오르지 않으면, 상이든 벌이든, 교사가 공부와 연합시킨 어떤 것으로부터 공부에 대한 관심을 '유도'해야 한다. 리보(Ribot) 교수는 다시 다음과 같이 말하였다.

"글을 읽지 않으려는 아이가 있다: 관심을 끌지 못하는 글자에는 정신을 집중시킬 수 없지만 그런 아이도 책 속에 있는 그림은 열심히 본다. 그는 '이 그림이 무엇을 의미합니까?'라고 묻는다. 아버지가 '네가 글을 읽을 수 있으면 책을 보고 알 수 있다'라고 대답한다. 이와 같이 몇 번 대화를 한 다음에는 아동은 묻는 것을 단념하고 공부하게 되고, 처음에는 느리게 시작하지만 다음 습관이 생기고 마침내는 지나친 정열을 보여주어 그만 공부하라고 말려야 할 만큼 된다. 이것이 수의적 주의가 생성되는 사례이다. 인위적이고 간접적인 욕구가 자연적이고 직접적인 욕구에 접목되어야 한다.

읽기란 즉각적인 매력은 없지만 딴 곳에서 매력을 빌려오면 그것으로 읽기를 배우는 일례는 충분하다. 아동은 톱니바퀴에 휘말리게되어 첫 걸음을 하게 된다."

나는 페레스(B. Perez)[54]에게서 또 다른 보기를 취한다.

　"습관적으로 정신이 산만하기 쉬운 여섯 살 먹은 어떤 아이가 어느 날 자발적으로 피아노에 앉아 멜로디를 되풀이해 쳐서 어머니를 매혹시켰다. 그는 한 시간 동안 계속 연습했다. 그 아이는 일곱 살 때 형이 방학에 열심히 공부하는 것을 보고 저도 아버지의 책상에 앉았다. 그 아이가 그렇게 앉아 있는 것을 보고 놀란 하녀가 '거기서 무엇을 하느냐?' 라고 물었다. 그 아이는 '나는 독일말 공부를 하고 있는데, 재미있지는 않지만 어머니를 놀라고 기쁘게 하기 위해서이다' 라고 말했다."

여기서 또 다시 수의적 주의가 탄생하지만, 이번에는 처음 예에서와 같은 이기적 감정이 아니라 공감적 감정에 접목된 주의이다. 피아노나 독일어는 자발적인 주의를 불러일으키지 않지만 다른 곳에서 힘을 빌려서 주의를 일으키고 유지시킨다.[55]
　두 번째로 나이 먹어서 책을 읽거나 대화를 듣고 있을 때 우리를 괴롭히는 정신 동요를 다루기로 하자. 만약 주의가 내부로부터 감각을 재생하게 한다면 단순히 눈으로 읽거나 귀로 듣는 습관뿐만 아니라, 보거나 들은 단어를 스스로 발음하는 습관도 그 단어에 대한 우리 주의를 더 심도 있게 만들 것이다. 이것이 사실이라는 것을 경험이 보여준다. 나는 단순히 듣는 것보다 능동적으로 단어들을 발음하여 자신에게 되돌려주면, 대화나 강의에서 동요하던 내 정신을 훨씬 더 밀착시킬 수 있었으며 다수의 나의 학생들도 수의적으로 이와 같은 과정을 채택함으로써 이득을 얻었다고 보고하였다.[56]

세 번째로 학급 아동들의 주의를 한데 묶기를 원하는 교사는 아동들이 이미 선지각을 가지고 있는 사물들에 새로운 교재 내용을 짜맞추어 넣어야 한다. 예전에 있었던 것과 잘 알고 있는 것에는 쉽게 정신이 주의하게 되고 다음 새로운 것을 파악하는 것을 도우며 헤르바르트에 의하면 새 것을 받아들일 '통각군(apperceptions-masse)'을 형성한다. 물론 어떤 '통각군'을 사용할 것인가 하는 것을 아는 것은 경우에 따라 매우 미묘한 문제이다. 심리학은 다만 일반 법칙을 정립할 수 있을 따름이다.

수의적 주의는 합력(合力)인가
또는 단일한 힘인가?
(IS VOLUNTARY ATTENTION A RESULTANT
OR A FORCE?)

몇 쪽 앞에서 주의에 있는 '관념 준비' 란 요소를 뇌 세포가 내부로부터 자극을 받는 것이라고 상징하여 말했을 때, 나는 그 내부로부터 자극하는 것을 '다른 뇌 세포이거나 어떤 정신적 작용력' 이라고 첨언하였을 뿐 그 어느 쪽인가 하는 것을 정하지 않았었다. 주의의 관념 준비가 이 둘 중 '어느 것?' 으로부터의 자극에 의하여 생기는가 하는 문제는, 여러 학파가 발생한 원인이 되는 한 핵심적인 미해결 심리학 문제 중 하나이다. 주의 형성이 우리 내적 자기의 핵심이 된다는 것을 반성한다면 또 (**의지**에 관한 장에서 알게 될 것이지만) 우리가 의지란 주의일 따름이라는 것을 알게 된다면, 또 우리 천성의 중심에 존재하는 자동성이 우리가 단순한 결과적 존재가 아니라 원인적 존재라는데 기인된다고 믿게 된다면——

> 운명의 사슬을 깨뜨리고,
> 무한히 원인이 원인을 따르지 않는 어떤 원리——
> (Principium quoddam quod fati foedera rumpat,
> Ex infinito ne causam causa sequatur——)

주의에 그와 같은 원인적인 정신 작용의 원리가 있는가 없는가 하는 문제는, 심리학의 문제인 동시에 형이상학의 문제이기도 하며 이 문제에 대한 해답을 얻기 위해 우리가 쏟을 수 있는 모든 고통을 치를 충분한 가치가 있다는 것을 우리는 인정해야 한다. 사실 그 문제는 형이상학의 주축을 이루는 문제이며 우리가 갖고 있는 세계관이 유물론, 숙명론, 일원론에서부터 유심론, 자유주의, 다원주의로——또는 그 밖의 다른 길로——선회하는 경첩(hinge)과도 같은 기점이다.

이 문제는 자동장치 이론으로 되돌아간다. 감정이 작용력이 없는 부수물에 지나지 않는다면, 물론 뇌 세포는 다른 뇌 세포에 의해서만 자극될 수 있을 뿐이고 감각 조절이란 형태에서든 '선지각(preperception)' 이란 형태에서든, 언제 어떤 주제에든 우리가 쏟는 모든 주의는 오로지 숙명적으로 미리 정해진 물질적 법칙의 결과일 따름일 것이다. 다른 한편 만약 뇌 세포 작용과 공존하는 감정이 역동적으로 뇌 세포 작용에 반작용하여 그 작용을 촉진시키거나 저지시킨다면, 적어도 부분적으로는 주의가 원인이 될 것이다. 물론 이와 같이 반작용하는 감정은 사전에는 그 분량과 방향이 결정되지 않았다고 하여 '자유' 일 것이라 추정할 필요는 없다. 왜냐하면 그 감정은 양이나 방향과 같은 개별적인 점에서 모두 충분히 미리 결정될 수 있기 때문이다. 만약 그렇다면 우리의 주의는 물질적으로 결정된 것도 아닐 것이고 또한 자발적이고 사전에 예측할 수 없다고 하여, '자유'인 것도 아닐 것이다. 물론 이 문제는 순전히 사변적인 문제이다. 이는 우리는 감정이 신경 과정에 반작용하느냐, 그렇지 않느냐 하는 것을 객관적으로 확인할 수단을 갖고 있지 않으며, 그 어느 쪽으로든 이 문제에 해답하는 자는 다른 분야에서 얻어낸 일반 유추와 일반 가정의 결과에서도 그와 같이 해답하게 될 것이기 때문이다. 단순한 개념화로서는 주의를 결과로 보는 이론과 주의를 원인으로 보는 이론은 똑같이 분명하고 어느 한쪽 개념화가 진실하다고 단언하는 사람은, 누구나 과학적이고 구체적 개별에 근거하기보다 오히려 형이상학적이고 보편적인 근거에서 그렇게 단언할 수밖에 없는 것이다.

직접적 감각주의에 관해서는 주의를 결과로 보지 않으려는 사람은 거의 없다.[57] 우리는 한편으로는 우리에게 분명한 지각을 만들어내고, 다른 한편으로는 위에서 기술한 것 같은 내부 작용에 대한 감정을 만들어내게끔 구체적 개별 순응 작용에 의하여 개별 자극들에 반응하도록 '진화'되었다. 이 순응 작용과 거기서 결과된 감정이 곧 주의이다. 우리는 주의를 쏟는 것이 아니라 대상이 우리로부터 주의를 끄집어낸다. 대상이 주도적이며 정신이 주도적이 아니다.

수의적 노력이 없는 곳에서는 유도된 주의가 단순한 결과라는 것이 가장 그럴 듯하다. 이 경우의 유도된 주의에서도 대상이 또한 주도적이고 우리 주의를 자신에게 끌게 하지만, 그 대상에게 있는 관심을 일으키는 본질적인 성질 때문이 아니라 대상이 다른 관심 있는 사물과 연결되고 있기 때문에 우리 주의를 자신에게로 끌어낸다. 이렇게 유도된 주의의 뇌 과정은 흥분되었거나 흥분될 경향이 있는 다른 뇌 과정과 연결되고, 그 흥분을 나누어 가지고 일깨워지게 되는 성향이 곧 주의를 구성하는 '선지각(preperception)'의 성향이다. 만약 내가 모욕당했다면 그 모욕을 항상 적극적으로 생각하고 있는 것은 아니지만, 그 모욕에 대한 사고의 흥분성이 높아진 상태에 있어 모욕당한 장소나 모욕을 준 사람이 언급되는 것을 들으면, 반드시 그런 것들과 내가 과거에 거래했던 모든 것에 관한 상상이 재생되기 때문에 나의 주의가, 말하자면 그 방향으로 튀어오른다. 이와 같은 흥분 상태가 나타나면 유기적 적응도 또한 있어야 하고 관념이 어느 정도 근육을 신경 지배해야 한다. 따라서 우리가 만약 어떤 것이든 그것과 연결되는 것에 대한 사고를 일깨우고 고정시킬 만한 충분한 관심이 가는 것이 있다는 것을 인정한다면, 모든 불수의적인 유도된 주의 과정도 설명된다. 이와 같이 사고를 고정시키는 것이 주의이며, 그 사고 고정은 행동이 진행하고 있고 묵종(默從)과 촉진(促進)과 채택(採擇)이란 막연한 느낌을 가져오고, 이 막연한 느낌이 그 행동이 우리 것이라는 느낌을 준다.

미리 정신 속에 있는 내용이 이와 같이 관념과 인상을 보강한다는 것은 우리가 기술한 각종 주의에 헤르바르트가 통각적 주의라는 이름을 붙였을 때 염두에 두고 있던 것이다. 우리는 이제 애인의 발자국 소리가 왜 잘 들리는가 하는 것을 쉽게 알 수 있으며——애인의 발자국은 신경 중추가 신경 흥분을 방출할 사전 준비를 반 가량은 마련하고 있는 상황에서 듣게 된다. 우리가 듣는 말보다 객관적으로는 훨씬 큰 소리도 알아듣지 못하고 지나치는 소음의 와중에서 어떻게 친구의 목소리에 주의를 기울일 수 있는가 하는 것을 우리는 알 수 있다. 말들은 각각 이중으로 일깨워진다. 한번은 외부로부터 말하는 사람의 입술에 의해 일깨워지며 그에 앞서 이미 선행하는 말들에서 확대된 예고 과정에 의하여, 그리고 이야기 '화제'와 연결되는 모든 과정이 희미하게나마 일깨워짐으로써 정신의 내부로부터 일깨워진다. 이와 달리 관계없는 소음은 이중이 아니라 다만 한번만 일깨워질 뿐이다. 소음들은 연결이 없는 소리 대열을 형성한다. 교사가 옛 이야기를 시작하고 그들의 귀를 기울일 때를 제외하고는 교사에게 주의를 기울이지 않는 학교 아동들의 행동은 쉽게 설명된다. 옛 이야기의 단어들은 튀어나와 아동들을 반응하게 하고 고정시키게 하는, 신나는 대상들과 연합하고 다른 단어들은 그렇지 못하다. 언어순화론자들이 듣는 문법과 앞 748쪽에 인용된 헤르바르트의 다른 예에도 마찬가지 것이 해당된다.

주의가 수의적인 경우라 할지라도 주의를 결과이고 원인이 아닌 것으로, 또 결과물이고 작용원이 아닌 것으로 개념화할 수 있다. 우리가 주의하는 사물들은 그들 자체의 법칙에 따라 우리에게 나타난다. 주의는 관념을 만들어내지 않으며, 우리가 주의할 수 있으려면 그에 앞서 이미 관념이 있어야 한다. 주의는 다만 통상적 연합 법칙에 따라, 의식이 '조명하고 있는 무대' 위에 올려놓은 것들을 고정시키고 존속시키는 역할을 할 뿐이다. 그러나 주의가 관념을 고정시키고 존속시킨다는 것을 의식적으로 인정하는 순간, 주의하고 있다는 느낌인 주의 자체는 관념을 가져올 필요가 없는 것과 마찬가지로 관념을 고정하고 존속시킬 필요도 없게 된다. 관념을 초래하는 연합물들은 또한 그들이 제공하는 관심에 의하여 관념을 고정시키기도 한다. 요컨대 수의적 주의도 불수의적 주의도 본질적으로는 동일하다. 관념이 마음에 아주 달갑지 않고 그런 관념에 주의하려고 큰 노력을 하는 곳에서는, 노력을 거듭 갱신하는 것이 곧 관념을 계속 확실하게 붙잡는 원인이 되는 것으로 보여, 우리는 이 노력을 자연 원천적 힘으로 생각하게 되는 것이 사실이다. 사실은 우리가 자발적인 능력을 진지하게 귀속시키려는 것은 오직 주의 노력이며 단순히 주의하는 것이 아니다. 우리는 원한다면 주의 노력을 그 이상의 것으로 만들 수도 있다고 생각되며, 주의 노력의 양은 만약 주의 노력이 결과(effect)이고 정신적 능력이 아니라면, 필연적으로 관념과의 사이에 있어야 할 일정한 함수 관계가 있는 것 같지 않다. 그러나 일정한 함수 관계가 아니더라도 사실들을 기계적으로 개념화하여 주의 노력을 단순한 결과로 간주할 수도 있다.

주의 노력은 다만 여러 관심들이 정신 속에서 갈등할 때 느껴진다. A란 관념은 본질적으로 우리를 흥분시킬 수 있다. Z란 관념은 어떤 원격한 좋은 일들과 연합함으로써 관심을 유도할 수 있다. A는 연인이고 Z는 어떤 영혼 구원의 조건일 수 있다. 이 경우 우리가 Z에 주의하는 데에 성공하면 그것은 항상, 노력이란 비용의 대가이다. A에 대한 '선지각'인 '관념 준비'는 자력으로 계속 진행되지만 Z에 대한 관념 준비에는 끊임없는 수의적 보강 충격이 필요하다. 즉 Z에 대한 사고가 우리 정신 속에서 환하게 타오르는 순간이 연속될 때마다 우리는 수의적 보강(또는 노력)을 하고 있다는 느낌을 갖게 된다. 그러나 역동적으로 해석하면 그것은 다만 다음과 같은 것을 의미할 뿐이다: Z를 우세하게 만드는 연합 과정이 실제 더 강하게 되어 A가 없는 곳에서는 Z에게도 '수동적'이고 방해받지 않는 주의를 하게 될 것이지만, A가 있는 한 그 연합 과정의 힘의 약간은 A와 관련된 과정들을 제지하는 데 사용된다. 이런 제지는, 그 제지가 없으면 유연하게 사고하는 데 사용될 뇌 에너지를 부분적으로 중화해 버린다. 그러나 이때 사고가 입는 손실은 노력, 곤란 또는 긴장이라는 특이한 감정으로 탈바꿈한다.

우리의 사고 흐름은 강물과 같다. 대체로 쉽고 단순한 흐름이 그 강물에서는 우세하고, 그 흐름 위를 떠가는 사물은 중력이 끌어당겨 노력 없는 주의가 있는 것이 정상이다. 그러나 간간이 장애, 역수, 막힘이 있어 물살을 멈추고 소용돌이를 만들고 사물을 일시 다른 길로 흘러가게 한다. 만약 강물이 실제로 느낄 수 있다면, 이들 소용돌이와 역수가 있는 곳을 노력할 장소로 느낄 것이다. 강물은 다음과 같이 말할 것이다. "나는 여기서 통상 있는 가장 저항이 적은 방향으로 흐르는 것이 아니라, 저항이 가장 큰 방향으로 흐르고 있다. 나의 노력이 이와 같은 재주를 부리게 한다." 실제 노력은 재주를 부리고 있다는 수동적 지표일 따름일 것이다. 작용원은 언제나 이런 곳에서 약간의 물을 위쪽으로 밀어올리고 나머지 물은 모두 아래쪽으로 흘러가게 하는 경향을 가지며, 평균적으로는 저항이 가장 적은 방향이 하류 쪽이지만 그것이 흐름 방향을 이따금 상류 쪽으로 향하게 하여서는 안 되는 이유가 되지는 못한다. 수의적 주의 작용도 바로 이와 꼭같다. 수의적 주의 작용이란, 사고 흐름의 일부가 일시 정지하고 거기 특이한 감정이 결합되는 것이다. 그러나 사고 흐름을 정지시키는 힘은 이 특이한 감정 자체가 아니라, 충돌을 일으키는 바로 그 과정일 것이다. 주의 노력에 대한 감정은 브래들리가 말한 바와 같이 '다소간 잉여적인 부수물'일 것이고, 마치 망치가 손가락을 쳤을 때 손가락에 생긴 아픔이 망치 무게에 영향을 주지 못하는 것과 마찬가지로 감정은 노력의 결과에는 영향을 주지 못한다. 따라서 주의할 때 들이는 노력이 뇌와 정신을 자리(seat)로 하는 다른 능력에 첨가되는,

또 하나의 원초적 능력이라는 개념은 보잘것없는 미신일 것이다. 한때 본질적인 것으로 간주되었던 많은 능력들처럼 또 언어적 환상처럼, 또 종족의 많은 우상처럼, 주의도 사라져야 할지도 모른다. 주의는 또한 **심리학**에서 무용지물인지도 모른다. 관념들이 어떻게 서로 끌어당기고 고정시키는가 하는 것을 완전하게 안다면, 관념을 의식으로 끌어당기고 고정시키는 데 주의는 필요 없을 것이다.

나는 주의의 결과론을 내가 할 수 있는 최대한으로 설득력 있게 서술하였다.[58] 우리 이론은 분명하고 강력하며 잘 꾸며진 개념화이며, 모든 이와 같은 개념화와 마찬가지로 반대되는 증거가 없을 경우 적합하게 확신을 가지게 한다. 주의 노력에 대한 감정은 확실히 활력이 없는 부수물일 것이며, 겉보기처럼 활성적인 요소는 아닌 것 같다. 이 감정이 주의 결과에 에너지를 제공한다는 것을 보여줄 수 있는 측정은 아직 이루어지고 있지 않다(이와 같은 측정은 영원히 성립될 수 없다고 말하는 것이 옳을 것 같다). 따라서 우리는 주의를 하나의 무용지물 또는 '사치품'으로 간주하고, '필요 이상'으로 부풀린 주의라는 본체에 오컴(Occam)의 면도날을 적용했다는 단 한 가지 자부심 외에는, 가슴에 어떤 느낌도 없이 주의가 원인으로 가능하다는 것에 반대하는 독단에 빠질 수도 있을 것이다.

그러나 오컴의 면도날은 아주 좋은 방법론 법칙이긴 하지만 확실히 자연 법칙은 아니다. 자극 법칙과 연합 법칙은 주의가 하는 모든 연극에 없어선 안 될 연기자들이고 또 도움 없이도 많은 연극을 할 수 있는 충분히 훌륭한 '레퍼토리 극단'이기도 할 것이지만, 그 법칙들은 때로 햄릿(Hamlet)이 호레이쇼(Horatio)와 오필리아(Ophelia)의 '활력 없는 수반자' 또는 '우연한 부산물'이 아닌 것처럼 그 법칙들의 활력 없는 수반자나 우연한 부산물이 아닌 '스타 연기자'에 대한 배경을 형성할 뿐일 수도 있다. 만약 그와 같은 스타 연기자가 원천적인 정신적 힘이라면, 그 힘은 주의하려는 자발적 노력일 것이다. 자연은 이와 같이 복잡한 일을 즐길 것이라고 나는 말하며, 이 경우 자연이 즐기는 개념화는 그가 즐기지 않는 개념화와 마찬가지로 분명하다고(논리적으로 '인색'하게 굴지 않으면) 나는 생각한다. 이와 같은 단언을 정당화하기 위하여, 만약 주의 노력이 원초적인 힘이라면 그것이 어떤 결과를 초래할 것인가 하는 것을 묻기로 하자.

주의 노력이 없으면 좀더 신속하게 소멸해 버릴 수 있는 많은 관념들을 주의 노력은 의식 속에 머무는 것을 심화하고 또 연장시킨다. 이렇게 하여 소멸이 지연되는 기간은 1초를 넘지 않을 것이다. 그러나 그 1초가 중요하다. 왜냐하면 연합된 두 관념 체계가 거의 균형을 이루고 있는 정신 속에서 사색이 끊임없이 위로 상승하고 아래로 하강하는 데에서는, 한 관념 체계가 힘을 얻어 장(場)을 독점하고 자신을 발달시키고 다른 관념 체계를 배제하던가 또는 그 반대로 다른 관념 체계에 의하여 배제되던가 하는 것이, 처음의 1초 내외의 주의에 따라 좌우되는 일이 많기 때문이다. 한 관념 체계가 발달하면 우리를 행동하게 하고, 그 행동이 우리의 운명을 결정한다. 우리는 **의지**에 관한 장에 이르러 모든 수의적 생활의 인생 역정은 경쟁적인 운동 관념들이 받는 주의량이 약간 더 많으냐 또는 약간 더 적으냐 하는 데 달려 있다는 것을 알게 될 것이다. 그러나 모든 현실 감정과 우리의 수의적 생활에 있는 모든 자극과 흥분은 그 감정 속에서 사물들이 순간마다 **현실적으로 결정되며**, 그 감정이 셈할 수 없는 아득한 옛날에 만들어진 사슬이 덤덤하게 덜렁거린 것이 아니라는 우리 감각에 의존되고 있다. 생활과 역사를 이런 느낌에 있는 비극적 낌새로 설레이게 하는 것으로 보이는 것은 착각이 아닐 것이다. 수의적 생활이 그렇게 보이는 것이 착각이라는 것을 기계 이론의 옹호자들에게 우리가 허용하는 것과 마찬가지로, 기계 이론의 옹호자도 그것이 착각이 아니라는 것을 우리에게 허용해 주어야 한다. 그리고 결과적으로 두 사이의 중재자로 나설 만한 결정적으로 충분히 알려진 사실이 없어 두 가능한 개념화는 서로 얼굴을 맞대고 있다.

이런 상황에서는 장차 해명될 것을 기다리면서 우리는 이 문제를 해답되지 않은 채로 남겨둘 수도 있고, 또는 대부분의 사변적 정신을 가지는 사람들이 하는 것처럼, 즉 일반 철학이 어느 쪽이든 저울대를 기울여주기를 기대할 수도 있다. 기계 이론을 신봉하는 사람들은 어떤 주저도 없이 저울대를 기울이지만, 그들은 정신적 힘을 신봉하는 사람들에 대해서도 그들 나름으로 저울대를 기울이는 똑같은 특권을 거부해서는 안 된다. 나 자신은 후자에 속하는 것으로 치부하지만 그렇게 된 이유가 윤리적이므로 심리학 저술 속에 그 이유를 도입하는 것은 적절하지 못하다.[59] 심리학이 여기서 말할 수 있는 최종 결론은 잘 모른다는 것이다. 이는 이에 참여하는 '힘들'이 너무 미묘하고 너무 수호가 많아 그 힘들을 세부까지 추적할 수 없기 때문이다. 그 동안에는 가장 무모한 유물론적 사변가들이 자신들을 '과학자'라 부르는 데 집착하는, 이색적 거만에 비추어 주의를 결과로 보는 이론을 확인하는 이유가 무엇인가 하는 것을 상기하는 것이 좋다. 주의를 결과로 보는 이론은 의식이 전혀 존재하는 것 같이, 보이지 않는 강물이나 반사 작용이나 기타 물질 현상으로부터의 유추에 의하여 끄집어내어, 의식이 현상의 본질적 특징으로 보이는 사례로 확대시킨 이론이다. 이런 추리를 하는 자들은 의식을 중요하지 않고 과학에는 존재하지 않고 **무**이며, 의식에 관하여 전혀 생각할 필요가 없다고 말한다. 모든 이런 것들에는 극히 무모하다는 특성이 있다는 것은 거론할 필요조차 없다. 그런 무모한 특성은 잘 됐던 못 됐던, 기계 이론을 진리적인 것으로 만들고 있다. 이 기계 이론을 위하여 우리는 현상들로부터 그 현상과 놀랄 만하게 유사하지 않은 다른 현상으로 귀납하고, **자연**이 도입한 복잡성(즉 감정과 노력의 현존)은 과학이 인정할 만한 가치가 전혀 없다고 우리는 가정하게 된다. 나는 의심하지만 그런 행위가 현명하다고 생각될지 모른다. 그러나 그 행위는 진지하게 형이상학적인 것과 대립되는 과학적인 것으로 불릴 수는 없다.[60]

방심
(INATTENTION)

주의에 관하여 충분히 언급했으므로 방심에 관하여 몇 마디 첨부할 것이다. 우리는 시계의 똑딱 소리나 거리의 소음 또는 집 근처 시냇물이 흐르는 소리 같은 것은 알아 챙기는 일이 없고, 작업장에 오래 있으면 대장간이나 공장의 소음마저도 작업자들의 사고와 뒤섞이는 일이 있게 마련이다. 처음 안경을 썼을 때 특히 안경이 약간 곡률(曲律)이 있으면, 안경에서 오는 창문의 밝은 반사 광선이 시야와 뒤섞여 우리를 아주 혼란하게 한다. 그러나 며칠 지나면 우리는 그런 반사 광선을 완전히 무시해 버린다. 여러 가지 안구 내 부유물에서 오는 심상인 비문증(飛蚊症, muscoe volitantes)은 항상 있게 마련이지만 거의 알려지는 일이 없다. 의복과 신발에서 오는 압력, 심장과 혈관의 고동, 우리의 호흡, 어떤 일정한 신체의 통증, 익숙해진 냄새, 입 속의 음식 맛 등은 시각이 아닌 감각들에서 지나치게 변하지 않는 내용이 무의식으로 빠져들어 가는——홉스가 잘 알려진 "Semper idem sentire ac non sentire ad idem revertumt(항상 같은 것을 느끼면 같은 느낌으로 되돌아 가지 않는다)"이란 글귀에서 표현한 것에 빠져들어 가는——보기들이다.

무의식의 원인은 감각 기관이 둔해져서 생기는 것만이 아닌 것이 확실하다. 감각이 중요하다면 우리는 그 감각을 충분히 잘 알아차리고 있어야 할 것이다. 그 중요한 감각이 아주 상습적으로 되어 비문증(飛蚊症)이나 이중 망막상 등과 같이, 어떤 감각에 방심하게 되는 것이 아주 우리 신체 구조에 완전하게 체질화되지 않았다면, 분명하게 주의를 보내면 언제든 그 중요한 감각은 의식하여 알아차릴 수 있다.[61] 그러나 이 경우도 인위적으로 관찰하려고 인내하는 조건이 있어야 우리가 찾는 인상을 바로 우리 것으로 만들 수 있게 된다.. 따라서 방심은 단순한 감각 피로보다는 더 고등한 조건에 근거한 습관인 것이 틀림없다.

헬름홀츠는 한 가지 방심 법칙을 제외하고는 다음 장에서 공부해야 할 방심에 관한 일반 법칙을 공식화하였다. 헬름홀츠의 법칙은 사물을 변별하게 하는 신호의 값어치를 갖고 있지 않는 인상은 어떤 것이나 모두 주목되지 않고 지나쳐버린다는 것이다. 그런 인상은 기껏해야 동료 인상들과 융합하여 집적된 결과를 초래할 수 있을 뿐이다. 사람마다 말소리를 다르게 만드는 높은 부분 음들도 다만 전체로서 말소리를 차이 나게 만들 뿐이다——우리는 음만을 떼어서 해리(解離)할 수는 없다. 어떤 냄새는 쇠고기, 생선, 치즈, 버터, 포도주와 같은 물건들의 특징이 되는 맛에 꼭 있어야 하는 부분을 차지하고 있지만 냄새로 주의를 받는 것이 아니다. 여러 가지 근육 느낌과 촉각 느낌은 '축축하다', '녹신녹신하다', '물렁하다'와 같은 성질을 지각하게 하지만 그들의 원래 느낌으로 분리되어 선택되는 것이 아니다. 그리고 모든 이와 같은 일은 그들 근육 느낌이나 촉각 느낌으로부터 즉각 그들 느낌이 의미하는 것으로 넘어가고, 그들 각 느낌의 본질적 성질은 제쳐놓는 우리 모두가 걸려 있는 뿌리 깊은 습관 때문인 것이다. 그들 근육 느낌과 촉각 느낌은 이제는 분리되기 어려운 연결을 정신 속에 형성하였으며, 또 중단시키기 힘들고 주의를 붙잡을 만한 과정과 전혀 다른 어떤 과정의 구성요소가 된다. 헬름홀츠가 생각했던 사례에서는 우리뿐만 아니라 우리 조상들도 이런 습관을 형성했다. 그러나 우리가 논의를 시작한 사례에서 물방아, 안경, 공장, 요란한 소리, 빡빡한 구두 등에 대해 방심하게 되는 습관은 훨씬 최근에 있은 일이며, 그런 방심의 습관이 생성된 양상이 적어도 가설적으로는 추적될 수도 있다.

지성에는 필요하지 않는 방심하게 하는 인상들이 어떻게 나머지 다른 의식과의 모든 관계로부터 이처럼 떨어져나갈 수 있을까? 이 질문에 대하여 뮐러(G. E. Müller) 교수가 그럴 듯한 해답을 주었고 그 뒤를 이은 사람 대부분은 그의 의견을 차용하고 있다.[62) 그는 다음과 같은 사실로 시작했다.

"우리가 소음에 익숙해질 만큼 충분히 오래 머물러 있었던 방앗간이나 공장에서 처음 나왔을 때 우리는 무엇인가 없어진 것 같은 느낌을 가진다. 나의 존재감 전체가 방앗간 속에 있을 때 있었던 존재감과 다르다…한 친구는 나에게 다음과 같이 적어 보냈다: '나의 방에는 탭을 감아주지 않으면 24시간을 가지 않는 작은 시계가 있다. 따라서 그 시계는 가끔 멈춰선다. 시계가 멈추자마자 나는 그 시계를 알아 챙기지만 시계가 가고 있는 동안에는 자연 시계에 주의하지 않는다. 이런 일이 처음 일어나기 시작했을 때 다음과 같은 변화가 있었다: 나는 갑자기 왜 그런지 말할 수는 없지만 막연한 불안 또는 무언가 허전한 느낌을 느꼈고 조금 생각한 다음에야 그 원인이 시계가 멈춰진 데 있다는 것을 깨달았다.'"

느껴지지 않던 자극도 중지되면 느껴진다는 것은 잘 알려진 사실이다: 교회에서 예배하는 도중 잠자던 사람도 예배가 끝나면 잠에서 깨고 물방아 바퀴가 돌지 않고 정지하면 깨어나는 방앗간지기의 이야기는 잘 알려진 예이다. 이제 (신경계통에 들어온 모든 인상은 어디로든 다음으로 전파되어야 하기 때문에) 다른 일이 사고 중추를 이미 점유하고 있을 때 우리에게 들어온 인상들은 그 사고 중추에 침입하는 것이 저지되거나 제지되며, 따라서 더 낮은 신경 방출 통로로 흘러들어 간다고 뮐러는 시사했다. 또한 그는 더 나아가 이와 같은 과정이 충분히 빈번하게 반복되면, 이렇게 만들어진 옆길 통로가 상부 중추에서 어떤 일이 생기든 상관없이 사용될 수 있을 만큼 투과성이 높아진다고도 제안하였다. 언급된 바와 같은 습득된 방심의 경우 항등(恒等)한 자극도 처음에는 항상 혼란을 일으키고, 뇌가 다른 사물에 관하여 강하게 자극되었을 때에만 그 항등한 자극에 대한 의식이 성공적으로 제거된다. 점차로 이와 같은 의식 제거가 수월하게 되고 마침내는 자동적인 것으로 된다.

사고를 간섭하는 자극을 이와 같이 배출하게 하는 옆길 통로가 어디로 흐를지는 전혀 정확하게 지정될 수는 없다. 아마 그런 옆길 통로는 신체내의 기관에서 끝마치거나 중요하지 않는 근육 수축에서 끝마칠 것이다.

이 근육 수축을 촉발하는 원인 자극이 종결되어 단절될 때, 그 근육 수축은 즉각 우리에게 우리 존재에서 무언가 상실되었다는 느낌(뮐러의 말)을 주거나 또는 (그의 친구가 말한 바와 같이) 공허한 느낌을 줄 것이다.[63)]

뮐러의 제안은 또 다른 제안을 불러낸다. 어려운 과제에 계속 주의하려고 노력하는 사람은 방안을 서성거리거나 손가락으로 책상을 두드리거나 열쇠나 시계 줄을 만지작거리거나 머리를 긁거나 콧수염을 뽑거나 다리를 떨거나 사람에 따라 여러 가지 의미 없는 동작에 의지하게 된다는 것은 잘 알려진 사실이다. 스콧(W.

Scott) 경의 일화에서는 소년 시절 줄곧 학급에서 1등 하는 아이가 수업 시간에 저고리 단추를 손가락으로 돌리는 습관이 있었으며, 그는 그 소년의 저고리 단추를 떼어버림으로써 그 아이를 누르고 학급에서 1등으로 올라섰다고 한다. 단추가 떨어지자 단추 주인의 암기력도 사라진 것이다——이제 이 단추를 돌리는 행동은 대부분 마음을 조여 집중된 사고를 하는 동안에 생긴, 과잉 정서 흥분의 배출에 기인되어 생긴 것은 의심할 여지가 없다.

만약 사고 중추에 갇혀버리면 거기서 더 나쁘게 혼란시키기 쉬운 신경 흥분을 단추 돌리는 행동이 배출하여 없애버린 것이다. 그러나 그 행동은 동시에 그 순간의 모든 소용없는 운동 감각도 배출시키게 되고, 그리하여 주의를 오로지 내부 작업에만 더 집중하게 하는 것이 아니겠는가? 각자는 흔히 각각 그 자신에게 독특한 이런 종류의 습관적 몸 움직임을 한다. 따라서 하행 신경 통로는 항상 집중된 사고를 하는 동안 개방되어 있으며 우연한 자극이 다른 통로보다 이미 신경흥분을 방출하고 있는 통로로 방출될 경향이 있다는 것이 사용 빈도의 법칙(보편적 법칙은 아니지만)으로, 모든 장치는 외부 간섭을 받지 않도록 사고 중추를 보호할 것이다. 이것이 이 이색적 몸 움직임의 진실한 근거가 되는 이유라면, 그 몸 움직임 자체의 매 국면에서 생기는 감각들도 다음 국면에서 즉각 배출되어, 감각 배출의 순환 과정이 계속 진행되는 것을 그 몸 움직임이 돕는다고 가정해야 할 것이다.

814

나는 다음과 같은 그럴 만한 가치가 있는 제안을 제시한다. 즉 몸 움직임이 계속된 주의 노력과 연결되어 있다는 것이 확실히 진실하고 신기한 사실이라는 것이다.

1) Bain이 *The Senses and the Intellect*, p.558에서 주의를 언급했고 *Emotion of the Will*의 pp.370-374에서 주의에 관한 이론을 제시하기도 했다. 이 이론은 다음에 다시 거론할 것이다.

2) "교육을 시작할 때 맨 처음 가장 중요하지만 또한 가장 어려운 일은, 기질적인 생활이 지성적인 생활보다 우위에 있는 곳에서 어디서나 나타나는 것들을 주의하지 않고 정신이 산만해지는 것을 점차 극복하는 일이다. 동물 훈련은… 첫째로 주의를 일깨우는 것이어야 한다(Adrian Leonard, *Essai sur l'Education des Animaux*, Lille, 1842를 보라). 즉 동물들을 그냥 내버려 두면 주의하지 않을 사물들을 따로 떼어 점차 지각하도록 해야 한다. 왜냐하면 이런 사물들은 여러 감각 자극들이 합친 큰 덩어리와 융합하여 혼란된 전체 인상을 만들고 이 전체 인상 속에 있는 각 개별 인상은 나머지 다른 인상을 가리고 간섭할 것이기 때문이다. 처음에는 인간의 어린아이도 마찬가지다. 귀가 멀어 벙어리가 된 아이를 교육하는 것, 특히 지능이 낮은 아이들을 가르치는 것이 엄청나게 어려운 것은 주로 일반화된 혼란스러운 지각으로부터 개별 인상을 충분히 예민하게 추려내는 것이 아주 느리고 고통스럽기 때문이다"(Waitz, Lehrb. d. Psychol., p.632).

3) *Elements*, part I. Chap. II. 말미.

4) *Lectures on Metaphysics*, lecture XIV.

5) *Nature*, vol. III. p.281 (1871).

6) 종이 조각에 찍은 많은 수의 점과 글자 획을 **정상** 상태에 있는 사람에게 한 순간 보여주고 그가 거기 몇 개의 점이 있는 것으로 보았느냐고 물으면, 그는 이 점들이 그의 정신의 눈 속에서 몇 개의 집단으로 나눠지고, 그가 기억 속에서 한 집단을 분석하고 셈하는 동안 다른 집단들은 분해되어 버리는 것을 알게 될 것이다. 요컨대 점들에 의하여 형성되었던 인상은 신속하게 다른 것으로 변한다. 이와 반대로 **최면 몽환**의 피험자에서는 점들이 **고착**되는 것 같다. 나는 최면 상태의 사람들이 20을 넘지 않는 한도만큼의 수는 오래

도록 정신의 눈 속에서 쉽게 셈하는 것을 보았다.

7) 커텔(Cattell)이 제번스(Jevons) 실험을 더욱 정밀하게 실시하였다 (*Philosophische Stadiem*, III. 121. ff.). 선을 4개 내지 15개 그린 여러 장의 카드를 1초의 몇백 분의 1이란 짧은 시간 피험자의 눈에 비추어 주었다. 선의 수가 4 또는 5개인 경우에는 대체로 틀리지 않았다. 더 많은 수의 선은 과다평가하지 않고 오히려 과소평가했다. 유사한 실험을 문자나 도형으로 해도 같은 결과를 얻었다. 문자들이 잘 알고 있는 단어로 형성되는 경우, 결합해도 의미가 없는 문자의 경우보다 3배 더 많이 문자 이름을 말했다. 단어가 문장을 형성하면 단어들이 연결되지 않을 때보다 2배 더 많이 단어가 파악되었다. "이때 문장은 전체로 파악되었다. 만약 이렇게 문장으로 파악되지 않았다면 개별 단어들은 거의 파악되지 않았을 것이지만, 문장을 전체로 파악하면 단어들은 아주 뚜렷해진다."——분트와 그의 제자 디체(Dietze)는 신속하게 반복되는 소리로 유사한 실험을 했다. 분트는 소리를 서로 뒤따라 집단을 이루게 하여 가장 유리한 비율, 즉 1초의 10분의 3 내지 5의 비율로 소리가 연이을 때, 12개의 타격 음이 만드는 소리 집단이 최고로 확인되고 탐지될 수 있다는 것을 알았다(Phys. Psych., II 215). 디체(Dietze)는 소리를 들을 때 마음속에서 소리 집단들을 쪼개어 소집단을 만들어 한 소리를 듣도록 하면, 40개 타격 소리가 전체로 탐지된다는 것을 발견했다. 따라서 그것들은 5개 타격 소리로 된 8개 소집단 또는 8개 타격 소리로 된 5개 소집단으로 파악되었다(*Philosophische Studien*, II. 362)——후에 분트 실험실에서 베흐테레프(Bechterew)는 **동시**에 사라져가는 두 개 메트로놈 소리 계열에서 한 메트로놈의 소리가 다른 것보다 한 개 더 많게 하여 관찰했다. 가장 잘 파악되는 소리의 연속 속도는 0.3초였으며 이때 소리가 18개인 집단과 18+1개인 집단을 분명하게 변별했다(*Neurologisches Centralblatt*, 1889, 272).

8) *Revue Scientifique*, vol. 39, p.684 (May 28, 1887).

9) *Chr. Wolff: Psychologia Empirica*, 245를 보라. 볼프(Wolff)의 주의 현상에 관한 설명은 대체로 훌륭하다.

10) *Pflüger's Archiv*, XI, 429-31.

11) *Physiol. Psych.*, 2d. ed. II. pp.238-40.

12) 동서, p.262.

13) *Phyciol. Psych.*, 2d.ed. II. 264-6.

14) 이것이 원래의 베셀(Bessel) '개인 방정식' 관찰이다. 관찰자는 적도 망원경으로 관찰하여 별이 베셀(Bessel) 자오선을 지나는 순간을 기록하고, 그 자오선은 망원경 시야에서 볼 수 있도록 줄로 표시되어 있고, 이 자오선 줄 외에 또 다른 줄들이 동일 간격으로 그려져 있다. "별이 그 자오선에 닿기 전에 그는 시계를 보고 그 다음 망원경에 눈을 대고 진자의 똑딱 소리로 초를 셈한다. 별은 진자의 똑딱 소리가 나는 정확한 순간 자오선을 통과하는 일이 드물기 때문에 관찰자는 1초의 몇 분의 몇이라는 분수적 시간을 추정하기 위하여 별이 자오선을 통과하기 이전과 이후의 똑딱 소리가 난 위치를 기록하고, 자오선이 이 두 위치 사이의 공간을 나눈다고 짐작되는 바에 따라 시간을 나누어야 한다. 예를 들어, 관찰자가 20초를 셈하고 21초에 별이 자오선 c로부터 ac만큼 떨어진 것으로 보이고, 22초에는 bc의 거리에 있어, ac : bc = 1 : 2라면 별은 21과 1/3초에 자오선을 통과한 것이 된다. 이 관찰 조건은 우리 실험 조건과 유사하다. 별은 지침이고 망원경 시야의 줄은 계기판이며 운동이 빠르면 정적 시간 전위가 나타나고 느리면 부적 시간 전위가 나타날 것이 기대된다. 천체 관찰에서는 시간 전위의 절대량을 측정할 수는 없지만 시간 전위가 있다는 것은, 모든 다른 가능한 오차가 제거된 뒤라도 아직도 관찰자에 따라 단순 반응 시간의 개인차보다 훨씬 더 큰 오차의 개인차가 있는 경우가 많아…때로는 1초 이상이나 된다는 사실에 비추어 보아 확실하다." (전게서, p.270).

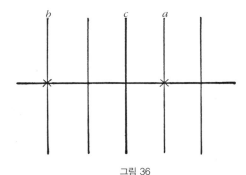

그림 36

15) *Phyciol. Psychol.*, 2d. ed. II. 273–4; 3d. ed. II. 339; *Philosophische Studien*, II. 621 ff.——나는 머리가 나쁘지만 이와 같은 이론 설명, 특히 분트의 설명은 약간 모호한 데가 있는 것 같다고 실토한다. 폰 츠이치(von Tschisch)는 지침의 위치에 대한 지각이 너무 늦게 일어나는 것은 불가능하다고 생각하며 그런 지각은 특별한 주의를 요구하지 않는다고 말한다 (p.622). 그러나 사실은 그렇지 않은 것 같다. 이 두 관찰자는 모두 지침을 정확한 순간에 보기 어렵다고 말한다. 이 사례는 동시에 생기는 다수의 순간적 감각들에 주의를 골고루 분배하는 사례와는 다르다. 벨이나 기타 신호는 순간적 운동 감각을 제공하고 지침은 연속적 운동 감각을 제공한다. 지침의 어떤 한 **위치**를 기록한다는 것은 운동 감각을 **중단**하고 그 대신 아무리 짧은 동안이라 할지라도 전혀 다른 지각체——그 하나는 예를 들면 위치에 관한 지각체——를 대치하는 것이다. 이것은 지침 회전에 대한 주의 양식을 돌연하게 바꾸는 것이며 그 지침 변화는 순간적 인상보다 일찍도 늦게도 나타나서는 **안 되고**, 지침을 그때 거기서 보여진 대로 고정시켜야 한다. 이제 이것은 단순히 동시에 두 개 감각을 얻어 그것들을 두 개로 느끼는 경우가 아니라——이런 작용은 조화가 이루어지는 작용일 것이다 ——**한 감각을 중지시키고** 다른 감각으로 바꾸어 동시에 제3의 감각을 얻는 사례이다. 이들 두 사례의 작용은 이질적이며, 이 세 가지 작용은 전부 어느 정도 서로 간섭한다. 순간적인 인상을 포착하는 바로 그 순간 지침을 '고정'시키는 것이 어렵게 되며, 따라서 우리는 인상이 나타나기 이전에는 가급적 늦은 순간 또 인상이 나타난 다음에는 가급적 빠른 순간 지침을 고정하는 데 몰두하게 된다.

내가 보기에는 이것이 적어도 가장 그럴 듯한 사실인 것 같다. 만약 인상이 실제 나타나기 전에 지침을 고정시킨다면 그것은 우리가 인상을 너무 늦게 지각하게 된 것을 의미한다. 그러나 인상이 느리고 또 단일하게 나타날 때에는 왜 지침을 인상에 **앞서** 고정시키고, 인상이 빠르고 복잡하면 왜 인상이 있는 **다음에** 지침을 고정시키는가? 그리고 왜 어떤 조건에서는 시간 전위가 전혀 없는가? 시사되는 해답은 주의를 인상과 지침 둘 모두에 편하게 주어질 만큼 인상들 사이에 충분한 시간 여유가(분트의 실험에서는 1초) 있을 때에는 두 과정이 동시에 수행되고, 그 시간 여유가 너무 길면 무르익는다는 자신의 법칙에 따라, 그리고 주의가 다른 인상이 나타나기 전에 지침을 알아차릴 **준비**가 되어 **그때** 그 지침을 알아차리게 된다. 왜냐하면 그 때가 가장 지침을 고정시키는 행동을 하기 쉬운 순간이고 한 순간 늦게 오는 인상들이 지침을 고정시키는 행동을 방해하기 때문이다. 그리고 끝으로 시간 여유가 불충분하면 보다 고정된 자료인 순간적 인상들이 우선 주의되고 약간 후에 지침에 주의가 고정된다. 너무 이른 순간 지침을 알아차리는 것은 많은 다른 주의 경험에서와 같이 진실한 사실을 알아차리는 것일 것이다. 예를 들어 반응 시간 실험에서 규칙적으로 반복되는 자극 계열에서는 자극을 잠깐 한번 빼먹어도 관찰자는 때때로 마치 그 자극이 있는 것처럼 반응한다. 분트가 어디선가 관찰한 바처럼 여기서도 단지 내부 준비가 완료되었다는 이유만으로도 우리 자신은 행동하게 된다. 지침에 주의를 '고정'하는 것도 일종의 행동이며, 따라서 나의 해석은 다른 곳에서 인정된 사실과도 일치하지만 분트의 그 실험에 대한 해석은 (내가 올바르게 이해했다면) 츠이치와 같은 관찰자도 끊임없이 또 예외 없이 벨 소리가 나기 전에 벨 소리의 환각을 가지며 **뒤에 가서는 실제 벨 소리를 듣지 못한다**고 우리가 믿도록 요구한다…이런 일이 가능한지 의심스러우며 우리의 여타 경험에서도 이와 유사한 일은 있다고 생각할 수 없다. 이 주제 전체가 재검토될 만하다. 이 사실에 관한 끈질긴 연구를 실시한 가장 높은 공로는 분트에게 돌아 갈 만하다. 이 사실에 관한 그의 초기 저술 속에 있는 설명은(Vorlesungen üb. *Menschen-und Tierseele*, I. 37–42, 365–371) 단지 의식이란 통일된 단위에 호소하는 것으로 되어 있고 아주 조잡한 것으로 사료된다.

16) 영구적인 관심 자체도 직접 본능적으로 관심을 가지게 되는 어떤 대상과의 관계에 근거하고 있다는 것을 유념하라.

17) Herbart; *Psychologie als Wissenschaft*, 128.

18) Sir W. Hamilton: *Metaphysics*, Lecture, XIV.

19) *Mental Physiol.*, 124. 자주 인용되는 부상당한 것을 지각하지 못하는 병사의 경우가 이와 유사한 종류이다.

20) 커텔(J. M. Cattell) 교수는 주의를 산만하게 하거나 수의적으로 집중함으로써, 어느 정도 반응 시간을 단축시키느냐 하는 우리가 앞으로 참조할 실험을 하였다. 그는 수의적 집중 실험 계열에서 "평균 1초 동안 주의 긴장이 유지될 수 있다. 즉 중추가 불안정한 균형 상태를 유지 한다"라고 말했다(*Mind*, XI, 240).

21) *Physiologische Optik*, 32.

22) "천재란 지속적 주의일 따름이다(*une attention suivie*)"라고 엘베시우스 (Helvetius)는 말했다. 뷔퐁(Buffon)은 "천재란 장기적 인내일 따름이다 (*une longue patience*)"라고 말했다. "적어도 정밀 과학에서 진실로 천재 를 만드는 것은 극복할 수 없을 때라도 건전한 지성이 인내하는 것이다"라 고 퀴비에(Cuvier)는 말했다. 그리고 체스터필드(Chesterfield) 또한 "단일 대상에 확고하고 흐트러짐이 없이 주의할 수 있는 능력이 훌륭한 천재라 는 확실한 표지이다"라고 말했다(Hamilton: *Lect. on Metaph*, Lecture XIV.).

23) 예를 들어 Ulrici: *Leib u. Seele*, II. 28; Lotze: *Metaphysik*, 273; Fechner: Revision d. Psychophysik, XIX; G. E. Müller: *Zur Theorie d. sinnl. Aufmerksamkeit*, 1; Stumpf: *Tonpsychologie*, I. 71을 보라.

24) Fechner, 전게서, p.271.

25) *Tonpsycholgie*, I. p.71.

26) Lotze의 *Metaphysik*, 273에 있는 주의의 본질적 열매로서의 명료도와 비교하라

27) *Elements*, part I. Chap. II.

28) *Physiol. Psych*. 2d ed. II. 226.

29) 분트는 반응 시간의 부적 값은 자극이 있기 전에 반응 운동이 나타나는 경 우를 의미한다고 하였다.

30) 전게서, II. 239.

31) 독자들은 이런 현상이 자주 일어나는 것이라 가정해서는 안 된다. 엑스너 와 커텔같이 경험이 많은 관찰자라도 그들이 친히 실시한 실험에서 이런 현상에 마주친 일이 없다고 부인하였다.

32) 상게서, pp.241-5.

33) 커텔(J.M. Cattell)(*Mind*, XI. 33)은 방해 소음을 사용하여 잘 훈련된 두 사 람의 관찰자에게 분트 실험을 반복 실시하여, 광(光)자극이나 음 자극에 대한 단순 반응 시간이 눈에 띌 정도로 증가하지는 않는 것을 발견했다는 것을 첨부하여야 한다. 아주 강한 수의적 주의 집중을 하면 반응시간이 평 균 0.013초 정도 단축되었다(p.240). 자극을 기다리는 동안 암산을 하면 분명 어느 경우보다도 반응 시간을 연장시킨다. 덜 신중한 다른 관찰인 오 버슈타이너(Obersteiner), Berlin I. 439와 비교하라. 커텔의 부정적 결과 는 방해받는 자극에서 어떤 사람들이 얼마나 주의를 딴 곳으로 돌릴 수 있

는가 하는 것을 보여주고 있다.──바텔스(Bartels)란 사람은(*Versuche über die Ablenkung d. Aufmerksamkeit*, Dorpat, 1889) 한쪽 눈에 주어진 자극이 다른쪽 눈에 주어지는 빠르게 일어나는 아주 약한 자극을 지각하는 것을 때로 방해하고 때로는 촉진시키는 것을 발견했다.

34) Wundt, *Physiol. Psych.* lst. ed. p.794.

35) *Beiträge zur Experimentellen Psychologie*, Heft I. pp.73-106 (1889).

36) 적어도 그는 항상 발성에 대한 신경 지배 흥분을 막 방출할 점 가까이까지 가져간다. 뮌스터베르크(Münsterberg)는 머리 근육이 긴장되는 것이 대답에 주의하는 태도의 특징이라 기술하였다.

37) *Psychophysik*, Bd. II. pp.475-6.

38) 페히너(Fechner)가 두개골에 있는 특이한 느낌이라고 계속 기술한 느낌을 나는 전혀 의식할 수 없었다고 말해야 하겠다. 그는 다음과 같이 말한다. "서로 다른 감각 기관에 긴장된 주의를 하여 얻는 느낌은, 다만 그 기관에 속하는 근육들을 일종의 반사 작용에 의하여 움직여 그 감각 기관을 사용함으로서 생기는 근육 긴장의 느낌에 지나지 않는 것 같다. 따라서 어떤 것을 상기하려고 노력할 때 생기는 긴장된 주의에 대한 감각이 어떤 특정 근육 수축과 연합되는가?라고 우리는 물을 수 있을 것이다. 이 질문에 내 자신의 느낌은 결정적인 해답을 준다. 그 주의 긴장 감각은 머릿속에 있는 긴장에 대한 감각이 아니라, 의심할 바 없이 두개골 근육의 수축에 의해 생긴 머리 전체에 걸쳐 외부로부터 내부로 들어오는 압력에 의하여 두개골에 생긴 긴장과 수축에 대한 느낌으로 뚜렷하게 나에게 나타난다. 이것은 독일에서 흔히 쓰는 머리를 조인다(dem Kopf Zasammennehmen)라는 표현과 잘 어울린다. 앞서 내가 병에 걸려 계속하여 사고하려는 노력을 전혀 견뎌 낼 수 없었고, 또 이 문제에 대한 어떤 이론적 편견도 가지고 있지 않았을 때, 내가 사고하려고 하기만 하면 언제나 두개골 근육, 특히 후두 근육이 병적인 정도로 예민하게 감각되었다"(동서, pp.490-491). 마흐(Mach) 교수의 초기 저서에서 주의를 사용하여 복합적 음악 음들을 요소음으로 분해하는 방법을 언급한 다음, 이 연구자는 다음과 같이 계속했다: "우리가 소리들 사이를 '뒤진다'고 말하는 것은 비유적인 말만이 아니다. 이처럼 귀를 기울여 뒤지는 것은 눈으로 주의하여 보는 것과 꼭같이 아주 뚜렷한 신체 활동이다. 생리학의 경향에 따라 주의를 어떤 신비로운 것으로 이해하지 않고 다만 신체적 소질로 이해한다면, 주의를 귀 근육에서 변

822

하는 긴장에서 찾는 것이 가장 자연스럽다. 마찬가지로 일반 사람들이 주의하여 본다고 말하는 것은 주로 시선축의 순응과 자세 정립으로 환원된다…이에 따라 아주 일반적으로 **주의**는 신체 기제에 자리를 잡고 있다는 것이 나에게는 아주 그럴싸한 견해처럼 보인다. 신경 작용이 어떤 한 통로를 통하여 이루어진다면, 그 신경 적용은 그것으로 다른 신경 통로를 폐쇄하는 기계의 근거가 된다."(Wien Sitzungsberichte, Math. Naturw., XLVIII. 2. 297. 1863.)

39) *Physiol. Optik*, p.741.

40) *Hermann's Handbuch*, III. I. 548.

41) Helmholtz: *Tonempfindungen*. 3d. ed. 85-9 (Engl. tr., 2d. 50, 51; 또한 pp.60-1을 보라).

42) *Physiol. Psych.*, II. 209.

43) *Physiol. Optik*, 741.

44) p.728.

45) *Popular Scientific Lectures*, Eng. Trans., p.295.

46) 어느 날, 어떤 자가 나를 어리둥절하게 만들려고 말해 준 다음과 같은 싯귀에서도 마찬가지이다. "Qui n'a beau dit, qui sabot dit, nid a beau dit elle?"

47) 나는 그가 감각 기관의 피로 때문이라고 설명하는 것에는 만족하지 않지만 로체(Lotze)가 그의 *Medizinische Psychologie*, §431의 각주에서 예로 제시한 또 다른 일련의 사실들을 참조하지 않을 수 없다. "조용히 누워서 벽지 무늬를 머릿속에서 생각하면 때로는 그 무늬가 배경이 되고 때로는 전경 도형이 되어 더 분명하고 따라서 더 가까이 다가온다…단색의 많은 회전 선분으로 되어 있는 아라비아 무늬는 한번은 어떤 연결된 선분 체계로 보여지고, 또 다른 때에는 다른 연결된 선분체계로 보여지며, 이 모든 것이 우리가 전혀 어떤 의도도 갖고 있지 않아도 나타난다[이런 것이 무어(Moor)족 무늬에서는 깨끗하게 보이지만 그림 40과 같은 단순 도형에서도 잘 보인다. 우리는 이 그림을 때로는 큰 삼각형 두 개가 포개진 것으로 보고 또 때로는 육각형의 변이 연장되어 각이 만들어진 것으로 보기도 하며, 또 때로는 여섯 개의 작은 삼각형이 정점에서 서로 만난 것으로도 본다]. …때로는 그림을 응시할 때 그림의 시각 특징이나 그림의 의미가 주의를 불러일으킬 어떤 동기가 되는 것 같지 않지만, 갑자기 그림의 특징

중 어느 하나가 특별히 명료하게 비쳐지는 일이 상상 속에서 일어난다…
졸고 있는 사람에게는 주위 환경이 교대로 어둠 속에 사라졌다 갑자기 밝
아진다. 옆에 있는 사람의 말소리가 무한히 먼 곳에서 오는 것 같으나 다
음 순간 그 말소리는 우리 귀를 위협할 만큼 크게 들려 놀란다" 등등…이
런 변화는 누구나 알아차릴 수 있는 것이며, 끊임없이 변한다는 법칙이 지
배하는 관념 중추들의 안정되지 못한 균형상태 때문이라고 쉽게 설명된다
고 나에게는 여겨진다. 우리는 한 묶음의 선들은 대상으로 개념화하고 다
른 선들 묶음은 배경으로 개념화하여 즉각 첫 번째 선들의 묶음을 우리가
보는 사물을 만드는 선들의 묶음이 되게 한다. 개념이 변하는 것을 설명하
기 위해서는 어떤 논리적 이유도 필요 없으며, '마치 타버린 종이 불꽃처
럼' 우연한 영양공급에 의하여 뇌신경 통로들의 상호간 흥분 발사가 확산
된 것으로도 충분히 설명된다. 졸고 있는 동안의 개념변화는 더욱 분명히
이와 같은 원인에 기인한다.

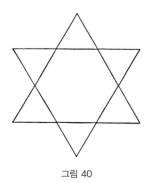

그림 40

48) *The Emotions and the Will*, 3d ed. p.370.
49) *Psychologie de l' Attention*, (1889) p.32 ff.
50) *Philosophische Studien*, IV. 413 ff.
51) 랑게(Lange)의 **동서**, p.417에서 망막 경합 현상에서 얻은 그의 견해에 대
　한 또 다른 증명을 살펴보라.
52) 많은 나의 학생들은 나의 지시에 따라 상상된 알파벳과 철자의 문자들을

가지고 실험하여, 그 문자를 눈으로 윤곽을 추적하지 않고도 전체를 색칠한 그림으로 내부적으로 볼 수 있었다고 나에게 말했다. 나 자신은 시각 상상을 잘 하지 못하는 사람이어서 실험하는 동안 눈 운동을 하였다――마릴러(L. Mariller)는 나의 이 교과서가 저술된 다음 발표된 내관 능력에 관한 탁월한 논문에서(*Remarques sur le Mécanisme de l'Attention*, Revue Philosopique, vol. XXVII. p.556) 리보(Ribot) 등에 반대하여 감각 심상이 주의와 관계되는 운동 심상에 의존하지 않는다고 주장하였다. 나는 그를 나의 동조자로 기꺼이 인용한다.

53) 페리어(Ferrier) (*Functions of the Brain*, 102-3) 박사와 오버슈타이너(Obersteiner) (*Brain*, I. 439. ff) 박사는 제지 작용을 주의의 본질적 특징으로 취급했다. 이 주제를 가장 철저하고 만족스럽게 다룬 저자는 단연 뮐러(G. E. Müller) 교수였으며, 그의 *Zur Theorie der sinnlichen Aufmerksamkeit*,(교수 취임논문. Leipzig, Edelmann, 1874?)이란 작은 저술은 학문적 Monograph가 갖추어야 할 식견과 예리함의 모범이다. 나는 이 업적에서 인용하고 싶지만 그 문장에 있는 독일적인 색채 때문에 인용할 수 없다. 또한 G.H. Lewes: *Problems of Life and Mind*, 3d. Series, Prob. 2, Chap. 10; G. H. Schneider: *Der Menschliche Wille*, 294 ff. 309 ff.; C. Stumpf: *Tonpsychologie*, I. 67-75; W. B. Carpenter: *Mental Physiology*, Chap. 3; Cappie, 'Brain' July 1886 (hyperaemia-theory); J. Sully: 'Brain', Oct. 1890을 보라.

54) *L'Enfant de trois à sept Ans*, p.108.

55) *Psychologie de L'Attention*, p.53.

56) 이런 종류의 반복은 대화 내용에 대한 지적 이해를 제공하지는 않고 다만 정신을 다른 통로로 동요하는 것을 막을 뿐이다. 지적 이해는 때로 문장이 끝나 말하자면 종을 칠 때 생기고, 그때까지는 단순한 단어들에 지나지 않았던 것들 속에서 생긴다.

57) 독자들은 내가 결과 이론에 편들어 말할 가능한 모든 것을 말하고 있는 것을 알아차렸을 것이다. 이는 나와 같이 원인 이론에 기울더라도 나는 이에 반대하는 적대자의 가치를 과소평가하기를 원하지 않기 때문이다. 사실 직접적인 감각주의 현상에서 사람들은 처음에는 결과이론에 반대하는 입장을 취하여 출발할 수도 있을 것이다. 예를 들어 주의는 눈의 적응 운동을 일으키는 원인이며, 눈 운동의 결과가 아니라고 말할 것이다. 헤링

(Hering)이 결과 이론을 가장 강조하여 기술하여 "한 응시 점에서 다른 응시 점으로 옮기는 운동은 주의하는 장소를 변화시키는 데 따라 일어나고 규제된다. 처음에는 직시하지 않았던 대상도 우리 주의를 끌 때에는 주의가 이동되고, 대상을 분명하게 하려는 노력의 결과로 상응하는 눈 운동이 어떤 어려움도 없이 뒤따른다. 주의 동요는 응시점의 동요를 초래한다. 눈 운동이 시작되기 전에 이미 목표가 의식에 있고, 주의에 의하여 포착되며 보이는 전체 공간 속에서 목표점이 자리잡은 위치가 눈 운동의 방향과 양을 결정한다."(Hermann의 Handbuch, p.534)라고 했다. 나는 여기서 이렇게 주장하지는 않는다. 왜냐하면 주의와 눈 운동 중 어느 것이 먼저 나타나느냐 하는 것을 분간하기 어렵기 때문이며(헤링의 이유는, pp.535-6, 그리고 pp.544-6, 내가 보기에는 애매한 것 같다) 대상에 대한 주의가 먼저 나타난다 하더라도 그것은 단순한 자극과 연합된 결과일 수 있기 때문이다. 보려는 의지 자체가 공간 감성(space feeling)이라고 주장하는 마흐(Mach)의 이론이 여기서 헤링(Hering)의 이론과 비교될 수 있다." 마흐(Mach)의 *Beiträge zur Analyse der Empfindungen*, (1886). pp.55 ff를 보라.

58) 브래들리(F. H. Bradley), **"주의라는 특별한 작용이 있는가?"** '*Mind* XI, 305와 Lipps (Grundtatsächen, chaps. IV 및 XXIX)도 주의를 이와 마찬가지로 서술했다.

59) 의지의 장에 이르러 더 많은 것을 언급할 것이다.

60) 내부 작용이란 개념을 여기서 옹호한 것을 제임스 워드(James Ward)의 '*Mind* XII, 45와 564에 나타난 탐색적 논문에서 보라.

61) 이런 노력이 성공하려면 사전에 약간의 시간이 걸리는 일이 있다는 것을 인정해야 한다. 어린아이 시절에 나는 아주 큰 소리로 똑딱거리는 시계가 있는 방에서 잤으나 그 소리를 들으려고 귀를 기울였을 때, 아주 오랜 시간으로 생각되는 동안 그 똑딱 소리를 알아차리지 못한 것을 알게 되어 놀란 일이 한두 번이 아니었다. 그 소리를 알아차린 다음에는 시계 소리가 갑자기 거의 놀라 자빠질 정도로 높게 내 의식 속을 뚫고 들어오곤 하였던 것을 기억한다――델뵈프(Delboeuf)는 물방아 있는 둑 근방의 시골집에서 자다가 밤중에 깨어나 시냇물이 흐르지 않는 것으로 생각되었지만, 열려진 창문을 통해 내다보아 시냇물이 달빛 아래서 흐르는 것을 보고서야 그 시냇물이 흐르는 소리를 다시 듣게 되었다는 것을 어디선가 이

야기하였다.

62) *Zur Theorie d. sinnl. Aufmerksamkeit*, p.128 foll.

63) 나는 작업장에서 기계 소음이 멈춘 다음 작업자들의 기능에 측정할 만한 어떤 변화가 있는가 하는 것을 실험적으로 탐색하기 시작했다. 아직까지는 맥박, 호흡, 손 악력, 등에 관해서는 어떤 일률적인 결과를 발견하지 못했다. 나는 이 탐색을 더 많이 시행하기를 희망한다(May, 1890).

제12장

개념
(CONCEPTION)

동일감
(THE SENSE OF SAMENESS)

제8장 401쪽에서 사물에 대하여 단지 알기만 하는 지적(知的) 지식과 사물에 관하여 깊이 아는 식적(識的) 지식의 두 종류 지식을 구별하였다. 이 두 종류의 지식이 있을 수 있는 근거는 정신의 기본 특성이며, 그 정신 특성은 '정신의 의미 차원에서의 항등성(恒等性) 원리(*the principle of constancy in the minds meaning*)' 라는 명칭이 붙여질 만하며 다음과 같이 표현될 수 있다: "연속하는 정신 흐름의 부분들에서는 동일한 것들이 사고될 수 있으며, 연속하는 정신 흐름의 어떤 부분들은 다른 부분들이 의미하는 것과 동일한 것을 그들이 의미하고 있다는 것을 알고 있다." 이 말을 달리 표현

하면 "정신은 항상 **동일한 것**을 사고하려고 의도할 수 있으며, 또 그렇게 의도할 때 그 **동일한 것**을 사고한다는 것을 알 수 있다"라고 말할 수 있을 것이다.

이 동일감(同一 感)은 우리 사고의 바로 용골(龍骨)이고 등뼈이다. **제10장**에서 우리의 개인 정체 의식이 어떻게 이 동일감에 근거를 두고 있으며, 우리의 현재 사고가 어떻게 우리가 지금 느끼는 온기와 친근감과 동일한 것으로 확인되는 온기와 친근감을 기억 속에서 찾아내는가 하는 것을 보았다. 어떤 철학자들은 지식을 얻는 주체가 지니는 이와 같은 정체감이 세계를 서로 한데 매달리게 하는 유일한 매개물이라고 주장한다. 그러나 알려지는 대상에 있는 정체감도, 주관적 정체감은 없을지라도 지식을 얻는 주체에 있는 정체감과 정확하게 똑같은 통일 기능을 수행할 것이란 것은 물론이며 거론조차 할 필요가 없다. 그리고 동일한 외부 사물을 반복 사고하려는 의도가 없고 또 동일한 사물을 사고한다는 느낌도 없다면, 개인으로 우리 자신이 동일하다는 느낌은 우리의 경험 세계를 형성하는 데 별로 소용없을 것이다.

그러나 우리는 우선 동일감을 다만 정신 구조라는 관점에서만 언급하며 우주적 관점에서 언급하고 있지 않다는 것에 유의하라. 우리는 심리학을 연구하는 것이며 철학을 연구하는 것이 아니다. 즉 우리는 **사물**에 어떤 진실한 동일성이 있느냐 없느냐 하는 것이나, 또는 동일성이 있고 없는 그 어느 것으로 가정하든 그 경우의 정신이 얻는 것이 진(眞)이냐 위(僞)냐, 하는 것을 문제 삼는 것이 아니다. 우리 심리학의 원칙은 다만 정신은 동일이란 개념(*notion*)을 계속 사용하며 만약 그 개념이 없다면 정신이 현재 갖고 있는 구조와 다른 구조를 갖게 될 것이라고 주장할 따름이다. 한 마디로 말하면, 정신이 **동일**을 의미할 수 있는 원리는 다만 그런 의미에서만 해당되며 그 밖에는 반드시 진실이어야 할 필요는 없다.[1] 정신은 **동일**이 있을 수 있다고 개념화해야 한다. 왜냐하면 경험이란 사물의 있는 그대로이기 때문이다. 심리적 동일감이 없다면 동일성이 외부로부터 영원히 비 오듯 우리에게 쏟아져 우리는 결코 더 현명하게 되지는 못할 것이다. 다른 한편 심리적 의미에서는 외부 세계는 중단 없는 흐름일 것이지만, 그래도 경험이 반복되는 것을 지각할 것이다. 외부 세계는 지금도 동일한 사물이 두 번 반복하여 나타나거나 또 장차 나타날 그런 장소는 결코 아닐 것이다. 우리가 동일하다고 지적하려고 마음먹은 사물은 머리부터 발끝까지 완전하게 변할 것이지만 우리는 그렇게 변한 사실을 알지 못할 것이다. 그러나 우리가 의미하는 것 자체는 속임수에 빠지는 일이 없으며, 우리는 동일한 것을 사고하려는 의도를 가질 것이다. 이런 원리에 내가 붙인 정신적 의미 차원에서의 항등성 법칙이란 이름은 주관적 특성을 강조한 것이며, 그 특성을 우리 정신 구조의 모든 특징 중에서 가장 중요한 특징이라고 주장하는 것을 정당한 것이 되게 한다.

모든 정신생활이 이와 같이 발달된 동일감을 갖는다고 가정할 필요는 없다. 벌레나 산호의 의식에는 동일한 현실이 자주 인상을 심어주더라도 그들의 의식에는 동일감이 거의 일어나지 않을 것이다. 그러나 거미줄을 친 거미줄 위 거미처럼 앞뒤로 달리게 되어 있는 우리는 동일한 소재를 다루게 되며, 그 소재를 여러 가지로 사고한다고 느낀다. 그리고 동일한 소재를 가장 잘 찾아내는 사람일수록 가장 훌륭한 철학적 인간 정신을 갖고 있는 사람으로 간주된다.

개념의 정의
(CONCEPTION DEFINED)

따라서 숫자로 셈할 수 있게 구별되고 또 영속되는 대화 주제를 우리가 찾아내는 기능을 **개념(conception)**이라 부르며, 개념의 운반자인 사고를 **개념체**(*concept*)라 부른다. 그러나 '개념체'란 말은 대화 자체의 (외부) 대상을 지칭하는 것처럼 흔히 사용되기도 하므로, 이와 같은 의미가 느슨한 말은 토론할 때 애매하기 쉽기 때문에, 나는 개념체란 표현을 사용하는 것을 전적으로 회피하고 대신 '개념화하는 정신 상태' 또는 그와 유사한 어떤 말로 표현할 것이다. '개념'이란 말은 애매하지 않다. 이 말은 정확하게는 정신 상태를 지칭하는 것도 아니며, 정신 상태가 의미하는 사물을 지칭하는 것도 아니며 이 양자간의 관계, 즉 어떤 특정 사물을 의미하는 정신 상태의 **기능**을 지칭한다. 동일한 하나의 정신 상태가 많은 개념의 운반체일 수 있고, 또 어떤 특정 사물을 의미할 수도 있으며, 또 그 밖에 더 많은 것을 의미할 수도 있다는 것은 분명하다. 만약 정신 상태가 그와 같이 다수의 개념 기능을 갖고 있다면 그 정신 상태는 복합 개념의 작용이라 할 수 있을 것이다.

우리는 증기 기관과 같이 정신─밖에 있는 것, 인어(人魚)와 같이 창작된 것, 또는 차이나 비실재처럼 단지 **이론 실체**(*entia ratio-nis*)로 되어 있다고 가정되는 현실 등도 개념으로는 사고할 수 있다. 그러나 우리가 무엇을 개념화하든 우리 개념은 그 무엇에 대한 개념이고 다른 것에 대한 개념일 수는 없다──그것에 **더하여** 많은 다른 것에 대한 개념일 수도 있지만 그것 **대신** 어떤 다른 것에 대한 개념일 수 없다. 각 개념 작용은, 이 세계가 사고하도록 제공하는 소재 덩어리의 어떤 부분을 혼란 없이 선택하고 그것을 견지하는 우리의 주의로부터 초래된다.[2] 우리에게 제공된 어떤 대상이 우리가 가지는 의미와 동일한가, 또는 동일하지 않은가 하는 것을 알지 못할 때 혼란이 야기되고, 따라서 개념 기능이 완성되려면 사고가 '나는 이것을 의미한다' 라 말할 뿐만 아니라 '나는 저것을 의미하지 않는다' 라 말할 것이 요구된다.[3]

따라서 개념은 각각 영원히 있는 그대로 남으며 결코 다른 개념이 될 수는 없다. 정신은 때에 따라 그 상태와 그 의미를 바꿀 수 있고 어떤 개념은 버리고 다른 개념을 취할 수 있지만, 버려진 개념이 **변하여** 뒤따르는 개념 속으로 들어갔다고 말하는 것은 이치에 맞는 말일 수 없다. 조금 전 흰색이었던 종이를 나는 지금은 연기로 그을린 검은 것으로 볼 수 있다. 그러나 내가 가지는 '흰색'이란 개념이 변하여 내가 가지는 '검은색'이란 개념이 된 것은 아니다. 그와 반대로, 흰색이란 개념은 나의 정신 속에서 의미를 달리하여 객관적인 검은색과 나란하게 있으며, 그렇게 함으로써 검은 것은 종이가 변한 것이라고 판단할 수 있게 된다. 흰색이 정신 속에 있지 않다면 나는 다만 '검다'라고 말할 뿐 더 이상 아는 것이 없을 것이다. 따라서 우리의 의견과 물리적 사물이 유동하는 한가운데에서도 개념 세계 또는 사고하려는 의도의 대상이 되는 사물의 세계는 플라톤의 **관념 세계**처럼 부동으로 또 불변으로 남아 있게 된다.[4]

어떤 개념은 사물에 관한 것이고, 어떤 것은 사건에 관한 것이고, 또 어떤 것은 속성에 관한 것이다. 사물이든 사건이든, 속성이든 모든 사실은 선발되고 표지를 붙여 다른 것과 분리되어야만 정체를 찾아내려는 목적에 맞게 개념화될 수 있다. 사실을 단지 '이것' 또는 '저것'이라 부르는 것만으로도 개념화에 충분할 것이다. 전문 용어를 사용하면 주어는 **내포**가 없거나 또는 아주 적은 내포만 첨부되는 경우에도 **외연**에 의해 개념화될 수 있다. 중요한 점은 대화의 주어이며 그 주어를 우리가 재확인해야 한다. 그러나 주어가 충분히 표상될 수 있는 경우라도 주어를 재확인하기 위하여 주어의 완전한 표상이 반드시 있어야 하는 것은 아니다.

이런 의미에서 지능 척도에서 극히 저급한 생명체라도 개념을 가질 수 있다. 필요한 것은 다만 그들이 동일 경험을 재차 동일하다고 확인하는 것이다. 하나의 폴립(polyp)이라도 그들의 정신에 '생각이 안 나는데! 무엇이더라!'라는 느낌이 스쳐가는 일이 있다면 그는 개념에 의한 사고를 하는 자인 것이다.

그러나 대부분의 사고 대상들은 지적될 뿐만 아니라 어느 정도는 표상되기도 한다. 사고 대상들은 지각되거나 상상된 사물이나 사건이고 또 실증적으로 파악된 성질들이다. 어떤 사물의 성질을 직관하여 알고 있지 않더라도 그 사물이 갖는 어느 한 가지 관계라도 알거나 그 사물에 관한 어떤 것이라도 알게 된다면, 그것만으로도 그 사물을 개별화하고 우리가 의미하는 모든 다른 것들과 구별하는 데 충분하다. 따라서 우리 대화의 많은 화제들은 **확실하지 않거나** 다만 관계들로만 규정된다. 우리는 어떤 사실을 얻어야 하는 사물을 사고하지만, 그 사물이 실제 나타났을 때 어떤 모습을 할 것인가 하는 것을 아직 알지 못할 수도 있다. 따라서 우리는 영원히 움직이는 기계라는 것도 개념화하여 생각할 수 있다. 이런 것은 완전히 결정된 **소득이다**——우리에게 주어지는 실제 기계가 우리의 소득인 이 개념적 기계가 의미한 것과 일치하는가, 또는 일치하지 않는가 하는 것은 언제든 분간할 수 있다. 그 사물이 자연 속에 있을 수 있느냐 또는 있을 수 없느냐 하는 것은, 이와 같이 불확실하게 그 사물을 개념화할 가능성의 문제와는 걸리는 것이 없다. '둥근 사각', '검고 흰 것' 등은 전적으로 정해진 개념이며 그것이 개념인 이상 자연에서 감각적으로 지각할 수 없는 사물을 우리가 개념으로 지칭하는 것은 단지 우연일 따름이다.[5]

개념은 변할 수 없다
(CONCEPTION ARE UNCHANGEABLE)

많은 저자들은, 대화에서 실제 동일 화제가 한때에는 다만 '저것(that)'이나 또는 '그러그러한 저것 등(that which, etc.)'으로 개념화되고, 다른 때에는 명세가 첨부되어 개념화된다는 사실을 개념 자체가 번식력이 있어 자체 발달하는 증거라고 간주하였다. 철학에서 헤겔주의자들에 의하면, 개념은 '자신의 의미를 발달시키고', '음성적으로 지닌 것을 양성화하며' 때로는 '반대되는 의미로' 넘어가기도 하고 요컨대 개념이 간직한다고 우리가 가정한 전적으로 자체-동일이란 특성을 완전히 상실하는 것으로 되어 있다. 다각형으로 보이는 도형은 이젠 삼각형이 나란히 모인 것으로 보이며, 이제까지 13으로 개념화했던 수는 마침내 6 더하기 7 또는 소수(素數)라는 것을 알게 되며, 정직하다고 생각되던 사람이 깡패로 믿어진다. 우리의 의견이 이와 같이 변하는 것이 우리의 개념이 내부에서 변천하는 것이라고 이 사상가들은 보고 있다.

이런 사실에는 의문의 여지가 없다. 우리 지식은 경험적 발견에 의해서 뿐만 아니라 내부 과정에 의해서도 합리적으로 성장하고 변천한다. 경험을 통한 발견의 경우에, 지식을 발달시키는 힘이 되는 추진 작용원은 오로지 개념뿐이라고 주장하는 사람은 없다. 감각 기관에 인상을 제공하는 힘을 갖고 있는 사물에 우리가 계속 노출되는 것이 지식을 발달시키는 것을 추진시키는 작용원이란 것을 모든 사람은 인정한다. 따라서 쓴맛 나는 스트리크닌이 쓴맛이 나며, 죽일 수도 있다는 등등을 알게 된다. 이제 새로운 지식이 오로지 사고로부터 생기는 경우, 사실은 본질적으로 동일하지만 **우리 개념 쪽에서 자체—발달한다고 말하는 것은 아주 나쁜 진술 방법**이라고 나는 말한다. 경험의 경우와 마찬가지로 지식이 사고로부터 생기는 경우에는 새로운 감각이 아니라 새로운 개념이 지식의 진보에 필수적 조건이 된다.

왜냐하면 개념이 자체—발달한다고 주장하는 사례들을 검토하면, 모든 사례에서 개념의 원래 주제와 후에 개념화된 새로운 주제 사이의 **관계**를 확인하는 것이 새로운 진리라는 것이 발견된다고 나는 믿기 때문이다. 이들 새로운 개념의 주제는 여러 가지 방법으로 나타난다. 모든 개념은 원래의 연속하는 감정 경험으로부터 주의(注意)가 떼어낸 것으로, 임시로 대화의 개별 화제가 되도록 분리된 것에 대한 개념이다. 각 개념은 정신이 간섭하지 않으면 그 개념을 끄집어낸 경험 연속체의 다른 부분들에 개념이 유사하게 작용하도록 암시하는 방도를 갖고 있다. 이 '암시'는 후에 우리가 관념 연합이라고 알게 될 바로 그것에 지나지 않는 경우가 많다. 그러나 때로 이 암시는 선을 첨가시키고 수 집단을 쪼개는 등과 같은 일을 하도록 정신을 인도하기도 한다. 암시는 어떤 것이든 새 개념을 의식에 가져오지만, 의식은 다음에 그 암시에 따라 새로운 개념과 옛 개념의 관계에 분명하게 주의할 수도 있고 그렇지 않을 수도 있다. 따라서 나는 등거리의 선이란 개념을 갖고 있으며 돌연하게 어디서 생겼는지 알 수 없지만 그 등거리 선들이 교차한다는 개념이 나의 머릿속에 튀어들어온다. 또 돌연하게 선들의 교차와 등거리를 함께 사고하고 그 둘이 양립될 수 없다는 것을 지각한다. 나는 '이들 선분은 결코 교차되지 않을 것이다'라고 말한다. 또한 돌연하게 '평행(平行)'이란 말이 나의 머릿속에 튀어온다. '선들은 평행이다'라고 나는 계속한다 등등…. 출발점인 원래 개념들과 다양한 심리적 원인에 의하여 촉진되는 우발적 개념들과 이들 두 개념의 비교와 조합, 그리고 종결점이 되는 결과적 개념들은, 다음에는 합리적 관계의 개념이 되던가 경험적 관계의 개념이 될 것이다.

이들 관계에 관해서는 그 관계는 2차 등급의 개념이라 말할 수 있고, 그 관계들의 탄생 장소는 정신 자체이다. **제28장**에서 나는 상당히 긴 지면을 할애하여 정신이 개념을 출현시키는 원천이고 번식력 있는 산실이란 주장을 옹호할 것이다. 그러나 정신이 갖는 어느 한 개념도 그 **자체**가 내가 비판하고 있는 저자들의 의견이 주장하는 것처럼 생식력이 있는 산실은 아니다. 화음의 몇몇 음을 함께 울릴 때 우리는 그 음들의 조합에서 새로운 느낌을 얻는다. 이 느낌은 정신이 그 집단 음에 그와 같이 결정된 반응을 하는 데 기인되며 누구도 그 화음 속의 어느 한 음이 자연적으로 '발달하여' 그 화음에 대한 느낌이 된다고 말하고자 하는 사람은 없을 것이다. 개념의 경우도 이와 마찬가지이다. 어떤 개념도 발달하여 다른 개념이 될 수는 없다. 그러나 두 개념이 동시에 사고되면 그들의 관계가 의식 속에 들어와 각 개념은 제3의 개념을 만들 소재를 이룰 것이다.

예를 들어 '13' 이란 숫자는 발달하여 '소수(素數)'가 된 것이라고 이야기되고 있다. 실제 일어나고 있는 일은 우리가 전혀 변하지 않는 13이란 개념과 2, 3, 4, 5, 6의 배수인 여러 개념들과를 비교하여 13이란 개념이 이들 모든 개념과 **다르다는** 것을 확인하는 것이다. 이 차이는 새로 확인된 관계이다. 우리가 이런 관계를 소수의 성질인 원래의 13의 성질이라 말하는 것은 다만 간략하게 표현하기 위해서일 뿐이다. 다음 장에서 우리는 (사물들 사이의 미감적 관계와 도덕적 관계를 제외시킨다면) 개념들을 단순히 점검하기만 해도 우리가 알게 되는 유일한 주요 관계는, 비교 관계, 즉 개념들 사이에 차이가 있다 또는 차이가 없다는 관계이다. 6 + 7 = 13이란 판단은 한쪽은 13, 다른 쪽은 6+7이 연이어 개념화되고 비교되는 두 관념의 대상 사이에 있는 **동일**이란 관계를 표현한 것이다. 6+7>12 또는 6+7<14라는 판단도 마찬가지로 관념 대상들 사이의 부동 관계를 표현하고 있다. 그러나 6+7이란 개념이 12 또는 14 라는 개념을 생성한다고 말하는 것이 부당하다면, 그 6+7이 13이란 개념을 생성한다고 말하는 것도 부당한 것이 확실하다.

12, 13, 14라는 개념들은 각각, 그리고 모두 각각의 소재를 사용하여 정신이 개별적으로 작용해 생성한 개념들이다. 두 관념의 대상을 비교하여 그것들이 동등하다는 것을 알았을 때 그들 중 하나에 대한 개념은 전체 개념이고, 다른 개념들은 모두 부분에 대한 개념일 것이다. 이와 같은 특수 사례만이 한 개념이 다른 개념으로 진화한다는 개념화를 그럴 듯하게 들리도록 만드는 유일한 사례로 나에게는 여겨진다. 그러나 이 경우라 할지라도 전체에 대한 개념 자체는 부분에 대한 개념 자체로 진화해 들어가는 것은 아니다. 어떤 대상 전체의 개념이 처음에 주어졌다고 하자. 처음에는 그 개념이 장차 사고를 위하여 어떤 **그것**을 지적하고 확인하게 된다. 문제되고 있는 '전체' 라는 것은 부분을 떼어내기 어려운 기계적 수수께끼의 하나일 수도 있다. 이 경우에 그 수수께끼를 해결한 다음에 얻는 보다 풍요하고, 보다 세련된 개념이 그 수수께끼에서 가졌던 처음의 조잡한 개념에서 직접 나온 것이라 생각

하는 사람은 없을 것이다. 왜냐하면 그 세련된 개념은 잘 알다시피 우리가 손수 실험하여 얻은 결과이기 때문이다. 이 두 개념은 모두 저 동일한 수수께끼를 의미하고 있기 때문에 우리의 처음 사고와 나중 사고는 동일 개념화 기능을 갖고 있어 한 개념의 두 운반자인 것이 진실이다. 그러나 '저 동일 수수께끼' 라는 어떤 변한 것도 없는 개념의 운반자란 것에 더하여 나중 사고는 얻기 위하여 손수 실험한 그 밖의 모든 다른 개념들의 운반체이기도 하다. 이제 전체라는 것이 기계적인 전체가 아니라 수학적 전체인 곳에서도 이와 마찬가지이다. 전체가 삼각형으로 자를 수 있고 따라서 삼각형들로 되어 있다고 확인하게 되는 다각형 공간이라 하자. 여기에서 실험은 (흔히 손에 잡은 연필로 실험하지만) 어떤 도움도 없이 상상으로 할 수 있을 것이다. 주의가 그 공간 속 이쪽저쪽으로 움직여 그 공간을 여러 삼각형으로 저밀 때까지는 처음에 단순히 다각형으로 개념화된 공간을 마음의 눈 속에 붙잡아둔다. 삼각형은 새로운 개념이며 주의가 새로운 조작을 수행한 결과로 얻은 것이다. 그러나 일단 삼각형을 개념화하고, 그 삼각형들과 원래 개념화했고, 또 계속 개념화하고 있는 이전의 다각형을 비교하면 우리는 그 삼각형들이 그 다각형 영역에 꼭 들어맞는다고 판단한다. 처음 개념과 나중 개념은 하나이며 동일 공간에 대한 개념이라고 우리는 말한다. 그러나 그들을 비교하면 정신이 어차피 발견하지 않을 수 없는 삼각형들과 다각형 사이에 있는 관계가 이전 개념이 발달하여 새로운 개념이 되는 것이라 말하는 것은 아주 잘못된 표현이다. 새로운 개념은 새로운 감각 새로운 운동, 새로운 정서, 새로운 연합, 새로운 주의 작용, 그리고 이전 개념과의 새로운 비교 등으로부터 생기며 다른 방도로 생기는 것이 아니다. 내생(內生)적 증식(增殖)이란 것은 개념이 주장할 수 있는 성장 양식이 아니다.

따라서 개념 심리학은 연속과 변화의 심리를 다룰 곳이 아니라고 주장하더라도, 내가 신비로운 것은 모두 제멋대로 시야 밖으로 쑤셔넣는다는 비난을 받지 않기를 희망한다. 개념은 어떤 경우에도 변할 수 없는 본체의 한 종류를 형성한다. 개념들은 완전하게 존재를 끝마칠 수 있거나 또는 각기 개별적인 것으로 머무를 수는 있지만 그 중간일 수는 없다. 개념은 본질적으로 불연속(不連續) 체계를 형성하며, 유동하는 성질을 지닌 지각 경험 과정을 해석하여, 일련의 정지되고 고정된 용어 체계 속으로 집어넣는다. 유동이란 개념 자체는 정신 속에 있는 절대 변하지 않는 의미이며 유동이란 한 가지만을 요지부동으로 의미한다──그리고 이와 더불어 개념체가 유동한다는 이론은 해체되고 다시는 우리 주의를 받을 필요가 없다.[6]

'추상' 관념
('ABSTRACT' IDEAS)

우리는 이제 허용될 수 없는 잘못으로 넘어가야 한다. 정신이 개념화할 때 잠정적으로라도 연상된 사물들을 분해하여 따로 떨어지게 할 수 있다는 것을 전적으로 부정하는 철학자들이 있다. **유명론**(唯名論, Nominalism)이라고 알려진 이런 의견은 경험의 부분 요소에 관한 어떤 개념도 우리는 실제 그려내지 못하며, 경험을 사고할 때는 언제나 바로 나타난 대로 전체적으로 사고하도록 강요된다고 말한다.

나는 중세기의 유명론에 대해서는 언급하지 않을 것이며, 다만 유명론의 원리를 자력으로 재발견했다고 가정되는 버클리(Berkeley)에서부터 시작할 것이다. '추상 관념'을 반대하여 그가 갈파한 글귀는 철학 문헌에서 가장 자주 인용된다.

그는 다음과 같이 말한다. "사물의 성질이나 양상은 실제 혼자 따로 떨어져 모든 다른 것들과 분리되어 존재하는 것이 아니라, 여럿이 동일 대상에서, 말하자면 혼합하고 한데 융합하고 있다는 것에는 널리 의견의 일치를 보고 있다. 그러나 정신은 이들 성질을 각기 단독으로 고찰하거나 또는 그 성질과 합체되고 있는 다른 성질로부터 추상하여 고찰할 수도 있어, 이런 방법으로 추상 관념을 그려낸다고들 한다…이렇게 하여 인간이란 추상 관념, 또는 좋을 대로, 인간성, 또는 인간 천성이란 추상 관념을 얻게 된다고들 하며, 어떤 피부색이든 갖고 있지 않는 인간은 없기 때문에 그 추상 관념에는 피부색도 포함되는 것이 사실이지만 이때 피부색은 흰색도 검은색도, 또 어떤 특정 색도 아니다, 왜냐하면 모든 인간이 공유하는 단 하나의 특정 피부색이란 없기 때문이다. 마찬가지로 신장도 사람이란 추상명사에 포함되지만, 이때 신장은 큰 키도 작은 키도 중간키도 아니며, 이들 모든 신장에서 추상된 어떤 것이다. 그리고 여타의 모든 것도 마찬가지다…다른 사람도 이와 같이 관념을 추상하는 훌륭한 능력을 갖고 있는가 하는 것은 그 다른 사람이 가장 잘 말할 수 있으며, 나 자신은 내가 지각한 개별 사물들에 관한 관념들을 상상하고 자신에게 표상하며 그 사물들을 여러 가지로 혼합하고 분할하는 능력을 갖고 있는 것이 진실이라는 것을 발견한다…나는 손과 눈과 코가 각기 그 자체로 신체의 나머지 부분들로부터 추상되고 분리되었다고 생각할 수 있다. 그러나 이때 내가 어떤 손 또는 어떤 눈이든 상상하면 그 손과 눈은 특정 모양과 색깔을 갖고 있어야 한다. 마찬가지로 내 자신이 그린 사람이란 관념은 백인, 흑인, 황색인, 뻣뻣한 사람, 꾸부정한 사람, 키 큰사람, 또는 키 작은 사람, 또는 중간 키의 사람이어야 한다. 나는 아무리 사고하여 노력해도 위에 기술된 것과 같은 추상 관념을 개념화할 수 없다. 그리고 마찬가지로 빠르지도 느리지도 않고, 곡선도 직선도 아닌 운동이라는 추상 개념을 형성하는 것도, 내가 운동하는 물체와 떨어져서는 불가능하며, 이와 같은 것은 모든 다른 어떤 일반 추상 관념에도 해당된다고 할 수 있다…그리고 대부분의 사람들은 나의 경우와 동일한 입장에 있다는 것을 시인할 것이라 생각할 만한 근거가 있다. 단순하고 문자를 해독하지 못하는 인간을 일반화하여 추상 개념이라고 주장하지는 못한다. 추상 개념이란 어려우며 고심하여 연구하지 않으면 얻어지는 것이 아니라고 한다…이제 나는 어느 때 사람들이 그런 어려움에 둘러싸이고 대화에 필요한 도움을 갖추게 되는가 하는 것을 기꺼이 알려고 한다. 그 시기는 성인이 되었을 때일 수는 없다. 왜냐하면 성인일 때에는 그와 같은 고통스러움을 의식하지 못하는 것 같기 때문이며, 따라서 그 시기는 인간의 아동기에 해당되는 일로 남는다. 그리고 추상 개념을 그려낸다는 과중하고 상승하는 노고는 그 연약한 연령에서는 고된 일이 될 것이 확실하다. 처음에는 수없이 많은 서로 들어맞지 않는 것들을 맞추어 보고, 정신 속에 일반적 추상 관념들을 그려내고, 그들이 사용하는 모든 보통명사에 그 관념들을 첨가시킬 때까지는, 몇몇 아이들은 그들이 먹는 과자와 딸랑이와 그 밖의 자잘한 물건들을 합쳐서 재잘거려 이야기할 수 없다고 상상하는 것은 어려운 일이겠는가?"[7]

그러나 이와 같이 버클리가 용감하게 적어내려간 기록도, 어떤 특정 색을 의미하지 않고도 색채를 의미할 수 있고, 또 특정 높이의 신장을 의미하지 않고도 신장을 의미할 수 있다는 누구에게나 명백한 사실에 직면해서는, 그다지 잘 유지될 수 없을 것이다. 제임스 밀이 그의 『인간 정신현상 분석(*Analysis of the Phenomena of the Human Mind*)』이란 책의 '**분류**'라는 제목이 붙은 장에서 대담하게도 이 견해에 동조한 것이 확실하지만, 그 아들 존 밀에게서는 유명론의 목소리가 아주 약화되어 '추상 관념'을 전통 형식이라고 비난했지만, 그가 진술한 의견은 실제는 자신의 합법적 명칭을 당당하게 표방하지 못한 개념주의일 따름이다.[8] 개념주의에서는 정신은 그것이 원하는 바대로 어떤 성질이나 또는 어떤 관계도 개념화하여 이 세상의 다른 모든 것과 분리시켜, 그것만을 의미할 수 있다고 한다. 물론 이것은 우리가 언명한 원리와 동일하다. 존 밀은 다음과 같이 말했다.

"**개념** 형성이란, 개념을 구성한다고 일컬어지는 어떤 속성을 동일 대상의 모든 다른 속성으로부터 분리하고 다른 속성에서 떼어내어 그 속성만을 개념화할 수 있게 하는 데 있는 것이 아니다. 우리는 속성들을 결코 분리된 사물로서가 아니라, 다만 수많은 다른 속성들과 결합하여 개별 대상의 관념을 형성하는 것으로 개념화하고, 사고하고, 또 어떻게든 인지하게 된다. 그러나 속성들은 더 큰 집적체의 부분이란 의미를 갖게 하지만, 우리는 그 특정 속성에만

846

주의를 고정시키고 그 속성과 결합되어 있다고 생각되는 다른 속성들은 무시하는 능력을 갖고 있다. 만약 주의 집중이 충분히 강하면 주의가 지속되는 동안 우리는 일시적으로 다른 어떤 속성도 의식하지 못하고, 그 개념의 구성 요소인 그 속성 외에는 실제 어떤것도 짧은 기간에는 우리 정신 속에 들어오지 않게 될 것이다…따라서 정확히 말하면, 우리는 일반화된 개념은 갖고 있지 않고 구체적 대상에 관한 복합 관념만을 갖고 있을 뿐이지만, 우리는 이 구체적 관념의 *어떤 부분에만 배타적으로 주의를 경주할 수 있으며*, 이와 같은 *배타적 주의*에 의해 우리는 그 주의된 부분으로 하여금 다음에 연합에 따라 불러일으킬 때 *우리 사고 진로를 배타적으로 결정할 수 있게 하며*, 우리는 *마치* 우리가 그 속성 부분을 나머지 다른 부분들과 분리하여 개념화할 수 있는 것과 *똑같이* 그 속성 부분에만 관계되는 명상 대열 또는 추리 대열만을 계속하는 상태에 있게 된다.”[9)]

이것은 그의 아버지의 일반 명제를 충실하게 견지하면서도 세부에서는 반대론자들이 요구하는 모든 것에 양보하는 존 밀이 취한 방범의 훌륭한 보기이다. ‘추상 관념’을 갖고 있는 정신에 관하여 이 인용문에서 이탤릭으로 적은 말들 속에 포함된 것들보다 더 훌륭한 현존하는 기술이 있다면, 나는 과문(寡聞)인 탓에 그것을 알고 있지 못하다. 따라서 버클리의 유명론은 와해되었다.

지금까지 이 문제에 관하여 진행된 모든 논의의 저변에 깔려 있는 잘못된 가정을 해명하는 것은 쉽다. 이 가정들은 지식을 얻기 위해서는 관념이, 알고 있는 사물과 정확하게 꼭같게 주조(鑄造)되어야 하며, 지식을 얻게 할 수 있는 사물들은 다만 관념들과 유사할 수 있는 사물들뿐이라는 가정이다. 오류는 유명론에만 한정되는 것이 아니다. 모든 인식(지식)은 인식 주체와 인식 대상이 동화하는 것으로부터 나온다(*Omnis cognitio fit per assimilationem cognoscentis et cogniti*)는 것은 모든 학파의 문필가들이 다소간 공공연하게 가정하고 있는 좌우명이다. 실제로 그 좌우명은 관념이란, 그 관념이 알고 있는 것의 복사판이어야 한다고 말하는 것과 같으며,[10] 환언하면 관념은 자신만을 알 수 있을 뿐이란 것——또는 더 간단하게는, 엄밀한 문자 그대로의 의미에서 안다는 것은 자기-초월한 기능일 수 없다고 말하는 것과 마찬가지이다.

이제 궁극적인 인지 관계와, 사고 대상과 사고의 단순한 '화제'나 '대화의 주어(488쪽 이하 참조)' 사이의 차이에 관하여 우리 자신의 솔직한 진술은 이 이론과는 일치하지 않으며, 이 책에서 앞으로 나갈수록 그 이론의 일반 진리를 부정할 더 많은 경우를 우리는 발견할 것이다. 현실을 인지하거나, 현실을 의도하거나, 또는 현실에 '관한' 상태이기 위하여, 정신 상태가 해야 할 일이란, 다만 현실에 작용하거나 현실을 닮은 보다 현실에서 떨어진 정신 상태에 이르는 것일 뿐이다. 대상과 유사하다고 말하는 것이 조금이라도 그럴싸하게 보이는 유일한 사고 종류는 감각이다. 우리의 다른 모든 사고를 구성하는 자료는 상징에 의한 것이며, 사고는 조만간 단순히 화제와 유사한 어떤 감각에 귀착함으로써 화제에 대한 그 사고의 적절성이 입증된다.

그러나 밀과 그 밖의 사람들은 사고는 그 사고가 의미하는 것이어야 하고 또 있는 그대로를 의미해야 한다고 믿었고, 사고가 개체 전체의 영상이라면 어느 한 부분만 의미할 뿐이고 나머지 부분을 제외하는 일은 있을 수 없다고 믿었다. 나는 여기에서 우리가 정신에 그려넣을 수 있는 것은, 오직 모든 점에서 완전하게 규정되는 정해진 개체일 뿐이라는 명제 속에 포함된 앞뒤가 맞지 않는 잘못된 기술 심리학에 관해서는 언급하지 않는다. 그 점에 관해서는 **제18장**에서 약간 언급할 것이며 여기에서는 무시할 수 있다. 왜냐하면 우리가 지닌 심상은 항상 구체적 개체에 관한 심상이라는 것이 현실이라 하여도, 우리가 갖는 의미가 동일하다고는 결코 결론지을 수 없기 때문이다.

우리가 의미하는 것에 대한 감각은 전적으로 특이한 사고 요소이다. 의미 감각은 사라지기 쉽고 '이행'하는 정신적 사실이어서, 곤충학자들이 곤충을 바늘로 고정시키고 돌리는 것처럼 내관으로 검사하기 위하여 이리저리 돌리고 분리하고 붙잡을 수 없는 사실들이다. 내가 사용하는 (어딘가 어색하지만) 용어로는, 의미 감각은 주관 상태의 '주변'에 속하고, '지향감'이며 그에 대응하는 신경 과정은 너무 미약하고 복잡하기 때문에 추적할 수 없는 수많은 시작 중이거나 사멸하고 있는 중인 과정이란 것이 의심되지 않는다. 어떤 일정 도형을 앞에 놓고 있는 기하학자는 그의 사고는 그 밖의 도형에도 꼭같이 주어지며, 또 특정한 크기와 방향과 색채 등이 있는 선들을 보고 있지만, 이들 세부적인 것 어느 하나도 그가 의미하고 있지 않다는 것을 완전하게 알고 있다. 내가 서로 다른 두 문장에서 사람이란 단어를 사용할 때 내 입술에서 정확하게 똑같은 음성이 발음되고, 또 나의 심안(心眼)에 똑같은 영상을 갖게 하지만, 나는 그 말로 전혀 다른 두 사물을 의미할 것이고, 또 그 단어를 발음하고 그 영상을 상상하는 바로 그 순간 내가 전혀 다른 두 사물을 의미한다는 것도 알고 있을 것이다. 따라서 "존은 얼마나 근사한 사람이냐!"라고 내가 말할 때의 사람이란 말에는 나폴레옹 보나파르트나 스미스를 제외시킨 것을 의미하고 있다는 것을 완전하게 나는 알고 있다. 그러나 "사람이란 얼마나 근사한 존재이냐!"라고 말했을 때의 사람이란 말에는 존뿐만 아니라 나폴레옹도, 스미스도 포함시켜 의미한다는 것을 나는 마찬가지로 완전하게 잘 알고 있다. 이때 첨가되는 의식은, 그 의식이 없다면 다만 잡음이나 환상에 지나지 않을 것을 이해될 수 있는 것으로 변형시키고, 또 뒤따르는 단어와 심상으로 된 나의 후속 사고 연결을 완전히 결정해 주는 절대적으로 적극적인 감정 종류이다. **제9**

장에서 핵심을 이루는 심상 자체는 **기능적으로는** 사고의 가장 덜 주요한 부분이라는 것을 알았다. 따라서 우리 '주변' 원리는 심리학에 접하는 한, 유명론과 개념 주의의 논쟁을 완전하고 충분하게 해결하게 한다. 우리는 개념 주의에 편들기를 결심해야 하며, 사물이나 속성이나 관계나 또는 기타 어떤 요소든 그런 것들을, 나타난 전체 경험에서 분리하고 추상하여 사고하는 능력이 사고의 가장 분명한 기능이라는 것을 긍정해야 한다.

보편 개념
(UNIVERSALS)

추상 개념 다음에는 보편 개념이다! '주변'은 추상 개념을 믿게 하며 또 보편 개념도 믿게 한다. 개별 개념을 적용하는 경우에는 단일 사례에 한정되는 개념이다. 보편 개념 또는 일반 개념은 어떤 사물의 종류 전체 또는 종류 전체에 속하는 모든 것에 대한 개념이다. 추상된 성질에 관한 개념은 그것만으로는 보편도 아니고 개별도 아니다.[11] 만약 오늘 아침 내가 겨울 풍경의 모든 다른 것을 제쳐놓고 **흰색**만을 추상했다면, 그 흰색은 완전히 결정된 개념이며, 내가 반복 의미할 수 있는 자체—동일한 성질이다. 그러나 나는 아직 이 개별적인 설경(雪景)에 한정한 분명한 의미에서 그 흰색을 개성화하지도 않았고, 또 그 흰색을 적용할 수 있을 가능한 다른 사물도 전혀 사고하지 않음으로써, 그런 한에서는 그 흰색은 브래들리(Bradley)가 말한 바와 같이 '그것'에 지나지 않고 '유동적 형용사'이거나 또는 세상의 나머지 것들로부터 떨어져 나온 화제에 지나지 않는다. 이런 상태에서는 그 흰색은 진정 단독 색이며——나는 '그 흰색을 선택했고', 후에 내가 그 흰색을 적용할 때 보편화하던가 또는 개별화 하던가, 또는 나의 사고가 이 흰색을 의미하던가 또는 **모든 가능한** 흰색을 의미하려 할 때에는 실제로 두 새로운 것을 의미하게 되며 새로운 두 개념을 형성하게 되는 것이다.[12] 나의 의미가 이와 같이 달라지는 것은 나의 심안 속의 심상에 생긴 변화와는 관계없고, 다만 의미를 적용하려 하는 영역에 관한 그 심상을 둘러싼 막연한 의식과 관계될 뿐이다. 우리는 이 막연한 의식에 관해서는 447–472쪽에 제시한 것 이상의 결정적인 설명을 제시할 수는 없다. 그러나 더 결정적인 설명을 제시할 수 없다는 것이 그 막연한 의식의 존재를 부인할 이유는 되지 않는다.[13]

  그러나 유명론자와 전통적 개념주의자들은 이와 같은 간단한 사실에서 뿌리 깊은 논쟁거리를 발견했다. 그들은 관념, 감정, 또는 의식 상태 등은 자체의 성질만을 알 수 있다는 개념으로 꽉 차 있고, 관념이나 의식 상태는 완전하게 결정되고, 단일하고 이행하는 사물이라는 것에 두 이론이 동의함으로써 그 이론들은 관념이 어떻게 영원하거나 보편적인 것에 관한 지식의 운반체가 되어야 하는가 하는 것을 개념화할 수 없었다. "보편적인 것을 알려면 그 알려는 것이 보편적이어야 한다. 왜냐하면 유사한 것만이 유사한 것을 알 수 있기 때문이다" 등등…. 아는 자와 알려지는 것이란 양립할 수 없는 것들을 절충시킬 수 없어, 이들 두 이론은 각기 아는 자와 알려지는 것 중 하나를 희생시키고 다른 하나를 구제하였다. 유명론은 알려지는 것이 진성의 보편자가 된다는 것을 부인하여 알려지는 것을 '끽소리 못하게' 만들었다. 개념주의는 감각의 다른 사실들에서도 성질이 같은 사고 흐름의 사라져가는 단면이라는 의미의 정신 상태가 아는 자라는 것을 부인함으로써 그 아는 자를 가볍게 처리해 버렸다. 그들은 보편적 지식의 운반자로 정신 상태 대신 **지성의 순수 작용**(actus purus intellectûs) 또는 **자아**를 고안해 냈고, 그 자아의 기능을 기적에 가까운 것, 그리고 진정으로 경외(敬畏)를 자아내는 것으로 다루었으며, 자아를 설명하거나 평범한 것으로 만들거나 또는, 더 하급 용어로 환언하려는 의도로 접근하는 것은 일종의 신에 대한 모독이었다. 처음에는 보편적 지식의 운반자로 끌어들인 이 지고(至高)한 자아라는 원리는 어떤 사고 과정이든 모든 사고 과정에 없어서는 안 될 운반자로 간주되었다. 왜냐하면 "보편이란 요소는 모든 사고에 존재한다"라고 주장되었기 때문이다. 그 동안 **순수 작용**(actus purus)이나 경외를 고취하는 원리 같은 것은 좋아하지 않고 경건한 기분을 깎아 내린 유명론자들은 우리는 어떤 보편적인 것의 면모를 본 일이 있다고 가정하는 잘못을 저질렀으며 우리를 속인 것은 이름만 들으면 언제든 일깨워지는 '개별 관념'들의 무리에 지나지 않는다고 말함으로써 만족하였다.

만약 이 두 학파의 저술을 들추어보면, 보편적인 것과 개별적인 것을 둘러싼 소용돌이 속에서 저자가 언제 정신 속에 있는 보편적인 것들을 언급했으며, 언제 대상 속에 있는 보편적인 것들을 언급하고 있는가 하는 것을 분간할 수 없게 두 보편적인 것이 기묘하게 서로 엉켜 있음을 발견하게 된다. 예를 들어 페리어(James Ferrier)는 유명론을 반대하는 가장 명석한 저술가이다. 그러나 다음 글에서, 알려지는 것(the known)으로부터 아는 자(the knower)로 넘어가 그 어느 하나에서 발견한 속성을 양쪽에 그가 귀속시킨 빈도를 전부 셀 수 있을 만하게 기민한 사람이 있겠는가?

"사고한다는 것은 단일하고 개별적인 것으로부터 관념(개념) 또는 보편적인 것으로 넘어가는 것이다…이때 관념이 필요하다, 왜냐하면 관념이 없이는 사고가 생길 수 없기 때문이다. 관념은 단순한 감각 현상들의 특징이 되는 모든 개별성을 완전히 벗어버림으로써 보편적인 것이 된다. 이 보편이란 성질을 파악하는 것은 쉬운 일이 아니다. 아마 이 목표를 달성할 가장 좋은 방법은 보편적인 것과 개별적인 것을 대립시키는 것일 것이다. 감각 현상은 있는 그대로의 개별적인 것을 결코 넘을 수 없다는 것을 이해하기는 어렵지 않다. 감각 자체로는, 즉 엄격하게 개별적인 것으로는 사고가 절대 이루어질 수 없다. 사고하는 활동으로부터 곧바로 감각을 넘어선 어떤 것이 나타나고, 감각을 넘어선 어떤 것은 다시는 개별적인 것으로 될 수 없다…개별적인 하나가 사고될 수 없는 것과 마찬가지로 열 개의 개별적인 것 **자체**도 사고될 수 없으며; 사고에는 무한히 다른 개별적인 것들도 가능하게 만드는 또 다른 어떤 것이 나타나게 마련이다…개별적인 것들이 있을 때마다 나타나는 무한하게 첨가되는 개별적인 것들과는 다른 어떤 것이, 보편적인 것이다…관념 또는 보편적인 것은 상상 속에서 그려질 수는 없다. 왜냐하면 상상 속에 그려지면 곧 관념은 개별적인 것으로 환원될 것이기 때문이다…어떤 종류든 관념을 영상이나 표상으로 만들 수 없는 것은 우리 능력이 불완전하다거나 제한적이라는 것에서 생긴 것이 아니라, 바로 지성의 천성 속에서 유전되는 속성이다. 관념 또는 보편적인 것이 감각이나 상상의 대상이 될 수 있다는 가정에는 모순이 있다. 따라서 관념은 심상과는 정반대이다."[14]

유명론 입장에서도 실제는 보편적이 아니지만 **마치 보편적인 것처럼** 사고하는 어떤 것으로 의사(擬似) 보편적인 것을 인정한다. 그리고 그것을 '무한 수의 개별 관념'이라 설명한 그 어떤 것에 관해 언급한 모든 것에서, 주관적 관점과 객관적 관점 사이에서 유명론을 반대하는 사람들과 마찬가지의 동요가 나타나고 있다.

독자들은 그들이 말하고 있는 '관념'이 아는 자로 가정되고 있는 가, 또는 알려지는 것으로 가정되고 있는가를 결코 분간할 수 없을 것이다. 저자들 자신도 이 둘 사이를 구별하지 않고 있다. 그들 유명론은 아무리 막연하더라도 정신 밖에 있는 것을 닮은 어떤 것을 정신 속에서 얻으려고 하였으며, 그런 사실이 이루어질 때 더 이상 질문할 것이 없을 것이라 생각한다. 밀은 다음과 같이 적고 있다.[15)

"우리가 말하는 인간이란 단어는, 처음 한 개인에 대하여 사용되며 그 말은 처음에는 그 개인에 대한 관념과 연합되고 그 개인에 대한 관념을 불러일으키는 힘을 얻으며, 다음에는 그 단어가 다른 개인에게 사용되고 또 그 다른 개인에 대한 관념을 불러일으키는 힘을 얻으며, 이렇게 하여 또 다른 개인, 또 다른 개인에 이르며 마침내 그 단어는 무한히 많은 개인에 대한 관념과 연합되어 누구라 가릴 것 없이 무수히 많은 그런 관념을 불러일으키는 힘을 얻는다. 여기에서 무엇이 일어나는가? 그 단어는 나타나는 빈도만큼 무한 수의 개인들에 관한 관념들을 불러일으키게 되고, 그 관념들을 긴밀하게 연결시켜 그 관념들이 모인 하나의 복합적 종(種) 관념을 형성한다…또한 어떤 관념이 어느 정도 복합적으로 되었을 때 그 **관념이 포섭하는** 다수의 관념들과 그 관념은 당연히 잘 구별되지 않게 되며;…이렇게 구별되지 않는 것이 그 복합 개념에 속하는 것으로 보이는 신비로움의 주된 원인인 것은 의심할 여지가 없다…따라서 인간이란 단어는 실재론자들의 의견처럼 아주 단일 관념을 가지는 단어가 아니며, 또 (초기) 유명론자들의 의견처럼 관념을 전혀 갖고 있지 않는 단어도 아니며, 필연적 연합 법칙에 의해 무한히 많은 수의 관념을 불러일으키고 그 관념들을 하나의 아주 복합적이고 독특하지만, 그렇다고 알아차리지 못하지는 않는 단일 관념으로 만드는 단어인 것이 분명하다."

버클리는 이미 다음과 같이 말했다.[16]

"단어는 추상적인 일반 관념의 기호가 됨으로써 일반화된 단어가 되는 것이 아니라, 그 단어가 정신에 암시하는 많은 개별 관념들 어느 것도 가리지 않는 각각의 개념의 기호가 됨으로써 일반화된 것으로 된다. 그 자체로는 개별적인 관념도 동일 종류의 모든 다른 개별 관념들을 표상하거나 대리하게 되어 일반화된 관념이 된다."

'대리하는' 것이며, 아는 것이 아니다. '일반화되는' 것이며 일반적인 어떤 것을 알게 되는 것이 아니다. '개별 관념들'이며 개별 사물들이 아니다——어디에서나 안다는 사실을 빌려오는 데는 똑같이 겁을 먹고, 안다는 사실을 '관념'이란 존재 양식 형태 속에 집어넣으려는 것은 비참하리만치 무기력한 시도이다. 만약 개념화될 사실이 한 종류의 무수히 많은 진실한 성원들과 가능한 성원들로 되어 있다면, 우리가 충분히 많은 관념들을 정신 속에 한 순간, 한 곳에 모을 수 있기만 하다면, 거기 있는 여러 관념들 각각의 **존재**는 문제되고 있는 그 종류의 한 성원을 알거나 **또는** **의미**하는 것과 모두 동등할 것이고, 그 관념들의 수가 너무 많아 셈하는 것을 혼란하게 할 것이며, 그 종류에 속하는 가능한 성원들 전부를 만족하게 계산 되었는가 또는 그렇지 않는가 하는 의심을 남기게 된다.

물론 이런 일은 무의미하다. 관념이란 관념이 알고 있는 어떤 것도 아니며, 또 관념은 관념이 무엇이란 것을 알고 있지도 않으며, 또 관념은 고정된 형태로 또는 '관념을 형성하는 거역할 수 없는 연합 법칙에 의해' 반복해 나타나는 동일 '관념'의 복사(複寫)들이 군집을 이룬 것은, 한 종류의 **가능한 모든 성원**에 관한 사고와는 결코 같은 것이 아닐 것이다. 게다가 우리는 의식의 전적으로 특수한 단편에 의하여 **그것을** 의미해야 한다. 하지만 버클리나 흄(Hume)이나, 밀의 관념의 군집이란 개념을 대뇌 용어로 번역하고 현실적인 어떤 사물을 대리하게 하는 것은 쉬우며, 이런 의미에서 나는 이들 저자의 원리가 그들과 대립하여 보편적 개념의 운반자가 영혼의 **순수 작용**이라고 한 반대파 이론가들이 주장하는 원리보다 덜 공허하다고 생각한다. 만약 각 '관념'이 탄생 중인 어떤 특정 신경 과정을 대리한다면, 이들 탄생 중인 과정의 집적체는 그의 의식 상관물로서 정신적 '주변'을 갖게 될 것이며, 이 주변이 곧 보편적 의미 또는 사용된 명칭이나 영상이 그 종류의 가능한 모든 개체들을 의미해야 한다는 의도일 것이다. 특이하게 복합된 모든 뇌–과정은 각각 영혼 속에 어떤 특수한 상관물을 갖고 있어야 한다. 한 뇌 과정 체제에서는 **인간**이란 말과 같은 단어의 외연을 무한히 취하는 사고가 대응할 것이고, 또 다른 뇌 과정 체제에선 인간이란 같은 단어의 개별 외연을 취하는 사고가 대응할 것이고, 또 세 번째 체제에서는 그 단어의 외연을 보편적으로 취한 사고가 대응할 것이다. 어느 한 가지 뇌 과정 체제에 대응하는 사고는 항상 그 자체로 독특하고 단일 사건이며, 나는 물론 그 사건이 어떤 특수 신경 과정에 의존하는가 하는 것을 설명할 만큼 전문적이 되지는 못하다.[17]

사실 어떤 개념이든 모든 개념은 인간 정신이 갖는 하나의 변하지 않는 소유물이라는 사실과 비교하면, 개념이 단일 사물을 의미하는가, 어떤 사물들의 종류 전체를 의미하는가, 또는 오직 배정되지 않은 성질만을 의미하는가 하는 것은 그다지 중요하지 않은 사소한 문제이다. 우리가 의미하는 것은 단일한 것들, 개별적인 것들, 불분명한 것들, 보편적인 것들과 그들이 여러 가지로 혼합된 것들이다. 단일 개체도 내 정신 속에서 이 세계의 나머지와 분리되고 확인될 때 그가 갖고 있을지도 모를 가장 순수하고 보편적으로 적용 가능한 성질이——예를 들어 이와 동일하게 다룰 때 적

용 가능한 존재가──개념화되는 것과 마찬가지로 개념화된다.[18]
어떤 점으로 보나 보편적인 개념에 압도적이고 엄숙한 특성을 귀
속시킨다는 사실은 놀랄 만하다. 숭상할 만한 지식은 숭상할 만한
사물에 관한 지식이어야 하고 가치 있는 사물은 모두 구체적이고
비범한 것들이라는 것을 알면, 플라톤과 아리스토텔레스 이후 왜
철학자들이 앞다투어 개별적인 것에 대한 지식은 멸시하고 일반
적인 것에 대한 지식을 숭상하는 데 경쟁했는가 하는 것은, 보다
숭상할 만한 지식은 보다 숭상할 만한 사물에 관한 지식이고, 가
치 있는 사물은 모두 구체적이고 단일하다는 것을 보고서는, 이해
하기 어렵다. 보편적 특성이 갖는 유일한 가치는 추리에 의하여
개별 사물에 관한 새로운 진리를 알게끔 우리를 도와주는 데 있
다. 그뿐만 아니라 개별 사물에 의미를 국한시키는 것은 아마 같
은 종류의 모든 사례에 의미를 확장시키는 것보다 훨씬 더 복잡한
뇌 과정을 요구할 것이며, 알려지는 사물이 보편적인 것이든 단일
한 것이든, 알게 되는 것에 있는 단순한 신비 자체는 마찬가지로
큰 것이다. 따라서 종합하면 전통적 보편-숭배는 부당한 감상주
의의 편린(片鱗)이고 철학에 있는 '동굴의 우상' 이라고 할 수 있을
따름이다.

　전혀 다른 정신상태에서 개념화하지 않고서는, 그 어떤 것도 두
번 반복하여 개념화될 수 없다는 것(이것은 pp.229-237 의 설명으로

부터 당연하게 귀결되는 것이며, 또 지금까지의 우리 명제 속에 모두 함축된 것이다)은 첨가해 말할 필요가 없을 것 같다. 따라서 나의 안락의자는 내가 개념을 갖게 되는 사물 중 하나이고 나는 어제 그 안락의자를 알았고, 그 의자를 보았을 때 그 의자를 확인하였고. 그러나 만약 오늘 그것을 어제 내가 본 것과 동일한 안락의자라고 사고한다면, 동일한 안락의자라는 바로 그 개념은 사고에 또 다른 복합을 첨가하는 것이며 결과적으로 사고의 내부 구성을 변질시켜야 하다는 것이 분명하다. 요컨대 동일 사물이 동일 사고의 연속적 두 복사에 의하여 **동일한 것으로 알게 된다**는 것은 논리적으로 불가능하다. 사실 동일한 사물을 의미한다고 알고 있는 사고들은 진정 서로 아주 다른 사고들이기 쉽다. 우리는 사물을, 이제는 어떤 한 맥락으로 사고하고 다음에는 다른 맥락으로 사고하며, 이제는 어떤 정해진 심상에서 사고하고 다음에는 상징에서 사고한다. 때로는 사물에 대한 우리의 정체감은 우리 사고의 단순한 주변과 관계하고, 때로는 사고의 핵심과 관계한다. 우리는 결코 사고를 따로 떨어지게 쪼개어, 그 쪼개진 어느 사고 조각이 어떤 주제와 관계된다고 알게 되는 부분인가 하는 것을 분간할 수는 없지만, 그럼에도 불구하고 우리는 항상 모든 가능한 주제에서 어떤 주제가 우리 정신 속에 있는가 하는 것은 항상 알고 있다. 내관 심리학은 여기에서 패배를 자인해야 하며 주관 생활의 동요는 너무 정교하여 내관이란 거친 방법으로는 전부를 붙잡을 수 없다. 내관

심리학은 갖가지 종류의 각기 다른 모든 주관 상태들이 동일하다는 것을 알게 하는 운반자를 형성한다는 사실을 입증하는 데 한정되어야 하며, 이와 반대되는 견해와는 모순되어야 한다.

'관념'에 관한 통속 **심리학**은 마치 알려지는 동일한 사물의 운반자가 동일한 정신 상태의 재생이어야 하는 것처럼, 또는 마치 동일 '관념'을 재차 가지는 것이 동일 사물을 두 번 의미하는 데 필요조건일 뿐 아니라 충분조건이기도 한 것처럼 항상 말한다. 그러나 이와 같은 동일 관념의 재생은 어떤 사물에 관한 반복된 지식의 존재를 전적으로 조절시킨다. 동일 관념의 재생이란 원 관념과 재생 관념 사이에는 어떤 것도 얻어진 것이 없고, 이전에 존재했던 정신 상태를 전혀 알지 못하고, 그 이전 상태로 단순히 되돌아가는 것일 것이다. 그와 같은 것은 우리가 사고하는 방식이 아니다. 대체로 우리는 현재 우리가 사고하고 있는 것을 이전에 사고했다고 충분하게 알고 있다. 화제의 연속성과 영속성은 우리 지성적 사고의 본질이다. 우리는 이전의 문제와 그 해답을 재확인하며, 주어는 변하지 않으면서도 보어를 계속 차례로 바꾸고, 향상시키고 대치시킨다.

이것이 바로 사고란 **판단**하는 것이라고 말할 때 의미하는 것이다. 연속되는 판단은 모두 동일한 사물에 관한 판단일 것이다. 계속 사고하도록 우리를 격려하는 일반적인 실천적 가설은 계속하여 사고하면 계속 사고하지 않는 것보다 **동일한 사물을** 더 잘 판단할 것이라는 것이다.[19] 연속 판단에서는 주된 화제의 의미를 잃어 버리지 않고 모든 종류의 온갖 새로운 조작을, 판단하는 사물에 실시하게 되어 모든 종류의 새로운 결과를 초래할 것이다. 처음에는 단지 화제만을 갖게 되고, 다음에는 그 화제에 **조작을 가하고**, 마침내 우리는 더 풍부하고 더 진실하게 다시 그 화제를 갖게 된다. 복합 개념이 단순 개념을 대치하지만 이 두 개념이 **동일한 것**에 대한 개념이라는 완전한 의식을 갖는다.

개념을 갖는 것과 개념에 조작을 가하는 것을 구별하는 것은, 물질세계에서와 마찬가지로 정신세계에서도 당연히 있어야 한다. 나뭇조각과 칼을 손에 쥐고서도 어떤 일도 하지 못하는 것과 마찬가지로, 우리 정신도 단지 어떤 사물이 존재한다는 것을 알고 있어도 그 사물에 주의하지 않고, 또 사물을 변별하지도 않고, 자리잡게 하지도 않고, 셈하지도 비교하지도 좋아하지도 싫어하지도 않으며, 또 그것으로부터 연역하지도 않으며, 또 이전에 본 일이 있는 것으로 분명하게 확인하지도 않을 수 있다. 동시에 우리는 이와 같이 넋없이 멍청하게 사물을 바라보는 것이 아니라, 곧 우리 활동을 동원하여 그 사물을 자리잡게 하고, 분류하고, 비교하고, 셈하고, 판단할 것이라는 것도 알고 있다. 우리가 내관 작업을 시작한 바로 그 시초에 가정한 것, 즉 **정신 밖에** 있는 존재인 현실과 사고, 그리고 그 두 사이에 있을 수 있는 인지 관계가 아닌 것은 어떤 것도 이 모든 것에는 포함되지 않는다. 감각에 주어진 자료에 사고가 조작한 결과는, 경험이 들어오는 차원을 개념화하는 세계라는 차원인, 전혀 다른 차원으로 변형하게 한다. 예를 들면, 광선에 비추어진 사물들에서 내가 집어들고 조약돌이라고 계속 정의하는 조사체로서, 단지 공간적으로나 시간적으로 이웃하는 것들과 분리되지 않고 자연적인 폭만큼 물리적으로 떨어져 있는 사물들과 함께 사고되지 않을 수 있는 것은 없다. 논리적으로 종속된 법칙으로서 물리학 교과서에 사실들이 나타나는 형식과, 우리가 자연적으로 그 사실들을 알게 되는 형식과를 비교해 보라. 개념 구도란 우리가 이 세상의 내용물들을 수집하려 할 때 사용하는 일종의 조리와 같은 것이다. 대부분의 사실들과 관계들은 너무 섬세하거나 무의미하여 어떤 개념 속에도 고정될 수 없어 조리 바닥의 그물 구멍을 빠져 아래로 떨어진다. 그러나 이미 개념화된 어떤 것과 동일한 것으로 파악되고 확인될 때에는 물리적 현실은 언제나 그 조리 속에 남아 있고, 그 현실을 확인하는 개념의 모든 보어와 관계들은 또한 그 현실의 보어와 관계가 된다. 말을 바꾸면 물리적 현실은 조리의 그물 구멍에 의하여 지배된다. 따라서 호지슨이 세계의 지각 차원을 개념 차원으로의 번역이라고 말한 것이 해당된다.[20]

제22장에서 우리는 이와 같은 번역이 항상 어떻게 주관적 관심을 위하여 나타나며, 또 감각 경험의 조각을 우리가 다룰 수 있게 하는 개념이 어떻게 실제로는 오직 목적에 대한 방편에 지나지 않

는가 하는 것을 알게 될 것이다. 이와 같이 개념화하고 고정시키고 의미를 유지하는 모든 기능은 개념화하는 자가 갖는 편협한 목표와 개인적 목적을 갖고 있는 생명체에게 있다는 사실을 떠나면 어떤 의미도 없다. 따라서 개념에 관하여 언급되어야 할 더 많은 것이 남아 있지만 현재로서는 이것으로 충분할 것이다.

1) 철학에는 또 다른 두 가지 '정체 원리'가 있다. **존재론적** 정체 원리는 모든 실재하는 사물은 있는 그대로이고 a는 a이고 b는 b라고 주장한다. **논리적** 정체 원리는 판단하는 주관에게 한번 진실인 것은 항상 그 주관에게는 진실하다고 말한다. 존재론적 법칙은 동의어 반복으로 자명하며 논리적 원리는 이미 더 자명하다. 왜냐하면 논리적 원리는 시간에 따라 변용되는 일이 있을 수 없는 주관을 함축하기 때문이다. **심리학** 법칙 또한 진실일 수 없는 사실들을 함축하며, 사고의 연속이란 없거나 또 사고 연속이 있다손 치더라도 뒤에 오는 사고가 앞선 사고를 사고하지 않을 수도 있으며, 또 뒤에 사고가 앞의 것을 사고한다 치더라도 그 내용을 상기하지 않을 수도 있으며, 또 내용을 상기한다 하더라도 그 내용을 어떤 다른 것과 '동일'한 것으로 간주하지 않을 수도 있을 것이다.

2) 따라서 뒤에 오는 장들에서 정신이 이렇게 고정시킨 여러 자료 사이에 일정한 관계가 있다는 것을 우리는 알게 될 것이다. 이런 관계를 **연역적** 또는 공리(公理)적 관계라 한다. 자료들을 간단하게 살펴도 우리는 그 관계를 지각할 수 있고 **이들** 자료 사이에서 그 관계가 항상 유지되어야 한다는 확신을 얻기 위해서는 한번 살피거나 백만 번 살피거나 마찬가지로 똑같은 효과가 있다. 그 관계를 변화시키기 위해서는 자료를 달리해야 한다. 어떤 객관적 내용에 고정하고 원하는 만큼 자주 그 내용을 말하는 정신 자체의 능력만이 '자료가 일률적이고 적절하다는 보증'이 될 수 있다. 경험 자료에서 자신이 영구적 관념 대상을 '구성하는' 정신의 권리가 기묘하게도 많은 사람들에게는 장애가 되는 것 같다. Robertson 교수는 *Encyclopaedia Britannica* (9판)에 있는 그의 명쾌하고 교훈적인 논문 *'Axioms'* 에서, 모든 상황에서 우리에게 궁극적 관계여야 하는 것이 되도록 하는 관계를 만들 수 있는 것은 다만 **운동**이 개념 구성에 참여하는 (기하학적 도형의 경우 그런 것처럼) 곳일 뿐이라는 것을 시사했다. 그가 수(數)의 개념을 "시간상으로 서로 연속하는 주관적 사건들"에서 추상된 것이란 견해에 찬성하여 동의한 것이 사

실이다. 왜냐하면 수 개념들도 또한 "주관 의식 흐름을 자의적으로 결정하는 능력에 의존한 구성" 작용이기 때문이다. 다른 한편 "수동적 감각의 내용은 우리의 어떤 통제도 넘어서 무한하게 변할 수 있다." 감각 내용이 변한다 하여도 그 내용을 변하게 한 속성들을 계속 사고하고 의미할 수 있는 한 어쩔 것인가? 우리는 쉽게 반복할 수 있는 능동적 경험에서와 마찬가지로, 반복할 수 없는 수동적 경험으로부터도 똑같이 완전하게 관념 대상을 '만들'어낼 수 있다. 그리고 대상들을 한 곳에 모으고 비교할 때에는 우리가 그들의 관계를 만들어내는 것이 아니라 **발견한다**.

3) Hodgson, *Time and Space* 46. Lotze, *Logic* 11을 보라.

4) "왜냐하면 신열이 있으면 일상에는 단맛 나는 설탕도 쓴맛이 나지만 그 사람의 정신에 있는 쓰다는 관념은 마치 쓸개에서만 얻는 것처럼 분명하기 때문이다." (Locke, *Essay. bk. II* chap. XI. 3 의 전단을 읽어라)

5) 검고 둥근 물건과 네모의 흰 물건. **반대로 자연**은 우리에게 제멋대로 제공한다. 그러나 현실 속에 있을 수 없는 속성들의 조합도 마치 자연이 제공하는 속성 조합들이 실증적 심상 형태로 존재하는 것과 마찬가지로 가정이란 형태로 우리 정신 속에 분명 존재한다. 사실 국소(局所)가 구별되지 않을 만큼 가까이 있는 피부의 두 점을 한 점은 뜨거운 쇳조각으로 또 다른 한 점은 찬 쇳조각 끝으로 자극하면 뜨거우면서도 찬 것을 실제 있게 할 수 있을 것이다. 따라서 뜨거움과 차가움이 마치 동일한 객관적 장소에 있는 것처럼 느껴지는 일도 드물지 않다. 이와 유사한 조건에서 하나는 예리하고 다른 하나는 무딘 두 대상이 예리하고 무딘 한 개 사물로 느껴질 수 있다. 시각에서 기교를 사용하여 한 가지 색이 다른 색을 통하여 보이도록 하면 동일 공간도 두 가지 색이 있는 공간으로 보일 수 있다——어떤 두 속성이 서로 양립될 수 있느냐 그렇지 않느냐, 그리고 나타나는 감각에서 동일 장소와 동일 순간을 점유하느냐 그렇지 않으냐 하는 것은 **사실상** 단지 자연 물체와 우리 감각 기관이 지니는 특징에 달려 있다. **논리적**으로는 성질들의 어떤 조합이든 다른 성질 조합과 똑같은 조합으로 충분하게 **개념화될** 수 있어 사고에 그들 특유의 의미를 가지게 된다. 이와 같은 말을 하지 않으면 안 되게 하는 것은 개념화할 수 없는 것과 뚜렷하게 상상할 수 없는 것과를 어떤 필자들이(예 Spencer, *Psychology*, pp. 426-7) 고의로 계속 혼동하고 있기 때문이다. 우선 개념화하고 그것들만 의미하고 다른 사물들은 의미하지 않게 되지 않는다면 어떻게 어떤 사물들은 상상될 수 없다는 것을 알 수 있겠는가?

6) 철학적인 문제에서는 토론해도 개종(改宗)하는 일이 드물어, 어떤 독자들
은 그들이 개념화한 것과 다르게 어떤 문제를 개념화하게 되더라도 동일 사
물에 대한 두 개 서로 다른 개념을 가진다고 말하기보다는, 이들이 동일한
개념의 두 개 판(版)이어서 같은 개념의 한 판이 발전하여 다른 판이 되었다
고 말하는 것을 아직도 더 선호할 것이라는 것을 나는 알고 있다. 이것은 결
국 우리가 개념을 어떻게 정의하느냐 하는 데 달려 있다. 나 자신은 개념을
이전 기회에 사고했던 것과 동일한 것을 사고하도록 하는 정신 상태의 기능
이라고 정의하였다. 따라서 어느 한 정신 상태가 다른 상태가 사고한 것만
을 사고하고, 그 이상은 사고하지 않는다면 두 정신 상태는 동일 개념의 두
개 판일 것이다. 만약 어느 하나가 다른 것이 사고하지 않는 것을 사고하려
고 한다면 그 두 개념은 서로 다른 개념이 된다. 그리고 어느 한쪽이든 다른
쪽이 사고하는 모든 것을 사고하려 하고 또 그 **이상**을 사고한다면, 그 **이상**
에 해당한 것이 있는 한 서로 다른 개념인 것이다. 이 뒤의 사례에서는 한
정신 상태가 두 개념화 기능을 가지게 된다. 각 사고는 자신의 재량에 따라
그 사고에 개방된 모든 개념화 기능 중에서 지금 다시 새롭게 할 기능이 어
떤 것인가 하는 것을 결정하고, 또 어떤 다른 사고와 개념화하는 자로서의
자신을 동일시하며, 또 어느 정도 동일시할 것인가 하는 것을 결정한다. 각
사고는 '내가 언젠가 의미했던 것과 동일한 A를 이제 재차 의미할 것이지
만 이전과 같이 B가 아니라 C를 보어(등등)로 가진 다는 것을 의미한다' 라
고 말한다. 따라서 이 모든 것엔 절대 변화는 없고 다만 개념들의 해체와 재
결합이 있을 뿐이다. 복합적인 개념은 새로운 정신 상태의 기능에 따라 나
타난다. 이런 기능 중 어떤 것은 이전 기능과 동일하고 어떤 것은 동일하지
않다. 따라서 모든 달라진 의견은 **부분적으로는** 이전 개념의 새로운 판을
(그러나 전판과 완전히 일치된) 포함하고 **부분적으론** 완전히 새로운 개념을
포함하기도 한다. 이 두 판을 각 개별 사례에서 나누는 것은 전적으로 쉬운
일이다.

7) *Principle of Human Knowledge* 서론, 10, 14.

8) '*Conceptualisme honteux*' Rabier, *Psychologie*, 310.

9) *Exam. of Hamilton* p.393. 또한 *Logic bk. II.* chap. V, 1.과 *bk IV.* chap.
II. 1.을 보라.

10) 예; "사물을 안다는 것은 정신이 그 사물 속에 있다는 것 또는 어찌하여 사
물과 정신과의 사이의 차이가 해소된다는 것을 의미해야 한다. (E. Caird,

Philosophy of Kant, 초판. p.553)

11) 전통적 개념주의자들의 주장은 추상은 그 나름으로 보편이어야 한다는 것이다. 듀이(심리학, 207) 교수와 같은 현대의 독창적 저술가마저도 이 전통을 따르고 있다. "정신은 어떤 한 측면을 붙잡고,⋯그 측면을 추상하거나 따로 떼어낸다. 이와 같이 어떤 한 요소를 붙잡는 것이 바로 추상된 요소를 일반화하는 것이다⋯그 요소를 끌어내는 데 있어 주의가 그 요소를 뚜렷한 의식 내용으로 만들고 따라서 그 요소를 보편적인 것이 되게 하며, 그 요소는 이젠 대상과의 개별 관계에서 고려되지 않고 그 자체 독자적으로 고려된다. 즉 관념으로 고려되거나 또는 그 요소가 정신에 의미하는 것으로 고려되며 이 의미는 항상 보편적 개념이다."

12) C.F. Reid's *Intellectual Power*, Essay V. chap.III──흰 것과 이 종잇장의 흰 것은 다르다.

13) F. H. Bradley는 "개념 또는 '의미'는 정신이 잘라내고 고정시키는 내용의 일부이며 그것을 지칭할 기호(언어)가 있느냐 없느냐 하는 것과는 관계없이 고찰되는 내용의 일부이다. 개념을 어떤 다른 현실 주제에 첨부하거나 관계를 부인하는 것은 옳지 못할 것이다. 왜냐하면 우리가 판단하지 않고 사고하거나 우리가 부인하는 곳에는, 그런 서술이 사용될 수 없기 때문이다." 라고 말한다. 이것은 우리와 같은 원리인 것 같으며, 개념화된 추상적 사실을 한 주어에 사용하느냐 또는 전체 주어에 사용하느냐 (즉 개별성이냐 또는 보편성이냐)하는데 따라 새로운 개념이 형성된다. 그러나 Bradley 씨가 이와 같은 근거를 일관되게 유지했는가 하는 것은 전혀 확실하지 않다. 그의 *Principles of Logic*의 제 1장을 참조하라. 내가 옹호하는 원리는 Thomas Davidson이 서문을 쓴 Rosmini의 *Philosophical System* (London, 1882),43 쪽에서 견실하게 견지되고 있다.

14) *Lectures on Greek Philosophy*, pp.33-39.

15) *Analysis*. chap. VIII.

16) *Principles of Human Knowledge*. Introduction, 11,12.

17) 513쪽 주석 1에서 인용한 '*Mind*'의 논문에 있는 구절을 인용하는 것이 이 책의 효과에 보탬이 될 것이다.

"왜 우리는 개념주의자에 편들어 단어의 보편적 의미가 **어떤** 동일 종류의 정신적 사실에 상응한다고 말하지 않고, 동시에 모든 정신적 사실은 주관적 감각이 달라진 것이라는 유명론자의 의견에 동의하여 왜 그 정신적 사실을 '느낌'이라 불러서는 아니 되는가? 요컨대 **인류**를 의미하는 **인간**이란 단어에서 얻는 느낌은 단순한 소음으로서의 인간이란 소리에 대한 느낌과 다르며, 또 저 인간 즉, John Smith 만을 의미하는 인간이란 단어의 느낌과도 다르다. 이 차이는, 보편적으로 취했을 때 인간이란 단어와 연합된 인간에 관한 Galton씨가 말한 '혼합' 심상의 하나를 가지게 된다는 사실에만 있는 것이 아니다. 많은 사람들은 혼합 심상 또는 Huxley 교수가 말한 '통용' 심상을 개념과 같은 것으로 생각하는 것 같다. 그러나 자체로는 흐릿한 사물도 예리한 것에 못지않게 개별적이며, 예리한 심상이든 또는 흐려진 심상이든 심상의 통용 특성은 **그 심상의 표상 기능이** 느껴지는 데 달려 있다. 이 표상 기능은 신비로운 **더하기**이며 이해된 의미이다. 그러나 그 기능은 위로부터 심상에 주어지는 것이 아니며 초감각적 또는 초자연적 차원에 사는 이성의 순수 작용도 아니다. 그 기능은 주관적 흐름의 모든 다른 단편들과 계속되는 것으로 도식으로 표시될 수 있다. 그 기능은 우리가 그렇게 많이 설명한 바와 같이 [제9장], 막 나타나려고 하지만 아직 분명하게 초점 속에 들어오지 않은 다른 심상들 덩어리에 대한 막연하게 느껴진 관계를 착색하는 주변 또는 후광이다.

"주변이 없이 심상이 나타나면 그 심상은 단일 성질 단일 사물이나 또는 단일 사건만 나타내며, 만약 심상이 주변을 가지고 나타나면 그 심상은 분명 보편적으로 취해졌거나 또는 관계 도식 속에 있는 어떤 것을 나타낸다. 따라서 사고와 느낌의 차이는, 최종의 주관적 분석에서 '주변'이 있느냐 없느냐 하는 것으로 환원된다. 그리고 이 차이는 다음 최종의 생리적 분석에서는, 사고의 실질적 구성 요소인——이 경우에는 사고가 불러일으킨 단어 심상——정해진 신경 핵에 신경 흥분을 방출하는 뇌 회전과는 다른 뇌 회전에 역카 신경 흥분이 있느냐 없느냐 하는 것으로 환원될 확률이 큰 것이다.

"따라서 대립은 플라톤주의자들이 즐겨 주장하리라 생각되는 바와 같은 심상과 감각이라 불리는 주관적 사실들과 관계 형성을 하는 지성 작용이라 불리는 또 다른 주관적 사실들과의 사이에 있는 것이 아니다. 전자인 감각이나 심상은 소멸해 가는 사물들은 보지 않고 그들 자신의 존재도 알지 못하지만, 후자인 지성은 인지 충격의 신비로운 합성에 의하여 떨어져 있는 양극들을 결합시킨다. 대립은 현실적으로 예외 없이 모든 정신적 사실들이 취하게 되는 두 주관 측면 사이에 있으며, 주관으로서의 구조적 측면과 인지로서의 기능적 측면 사이에 있는 것이다. 구조적 측면에서는, 가장 낮은 구조도 가장 높은 구조도 특수하게 착색된 사고 흐름의 단면으로서의 느낌이다. 이처럼 착색하는 것은 감각하는 신체이며, 기분이 어떤가 하는(*wie ihm zu Muthe ist*) 것이고, 지내는데 몸이 어떻게 느끼는가 하는 것이다. 후자인 기능 측면에서는, 아주 고급한 정신적 사실이나 저급한 정신적 사실도, 국재하지 않고 기일이 기록되지 않은 적나라한 통증의 성질과도 같이 어떤 관계를 갖지 않는다는 것이 진리일지라도, 약간의 진리의 단편을 내용으로 파악하고 있을 것이다. 인지적 관점에서는 모든 정신적 사실들은 사고의 결과이다. 주관적 관념에서는 모든 것이 느낌이다. 현행하고 사라지기 쉬운 느낌도 뚜렷하고 비교적 고정된 느낌들과 마찬가지로 의식 흐름의 현실적인 부분이라는 것을 일단 인정하라. 주변과 후광과 그리고 아직 대상이 이름을 얻지 못하고 다만 인지가 탄생 중이며 예고적일 뿐이고 방향만 알려지는 불분명한 지각도, 분명한 상상이나 분명한 명제와 마찬가지로 **독특한** 사고라는 것을 일단 용납하라. 또 내가 말하건대, 막연한 것에도 일단 그의 심리학적 권리를 회복시켜라. 그러면 더는 어려움이 나타나지 않는다.

"따라서 현재와 같은 **느낌**과 **지식**의 대립은 전적으로 잘못된 문제라는 것을 우리는 알게 된다. 만약 모든 느낌이 동시에 지식의 단편이라면, 우리는 이젠 정신 상태를 인지하는 성질이 많으냐, 적으냐 하는 데 따라 다르다고 말해서는 안 되고, 다만 알고 있는 것의 많으냐, 적으냐 하는 데 따라 그리고 대상으로 사실을 많이 갖고 있느냐, 적게 갖고 있느냐 하는 데 따라 차이가 있을 따름이라고 말해야 한다. 광범한 관계 구도를 갖는 감성은 많은 지식을 갖고 있는 감성이며, 단순한 성질의 느낌은 적은 지식을 갖고 있는 느낌이다. 그러나 많든 적든 안다는 것 자체는 같은 본질을 갖고 있으며 그 어느 경우이든 훌륭하게 아는 것이 된다. 따라서 대상에 따라 변별되는 개념과 심상은 느낌 양식으로서의 내부 성질에서는 동체이다. 심상은 개별적인 것으로서 상대적으로 실체의 기본적 성질의 실체라 간주되어 당연한 것으로 취급되고, 보편적인 것으로 개념은 일종의 변하지 않는 기적으로 존경되어야 하지만, 설명되어서는 안 되는 축복되어야 하는 것으로 이젠 간주되지 않을 것이다. 개념과 심상은 모두 주관**으로서는** 단일하고 개별적이다. 이들은 나타났다 잠시 후엔 더 나타나지 않는 사고 흐름의 순간들이다. 보편이란 단어는 항상 유한한 정신적 근간이나 정신적 구조에 적용될만한 의미를 갖고 있지 않다. 보편이란 단어는 개념과 심상이 드러내는 대상 종류에 사용되고, 의미되고, 또 관계되는 것에 적용될 때에만 의미를 가지게 될 뿐이다. 보편적 대상의 표상 자체는 우리가 거의 알 수 없어 회화에서 '!'라는 감탄사만을 자아낼 수 있게 하는 대상의 표상과 마찬가지로 개별적이다. 개념과 심상은 같은 척도로 계측되어야 하며, 존중이든 멸시든, 같은 척도치로 그것들을 계측해야 한다." (*Mind*, IX. pp.18–19).

18) Hodges, *Time and Space*, p.404.

19) Hodgson의 *Time and Space*, p.310에 나오는 존경할 만한 구절과 비교하라.

20) *Philosophy of Reflection*, I, pp. 273–308.

고(故) 정양은(1923-2004)

서울대학교 심리학과에서 학사, 석사, 박사 학위를 받았다.
중앙대학교 심리학과 교수, 서울대학교 심리학과 교수, 한국심리학회 회장,
서울대학교 명예교수, 대한민국 학술원 회원을 두루 지냈다.
저서로는 『심리학 통론』, 『사회심리학』, 『자연·사회·인간─심리학과 더불어』,
『한국의 학술 연구 : 심리학 편』 등이 있다.

심리학의 원리 1

대우고전총서 013

1판 1쇄 펴냄 | 2005년 6월 25일
1판 6쇄 펴냄 | 2022년 6월 6일

지은이 | 윌리엄 제임스
옮긴이 | 정양은
펴낸이 | 김정호
펴낸곳 | 아카넷

출판등록 2000년 1월 24일(제406-2000-000012호)
10881 경기도 파주시 회동길 445-3
전화 031-955-9510(편집) | 031-955-9514(주문)
팩시밀리 031-955-9519
www.acanet.co.kr

심리학 KDC 180

Printed in Pajul, Korea.

ISBN 978-89-5733-059-3 94180
ISBN 978-89-89103-56-1 (세트)